# 中国法院司法改革年鉴

2022年卷

最高人民法院 编

人民法院出版社

**图书在版编目（CIP）数据**

中国法院司法改革年鉴. 2022年卷 / 最高人民法院编. -- 北京 : 人民法院出版社, 2024. 7. -- ISBN 978-7-5109-4219-8

Ⅰ. D926-54

中国国家版本馆CIP数据核字第20243GC966号

**中国法院司法改革年鉴（2022 年卷）**

最高人民法院　编

**责任编辑**　丁丽娜
**出版发行**　人民法院出版社
**地　　址**　北京市东城区东交民巷 27 号（100745）
**电　　话**　（010）67550608（责任编辑）　67550558（发行部查询）
　　　　　　65223677（读者服务部）
**客服 QQ**　2092078039
**网　　址**　http://www.courtbook.com.cn
**E - mail**　courtpress@sohu.com
**印　　刷**　三河市国英印务有限公司
**经　　销**　新华书店

**开　　本**　787 毫米×1092 毫米　1/16
**字　　数**　791 千字
**印　　张**　48.25
**版　　次**　2024 年 7 月第 1 版　2024 年 7 月第 1 次印刷
**书　　号**　ISBN 978 - 7 - 5109 - 4219 - 8
**定　　价**　288.00 元（精装）

# 总　序

党的十八大以来，在以习近平同志为核心的党中央坚强领导下，新一轮司法体制改革有序推进。经过积极探索与深入实践，中国法院的司法改革取得重大成效，做成了想了很多年、讲了很多年但没有做成的改革。以人民法院组织法和法官法修订为标志，具有“四梁八柱”性质的改革主体框架基本确立，以全面落实司法责任制为核心的新型审判权力运行体系初步形成，以司法公开、立案登记制、一站式多元纠纷解决和诉讼服务体系建设为代表的阳光透明、便民利民司法举措不断深化，以确保人民法院依法独立公正行使审判权为目标的法院组织体系和管理体制不断健全，以审判为中心的刑事诉讼制度改革有序推进，以司法人员分类管理为枢纽的法院人事管理制度逐步完善。人民法院审判质效、队伍能力素质和司法公信力进一步提升，广大人民群众对公平正义的获得感不断增强，中国特色社会主义司法制度日益成熟定型。

党的十九大作出了“深化司法体制综合配套改革，全面落实司法责任制，努力让人民群众在每一个司法案件中感受到公平正义”的重大战略部署，中国法院也应时而进迈入第五个五年改革纲要时期，并且围绕全面落实司法责任制、加强审判监督管理、构建新型审判权力运行机制、完善统一法律适用机制、推进以审判为中心的刑事诉讼制度改革、健全法院机构职能体系和诉讼服务体系、加强互联网司法建设等方面，谋划了新一轮司法改革的路线图和时间表，全面推动改革内容不断拓展、改革方法日渐成熟、改革动力更为强劲、各项制度更为完备。

盛世修典，变革治史。为全面总结和准确记录党的十八大以来人民法院司法改革历程，留存生动实践，凝结宝贵经验，最高人民法院自2013年起，每年编辑出版一卷《中国法院司法改革年鉴》（以下简称年鉴），至今已连续出版九卷。

编辑改革年鉴，记录改革历程，对于全面把握新时代中国法院司法改革的总体背景，系统梳理司法改革的历史脉络，深入研究司法改革的现状和未来，不断推动各项改革举措系统集成、协同高效，具有重大现实意义。改革只有进行时，没有完成时。全面深化司法改革是一个在继承中发展、在发展中创新的过程。年鉴的编辑，既能够为今后推进司法改革提供资料借鉴和参考依据，也能够充分展现司法改革的阶段性成果，成为向党委、人大、政府、政协和社会各界宣介中国法院司法改革的一个重要载体，还能够作为对外交流和学术研究的重要资料，具有实践指引、理论探知和历史文献的价值。

推进司法体制改革对于完善中国特色社会主义司法制度具有深远的历史意义，编辑年鉴正是一次面向改革历程再学习、再改造、再出发的过程。年鉴既总结了党的十八大以来中国法院司法改革的重要成果，又谋划继续深化司法体制综合配套改革，推进审判体系和审判能力现代化，加快建设公正高效权威的社会主义司法制度。每一位法院干警都应当从改革历程中汲取智慧和力量，自觉支持改革、积极拥护改革、勇于投身改革，争做改革的实干家和促进派，为建设中国特色社会主义法治国家的宏伟目标作出应有的贡献。

年鉴编辑工作本非易事，费时费力且须精益求精，旨在对历史负责、对后人负责。在院领导亲切关怀下，最高人民法院司法改革领导小组办公室组成专门的编写工作组，在浩如烟海的资料中爬梳、筛选、提炼，以对事业负责、对历史负责的精神投身其中，力求全面精准权威，深度呈现推进改革的真实样貌。工作组还先后多次组织召开座谈会，充分汲取相关中央单位以及院内各部门、地方法院和专家学者意见。最高人民法院办公厅、政治部、行装局、审管办以及相关审判部门，部分高等院校和科研机构等各方面力量，充分发挥各自优势，以多种形式参与和支持年鉴编辑工作。各地高级人民法院认真总结年度改革进展情况，分析存在问题，并结合当地实际，对下一步工作审慎谋划。年鉴的顺利出版，凝结着许多人的心血和汗水，承载了中国法院人对全面深化司法改革的情感与期盼。

各级人民法院将始终坚持以习近平新时代中国特色社会主义思想为指导，深入贯彻习近平法治思想，增强“四个意识”、坚定“四个自信”、做到“两个维护”，不忘初心、牢记使命、勇于担当、攻坚克难，推进全面深化改革伟大实践向纵深发展，不断提升司法能力、司法效能和司法公信力，以扎实有效的改革成果，为坚持和完善中国特色社会主义制度、推进国家治理体系和治理能力现代化，实现第二个百年奋斗目标、实现中华民族伟大复兴的中国梦提供有力司法服务和保障。

# 导　言

2022年是人民法院司法体制改革承上启下的重要一年。年初，习近平总书记就政法工作作出重要指示，强调要完善执法司法政策措施，全面深化政法改革，切实履行好维护国家安全、社会安定、人民安宁的重大责任。一年来，人民法院在以习近平同志为核心的党中央坚强领导下，坚持以习近平新时代中国特色社会主义思想为指导，深入贯彻习近平法治思想，全面贯彻落实党的十九大、十九届历次全会和党的二十大精神，持续深化司法体制综合配套改革，推动各项改革成果不断成熟定型、协同配套，中国特色社会主义司法制度不断健全完善。

## 一、完善党的领导制度机制，加强改革总体规划和成效总结

坚定不移贯彻落实党的领导。最高人民法院党组第一时间传达学习党中央重大改革决策部署，学习习近平总书记重要批示指示精神，切实把思想和行动统一到党中央改革决策部署上来。认真贯彻落实重大事项请示报告制度，及时向中央全面深化改革委员会办公室（以下简称中央改革办）、中央全面依法治国委员会办公室（以下简称中央依法治国办）、中共中央政法委员会（以下简称中央政法委）报送人民法院司法改革情况，全年共向党中央报送各类报告、信息简报等材料10余份，切实把党对司法工作的绝对领导贯穿司法改革工作各领域、全过程。

坚持系统观念谋划改革。组织召开司法改革领导小组会议，审议通过2022年人民法院司法改革工作要点及其分工方案，确保人民法院司法改革一体谋划、一体推进、一体落实。配合中央政法委组织召开

政法各单位调研座谈会，研究下一阶段重点改革措施。建立司法改革任务台账式管理制度，定期汇总分析司法改革任务完成情况。截至目前，“五五改革纲要”提出的140项改革任务中，124项已完成。

全面总结改革经验与成效。分别总结评估党的十八大、十九大以来人民法院全面深化司法改革情况，向中央改革办、中央政法委报送报告。7月，组织召开人民法院司法改革工作会议，贯彻落实全面深化政法改革推进会精神，全面总结党的十八大以来司法改革取得的重大成效和历史经验。

加强改革宣传引导。公布首届“人民法院改革创新奖”评选结果，8家中级、基层人民法院的改革举措当选。积极参与中央宣传部组织的“中国这十年”新闻发布、筹备“奋进新时代”主题成就展等活动，编撰出版《中国法院的司法改革（2013—2022）》，用老百姓喜闻乐见的方式传播改革正能量、讲好改革新故事。成功开展第五届“羊城杯”司法体制综合配套改革征文活动。持续编发《人民法院司法改革案例选编》和《司法改革动态》，编撰《中国法院司法改革年鉴（2021年卷）》，组织2021—2022年度司法改革专项调研课题结项验收，及时总结、宣传、推广改革经验。设立人民法院司法改革研究基地（中国政法大学），推出“思·改”系列学术讲座，初步形成学术品牌。

## 二、深化司法责任制改革，健全执法司法权力运行机制

深化审判权力运行机制改革。配合中央政法委组织召开全面深化政法改革推进会，参与起草制定关于深化政法领域执法司法权力运行机制改革指导意见。向中央政法委报送人民法院加强司法权力运行机制改革情况报告，研究制定贯彻中央全面深化改革委员会2021年总结报告的意见、深入学习贯彻全面深化政法改革推进会精神的意见、贯彻实施政法领域执法司法责任体系建设文件意见等。

强化审判权力制约监督。最高人民法院印发《关于规范合议庭运行机制的意见》，进一步细化合议庭组成机制，完善合议庭成员职责、

评议规则和裁判文书制作方式，完成司法责任制改革的制度拼图。健全审判委员会决议事项督办机制，确保审判委员会决议得到有效贯彻执行。各级人民法院深入贯彻实施《关于进一步完善“四类案件”监督管理工作机制的指导意见》，结合当地工作实际研究制定实施细则，进一步完善“四类案件”认定标准、程序、院庭长监督方式和保障措施，目前，已有24个高级人民法院完成逐级备案。建成全国法院统一法律适用平台。组织召开统一法律适用工作领导小组第一次会议暨裁判要旨梳理提炼部署会，审议通过《最高人民法院裁判要旨梳理提炼工作方案》《最高人民法院裁判要旨梳理提炼规则》。梳理2400余条最高人民法院2021年度裁判要旨并上传至统一法律适用平台。

推动完善法官惩戒工作机制。印发《最高人民法院关于做好法官惩戒与纪检监察工作衔接的规定》，理顺法官惩戒程序与纪检监察程序的关系。持续推动设立最高人民法院法官惩戒委员会。积极指导黑龙江、江苏等地高级人民法院探索开展法官惩戒试点工作。

## 三、推进诉讼制度改革，完善诉讼服务体系

稳步推进四级法院审级职能定位改革。最高人民法院组织召开完善四级法院审级职能定位改革试点工作第二次联席会议，研发上线改革试点数据填报系统，加强统筹管理。制定《关于进一步规范行政申请再审案件办理有关事宜的方案（试行）》《民事、行政再审申请审核工作规程（试行）》，完善民事、行政申请再审案件办理。印发《关于落实〈最高人民法院关于完善四级法院审级职能定位改革试点的实施办法〉有关要求的通知》《关于落实四级法院审级职能定位改革试点案件提级管辖和报请再审提审工作有关要求的通知》，对提级管辖和报请再审提审工作提出具体要求。筹划完成5期改革试点系列报道和4篇专家评论，编发改革试点专刊5期。就四级法院审级职能定位改革背景下的行政审判工作进行全国培训。对试点省份改革推行情况进行调研。2022年8月30日，周强院长向全国人大常委会作《关于四级法

院审级职能定位改革试点情况的中期报告》，经第十三届全国人大常委会第三十六次会议审议通过。印发《关于进一步深入推进四级法院审级职能定位改革试点工作的通知》，贯彻落实全国人大常委会审议意见。就四级法院审级职能定位改革试点涉及的民事诉讼法、行政诉讼法相关法律条文，提出修改建议及说明，并提交第十三届全国人大常委会第三十八次会议审议。

推动刑事诉讼制度改革。研究修订“三项规程”，做好死刑复核法律援助工作的沟通协调和保障。深化认罪认罚制度改革，规范“减假暂”案件办理程序，健全证人出庭作证制度等，全面加强实质化审理。推动刑事案件智能辅助办案系统优化升级和推广应用。推动境外承认执行我国法院没收裁定，研究根据外国请求承认和执行外国法院冻结令和没收令的标准和程序以及违法所得没收程序补充规定，研究我国承认与执行外国裁定的标准和程序。会同最高人民检察院、公安部、司法部在全国范围内开展集中清理犯罪嫌疑人、被告人未依法收押和判处实刑罪犯未依法交付执行刑罚专项活动，研究起草《关于规范判处监禁刑罚罪犯交付执行工作若干问题的意见（稿）》。专项调研刑事涉财产执行工作，研究起草《关于进一步规范刑事涉财产执行工作的意见》。

巩固一站式多元解纷和诉讼服务体系建设成果。最高人民法院组织召开全国法院一站式建设工作推进会、推进构建中国特色“总对总”在线多元解纷新格局工作座谈会。起草深化现代化诉讼服务中心建设指导意见、全面深化跨域诉讼服务指导意见、诉前调解中委托鉴定工作规程、12368热线交转办工作规程等相关配套制度，提高一站式建设规范化水平。召开新闻发布会，发布《人民法院一站式多元纠纷解决和诉讼服务体系建设（2019—2021）》和人民法院一站式建设十大典型经验、人民法院“总对总”在线多元调解案例。以创始核心成员身份加入国际司法争端解决网络（JDRN），出席JDRN成立大会。深化涉侨纠纷多元化解，与中国侨联在华东政法大学共建“中国侨益保护研究基地”。全面推进调解平台“进乡村、进社区、进网格”工作，截至2022年12月底，9677家人民法庭入驻调解平台，与75511个基层治理单位实现在线对接，就地化解调解纠纷33.21万件。“总对总”合作单位共28930个调解组织、60754名调解员入驻调解平台，诉前调解案件137.58万件。据初步统计，通过诉讼方式解决的纠纷在法院纠纷总量中的占比，已从2019年的90%下降至2022年的64%。推进在线诉讼服务平台建设，将中国移动微法院升级为人民法院在线服务，提供“一网通办”诉讼服务，在全国法院实现100%应用，移动端累计访问量达35亿次，30%的立案申请在非工作时间、非工作日提出，为律师发出排期避让提醒140.75万次，真正实现了诉讼活动全天候“不打烊”、全流程“零跑腿”。深化12368诉讼服务热线“一号通办”实践。逐步推进诉讼服务事项“异地可办、全国通办”。提档升级律师服务平台。全面应用人民法院送达平台，全国法院通过送达平台送达的民事、行政案件占比达80%以上。集约集成、在线融合、普惠均等的中国特色一站式多元纠纷解决和诉讼服务体系全面建成。

## 四、加快科技融合，推进互联网司法和智慧法院建设

深化互联网司法建设。指导互联网法院推进在线诉讼规则、审理机制、诉讼平台建设、案例宣传等各项工作；编发以在线诉讼工作为专题的《人民法院司法改革案例选编（十二）》。推动与清华大学、浙江大学共建互联网司法研究平台，并组织开展3期清华互联网司法论坛。组织召开互联网司法工作推进会，全面总结梳理经验成效，分析存在的突出问题，并对进一步深化互联网司法建设研究提出工作部署。组织召开“数字经济法治论坛”等研讨会，加强数字司法领域的国际交流合作；指导浙江高院举办互联网司法与数字治理现代化论坛等活动，为促进数字经济高质量发展提供司法保障。

完善智慧法院建设。制定法治信息化项目云平台建设方案和采购需求。推动全国法院普遍建成科技法庭，截至2022年12月底，科技法庭覆盖率达99.66%。印发《关于加强区块链司法应用的意见》。开

展区块链与司法领域应用场景融合试点。在全国范围内推广电子送达文书在线核验场景。实现执行案件电子卷宗随案同步生成和深度应用。打通人民法院在线服务与各诉讼服务平台用户体系。完成人民法院在线服务与各诉讼服务平台消息通知的融合。研发完成人民法院在线服务PC版本。印发《关于规范和加强人工智能司法应用的意见》，推动人工智能与司法工作深度融合，努力创造更高水平的数字正义。

## 五、坚持司法为民，贯彻落实人民陪审员法

深入总结人民陪审员法贯彻落实情况，形成《人民陪审员法贯彻落实情况督查报告》。将督查过程中发现的突出问题整理形成清单，点对点对接相关地方法院，持续跟踪问效，巩固督查成果。完善七人合议庭人民陪审员参审机制，起草形成《人民陪审员参加七人合议庭审判案件若干问题的指导意见（试行）》。加强人民陪审员制度宣传，成功举办“人民法院这十年”人民陪审员制度专题新闻发布会，公开发布《人民陪审员制度的中国实践》报告及人民陪审员参审十大典型案例，进一步夯实人民陪审员制度的群众基础。

## 六、巩固改革成果，深化人事制度和组织机构改革

推进司法人事制度改革。最高人民法院会同中央组织部出台《法官单独职务序列规定》，下发《关于认真学习贯彻〈法官单独职务序列规定〉的通知》。印发《关于离职法官职务等级免除有关问题的通知》，进一步规范离职法官职务等级管理。组织开展法官逐级遴选专题调研，向中央依法治国办起草报送《关于法官逐级遴选制度实施情况及相关完善意见的报告》。出台《关于加强人民法院聘用制书记员管理工作的意见》，完善聘用制书记员招聘、配备、培训、考核机制。制定《关于加强和改进新时代人民法院人才工作的实施意见》，健全完善法院人才管理体制机制。

优化人民法院组织机构设置。研究论证完善知识产权法院布局，配合中央机构编制委员会办公室做好知识产权法院组织体系建设调研，推动完善国家层面知识产权上诉审理机制。吸收上海仲裁委员会等5家仲裁机构作为新增“一站式”国际商事纠纷多元化解决机制第二批机构，健全完善国际商事争端解决机制。研究并批复同意在海南设立国际商事法庭海南自由贸易港联络点，在泉州中院等设立国际商事法庭，促进国际商事法庭高质量发展。设立成渝金融法院，发布《关于成渝金融法院案件管辖的规定》，明确成渝金融法院从2023年1月3日正式受理案件，全面履行审判职责，正式迈出跨省域管辖案件的第一步。2022年共设立各类专门审判机构15个，有效服务保障了国家战略布局和地方经济社会发展。基本建成涵盖四级法院的环境资源专门化审判组织架构。召开全国法院第七次少年法庭工作会议，推动新时代少年法庭工作高质量发展。推进“枫桥式人民法庭”创建工作，积极服务全面推进乡村振兴、服务基层治理、服务人民群众高品质生活需要。截至2022年底，全国实际运行的人民法庭10050个，其中，乡村法庭6853个、城乡接合法庭2249个，城区法庭948个，人民法庭司法服务实现了全覆盖。

# 目　录

## 第一篇　决策部署



## 第二篇　推进落实

# 第三篇　文件选编

## 第四篇 改革报告

## 第六篇　大事记

## 附 录

# 第一篇

## 决策部署

# 中央全面深化改革委员会会议要点（节选）

## ➢ 中央全面深化改革委员会第二十四次会议

中共中央总书记、国家主席、中央军委主席、中央全面深化改革委员会主任习近平 2 月 28 日下午主持召开中央全面深化改革委员会第二十四次会议，审议通过了《关于加快建设世界一流企业的指导意见》《推进普惠金融高质量发展的实施意见》《关于加强基础学科人才培养的意见》《关于推进国有企业打造原创技术策源地的指导意见》。

会议审议了《中央全面深化改革委员会 2021 年工作总结报告》《中央全面深化改革委员会 2022 年工作要点》。

习近平在主持会议时强调，要坚持党的全面领导，发展更高水平的社会主义市场经济，毫不动摇巩固和发展公有制经济，毫不动摇鼓励、支持和引导非公有制经济发展，加快建设一批产品卓越、品牌卓著、创新领先、治理现代的世界一流企业，在全面建设社会主义现代化国家、实现第二个百年奋斗目标进程中实现更大发展、发挥更大作用。要始终坚持以人民为中心的发展思想，推进普惠金融高质量发展，健全具有高度适应性、竞争力、普惠性的现代金融体系，更好满足人民群众和实体经济多样化的金融需求，切实解决贷款难贷款贵问题。要全方位谋划基础学科人才培养，科学确定人才培养规模，优化结构布局，在选拔、培养、评价、使用、保障等方面进行体系化、链条式设计，大力培养造就一大批国家创新发展急需的基础研究人才。要推动国有企业完善创新体系、增强创新能力、激发创新活力，促进产业链创新链深度融合，提升国有企业原创技术需求牵引、源头供给、资源配置、转化应用能力，打造原创技术策源地。

……

会议强调，党中央部署实施《推进普惠金融发展规划（2016—2020年）》以来，金融服务覆盖率、可得性、满意度不断提升，在统筹疫情防控和经济社会发展、助力打赢脱贫攻坚战、补齐民生领域短板等方面发挥了积极作用。要深化金融供给侧结构性改革，把更多金融资源配置到重点领域和薄弱环节，加快补齐县域、小微企业、新型农业经营主体等金融服务短板，促进普惠金融和绿色金融、科创金融等融合发展，提升政策精准度和有效性。要优化金融机构体系、市场体系、产品体系，有效发挥商业性、开发性、政策性、合作性金融作用，增强保险和资本市场服务保障功能，拓宽直接融资渠道，有序推进数字普惠金融发展。要完善普惠金融政策制定和执行机制，健全普惠金融基础设施、制度规则、基层治理，加快完善风险分担补偿等机制，促进形成成本可负担、商业可持续的长效机制。要高度重视防范金融风险，加强金融系统党的建设，强化全面从严治党严的氛围，把严的要求落到实处，加大金融监管力度，坚决惩处金融领域腐败，查处违纪违法人员。

……

会议指出，过去一年是党和国家历史上具有里程碑意义的一年。我们加强对改革工作整体谋划部署，推动各项改革工作接续递进，改革成果不断深化，实现了在我们党成立一百年时各方面制度更加成熟更加定型上取得明显成效的目标。我们坚持以深化改革贯彻新发展理念、构建新发展格局、推动高质量发展，把推动改革同落实"十四五"规划结合起来，同党中央部署各领域各方面重点工作结合起来，推动改革更好服务党和国家工作大局。我们集中力量解决发展急需、群众急难愁盼的突出问题，及时部署出台改革举措，发挥制度优势应对风险挑战，以改革办法解决发展难题。我们把加强改革系统集成、推动改革落地见效摆在更加突出位置，支持推动有条件地方开展综合改革试点，强化重点改革任务督察落实。我们学习贯彻党的十九届六中全会精神，统筹党史学习教育和改革宣传工作，引导广大党员、干部坚定将改革进行到底的信念和信心，继续开拓创新，为深入推进全面深化改革营造了良好氛围。

会议强调，今年下半年要召开党的二十大，改革工作既要蹄疾步稳、纵深推进，又要有新气象、新面貌。要坚持稳中求进工作总基调，加快推动落实党的十九大以来部署的改革任务，加快推动重要领域和关键环节改革攻坚突破、落地见效，注重防范化解重大风险，深入总结党的十九大以来全面深化改革新进展新成效新经验，抓紧研究未来一个时期全面深化改革的主攻方向、战略重点、任务举措，激发全党全社会改革创新活力和潜能，为保持平稳健康的经济环境、国泰民安的社会环境、风清气正的政治环境创造良好制度条件。

……

（来源：《人民日报》2022年3月1日。原标题：习近平主持召开中央全面深化改革委员会第二十四次会议强调 加快建设世界一流企业 加强基础学科人才培养）

## ➢ 中央全面深化改革委员会第二十五次会议

中共中央总书记、国家主席、中央军委主席、中央全面深化改革委员会主任习近平4月19日下午主持召开中央全面深化改革委员会第二十五次会议，审议通过了《关于加强数字政府建设的指导意见》《关于进一步推进省以下财政体制改革工作的指导意见》《关于建立健全领导干部自然资源资产离任审计评价指标体系的意见》《“十四五”时期完善金融支持创新体系工作方案》《关于完善科技激励机制的若干意见》。

习近平在主持会议时强调，要全面贯彻网络强国战略，把数字技术广泛应用于政府管理服务，推动政府数字化、智能化运行，为推进国家治理体系和治理能力现代化提供有力支撑。要理顺省以下政府间财政关系，使权责配置更为合理，收入划分更加规范，财力分布相对均衡，基层保障更加有力，促进加快建设全国统一大市场、推进基本公共服务均等化、推动高质量发展。要贯彻依法依规、客观公正、科学认定、权责一致、终身追责的原则，着力构建科学、规范、合理的审计评价指标体系，推动领导干部切实履行自然资源资产管理和生态环境保护责任。要聚焦金融服务科技创新的短板弱项，完善金融支持创新体系，推动金融体系更好适应新时代科技创新需求。要坚持面向世界科技前沿、面向经济主战场、面向国家重大需求、面向人民生命健康，树立勇担使命、潜心研究、创造价值的激励导向，营造有利于原创成果不断涌现、科技成果有效转化的创新生态，激励广大科技人员各展其能、各尽其才。

……

会议指出，加强数字政府建设是创新政府治理理念和方式的重要举措，对加快转变政府职能，建设法治政府、廉洁政府、服务型政府意义重大。党的十八大以来，党中央围绕实施网络强国战略、大数据战略等作出一系列重大部署，各方面工作取得新进展。要把坚持和加强党的全面领导贯穿数字政府建设各领域各环节，坚持正确政治方向。要把满足人民对美好生活的向往作为数字政府建设的出发点和落脚点，打造泛在可及、智慧便捷、公平普惠的数字化服务体系，让百姓少跑腿、数据多跑路。要以数字化改革助力政府职能转变，统筹推进各行业各领域政务应用系统集约建设、互联互通、协同联动，发挥数字化在政府履行经济调节、市场监管、社会管理、公共服务、生态环境保护等方面职能的重要支撑作用，构建协同高效的政府数字化履职能力体系。要强化系统观念，健全科学规范的数字政府建设制度体系，依法依规促进数据高效共享和有序开发利用，统筹推进技术融合、业务融合、数据融合，提升跨层级、跨地域、跨系统、跨部门、跨业务的协同管理和服务水平。要始终绷紧数据安全这根弦，加快构建数字政府全方位安全保障体系，全面强化数字政府安全管理责任。

……

会议强调，加快推进金融支持创新体系建设，要聚焦关键核心技术攻关、科技成果转化、科技型和创新型中小企业、高新技术企业等重点领域，深化金融供给侧结构性改革，推进科技信贷服务能力建设，强化开发性、政策性金融机构在职责范围内服务科技创新作用，增强银行业金融机构为承担国家重大科技创新任务企业服务能力，提升多层次资本市场直接融资功能，发挥保险和融资担保机构风险分担作用，强化金融支持科技创新的外部支撑。要坚持底线思维、问题导向，立足保障产业链供应链安全稳定，统筹金融支持科技创新和防范金融风险，压实风险防控主体责任。

会议指出，科技激励是促进科技创新的重要保障，对释放科技创新潜力、激发创新活力具有重要作用。要激励科技人员坚定爱国之心，砥砺报国之志，自觉为加快建设科技强国、实现高水平科技自立自强担当作为、贡献力量。要坚持精神激励和物质激励相结合，重点奖励那些从国家急迫需要和长远需求出发，为科学技术进步、经济社会发展、国家战略安全等作出重大贡献的科技团队和人员。要创新科研项目组织管理机制，保障科技人员科研工作时间，心无旁骛创新创造。要加大对青年科技人员的激励，敢于给年轻人担纲大任的机会，创造有利于青年人才脱颖而出的环境。要健全科研经费稳定支持机制，持之以恒支持科研人员在基础性、公益性研究方向上“十年磨一剑”。要坚持激励和约束并重，建立有效的约束和监督机制。

……

（来源：《人民日报》2022年4月20日。原标题：习近平主持召开中央全面深化改革委员会第二十五次会议强调 加强数字政府建设 推进省以下财政体制改革）

## ➢ 中央全面深化改革委员会第二十六次会议

中共中央总书记、国家主席、中央军委主席、中央全面深化改革委员会主任习近平6月22日下午主持召开中央全面深化改革委员会第二十六次会议，审议通过了《关于构建数据基础制度更好发挥数据要素作用的意见》《关于加强和改进行政区划工作的意见》《关于开展科技人才评价改革试点的工作方案》《强化大型支付平台企业监管促进支付和金融科技规范健康发展工作方案》。

习近平在主持会议时强调，数据基础制度建设事关国家发展和安全大局，要维护国家数据安全，保护个人信息和商业秘密，促进数据高效流通使用、赋能实体经济，统筹推进数据产权、流通交易、收益分配、安全治理，加快构建数据基础制度体系。要加强党中央对行政区划工作的集中统一领导，做好统筹规划，避免盲目无序。要遵循科技创新规律和人才成长规律，以激发科技人才创新活力为目标，按照创新活动类型，构建以创新价值、能力、贡献为导向的科技人才评价体系，引导人尽其才、才尽其用、用有所成。要推动大型支付和金融科技平台企业回归本源，健全监管规则，补齐制度短板，保障支付和金融基础设施安全，防范化解系统性金融风险隐患，支持平台企业在服务实体经济和畅通国内国际双循环等方面发挥更大作用。

……

会议指出，数据作为新型生产要素，是数字化、网络化、智能化的基础，已快速融入生产、分配、流通、消费和社会服务管理等各个环节，深刻改变着生产方式、生活方式和社会治理方式。我国具有数据规模和数据应用优势，我们推动出台数据安全法、个人信息保护法等法律法规，积极探索推进数据要素市场化，加快构建以数据为关键要素的数字经济，取得了积极进展。要建立数据产权制度，推进公共数据、企业数据、个人数据分类分级确权授权使用，建立数据资源持有权、数据加工使用权、数据产品经营权等分置的产权运行机制，健全数据要素权益保护制度。要建立合规高效的数据要素流通和交易制度，完善数据全流程合规和监管规则体系，建设规范的数据交易市场。要完善数据要素市场化配置机制，更好发挥政府在数据要素收益分配中的引导调节作用，建立体现效率、促进公平的数据要素收益分配制度。要把安全贯穿数据治理全过程，守住安全底线，明确监管红线，加强重点领域执法司法，把必须管住的坚决管到位。要构建政府、企业、社会多方协同治理模式，强化分行业监管和跨行业协同监管，压实企业数据安全责任。

会议强调，党的十八大以来，全国行政区划设置和调整工作总体稳慎有序推进。要加强党中央对行政区划工作的集中统一领导，行政区划的重大改革、重要政策、重大调整由党中央研究决策。要加强战略性、系统性、前瞻性研究，组织研究拟定行政区划总体规划思路，提升行政区划设置的科学性、规范性、有效性，确保行政区划设置和调整同国家发展战略、经济社会发展、国防建设需要相适应。要把历史文化传承保护放在更重要位置，深入研究我国行政区划设置历史经验，稳慎对待行政区划更名，不随意更改老地名。要坚持行政区划保持总体稳定，做到非必要的不调、拿不准的不动、时机条件不成熟的不改。要完善行政区划调整标准体系，加强行政区划同相关政策、规划、标准的协调衔接，依法加强行政区划管理。

会议指出，开展科技人才评价改革试点，要坚持德才兼备，按照承担国家重大攻关任务以及基础研究、应用研究和技术开发、社会公益研究等分类进行人才评价，从构建符合科研活动特点的评价指标、创新评价方式、完善用人单位内部制度建设等方面提出试点任务，形成可操作可复制可推广的有效做法。有关部门和地方要加强对试点单位的指导，推动试点工作顺利实施。

会议强调，要依法依规将平台企业支付和其他金融活动全部纳入监管，以服务实体经济为本，坚持金融业务持牌经营，健全支付领域规则制度和风险防控体系，强化事前事中事后全链条全领域监管。要强化金融控股公司监管和平台企业参控股金融机构监管，强化互联网存贷款、保险、证券、基金等业务监管。要保护金融消费者合法权益，强化平台企业反垄断、反不正当竞争监管，加强平台企业沉淀数据监管，规制大数据杀熟和算法歧视。要压实各有关部门监管责任，健全中央和地方协同监管格局，强化功能监管、穿透式监管、持续监管，加强监管协作和联合执法，保持线上线下监管一致性，依法坚决查处非法金融活动。

……

（来源：《人民日报》2022 年 6 月 23 日。原标题：习近平主持召开中央全面深化改革委员会第二十六次会议强调 加快构建数据基础制度 加强和改进行政区划工作）

## ➢ 中央全面深化改革委员会第二十七次会议

中共中央总书记、国家主席、中央军委主席、中央全面深化改革委员会主任习近平 9 月 6 日下午主持召开中央全面深化改革委员会第二十七次会议，审议通过了《关于健全社会主义市场经济条件下关键核心技术攻关新型举国体制的意见》《关于深化院士制度改革的若干意见》《关于全面加强资源节约工作的意见》《关于深化农村集体经营性建设用地入市试点工作的指导意见》《关于进一步深化改革促进乡村医疗卫生体系健康发展的意见》。

习近平在主持会议时强调，要发挥我国社会主义制度能够集中力量办大事的显著优势，强化党和国家对重大科技创新的领导，充分发挥市场机制作用，围绕国家战略需求，优化配置创新资源，强化国家战略科技力量，大幅提升科技攻关体系化能力，在若干重要领域形成竞争优势、赢得战略主动。要以完善制度、解决突出问题为重点，提高院士遴选质量，更好发挥院士作用，让院士称号进一步回归荣誉性、学术性。要完整、准确、全面贯彻新发展理念，坚持把节约资源贯穿于经济社会发展全过程、各领域，推进资源总量管理、科学配置、全面节约、循环利用，提高能源、水、粮食、土地、矿产、原材料等资源利用效率，加快资源利用方式根本转变。要深化农村集体经营性建设用地入市试点工作，严格条件、规范程序，探索解决改革中的深层次问题。要健全适应乡村特点、优质高效的乡村医疗卫生体系，让广大农民群众能够就近获得更加公平可及、系统连续的医疗卫生服务。

……

会议指出，健全关键核心技术攻关新型举国体制，要把政府、市场、社会有机结合起来，科学统筹、集中力量、优化机制、协同攻关。要加强战略谋划和系统布局，坚持国家战略目标导向，瞄准事关我国产业、经济和国家安全的若干重点领域及重大任务，明确主攻方向和核心技术突破口，重点研发具有先发优势的关键技术和引领未来发展的基础前沿技术。要加强党中央集中统一领导，建立权威的决策指挥体系。要构建协同攻关的组织运行机制，高效配置科技力量和创新资源，强化跨领域跨学科协同攻关，形成关键核心技术攻关强大合力。要推动有效市场和有为政府更好结合，强化企业技术创新主体地位，加快转变政府科技管理职能，营造良好创新生态，激发创新主体活力。

……

会议强调，推进农村集体经营性建设用地入市改革，事关农民切身利益，涉及各方面利益重大调整，必须审慎稳妥推进。试点县（市、区）数量要稳妥可控。要坚持同地同权同责，在符合规划、用途管制和依法取得前提下，推进农村集体经营性建设用地与国有建设用地同等入市、同权同价，在城乡统一的建设用地市场中交易，适用相同规则，接受市场监管。要坚持节约集约用地，坚持先规划后建设，合理布局各用途土地。要严守土地公有制性质不改变、耕地红线不突破、农民利益不受损，落实永久基本农田、生态保护红线、城镇开发边界等空间管控要求。

会议指出，党的十八大以来，党中央高度重视和加强乡村医疗卫生体系建设，从完善基础设施条件、人员队伍建设、机构运行机制等方面采取一系列举措，持续提升乡村医疗卫生服务能力，基本实现了农民群众公平享有基本医疗卫生服务。要重点强化县域内医疗卫生资源统筹和布局优化，合理配置乡村医疗资源。要加强人才培养和引进，统筹解决好乡村医生薪酬分配和待遇保障问题，打造一支专业化、规范化的乡村医生队伍。要提高农村地区医疗保障水平，强化乡村医疗卫生服务体系功能，加强疾病预防控制能力建设，加快构建起强大的公共卫生体系，为维护人民健康提供有力保障。

……

（来源：《人民日报》2022 年 9 月 7 日。原标题：习近平主持召开中央全面深化改革委员会第二十七次会议强调 健全关键核心技术攻关新型举国体制 全面加强资源节约工作）

# 从党的百年法治奋斗史中汲取智慧和力量 奋力推动新时代全面依法治国高质量发展

郭声琨

百年征程波澜壮阔，百年成就彪炳史册。党和人民百年奋斗书写了中华民族几千年历史上最恢宏的史诗，在法治领域取得的重大成就、积累的宝贵经验是其重要组成部分。这些重大成就和历史经验，揭示了党团结带领人民推进法治建设不断取得成功的根本保证，是党和人民共同创造的宝贵精神财富，为我们不断开创新时代全面依法治国新局面提供了丰厚滋养。

《中国共产党百年法治大事记》（以下简称《大事记》）的出版，是坚持唯物史观和正确党史观，弘扬伟大建党精神，深化法治领域党史学习教育的重大部署，是深入学习贯彻习近平法治思想，以史为鉴、开创未来的重要举措。要坚持以习近平法治思想为指导，从党的百年法治奋斗史中汲取智慧和力量，为全面建设社会主义现代化国家、实现中华民族伟大复兴的中国梦提供有力法治保障。

## 一、深刻领会总结党的百年法治奋斗重大成就和历史经验的重大意义

习近平总书记强调，“我们要用历史映照现实、远观未来，从中国共产党的百年奋斗中看清楚过去我们为什么能够成功、弄明白未来我们怎样才能继续成功，从而在新的征程上更加坚定、更加自觉地牢记初心使命、开创美好未来”①。

第一，总结党的百年法治奋斗史，是牢记初心使命、在新时代更好坚持

① 习近平：《在庆祝中国共产党成立100周年大会上的讲话》，载《求是》2021年第14期。

和推进全面依法治国的必然要求。党的百年法治奋斗史，就是一部矢志不渝运用法治为中国人民谋幸福、为中华民族谋复兴的奋斗史。这一百年，既是党领导人民进行革命、建设、改革伟大实践，迎来从站起来、富起来到强起来伟大飞跃的一百年，也是党领导人民追求法治、探索法治、建设法治、推进法治、厉行法治，迎来坚持全面依法治国、建设社会主义法治国家的一百年。总结运用好党的百年法治奋斗历史经验，才能更准确把法治建设的过去、现在、未来有机贯通起来，更深刻把握新时代为什么实行全面依法治国、怎样实行全面依法治国的历史逻辑、实践逻辑、理论逻辑、制度逻辑，在新征程上更好坚持和推进全面依法治国。

第二，总结党的百年法治奋斗史，是增强历史自信、坚定不移走中国特色社会主义法治道路的必然要求。党的历史是最生动、最有说服力的教科书。百年奋斗，我们党始终坚持从我国国情出发，团结带领人民深入探索并成功开辟了一条符合中国实际、赢得人民拥护、具有显著优势的中国特色社会主义法治道路。这条道路充分展示了党的优良法治传统、坚定法治信仰，充分体现了党始终坚持法治为民、奉法强国的强大决心意志，充分反映了中国特色社会主义制度的显著优越性和强大生命力。总结运用好党百年法治奋斗历史经验，有助于我们不断坚定“四个自信”，深化对法治建设历史规律的把握，看清楚我们所处的历史方位，更好运用历史智慧判断形势、把握主动，进一步增强坚定不移走中国特色社会主义法治道路的信心信念。

第三，总结党的百年法治奋斗史，是强化理论武装、深入学习贯彻习近平法治思想的必然要求。党百年来领导法治建设的丰富实践和宝贵经验是习近平法治思想的重要理论和实践来源。习近平法治思想在继承和发扬优良传统基础上，对党的百年法治奋斗历程进行科学总结，以新的视野、新的认识赋予其新的时代内涵、新的实践力量。奋进新征程，我们要更加深刻把握习近平法治思想与党的百年法治奋斗历史经验既一脉相承又与时俱进的伟大理论品格，不断强化理论武装、推进理论创新，真正学懂弄通悟透习近平法治思想这一强大思想武器，不断开创新时代全面依法治国新局面。

第四，总结党的百年法治奋斗史，是提高政治能力、深刻领悟“两个确立”决定性意义的必然要求。“两个确立”是党的十八大以来最重要的政治成果，是时代呼唤、历史选择、全党所愿、民心所向。历史充分证明，党的十八大以来，全面依法治国取得历史性成就、发生历史性变革，最根本的原因在于有习近平总书记作为党中央的核心、全党的核心掌舵领航，在于有习近平新时代中国特色社会主义思想特别是习近平法治思想科学指引。总结运用好党的百年法治奋斗历史经验，有助于我们从法治维度更加深刻领悟“两个确立”的决定性意义，更加深刻认识坚持党对全面依法治国集中统一领导的历史必然性。我们要把党的百年法治奋斗历史经验有效转化为坚定做到“两个维护”的思想自觉、政治自觉、行动自觉，确保全面依法治国各项工作始终沿着正确方向不断前进。

## 二、深刻把握党的百年法治奋斗重大成就和历史经验

一百年来，党领导人民进行伟大法治奋斗，在进取中突破、于挫折中奋进、自总结中提高，为中华民族迎来从站起来、富起来到强起来的伟大飞跃提供了坚实法治保障。从新民主主义革命浴血奋战中发端起源、持续探索，到社会主义革命和建设中革故鼎新、体系初成，从改革开放和社会主义现代化建设中恢复重建、加快完善，到新时代中国特色社会主义事业发展中守正创新、铸就辉煌，党领导人民走过的百年法治奋斗伟大征程，谱写了人类法治文明发展史上的壮丽篇章。

——党始终注重科学理论指引，马克思主义法治理论中国化取得重大成果。党从成立之初，就将马克思主义作为法治实践探索的理论指南。新民主主义革命时期、社会主义革命和建设时期，以毛泽东同志为主要代表的中国共产党人，将马克思主义法治理论与中国革命和建设实际相结合，提出一系列新民主主义、社会主义的法律思想和原则，成为毛泽东思想的重要组成部分。改革开放和社会主义现代化建设新时期，以邓小平、江泽民、胡锦涛同志为主要代表的中国共产党人，从新的实践和时代特征出发，对社会主义法治建设作出一系列重要论述，形成、丰富和发展了中国特色社会主义法治理论。党的十八大以来，以习近平同志为核心的党中央坚持把马克思主义法治理论与中国实际相结合、同中华优秀传统法律文化相结合，创造性提出关于全面依法治国一系列新理念新思想新战略，形成了习近平法治思想。习近平法治思想是当代中国马克思主义法治理论、21世纪马克思主义法治理论，是全面依法治国的根本遵循和行动指南。

——党始终注重加强和改进对法治建设的领导，全面依法治国总体格局

基本形成。从革命年代适应时局变化和不同阶段中心任务开展法制建设，到新中国成立后建立完善社会主义国家制度和法律制度，从党的十一届三中全会吹响恢复重建法治号角，到党的十五大确立依法治国基本方略，党对法治建设的领导不断加强。党的十八大以来，以习近平同志为核心的党中央高度重视对法治建设的系统谋划、整体推进，将全面依法治国纳入“四个全面”战略布局予以有力推进。党的十八届四中全会专题研究全面推进依法治国。党的十九大提出到2035年基本建成法治国家、法治政府、法治社会并作出系统部署。组建中央全面依法治国委员会，完善党领导立法、保证执法、支持司法、带头守法制度，统筹推进中国特色社会主义法治体系建设。2020年11月，党历史上第一次召开中央全面依法治国工作会议研究部署相关工作。加强顶层设计，制定法治国家、法治政府、法治社会建设的“一规划两纲要”，推动新时代全面依法治国从夯基垒台、立柱架梁迈入整体推进、重点突破新阶段。

——党始终注重依宪治国、依宪执政，宪法在治国理政中的地位和作用全面彰显。党始终高度重视宪法建设，从革命时期颁布中华苏维埃共和国宪法大纲、陕甘宁边区宪法原则，到新中国成立前夕通过的起临时宪法作用的中国人民政治协商会议共同纲领，这些探索和实践为新中国宪法制度发展积累了宝贵经验。从新中国第一部宪法“五四宪法”，到适应改革开放和社会主义现代化建设需要全面修改后施行的现行宪法，党通过制定实施宪法，有力推动和保障了党和国家事业发展。党的十八大以来，以习近平同志为核心的党中央强调依法治国首先是依宪治国、依法执政首先是依宪执政，设立国家宪法日，建立宪法宣誓制度，加强宪法实施监督，成立宪法监督专门机构，宪法在治国理政中的地位和作用达到前所未有高度。

——党始终注重推进良法善治、立法先行，中国特色社会主义法律体系形成并日益完善。党在成立初期领导工人运动时，就十分注重通过制定法令支持、推动革命斗争。新民主主义革命时期，中央苏区先后颁布120多部法律、法令，陕甘宁边区政权建立后制定了1000多部法律、法令，华北人民政府也制定颁布了200多项关于政治、经济、文化等各方面的法律法规，这些法制成果为巩固革命政权、夺取革命胜利发挥了重要作用。新中国成立后，在较短时间内制定了宪法、婚姻法等一系列重要法律制度，社会主义法制体系框架确立并逐步完善。党的十一届三中全会提出“加强社会主义法制”目标后，社会主义法律体系建设步伐明显加快。2011 年 3 月，十一届全国人大四次会议宣布中国特色社会主义法律体系已经形成。党的十八大以来，以习近平同志为核心的党中央强调科学立法、民主立法、依法立法，加快推进重点领域、新兴领域、涉外领域立法，完善立法体制机制，统筹推进立改废释，编纂民法典，加强法规规章备案审查，法律制度现代化建设取得历史性成就，以宪法为核心的中国特色社会主义法律体系更加完备。

——党始终注重推进依法行政、严格执法，法治政府建设持续加强。从中华苏维埃共和国临时中央政府成立后颁布关于组织机构、惩治贪污等一系列行政法律、法令，到陕甘宁边区政府推行“精兵简政”，依法行政是政府一以贯之的基本原则。新中国成立后，各级人民政府相继建立，真正实现了人民通过各种途径和形式依法管理国家事务、管理经济文化事业、管理社会事务。改革开放后，先后进行八次政府机构改革，政府规模不断缩减、职能不断优化。党的十八大以来，以习近平同志为核心的党中央强调建设人民满意的法治政府。连续颁布实施两个五年纲要，接力推进法治政府建设向纵深发展；政府法律顾问制度普遍建立，科学决策、民主决策、依法决策水平明显提升；行政执法体制改革深入推进，严格规范公正文明执法水平不断提高；“放管服”改革持续深化，市场化法治化国际化营商环境日趋完善，政府治理体系和治理能力现代化取得突破性进展。

——党始终注重推进司法为民、公正司法，社会主义司法体制机制不断完善。早在 1922 年，党发表的对于时局的主张中就包含改良司法制度、废止肉刑等内容。从领导工人运动时设立仲裁部、军法处等具有司法裁判性质的机构，到中华苏维埃政府设立最高法院、工农检察部等，司法始终是党团结人民群众、维护人民利益的有力武器。新中国成立后，划清了新旧司法制度界限，明确了司法工作目标和任务，建立起较为完整的司法体系。改革开放后，司法机关依法独立行使职权得到进一步加强，确立实施宽严相济的司法政策，司法体制改革正式启动，司法工作发展进入快车道。党的十八大以来，以习近平同志为核心的党中央强调要让人民群众在每一个司法案件中感受到公平正义，加快推进司法体制改革，全面实施司法责任制和员额制，深入推进以审判为中心的诉讼制度改革，司法职权配置不断优化，一批重大冤错案件得到纠正，司法质量、效率和公信力显著提高，人民群众对司法公正的获得感明显增强。

——党始终注重推进法治为了人民、依靠人民，法治社会建设不断展现新气象。党在成立之初，就将为了群众、依靠群众作为法治实践探索的重要导向。从土地革命时期组织工会、农会开展革命斗争，召开工农兵代表大会选举产生苏维埃政府，到陕甘宁边区依靠乡村农民大会及其选出的委员会等群众自治组织实施土地制度改革，党的群众路线贯穿始终。新中国成立后，党建立并不断完善人民参与社会治理的体制机制和法律制度，“枫桥经验”成为贯彻群众路线化解矛盾的典范。改革开放后，党制定实施了第一个五年普法规划，并提出要把依法治国与以德治国紧密结合，人民群众依法参与社会治理渠道不断拓宽。党的十八大以来，以习近平同志为核心的党中央不断推动健全自治、法治、德治相融合的基层治理体系，着力提升社会治理法治化水平。坚持和发展新时代“枫桥经验”，社会矛盾纠纷多元预防调处化解机制进一步完善。覆盖城乡、便捷高效、均等普惠的现代公共法律服务体系建设持续推进。“七五”普法圆满完成，“八五”普法顺利实施，全社会法治观念进一步增强，全民守法迈出新步伐。

——党始终注重做国际法治的倡导者和维护者，为构建人类法治文明新形态提供中国智慧和中国方案。从革命年代党派代表参加联合国制宪会议，到新中国成立后，审时度势推动恢复我国在联合国的一切合法权利，从倡导和坚持和平共处五项原则，旗帜鲜明反对帝国主义、霸权主义、殖民主义、种族主义，到改革开放后提出和平和发展是时代主题，推动建立公正合理的国际政治经济新秩序，中国为维护世界和平与稳定作出了积极贡献。党的十八大以来，在以习近平同志为核心的党中央坚强领导下，统筹推进国内法治和涉外法治，我国法域外适用法律体系不断完善，国际执法安全合作成果丰硕，反腐败国际合作成效显著。坚定维护以国际法为基础的国际秩序、以联合国宪章和原则为基础的国际关系基本准则，积极参与国际规则制定完善，推动国际治理体系变革，提出构建人类命运共同体重要理念，中国特色社会主义法治文明为人类发展进步作出新贡献。

党的百年法治奋斗历程蕴含着丰富的历史经验。比如，要坚持党的领导，在政治立场、政治方向、政治原则、政治道路上同党中央保持高度一致。要坚持人民至上，把体现人民利益、反映人民愿望、维护人民权益、增进人民福祉落实到全面依法治国各领域全过程。要坚持理论创新，不断运用马克思主义法治理论中国化最新成果引领、指导法治建设实践。要坚持中国道路，始终立足中国国情、扎根中国文化、解决中国问题，坚定不移走中国特色社会主义法治道路。要坚持服务大局，充分发挥法治固根本、稳预期、利长远的重要保障作用。对这些宝贵历史经验，要深入总结、倍加珍惜、长期坚持，在新时代全面依法治国实践中不断丰富和发展。

## 三、深入学习宣传《大事记》，不断为建设良法善治的法治中国注入强大精神动力

习近平总书记强调，“深入推进党史学习教育，进一步做到学史明理、学史增信、学史崇德、学史力行，教育引导全党同志学党史、悟思想、办实事、开新局”[①]。我们要把学习党的百年法治奋斗史同总结经验、观照现实、推动工作紧密结合起来，始终掌握新时代推进全面依法治国的历史主动，切实把学习成效转化为建设法治中国的强大信心和动力。

第一，进一步感悟思想伟力，坚持不懈用习近平法治思想武装头脑。新时代全面依法治国取得的历史性成就充分证明，习近平法治思想是推进全面依法治国必须始终坚持的指导思想。要引导广大党员干部读原文学原著悟原理，在学习党的百年法治奋斗史中更加深刻认识把握习近平法治思想的理论渊源、实践基础、丰富内涵、重大意义，切实做到学懂弄通做实。要持续加强对习近平法治思想原创性贡献的研究阐释，结合新的实践、立足时代要求，推动这一马克思主义法治理论中国化重大理论创新成果在中国大地上展现出更强大的真理力量。

第二，进一步增强大局观念，坚持不懈推动法治保障服务党和国家中心工作。总结历史经验，是为了更好凝心聚力、推动工作。要强化系统思维，坚持法治国家、法治政府、法治社会一体建设，围绕建设中国特色社会主义法治体系、建设社会主义法治国家总目标，不断推进国家治理体系和治理能力现代化。要强化战略思维，围绕国家重大发展战略做好法治支撑，准确判断法治建设面临的时代要求，不断提高保障服务党和国家中心工作的预见性、创造性。要强化底线思维，不断提升运用法治方式应对风险挑战的能力和水

① 《习近平：继续把党史总结学习教育宣传引向深入 更好把握和运用党的百年奋斗历史经验》，载《人民日报》2022年1月12日。

平，依法做好疫情防控，续写社会长期稳定奇迹，有效维护国家主权、安全、发展利益。

第三，进一步强化宗旨意识，坚持不懈增强人民群众法治获得感幸福感安全感。历史经验表明，只有坚持为了人民、依靠人民，党的事业才能立于不败之地。要坚持以人民为中心，把学习党的百年法治奋斗史同依法维护人民群众根本权益结合起来，真正让人民群众在每一项法律制度、每一个执法决定、每一宗司法案件中感受到公平正义。要坚持把人民群众对美好生活的向往作为奋斗目标，不断健全有利于实现共同富裕的法律制度体系，推动改革发展成果更公平惠及全体人民。要围绕提升政务服务效能、加大重点领域执法司法力度、加强公共法律服务等，切实解决人民群众在法治领域的急难愁盼问题，继续开展好“我为群众办实事”实践活动。

第四，进一步弘扬创新精神，坚持不懈推动法治领域改革发展。唯有开拓创新，才能适应潮流、赢得主动。要持续深化司法体制改革，继续深入推进以审判为中心的刑事诉讼制度改革、民事诉讼繁简分流改革、公益诉讼制度改革等，健全司法制约监督机制，不断健全公正高效权威的社会主义司法制度。要围绕完善国家行政体制、优化政府职责体系，继续深入推进行政执法体制改革、“放管服”改革、行政复议体制改革等，创新行政方式，提高行政效能，加快建设人民满意的法治政府。要全面深化法治领域改革，对党的十八大以来法治领域改革经验做法和短板不足进行全面评估，研究提出并推动落实新一轮法治领域改革的意见措施。

第五，进一步坚定历史自信，坚持不懈筑牢“关键少数”和法治工作队伍法治信仰。学习党的百年法治奋斗史，对于引导各级领导干部和法治工作队伍筑牢信仰之基、补足精神之钙意义重大。要用好领导干部学法用法制度，推动将党的百年法治奋斗史纳入各级党校（行政学院）教育培训课程内容，进一步筑牢“关键少数”的法治信仰。要完善法治工作队伍党史学习教育常态化长效化机制，把党的百年法治奋斗史作为必修课、常修课，着力建设一支忠于党、忠于国家、忠于人民、忠于法律的法治工作队伍。要着眼提升政法队伍建设实效，把学习党的百年法治奋斗史作为重要抓手，进一步提升政法系统自我革命意识、忠诚履职能力。

在实现第二个百年奋斗目标赶考路上，我们要传承弘扬党百年法治奋斗的历史经验，深刻领悟“两个确立”的决定性意义，增强“四个意识”、坚定

"四个自信"、做到"两个维护"，不断提高政治判断力、政治领悟力、政治执行力，自觉在思想上政治上行动上同以习近平同志为核心的党中央保持高度一致，为建设良法善治的法治中国不懈奋斗！

（来源：《求是》2022年第12期）

# 第二篇

## 推进落实

# 在习近平法治思想旗帜指引下 奋力推进新时代人民法院工作高质量发展

中共最高人民法院党组

党的十八大以来，在以习近平同志为核心的党中央坚强领导下，最高人民法院党组坚持以习近平新时代中国特色社会主义思想为指导，深入贯彻习近平法治思想，深刻领悟“两个确立”的决定性意义，增强“四个意识”、坚定“四个自信”、做到“两个维护”，毫不动摇坚持党对司法工作的绝对领导，坚定不移走中国特色社会主义法治道路，团结带领全国法院切实履行维护国家政治安全、确保社会大局稳定、促进社会公平正义、保障人民安居乐业的职责任务，人民司法事业在新时代取得历史性成就、发生历史性变革，为建设更高水平的平安中国、法治中国作出积极贡献，为全面建设社会主义现代化国家提供有力司法服务。

党对司法工作的绝对领导全面加强。党的领导是中国特色社会主义法治之魂。习近平总书记连续八年主持中央政治局常委会会议听取最高人民法院党组工作汇报，定向领航新时代人民司法事业发展。人民法院始终以党的旗帜为旗帜、以党的意志为意志、以党的使命为使命，把坚持党的绝对领导深深融入血脉之中。始终把坚决做到“两个维护”作为首要任务并贯穿服务大局、司法为民、公正司法全过程，不断提高政治判断力、政治领悟力、政治执行力，以具体行动践行“维护核心、绝对忠诚、听党指挥、勇于担当”政治要求。坚持以习近平新时代中国特色社会主义思想武装头脑、指导实践、推动工作，真学真信笃行习近平法治思想，在审判执行工作中不折不扣贯彻党的理论和路线方针政策，不断增强用党的创新理论指导实践、解决问题、推动工作的能力水平。旗帜鲜明讲政治，坚持从政治上观察和处理问题、认识和推动司法工作，自觉把讲政治和讲法律统一起来，把执行党的路线方针政策同执行国家法律统一起来，通过充分履行司法职能保障宪法法律正确实施，坚决落实和维护党的全面领导。

精准服务大局能力明显提高。中国特色社会主义实践向前推进一步，法治建设就要跟进一步。人民法院始终牢记“国之大者”，全面落实统筹发展和安全，紧紧围绕经济社会发展大局稳定履职尽责，努力做到党中央决策部署到哪里，人民法院工作落实就跟进到哪里，切实把政治建设成果体现为服务经济社会高质量发展的实际成效。全面贯彻总体国家安全观，依法惩治各类刑事犯罪，立足司法职能防范化解重大风险，坚决完成扫黑除恶审判执行任务，加大对新型网络犯罪惩治力度，推动解决“针尖上”“舌尖上”“头顶上”“脚底下”等关系群众生产生活安全问题，切实履行好维护国家安全、社会安定、人民安宁的重大责任。依法纠正聂树斌案、呼格吉勒图案、张文中案等一批冤错案件，让人权司法保障更加有力、产权司法保护更为有效。完整、准确、全面贯彻新发展理念，依法服务构建新发展格局、推动高质量发展。主动对接三大攻坚战、区域协调发展、知识产权强国、乡村全面振兴等重大战略实施，出台一系列司法服务政策，审理一批标志性案件。着力营造市场化、法治化、国际化营商环境，精准服务“六稳”“六保”，切实为中小微企业纾困解难，不断提高司法质量、效率和透明度，助推我国营商环境国际排名大幅提升。坚定不移贯彻对外开放基本国策，依法服务统筹推进国内法治和涉外法治。围绕共建“一带一路”高质量发展、自贸试验区、自由贸易港建设强化司法服务，推进国际商事争端解决机制和国际海事司法中心建设，平等保护中外当事人合法权益，深化国际司法交流与合作，中国司法国际公信力和影响力日益提升。

中国特色司法为民之路越走越宽。坚持以人民为中心，是中国特色社会主义法治的本质要求。人民法院坚决贯彻以人民为中心的发展思想，牢记民心是最大的政治，正义是最强的力量，深入践行司法为民宗旨，及时高效便捷化解矛盾纠纷，依法保障人民安居乐业，努力让人民群众切实感受到公平正义就在身边。牢固树立新时代正确司法理念，把握社会公平正义这一法治价值追求，教育引导法院干警把“努力让人民群众在每一个司法案件中感受到公平正义”目标记在心里、扛在肩上、落实到行动中。兼顾国法天理人情，纠正偏离人民立场、机械司法、就案办案的错误做法，坚持以法为据、以理服人、以情感人，努力实现法律效果、政治效果、社会效果相统一。大力弘扬社会主义核心价值观，旗帜鲜明保护英烈权益，保护诚实守信，惩治违法失德，着力破解长期困扰群众的“扶不扶”“劝不劝”“追不追”“救不救”等法律和道德风险，坚决同“和稀泥”做法说不，让新时代司法有力量、有是非、有温度。始终把人民群众呼声作为第一信号。人民群众反映立案难，就着力解决立案难，从全面实行立案登记制到广泛推行跨域立案诉讼服务，千百年来的立案难问题真正成为历史。人民群众反映执行难，就着力解决执行难，用三年时间打赢基本解决执行难攻坚战，形成中国特色执行制度、机制和模式，并向着切实解决执行难不断迈进。聚焦解决老百姓在打官司过程中的急难愁盼问题，坚持和发展新时代“枫桥经验”，大力推进替代性纠纷解决机制和在线纠纷解决机制建设，方便群众公正、高效、实质性化解矛盾纠纷。我国现已建成世界上联动资源最多、在线调解最全、服务对象最广的中国特色一站式多元纠纷解决和诉讼服务体系，司法为民的中国品牌成色更足、底色更亮。

司法体制改革和智慧法院建设双轮驱动。解决法治领域的突出问题，根本途径在于改革。人民法院坚决落实党中央司法改革部署，奔着问题去、迎着困难上，着力解决影响司法公正、制约司法能力的深层次问题，破解体制性、机制性、保障性障碍。司法体制改革从夯基垒台到积厚成势，司法质量、效率和公信力不断提升，公正高效权威的社会主义司法制度更加成熟定型。落实司法责任制，实行法官员额制，完善司法人员分类管理，推进以审判为中心的诉讼制度改革，深化认罪认罚从宽制度改革，完善人民陪审员制度，健全人民法院组织体系，开展民事诉讼程序繁简分流试点，健全司法制约监督体系，完善统一法律适用机制，深化司法体制综合配套改革，完善四级法院审级职能定位……一项项改革落地见效，新的司法管理体制、司法权力运行机制逐步形成，公平正义成为新时代的鲜亮底色。推进司法改革与现代科技深度融合，用科技手段赋能司法、保障权益、维护公正，完善和发展中国特色社会主义司法制度。智慧法院建设迭代升级，实现全业务网上办理、全流程依法公开、全方位智能服务，在疫情防控中“大显身手”，保障“审判执行不停摆、公平正义不止步”。建成开放动态透明便民的阳光司法机制，让公平正义看得见、能评价、可监督。从全球首个互联网法院落户杭州，到人民法院在线诉讼、在线调解、在线运行三大规则及区块链司法应用意见相继出台，中国互联网司法从技术领先迈向规则领先，为人民创造更高水平数字正义的前进步伐更加坚定。

法院队伍经受了革命性锻造。全面推进依法治国，建设一支德才兼备的高素质法治队伍至关重要。人民法院按照习近平总书记提出的“政治过硬、业务过硬、责任过硬、纪律过硬、作风过硬”要求，加强法院队伍革命化、正规化、专业化、职业化建设，着力锻造一支党和人民信得过、靠得住、能放心的过硬法院队伍。始终以党的政治建设为统领，以党建带队建促审判，深入开展强化政治机关意识教育和“坚持党对司法工作的绝对领导、坚持中国特色社会主义法治道路”专题教育，严明政治纪律和政治规矩，确保法院队伍绝对忠诚、绝对纯洁、绝对可靠。始终把专业化建设摆到更加重要的位置来抓，突出实战、实用、实效导向，健全高层次专业化人才培养机制，全面提升法院干警法律政策运用能力、防控风险能力、群众工作能力、科技应用能力、舆论引导能力，不断提高法院干警在新时代履职尽责、定分止争的能力水平。坚持全面从严管党治警，持之以恒严格教育、严格管理、严格监督，驰而不息纠治“四风”，严格落实“三严三实”要求，坚持以零容忍态度严惩司法腐败，一体推进不敢腐、不能腐、不想腐，严格执行防止干预司法“三个规定”、新时代政法干警“十个严禁”等铁规禁令，确保公正廉洁司法。经过不懈努力，特别是法院队伍教育整顿洗礼，全国法院政治生态持续优化，纪律作风明显好转，队伍素质能力不断增强，涌现出邹碧华、方金刚、周春梅等一大批司法为民、公正司法的先进典型，展现了新时代法院队伍忠于党、忠于国家、忠于人民、忠于法律的政治本色。

新时代人民法院工作的发展进步，最根本在于习近平总书记作为党中央的核心、全党的核心掌舵领航，在于习近平新时代中国特色社会主义思想科学指引，是习近平法治思想在司法领域的生动实践。新时代新征程上，我们要更加紧密地团结在以习近平同志为核心的党中央周围，在习近平法治思想旗帜指引下，坚定不移沿着中国特色社会主义法治道路奋勇前进，努力创造更高水平的社会主义司法文明，以更加昂扬的姿态奋进新征程、建功新时代，为实现第二个百年奋斗目标提供有力司法服务，以实际行动迎接党的二十大胜利召开。

（来源：《旗帜》2022年第6期）

# 在习近平法治思想指引下阔步向前

中共最高人民法院党组

法治兴则民族兴，法治强则国家强。党的十八大以来，以习近平同志为核心的党中央从实现党执政兴国、人民幸福安康、国家长治久安的全局高度，定位法治、布局法治、厉行法治，把全面依法治国纳入“四个全面”战略布局有力推进，习近平法治思想领航法治中国建设阔步向前，谱写了“中国之治”新篇章，开辟了社会主义法治理论与实践的新境界。党对全面依法治国的领导更加坚强有力，全面依法治国总体格局基本形成，中国特色社会主义法治体系不断健全，法治国家、法治政府、法治社会建设迈出坚实步伐，科学立法、严格执法、公正司法、全民守法取得重大进展，法治领域改革以前所未有的广度和深度向前推进，法治固根本、稳预期、利长远的保障作用进一步发挥，人民群众对公平正义的获得感明显增强，我国社会主义法治建设发生历史性变革、取得历史性成就。习近平法治思想在指引中国特色社会主义法治体系建设、社会主义法治国家建设取得历史性成就的进程中，彰显了作为当代中国马克思主义法治理论、21 世纪马克思主义法治理论的强大真理力量、独特思想魅力和磅礴实践伟力。

公正司法是全面依法治国的重要一环。在以习近平同志为核心的党中央坚强领导下，人民法院坚持以习近平新时代中国特色社会主义思想为指导，深入贯彻习近平法治思想，深刻领悟“两个确立”的决定性意义，增强“四个意识”、坚定“四个自信”、做到“两个维护”，毫不动摇坚持党对司法工作的绝对领导，坚定不移走中国特色社会主义法治道路，紧紧围绕“努力让人民群众在每一个司法案件中感受到公平正义”目标，坚持服务大局、司法为民、公正司法，纵深推进司法体制改革和智慧法院建设，审判体系和审判能力现代化水平不断提高，人民法院工作从理念到实践、从体制到机制、从作风到能力都发生了深刻变革、实现了长足发展，为建设更高水平的平安中国、法治中国作出积极贡献，为全面建设社会主义现代化国家提供有力司法服务。

党对司法工作的绝对领导全面加强。习近平总书记指出，党的领导是中国特色社会主义法治之魂，是我们的法治同西方资本主义国家的法治最大的区别。① 习近平总书记连续八年主持中央政治局常委会会议听取最高人民法院党组工作汇报，定向领航新时代人民司法事业发展。人民法院始终以党的旗帜为旗帜、以党的方向为方向、以党的意志为意志，把坚持党的绝对领导深深铭刻在灵魂中、熔铸在血液里。始终把坚决做到“两个维护”作为首要任务并贯穿服务大局、司法为民、公正司法全过程，不断提高政治判断力、政治领悟力、政治执行力，以实际行动践行“维护核心、绝对忠诚、听党指挥、勇于担当”政治要求。真学真信笃行习近平法治思想，在审判执行工作中不折不扣贯彻党的理论和路线方针政策，不断增强用党的创新理论指导实践、解决问题、推动工作的能力水平。坚持从政治上观察和处理问题、认识和推动司法工作，自觉把讲政治和讲法律统一起来，把执行党的路线方针政策同执行国家法律统一起来，通过充分履行司法职能保障宪法法律正确实施，坚决落实和维护党的全面领导。

服务大局能力水平明显提高。习近平总书记强调，中国特色社会主义实践向前推进一步，法治建设就要跟进一步。② 人民法院始终牢记“国之大者”，全面落实统筹发展和安全要求，立足司法发挥法治对改革发展稳定的引领、规范、保障作用，紧紧围绕经济社会发展大局稳定履职尽责，努力做到党中央决策部署到哪里，人民法院工作落实就跟进到哪里。全面贯彻总体国家安全观，依法惩治各类刑事犯罪，防范化解重大风险，坚决完成扫黑除恶审判执行任务，加大对新型网络犯罪惩治力度，推动解决“针尖上”“舌尖上”“头顶上”“脚底下”等关系群众生产生活安全问题，切实履行维护国家安全、社会安定、人民安宁的重大责任。依法纠正聂树斌案、呼格吉勒图案、张文中案等一批冤错案件，让人权司法保障更加有力、产权司法保护更为有效。完整、准确、全面贯彻新发展理念，依法服务构建新发展格局、推动高质量发展。围绕服务三大攻坚战、区域协调发展、知识产权强国、乡村全面振兴、生态保护修复等重大战略实施，出台一系列司法政策，审理一批标志性案件。

---

① 参见习近平：《论坚持全面依法治国》，中央文献出版社 2020 年版，第 272 页。

② 参见习近平：《推进全面依法治国 发挥法治在国家治理体系和治理能力现代化中的积极作用》，载《求是》2020 年第 22 期。

围绕高效统筹疫情防控和经济社会发展，落实依法防控疫情的要求，依法惩治涉疫犯罪，源头预防化解涉疫矛盾，出台司法助力中小微企业发展20条等司法举措和处理涉疫民商事案件系列司法政策，切实为市场主体纾困解难，精准服务“六稳”“六保”。着力营造市场化、法治化、国际化营商环境，不断提高司法质量、效率和透明度，助推我国营商环境国际排名大幅提升。围绕统筹推进国内法治和涉外法治，坚定不移贯彻对外开放基本国策，坚决维护国家主权、安全、发展利益，全面提升涉外司法质效，中国司法国际公信力和影响力日益提升。跟进完善服务共建“一带一路”高质量发展、自贸试验区、自由贸易港建设等司法举措，完善国际商事争端解决机制，建设国际海事司法中心，平等保护中外当事人合法权益，依法服务高水平对外开放。深化国际司法交流互鉴和务实合作，与相关国家和国际组织发布世界执行大会上海宣言、世界互联网法治论坛乌镇宣言、世界环境司法大会昆明宣言，积极参与知识产权、生态环境、数字经济全球治理，为推动构建人类命运共同体贡献中国法治的智慧和力量。

中国特色司法为民之路越走越宽广。习近平总书记指出，全面依法治国最广泛、最深厚的基础是人民，必须坚持为了人民、依靠人民。[①] 人民法院坚决贯彻以人民为中心的发展思想，牢记民心是最大的政治，正义是最强的力量，深入践行司法为民宗旨，依法保障人民权益，及时高效便捷化解矛盾纠纷，努力让人民群众切实感受到公平正义就在身边。牢固树立新时代正确司法理念，把握社会公平正义这一法治价值追求，全国法院干警把“努力让人民群众在每一个司法案件中感受到公平正义”目标记在心里、扛在肩上、落实到行动中。兼顾国法天理人情，积极回应人民群众朴素正义观，纠正偏离人民立场、机械司法、就案办案的错误做法，坚持以法为据、以理服人、以情感人，努力做到既解决案件“法结”，又解开群众“心结”。大力弘扬社会主义核心价值观，旗帜鲜明保护英烈权益，保护诚实守信，惩治违法失德，着力破解长期困扰群众的“扶不扶”“劝不劝”“追不追”“救不救”等法律和道德风险，坚决同“和稀泥”做法说不，让新时代司法有力量、有是非、有温度。久久为功加强民生司法保障，深化家事审判改革，维护公平就业权利，

① 参见习近平：《坚定不移走中国特色社会主义法治道路 为全面建设社会主义现代化国家提供有力法治保障》，载《求是》2021年第6期。

推进城乡居民人身损害赔偿标准统一，保护网络消费者、新业态劳动者合法权益，近十年妥善审结涉教育、就业、医疗、养老、消费、住房、社会保障等民生案件超过3000万件，用法治保障人民安居乐业。始终把人民群众呼声作为第一信号。人民群众反映立案难，就着力解决立案难，从全面实行立案登记制到广泛推行跨域立案诉讼服务，千百年来的立案难问题真正成为历史。人民群众反映执行难，就着力解决执行难，用三年时间打赢基本解决执行难攻坚战，财产网络查控、司法网络拍卖大大提高胜诉权益兑现效能，中国特色执行制度、机制和模式更加健全、更加有力。聚焦解决老百姓在打官司过程中的急难愁盼问题，坚持和发展新时代“枫桥经验”，积极创建“枫桥式人民法庭”，大力推进替代性纠纷解决机制和在线纠纷解决机制建设，方便群众公正、高效、实质性化解矛盾纠纷。我国现已建成世界上联动资源最多、在线调解最全、服务对象最广的中国特色一站式多元纠纷解决和诉讼服务体系，司法为民的中国品牌成色更足、底色更亮。

司法体制改革积厚成势。习近平总书记强调，解决法治领域的突出问题，根本途径在于改革。① 人民法院坚决落实党中央司法改革部署，奔着问题去、迎着困难上，着力解决影响司法公正、制约司法能力的深层次问题，破解体制性、机制性、保障性障碍。司法体制改革从夯基垒台到积厚成势，司法质量、效率和公信力不断提升，公正高效权威的社会主义司法制度更加成熟定型。全面落实司法责任制，实行法官员额制，完善司法人员分类管理，不断健全“让审理者裁判、由裁判者负责”的新型审判权力运行机制。推进以审判为中心的诉讼制度改革，落实庭前会议、法庭调查、非法证据排除三项规程，努力以法庭审判的程序公正实现案件裁判的实体公正。深化认罪认罚从宽制度改革，开展民事诉讼程序繁简分流试点，加快构建立体化、多元化、精细化的诉讼程序体系。设立最高人民法院巡回法庭，健全人民法院组织体系，完善人民陪审员制度，健全司法制约监督体系，完善统一法律适用机制，深化司法体制综合配套改革，完善四级法院审级职能定位……一项项改革落地见效，新的司法管理体制、司法权力运行机制逐步形成，公平正义成为新时代的鲜明底色。

智慧法院建设迭代升级。习近平总书记指出，要遵循司法规律，把深化

① 参见习近平：《加快建设社会主义法治国家》，载《求是》2015年第1期。

司法体制改革和现代科技应用结合起来，不断完善和发展中国特色社会主义司法制度。[①] 人民法院充分运用现代科技，把智慧法院建设作为审判体系和审判能力现代化的双轮驱动之一，坚持用科技手段赋能司法、保障权益、维护公正。全国四级法院和人民法庭一张网办公办案，建设形成全业务网上办理、全流程依法公开、全方位智能服务的智慧法院，疫情防控中智慧法院"大显身手"，有力保障"审判执行不停摆、公平正义不止步"。深化司法公开，坚持以公开促公正，努力让暗箱操作没有空间，让司法腐败无法藏身，让公平正义看得见、能评价、可监督。建成审判流程、庭审活动、裁判文书、执行信息四大公开平台，建设减刑假释案件全流程公开的信息网，开放动态透明便民的阳光司法机制已经形成，成为展示中国司法公正的重要窗口、彰显司法制度自信的亮丽名片。从全球首个互联网法院落户杭州，到人民法院在线诉讼、在线调解、在线运行三大规则和加强区块链司法应用意见相继出台，中国互联网司法从技术领先逐步迈向规则领先，为全球互联网法治发展提供了中国方案，人民法院为人民创造更高水平数字正义的步伐更加坚定。

法院队伍经受了革命性锻造。习近平总书记强调，全面推进依法治国，首先要把专门队伍建设好。[②] 人民法院按照习近平总书记提出的"政治过硬、业务过硬、责任过硬、纪律过硬、作风过硬"要求，加强法院队伍革命化、正规化、专业化、职业化建设，着力锻造党和人民信得过、靠得住、能放心的过硬法院队伍。始终以党的政治建设为统领，以党建带队建促审判，深入开展强化政治机关意识教育和"坚持党对司法工作的绝对领导、坚持中国特色社会主义法治道路"专题教育，严明政治纪律和政治规矩，确保法院队伍绝对忠诚、绝对纯洁、绝对可靠。坚持加强理想信念教育，引导法院干警牢固树立社会主义法治理念，恪守职业道德，信仰法律、坚守法治，端稳天平、握牢法槌，铁面无私、秉公司法。始终把专业化建设摆到更加重要的位置来抓，突出实战、实用、实效导向，健全高层次专业化人才培养机制，全面提升法律政策运用能力、防控风险能力、群众工作能力、科技应用能力、舆论引导能力，提高法院干警在新时代履职尽责、定分止争的能力水平。全面从

① 参见《习近平：坚定不移推进司法体制改革 坚定不移走中国特色社会主义法治道路》，载《人民日报》2017年7月11日。

② 参见习近平：《坚定不移走中国特色社会主义法治道路 为全面建设社会主义现代化国家提供有力法治保障》，载《求是》2021年第6期。

严管党治警，勇于自我革命，坚持严格教育、严格管理、严格监督，驰而不息纠治“四风”，严格落实“三严三实”要求，以零容忍态度严惩司法腐败，一体推进不敢腐、不能腐、不想腐，严格执行防止干预司法“三个规定”、新时代政法干警“十个严禁”等铁规禁令，确保公正廉洁司法。经过不懈努力，特别是队伍教育整顿洗礼，全国法院政治生态持续优化，纪律作风明显好转，队伍素质能力不断增强，涌现出邹碧华、方金刚、周春梅、杨军等一大批司法为民、公正司法的先进典型，展现了新时代法院队伍忠于党、忠于国家、忠于人民、忠于法律的政治本色。

新征程上，我们要更加紧密地团结在以习近平同志为核心的党中央周围，在习近平法治思想旗帜指引下，坚定不移沿着中国特色社会主义法治道路奋勇前进，努力创造更高水平的社会主义司法文明，更好履行维护国家政治安全、确保社会大局稳定、促进社会公平正义、保障人民安居乐业的职责任务，以更加昂扬的姿态奋进新征程、建功新时代，为实现第二个百年奋斗目标提供有力司法服务，以实际行动迎接党的二十大胜利召开。

（来源：《人民日报》2022年7月6日）

# 最高人民法院工作报告

——2022年3月8日在第十三届全国人民代表大会第五次会议上

最高人民法院院长　周　强

各位代表：

现在，我代表最高人民法院，向大会报告工作，请予审议，并请全国政协各位委员提出意见。

## 2021年主要工作

2021年，在以习近平同志为核心的党中央坚强领导下，在全国人大及其常委会有力监督下，最高人民法院坚持以习近平新时代中国特色社会主义思想为指导，深入贯彻习近平法治思想，全面贯彻党的十九大和十九届历次全会精神，认真落实十三届全国人大四次会议决议，深入领会“两个确立”的决定性意义，增强“四个意识”、坚定“四个自信”、做到“两个维护”，坚定不移走中国特色社会主义法治道路，紧紧围绕“努力让人民群众在每一个司法案件中感受到公平正义”目标，坚持服务大局、司法为民、公正司法，忠实履行宪法法律赋予的职责，各项工作取得新进展。最高人民法院受理案件33602件，审结28720件，制定司法解释24件，发布指导性案例31个，加强对全国法院审判工作的监督指导；地方各级人民法院和专门人民法院受理案件3351.6万件，审结、执结3010.4万件，结案标的额8.3万亿元。通过发挥审判职能作用，推动建设更高水平的平安中国、法治中国，为实现“十四五”良好开局提供有力司法服务和保障。

## 一、坚决维护国家安全和社会稳定

认真贯彻总体国家安全观，依法惩治各类犯罪。各级法院审结一审刑事案件125.6万件，判处罪犯171.5万人。八类主要刑事犯罪案件持续处于低位，占全部刑事案件比重稳步下降，我国是世界上最安全的国家之一。

严惩危害国家安全和社会治安犯罪。严惩煽动颠覆国家政权、间谍窃密、邪教等犯罪，坚决维护国家政权安全、制度安全。对资助危害国家安全活动的李亨利依法定罪判刑。审结网络传销、网络赌博、非法利用信息网络等犯罪案件9.2万件，维护互联网安全。严惩危害生物安全犯罪，维护国家生物安全，保障人民生命安全和身体健康。审结杀人、放火、抢劫等严重暴力犯罪案件4.9万件。会同公安部等出台惩治涉枪涉爆犯罪意见，审结相关案件9984件。审结毒品犯罪案件5.6万件，严厉打击走私、制造毒品等源头性犯罪。审结拐卖妇女儿童犯罪案件541件。审结袭警犯罪案件4586件。严惩暴力伤医犯罪，保障医务人员安全和正常医疗秩序，为医务人员和广大患者创造良好诊疗环境。人民法院准确贯彻死刑政策，对严重危害公共安全、严重影响群众安全感的犯罪，对残害妇女儿童、老年人等挑战法律和伦理底线的犯罪，论罪当判死刑的，依法判处并核准死刑，坚决维护法治权威，坚决捍卫公平正义。

依法维护疫情防控秩序。审结涉疫犯罪案件9653件。对故意隐瞒中高风险地区行程、违规接诊发热患者、伪造售卖核酸检测报告、“涉疫偷渡”等犯罪严惩不贷。会同海关总署等发布打击海上跨境走私犯罪意见，严惩走私冻品犯罪，防范疫情传播风险。

常态化开展扫黑除恶斗争。健全常态化扫黑除恶机制，防止黑恶势力“死灰复燃”。加快案件清结，审结涉黑涉恶犯罪案件3409件18360人。推进黑财清底，执行到位财产刑及追缴、没收违法所得405.7亿元，坚决摧毁黑恶势力经济基础。推进专项整治，发出相关司法建议3816份。巩固整治“村霸”“沙霸”“菜霸”“路霸”等成果，促进基层社会治理。

依法惩治腐败犯罪。审结贪污贿赂、渎职等案件2.3万件2.7万人，秦光荣、王富玉等14名原中管干部受到审判，彰显党中央正风肃纪、反腐惩恶的坚定决心。落实受贿行贿一起查，依法追缴行贿非法获利，斩断“围猎”

腐蚀、权钱交易的利益链条。加大职务犯罪赃款赃物追缴力度，实际追缴到位596.6亿元。境外不是法外，首次适用刑事缺席审判程序审理程三昌案，裁定没收外逃人员徐进、张正欣境内外巨额违法所得，对外逃腐败犯罪分子虽远必惩，让其人财两空。

依法维护国家粮食安全。出台服务全面推进乡村振兴意见。会同农业农村部等加强种业知识产权保护，严厉打击制售伪劣种子、破坏种质资源等危害种业安全违法犯罪。审结乱占耕地案件7251件，涉及耕地312万亩，依法惩治农村侵占耕地犯罪，保护耕地红线。辽宁、吉林、黑龙江法院严惩污染、盗采黑土犯罪。

守好民生安全底线。审结重大责任事故等犯罪案件2031件，维护群众生产安全。审结危害食品药品安全犯罪案件6002件，依法严惩制售“病猪肉”“毒草莓”“毒面膜”等犯罪行为，守护百姓餐桌安全、用药安全。严惩医保骗保犯罪，依法对幕后组织者和职业骗保人加重惩罚，守好百姓“看病钱”“救命钱”。审结高空抛物、偷盗窨井盖等犯罪案件296件，高空抛物致人伤亡犯罪案件大幅度减少，群众头顶上、脚底下安全更有保障。审结危险驾驶犯罪案件34.8万件，维护群众出行安全。严惩电信网络诈骗犯罪，审结相关案件7.9万件14.9万人，对“5·09”特大跨境电信网络诈骗案590名被告人判处刑罚。严惩“以房养老”、“投资养老”、保健品坑老、兼职刷单、套路贷、校园贷、美容贷等花样翻新的诈骗犯罪，助力打好反诈人民战争，维护群众财产安全。

维护公民个人信息安全。信息时代，个人信息安全保护变得突出和紧迫。认真贯彻个人信息保护法，严惩窃取倒卖身份证、通讯录、快递单、微信账号、患者信息等各类侵犯公民个人信息犯罪，审结相关案件4098件，同比上升60.2%。依法从严惩治行业“内鬼”泄露个人信息。严惩利用恶意程序、“钓鱼”欺诈等形式非法获取个人信息，审理“颜值检测”软件窃取个人信息案，惩治网络黑灰产业链犯罪。严惩通过非法侵入监控系统贩卖幼儿园、养老院实时监控数据的犯罪分子。对侵犯个人信息、煽动网络暴力侮辱诽谤的，依法追究刑事责任。出台人脸识别司法解释，制止滥用人脸识别技术行为，让公众不再为自己的“脸面”担忧。审理人脸识别第一案，明确人脸识别技术应用范围，守护公众重要生物识别信息安全。

强化人权司法保障。坚持罪刑法定、疑罪从无、证据裁判，依法宣告

511 名公诉案件被告人和 383 名自诉案件被告人无罪，确保无罪的人不受刑事追究，还无罪的人清白。会同司法部完善死刑复核案件法律援助制度，依法保障死刑案件被告人获得辩护的权利。推动实现刑事案件律师辩护全覆盖。与全国律协召开座谈会，健全工作机制，切实保障律师执业权利，充分发挥律师促进公正司法和人权保障的重要作用。律师服务平台为 33 万名律师提供在线立案服务 244 万件、案件排期避让提醒 40 万次。坚持实事求是、有错必纠，按照审判监督程序再审改判刑事案件 2215 件。出台国家赔偿案件精神损害赔偿司法解释。司法救助 4 万人，发放救助金 9.2 亿元。准确贯彻宽严相济刑事政策，该宽则宽，当严则严，对挑战法律权威、挑衅公共秩序、侵犯人民利益的，依法严惩不贷。

## 二、积极服务经济社会高质量发展

完整、准确、全面贯彻新发展理念，服务构建新发展格局，党中央决策部署到哪里，司法服务就跟进到哪里。各级法院审结一审民商事案件 1574.6 万件、行政案件 29.8 万件，同比分别上升 18.3%和 12%。

持续服务“六稳”“六保”。妥善处理因疫情引发的劳资用工、购销合同、商铺租赁等纠纷，审结涉疫民商事案件 14.2 万件。出台助力中小微企业发展 20 条实招硬招，着力解决挤压生存发展空间、拖欠账款、超标的查封乱查封等侵害中小微企业权益问题。天津、江苏、河南、重庆等法院运用“滚动解封”等方式，防止大额资金冻结对中小微企业资金链的冲击。辽宁法院以海事强制令帮助数百家进口冷链企业解决清关难题，降低疫情对进出口贸易的影响。

助推法治化营商环境建设。坚持“两个毫不动摇”，落实服务新时代加快完善社会主义市场经济体制意见，对国企民企、内资外资、大中小微企业等各类市场主体依法平等保护。依法审理涉国资国企案件，助推国有经济布局优化和结构调整，服务国企改革三年行动。加强产权司法保护，再审纠正涉企刑事冤错案件 30 件 39 人，坚决防止把民事责任变为刑事责任，发布 17 件产权保护典型案例，弘扬契约精神和企业家精神。依法破除对民营企业在投资、市场准入等领域设置的门槛，清理涉民营企业积案。辽宁、吉林、黑龙江、湖北、湖南等法院建立涉企案件生产经营影响评估机制。审结行政许可、行政协议案件 2.1 万件，服务深化“放管服”改革。山西、内蒙古、安徽、河南、海南、贵州等法院着力推进行政机关负责人出庭应诉，河北、江西、山东、陕西、甘肃等法院加强行政争议实质性化解，服务法治政府建设。

促进创新驱动发展。审结一审知识产权案件 54.1 万件，同比增长 16.1%，保护创新、激励创造。审理涉 5G 通信、生物医药、高端制造等高新技术案件，加强关键核心技术和原始创新成果保护。明确职务发明权属争议的判断标准，激励科研人员创新创造。对科研人员已尽勤勉义务但因技术路线选择失误的，合理界定法律责任，营造鼓励创新、宽容失败的良好环境。着力破解知识产权维权“举证难、周期长、赔偿低、成本高”等难题。出台知识产权惩罚性赔偿司法解释，在 895 件案件中对侵权人判处惩罚性赔偿。依法适用行为保全制度，以先行判决和临时禁令相结合的方式防止损害扩大，不让权利人赢了官司输了市场。支持向滥诉者索赔合理开支，对恶意诉讼阻碍创新行为说“不”。我国已经成为审理知识产权案件尤其是专利案件最多的国家，也是审理周期最短的国家之一。知识产权审判在服务创新发展中作用愈来愈显现。

维护市场公平竞争。加强反垄断和反不正当竞争司法，审结垄断案件 49 件、不正当竞争案件 7478 件。探索数据权利保护规则，服务数字经济，促进电子商务发展。审理平台“二选一”、刷单炒信等垄断和不正当竞争案件，严惩妨碍公平竞争、损害群众利益行为。审理“茶颜悦色”奶茶诉“茶颜观色”不正当竞争案，对傍名牌等不正当竞争行为予以制裁。明确“青花椒”等“碰瓷式维权”不受保护，对相关诉讼请求予以驳回。

推动市场主体有序退出和有效救治。审结破产案件 1.3 万件，涉及债权 2.3 万亿元，促进企业优胜劣汰和要素资源高效配置。充分发挥破产审判“积极拯救”和“及时出清”功能，同时坚决防止借破产之名逃废债。配合全国人大常委会开展企业破产法执法检查，促进完善破产法律制度。深圳个人破产条例首案裁定生效，让依法经营、诚实守信的债务人可以从头再来，个人破产制度实践迈出重要一步。审结破产重整案件 732 件，盘活资产 1.5 万亿元，让 745 家困境企业再获新生，35 万余名员工稳住就业。

促进金融市场健康发展。依法严惩金融证券犯罪，审结操纵市场、内幕交易、非法集资、洗钱等犯罪案件 1.3 万件。审结金融纠纷案件 155.3 万件，依法处理涉供应链金融、不良资产处置、私募投资基金等纠纷，有力推动防范化解金融风险。依法妥善审理康美药业案，严惩证券违法犯罪，支持陷入债务危机企业重整再生。依法否定职业放贷、高利转贷、变相高息等行为效力，引导民间融资服务实体经济。北京金融法院建设金融司法大数据研究中心，提出保障“北交所”25条举措，服务国家金融管理中心建设。上海金融法院深入推进金融审判专业化，建立金融纠纷法律风险防范报告年度发布机制，服务上海国际金融中心建设。

服务社会主义文化强国建设。旗帜鲜明保护革命文物和红色遗存。河北法院审理长城保护公益诉讼案，一体化保护长城遗迹和历史、环境风貌。江苏法院完善大运河司法保护机制，促进河道治理和文化遗产保护。福建法院在世界遗产地、历史文化街区等设立巡回法庭，保护文化根脉传承。贵州法院发出传统村落司法保护令，守护乡愁记忆。

促进人与自然和谐共生。审结一审环境资源案件26.5万件。制定生态环境侵权禁止令、惩罚性赔偿等司法解释。审理绿孔雀预防性保护公益诉讼案，贯彻“保护优先、预防为主”原则。浙江安吉法院“森林法官”守护森林竹海，践行“两山”理念。青海三江源、祁连山、青海湖生态法庭联动，共同守护“中华水塔”。落实谁污染谁治理、谁破坏谁赔偿，探索公益诉讼损害赔偿专项基金制度，江苏、江西等法院委托第三方监管，保障生态修复资金专款专用。出台贯彻长江保护法实施意见，守护一江清水、两岸青山。山东法院与执法机关协同治理油泥砂和落地原油污染，保护黄河三角洲。湖北法院依法保障全国碳排放权注册登记结算机构建设，广东法院审理碳排放权交易结算案，福建法院推行“碳汇”认购等替代性修复方式，依法助力碳达峰碳中和。与联合国环境规划署共同举办世界环境司法大会，通过昆明宣言，促进凝聚共建地球生命共同体的国际共识。

服务区域协调发展战略实施。出台服务北京“两区”建设意见，北京、天津、河北法院聚焦雄安新区建设、北京非首都功能疏解、天津滨海新区高质量发展精准发力，助推京津冀协同发展。完善涉冬奥纠纷多元化解机制，及时化解涉京张高铁项目等纠纷，助力办好简约、安全、精彩的北京冬奥会冬残奥会。上海、江苏、浙江、安徽法院推进执行跨区联动、信息全域共享、服务标准协同，服务长三角一体化发展。支持浦东打造社会主义现代化建设引领区，提出建设金融审判创新试验区等21条举措。完善落实对黄河流域生态保护和高质量发展的司法服务措施。完善支持横琴、前海两个合作区建设司法政策，服务粤港澳大湾区建设。出台服务成渝地区双城经济圈建设意见，重庆、四川法院围绕知识产权、环境资源、跨域诉讼服务唱好司法协作“双城记”。山西、江西、河南、湖北、湖南等法院精准服务先进制造业、现代农业发展，助推中部地区加快崛起。

服务高水平对外开放。审结一审涉外民商事案件2.1万件、海事案件1.4万件。贯彻对外开放基本国策，依法平等保护中外当事人合法权益。海南法院审理外籍渔民在我国南海海域非法捕捞水产品案，依法判处有期徒刑并判令承担生态修复费用，对我国管辖海域实施有效司法管控。广西法院高效处理“艾丽肯”号外籍货船诉前保全案，外方当事人主动将约定的外国仲裁变更为我国法院管辖。随着我国司法国际公信力日益提升，外国当事人主动选择中国司法管辖日益增多。联合国贸法会法规判例库收录涉疫情涉外商事海事案件指导意见，收录我国司法案例已达36件。举办海上丝绸之路（泉州）司法合作国际论坛，在山东青岛举办上合组织国家地方法院大法官论坛，加强最高人民法院国际商事法庭建设，服务共建“一带一路”高质量发展，推动构建人类命运共同体。

维护国防利益和军人军属合法权益。审结破坏军事设施、泄露军事秘密、破坏军婚等涉军犯罪案件466件，服务国防和军队现代化。会同退役军人事务部推进设立“老兵调解室”，积极开辟退役军人诉讼绿色通道。推广河南法院涉军维权“信阳模式”。军事法院发挥涉军维权服务平台作用，维护官兵权益。推进军事行政审判试点，促进军政军民团结。审理侵害英烈名誉荣誉、亵渎英雄墓碑等案件，让侮辱烈士的人受到制裁，让戍边英雄的丰碑永远高高耸立。

## 三、始终坚持以人民为中心

牢记人民至上，始终把人民群众呼声作为第一信号，及时高效便捷化解矛盾纠纷，依法保障人民群众合法权益，让人民群众切实感受到公平正义就在身边。

切实实施民法典。民法典颁布实施，让民事权利保护进入法典时代。适用民法典审理一系列与百姓生活息息相关的“第一案”。审理老旧小区加装电梯案，保障民生工程顺利进行，促进邻里团结和睦。审理好意同乘减轻责任案，鼓励互帮互助，增进社会互信。审理多起居住权案，保障困难群众生活居住需要，驳回“强行啃老”等无理居住权请求。及时签发人格权侵害禁令，为保护生命健康、名誉荣誉、个人隐私等提供预防和救济。民法典实施一年多来，走进千家万户，进入百姓心田，一个个司法案例让民法典条文变得更加鲜活起来，让群众切实感受到民法典就是人民权利的保障书，就是日常生活的法律百科全书。

大力弘扬社会主义核心价值观。通过司法断案弘扬真善美、鞭笞假恶丑。审理侵害袁隆平院士名誉荣誉案，坚决维护共和国功勋的尊严。审理女童热心助人致伤案，判决善意助人不担责。审理小区保安送老人就医被索赔案，驳回无理赔偿请求。审理医院号贩子逃跑摔伤索赔案，判决追赶者无责。审理高铁霸铺案，判决对公共场所不文明行为曝光无须担责。对长期霸占已售房屋、要横抗拒执行的当事人采取强制搬迁措施，决不让“赖而不决”有机可乘。通过一系列司法判决，鼓励崇尚英模、邻里相助、见义勇为、助人为乐、志愿服务、舆论监督，决不向要横霸道者让步，决不迁就纵容恶习陋俗，让广大群众知道法治社会提倡什么、反对什么、禁止什么。

扎牢民生司法保障网。审结涉及教育、就业、医疗、养老、消费、社会保障等案件154万件，促进保障和改善民生。完善新就业形态纠纷司法政策，依法治理欠薪问题，加强劳动权益保障。会同中国残联发布保护残疾人典型案例，切实保障残疾人合法权益。出台网络消费司法解释，对直播带货、外卖餐饮作出规范，依法保护网络消费者合法权益。依法遏制利用“法拍房”“借名买房”规避限购，绝不允许通过不当手段影响楼市调控、损害百姓居住权益。

促进家庭文明建设。加强家事审判工作，守护家庭幸福的港湾。审结婚姻家庭案件183.1万件。坚决反对家庭暴力，依法严惩施暴者，会同全国妇联推动人身安全保护令落地见效，发出保护令3356份，全面加强妇女儿童权益保护。加强对老年人的司法保护，对不赡养九旬母亲的4个儿子依法判令承担赡养责任并予以训诫，加大惩处力度。通过家事审判，维护和弘扬中华民族重视家庭、尊老爱幼的传统美德。

守护未成年人健康成长。完善中国特色少年司法制度，最高人民法院设立少年法庭工作办公室和6个巡回审判点，全国法院设立2181个少年法庭。深入贯彻未成年人“两法”，坚持最有利于未成年人原则，确保未成年人依法得到特殊、优先保护。严惩侵害未成年人犯罪。坚持教育感化挽救方针，对未成年人犯罪采用圆桌审判，封存犯罪记录，预防和减少重新犯罪。落实家庭教育促进法，对一些父母不正确实施家庭教育、怠于履行抚养监护义务、为孩子订“娃娃亲”等行为进行训诫，发出家庭教育令，对虐待儿童的剥夺监护权。四川法院设立涉诉未成年人家庭教育指导工作站，安徽法院会同妇联等部门落实留守儿童委托照护责任，增强留守儿童自我保护及家庭保护意识。审理短视频侵犯儿童个人信息等案件，制止侵害未成年人合法权益行为。各地法院常态化开展“法治进校园”活动，积极创建法治副校长品牌，开发适合青少年的法治教育课程，防治和惩处校园欺凌行为，陕西法院联合推出全媒体模拟法庭栏目“红领巾法学院”，共同营造保护关爱未成年人的良好环境。

维护港澳台同胞、海外侨胞和归侨侨眷合法权益。审结涉港澳台案件2.8万件，办理涉港澳台司法协助互助案件8933件，审结涉侨案件4220件。加强与港澳规则衔接、机制对接，为港澳同胞在内地就业、创业、生活提供保障。与香港相互认可和执行婚姻家事判决、试点相互认可和协助破产程序。与澳门签署仲裁程序相互协助保全安排。会同中央台办建立在线诉调对接，84名台胞担任调解员，发布维护台胞权益典型案例。举办海峡两岸暨香港澳门司法论坛，在甘肃敦煌举办中华司法研究论坛，深化中华司法文化研究。

巩固基本解决执行难成果。围绕中央全面依法治国委2019年1号文件贯彻落实情况开展督察，深化执行难综合治理、源头治理。坚持高效公正规范文明执行，全国法院受理执行案件949.3万件，执结864.2万件，执行到位金额1.94万亿元。打通查人找物、财产变现、协同联动、精准惩戒、打击拒执等方面堵点，使守信者受益、失信者受限。会同自然资源部提升土地查封处置效率。会同民航局治理限高人员通过“黄牛”违规购票规避执行。会同证监会规范上市公司质押股票冻结。网络查控案件1971万件，网络拍卖成交4323亿元，同比分别增长34.6%和7.4%。开展执行款物集中清理、高效为民执行、涉民营企业积案攻坚等专项行动。执行到位涉民生、涉小微企业、涉10万元以下小标的案件案款898.4亿元。内蒙古、广西、西藏、青海、宁夏、新疆等法院健全执行联动机制。我国民事执行制度优越性不断显现，手段更加有力，执行工作机制和模式更加健全。

用心化解涉诉信访。坚持把涉诉信访工作作为倾听群众心声、解决群众诉求、了解社情民意的重要窗口。建立覆盖四级法院的网上申诉信访平台，畅通群众诉求表达“直通车”，有访必录、有信必录。集中治理重复信访，通过领导干部接访、律师代理申诉、公开听证等方式，化解信访积案 3739 件，帮助群众解开“法结”“心结”。安徽法院 351 名领导干部带头接访、包案化解。全国法院涉诉信访、涉诉进京访较 2019 年分别下降 2.3％和 61.6％。2015 年以来涉诉信访、涉诉进京访年均下降 5.5％和 35％。

为人民群众提供一站式多元解纷服务。进入新时代，我国社会主要矛盾发生变化。人民法院受理的案件是矛盾纠纷的具体表现。化解这些矛盾，既是满足人民群众对美好生活和公平正义向往的需要，也是促进社会发展的需要。旧的矛盾解决了，新的矛盾又会显现出来。有矛盾就有冲突，甚至是激烈的冲突，不能回避，不能推诿，要不怕难，要耐得烦，要敢于担当。人民法院化解以案件形式呈现的矛盾，就是通过司法践行以人民为中心的重要方式。人民法院不仅要定分止争，还要为群众化解纠纷提供多种解决方案，把非诉讼纠纷解决机制挺在前面，提供菜单式、集约式、一站式服务，包括调解、仲裁、审判。群众需要什么方式就努力提供什么方式，真正做到方便快捷、诉非对接、线上线下联动。经过三年多不懈努力，集约集成、在线融合、普惠均等的中国特色一站式多元纠纷解决和诉讼服务体系全面建成。“菜单式”服务提供多样化选择，让群众解纷变得及时便捷。与全国总工会、中国侨联、全国工商联、银保监会、中小企业协会等 11 家单位建立“总对总”在线调解机制，6.3 万个调解组织和 26 万名调解员进驻调解平台，丰富了群众选择适合渠道解决纠纷的“菜单库”。覆盖城乡的跨域立案网点超过 1.3 万个，累计提供跨域立案服务 14 万件，90％的申请在 30 分钟内响应，把司法服务送到群众家门口。线上线下融合服务让“正义提速”，显著降低群众、企业和国家财政解纷成本。以人民法院在线服务平台为总入口，集成在线调解、电子送达、委托鉴定等 10 个平台，实现在线服务四级法院全覆盖，群众打官司从原来的耗时费力变为全流程“掌上办理”。全国法院 2021 年在线调解纠纷突破 1000 万件，平均每分钟 51 件成功化解在诉前，诉前调解案件平均办理时长 17 天，比诉讼时间少 39 天。完善分调裁审机制，全国法院诉讼服务中心全部设立速裁工作室，速裁快审案件 871.5 万件，平均审理周期 32 天，较一审民商事案件缩短 43％。设立 330 个邮政集约送达服务中心，在主要城市基本实现法律文书“次日达”。24 小时服务，让群众办理诉讼事务“零时差”。739个法院推出24小时诉讼服务。12368热线发挥诉讼“总客服”作用，“一号通办”实质性办理诉讼事务，日均接听群众来电2.1万件次，帮助解决诉求765.1万件，群众满意度达96%。北京、天津、上海、重庆等法院“夜间法庭”解决超大城市上班族诉讼不便问题，让诉讼服务“不打烊”。送法下乡“零距离”，打通服务群众“最后一公里”。坚持和发展新时代“枫桥经验”，推动人民法院调解平台进乡村、进社区、进网格，8429个人民法庭入驻，43033个基层治理单位对接。宁夏闽宁法庭主动服务东西部扶贫协作，长年扎根移民安置区，与走出大山的群众共谱“山海情”。四川“石榴籽”调解室、云南“金花”调解室、西藏“送法进边境村居”、新疆“冬不拉”调解室、兵团“农牧团场法官工作室”等受到各族群众欢迎。加强巡回审判，马背法庭、车载法庭深入田间地头、厂矿林区，就地立案、就地调解、就地审判、督促就地履行，“马锡五审判方式”在新时代焕发新的生机活力。目前，我国已建成世界上联动资源最多、在线调解最全、服务对象最广的一站式多元纠纷解决和诉讼服务体系，走出了一条中国特色司法为民之路。

### 四、深入推进司法体制改革和智慧法院建设

认真贯彻党中央司法改革部署，坚持体制改革和科技创新双轮驱动，一仗接着一仗打，一个难题接着一个难题攻克，让公平正义成为新时代人民司法的鲜亮底色。2021年，全国法官人均办案238件，一审服判息诉率88.7%，二审后达98%，长期未结诉讼案件同比减少16.3%，在案件压力增大情况下，审判质效指标持续稳中向好，人民群众对司法公正的获得感不断增强。

深化司法体制综合配套改革。加强司法责任体系建设，推动健全制约有效、监督到位、权责统一的新型审判权力运行机制。细化“四类案件”监督管理，确保院庭长监督不缺位、不越位、可追溯。出台法官惩戒工作程序规定，扎紧违法审判责任追究的制度闭环。推进四级法院审级职能定位改革试点。成立最高人民法院统一法律适用工作领导小组，发挥审判委员会、专业法官会议、司法解释、案例指导统一裁判尺度作用，推行类案检索、量刑规范化，运用司法大数据辅助办案，加强对各高级法院审判业务文件审查，规范法官裁量权。完善统一法律适用机制，补齐短板，努力解决裁判尺度不统

一问题，坚持不懈防止公平正义因地区、城乡、行业和身份不同而出现差异、打折扣。

提高审判质效和司法公信力。完成民事诉讼程序繁简分流改革试点，推进案件繁简分流、轻重分离、快慢分道。深化以审判为中心的诉讼制度改革，落实证人、鉴定人、侦查人员出庭作证，以庭审程序公正保障裁判实体公正。依法准确适用认罪认罚从宽制度。深化最高人民法院巡回法庭改革和建设，更好实现就地解决纠纷、方便群众诉讼、维护司法公正。

加强智慧法院建设。面对疫情，智慧法院大显身手，全国法院在线立案1143.9万件，在线开庭127.5万场。司法区块链上链存证17.1亿条，电子证据、电子送达存验证防篡改效果明显。形成经济社会运行大数据报告220份，“数助决策”服务社会治理。知识服务平台涵盖类案推送、信用评价、庭审巡查等业务场景，为全国法院提供智能服务1.4亿次。智慧法院创新成果在国家“十三五”科技创新成就展全方位展示，加强智慧法院建设进入国家“十四五”规划纲要，科技赋能司法展现广阔前景。

完善互联网司法模式。北京、杭州、广州互联网法院运用先发优势，推动技术创新、规则确立、网络治理向前迈进。浙江法院推进“全域数字法院”，福建法院融入“数字福建”，重庆法院探索“全渝数智法院”，司法紧跟数字时代步伐。为老年人、残疾人等积极提供辅助引导或线下服务，帮助跨越“数字鸿沟”。在全球率先出台法院在线诉讼、在线调解、在线运行三大规则，以人民为中心的互联网司法规则体系逐步建立。我国互联网司法从技术领先迈向规则引领，为经济社会数字化转型提供司法保障，为世界互联网法治发展贡献中国智慧中国方案。

## 五、自觉践行全过程人民民主

自觉把全过程人民民主要求贯彻到法院工作各领域各环节，坚持人民司法为人民，倾听人民心声，接受人民监督，依靠人民推进公正司法，通过公正司法维护人民权益。

自觉接受人民监督。人民代表大会制度是我国根本政治制度，是实现我国全过程人民民主的重要制度载体，接受人大监督，就是接受人民监督。自觉接受全国人大及其常委会监督，严格执行全国人大及其常委会制定的法律和作出的决议决定，依法报告工作。向全国人大常委会专题报告知识产权审判工作，落实审议意见和全国人大监察司法委专题调研报告意见，提升知识产权司法保护水平。向全国人大常委会专题汇报繁简分流改革试点情况，全国人大常委会作出修改民事诉讼法的决定，为保护当事人诉讼权利、公正高效审理民事案件提供法律保障。社会主义协商民主是我国人民民主的重要形式。自觉进行民主协商，接受民主监督，参加全国政协双周协商座谈会，共商提高涉外执法司法质效和保护未成年人权益。通过召开座谈会、联合开展重点课题调研、共同举办民营经济法治建设峰会等形式，就司法政策进行民主协商，真心诚意听取各民主党派中央、全国工商联和无党派人士意见建议，努力改进工作。办好代表建议、政协提案是接受监督的重要方式，把456件代表建议、399件日常建议和153件政协提案饱含的民声民意，积极转化为公正司法的具体措施。比如，就加强黄河流域生态保护的建议，发布司法政策和典型案例，与推动黄河流域生态保护和高质量发展领导小组办公室共建行政司法协同机制。就加强食品安全司法保护的建议，完善惩治危害食品安全犯罪刑事政策，探索建立食品安全公益诉讼惩罚性赔偿制度。邀请代表委员旁听庭审、见证执行、视察法院，让司法活动始终置于人民监督之下。6960名各级代表委员、特约监督员、律师在执行案款集中发放日受邀见证。公开是最好的监督，裁判文书网累计公开文书1.3亿份，网上观看庭审直播累计超过456亿人次。广泛接受社会监督，认真听取特约监督员、特邀咨询员和专家学者意见建议，善于从意见建议中准确把握人民群众新要求新期待。自觉接受舆论监督，回应社会关切热点，会同中央广播电视总台联合发布“新时代推动法治进程十大案件”，与舆论形成良性互动，共同维护社会公平正义。

保障人民参与司法。畅通人民参与司法决策的渠道，努力让司法解释、司法政策都充分体现民意。通过组织座谈、走访调研等形式，听取代表委员特别是企业界代表委员、特约监督员意见，了解疫情下“企业想要什么”“司法能做什么”，有针对性地出台司法助力中小微企业发展20条。邀请代表列席审委会发表意见，共同研究铁路运输人身损害赔偿司法解释。就“同命同价”、网络消费、在线诉讼等关系群众切身利益的5件司法解释，向社会公开征求意见，收到4138条意见建议。人民陪审员制度是人民参与司法的最直接形式。贯彻实施人民陪审员法，扩大参审范围，落实随机抽取。全国共有

33.2万名人民陪审员，参审案件237.3万件，其中参与组成七人合议庭审结群众广泛关注、社会影响重大的案件6670件，充分发挥人民参与司法的重要作用。

依靠人民推进公正司法。紧紧依靠人民支持推进司法改革、破解工作难题。全国人大常委会修改完善刑事和民事诉讼制度，修订人民法院组织法、法官法，就四级法院审级职能定位等重大改革及设立专门法院作出决定，有力支持司法体制改革。31个省级人大及其常委会作出决议或出台文件，支持法院推进解决执行难。湖北省人大常委会通过决定，支持人民法庭促进基层社会治理。代表委员寓支持于监督之中，积极帮助解决困难和问题，有的直接参与法院化解矛盾纠纷。在扫黑除恶、攻坚执行难、一站式建设等一场场硬仗中，代表委员大力支持，人民群众广泛参与，推动我国社会主义司法制度展现蓬勃生机。

贯彻监察法和监察法实施条例，支持配合监察机关依法履行监督、调查、处置职责，自觉接受监察机关对法院工作人员监督。落实党中央关于加强新时代检察机关法律监督工作的意见，依法接受检察机关诉讼监督，认真审理抗诉案件，健全检察长列席审委会制度，共同维护司法公正。

## 六、着力建设忠诚干净担当的法院铁军

深入开展党史学习教育和法院队伍教育整顿，法院队伍得到前所未有的淬炼，思想作风发生深刻变化，精神面貌焕然一新。

扎实开展党史学习教育。坚持以习近平新时代中国特色社会主义思想武装头脑、指导实践、推动工作。推进习近平法治思想进教材进课堂进头脑，轮训干警80万人次，把学习习近平法治思想作为新进机关青年干部“第一课”。深入学习贯彻习近平总书记“七一”重要讲话精神，推进党史学习培训全员覆盖，引导干警筑牢政治忠诚，从党的百年奋斗史中汲取智慧和力量，真正做到明理、增信、崇德、力行。举办庆祝中国共产党成立100周年人民审判成就展，推出《红色法庭百年志》纪录片，赓续人民司法红色血脉。推出15项司法为民实事清单，组织200余项办实事活动，用为民办实事的实际成效庆祝党的百年华诞。

着力提升司法能力。完善法官入额、遴选、考核、退额等制度，择优选

能。开展全国基层法官大轮训。加强知识产权、涉外等专业化审判人才建设。完善法官法新旧衔接政策，支持西部和边疆民族地区法院队伍建设。培养双语法官 2373 人。设立最高人民法院青年法官（雄安新区）实践基地，加强援藏援疆援青干部选派，让青年干警经风雨、见世面、壮筋骨、长才干。引导广大干警改进司法作风，说老实话、办老实事、做老实人。落实“三严三实”要求，全国四级法院院长、班子成员分别到 6028 个乡镇人民法庭驻庭调研，扑下身子，沉下心来，与法庭干警同吃同住同工作，拜群众为师，面对面听民声，心贴心解民忧。

深入开展法院队伍教育整顿。坚持刀刃向内，清除沉疴积弊，全国法院 59 万名干警接受革命性锻造，实现刮骨疗毒、激浊扬清、铸魂扬威。坚持问题导向，不护短、不遮丑、不讳疾忌医，一体推进顽疾整治和建章立制。坚决整治年底不立案，严禁拖延立案、限制立案、以调代立、增设门槛，全国法院去年 12 月收案同比增长 104.2%，群众反映长期存在的年底不立案得到有效整治。全面排查 1990 年以来“减假暂”案件 1334.5 万件，对有问题或瑕疵的 5.9 万件督促逐一整改，会同最高人民检察院等出台减刑假释案件实质化审理意见，决不允许“纸面服刑”“提钱出狱”破坏公平正义。狠抓“三个规定”落实，各级法院全部突破“零报告”，11.2 万人次记录报告信息 12.8 万条，有干预就报告、有过问就上报形成习惯。出台近亲属禁业清单、规范离任人员从业等规定，坚决斩断利益输送链条。以零容忍态度清除害群之马，最高人民法院查处本院违纪违法干警 21 人，各级法院查处利用审判执行权违纪违法干警 3066 人，其中追究刑事责任 509 人。坚持全面从严治党、从严治院，认真落实党风廉政建设主体责任，深刻汲取孟祥等反面典型教训，开展警示教育，一体推进不敢腐、不能腐、不想腐。学习英模、弘扬正气，全国法院涌现出一大批新时代好法官好干部，694 个集体、596 名个人受到中央有关部门表彰。滕启刚等 24 名法官牺牲在工作岗位上，他们用生命诠释了对党和人民的无限忠诚、对法治事业的无限热爱。广大干警深入学习周春梅法官用生命捍卫司法公正的崇高精神，努力践行“一心为民、知恩报党”，“做人清清白白，裁判坦坦荡荡”，“说实话、办实事，脊梁不弯、正义不低头”。

各位代表，新时代人民法院工作发展进步，最根本在于习近平总书记作为党中央的核心、全党的核心掌舵领航，在于习近平新时代中国特色社会主义思想科学指引。人民法院工作取得的成绩，是习近平法治思想在司法领域的生动实践，是全国人大及其常委会有力监督，国务院大力支持，全国政协民主监督，国家监察委员会监督，最高人民检察院监督制约，各民主党派、工商联、人民团体、无党派人士民主监督支持，地方各级党政机关、全国人大代表、全国政协委员、社会各界和广大人民群众关心支持帮助的结果。在此，我代表最高人民法院表示衷心的感谢！

我们清醒看到，人民法院工作还存在不少问题和困难：一是精准服务经济社会高质量发展和人民群众高品质生活的司法能力不足，对司法实践新情况新问题研究不够，有的案件审判质量效率不高、效果不佳，基层司法能力仍需加快提升。二是司法改革还存在不到位问题，系统集成不够，司法管理存在短板，综合配套举措落实存在差距。三是司法不公、司法腐败问题时有发生，既有存量，还有增量，党风廉政建设和反腐败斗争任重道远。四是专业化人才尤其是涉外法治人才短缺问题比较突出，一些法院案多人少、招人难、留人难等问题尚未得到有效解决。对这些问题和困难，我们将在党的领导下，采取切实有效措施，努力加以解决。

## 2022 年工作安排

2022 年，人民法院要坚持以习近平新时代中国特色社会主义思想为指导，深入贯彻习近平法治思想，全面贯彻党的十九大和十九届历次全会精神，认真贯彻中央政法工作会议精神，认真落实本次大会决议，增强“四个意识”、坚定“四个自信”、做到“两个维护”，坚持党对司法工作的绝对领导，坚持以人民为中心，坚持统筹发展和安全，坚持稳中求进工作总基调，围绕迎接党的二十大、学习宣传贯彻党的二十大精神主线，奋力推进新时代人民法院工作高质量发展。

一是筑牢政治忠诚。深刻领悟“两个确立”的决定性意义，不断提高政治判断力、政治领悟力、政治执行力，坚决做到维护核心、绝对忠诚、听党指挥、勇于担当。建立党史学习教育常态化长效化制度机制，推进“两个维护”教育常态化。真学真信笃行习近平法治思想，始终将“努力让人民群众在每一个司法案件中感受到公平正义”记在心中、扛在肩上、落实到法院一切工作中。

二是维护安全稳定。严惩危害国家安全犯罪，坚决维护国家政治安全。贯彻反有组织犯罪法，坚持常态化扫黑除恶。严惩涉枪涉爆、黄赌毒、盗抢骗、食药环等犯罪，对电信网络诈骗犯罪保持高压态势。依法打击金融证券、逃税等犯罪，维护社会主义市场经济秩序，保障经济安全。保持惩治贪污受贿犯罪高压态势，加大对行贿惩治力度。严惩网络犯罪和跨国跨境犯罪。加强律师执业保障。推动平安医院建设。弘扬新时代"枫桥经验"，健全中国特色一站式多元纠纷解决和诉讼服务体系，服务建设更高水平的平安中国、法治中国。

三是服务发展大局。精准服务"六稳""六保"，服务和保障常态化疫情防控，紧盯助力中小微企业发展20条司法措施落实落地，切实为企业纾困解难。着力营造市场化法治化国际化营商环境。加大产权和知识产权司法保护力度。完善反垄断和反不正当竞争裁判规则。依法规范数字经济发展，保护平台从业人员劳动权益和消费者合法权益。创建"枫桥式人民法庭"，服务乡村全面振兴。强化涉军维权工作。深入践行"两山"理念，精准服务绿色、低碳发展。完善区域发展战略、自贸试验区、海南自贸港、共建"一带一路"司法服务政策。落实《区域全面经济伙伴关系协定》(RCEP) 义务。全面提升涉外司法质效，深化国际司法合作，加强涉外法治人才培养，服务扩大高水平对外开放。坚决依法反制外国对我国企业和公民实施的"长臂管辖"。中国法院维护以国际法为基础的国际秩序坚定不移，捍卫国家主权和司法管辖权寸步不让。

四是保障民生权益。妥善审理教育、就业、养老、医疗、婚姻家庭等涉民生案件。加强妇女、儿童、老年人、残疾人权益保护。严惩性侵、拐卖妇女儿童和收买被拐卖妇女儿童等犯罪，及时发布典型案例，强化对被拐卖妇女儿童的司法保障。深入开展法治进校园活动。支持监督行政机关依法行政，强化行政争议实质性化解。加大执行工作力度，配合推进强制执行法立法。加大对革命老区、民族地区、边疆地区、脱贫地区法院建设支持力度。弘扬社会主义核心价值观。认真落实"八五"普法规划。加强涉诉信访工作。依法服务在高质量发展中促进共同富裕，不断满足人民群众对公平正义的更高需求。

五是巩固改革成果。总结司法体制改革经验，推动改革更加系统集成、协同高效。深化司法责任制改革，加快构建系统完备、规范高效的司法制约监督体系。扎实推进四级法院审级职能定位改革。深入推进统一法律适用工作。加强司法解释工作和司法政策研究应用。深化巡回法庭制度改革。加强专业化审判体系建设。认真实施新修改的民事诉讼法。深化以审判为中心的诉讼制度改革。落实认罪认罚从宽制度。深化智慧法院建设。改革无止境。坚持改革不停步，不走回头路，敢于打破利益的藩篱，依靠改革解决体制机制深层次问题和新出现的问题，推动完善中国特色社会主义司法制度。

六是锻造法院铁军。始终把党的政治建设摆在首位，坚持全面从严管党治警。深化司法人员分类管理改革，健全法官培养和遴选机制，加强员额法官履职培训。加强高素质专业化人才培养，强化基层法院队伍建设。巩固深化队伍教育整顿成果，决不让已经整治的顽瘴痼疾反弹回潮。教育整顿有期限，队伍建设无穷期。一刻不放松推进党风廉政建设和反腐败斗争，勇于自我革命，坚持抓常抓长、抓早抓小，对司法不公、司法腐败露头就打。深入推进法院队伍革命化、正规化、专业化、职业化，建设一支永远忠于党、忠于国家、忠于人民、忠于法律的法院铁军。

各位代表，我们要更加紧密地团结在以习近平同志为核心的党中央周围，坚持以习近平新时代中国特色社会主义思想为指导，弘扬伟大建党精神，不忘初心、牢记使命，埋头苦干、勇毅前行，更好发挥审判职能作用，以实际行动迎接党的二十大胜利召开，为实现第二个百年奋斗目标、实现中华民族伟大复兴的中国梦不懈奋斗！

（来源：《中华人民共和国最高人民法院公报》2022年第4期）

# 最高人民法院
# 关于四级法院审级职能定位
# 改革试点情况的中期报告

——2022年8月30日在第十三届全国人民代表大会
常务委员会第三十六次会议上

最高人民法院院长 周 强

**全国人民代表大会常务委员会：**

根据本次会议安排，我代表最高人民法院报告四级法院审级职能定位改革试点工作进展情况，请审议。

“完善审级制度”是党的十八届四中全会确定的重要改革举措。2019年5月，中共中央办公厅印发《关于政法领域全面深化改革的实施意见》，将“明确四级法院职能定位”列为重大改革任务。2021年5月，中央全面深化改革委员会审议通过《关于完善四级法院审级职能定位改革的方案》（以下简称《改革方案》），明确了这项改革的目标和内容。2021年8月，第十三届全国人民代表大会常务委员会第三十次会议作出《关于授权最高人民法院组织开展四级法院审级职能定位改革试点工作的决定》（以下简称《授权决定》）。2021年9月，最高人民法院印发《关于完善四级法院审级职能定位改革试点的实施办法》（以下简称《试点实施办法》），于2021年10月1日正式启动试点工作。试点以来，在以习近平同志为核心的党中央坚强领导下，在全国人大及其常委会有力监督下，最高人民法院坚持以习近平新时代中国特色社会主义思想为指导，深入贯彻习近平法治思想，深刻领悟“两个确立”的决定性意义，增强“四个意识”、坚定“四个自信”、做到“两个维护”，推动试点各项工作平稳有序开展。全国人大监察司法委、全国人大常委会法工委多次听取汇报，开展监督指导，有力促进了试点工作落实落地。

## 一、试点工作开展情况

试点工作在坚持“四级两审制”制度基础上，针对四级法院案件数量结构分布不够合理、审判资源分配不够科学、审级监督作用发挥不够充分等突出问题，从三个方面优化完善四级法院审级职能：一是在试点地区调整适用行政诉讼法第十五条关于级别管辖的规定，推动将审理难度不大、受地方干预少、适宜就地化解的四类行政案件，交由基层人民法院审理。同步完善民事案件级别管辖标准，实现审判重心进一步下沉。二是改革民事、行政再审申请程序和标准，调整适用民事诉讼法（2021 年修正，下同）第二百零六条、行政诉讼法第九十条关于再审申请一律“上提一级”的规定，再审纠错职能主要由高级人民法院承担，最高人民法院通过审查纠正法律适用错误，重点发挥统一全国法律适用、监督指导全国法院审判工作职能。三是配套完善案件提级管辖机制，推动具有普遍法律适用指导意义或者关乎重大国家利益、社会公共利益的案件，以及可能存在“诉讼主客场”现象的案件，主要由较高层级法院审理，实现审判资源、案件结构与四级法院职能定位科学匹配。

试点工作启动以来，最高人民法院建立了试点督导落实、情况收集反馈、数据统计汇总、文件审查备案、联席工作会议、政策解读宣传 6 项工作机制，制定印发 25 个试点配套规范性文件，指导各试点法院严格落实《授权决定》要求，扎实推进试点各项工作，有效确保试点工作因地制宜、精准落地。

## 二、试点工作的阶段性成效

经过近一年探索，四级法院审级职能逐步优化，案件结构和分布日趋合理，司法职权配置更加科学，矛盾纠纷化解质效有效提升，人民群众对公平正义的获得感不断增强。实践充分证明，党中央决策部署和全国人大常委会授权决定是完全正确的。

一是审判重心合理下沉，推动矛盾纠纷在基层实现公正高效实质性化解。民事、行政级别管辖标准调整后，各试点法院受理“下沉”的民事、行政一审案件数量增幅有限，审判质量保持稳中向好。试点基层人民法院共受理

“下沉”的民事案件9570件，仅占同期全部新收一审民事案件的0.15%，一审民事案件上诉率、二审改发率分别为8.73%、1.25%，较试点前同比分别下降0.2、0.04个百分点；受理“下沉”的四类行政案件11275件，占一审行政案件的6.76%，其中已审结7545件，二审改发率1.74%，较试点初期前三个月下降0.26个百分点，审判质量稳步提升。按照中央司法体制改革部署，最高人民法院积极推进完善司法权制约监督机制，加强对下指导，增强司法能力，防范廉政风险。各高级人民法院积极争取省级组织部门、机构编制部门支持，推动编制、员额配置向基层和办案一线倾斜。各高级、中级人民法院通过专题培训、典型案例、审判指引等方式，加强对下审判业务指导。基层人民法院积极参与诉源治理、深化案件繁简分流、加强案件质效监控。上海高院将四类行政案件办案指南嵌入审判业务平台，加强办案流程管理。天津各中院围绕建设工程合同、买卖合同、破产强制清算、民间借贷等案件，出台类案办理指引，统一裁量尺度。陕西高院与当地行政机关联合发布政府信息依申请公开典型案例，指导基层人民法院提高案件办理质量。浙江宁波中院要求辖区基层人民法院对“下沉”案件一律适用普通程序审理，并由院庭长担任审判长，配齐配强审判力量，确保案件质量过硬。

二是提级管辖机制有效激活，高级、中级人民法院审理重大典型一审案件职能作用更加凸显。各试点地区高级、中级人民法院完善提级管辖机制，细化提级管辖标准，规范工作流程，配套完善繁案精审、类案同判、风险防控、案例转化等机制，有效推动涉及重大利益、具有普遍法律适用指导意义、存在重大法律适用分歧、可能存在不当干预、疑难复杂新类型的一审案件由高、中级人民法院审理，实现案件有上有下、良性运转。试点以来，各高级、中级人民法院共提级管辖案件435件，同比增长19.50%，其中23.70%的案件涉及重大国家利益、社会公共利益，33.96%的案件属于在辖区内类型较新、疑难复杂的案件，34.91%的案件具有普遍法律适用指导意义，提级管辖的案件涉及数据权利确权、网络不正当竞争、新业态用工主体资格、“双减”政策下教育培训合同效力等法律问题，涵盖民事、行政、知识产权等领域。广东高院建立全省重点案件逐案跟踪指导制度，扎实做好提级管辖案件的审查审理和风险防范工作。重庆高院对报请提级管辖案件探索要素式审查，突出报请理由、审查意见等关键要素，有效提升审查效率。四川高院将审结的提级管辖典型案件及时转化为参考性案例，相关规则纳入审判业务指导文件，实现审理一件、指导一片。

三是再审程序运行机制持续完善，实现再审依法纠错与维护生效裁判权威相统一。按照试点工作要求，最高人民法院和高级人民法院推动完善再审程序运行机制，案件数量结构不断优化，再审纠错能力水平稳步提升。试点以来，最高人民法院新收民事、行政申请再审审查案件 2275 件，较试点前下降 85.33％，占全部民事、行政案件比例从试点前 63.93％降至 19.36％，案件数量结构明显优化，有效解决再审申请滥诉和审查程序空转问题。各高级人民法院根据试点工作要求，优化再审职权配置，普遍采取“终审审理和再审申请审查相分离”的模式，强化再审程序制约监督，有效提升再审申请审查质效。试点以来，各高级人民法院受理申请再审审查案件 249323 件，其中受理不服本院终审民事、行政案件的再审申请 16094 件，包括最高人民法院“下交”的再审申请 5428 件，“下交”案件仅占全部申请再审审查案件的 2.18％。各高级人民法院对不服本院终审民事、行政案件的再审申请裁定再审率为 9.08％，裁定再审案件改判率为 28.18％，比同期办理的不服下级法院民事、行政生效裁判申请再审审查和再审案件分别高出 3.37、6.55 个百分点，未出现“高驳回率”和“高维持率”等现象，有效发挥再审依法纠错功能。浙江高院将本院生效裁判的再审申请审查、再审案件审理纳入“四类案件”监管，明确拟改判案件应当由院长提交审判委员会讨论。山东高院修改法官绩效考核办法，明确本院生效裁判再审申请审查案件权重系数及考核方式，建立再审纠错激励机制。

四是最高审判机关职能定位不断优化，更好履行宪法法律赋予的职责。最高人民法院优化审判权力运行机制，建立高级人民法院报请再审提审工作机制，完善繁案精审模式，加大重大典型案件办理力度，健全统一法律适用机制，强化对全国法院审判工作监督指导。试点以来，最高人民法院审结民事、行政二审案件 2712 件，再审提审案件 625 件，解决了算法发明专利无效的判断标准、横向垄断协议行政处罚的计罚基数、授益行政行为中授益相对人的权利义务等一批法律适用问题。出台涉及人身安全保护令、网络消费、反不正当竞争、证券市场虚假陈述侵权民事赔偿、生态环境侵权纠纷惩罚性赔偿、海洋自然资源与生态环境公益诉讼等司法解释 25 个，发布 3 批 20 件指导性案例。召开跨领域专业法官会议 7 次，有效解决重大法律适用分歧 20 余个。建立审判业务文件、参考性案例审查备案制度，审查地方法院审判业务文件 162 个、参考性案例 219 件，确保法律适用标准统一。

五是当事人诉讼权利得到充分保障，人民群众改革获得感不断提升。充分尊重保障当事人程序选择权、利益处分权、诉讼知情权和权利救济权，提高诉讼服务水平，审判质量、效率和公信力不断提升，更好满足人民群众新要求新期待。针对级别管辖调整，各地法院细化明确案件管辖清单，强化立案告知和法官释明，依法公正审理当事人管辖权异议，加强当事人诉权保障。针对提级管辖机制，北京、江苏等地高院建立当事人申请提级管辖机制，充分发挥当事人参与和监督作用。针对再审程序改革，尊重当事人对再审申请提交法院的选择权，严禁各地法院擅自“下交”再审申请审查，杜绝“该立不立”“敷衍推诿”等问题发生。河南高院畅通引导民事涉诉信访导入申请再审的良性轨道，保障当事人申请再审权利。辽宁等地高院健全法律援助机制，会同司法行政部门法律援助机构帮助当事人便捷、高效、充分行使申请再审权利。

## 三、试点工作存在的问题和困难

当前，改革试点还存在一些问题和困难亟待解决。

一是试点法院工作开展不平衡。有的法院在落实改革任务上存在“温差”“落差”，有针对性的改革举措还不多。有的简单照搬上级法院工作举措，在落实级别管辖调整、提级管辖机制等改革举措时，未充分结合本地实际进行细化完善。有的对试点明确的新程序规则理解有偏差，习惯沿用老办法，探索创新不够。

二是试点效果有待进一步提升。受新冠疫情、旧存积案和结案周期等因素影响，最高人民法院裁定提审案件审结数量不多，重大典型案件示范效果和指导作用有待进一步强化。此外，从提级管辖、一审审理、案件上诉、再审申请审查到再审审理需要经过一个较长过程，试点整体效果还有待充分显现。

三是配套保障机制仍需不断完善。重大典型案件的发现机制不健全，存在渠道单一化、标准不统一、识别不精准等问题，上下级法院在信息共享、沟通协调、程序衔接、案件流转等方面的工作机制还有待完善。部分法院未根据试点后案件数量结构、工作强度、职权配置等变化，优化调整审判业绩考核体系，导致激励约束机制不足。相关改革系统集成有待加强，诉讼收费与四级法院审级职能、程序类型还没有形成合理匹配，再审预收费制度尚未建立，杠杆调节作用发挥不充分，一定程度影响了改革效果。

## 四、下一步工作举措

目前，四级法院审级职能定位改革试点进入改革攻坚的关键期，推进各项工作任务艰巨、责任重大。最高人民法院将坚持以习近平新时代中国特色社会主义思想为指导，深入贯彻习近平法治思想，深刻领悟“两个确立”的决定性意义，增强“四个意识”、坚定“四个自信”、做到“两个维护”，紧紧依靠全国人大及其常委会的监督和支持，进一步深入推进试点工作，确保圆满完成试点任务，推动完善具有中国特色、符合司法规律的审级制度。

一是强化统筹指导，推动试点工作均衡发展。进一步健全试点工作推进机制，切实发挥最高人民法院牵头抓总、统筹管理、协同推进职能，压实各高级人民法院改革主体责任。会同有关部门开展调查研究、督促检查和实效评估，及时完善试点政策，纠正工作偏差，推动解决部分法院工作滞后、效果不突出等问题。

二是健全配套保障，巩固提升试点工作成效。密切跟踪试点法院整体审判运行态势，强化审判条线业务指导和专项培训，加强基层人民法院案件质效监督管理。健全重大典型案件发现、识别和筛选机制，完善类案检索平台功能，推动精准识别法律适用不统一问题。建立申请再审审查案件和再审案件专项管理机制，确保重大典型案件办理及时、质量过硬。协调有关部门修改完善《诉讼费用交纳办法》，推动建立再审预收费制度，促进增强改革系统集成效应。

三是系统总结经验，适时提出完善立法建议。以本次中期报告为契机，认真做好试点工作的情况分析和经验总结，为民事诉讼法、行政诉讼法修改提供有力的实证基础。严格按照立法工作有关程序和要求，深入开展修法研究论证工作，广泛听取各方面意见建议，适时提出切合实际的高质量修法建议。

委员长、各位副委员长、秘书长、各位委员，全国人大常委会专门听取和审议四级法院审级职能定位改革试点工作情况的中期报告，充分体现了对改革试点工作的高度重视和关心支持。我们将在以习近平同志为核心的党中央坚强领导下，在全国人大及其常委会有力监督下，深入贯彻落实《改革方案》、《授权决定》和《试点实施办法》要求，认真落实本次会议审议意见，埋头苦干、勇毅前行，确保试点工作取得良好效果，努力让人民群众在每一个司法案件中感受到公平正义，为全面建设社会主义现代化国家作出新的更大贡献，以实际行动迎接党的二十大胜利召开。

# 对《关于设立成渝金融法院的决定（草案）》的说明

——2022年2月27日在第十三届全国人民代表大会常务委员会第三十三次会议上

最高人民法院院长　周　强

**委员长、各位副委员长、秘书长、各位委员：**

按照会议安排，根据中央全面深化改革委员会通过的《关于设立成渝金融法院的方案》，现就《关于设立成渝金融法院的决定（草案）》作如下说明：

## 一、设立成渝金融法院的必要性和可行性

成渝地区双城经济圈建设是以习近平同志为核心的党中央作出的重大决策部署，是构建以国内大循环为主体、国内国际双循环相互促进的新发展格局的一项重大举措，有利于在西部形成高质量发展的增长极，打造内陆开放战略高地。为加快推进成渝地区双城经济圈建设，中共中央、国务院印发《成渝地区双城经济圈建设规划纲要》，并明确提出设立金融法院。设立成渝金融法院，是贯彻落实党中央决策部署的具体举措，对服务保障国家金融战略实施，防范化解金融风险，完善中国特色金融司法体系，维护金融安全，提升我国金融审判体系和审判能力现代化水平，促进成渝地区双城经济圈建设健康发展具有重要意义。

从目前重庆市、四川省法院审判工作情况来看，设立金融法院的基础条件已经基本具备。一是具有较好的审判基础。近年来，两地法院在完善金融审判规则、推进金融审判改革、加强金融审判专业化建设等方面进行了积极探索。重庆市渝中区人民法院早在2010年就成立了金融审判庭，四川省成都市中级人民法院2019年成立金融审判庭。二是具有较好的审判人才队伍基

础。目前，重庆市、四川省法院从事相关领域审判工作的法官1600余名，审结力帆系24家公司票据系列案、北大医药股份有限公司证券虚假陈述责任纠纷系列案、四川汇通担保庞氏骗局案等一批重大疑难复杂案件。三是有足够的案件数量支撑。近年来，重庆、四川两地金融活动日趋活跃，涉金融案件逐年大幅增长，并且绝大多数案件发生在成渝地区双城经济圈内，两地中级人民法院受理的相关金融案件年均达9600余件。

## 二、《关于设立成渝金融法院的决定（草案）》的主要内容

### （一）关于成渝金融法院的案件管辖

成渝金融法院专门管辖重庆市范围内，以及四川省属于双城经济圈范围内的应由中级人民法院管辖的部分金融民商事和涉金融行政案件。主要包括：（1）重庆市以及四川省属于成渝地区双城经济圈范围内的应由中级人民法院管辖的第一审金融民商事案件；（2）重庆市以及四川省属于成渝地区双城经济圈范围内的以金融监管机构为被告的第一审涉金融行政案件；（3）以住所地在重庆市以及四川省属于成渝地区双城经济圈范围内的金融基础设施机构为被告或者第三人，与其履行职责相关的第一审金融民商事案件和涉金融行政案件；（4）重庆市以及四川省属于成渝地区双城经济圈范围内的基层人民法院第一审金融民商事案件和涉金融行政案件判决、裁定的上诉、抗诉案件以及再审案件；（5）依照法律规定应由其执行的案件；（6）最高人民法院确定由其管辖的其他金融案件。

重庆市以及四川省属于成渝地区双城经济圈范围内的其他中级人民法院不再管辖金融民商事案件和涉金融行政案件。当事人对成渝金融法院作出的第一审判决和裁定提起的上诉案件，由重庆市高级人民法院审理。

上述案件管辖范围仅是原则性意见，《关于设立成渝金融法院的决定（草案）》经全国人大常委会批准后，最高人民法院还将专门出台相关司法解释，进一步明确成渝金融法院的案件管辖问题。

### （二）关于成渝金融法院的监督

成渝金融法院属专门法院，其审级与重庆市其他中级人民法院相同。成

渝金融法院依法定程序设立后，对重庆市人民代表大会常务委员会负责并报告工作。根据法律规定，成渝金融法院的审判工作，接受最高人民法院和重庆市高级人民法院的业务指导和审判监督。此外，成渝金融法院依法接受人民检察院法律监督。

（三）关于成渝金融法院的法官任免

参照全国人民代表大会常务委员会《关于设立上海金融法院的决定》《关于设立北京金融法院的决定》，《关于设立成渝金融法院的决定（草案）》明确，成渝金融法院院长由重庆市人民代表大会常务委员会主任会议提请重庆市人民代表大会常务委员会任免。副院长、审判委员会委员、庭长、副庭长、审判员由成渝金融法院院长提请重庆市人民代表大会常务委员会任免。

成渝金融法院法官从现有经验丰富的优秀金融审判、民商事审判或行政审判法官中选任，也可探索从优秀律师、法学专家及相关部门专业人员中公开选拔。

## 三、需要说明的问题

（一）关于案件管辖

《关于设立成渝金融法院的决定（草案）》提出，成渝金融法院专门管辖重庆市范围内，以及四川省属于双城经济圈范围内的应由中级人民法院管辖的部分涉金融民商事和涉金融行政案件。主要考虑：一是重庆市绝大部分区域均已划入成渝地区双城经济圈，成渝金融法院管辖重庆市范围内的所有涉金融民商事、行政的一审、二审案件，可以进一步统一裁判尺度和法律适用标准，提高金融审判质效，也有利于重庆地区小额贷款公司的贷款余额较高等金融风险问题的防范化解和集中处置。目前，北京、上海金融法院均管辖本市范围内的所有涉金融民商事、行政的一审、二审案件。二是四川省内相关金融案件大部分发生在双城经济圈范围之内，未列入双城经济圈的阿坝、甘孜、凉山、攀枝花等市州涉金融案件较少，且地理位置偏远，因此，从便于偏远地区人民群众参与诉讼的角度考虑，《关于设立成渝金融法院的决定（草案）》只将四川省属于双城经济圈规划范围内的有关金融案件纳入成渝金融法院管辖范围。三是因成渝金融法院跨省管辖，如其管辖范围包括刑事案件，将涉及侦查机关和公诉机关运行机制的调整，情况较为复杂，故目前暂管辖金融民商事和涉金融行政案件，不包括刑事案件。

需要特别说明的是，金融案件跨省级区域管辖目前未有先例，无经验可循，目前《关于设立成渝金融法院的决定（草案）》提出的案件管辖范围也是对跨省管辖模式的探索。今后，最高人民法院将根据实际审判工作情况以及成渝地区双城经济圈的发展建设需要，适时调整完善成渝金融法院的案件管辖。

### （二）关于配套措施

为确保成渝金融法院职能作用的充分发挥，最高人民法院将指导成渝金融法院加强金融风险防范信息共享机制建设，完善金融司法研究机制和智库建设，提高促进金融改革发展和维护金融安全的决策参谋能力。

《关于设立成渝金融法院的决定（草案）》和以上说明是否妥当，请审议。

（来源：中国人大网）

# 在最高人民法院司法改革领导小组 2022年第一次会议上的讲话

（2022年3月31日）

最高人民法院院长　周　强

刚才，我们认真传达学习了中央全面深化改革委员会第二十四次会议精神，审议并原则通过了相关改革文件。大家都讲了很好的意见，司改办会后要认真研究吸收、抓好落实。下面，我就做好今年司法改革工作讲几点意见。

## 一、深入学习贯彻习近平总书记重要讲话精神，确保司法体制改革纵深推进

近期，习近平总书记在中央全面深化改革委员会第二十四次会议、中央党校（国家行政学院）中青年干部培训班开班式上和全国两会期间发表一系列重要讲话，为全面深化改革指明了方向、提供了遵循。我们要坚持以习近平新时代中国特色社会主义思想为指导，深入贯彻习近平法治思想，认真学习贯彻习近平总书记重要讲话精神，深刻领悟“两个确立”的决定性意义，增强“四个意识”、坚定“四个自信”、做到“两个维护”，结合贯彻落实中央政法工作会议、全国两会和全国高级法院院长会精神，认真做好改革谋划，坚持巩固提升，狠抓推进落实，推动司法改革呈现新气象、展现新面貌。

一是坚持稳中求进工作总基调，持续推进人民法院牵头的重点改革任务。人民法院目前牵头的改革任务，绝大部分是党的十九大以来新部署的改革任务。2021年，我们围绕工作难度大、涉及面广、仅靠人民法院自身力量难以解决的政策堵点和落实难点，梳理了提请中央有关单位协调解决的重点改革任务清单。2022年要继续紧盯不放，加大改革攻坚力度，确保“硬骨头”任

务取得实质性、突破性进展。

二是践行以人民为中心的发展思想，牢固树立正确司法改革政绩观。要把“努力让人民群众在每一个司法案件中感受到公平正义”作为推进改革的根本动力，从群众切身需要考量改革，不断提升人民群众改革获得感，更好满足人民群众对公平正义的需要。要坚持“三严三实”，出台改革政策、落实改革举措、评估改革成效都要深入调查研究、加强科学论证，确保改革回应真需求、解决真问题、不留后遗症。要处理好“当务之急”和“长远之计”的关系，不仅要有立说立行、紧抓快办的魄力，更要有“功成不必在我”的精神境界和“功成必定有我”的历史担当，确保改革一张蓝图绘到底。要强化精准思维，坚持“致广大而尽细微”，做到谋划改革时统揽大局、具体落实中细致精当，以绣花功夫把改革各项工作做扎实、做到位。

三是深入总结司法改革经验成效，明确下步改革主攻方向、战略重点、任务举措。要全面梳理党的十八大以来人民法院贯彻落实习近平法治思想、全面深化司法改革的重要举措，深入总结提炼改革成果经验，总结司法改革在维护社会公平正义、提高人民群众获得感幸福感安全感、推动人民法院工作高质量发展等方面取得的明显成效、发生的显著变化。要抓紧研究分析司法改革推进落实过程中遇到的体制性障碍、机制性梗阻，围绕需要进一步破解的体制机制深层次问题和新出现的问题，提出下一步改革的具体建议。要坚持正确改革方向，坚定不移推进司法体制改革，始终以改革的思维和方式破难题、解新题、补短板、强弱项，推动各项改革系统集成、协同高效。

## 二、抓好任务统筹，努力推动司法改革工作高质量发展

2022年是我国进入全面建设社会主义现代化国家、向第二个百年奋斗目标进军新征程的重要一年，做好2022年各项改革工作意义重大。

一是准确把握改革阶段要求。当前，人民法院“五五改革纲要”已经进入第四个年头，重大改革举措正在逐步落地，重要改革试点已经全面推开，重点改革任务要有实质性推进。同时，2022年下半年我们将迎来党的二十大，司法改革既要迈上新台阶，还要绘制新蓝图，改革呈现承前启后、接续推进的显著特点。因此，做好2022年的司法改革工作，既要立足于解决当下问题、完成既定任务，更要着眼于健全完善中国特色社会主义司法制度，提

前研究和谋划下一步改革目标和重点举措。

二是统筹推进各项改革任务。要科学统筹中央深改委、中央依法治国委年度工作要点，以及政法领域全面深化改革实施意见、“五五改革纲要”、法院年度改革要点，做到一体推进、一体部署、一体落实。要强化牵头部门和参与部门主体责任，加强沟通协调，形成改革合力，确保各项改革任务全面落地见效。要抓好司法改革台账管理，进一步健全改革进展情况常态化汇总、分析、督促机制，严格挂账推进、内容变更和评审结项等工作程序，确保改革整体协同推进。

三是加强改革舆论宣传引导。要做到任务落实、工作总结、宣传引导同步推进，牢牢把握舆论引导和宣传工作的主动权，营造理解改革、支持探索、参与创新的良好舆论氛围。要坚持以人民为中心的价值导向，通过人民群众简明易懂的语言、喜闻乐见的形式，增强人民法院改革宣传的接受性和感染力，引导社会各界积极看待、评价、参与改革。要坚持线上线下结合，科学认识新形势下互联网传播规律，提高网络宣传水平，将互联网这个最大变量变成推进改革的最大增量。要积极争取专家学者、人大代表、政协委员和其他法律职业群体的理解支持，最大限度凝聚改革共识，为持续深化司法改革营造良好社会环境。

## 三、突出重点领域，确保改革部署顺利推进

今天会议审议并原则通过了《2022年人民法院司法改革工作要点》及其分工方案。各部门要以工作要点为基础，准确把握推进改革的重点领域和关键环节，拿出务实管用的举措，攻克阻碍发展的难题，确保各项改革部署取得扎实成效。

一是全面落实司法责任制。要夯实司法责任制改革成果，不断完善审判委员会配套机制，落实“四类案件”监督管理制度，健全法官惩戒与纪检监察衔接机制，形成权责清晰、权责统一、监管有效、保障有力的司法责任体系。要按照中央政法委部署，有序推进司法权力运行机制改革，进一步完善合议庭运行机制，推动与新型审判权力运行机制贯通协调、有效衔接。要健全完善统一法律适用和分歧解决机制，加强裁判要旨梳理提炼，建立全国法院法律适用统一平台，保障法律正确统一适用。

二是持续深化诉讼制度改革。要扎实推进四级法院审级职能定位改革试点，强化统筹指导，健全配套举措，有序推进试点任务。落实最高人民法院近期印发的完善提级管辖和再审制度两个通知要求，指导高级、中级法院加大案件提级审理力度，明确最高人民法院再审申请审查标准、统一再审提审裁判尺度，务必在2022年8月试点中期报告前，由我院审结一批重大典型案件，凸显改革工作成效。要统筹推进改革试点与推动修法工作，系统谋划、深入研究、加强沟通，确保在2022年底前向全国人大常委会提交高质量的修法草案。要不断健全中国特色一站式多元解纷和诉讼服务体系，积极参与社会矛盾纠纷多元预防调处化解综合机制建设，不断向基层延伸、向社会延伸、向网上延伸、向重点行业领域延伸。要深化刑事诉讼制度改革，持续推进庭审实质化，完善“病残孕”罪犯刑罚交付执行工作机制，研究制定刑事审判监督工作意见。要深入推进执行体制机制改革，加快推进民事强制执行法起草工作，巩固拓展基本解决执行难工作成果，切实推进执行难综合治理、源头治理。要认真实施新修改的民事诉讼法，加强宣传解读，及时制定和修订相关司法解释，实现有效衔接、平稳有序。要认真落实全国人大常委会审议意见，积极推进国家层面知识产权案件上诉审理机制改革，研究提出下步改革方案。

三是统筹推进互联网司法和智慧法院建设。要全面落实人民法院在线诉讼、在线调解、在线运行“三大规则”，推动互联网司法工作模式、实体规则、程序规范有机结合、融会贯通、协同高效，实现互联网司法均衡有序发展。要用好与高校院所等合作共建的互联网司法研究机构平台，推进互联网司法技术和理论创新。办好“数字经济法治论坛”，讲好中国互联网司法故事，为国际网络空间治理贡献中国智慧和中国方案。要持续深化互联网法院建设，加强与全国人大、中央编办等中央有关单位的沟通协调，积极争取各方支持，推动优化互联网法院案件管辖范围、法律地位、区域布局。要持续提升智慧法院建设水平，拓展5G、区块链、人工智能等新兴技术在司法领域的应用场景，深化电子卷宗随案同步生成和深度应用，不断提升人民法院在线服务水平。

四是完善法院人事制度和经费保障机制改革。要推动优化法官逐级遴选制度，积极会同中央有关部门调研评估法官逐级遴选工作效果，尽快推动优化改革政策，完善配套保障措施。要结合关联改革试点举措，积极推动法官员额与编制联动调整，更好实现人案科学配比。要完善审判辅助人员管理制度，研究制定聘用制书记员管理办法，健全法官助理分层培养机制。要持续推进职业保障制度改革，推动法官单独职务序列配套待遇保障政策落实到位，研究制定法官人身安全保护司法解释及配套文件，依法预防惩治针对法院干警及其近亲属实施的不法侵害行为。要持续推进省以下地方法院财物统一管理改革，完善法院经费保障机制。

# 在清华大学互联网司法研究院揭牌活动座谈会上的讲话

（2022 年 1 月 19 日）

最高人民法院院长　周　强

今天再次来到清华大学，感觉又有了新变化、新气象。2019 年 11 月 6 日，在中国政法实务大讲堂上，我与清华大学的各位老师和同学们围绕“新时代中国法院司法体制改革和智慧法院建设”主题进行了深入交流。今天，清华大学互联网司法研究院正式成立。这是贯彻落实习近平法治思想和习近平总书记考察清华大学时重要讲话精神的生动实践，是促进法治思维与科技理念交融碰撞、信息技术与司法工作深度融合的重要举措。在此，我代表最高人民法院，对清华大学互联网司法研究院的成立表示热烈祝贺。对关心支持、推动保障研究院成立的各位院领导、专家学者、工作人员付出的辛勤努力，对大家长期以来对人民法院工作的支持表示衷心感谢。

党的十八大以来，党中央高度重视网络安全和信息化工作，习近平总书记对网络强国、科技强国建设提出一系列新观点、新论断，为加强科技创新指明了前进方向，提供了根本遵循。“十三五”时期，在党中央坚强领导下，人民法院开拓进取、探索创新，建成人民法院信息化 3.0 版，形成全业务网上办理、全流程依法公开、全方位智能服务的智慧法院。智慧法院成果亮相国家“十三五”科技创新成就展。一是信息技术在司法领域广泛应用。全国法院实现“一张网”办公办案；建成世界上最大的司法审判信息资源库，人民法院大数据管理和服务平台汇集案件信息 2.6 亿件，每 5 分钟动态更新数据；四大公开平台不断完善，中国裁判文书网公开裁判文书超 1.2 亿篇；全面推行电子卷宗随案同步生成和深度应用，93％以上法院建成电子卷宗随案同步生成系统，73％以上的案件随案生成电子卷宗；智能语音系统识别、案件信息自动回填、法律条文智能推送、裁判偏离度监测提示等技术为法官审理案件提供有力支持；搭建司法区块链统一平台，共完成超过17.9亿余条数据上链存证固证；全新的执行信息化体系实现上下一体、内外联动，为加强执行工作提供强大助力。二是在线诉讼规则实现探索创新。总结实践经验，推动形成与数字时代相适应的诉讼法律制度，制定人民法院在线诉讼规则、在线调解规则和在线运行规则，在世界范围内首次构建全方位、系统化的互联网司法规则体系，为全球互联网法治发展积极贡献中国智慧和中国方案。三是网络空间司法治理取得积极进展。充分发挥北京、杭州、广州互联网法院作用，妥善处理新型互联网纠纷，公正高效审理了“全国首例暗刷流量案”“大数据盗用不正当竞争案”等一批具有广泛社会影响和规则示范意义的案件，填补空白、树立规则。深度挖掘司法大数据资源，积极开展“数助决策”工作，服务社会治理。智慧法院在疫情期间大显身手，2021年全国法院在线立案1143.9万件，在线开庭127.5万场，实现“审判执行不停摆、公平正义不止步”。

近年来，互联网、大数据、云计算、人工智能、区块链等技术加速创新，日益融入经济社会发展各领域全过程。习近平总书记在中央政治局第三十四次集体学习时指出，“要完善数字经济治理体系，健全法律法规和政策制度，完善体制机制，提高我国数字治理体系和治理能力现代化水平”。面对新形势新任务，互联网司法还面临着理论研究有待加强、技术应用有待落地、智能水平有待提高、数据应用有待深化、系统安全有待提升等问题，亟待深化交流合作，推进跨界融合，加强对关键技术问题和前沿法律问题的探索研究。我们要深入学习贯彻党的十九届六中全会精神，不断从党的百年奋斗重大成就和历史经验中汲取智慧和力量，推动新时代互联网司法高质量发展。最高人民法院高度重视此次与清华大学的合作，专门召开党组会，研究支持清华大学设立“互联网司法研究院”政策措施。这里，我提几点希望。

一是深入贯彻习近平法治思想，切实推动信息技术与司法实践深度融合。习近平总书记指出，“一流大学是基础研究的主力军和重大科技突破的策源地”，“加强产学研深度融合，促进科技成果转化”①。要牢记“国之大者”，紧

① 《习近平在清华大学考察时强调：坚持中国特色世界一流大学建设目标方向 为服务国家富强民族复兴人民幸福贡献力量》，载《人民日报》2021年4月20日。

扣贯彻新发展理念、构建新发展格局、推动高质量发展要求，把习近平法治思想融入科学技术研究、互联网司法实践等方方面面，切实把科学思想转化为工作实效。要坚持需求导向和问题导向，着眼世界技术、理论前沿和国家重大需求，立足我国社会主义法治建设实践，善于研究新情况解决新问题。要充分发挥各自优势，深化在互联网司法实践、智慧法院建设和网络空间治理等领域的合作，共同将研究院建成具有国际引领地位的互联网司法交叉创新策源地。

二是加大互联网司法核心技术攻关，推动司法模式深刻转型。当前，最高人民法院已制定信息化建设五年规划，将以司法数据中台、智慧法院大脑、在线法院建设为牵引，巩固提升智慧法院建设成果，这也为研究院的发展提供了广阔研究领域和丰富落地场景。研究院由清华大学许多高精尖专业院系参与共建，在前沿技术研发上有巨大优势。要牵住自主创新这个“牛鼻子”，加大对互联网司法关键核心技术攻关力度，围绕司法场景预训练模型、类案检索与推送、分布式融合大数据、区块链隔离和核验、数据信息安全保障等方面，研发出具有自主知识产权的原创性技术，实现互联网司法技术的自立自强。要找准信息技术在司法领域的应用场景，不断拓展技术应用维度和深度，提升技术服务司法审判的广度和精度，确保各类技术有效落地、务实管用、安全可控。要加强司法大数据研究应用，切实提升数据汇集、分析、应用水平，针对社会治理热点难点及群众关心关切的问题深化专题研究，共同为经济社会发展提供前瞻性参考。

三是强化数字法治理论研究，创造更高水平的数字正义。互联网司法不仅是工作方式和司法模式的变革重塑，更深层次的目标在于通过工具理性推动规则治理和制度构建，促进网络空间治理的法治化，更好地“寻找事实、寻找法律”，促进实现数字正义。要围绕互联网司法目标定位，加强对数字法治前沿理论和实践难点问题的研究，重点围绕数据权属和交易、虚拟财产权益、网络安全、算法规制、平台治理、网络黑灰产整治、个人信息保护、人工智能技术等方面，厘清法律关系，明确权利义务，划定法律边界。要深入研究并解决好上述信息技术的根本性法律和司法问题，充分发挥司法在保护创新、服务信息技术和数字经济发展中的重要作用，促进科技向善，更好地造福人类。要深入开展国际交流合作，充分借鉴吸收世界各国互联网司法技术和网络法治方面的研究成果，探索建立互联网司法性能评价的中国标准，提升我国在网络空间治理领域的规则制定权和话语权。

四是加强人才联合培养，为互联网法治发展提供智力支持。互联网司法是技术与司法的复合领域，对复合型人才的需求更大、要求更高。要依托研究院这一平台，加强跨学科、跨部门、跨领域人才的联合培养，汇聚兼顾计算机、人工智能、法学理论、法律实务等多元化学科背景和实践背景的骨干力量，构建一支国际化高水平专业化的科研团队。要以实践为导向，探索创新人才培养机制，充分发挥最高人民法院挂职学者、法律研修学者、法律实习生等制度作用，坚持理论与实践相结合，培养造就更多高素质复合型法治人才。要面向国际、面向世界，将研究院建成具有广泛国际影响力的人才交流中心，打造全球司法信息领域高水平人才培养集聚、高水平成果涌现和孵化的重要平台。

各位专家、同志们、同学们，新一轮科技革命给我们带来前所未有的机遇和挑战，互联网司法建设前景广阔、未来可期。希望以清华大学互联网司法研究院成立为一个更高的起点，深化交流合作，用足用好这一平台，为推进社会主义法治国家建设、为实现中华民族伟大复兴的中国梦作出积极贡献。

# 在全国法院案例指导工作推进会上的讲话

（2022 年 1 月 13 日）

最高人民法院院长 周 强

这次召开全国法院案例指导工作推进会，主要任务是：坚持以习近平新时代中国特色社会主义思想为指导，全面贯彻党的十九大和十九届历次全会精神，深入贯彻习近平法治思想，认真学习贯彻习近平总书记在中央政治局常委会会议听取最高人民法院党组工作汇报时的重要讲话精神、在中央政治局第三十五次集体学习时的重要讲话精神，增强“四个意识”、坚定“四个自信”、做到“两个维护”，弘扬伟大建党精神，积极适应“十四五”时期人民法院工作高质量发展新形势新任务，转变观念、创新机制、加强管理，推进案例指导工作进一步发展。

2022 年 1 月 6 日，习近平总书记主持召开中央政治局常委会会议，听取最高人民法院党组工作汇报并发表重要讲话，对全国法院 2021 年工作给予充分肯定，对做好 2022 年人民法院工作提出明确要求，充分体现了以习近平同志为核心的党中央对人民法院工作的高度重视和对广大法院干警的亲切关怀，全国法院广大干警倍感振奋、备受鼓舞。党的十八届四中全会提出，要“加强和规范司法解释和案例指导，统一法律适用标准”。习近平总书记多次就案例指导工作作出重要指示，在 2018 年 11 月 1 日召开的民营企业座谈会上明确提出“我多次强调要甄别纠正一批侵害企业产权的错案冤案，最近人民法院依法重审了几个典型案件，社会反响很好”。这次召开会议就是要深入学习贯彻习近平总书记重要讲话精神，进一步推动案例指导工作发展。党的十八大以来，在党中央坚强领导下，在中央政法委领导下，全国法院审理了一批在全社会有重大影响的案件，形成了一批典型案例和指导性案例，在国内外产生了良好反响。刚才，最高人民法院民事审判第三庭、民事审判第四庭、环境资源审判庭、执行局和江苏省高级人民法院、重庆市高级人民法院作了经验交流，讲得都很好。下面，我讲几点意见。

## 一、深刻认识做好案例指导工作的重要意义

第一，做好案例指导工作，是加快建设公正高效权威的社会主义司法制度的必然要求。案例指导制度是中国特色社会主义司法制度的重要组成部分，对统一裁判尺度、完善法律制度、维护司法公正、提升司法公信力等，都具有重要意义。要提高政治站位，把案例指导工作置于建设中国特色社会主义法治体系、建设社会主义法治国家的战略高度来谋划，进一步发挥案例指导制度在维护国家法治统一、促进法律正确实施，尤其是统一裁判尺度、完善我国社会主义司法制度等方面的重要作用。要坚持以人民为中心，牢固树立正确司法理念，通过指导性案例积极回应人民群众新要求新期待，努力让人民群众在每一个司法案件中感受到公平正义。要坚守法治原则，把握正确导向，指导性案例裁判规则必须符合宪法法律规定，符合立法目的、原则和精神，符合社会主义核心价值观要求，更好地维护国家法制统一、尊严、权威。

第二，做好案例指导工作，是更好发挥人民法院审判职能作用的必然要求。当前，我们已经踏上了全面建设社会主义现代化国家、向第二个百年奋斗目标进军的新征程，立足新发展阶段、贯彻新发展理念、构建新发展格局、推动高质量发展，满足人民群众对民主、法治、公平、正义、安全、环境等方面日益增长的要求，提高人民生活品质，促进共同富裕，都对法治建设提出了新的更高要求。指导性案例是对经济社会发展各种复杂矛盾依法处理的经验总结和规则提炼，是人民法院发挥司法裁判规范指引作用的重要载体。要牢记“国之大者”，对标对表党中央重大决策部署，始终保持与国家重大战略同频共振，发挥好“一个案例胜过一打文件”的示范作用，依法精准服务经济社会高质量发展。要深入研究新情况新问题，聚焦国家治理急需、人民群众急盼的热点难点问题，以案例指导的“小切口”解决司法实践的“大问题”，更好服务党和国家工作大局，更好发挥法治固根本、稳预期、利长远的保障作用。

第三，做好案例指导工作，是提高审判质量、效率和司法公信力的必然要求。随着司法体制改革和审判执行实践的不断深入，人民法院案例指导工

作已由探索初创发展阶段进入精细化规范发展阶段，主要任务也从研讨审判疑难问题、提升法官素质能力拓展到有效指导审判实践。特别是人民法院受理案件的类型越来越多样，矛盾越来越复杂，有些方面尚无明确法律依据，迫切需要通过指导性案例加强审判工作指导，提升司法质效。要通过发布指导性案例，促进统一裁判尺度，规范法官裁量权，保证类案裁判统一。要通过严谨规范的裁判说理，向社会展示裁判方法和司法智慧，赢得人民群众的理解和信任，不断提高司法公信力。

## 二、准确把握人民法院案例指导工作成效和存在问题

案例指导制度是随着我国社会主义法治建设发展逐步发展起来的。在社会主义司法制度建立初期，人民法院就十分重视通过典型案例指导审判工作。1949 年中华人民共和国成立以后，在党的领导下我们逐步建立完善人民司法制度，当时人民法院主要是通过法院内部文件形式印发案例，通过“比照援用”对审判工作进行指导。1985 年《最高人民法院公报》创刊，开始选登一些优秀裁判文书和案例，用以指导审判实践。2010 年 12 月，最高人民法院印发《关于案例指导工作的规定》，案例指导制度正式确立，逐步形成以指导性案例为统领、参考性案例为补充的案例指导工作规范化发展新局面。2018 年，修改后的人民法院组织法首次从法律上确立了案例指导制度。为贯彻落实党中央决策部署和有关法律规定，我们陆续出台了案例指导工作实施细则、指导性案例体例样式、专家委员会工作规则等一系列配套文件，案例指导工作的基本制度体系逐步建立起来。

最高人民法院始终重视加强案例指导工作。自 2011 年 12 月发布第一批指导性案例以来，截至 2021 年 12 月，最高人民法院共发布指导性案例 31 批 178 个，平均每年发布 18 个，包括民商事案例 77 个、知识产权案例 31 个、刑事案例 25 个、行政和国家赔偿案例 24 个、环境资源保护案例 21 个。特别是近年来，指导性案例发布多采取专题形式，进一步提高聚焦度、增强专业性，有效扩大了影响力。比如，第 20 批网络犯罪专题案例、第 21 批涉“一带一路”专题案例、第 25 批弘扬社会主义核心价值观专题案例、第 28 批知识产权专题案例、第 29 批企业破产重整专题案例、第 31 批生物多样性保护专题案例等，都取得了很好的法律效果、政治效果、社会效果。特别是 2021

年以来，最高人民法院党组把案例指导工作摆在更加重要位置，审判委员会审议通过了30余个指导性案例，创下指导性案例近年编发数量新的纪录。这对于及时总结审判经验，促进提炼裁判规则、统一法律适用、弘扬社会主义核心价值观等具有重要意义，受到党中央充分肯定，得到社会各界和人民群众高度评价。

同时，我们也要清醒认识到，人民法院案例指导工作还存在一些问题和不足：一是指导性案例总体数量偏少；二是指导性案例在各审判领域的覆盖面不广；三是指导性案例来源主要是地方法院通过线下逐级报送，与最高人民法院职能定位不符，与智慧法院发展趋势不相适应，信息化手段运用不够。

## 三、完善案例指导工作机制，推动案例指导工作进一步发展

一是切实转变工作观念，加强案例指导工作统筹。最高人民法院要建立由研究室统筹负责、各审判业务部门共同参与的案例指导工作机制。研究室要加强力量配备，提升业务能力，切实满足在案例指导工作中管规划、管标准、管流程、管审核等职责要求。各审判业务部门要增强主体意识、责任意识，与研究室共同研究谋划案例选题，参与案例征集、审核把关、提交审议、发布宣传等工作。各高级人民法院要依据有关规定编发参考性案例，对辖区法院审判执行工作进行有效指导。

二是加强案例发现培育，不断拓宽指导性案例来源。指导性案例凝结的是优秀法官、优秀裁判的智慧和经验，案例既是精心筛选出来的，也是用心培育出来的，是“伟大的时代必然会有伟大的判决”的重要呈现方式。各级人民法院和广大法官要不断提高发现、培育案例的意识，增强“沙里淘金”和“慧眼识珠”的能力，善于发现和培育优秀案例。要注重研究和把握不同案例规律特点，找准案例工作的突破口。要注重将案例工作与调研工作联系起来，在日常选编、选报案例中及时发现线索，精准聚焦需要明确规则、加强指导的司法实践问题，进行系统归纳总结。要充分发挥资深法官和专家学者优势，加强研究论证，凝聚各方共识，以理论研究带动案例指导工作发展。对于在审判执行工作中发现的具有典型性、示范性、指导性的案件，要注意加强裁判文书说理，总结提炼好裁判规则，充分发挥宝贵案件资源的价值作用。对于已入选《最高人民法院公报》《人民法院案例选》、全国法院系统年

度优秀案例分析评选活动、中国司法案例网评选等的案例，可以作为备选指导性案例予以推荐。

三是加强制度机制建设，提升案例指导工作质效。中央全面深化改革委员会审议通过的《关于完善四级法院审级职能定位的改革方案》，明确提出“完善将最高人民法院裁判转化为指导性案例工作机制”改革任务。这项改革要求不断优化最高人民法院受理案件类型，目的就是要强化最高人民法院监督指导全国法院审判工作、确保法律正确统一适用的职能，进一步凸显最高人民法院作为国家最高审判机关的宪法地位。同时，各高级人民法院在统一裁判尺度方面也承担着重要职责。要重视发挥大法官裁判、最高人民法院裁判在监督指导审判工作、统一法律适用方面作用，探索建立转化为指导性案例工作机制，让大法官裁判、最高人民法院裁判成为指导性案例的重要来源。要切实加强案例审查论证工作，建立和完善案例专业会议机制，对拟推荐的指导性案例进行深入研究论证、修改完善，切实提高审议质量和效率。要加强指导性案例实际应用工作，法官进行类案检索时应当首先检索现行有效的指导性案例，检索到的类案为指导性案例的，应当参照作出裁判，真正让指导性案例成为监督指导下级法院审判工作的有力抓手。案件裁判能够成为指导性案例，这是对法官司法能力和裁判价值的充分认可、巨大荣耀。要健全案例指导工作激励机制，完善指导性案例法官署名和表扬表彰机制，切实增强法官的职业尊荣感和工作积极性。

四是加强信息化建设，提升案例指导工作现代化水平。要加快指导性案例信息化平台建设，加快提升案例推荐、审查、检索、应用、评估等工作的信息化水平。要积极发挥中国司法案例网、中国裁判文书网、“法信”等信息化平台作用，整合资源，形成合力，不断提升案例指导工作信息化建设应用水平。

五是加强队伍建设，为案例指导工作提供有力组织保障。案例指导工作发展的关键在队伍。各级人民法院要从人民司法事业发展全局的高度出发，切实加强案例指导工作队伍建设，努力建设一支政治过硬、业务精湛、严谨细致、精益求精的案例指导工作队伍。要加强上下级法院案例指导工作联系，完善专兼结合、上下联动的案例指导工作网络，为负责案例指导工作的同志们创造更加完善的工作条件。要多措并举加强教育培训工作，把指导性案例作为业务培训的重要内容，引导法官准确把握指导性案例裁判规则和裁判方法，不断提高案例指导工作能力和水平。

新时代新征程上，做好案例指导工作大有可为。我们要真学真信笃行习近平法治思想，增强“四个意识”、坚定“四个自信”、做到“两个维护”、深入学习领悟“两个确立”的决定性意义，弘扬伟大建党精神，不忘初心、牢记使命，对标对表党中央决策部署，聚焦人民对公平正义的向往，聚焦解决司法实践问题，努力推动案例指导工作进一步发展，推动完善公正高效权威的社会主义司法制度，以实际行动迎接党的二十大胜利召开！

# 在最高人民法院统一法律适用工作领导小组第一次会议暨裁判要旨梳理提炼部署会议上的讲话

（2022 年 1 月 26 日）

最高人民法院院长　周　强

这次会议的主要任务是：坚持以习近平新时代中国特色社会主义思想为指导，全面贯彻党的十九大和十九届历次全会精神，深入贯彻习近平法治思想，落实完善四级法院审级职能定位改革试点要求，研究建立院级层面统一法律适用工作协调机制，部署最高人民法院生效裁判文书裁判要旨梳理提炼工作，更好发挥最高人民法院监督指导全国法院审判工作、推进统一法律适用的职能作用。

刚才，世忠同志宣读了《中共最高人民法院党组关于成立最高人民法院统一法律适用工作领导小组的通知》，我们还审议了《关于深入推进最高人民法院统一法律适用工作分工方案》和《最高人民法院裁判要旨梳理提炼工作方案》。大家都发表了很好的意见，我都赞同。今天的会议原则上通过这两个文件，会后审管办要认真梳理、充分吸收大家的意见，进一步修改完善，按程序报批后实施。

党的十八大以来，习近平总书记多次强调要统一法律适用标准，维护国家法制统一、尊严、权威。最高人民法院出台了建立法律适用分歧解决机制的实施办法、统一法律适用加强类案检索的指导意见、完善统一法律适用标准工作机制的意见等一系列文件，并通过制定司法解释、发布指导案例、推进类案检索、规范专业法官会议机制、发挥审委会职能作用等一系列举措，积极推进统一法律适用，取得了明显进展和成效。同时，法律适用标准不统一的问题仍未彻底解决。2020 年中央巡视组反馈意见指出，六个巡回法庭之间、巡回法庭与院本部之间，以及院本部不同审判业务庭之间，不同程度地存在法律适用不统一问题。从队伍教育整顿反映的情况来看，法律适用不统一、裁量权行使不规范，仍是审判执行工作中存在的突出问题。我们必须坚持以习近平新时代中国特色社会主义思想为指导，深入贯彻习近平法治思想，增强“四个意识”、坚定“四个自信”、做到“两个维护”，深入学习领悟“两个确立”的决定性意义，不忘初心、牢记使命，始终坚持问题导向和目标导向，将统一法律适用工作作为重大改革任务推进落实，努力让人民群众在每一个司法案件中感受到公平正义。

下面，我讲几点意见。

## 一、切实提高政治站位，深刻认识和把握统一法律适用工作的重要意义

统一法律适用，是深入学习贯彻习近平法治思想，维护国家法制统一、尊严、权威的必然要求。深入贯彻习近平法治思想，推动建设公正高效权威的社会主义司法制度，必须完善审判权力运行和制约监督机制，确保法律统一正确实施，促进司法公正，充分发挥法治固根本、稳预期、利长远的保障作用。本院各单位和地方各级法院要增强做好统一法律适用工作的责任感、使命感，不断完善统一法律适用的制度机制，切实推进法律适用和裁判尺度统一，更好维护国家法制统一、尊严、权威。

统一法律适用，是人民法院履行宪法法律职责、维护社会公平正义的必然要求。我国宪法规定，人民法院是国家的审判机关。人民法院组织法规定，人民法院审判案件在适用法律上一律平等。最高人民法院是最高审判机关，监督地方各级人民法院和专门人民法院的审判工作，推进统一法律适用是一项重要政治任务和基本工作职责。我们要统筹推进全国法院统一法律适用工作，建立重大法律适用问题发现与解决机制，形成规范高效的法律适用问题解决体系，规范司法裁判标准，依法平等保护当事人合法权益，真正做到定分止争，切实维护公平正义。

统一法律适用，是提升司法公信力、树立人民法院良好形象、确保司法公正廉洁高效权威的必然要求。为满足人民群众日益增长的司法需求，人民法院持续深化司法公开，着力构建开放、动态、透明、便民的阳光司法机制，

既实现了以公开促公正树公信，同时，也对统一法律适用提出了更高要求。特别是“类案不同判”现象容易引发负面炒作，制约司法公信力的提升，影响公正司法形象。我们一方面要主动适应新媒体和移动互联网舆论环境，树立正确舆论导向，同时最根本的是要严格公正司法，统一法律适用标准，确保每一起案件都经得起法律、历史和人民的检验。

统一法律适用，是深化司法体制改革、推进完善四级法院职能定位改革试点的必然要求。人民法院“五五改革纲要”和深化司法责任制综合配套改革的实施意见都明确将“完善统一法律适用机制”作为重要目标和主要任务。完善四级法院审级职能定位改革是党中央部署的重要改革任务，保障法律正确统一适用是改革目的之一。我们要以完善四级法院审级职能定位改革试点为契机，进一步强化最高人民法院统一法律适用、监督公正司法的职能，在完善选案实体标准上下功夫，提审改判一批人民群众获得感强、社会影响力大的案件，有力保障法律正确统一适用。

## 二、突出工作重点，推动统一法律适用工作向纵深发展

统一法律适用工作是一项系统性、全局性工程，我们必须坚持系统思维，明确工作重点，抓好关键环节。2021 年以来，最高人民法院审管办发挥牵头协调作用，做了大量卓有成效的工作。1 月 13 日，我们召开了全国法院案例指导工作推进会，就加强案例指导工作作出明确部署。下一步，要在继续抓好司法解释、案例指导等统一法律适用工作的同时，进一步突出工作重点，以裁判要旨梳理提炼、“点对点”具体法律适用分歧解决机制、线上统一法律适用平台三项工作为主体，推动形成上下贯通、内外结合、系统完备、规范高效的法律适用问题解决体系。

一是充分发挥统一法律适用工作领导小组作用，构建统一领导、职责清晰、衔接有序、协同推进的工作格局。统一法律适用涵盖司法解释、案例指导、规范性文件、法律分歧解决、审判组织职能、审判监督管理等工作，涉及多个职能部门、多个条线板块。我们成立统一法律适用工作领导小组，就是要建立常态化协作机制，统筹推进统一法律适用工作。领导小组及其办公室要加强统筹，整体谋划、协调推进各项任务，加快研究推进与统一法律适用相关的审判监督管理等重要制度，有计划、有步骤、分层次推进各方面

工作。

二是将裁判要旨梳理提炼作为一项长远性、基础性、常态化工作加强谋划部署。裁判要旨梳理提炼是一项具有标志性意义的创新工作，是发掘审判资源、总结审判经验、统一法律适用的重要举措，有助于进一步提升司法能力水平和审判工作质效。要把裁判要旨梳理提炼作为重点工作任务加强部署，从维护安全稳定、服务经济社会发展、维护市场秩序、加强民生保障等方面强化裁判要旨梳理提炼工作，充分展现裁判文书释法说理的智慧，推动构建具有鲜明中国特色、实践特色、时代特色的审判理论体系和话语体系，丰富和发展中国特色社会主义法治体系内涵。要突出权威性、实践性、实效性，有效解决以往社会机构提炼裁判要旨权威性不足、准确性不够、社会满意度不高等问题，更好地发挥裁判要旨在统一裁判尺度、提高审判质效和公信力、弘扬社会主义核心价值观等方面重要作用。要全面梳理提炼最高人民法院在审理案件过程中形成的价值理念和司法逻辑，及时编发具有普遍指导意义的裁判要旨，方便广大法官和人民群众了解、掌握和运用。要认真组织开展裁判要旨梳理提炼工作，明确任务分工、编写规则、编写范例。审管办要系统梳理最高人民法院生效裁判文书，加强对裁判要旨选取标准、发布程序、系统运用等问题研究，建立健全发现、论证、编发、考评等工作机制，形成体系完备、科学权威、便捷实用的裁判要旨梳理提炼体系。各部门要健全裁判要旨梳理提炼工作激励机制，充分调动法官和法官助理积极性，精心总结提炼裁判要旨，严格把关内容质量，按时保质保量完成梳理提炼工作，促进形成一批精品成果。

三是探索建立“点对点”具体法律适用分歧解决机制。最高人民法院现有法律适用分歧解决机制需要依托具体案件，存在申请数量不足、解决方式和途径单一等问题，对于司法实践中存在的大量具体法律适用分歧问题，缺乏及时高效、灵活快捷的解决机制。要建立健全法律适用问题发现机制，系统梳理审委会决议事项中需要进一步研究的法律适用问题，注重收集涉诉群众、代理律师、专家学者等反映法律适用不统一的来信来访来函，引导当事人在诉讼中提交类案检索结果和法律适用建议，对确实存在重大裁判分歧的案件，要及时启动法律适用分歧解决机制。要优先研究解决反映集中、具有典型性的问题，通过召开专业法官会议、征求相关部门或者专家学者意见，形成具体意见或解决方案。对于法律适用工作中的分歧点，要研究成熟一项提交审判委员会讨论一项，以审判委员会统一法律适用决议形式下发，及时统一裁判规则和标准。对于代表委员意见建议、检察机关建议中涉及统一法律适用的内容，要加强协调配合，组织相关审判业务庭室、巡回法庭协同研究办理，提出解决方案，及时回复反馈。

四是加强全国法院统一法律适用平台建设。建设集中、权威、便捷的全国法院统一法律适用平台，是推进统一法律适用的基础性工程。目前，最高人民法院负责管理的类案检索平台，在统一类案裁判尺度和法律适用标准上发挥了重要作用，同时还存在系统平台分立、分散等问题。各审判业务部门和审管办要及时精准提出业务需求，信息中心、法院出版社要在既有平台基础上，做好案例数据资源的汇集、迁移与整合，推动建成包括类案智能检索、裁判规则推送、优秀案例展示等功能在内的统一法律适用平台，实现与办案平台的深度融合，真正方便法官办案。

五是强化司法解释和案例指导工作，为审判实践提供有力规范指导。司法解释和案例指导工作，是统一法律适用的重要途径，是严格公正司法的制度保障。要注重发挥司法解释的释法功能作用，推动构建分层次、多元化的司法解释体系，为审判实践提供有力规范指导。要积极回应社会关注的热点焦点问题，适时出台司法解释或规范性文件，及时发布典型案例，明确规则导向。要进一步加强案例指导工作，对于公报案例、指导性案例，办公厅、研究室要在确保案例高质量标准的前提下，妥善把握准入“门槛”面向办案一线，面向中级、基层人民法院，多选取实用性高、指导性强的案例为法官办案提供参照。司法案例研究院、法研所要充分发挥资源和人才优势，对新类型案件、疑难复杂案件、裁判尺度不一致案件加强收集汇总和分析研判，及时为司法实践提供指引。

## 三、积极发挥各类主体职能作用，形成统一法律适用的合力

一是充分发挥审判委员会统一法律适用标准的指导作用。最高人民法院审判委员会的重要职能之一就是讨论决定重大、疑难、复杂案件的法律适用问题，为本院及全国法院提供权威裁判规则指引。要进一步完善审委会议题审查与议事规则，确保审委会真正聚焦法律适用问题，充分发挥总结审判经验、统一法律适用、研究讨论审判工作重大事项的职能作用。要推进合议庭、

专业法官会议与审委会的有效衔接，积极构建“类案检索初步过滤、专业法官会议研究咨询、审判委员会讨论决定”的新型审判权力运行机制，有效解决审判组织内部、不同审判组织之间的法律适用意见分歧。要及时梳理总结审委会讨论案件情况，尤其是对裁判观点不一、法律适用分歧意见较大、审委会经反复讨论形成最终处理意见的案件，要精心提炼裁判要旨，供各审判业务部门和法官学习参照，切实统一裁判思路和法律适用标准。

二是严格落实院庭长统一法律适用标准的监督管理职责。规范裁判尺度、促进统一法律适用是院庭长履行监督管理职责的重要内容。要健全规范院庭长监督管理机制，正确把握院庭长履行监督管理职责与干预过问案件的界限，全面完善“四类案件”发现机制启动程序和操作规程，有效落实监督管理职责。要正确把握全面落实司法责任制和履行审判监督管理职责之间的关系，通过调配审判资源、主持或参加专业法官会议、加强审判管理及业务指导等方式，确保统一法律适用，特别是对“四类案件”要全程盯紧盯住，防止个案裁判发生严重偏离。要加强学习培训，对于承办法官、合议庭的审理意见与专业法官会议意见、审委会决定不一致的，要定期组织法官开展学习研究，不断提高司法能力。

三是压实承办法官、合议庭统一法律适用标准的主体责任。全面落实司法责任制，实现“让审理者裁判、由裁判者负责”，承办法官、合议庭既是依法审判案件的办案主体，也是维护法律统一适用的责任主体。承办法官要准确提炼案件争议焦点，严格按照要求进行类案检索，提出明确办理意见。合议庭要落实庭前阅卷制度，重点关注核心证据、关键争点、类案裁判规则等问题，对承办法官提出的类案检索结果、是否参照适用、具体理由等办理意见要充分合议，全面客观载入合议笔录。审管办要加强审判质量管理，将承办法官的类案检索情况，以及合议庭相关评议情况作为重点评查对象，评查结果要纳入年终考核。

四是更好发挥专业法官会议统一法律适用标准的重要作用。最高人民法院出台的完善专业法官会议工作机制指导意见，明确了专业法官会议在辅助办案决策、统一法律适用、强化制约监督等方面的重要作用。要认真落实统一法律适用工作实施办法，对于未决案件拟作出裁判结果与指导性案例、最高人民法院类案裁判法律适用标准不一致的，或者将形成新的法律适用标准的，合议庭应当建议提交部门专业法官会议讨论。各审判业务部门要切实加强专业法官会议建设，把这项制度运用好，对发改指案件、新类型案件、合议庭对法律适用问题存在严重分歧的案件，要充分讨论，切实统一裁判观点、明确裁判规则。专业法官会议讨论形成的具有普遍指导意义的裁判规则，要定期报审管办备案，便于总结分析和成果运用。审管办要按照职责分工加强审判管理，定期收集整理各部门专业法官会议和跨部门专业法官会议讨论形成的具有普遍指导意义的裁判规则，以适当形式发各部门参考，更好发挥专业法官会议在统一法律适用工作中的重要作用。

同志们，做好统一法律适用工作责任重大、意义深远。我们要真学真信笃行习近平法治思想，增强“四个意识”、坚定“四个自信”、做到“两个维护”，不断提高政治判断力、政治领悟力、政治执行力，不忘初心、牢记使命，埋头苦干、勇毅前行，扎实推进统一法律适用各项工作，为新时代人民法院工作高质量发展作出更大贡献，以实际行动迎接党的二十大胜利召开！

# 在人民法院司法改革研究基地揭牌活动座谈会上的讲话

（2022年3月3日）

最高人民法院院长　周　强

很高兴来到中国政法大学，为人民法院司法改革研究基地揭牌并进行调研。长期以来，中国政法大学在法学教学研究、法治人才培养、理论成果转化等方面取得显著成就，为国家培养了一大批高素质优秀法治人才，为全面推进依法治国，建设中国特色社会主义法治体系、建设社会主义法治国家作出了重要贡献。设立人民法院司法改革研究基地，是深入贯彻习近平法治思想，认真贯彻落实习近平总书记考察中国政法大学时的重要讲话精神，促进法学研究与司法实践相结合的重要举措，也是进一步深化最高人民法院与高等院校交流合作的生动实践。

2017年5月3日，习近平总书记在中国政法大学考察时发表重要讲话，强调法学学科是实践性很强的学科，法学教育要处理好知识教学和实践教学的关系，要求加强法学教育、法学研究工作者和法治实际工作者之间的交流，促进理论和实践相结合，为我们加强院校合作、拓展合作领域指明了方向。最高人民法院与中国政法大学共建人民法院司法改革研究基地，就是要深入贯彻落实习近平总书记重要讲话精神，促进法学研究与司法实践互动交流，推动法学理论创新与司法体制改革深度融合，充分发挥法院和高校各自优势，共同推进法治国家建设。

党的十八大以来，党中央高度重视司法改革工作，习近平总书记统筹全局、果断决策、一锤定音，对深化政法领域改革作出一系列重要指示批示，为人民法院深化司法体制改革提供了根本遵循。在以习近平同志为核心的党中央坚强领导下，人民法院敢于啃硬骨头、涉险滩、闯难关，解决了许多长期想解决而没有解决的难题，办成了许多过去想办而没有办成的大事，许多领域实现历史性变革、系统性重塑、整体性重构，新的司法管理体制、审判权力运行机制逐步形成，公平正义成为新时代人民司法的鲜亮底色。同时我们也看到，虽然深化司法体制综合配套改革取得显著成效，但法院组织体系、经费保障、审级设置等重大改革领域的理论支撑仍显不足；重点领域、新型领域相关法律制度和司法政策还存在薄弱点、空白区；司法制约监督机制还不够科学；涉外法治短板比较明显，相关审判人才也处于短缺状态。因此，进一步深化与法学理论界的交流合作，加强对重点问题的联合攻关，既非常必要，也大有作为。借此机会，我讲四点意见，与大家交流。

一是深入贯彻习近平法治思想，确保法治理论研究正确方向。习近平总书记强调，没有正确的法治理论引领，就不可能有正确的法治实践。司法改革政治性、政策性强，无论制度建设，还是理论研究，都应当把握原则、坚守底线。要始终坚持中国共产党的绝对领导，增强“四个意识”、坚定“四个自信”、做到“两个维护”，坚定不移走中国特色社会主义法治道路，努力建设扎根中国文化、立足中国国情、解决中国问题的法治体系，决不能被西方错误思潮所误导。要始终胸怀“国之大者”，在涉及政治和法治、改革和法治、依法治国和依规治党的关系等重大问题上，坚决做到头脑特别清醒、立场特别坚定。要坚持以人民为中心，始终站稳人民立场，确保理论研究和司法改革成果体现人民利益、反映人民愿望、维护人民权益、增进人民福祉。

二是加强司法改革基础理论和前沿领域研究，构建中国特色社会主义司法改革理论体系和话语体系。建设中国特色社会主义法治体系，是一项前无古人的伟大事业，很多问题既无先例可循，也没有现成理论可用。我们在司法改革实践中虽然已经形成一系列原创性、战略性理论创新成果，但仍有不少重大问题需要从理论层面归纳、总结、论证。要强化问题意识，紧密结合党中央的重大司法改革部署、正在开展的重要改革试点开展研究，从司法改革实践中寻找理论课题，用理论研究成果推动解决司法改革难题。要注重对我国法治建设和司法改革中原创性概念、判断、范畴、理论的研究，推动中国特色法学学科体系、学术体系、话语体系与法治体系建设深度融合。要发挥法治固根本、稳预期、利长远的作用，既要聚焦司法改革中的热点难点问题开展对策性研究，更要从促进法治体系成熟定型、保障经济社会持续健康发展的高度，作出更具战略性、前瞻性的理论贡献。

三是深化学术交流与国际合作，统筹推进国内法治和涉外法治。法治文明是人类社会的共同财富。要继续发扬中国政法大学法学学术和法治文化交流的优良传统，始终保持海纳百川的胸怀和格局，广泛汲取世界优秀法治文明成果，不断为我国司法改革实践提供新思想、新理念、新方案。要坚持以我为主、为我所用，有选择地吸收转化域外理论成果，避免囫囵吞枣、照搬照抄，更不能把司法改革研究变成盲目“对标”西方司法制度、“追捧”西方司法理念。要深入总结司法改革实践规律，阐发我国优秀传统司法文化，讲好中国改革故事，不断提升我国司法改革实践和理论的国际影响力、话语权。要围绕构建人类命运共同体，服务高质量共建“一带一路”等重大战略，深入研究涉外法治合作与斗争的司法策略，努力为完善全球治理输出中国规则、提供中国方案、贡献中国智慧。

四是完善法治人才培养体系，为法治体系建设提供有力人才保障。习近平总书记指出，法治人才培养上不去，法治领域不能人才辈出，全面依法治国就不可能做好。新时代的司法改革，需要更多具有坚定理想信念、强烈家国情怀、扎实法学根底的法治人才。要依托基地、背靠学校，加强跨学科、跨部门、跨领域人才的联合培养，汇聚兼顾部门法和交叉学科背景的骨干力量，构建一支高水平的科研团队。要以法治实践为导向，探索创新人才培养机制，充分发挥最高人民法院挂职学者、法律研修学者、法律实习生等制度机制的作用，坚持理论与实践相结合，培养造就更多高素质复合型法治人才。要面向国际、面向世界，将基地建成具有广泛国际影响力的人才交流中心，使基地成为司法改革领域高水平人才培养集聚、高水平成果涌现孵化的重要平台。

最后，希望我们以人民法院司法改革研究基地成立为起点，不断深化交流合作，用足用好这一平台，推动各项工作乘势而上，共同为推进社会主义法治国家建设作出积极贡献。

# 在数字经济法治论坛上的主旨发言

（2022年5月26日）

中华人民共和国首席大法官、最高人民法院院长　周　强

**各位代表、各位嘉宾，**

**女士们、先生们、朋友们：**

当今时代，新一轮科技革命和产业变革加速推进，数字经济是继农业经济、工业经济之后的主要经济形态，正在成为重组全球要素资源、重塑全球经济结构、改变全球竞争格局的关键力量。中共十八大以来，中国高度重视发展数字经济，实施网络强国战略和国家大数据战略，建设数字中国、智慧社会，积极推进数字产业化和产业数字化。截至2021年，中国网民规模已达10.32亿，网络购物用户规模达8.42亿，网络零售额连续九年全球第一，网络支付使用率近九成，数字经济规模连续多年位居世界第二。特别是新冠疫情发生以来，数字技术、数字经济在支持抗击新冠疫情、恢复生产生活方面发挥了重要作用。中国法院紧跟时代发展、遵循法治规律、强化制度创新，大力推进互联网司法和智慧法院建设，推进司法全方位变革，探索数字社会治理新模式，以更高水平的数字正义服务数字经济高质量发展。

## 一、回应数字经济发展需求，构建数字时代司法新模式

中国法院依托现代信息技术，重塑传统的线下审理模式和诉讼流程，构建完善互联网司法规则体系，推动司法审判实现质量变革、效率变革、动力变革，促进审判体系和审判能力现代化。

一是推行在线审理机制，实现司法全流程网络化。2017年以来，先后设立杭州、北京、广州互联网法院，率先探索“网上案件网上审理”机制，并

逐步在全国法院推广在线审理模式，实现从起诉立案到审判、送达、执行的全流程在线完成。2021年全国法院网上立案1143.9万件，网上立案率达30.9％，在线开庭127.5万场，在线诉讼规模和质量、效率不断提升，线上线下并行的诉讼模式基本形成。特别是新冠疫情发生以来，在线诉讼加速推进、广泛适用，确保各类案件得到公正高效审理，实现疫情期间“审判执行不停摆、公平正义不止步”。

二是健全在线司法规则，推动诉讼制度转型升级。中国最高人民法院在全球率先出台人民法院在线诉讼、在线调解、在线运行“三大规则”。“三大规则”既分工明确，又衔接有序，有效覆盖司法活动全领域，贯穿审判执行全过程，使各类在线司法活动有规可依、合法规范，标志着中国特色的互联网司法规则体系基本建立。2021年底修改的民事诉讼法，广泛吸收了人民法院在线司法的有关成果经验，从立法上明确了在线诉讼的法律效力，有力推动了数字时代诉讼法律制度的与时俱进。

三是深化技术与司法融合应用，不断提升审判质量效率。5G、大数据、云计算、区块链、人工智能等现代科技被广泛应用于诉讼服务、诉前调解、案件审理、审判管理等各领域。建成人民法院在线服务平台，全国3500多家法院有效接入，为社会公众提供多样化、全链条、一站式在线诉讼服务，累计访问量超过23.62亿人次。研发各类智能化办案辅助平台，逐步实现案件繁简自动甄别分流、电子卷宗文字识别、语音识别转录、案件智能画像、证据自动核验、法条及类案精准推送等智能辅助功能，有效减轻司法人员工作负担，促进审判质效大幅提升。比如，人民法院司法区块链统一平台，已完成超过22亿条数据上链存证固证，有效解决诉讼中存证难、取证难、认证难等问题。在此次会议之前，中国最高人民法院率先发布了《关于加强区块链司法应用的意见》，深化以区块链为代表的关键技术运用，加速人民法院数字化变革，促进法治与科技深度融合发展，推动智慧法治建设迈向更高层次。

## 二、发挥司法审判职能作用，服务数字经济健康发展

中国法院深刻把握数字经济发展趋势和内在规律，找准司法服务的结合点和切入点，通过公正裁判和改革创新，引导新技术、新产业、新业态、新模式在法治轨道上规范健康发展，促进数字法治，实现社会治理体系和治理

能力现代化。

一是制定司法解释，提升司法保障水平。围绕数字经济发展司法需求，中国最高人民法院制定人脸识别、网络消费、反不正当竞争、涉网络知识产权侵权等司法解释，明确裁判标准，强化规则指引，确保各类互联网新型商业模式规范健康运行，为数字经济发展营造良好法治环境。积极参与网络安全法、数据安全法、反垄断法、电子商务法、个人信息保护法等法律制定与修改，促进数字经济法律制度和监管体系不断完善。

二是强化裁判规则引领，营造良好数字生态。中国法院大力推进互联网审判专业化建设，通过设立互联网法院、组建专业化审判庭、合议庭或审判团队，完善配套工作机制，依法公正高效审理一批具有规则确立意义的涉数字经济案件，更好发挥司法裁判的引领规范作用。比如，审理“大数据权属案”，合理划定数据利用和个人信息权属边界，加强数字权益保障。审理“暗刷流量案”，严惩网络刷单炒作信用、身份盗用等行为，明确互联网商业模式创新的法律边界。审理“网络游戏著作权案”，明确网络环境下新类型知识产权的权利属性、保护范围和追责机制。审理“小猪佩奇著作权案”等涉外案件，依法平等保护中外当事人合法权利，深度参与全球网络空间治理。

三是拓展司法服务职能，促进完善数字经济治理体系。坚持以案促治，发挥典型裁判的规则示范意义，定期发布涉互联网典型案例，支持引导数字经济规范健康发展。推进司法工作与社会治理深度融合，健全一站式多元纠纷解决和诉讼服务体系，依法支持政府开展数字经济领域行政执法，推动矛盾纠纷源头预防化解。运用司法大数据助力社会治理，建设司法大数据中台，实现各类司法数据的有效汇聚、分类、校验和应用，形成经济社会运行大数据报告 1000 余份，深入分析经济社会运行中的矛盾纠纷发展趋势，为推动数字经济发展、促进社会治理、建设平安中国提供决策参考。

四是加强数字经济法治问题研究，促进数字法治发展。数字技术、数字经济发展提出了一系列亟待研究解决的问题，如数字资产性质和权属、机器人的法律地位、无人驾驶的法律责任、基因编辑技术的法律和伦理界限等。中国最高人民法院正与有关研究机构、大学合作深入研究解决这些问题，服务和保障数字技术、数字经济发展，促进数字法治发展。

## 三、践行真正的多边主义，服务构建数字合作新格局

2022年1月17日，中国国家主席习近平在2022年世界经济论坛视频会议上指出，中国将继续扩大高水平对外开放，并倡议为人工智能、数字经济等打造各方普遍接受、行之有效的规则。从提出全球数据安全倡议到推进加入《数字经济伙伴关系协定》，中国始终致力于扩大开放、对接国际高水平规则标准，推动全球数字治理体系朝着更加公正合理方向发展。中国法院愿同世界各国司法同仁一道，深入开展数字法治交流合作，服务构建数字合作格局，共同维护和完善多边数字经济治理机制，让数字文明更好造福各国人民。

一是坚持平等互惠。数字经济快速发展深刻影响全球科技创新、产业结构调整、经济社会发展，也带来“数据霸权”“数字鸿沟”等风险挑战。中国法院愿与各国司法同仁秉持公平正义、开放包容理念，坚持全面、依法、平等保护境内外各类市场主体合法权益，依法妥善审理数字经济新业态案件，共同构建开放、公平、非歧视的数字营商环境，努力实现互利共赢。

二是坚持安全有序。数字经济健康发展，事关民生福祉、权益保护乃至社会稳定和国家安全，离不开法治保障。中国法院愿与各国司法同仁一道，全面树立数字化思维，转变司法治理模式，发挥司法职能作用，依法严惩各类涉网络信息、数据安全、知识产权等违法犯罪，支持数字基础设施建设，促进完善数字安全体系，筑牢数字安全屏障，服务数字经济规范健康发展。

三是坚持共商共建共享。全球数字经济是开放和紧密相连的整体，合作共赢是唯一正道。中国法院愿与各国司法同仁秉持共商共建共享的全球治理观，不断深化司法交流，健全案例分享、法律交流、司法协助、法官培养等合作机制，完善新型合作平台、整合司法资源、加强信息互通，实现更加高效的司法参与，共同搭乘互联网和数字经济发展的快车，实现共同推进发展、共同维护安全、共同参与治理、共同分享成果。

各位嘉宾，女士们、先生们、朋友们，发挥司法职能作用，创造更高水平的数字正义，服务数字经济高质量发展，是当前各国司法机关面临的共同课题。中国法院愿与世界各国司法同仁一道，深化交流合作，分享经验做法，共同优化数字社会环境、构建数字合作格局，让数字文明更好造福各国人民，为构建网络空间命运共同体、推动构建人类命运共同体作出新的更大贡献！谢谢大家！

# 在人民法院司法改革工作会议上的讲话

（2022 年 7 月 8 日）

最高人民法院院长　周　强

这次会议的主要任务是：坚持以习近平新时代中国特色社会主义思想为指导，深入贯彻习近平法治思想，深刻领悟“两个确立”的决定性意义，增强“四个意识”、坚定“四个自信”、做到“两个维护”，认真贯彻落实全面深化政法改革推进会精神，全面总结党的十八大以来人民法院司法改革成效经验，研究部署下一阶段司法改革工作，进一步提升司法质量、效率和公信力，以实际行动迎接党的二十大胜利召开。

党的十九大以来，以习近平同志为核心的党中央以前所未有的决心和力度推进司法体制改革向纵深发展，系统完备、科学规范、运行有效的政法工作制度体系基本形成，执法司法质效和公信力持续提升，人民群众安全感、满意度不断提高，政法改革取得显著成就，实现新的跨越。这些成绩的取得，最根本在于习近平总书记作为党中央的核心、全党的核心掌舵领航，在于习近平新时代中国特色社会主义思想科学指引，更加坚定了我们坚持和完善中国特色社会主义司法制度、坚定不移沿着中国特色社会主义法治道路前进的信心决心。中共中央政治局委员、中央书记处书记、中央政法委书记郭声琨同志出席全面深化政法改革推进会并作讲话。讲话深入贯彻习近平法治思想，站在完善中国特色社会主义司法制度、推进新时代政法工作体系和工作能力现代化的高度，全面总结党的十九大以来政法改革成效经验，明确提出全面深化政法改革思路，系统阐明深化执法司法权力运行机制改革的重大意义并作出重要部署。郭声琨书记的讲话政治站位高、工作思路清、任务部署实，具有很强的政治性、指导性和针对性，既聚焦加快构建科学合理、规范有序、权责一致的执法司法权力运行机制，又着眼推动政法改革系统集成、协同高效、纵深挺进，对人民法院深化司法改革具有重要指导意义。各级人民法院要切实统一思想、提高认识，认真学习贯彻郭声琨书记讲话精神，充分认识党的十九大以来政法改革取得的显著成就和积累的宝贵经验，切实把思想和行动统一到深化执法司法权力运行机制改革的部署要求上来，围绕加快构建科学合理、规范有序、权责一致的执法司法权力运行机制，以分工负责、相互配合、相互制约为原则，以科学配权、规范行权、依法治权、廉洁用权为重点，紧密结合法院工作实际，抓好优化权力配置、遵循权力运行规律、完善权力制约监督等重点任务落实，推动新时代人民法院司法改革向纵深挺进，从更高水平上不断完善公正高效权威的中国特色社会主义司法制度。

## 一、全面总结党的十八大以来人民法院司法改革成效，进一步增强做好新时代人民法院司法改革工作的信心和决心

党的十八大以来，以习近平同志为核心的党中央高度重视司法体制改革，习近平总书记亲自谋划、亲自部署、亲自推动，对全面深化司法体制改革作出一系列重要指示，深刻阐明司法体制改革的历史方位、正确道路、主攻方向、重点任务和科学方法，明确了一系列具有全局性根本性的重大问题，引领全面深化司法体制改革取得历史性成就。党的十八届三中、四中全会对全面深化改革、全面依法治国作出重大部署，提出一系列重大司法改革举措。党的十九大以来，党中央对深化司法体制综合配套改革作出顶层设计、进行总体构架。2013年以来，习近平总书记主持召开66次中央深改委（组）会议，其中，39次涉及司法改革议题，审议通过70多个司法改革方案。

在以习近平同志为核心的党中央坚强领导下，在中央政法委领导下，全国法院紧紧围绕“努力让人民群众在每一个司法案件中感受到公平正义”目标，先后印发两个“五年改革纲要”，推进实施130项改革任务，制定出台330多件改革文件，从夯基垒台、立柱架梁，到全面推进、积厚成势，再到系统集成、协同高效，做成了想了很多年、讲了很多年但没有做成的改革，法院工作很多领域实现历史性变革、系统性重塑、整体性重构。经过十年不懈努力，党中央部署的各项司法改革任务落地见效，人民法院“四五改革纲要”和“五五改革纲要”确定的目标任务已大多完成、全面推开，人民群众司法获得感和满意度明显增强，以司法责任制为重点的中国特色社会主义审

判权力运行体系基本建成，公正高效权威的中国特色社会主义司法制度更加成熟更加定型。

一是全面加强党的政治建设，党对司法工作绝对领导的制度体系更加健全。牢记党的领导是中国特色社会主义法治之魂，始终把“两个维护”作为最高政治原则，坚决做到维护核心、绝对忠诚、听党指挥、勇于担当。始终把深入学习贯彻习近平新时代中国特色社会主义思想作为首要政治任务，真学真信笃行习近平法治思想，健全加强党的创新理论武装制度机制，强化干警入职教育和青年理论武装，开展全覆盖的政治轮训，不断夯实高举旗帜、听党指挥、忠诚使命的思想根基。认真贯彻《中国共产党政法工作条例》，健全维护党中央权威和集中统一领导工作机制，严格执行向党中央请示报告制度，确保重大事项让党中央知道、由党中央决定。加强政治机关建设，深入开展“两个坚持”专题教育、“两个确立”主题教育，以党建带队建促审判，确保党的基本理论、基本路线、基本方略在人民法院不折不扣落到实处。

二是全面落实司法责任制，中国特色社会主义审判权力运行体系基本建成。紧紧牵住司法责任制这个“牛鼻子”，协同推进法官员额制改革，让审理者裁判、由裁判者负责，全面建成权责明晰、权责统一、监督有序、配套齐全的新型审判权力运行体系。明确入额必办案，85%以上法院人员向办案一线集中。强化法定审判组织办案主体地位，98%以上的案件裁判文书由独任庭、合议庭直接签发。建立审判权责清单制度，健全“四类案件”识别和监督管理机制，强化院庭长监督管理职责，全面构建“类案强制检索初步过滤、专业法官会议凝聚共识、审判委员会讨论决定”的法律统一适用机制。推进法官依法履职保障制度和法官惩戒制度建设，确保依法办案者不受追究、违法办案者依法问责。司法责任制、法官员额制等重大改革成果写入新修订的人民法院组织法和法官法，上升为法律制度。

三是健全司法人员分类管理体系，分类科学、结构合理、分工明确、保障有力的司法人事制度基本建立。最高人民法院和各高级法院全部设立法官遴选委员会，实现法官“逢任必选”。法官业绩考核、员额退出、省内员额统筹等政策相继出台，“能进能出、动态调整”的员额管理机制全面建立。法官单独职务序列改革有序推进，法官等级晋升实现常态化，配套待遇保障政策逐步落地，法官职业尊荣感显著提高。完善审判辅助人员管理制度改革，推进审判辅助事务集约化、社会化管理，让法官集中精力尽好责、办好案。畅通法院各类人员内部交流渠道和职业发展通道。完善司法人员政治训练、知识更新、能力培训、实践锻炼制度机制，法院队伍革命化、正规化、专业化、职业化建设迈上新台阶。

四是完善人民法院组织体系，优化、协同、高效的法院组织体系和机构职能体系基本形成。最高人民法院设立6个巡回法庭，方便群众诉讼，就地解决纠纷，被群众称为“老百姓家门口的最高人民法院”。围绕国家重大战略实施，设立最高人民法院国际商事法庭、知识产权法庭，新设4个知识产权法院和3个金融法院，增设1个海事法院，设立破产、环境资源、国际商事、劳动争议等专业化审判机构，专业化建设水平和服务经济社会发展能力不断提升。设立2个跨行政区划法院，探索构建普通案件在行政区划法院审理、特殊案件在跨行政区划法院审理的新型诉讼格局。灵活组建新型审判团队，理顺审判机构、审判组织、审判团队关系，优化审判职能。人民法院内设机构改革深入推进，人民法庭建设迈向高质量发展新阶段。

五是深化诉讼制度改革，立体化、多元化、精细化的诉讼制度体系日益完善。完成民事诉讼程序繁简分流改革试点，繁简分流、轻重分离、快慢分道的办案模式日益健全。有序开展四级法院审级职能定位改革试点，实现案件自下而上有效过滤、精准提级。推进以审判为中心的诉讼制度改革，制定实施庭前会议、非法证据排除、法庭调查“三项规程”，推动完善认罪认罚从宽制度，健全国家赔偿制度，规范司法救助制度，有效提升我国人权司法保障水平。推动行政机关负责人出庭应诉常态化，推进行政诉讼程序繁简分流机制改革，行政审判资源配置进一步优化。民事诉讼程序繁简分流、认罪认罚从宽制度、人民陪审员制度改革等重大试点成果纳入新修正的民事诉讼法、刑事诉讼法和新制定的人民陪审员法。

六是健全以人民为中心的诉讼服务制度体系，集约集成、在线融合、普惠均等的中国特色一站式多元纠纷解决和诉讼服务体系全面建成。全面实施立案登记制，深入推进跨域立案诉讼服务，千百年来的立案难问题真正成为历史。坚持和发展新时代“枫桥经验”，充分发挥替代性纠纷解决机制和在线纠纷解决机制作用，为群众提供便捷快捷、诉非衔接、线上线下联动的多元纠纷解决方式。7.8万个调解组织和32万名调解员进驻人民法院调解平台，极大方便群众及时化解矛盾纠纷，成为中国法院一张亮丽名片。以人民法院在线服务平台为总入口，集成在线调解、电子送达、委托鉴定等10个平台，实现在线服务四级法院全覆盖，诉讼事务全流程一站式“掌上办”。建成了联动资源最多、在线调解最全、服务对象最广的一站式多元纠纷解决和诉讼服务体系，人民法院化解矛盾纠纷、服务人民群众能力水平显著提升，走出了一条中国特色的司法为民之路。

七是推进智慧法院建设，形成了中国特色、世界领先的互联网司法模式。大数据、云计算、人工智能、区块链等现代科技在诉讼服务、审判执行、司法管理等领域深度应用，建成全业务网上办理、全流程依法公开、全方位智能服务的智慧法院，在疫情防控中“大显身手”，有力保障“审判执行不停摆、公平正义不止步”。深化司法公开，建成审判流程、庭审活动、裁判文书、执行信息四大公开平台，开放、动态、透明、便民的阳光司法机制成为展示中国司法公正的重要窗口。北京、杭州、广州互联网法院审理一大批具有规则意义的互联网案件，促进网络空间治理法治化。出台人民法院在线诉讼、在线调解、在线运行三大规则，发布全球首个区块链司法应用意见，填补数字司法领域制度空白，为世界互联网法治发展提供中国智慧、中国方案。智慧法院成果亮相国家“十三五”科技创新成就展，互联网司法从技术领先迈向规则引领，我国成为全球高水平数字正义的领跑者。

## 二、进一步深化对人民法院司法改革的规律性认识，不断破解新征程上司法改革面临的深层次体制机制障碍

改革成绩来之不易，最根本在于习近平总书记作为党中央的核心、全党的核心掌舵领航，在于习近平新时代中国特色社会主义思想科学指引，这些都是在习近平法治思想旗帜指引下的生动实践。在党的十八大以来的改革实践中，我们进一步深化了对人民法院司法改革的规律性认识，积累了深化改革的宝贵经验。

一是坚持党对司法工作的绝对领导，始终确保司法改革正确方向。党的领导是社会主义法治的根本保证，坚持党的领导是我国社会主义司法制度的根本特征和政治优势。深化司法改革，必须坚持党的集中统一领导，把党管政法、党管干部等重大原则贯穿司法改革各环节全过程。始终在重大原则问题上保持清醒头脑，把握原则、坚守底线，旗帜鲜明抵制西方“宪政”“三权鼎立”“司法独立”等错误思潮影响，坚持和完善我国社会主义司法制度。严

格落实重大事项请示报告制度，定期向党中央报告司法改革工作，对改革推进中的重大问题、重大事项、重大举措，及时报请党中央决定，确保党中央改革部署不折不扣贯彻落实。坚持把党总揽全局、协调各方，同审判机关依法履行职能、开展工作统一起来，紧紧依靠党的领导和我国社会主义制度的政治优势，攻克司法改革难题，持续深化司法改革。

二是坚持符合中国国情和遵循司法规律相结合，坚定不移走中国特色社会主义法治道路。牢固树立扎根中国文化、立足中国国情、解决中国问题的改革导向，改什么、怎么改都从中国国情和实际出发，决不把司法改革变成“对标”西方法治体系、“追捧”西方法治实践。始终围绕更好坚持党的领导、更好发挥我国司法制度的特色、更好促进社会公平正义的目标方向推进改革。比如，在司法责任制改革中，坚持法定审判组织依法行权和民主集中制相结合，既尊重独任庭、合议庭的办案主体地位，又坚持人民法院整体责任本位，依法赋予院庭长监督管理职权，健全专业法官会议研究咨询、审判委员会最终决定的新型审判权力运行机制。在人民陪审员制度改革中，坚持走中国特色社会主义司法民主道路，保障人民群众有序参与司法，在司法领域充分践行全过程人民民主。在多元化纠纷解决机制改革中，坚持当调则调、当判则判、调判结合，既不“和稀泥”，也不鼓励大大小小的事都打官司，而是遵循解纷规律，推动矛盾纠纷源头预防、实质性化解，让人民调解的“东方之花”在新时代绽放新的蓬勃生机。

三是坚持立足司法职能和服务保障大局相结合，依法服务经济社会高质量发展。坚持完整、准确、全面贯彻新发展理念，始终正确认识大局、准确把握大局、全力服务大局，做到改革谋划部署、推进实施、攻克难题，都置于大局中思考、从有利于大局来把握。十年来，人民法院聚焦科技强国建设、优化营商环境、保护生态环境、加强产权保护、促进公平竞争、扩大对外开放等重大战略实施，出台一系列司法改革措施，健全人民法院服务和保障大局的制度体系，为推动更高质量、更有效率、更加公平、更可持续、更为安全的发展提供有力司法服务。

四是坚持以人民为中心的工作导向，聚焦人民群众司法需求持续深化改革。坚持司法改革始终为了人民、依靠人民、造福人民，紧紧围绕“努力让人民群众在每一个司法案件中感受到公平正义”，谋划出台司法改革举措，始终把解决了多少问题、人民群众对问题解决的满意度作为评判改革成效的标准。针对人民群众反映强烈的立案难、执行难问题，坚定不移实行立案登记制，全力以赴攻坚基本解决执行难，真正做到人民有所呼、改革有所应。聚焦群众在打官司过程中的急难愁盼问题，推出一系列方便群众诉讼的改革举措，在世界银行营商环境评估中，我国“司法程序质量”指数排名连续多年居于首位。只要时代有需求、人民有需要，我们就坚持改革不停步，让人民群众切实感受到公平正义就在身边。

五是坚持加强系统集成的改革方法，不断提升改革的系统性、整体性、协同性。始终注重理顺整体改革与特定举措、前序突破与后续跟进、关联举措与制度呼应之间的关系，不断激发改革的联动效益和共生效应。在全面落实司法责任制中，坚持权责利效统一，通过人员分类管理优化司法资源配置，通过法官惩戒制度完善问责机制，通过强化职业保障激发内生动力。在四级法院审级职能定位改革中，坚持既做优化又强配套，实现审判重心下沉、完善提审机制、强化监督管理、编制员额配备、内设机构设置齐头并进、同步优化，促进四级法院案件类型结构更合理、职能定位更明晰。

六是坚持依法推进改革的基本要求，推动将改革成果及时上升为法律制度。坚持改革创新与依法推进相结合，在法治轨道上推进改革，在深化改革中完善法治。坚持重大改革于法有据，需要调整适用法律的改革，均在全国人大常委会授权之后组织开展；设立知识产权法院、金融法院等重大改革均先报请全国人大常委会作出决定。坚持在国家权力机关监督下推进改革，就全面深化司法改革工作情况向全国人大常委会作专项报告，对经授权开展的重大改革试点按时作中期报告，及时报告全国人大常委会决定的重大改革事项实施情况。坚持试点先行、总结经验、推动立法，经过试点充分探索，为立法修法提供司法实践经验，攻坚执行难形成的制度经验纳入民事强制执行法草案，改革对完善法治体系的推动作用愈发凸显。

七是坚持以自我革命精神深化改革，推动人民法院各项制度机制整体性重塑。深化司法改革是一场深刻的自我革命，人民法院敢于打破利益的藩篱、动自己的奶酪，真正做到把困难留给自己、把方便带给群众。比如，在法官员额制改革中，严格遴选考核程序和入额条件，从原来 21 万名法官中遴选产生 12.8 万名员额法官，为后续改革奠定坚实基础。在深化司法公开中，坚持以公开促公正、以透明保廉洁，将审判活动置于人民监督之下，让司法权力在阳光下运行，以司法公开倒逼司法质效提升，让正义以看得见的方式实现。

八是坚持司法改革和科技应用双轮驱动，推动审判体系和审判能力现代化。司法体制改革和智慧法院建设是人民司法事业发展的“车之两轮、鸟之两翼”。人民法院以深化改革促进科技发展，以科技应用提升改革效能。比如，推动信息化手段与审判权力运行机制深度融合，健全“四类案件”全过程识别标注、全流程监督管理、全平台技术保障机制，实现审判监督管理模式由传统“盯人盯案”向全流程“静默化监管”转变。推动人工智能与审判执行制度改革深度融合，智能化审判辅助系统成为法官办案和群众诉讼的有力辅助。推动新兴技术在互联网法院先行先试，成功构建在线诉讼规则创新、互联网技术深度应用、依法治网实体裁判完善相统一的互联网司法新模式。

实践发展永无止境，改革创新也永无止境。当前，全党全国各族人民意气风发踏上全面建设社会主义现代化国家、向第二个百年奋斗目标进军的新征程。新征程上，党和国家事业发展对人民法院司法改革提出新的更高要求，司法改革也面临一些新形势新挑战。对于改革中遇到的问题和困难，我们要在党的领导下继续以改革的思维和办法推动解决。各级法院要清醒认识司法改革面临的新形势新任务新挑战，扛起责任、顶住压力、敢闯敢试，坚定不移深化司法改革，着力破解深层次体制机制障碍，努力建设更高水平的社会主义司法文明。

## 三、在习近平法治思想旗帜指引下持续深化人民法院司法改革，不断完善公正高效权威的中国特色社会主义司法制度

各级法院要坚持以习近平新时代中国特色社会主义思想为指导，真学真信笃行习近平法治思想，深刻领悟“两个确立”的决定性意义，增强“四个意识”、坚定“四个自信”、做到“两个维护”，认真贯彻落实全面深化政法改革推进会部署，牢牢坚持司法改革正确政治方向，坚持改革不停步、不走回头路，围绕完善中国特色社会主义司法制度、推进审判体系和审判能力现代化的目标，持续深化人民法院司法改革，不断提升司法质量、效率和公信力，更好地履行党和人民赋予的职责使命。

第一，深化执法司法权力运行机制改革，夯实司法责任体系建设成果。深化执法司法权力运行机制改革是党中央的重大部署，是人民群众的殷切期盼，是改革系统集成的必然要求，是巩固队伍教育整顿成果的迫切需要，要

进一步增强责任感使命感紧迫感，通过深化执法司法权力运行机制，确保司法更加公正高效权威。一是落实科学配权要求，不断优化执法司法权力配置。要把党的绝对领导贯穿人民法院依法履职全过程各方面，完善做到“两个维护”的制度机制，全面深入贯彻《中国共产党政法工作条例》，健全法院党组领导监督司法工作制度机制，确保法院工作正确方向。要深入推进以审判为中心的诉讼制度改革，推动健全公安机关、检察机关、审判机关、国家安全机关、司法行政机关各司其职，侦查权、检察权、审判权、执行权相互制约的体制机制。要完善司法责任制改革，加强审判团队建设，健全司法职权清单体系，完善院庭长权责清单和履职指引制度，推动合议庭运行与专业法官会议机制、审判委员会制度贯通衔接，确保司法权力运行更加优质高效。二是落实规范行权要求，不断提升司法质效和公信力。要坚持惩罚犯罪和保障人权相统一，严格贯彻宽严相济刑事政策，深化认罪认罚从宽制度改革，推进庭审实质化，促进量刑规范化，健全刑事司法权力运行机制。要巩固立案登记制改革成果，建设全国法院统一法律适用平台，规范民事执行权，健全民事司法权力运行机制。要深化行政诉讼制度改革，推进行政案件管辖制度改革，完善行政复议与行政诉讼衔接机制，加强行政争议实质性化解，健全行政司法权力运行机制。

第二，落实依法治权、廉洁用权要求，不断完善司法权力制约监督体系。加强司法权力制约监督，是司法公正廉洁高效权威的重要保障。无论任何时候，我们对司法权力制约监督的态度都是旗帜鲜明的、一以贯之的，那就是只能加强、不能削弱，必须坚持有序放权和有效监督相统一，切实把权力关进制度的笼子。要加强内部制约监督，全面落实司法责任制，加强审判监督管理，健全信息化全流程审判监督管理机制，构建与新型司法权力运行机制相适应的制约监督体系，对司法权力运行进行充分而有效的监督制约。要压紧压实院庭长监督管理职责，健全和落实“四类案件”识别和监督管理机制，进一步落实合议庭在公正审理案件、强化内部制约监督上的主体责任，突出专业法官会议、审判委员会专业监管功能，完善法官惩戒制度。要强化内设职能部门监督管理责任，严格落实审判管理、审务督察等部门动态监督、过程管控职责，加强与派驻纪检监察机构的配合衔接。要认真贯彻落实党中央关于加强新时代检察机关法律监督工作的意见，依法接受检察机关诉讼监督，健全检察长列席审委会制度，公正审理抗诉案件，认真办理检察建议。要持续深化司法公开，完善司法公开制度体系，强化责任意识、风险意识，切实落实司法公开有关业务指引、技术标准和操作规程，坚持以公开促公正、树公信。要以完善党的领导监督机制为统领，推动内部监督和外部监督有机贯通，自觉接受人大监督、民主监督、群众监督、舆论监督等各方面监督，确保始终为党和人民利益正确行使权力、依法履职尽责。

第三，回应人民群众新要求，通过改革不断满足人民群众司法需求。始终保持同人民群众的血肉联系是我们党的优良传统和政治优势。人民法院要总结发扬司法为民有益经验，从群众切身需要思考和推进改革，不断提升人民群众获得感满意度。一是巩固提升一站式建设成果，深入推进矛盾纠纷多元化解。要紧扣一站、集约、集成、在线、融合，推动一站式建设在夯基、拓面、提质、增效上下功夫，让司法为民的中国品牌成色更足、底色更亮。要统筹推进替代性纠纷解决机制和在线纠纷解决机制建设，坚持开放融合的价值取向，打通妨碍共建共治共享的堵点，健全矛盾纠纷源头预防化解工作格局。要创新发展新时代“枫桥经验”，大力创建“枫桥式人民法庭”，支持非诉解纷机制发展，将适宜的矛盾纠纷化解在诉前、化解在基层。二是巩固提升解决执行难成果，依法保障当事人胜诉权益。要珍惜攻坚基本解决执行难取得的成绩、赢得的民心，巩固完善中国特色执行制度、机制和模式，进一步加强执行信息化规范化建设，向切实解决执行难目标不断迈进。要加快推进执行难综合治理源头治理，完善网络执行查控、失信联合惩戒等联动机制，建立健全律师调查令、报告财产令制度，常态化开展执行领域突出问题集中整治，在全社会营造守法诚信光荣、违法失信可耻的氛围。要积极配合民事强制执行法立法进程，巩固改革成果、充分凝聚共识，推动完善民事强制执行制度。三是巩固提升诉讼服务制度体系建设成果，确保司法更加亲民便民惠民。要坚持问题导向，针对群众打官司中的急难愁盼问题，推出更多有力改革举措，更加注重实质性化解矛盾纠纷，及时定分止争，依法维护人民群众合法权益和社会公平正义。要深化涉诉信访机制改革，倾听群众心声、解决群众诉求，真正帮助群众解开“法结”和“心结”。要深化对基层司法规律的认识，更好贯彻人民法庭建设“三个便于”“三个服务”原则，夯实基层基础，不断提升司法公共服务均等化水平。

第四，发挥科技驱动作用，推动人民法院工作更好适应数字时代需求。当前，互联网司法建设已经从先行试点、分散探索，迈向系统集成、制度定型阶段。在数字时代，我们要继续抢抓网络强国和数字中国建设重大机遇，巩固提升智慧法院建设成果，围绕完善在线诉讼模式和规则、加强信息技术与司法融合应用、健全依法治网裁判规则三个方面任务，深入推进互联网司法建设。一是深化在线诉讼模式和规则创新。要落实好人民法院在线诉讼、在线调解、在线运行三大规则和加强区块链司法应用意见，综合考虑当事人意愿、案件性质特点、信息技术条件等因素，合理准确适用在线审理机制，充分保障当事人选择权和知情权，确保审理方式有效服务案件质效提升。要坚决摒弃“在线审理就是简化审理”的错误认识，不得因为审理方式和环境的改变而违反正当程序原则，确保在线诉讼“降成本不降质量、提效率不减权利”。要深化互联网法院建设，完善互联网法院设置模式和案件管辖范围，充分发挥确立规则、完善制度、网络治理等方面作用。二是深化智慧法院建设应用。要进一步巩固提升智慧法院建设成果，以司法数据中台、智慧法院大脑、在线法院建设等为牵引，持续推动现代科技为司法权力运行赋能增效。要不断拓展人工智能、区块链、元宇宙等新兴技术应用场景，抓紧研究制定规范和促进人工智能司法应用的指导意见，在应用伦理、技术规范、安全保障上确立中国标准、体现中国气派。要持续推进诉讼服务、执行信息等平台系统优化升级，实现全国法院办公平台上下贯通，提升数据信息交互度，保障司法运行安全性，推动跨部门大数据协同办案，解决平台分散、数据壁垒、操作不便等问题，提供智能化、一体化、协同化智慧服务。三是强化司法服务数字治理作用。要深刻把握数字经济发展趋势和内在规律，引导新技术、新产业、新业态、新模式在法治轨道上规范健康发展。要加强互联网案件审判规律研究，为审理好网络安全、算法规制、数据权属、平台治理等新类型案件提供规范指引，推动更好明确网络空间权利范围、交易规则、行为规范，增强我国互联网空间规则制定权和国际话语权。要健全技术应用规则，遵循技术伦理、坚守技术中立、推动技术向善，严格划定技术边界、保障数据安全，防止因为技术过度介入影响司法中立和公正。

第五，加强改革系统集成，持续提升人民法院司法改革整体效能。当前，司法改革处在系统集成、协同高效、纵深挺进的关键阶段，各级法院要进一步强化系统观念，主动识变求变应变，加强改革政策统筹、进度统筹、效果统筹，确保改革全面均衡推进、有效释放效能。一是深化完善四级法院审级职能定位改革。完善四级法院审级职能定位改革，是全国人大常委会授权开展的重大改革试点，是一次难得的历史机遇，对于完善公正高效权威的社会主义司法制度具有重大战略意义。必须切实提高政治站位，抓好各项改革举措细化落实。要充分发挥审级制度诉讼分流、职能分层和资源配置作用，强化上级法院统一对下监督指导、统一法律适用的职能，推动各类纠纷分层解决、有效过滤、精准提级，实现四级法院各司其职、各尽其能。要高度关注级别管辖调整后“下沉案件”的审判质效，加强监督管理和对下指导，坚决防止出现案件质量下滑风险。要加大提级管辖工作力度，加强案件的总结提炼和类型化梳理，优化类案检索平台，发挥当事人、律师等发现案件线索的功能作用，健全特殊案件的发现、识别和筛选机制。要完善新型再审程序运行机制，细化完善案件分配、资源配置、程序运行、标准统一等工作举措，加大各高院“报请再审提审”工作力度，防止程序空转，确保错误生效裁判纠错到位，实现依法纠错与维护生效裁判权威相统一。要深化最高人民法院巡回法庭改革，优化巡回法庭职能、运行机制和管理保障。要强化试点举措的系统集成、协同高效，科学合理优化司法资源配置，根据各级法院案件数量结构变化，同步完善与审级职能相匹配的机构设置、职权配置和资源调配，积极争取地方相关部门支持，优化机构人员编制、员额，推动编制、员额配置向基层和办案一线倾斜。二是深化诉讼制度改革。要做好新修正的民事诉讼法实施工作，充分借鉴试点法院有益经验，建立健全案件繁简识别、程序分流适用、资源统筹调配、质量监督管理等衔接配套机制。要持续强化诉调对接，积极配合有关单位做好调解组织的培育和监督，加强特邀调解名册制度与民事诉讼程序繁简分流的衔接，提升非诉调解工作质效。要深化刑事诉讼制度改革，推动将“以审判为中心”的总体要求落实落细，修改完善“三项规程”，发挥好庭审在查明事实、认定证据、保护诉权、公正裁判中的决定性作用。完善减刑、假释案件实质化审理工作机制。三是加强改革舆论宣传引导。要同步推进改革任务落实、成效总结和舆论宣传，引导广大干警充分认识改革历史性成就，正确看待新情况新问题，及时消除“改革终结”“改革偏差”“改革停滞”等认识误区。要增强改革宣传的可接受性和感染力，用生动鲜活的语言、喜闻乐见的形式宣传改革成效，为持续深化司法改革营造良好环境。要积极争取人大代表、政协委员、专家学者和其他法律职业群体的理解支持，最大限度凝聚改革共识。

第六，全面深化司法人事制度改革，持续提升人民法院司法能力水平。

把中国特色社会主义司法制度优势，源源不断地转化为司法效能和治理效能，关键在人。新型审判权力运行机制形成以后，对法院队伍政治素质、业务能力、管理保障等提出了更高要求，必须持续推动司法改革与队伍建设相互衔接、相互促进，实现体制、机制、人一体发展。一是持续强化法官队伍建设。要始终把政治建设摆在首位，在法官入额遴选、干部选拔任用等环节加强政治把关，加强法官政治轮训、政治历练，引导法官坚决筑牢政治忠诚、提升政治能力，涵养斗争精神、增强斗争本领，善于驾驭复杂局面、处理复杂问题，全面提升依法履职能力。要优化法官逐级遴选制度，完善初任法官养成机制，会同中央有关单位调研评估法官逐级遴选工作效果，推动尽快优化改革政策，确保更多优秀人才及时进入法官队伍。要强化法官权益保障，健全完善人身安全、名誉保护机制，及时为受到威胁、侮辱、诬告、诽谤的同志撑腰打气，坚决依法惩治扰乱司法秩序、暴力伤害法官等违法犯罪行为，让法官心无旁骛尽好责、办好案。二是持续深化人员分类管理制度改革。要持续推进法官单独职务序列管理，推动配套待遇保障政策进一步落实落地。要完善审判辅助人员管理制度，健全法官助理分层培养机制，优化聘用制书记员管理机制。要进一步畅通法院各类人员内部交流渠道，落实人员内部交流意见，促进多岗位培养锻炼。要积极推动法官员额与编制联动调整，更好实现人案科学配比。持续推进省以下地方法院财物统一管理改革，完善法院经费保障机制。三是大力培养专业化审判人才。要加强人民法院领导班子、重要岗位、关键领域人才培养，加大对西部和民族地区司法能力建设支持力度，全面提升新时代法院干警履职能力。要加强法律政策运用、庭审驾驭、证据认定、诉讼调解、法律适用、裁判文书说理等培训，培育结构合理、规模适应的高层次专业化审判人才队伍。要加强涉外法治人才培养和储备，健全人才引进、选派、使用、管理、保障机制，支持优秀司法人才参与国际司法交流和法律事务，充分利用国际组织平台，建设一支忠诚祖国、能争善斗的涉外法治人才队伍。

第七，坚持全面从严管党治警，一体推进不敢腐、不能腐、不想腐。要发扬自我革命精神，深刻认识法院系统党风廉政建设和反腐败斗争的形势任务，切实提高一体推进“三不腐”能力水平，坚持不懈把全面从严管党治警向纵深推进。要把反腐败斗争同党的政治建设、思想建设、组织建设、作风建设、纪律建设、制度建设贯通协同起来，充分发挥政治监督、思想教育、组织管理、作风整治、纪律执行、制度完善的重要作用。要压实各级法院党组全面从严管党治警主体责任和全面监督职责，突出加强对“关键少数”特别是“一把手”和领导班子的监督。要严格执行防止干预司法“三个规定”和新时代政法干警“十个严禁”，健全落实近亲属“禁业清单”，规范离任从业行为，规范法官与律师、当事人等接触交往行为，扎牢司法权力运行的制度铁笼。要坚持无禁区、全覆盖、零容忍，坚决惩治司法腐败、清除害群之马。注重惩治震慑、制度约束、提高觉悟共同发力，完善教育管理、预警预防、监督惩处制度体系，明确底线、红线、高压线，使法院干警心有戒尺、行有准绳。要深入开展全面从严治党、党风廉政建设和反腐败工作的形势任务教育，强化纪法教育、警示教育，推进廉洁文化建设，教育引导干警修身律己，筑牢思想道德防线。要巩固深化队伍教育整顿成果，不断完善新时代法院队伍自我革命有效途径，确保法院队伍绝对忠诚、绝对纯洁、绝对可靠。

新时代新征程上，持续深化人民法院司法改革任务艰巨、责任重大。我们要更加紧密地团结在以习近平同志为核心的党中央周围，不忘初心使命，永葆改革精神，勇于担当作为，不断完善中国特色社会主义司法制度，奋力推进新时代人民法院工作高质量发展，更好服务党和国家工作大局，以实际行动迎接党的二十大胜利召开！

# 在全国法院第七次少年法庭工作会议上的讲话

（2022年9月14日）

最高人民法院院长　周　强

在全党全国喜迎党的二十大胜利召开之际，今天我们召开全国法院第七次少年法庭工作会议，主要任务是：坚持以习近平新时代中国特色社会主义思想为指导，深入贯彻习近平法治思想，认真贯彻落实习近平总书记关于少年儿童工作重要指示批示精神，深刻领悟“两个确立”的决定性意义，增强“四个意识”、坚定“四个自信”、做到“两个维护”，总结工作，分析形势，研究部署当前和今后一个时期少年法庭工作，不断完善中国特色社会主义少年司法制度，为未成年人健康成长提供有力司法服务和保障，以实际行动迎接党的二十大胜利召开。

少年儿童健康成长关系民族的未来，党和国家历来高度重视少年儿童工作。党的十八大以来，以习近平同志为核心的党中央站在中国特色社会主义事业薪火相传的战略高度，关心关怀少年儿童成长成才，科学谋划少年儿童事业发展，习近平总书记作出一系列重要指示批示，为新时代少年儿童工作指明前进方向、提供根本遵循，推动新时代少年儿童事业取得历史性成就。各级人民法院要深入学习贯彻习近平总书记重要指示批示精神，自觉站在党和国家事业发展全局高度谋划和推进人民法院少年法庭工作，全方位提升未成年人司法保护能力水平，依法促进少年儿童全面健康成长，不断完善中国特色社会主义少年司法制度。

刚才，我们一起观看了《新时代少年法庭》专题片，隆重表扬了人民法院少年法庭工作先进集体和先进个人，通报了全国法院第七次少年法庭工作会议论文评选活动获奖情况，先进集体、先进个人代表和部分法院作了很好的发言。首先，我代表最高人民法院党组，向获得表扬的先进集体、个人以及论文获奖同志表示热烈祝贺。新时代十年来，在党中央坚强领导下，在社会各界大力支持下，在全国法院干警不懈努力下，人民法院少年法庭工作大踏步向前。广大法院干警特别是少年法庭干警满怀对党和人民事业的忠诚，饱含对少年儿童成长的关爱，以热忱践行使命，以爱意守护未来，埋头苦干、开拓创新、兢兢业业、无私奉献，为守护未成年人健康成长付出艰辛汗水，为完善中国特色社会主义少年司法制度作出重要贡献。从刚刚播放的专题片中，从几位同志发言中，我们深深感受到大家对少年审判事业的深情和热爱，听了很受感染、很受触动，也感觉到少年法庭工作前景无限美好。新时代新征程，我们要坚持以习近平新时代中国特色社会主义思想为指导，真学真信笃行习近平法治思想，深入贯彻落实习近平总书记关于少年儿童工作重要指示批示精神，强化使命担当，依法履职尽责，发扬好经验、好做法，乘势而上，再接再厉，以更加扎实的作风、更加有力的举措，推动新时代少年法庭工作实现新的更大发展。

下面，我讲几点意见。

## 一、深入贯彻习近平法治思想，切实增强做好新时代少年法庭工作的责任感、使命感、紧迫感

习近平总书记深刻指出，“十年树木，百年树人。祖国的未来属于下一代。做好关心下一代工作，关系中华民族伟大复兴”[①]，强调“全社会都要了解少年儿童、尊重少年儿童、关心少年儿童、服务少年儿童，为少年儿童提供良好社会环境。对损害少年儿童权益、破坏少年儿童身心健康的言行，要坚决防止和依法打击”[②]。习近平总书记的重要指示批示，充分彰显党中央关心关爱未成年人健康成长的鲜明立场，深刻阐明新时代未成年人保护工作的职责任务，为人民法院加强和改进少年法庭工作提供了根本遵循。各级人民法院要深入贯彻习近平法治思想，深刻学习领会习近平总书记重要指示批示精神，充分认识做好新时代少年法庭工作的重大意义，切实增强责任感、使

① 《习近平：坚持服务青少年的正确方向 推动关心下一代事业更好发展》，载《人民日报》2015年8月26日。

② 《习近平：从小积极培育和践行社会主义核心价值观——在北京市海淀区民族小学主持召开座谈会时的讲话》，载《人民日报》2014年5月3日。

命感、紧迫感，坚持把少年审判作为一项战略性、基础性工程抓紧抓实。

第一，做好新时代少年法庭工作是深入贯彻习近平法治思想的必然要求。习近平总书记指出，“推进全面依法治国，根本目的是依法保障人民权益”，强调“要把体现人民利益、反映人民愿望、维护人民权益、增进人民福祉落实到全面依法治国各领域全过程”①。未成年人的健康成长，关系亿万家庭幸福安宁，关系社会和谐稳定，关系党的事业薪火相传，关系中华民族伟大复兴。进入新时代，我国社会主要矛盾发生变化，人民群众对民主、法治、公平、正义、安全、环境等方面的要求日益增长，对未成年人保护和犯罪预防问题更加关切。加强新时代少年法庭工作，依法惩治侵害未成年人犯罪，预防和矫治未成年人犯罪，保护未成年人合法权益，这是社会各界的心声期盼，更是人民法院的重要职责。各级人民法院要真学真信笃行习近平法治思想，切实提高政治站位，积极回应人民群众新要求新期待，充分发挥少年法庭职能作用，不断提高未成年人保护工作的法治化水平，努力为未成年人健康成长营造良好法治环境。

第二，做好新时代少年法庭工作是践行以人民为中心的发展思想的实际行动。坚持以人民为中心的发展思想，体现了我们党的理想信念、性质宗旨、初心使命。我们党是全心全意为人民服务的党，把人民对美好生活的向往作为始终不渝的奋斗目标。2022 年 8 月 17 日，习近平总书记在辽宁沈阳考察调研时强调，“孩子们现在都是宝，对孩子们的养育和培养等工作要加强”，“要让老百姓体会到我们党是全心全意为人民服务的，党始终在人民身边”。少年儿童事业是重要的民生事业，未成年人健康成长是人民群众普遍关心关注的民生问题。少年法庭工作是一项关系民生福祉的重要工作，是人民法院践行党的群众路线的重要载体。各级人民法院要始终坚持以人民为中心的发展思想，聚焦人民群众尤其是少年儿童健康成长的司法需求，不断健全完善少年法庭工作机制，让少年儿童远离伤害，让失足少年迷途知返，让每一个孩子都沐浴在法治的阳光下健康成长。

第三，做好新时代少年法庭工作是新时代少年儿童事业发展的重要内容。少年儿童事业肩负着为党育人、为国育才、培养社会主义建设者和接班人的

① 参见习近平：《坚定不移走中国特色社会主义法治道路 为全面建设社会主义现代化国家提供有力法治保障》，载《求是》2021 年第 6 期。

政治使命。当代少年儿童既是实现第一个百年奋斗目标的经历者、见证者，更是实现第二个百年奋斗目标的生力军。“十四五”规划纲要对促进少年儿童发展作出重大部署，新的《中国儿童发展纲要》明确了“儿童与法律保护”的目标和策略措施。加强新时代少年法庭工作，是落实儿童优先原则、强化少年儿童权益法治保障、促进新时代少年儿童事业发展的必然要求。近年来，随着经济社会发展，未成年人成长环境呈现新的特点，未成年人保护和犯罪预防工作面临很多新情况、新挑战。各级人民法院要牢记“国之大者”，站在确保党和国家事业后继有人、薪火相传的高度，主动加强新时代少年法庭工作，担负起未成年人司法保护职责，坚持特殊、优先、双向、全面保护，优化少年儿童健康成长、全面发展的法治环境，为新时代少年儿童事业发展提供有力司法服务。

第四，做好新时代少年法庭工作是全面有效实施新法新规的法律要求。党的十八大以来，我国涉未成年人立法步伐加快推进，未成年人保护法律法规和制度体系更加健全。全面修订未成年人保护法、预防未成年人犯罪法，进一步健全未成年人保护的体系、机制和制度，完善未成年人犯罪分级预防、教育矫治的体系、措施。修改完善刑法涉及未成年人的部分条款，个别下调了刑事责任年龄，加大了对性侵未成年人犯罪的惩治力度。专门制定家庭教育促进法，将家庭教育由“家事”上升为“国事”。此外，民法典对未成年人民事权益的保护也作了修改和完善。反家庭暴力法对未成年人免遭家庭暴力侵害提供法律制度保障。这些新制定、修订的法律法规织密了未成年人保护的法律之网，确立了新时代未成年人保护新理念、新制度，给未成年人保护司法实践提出了新任务、新要求。各级人民法院要准确把握立法精神、严格落实法律要求，加强少年法庭专业化建设和能力建设，确保未成年人保护法律法规全面有效实施、取得扎实成果。

第五，做好新时代少年法庭工作是建设更高水平中国特色社会主义少年司法制度的有效路径。党的十八大以来，人民法院坚决贯彻党和国家关于少年儿童工作的政策方针，大力发扬改革创新的新时代人民法院文化，在司法实践中坚持完善了寓教于审、圆桌审判、社会调查、犯罪记录封存、合适成年人到场、回访帮教等一系列制度经验，推动健全了一系列未成年人综合保护、预防未成年人犯罪综合治理的工作机制。中国特色社会主义少年司法制度更加成熟完善，成为我国社会主义司法制度的重要组成部分，成为我国人权法治保障制度的重要内容。各级人民法院要准确把握新时代新征程人民群众新期待，坚持问题导向和目标导向，继续深化少年法庭改革，努力建设更高水平的中国特色社会主义少年司法制度。

## 二、全面回顾党的十八大以来少年法庭工作，进一步总结好发扬好新时代少年法庭工作的成功经验

1984年10月，我国第一个专门审理未成年人刑事案件的合议庭在上海市长宁区人民法院成立，人民法院自此开启了一项新的专业审判门类。经过近四十年的实践探索尤其是新时代十年的蓬勃发展，少年审判事业成为我国人权司法保障的一大亮点，受到人民群众和社会各界广泛赞誉，被称为“特殊的希望工程”，少年法庭被誉为人民法院的“金字招牌”，相关工作被写入《中国共产党尊重和保障人权的伟大实践》白皮书。党的十八大以来，人民法院坚持以习近平新时代中国特色社会主义思想为指导，深入贯彻习近平法治思想，认真贯彻习近平总书记关于少年儿童工作重要指示批示精神，加强新时代少年法庭工作，持续深化少年法庭改革创新，依法公正审理各类涉未成年人案件，切实维护未成年人合法权益，有效预防未成年人犯罪，未成年人司法保护工作迈入新的发展阶段，取得新的扎实成效。

一是全面落实最有利于未成年人原则，树立和践行新时代少年司法理念。认真贯彻实施未成年人保护法律法规，确保未成年人依法得到特殊、优先、双向、全面保护。依法严惩各类侵害未成年人的犯罪行为，审结相关刑事案件4.8万件，惩处罪犯5万人，该判处重刑乃至死刑的坚决依法判处，切实体现对未成年人的特殊、优先保护。依法指令再审“百香果女童被害案”，对强奸杀害女童的被告人依法改判并执行死刑。坚持双向保护，既依法保障未成年被告人权益，又依法保护未成年被害人权益。坚持“教育、感化、挽救”方针和“教育为主、惩罚为辅”原则，同时注意区分情况，做到宽容但不纵容。判处未成年人罪犯由2013年的5.6万人减少到2021年的3.5万人。坚持全面保护，推行综合审判改革，将涉未成年人刑事、民事、行政案件统一纳入少年审判范围，落实未成年人利益最大化原则，努力实现对未成年人权益的全方位保护。注重延伸审判职能，对犯罪的未成年人及其家庭，积极开展判后回访、跟踪帮教、亲职教育等工作，预防再次犯罪。对遭受犯罪侵害

的未成年被害人及其家庭，视情开展心理干预、司法救助等措施，让未成年被害人早日抚平创伤，彰显司法关怀。

二是持续深化少年法庭改革，推动少年审判专业化建设水平迈上新台阶。各级人民法院认真落实关于加强新时代未成年人审判工作的意见，按照专业化、制度化、规范化目标，积极开展少年法庭工作微改革、微创新，形成一批可复制可推广的特色机制做法。最高人民法院成立少年法庭工作办公室，在六个巡回法庭分别设立少年法庭巡回审判点。各级人民法院普遍建立少年审判领导工作机制，全国法院以独立建制或加挂牌子方式设立少年法庭2181个，少年审判组织领导更加有力，机构建设明显加强。培养了一支政治素质高、业务能力强、热爱未成年人保护事业、善于做未成年人思想教育工作的专业审判队伍，涌现出一批少年审判法官先进典型，选任了一批具备专业能力的人民陪审员，少年审判专业力量更加充实，专业精神充分展现。

三是切实加强审判监督指导，健全未成年人司法保护规范体系。高度重视社会热点、实践难点问题，及时研究制定司法解释、规范性文件，发布典型案例，促进统一法律适用，回应社会关心关切。针对性侵未成年人、拐卖妇女儿童、监护人侵害未成年人、人身安全保护令等问题，先后出台10余部司法解释或规范性文件。及时明确未成年人网络打赏、儿童个人信息保护等新型热点问题裁判规则。系统修订未成年人刑事案件诉讼程序规则。针对性侵、拐卖、校园欺凌、网络犯罪、婚姻家庭、未成年人文身等问题，发布21批215件涉未成年人保护典型案例，向全社会亮明司法立场，彰显依法严惩侵害未成年人权益违法犯罪绝不手软、依法保护未成年人权益毫不松懈的鲜明态度。

四是注重推进源头治理、综合治理，推动形成未成年人保护的强大合力。加强与未成年人保护工作领导小组成员单位和有关社会组织的协作配合，主动融入家庭、学校、社会、网络、政府、司法“六位一体”的新时代未成年人保护工作格局。大力推动未成年人综合保护体系建设，积极开展预防惩治侵害未成年人犯罪联动机制试点。会同有关单位加强中小学生欺凌和暴力防治，推动依法治理“校闹”问题，促进平安校园建设。联合开展网络清理行动，预防未成年人沉迷网络或遭受网络侵害，为少年儿童营造清朗网络空间。依托中国审判理论研究会少年审判专业委员会等平台，加强对未成年人违法犯罪和侵害未成年人犯罪态势规律的分析研判，针对未成年人保护和犯罪预防薄弱环节，有针对性地提出完善制度、改进管理的司法建议，促进完善社会治理。

五是大力加强法治宣传教育，营造有利于未成年人健康成长的良好环境。认真落实“谁执法谁普法”普法责任制，不断创新法治宣传教育方式。常态化开展“法治进校园”活动，组织法官进校园、上讲台等活动，创建法治副校长品牌，开发适合青少年的法治教育课程，增强青少年宪法意识和法治观念。举办两届全国法院未成年人权益司法保护优秀微电影评选，推出《少年法庭》《呵护明天》等专题片，组织编写《谁来保护我》《开心漫漫看》等法治丛书，以真实案例、生动故事向全国少年儿童普及法律常识。采取主题参观、专题讲座、模拟法庭、宪法日宣誓等多种多样的方式，提升法治教育对青少年的吸引力、感染力、渗透力，有效增强未成年人法律意识和自我保护能力。

回顾新时代十年少年司法发展历程，我们进一步深化了对少年法庭工作的规律性认识，积累了宝贵经验。

一是坚持少年法庭工作的政治性，把党的绝对领导贯穿始终。未成年人保护工作关系党的事业薪火相传，必须把党的领导贯彻到少年司法工作全过程各方面。毫不动摇坚持党的绝对领导，坚定不移走中国特色社会主义法治道路，少年审判工作就一定能始终沿着正确政治方向蓬勃发展，中国特色社会主义少年司法制度就能不断发展完善并展现出显著优势。

二是坚持少年法庭工作的人民性，落实最有利于未成年人原则。少年法庭工作的对象是少年儿童，背后是亿万家庭的牵挂，关系人民群众最关心、最直接、最现实的利益问题。必须坚持以人民为中心，全面落实最有利于未成年人的原则，把促进未成年人健康成长、全面发展作为少年法庭工作的出发点和落脚点，从而赢得广大人民群众对少年审判事业的支持。

三是坚持少年法庭工作的时代性，始终以新时代正确司法理念指导少年审判实践。进入新时代，未成年人保护工作面临新情况、新问题，人民群众对少年司法工作提出新要求新期待。必须深刻把握新时代新要求，与时俱进树立正确少年司法理念，确保未成年人依法得到特殊、优先、双向、全面保护，努力让人民群众切实感受到公平正义就在身边。

四是坚持少年法庭工作的专业性，不断提升少年司法能力水平。少年司法在理念、原则、政策、制度、审判方法、工作要求等方面具有鲜明特征。

必须尊重少年审判工作规律，坚持走中国特色少年司法专业化之路，健全完善符合未成年人身心发展特点和司法需求的专门化组织、规范化制度、专业化力量，从而实现少年审判最佳的法律效果、政治效果、社会效果。

五是坚持少年法庭工作的创造性，推进少年司法理论创新、制度创新、实践创新。少年司法发展史，就是一部勇于创造、锐意革新的历史。只要立足少年审判工作实际，坚持理论研究和实践探索相结合，坚持顶层设计和基层首创相结合，坚持解决当前问题和谋划长远发展相结合，就一定能从理论和实践的结合上取得更多成果，推动中国特色社会主义少年司法制度更加完善。

六是坚持少年法庭工作的协同性，形成多方参与、同向发力的格局。保护未成年人健康成长是一项系统工程，需要全社会共同努力。只有紧紧依靠党委领导，积极争取各方面支持，主动融入“六位一体”的新时代未成年人保护工作格局，形成齐抓共管的良好局面，才能最大限度发挥少年司法职能作用，最大限度激活未成年人综合保护和预防未成年人犯罪综合治理效能。

回顾过去十年少年司法发展历程，我们深刻感受到，少年法庭工作的发展进步，根本在于习近平总书记作为党中央的核心、全党的核心掌舵领航，根本在于习近平新时代中国特色社会主义思想科学指引，是习近平法治思想在少年司法领域的生动实践。同时，离不开各级党委、人大、政府、政协以及社会各界的关心帮助、大力支持，离不开各级人民法院特别是广大少年法庭干警的努力拼搏、辛勤付出。在此，我代表最高人民法院，向长期以来关心支持少年法庭工作的中央各有关单位、地方各级党委政府和各有关部门，全国人大代表、全国政协委员和地方各级人大代表、政协委员，新闻媒体以及社会各界表示衷心的感谢！向长期奋战在少年审判一线的广大干警致以诚挚的问候！

我们也要清醒认识到，与党和国家要求相比，与人民群众期待相比，人民法院少年法庭工作还存在一些困难和问题。比如，未成年人司法保护面临诸多新情况、新问题，新类型案件层出不穷，案件审理难度增大，司法政策研究不够，审判指导有待加强；有的法院少年审判资源配置不足，延伸帮教等工作存在差距；少年审判理论研究和经验总结不够，有的少年法庭职能虚化、少年审判人才短缺，一定程度上影响了少年法庭工作长远发展。对于这些困难和问题，要予以高度重视，采取有力措施加以解决。

## 三、锚定目标任务，强化责任担当，全面推动新时代少年法庭工作实现高质量发展

新时代新征程，少年法庭工作只能加强，不能削弱。当前和今后一个时期，人民法院少年法庭工作总体思路是：坚持以习近平新时代中国特色社会主义思想为指导，深入贯彻习近平法治思想，认真贯彻落实习近平总书记关于少年儿童工作重要指示批示精神，深刻领悟“两个确立”的决定性意义，增强“四个意识”、坚定“四个自信”、做到“两个维护”，全面准确实施未成年人保护法律法规，坚持把少年审判作为一项战略性、基础性工程，落实最有利于未成年人原则，以依法保护未成年人健康成长、促进未成年人全面发展为目标，以专业化发展为方向，以深化改革创新为动力，以强化少年审判队伍建设为支撑，以更加有效融入“六大保护”为依托，全面推动新时代少年法庭工作实现高质量发展，不断完善中国特色社会主义少年司法制度，为未成年人健康成长提供有力司法服务和保障。

一是坚持党对司法工作的绝对领导，确保少年法庭工作正确政治方向。要深入贯彻习近平法治思想，牢牢坚持党对司法工作的绝对领导，坚持以人民为中心的发展思想，切实把思想和行动统一到习近平总书记关于少年儿童工作重要指示批示精神上来，确保党中央关于少年儿童事业的决策部署在人民法院不折不扣贯彻落实。要坚持把党总揽全局、协调各方同审判机关依法履行职能、开展工作统一起来，紧紧依靠党的领导和我国社会主义制度优势，攻克少年法庭工作发展中的难题，推动少年法庭工作持续健康发展。

二是充分履行审判职能，全面加强未成年人权益司法保护。要牢固树立新时代少年司法理念，大力弘扬社会主义核心价值观，坚持最有利于未成年人原则，将特殊、优先、双向、全面保护理念落实到每一个案件办理中。要坚持贯彻“教育、感化、挽救”方针和“教育为主、惩罚为辅”原则，同时体现“包容宽容但绝不纵容”的政策精神，立足审判职能明确规则导向。要依法严惩杀害、伤害、性侵、拐卖、虐待等各类侵害未成年人身心健康的犯罪行为，对刺痛社会神经、挑战法律和伦理底线的，坚决依法严惩，决不姑息。要妥善审理涉未成年人的家事、侵权等各类民事案件，落实未成年人利益最大化原则，依法开展涉儿童权益纠纷调解工作，善于运用人身安全保护

令制度和撤销监护权制度，依法保障未成年人合法权益。要依法妥善审理各类涉家庭教育、“双减”政策背景下的教育培训类案件，推动立德树人的根本任务和素质教育理念在社会、学校、家庭得到有效落实。要深刻认识涉未成年人案件审判社会关注度高的特点，加强审判监督指导，严格落实“三同步”工作要求，确保重大敏感案件审判实现法律效果、政治效果、社会效果相统一。

三是深化少年法庭改革，推动中国特色未成年人审判制度和工作机制更加成熟定型。要加强组织机构建设，按照少年审判专业化、制度化、规范化的目标要求，深化内部机制改革，强化督促指导，确保少年法庭实质化高效运作。要加强综合审判改革，探索少年审判与家事审判融合发展路径，推动未成年人民事、刑事、行政审判融合发展。要完善少年审判考核评价制度，将社会调查、心理疏导、法庭教育、延伸帮教、法治宣传、参与社会治理等工作纳入考核评价范围，科学评价少年法庭、少年审判法官业绩，形成正向激励。要完善涉诉未成年人权益的特别保护方式，全面落实未成年人犯罪记录封存制度，探索建立儿童救助协作制度，完善性侵害儿童犯罪人员信息公开制度、性侵儿童案件特殊证据标准。要尊重基层首创精神，鼓励、指导基层少年法庭创新实践，及时总结、推广行之有效的好做法好经验。

四是加强调查研究，夯实未成年人司法保护政策体系和理论支撑。要坚持问题导向、目标导向，针对未成年人保护和犯罪预防的薄弱环节及突出问题，及时制定司法解释，完善司法政策，明确裁判规则，统一法律适用，有效回应社会关切。要充分运用智慧法院成果，加强对未成年人违法犯罪和侵害未成年人犯罪特点、态势、规律的分析研判，为制定司法政策、促进社会治理提供实证支撑。要强化理论创新，充分发挥中国预防青少年犯罪研究会、中国审判理论研究会少年审判专业委员会、少年司法研究基地作用，积极借助专家学者力量，加强对中国特色社会主义少年司法制度的理论研究和实践经验总结，努力形成一批高质量研究成果，更好地指导审判实践。

五是做实法治宣传教育，为未成年人健康成长营造更优法治环境。要坚持法治教育从娃娃抓起，认真落实“谁执法谁普法”普法责任制和“八五”普法规划，帮助孩子们从小就在心中种下法治的种子。要区分不同受众群体，加大对农村地区未成年人、留守未成年人、打工随迁未成年人等的法治宣传教育力度，有针对性地开发课程课件和法治读物。要丰富法治宣传教育内容，将未成年人保护法、预防未成年人犯罪法与民法典、家庭教育促进法、反家庭暴力法等结合起来宣传，提升普法效果。要创新法治宣传教育形式，探索青少年法治专栏节目和法治微电影、微动漫等创新形式，利用好法院博物馆等各类法治教育基地，增强法治宣传教育的互动性实效性。要展示好新时代未成年人司法保护工作成效经验，讲好少年司法感人故事，不断夯实少年法庭工作群众基础。

六是深度参与综合治理，推动建设更高水平的未成年人综合保护体系。要坚持系统思维，积极参与未成年人保护工作领导小组各项工作，推动未成年人“六大保护”相互融合、协同发力，促进形成立体化、全方位保护体系。要严格贯彻落实家庭教育促进法，配合有关部门建立家庭教育联动机制，健全家庭教育工作站职能，共同做好家庭教育促进工作。要抓好中小学法治副校长这项品牌工作，建好法院系统法治副校长队伍，健全选聘管理、履职保障和表彰奖励等机制，促进法治校园、平安校园建设。要加强与相关单位协作配合，加强网络治理和未成年人网络权益保障工作，依法规范直播、短视频、网络游戏等产业发展，督促引导互联网企业履行网络安全管理的法律义务和社会责任，为未成年人健康成长营造风清气正的网络空间。要充分发挥司法建议、司法白皮书等作用，推动完善社会治理，促进未成年人保护和犯罪预防机制制度不断完善。要增强司法大数据分析运用能力，推动大数据技术与未成年人综合司法保护深度融合，助力破解少年审判折射的社会问题，提升治理成效。要深化审判延伸工作，通过购买社会服务、加强部门联动等方式，强化未成年人司法救助、未成年罪犯帮教挽救等工作。要畅通沟通渠道，自觉接受监督，广泛听取人大代表、政协委员以及社会各界对少年审判工作的意见建议，不断加强和改进工作。

七是加强基层基础建设，夯实少年法庭工作长远健康发展的基础。要积极争取党委政府支持，加强少年法庭物质经费保障，加强圆桌法庭、亲情教育室、心理抚慰室、专业辅助人员等硬件软件建设，切实保障少年审判和延伸工作开展。要严格落实未成年人“两法”要求，配足配强少年审判队伍，健全人才梯队，保持队伍稳定。要加强业务培训，深化国际合作，不断提高理论运用、群众工作、释法说理、对外交流等专业化能力水平，全面提升少年审判人员综合素质。要关心关爱少年法庭干警，加强先进典型选树，办实事、解难题，帮助干警合理调整身心状态，安心用心做好少年审判工作。要坚持严管厚爱相结合，坚持全面从严管党治警，严格落实防止干预司法“三个规定”等铁规禁令，以零容忍态度严惩司法腐败，确保少年审判队伍忠诚干净担当。要大力弘扬以忠诚为民、崇法尚德、公正廉洁、刚正不阿、改革创新为主要内容的新时代人民法院文化，激励广大少年法庭干警以更加饱满的精神状态和更加昂扬的奋斗姿态投身少年审判事业。

少年法庭工作是一项讲情怀、有温度的司法事业。做好少年法庭工作，责任重大，使命光荣。新时代新征程，我们要更加紧密地团结在以习近平同志为核心的党中央周围，坚持以习近平新时代中国特色社会主义思想为指导，深入贯彻习近平法治思想，踔厉奋发、勇毅前行，全面推动新时代少年法庭工作实现高质量发展，以实际行动迎接党的二十大胜利召开！

# 在最高人民法院网络安全和信息化领导小组 2022 年第二次全体会议上的讲话

（2022 年 11 月 4 日）

最高人民法院院长　周　强

今天我们召开最高人民法院网络安全和信息化领导小组 2022 年第二次全体会议，主要任务是：坚持以习近平新时代中国特色社会主义思想为指导，深入贯彻习近平法治思想，深入学习贯彻党的二十大精神，总结 2022 年以来智慧法院建设情况，研究部署下一阶段工作重点，为推进审判体系和审判能力现代化提供更加有力科技支撑，更好服务以中国式现代化全面推进中华民族伟大复兴。

刚才，许建峰同志汇报了《2022 年最高人民法院网络安全和信息化重点工作情况报告及下一步工作计划》《003 工程竣工验收情况和法治信息化工程进展情况》等 7 份文件材料和相关工作，陈宜芳同志汇报了最新的信息化应用情况。贺荣同志、杨临萍同志都讲了很好的意见，我都赞成，各部门同志也提了很好的建议。领导小组办公室要认真梳理，逐项研究，充分吸收转化。会议原则通过提交审议的各项文件，会后信息中心要进一步吸收会上的意见，尽快完善后按照程序报批印发、组织实施。

总的来看，今年以来智慧法院建设取得了很多新的成绩。一是智慧法院制度创新进一步完善。2022 年以来，我们出台《人民法院在线运行规则》《最高人民法院关于加强区块链司法应用的意见》，还将出台《最高人民法院关于规范和加强人工智能司法应用的意见》，推动我国智慧法院建设和互联网司法进一步从技术领先迈向规则引领。二是人民法院在线服务进一步规范。《人民法院在线运行规则》自 2022 年 3 月 1 日起施行，中国移动微法院同步升级为人民法院在线服务平台，不仅名称进一步规范，小程序界面、各地分平台功能模块也实现了统一规范。目前，平台实名注册人数已达 1300 多万，接收网上立案申请 2100 余万件，累计访问量超过 30 亿人次，显示出巨大的影响力，已经成为人民法院在线服务人民群众的总入口。四大司法公开平台中，中国裁判文书网累计公开裁判文书 1.3 亿余篇，访问量超过 970 亿次，即将突破 1000 亿大关，中国庭审公开网累计直播庭审 2000 余万场，访问量超过 530 亿次，可见其影响力和传播力。最高人民法院数字档案馆建设试点工作加快推进，要强化数字档案馆系统应用，进一步加强与国家档案局沟通，做好数字档案馆建设试点验收评估工作。三是上下级法院在线业务协同进一步拓展。办公平台已经支持上下级法院公文协同，办案平台支持案件在线移送、原审案卷调阅的案件类型不断拓展，有效提升了审判执行工作质效。四是司法大数据研究进一步发挥作用。近年来，办公厅会同中国司法大数据研究院以司法大数据研究报告为基础编发《高法信息》等形式上报中央办公厅，中央领导同志对高空抛物等信息多次作出重要批示，为党中央、国务院决策，为最高人民法院党组决策发挥了重要作用，推动了相关领域工作。

同时，智慧法院建设还存在一些问题和挑战。一是网络和数据安全形势严峻复杂，法院专网断网事件还偶有发生，互联网平台用户数据安全隐患需要进一步防范，司法公开平台个人信息保护、舆情风险防控需要进一步加强。二是法治信息化工程采购需要加快进度，距离工程批复已近一年时间，主体实施内容的采购工作要尽快推进，要与中央国家机关政府采购中心加强沟通协调，依法合规加快推进相关工作。三是智慧法院大脑关键技术有待全面破局，智慧法院大脑还没有形成成熟的产品，没有广泛为各类业务系统提供智能服务，离智能中枢的差距还较大，必须深入剖析、找准问题瓶颈，有针对性地解决推进。四是办公办案的协同应用需要进一步推广，目前已具备了技术条件，需要加大推广应用力度。

下面，我讲几点意见。

一是深入学习贯彻党的二十大精神。党的二十大报告专章对坚持全面依法治国、推进法治中国建设作出重大部署，强调“加快构建公正高效权威的社会主义司法制度”，对加快建设网络强国、数字中国等作出重大部署，为我们做好新时代新征程人民法院工作提供了科学指引。要把学习宣传贯彻党的二十大精神作为当前和今后一个时期的首要政治任务，认真领悟党的二十大提出的新思想新论断、作出的新部署新要求，深入贯彻“全面学习、全面把握、全面落实”要求，深刻领悟“两个确立”的决定性意义，增强“四个意识”、坚定“四个自信”、做到“两个维护”，坚决做到维护核心、绝对忠诚、听党指挥、勇于担当。要紧扣党的二十大关于坚持全面依法治国、推进法治中国建设的重大部署，坚持走中国特色社会主义法治道路，找准法院工作的结合点、着力点，立足司法职能推动建设中国特色社会主义法治体系、建设社会主义法治国家。要坚持科技赋能，全面深化智慧法院建设，加快完善中国特色、世界领先的互联网司法模式，推动现代科技从工具性运用向更深层次规则治理和制度构建迈进，努力创造更高水平的数字正义。

二是全面加强网络和数据安全防护。没有网络安全就没有国家安全。加强网络安全、数据安全和个人信息保护是智慧法院建设的重要方面，要始终把网络和数据安全放在突出位置抓实抓好。要不断提升网络和数据安全保护能力，严格落实中央有关部署和网络安全法律法规要求，压实网络和数据安全主体责任，深入实施网络安全等级保护制度，健全完善关键信息基础设施综合防御体系。要加强全国法院网络和数据安全工作的监督指导，建立数据分类分级制度，加强法院专网接入管控，积极运用技术手段推进网络和数据安全监测、预警、应急处置。要加强个人信息保护，加强司法公开质量的技术管控，助力防范化解舆情风险。要做好人民法院信息化建设供应商信息安全能力评估，加大监管力度，强化责任落实。

三是加快推进法治信息化工程实施。2021 年我们提出“十四五”期间要建设人民法院信息化 4.0 版，提出“五化”建设目标。法治信息化工程是我院投资规模最大的电子政务工程，是建成人民法院信息化 4.0 版，全面实现“智能化、协同化、泛在化”的主要依托，也是深化智慧法院建设的重大机遇。刚才，信息中心报告了法治信息化工程采购建设中急需解决的问题。信息中心、行装局都做了汇报，对下一步安排都讲了很好的意见。下一步，要按照中央办公厅、国家发展改革委等单位有关要求，倒排时间表，一刻不放松，加快推进法治信息化采购等各项工作，切实抓好落实。要加快推进采购、预算执行，开展工程集成、研发、实施、监理等各项工作，确保工程按时保质完成，同时要做到依法合规。要加强工程总体设计，科学、合理统筹各类建设需求，落实工程批复建设要求。要注重做好风险防控，确保合规合法开展各项工作，决不允许出现廉洁问题。

四是着力攻关智慧法院关键技术难题。智慧法院发展到当前阶段，要全面梳理制约智慧法院高质量发展的关键技术难题、理论难题。要整合多学科力量，协同企业院校，统筹工程建设和科技创新课题研究，促进法治思维和科技理念充分交融、信息技术与司法工作深度融合。要发挥好互联网司法研究院力量，对互联网司法领域战略性、关键性、前瞻性问题开展跨学科交叉研究。要集中优势力量，加快推进智慧法院大脑集智攻关，面向智慧服务、智慧审判等各类应用提供基础的、通用的数据服务、智能服务，提升人民法院统一知识管理和共建共享水平。

五是推进司法人工智能等技术应用。加快发展新一代人工智能是推动我国科技跨越发展、产业优化升级、生产力整体跃升的重要战略资源。同时我多次强调，人工智能不能替代法官，而是为法官提供辅助参考。我们要依托科研院所、科技界、社会力量，尤其是企业的力量，开展司法人工智能关键技术攻坚，抓好人工智能在司法领域的应用场景这一着力点，深化区块链在执行系统中的应用，定目标、定时间，尽快拿出成果。要准确把握新一代人工智能发展的特点，为智慧法院高质量发展提供新动能。要抓紧出台规范和加强人工智能司法应用的意见，深入推进意见贯彻实施，坚持应用牵引，大力推进人工智能等技术与诉服、审判、执行、管理等人民法院核心业务深度融合，建设具有规则引领和应用示范效应的司法人工智能理论和技术应用体系。

六是加强全国法院网信工作统筹指导。这些年，我们在全国法院推进执行信息化、一站式建设等，取得了一系列突出成效，为攻坚解决执行难、建设一站式多元纠纷解决和诉讼服务体系提供了有力科技支撑。推进办公办案上下级法院协同、法院专网安全防护等工作，同样需要全国法院协同配合。要加大对地方法院的统筹指导力度，做好有关政策文件的宣贯解读，对全国统一应用系统建设、地方法院重大信息化项目建设的关键技术问题加强指导把关。要积极发挥地方法院创新示范作用，协调好全国统筹发展和地方创新的关系，积极鼓励地方法院试点建设、充分试验、积累经验，形成成熟技术产品和实施方案的要做好推广。要加强对地方法院网络和数据安全的监督管理，加强法院专网边界安全管控，对于地方法院外联、接入法院专网要统一管理、严格管理。

总之，信息中心及各有关单位要狠抓工作落实，全面深化智慧法院建设，加快推进审判体系和审判能力现代化，不断擦亮智慧法院这张中国法院亮丽的名片，更好服务审判执行、服务人民群众、服务经济社会发展，为实现中国式现代化、全面建设社会主义现代化国家提供有力司法服务。

# 在全国法院第八次网络安全和信息化工作会议暨互联网司法工作推进会上的讲话

（2022 年 11 月 30 日）

最高人民法院院长　周　强

今天，我们召开全国法院第八次网络安全和信息化工作会议暨互联网司法工作推进会，主要任务是：深入学习贯彻党的二十大精神，深入贯彻习近平法治思想和习近平总书记关于网络强国的重要思想，认真总结新时代十年智慧法院建设和互联网司法工作，研究部署下一步工作思路和措施，更好促进审判体系和审判能力现代化，推动新时代新征程人民法院工作高质量发展。

党的十八大以来，习近平总书记高瞻远瞩、亲自谋划、亲自部署，围绕网络强国建设发表一系列重要论述、作出一系列重要指示，推动我国网络安全和信息化工作取得历史性成就、发生历史性变革，我国从网络大国向网络强国阔步迈进。人民法院坚决贯彻落实习近平总书记重要指示和党中央决策部署，紧紧围绕“努力让人民群众在每一个司法案件中感受到公平正义”目标，坚持司法体制改革和智慧法院建设双轮驱动，推动数字时代司法工作质量变革、效率变革、动力变革，初步实现了审判体系和审判能力现代化。新时代十年智慧法院建设、互联网司法工作概括起来有七个特点。一是开放、动态、透明、便民的阳光司法机制已经形成。党的十八届三中全会明确提出推进审判公开，党的十八届四中全会对“构建开放、动态、透明、便民的阳光司法机制”作出重大部署。人民法院坚决贯彻落实党中央部署要求，坚持以公开促公正、以透明保廉洁，建成审判流程、庭审活动、裁判文书、执行信息四大公开平台，开通全国企业破产重整案件信息网、全国法院减假暂信息网等，把司法全过程置于阳光之下，让暗箱操作没有空间，让司法腐败无法藏身。二是智慧法院实现全业务网上办理、全流程依法公开、全方位智能服务。建成覆盖全国四级法院，涵盖智慧服务、智慧审判、智慧执行、智慧管理的智慧法院系统，相关成果在国家“十三五”科技创新成就展全方位展示，加强智慧法院建设写入了国家“十四五”规划。在智慧服务方面，一站式建设在智慧服务系统支持下，“在线”“多元”“融合”“集约”等优势充分发挥、效能极大释放，实现了解纷格局和服务模式的重塑，为群众提供了跨时空、跨地域的在线服务，群众可以随时随地获得相应的优质司法服务，而且是实时、泛在的服务。在智慧审判方面，法律知识服务、文书辅助制作、类案自动推送、庭审语音自动转录等智能辅助办案系统，大幅减轻法官事务性工作。“法信”等平台为群众和法官提供全面、便捷、智能的法律知识资源检索、智推服务。在智慧执行方面，网络执行查控、联合信用惩戒、网络司法拍卖等智慧执行系统，推动执行模式发生根本性变革和重塑，成为实现“基本解决执行难”目标并向着切实解决执行难迈进的利器。智慧法院建设助力推进审判执行质效持续提升。这几年，我在最高人民法院工作报告中都向全国人民报告一组数据，全国法院法官人均办案量持续增长，各类案件当事人服判息诉率持续增长，涉诉信访总量、涉诉进京访持续下降，互联网在线诉讼审理周期比传统模式大幅缩短，长期未结诉讼案件同比减少，在案件压力增大情况下，审判质效指标持续稳中向好，人民群众对司法公正的获得感不断增强。特别是这三年，面对世纪疫情，智慧法院“大显身手”，全国法院在线立案、在线开庭、在线调解、在线执行，智慧法院建设成果充分显现，无接触式诉讼服务广泛应用，当事人足不出户就能参加诉讼，实现“审判执行不停摆、公平正义不止步”。在这方面，中国法院和外国法院特别是西方法院形成鲜明对比，优势充分显现。三是互联网司法实现从技术领先迈向规则引领。新兴科技在司法领域深度应用，互联网司法模式不断完善，互联网司法规则体系逐步形成。先后出台人民法院在线诉讼、在线调解、在线运行“三大规则”，在全球率先发布区块链司法应用意见，并即将发布人工智能司法应用意见。四是智慧法院为高质量发展提供了有力司法服务。在世界银行全球营商环境报告中，我国营商环境排名位次逐年提升，由2015年的全球第90位上升至2020年的第31位。世界银行营商环境评估10个一级指标中，“执行合同”和“办理破产”两项指标相关工作由法院负责，“保护中小投资者”指标也与司法密切相关。其中，“执行合同”指标贡献值最大，排名全球第五，在所有指标中排名最高，其中细分的单项指标“司法程序质量”并列全球第一。如果没有智慧法院建设，没有科技在司法工作中的应用，取得这样的成绩是不可想象的。首先，智慧法院建设提高了司法效率，促进了“执行合同”指标提升，节省了市场主体时间和金钱成本，降低了企业交易成本。科斯的交易成本理论揭示了企业的本质，降低企业交易成本对优化营商环境意义重大。其次，智慧法院在破产案件办理中广泛应用，促进市场主体及时出清和有效救治，有力服务供给侧结构性改革，通过市场化法治化信息化手段重整了一大批企业，盘活了资产，激活了市场主体。最后，就是智慧法院建设提高了司法透明度，透明度对市场经济非常重要，有利于稳定市场主体对经济活动的预期，增强市场经济活动的稳定性。五是互联网司法在社会治理中日益发挥重大作用。审理数据权属、人脸识别、算法规制、平台治理等一大批新型互联网案件，明确权利边界，规范网络行为，不断完善数字治理规则，有力促进网络空间治理法治化。建成面向社会治理的司法指数体系，中国司法大数据研究院针对高空抛物、电信诈骗等群众反映强烈的社会问题开展专题分析，形成司法大数据研究报告，有力服务科学决策、促进社会治理，推动了相关领域工作，促进维护了人民群众头顶上的安全、脚底下的安全、舌尖上的安全。人民法院在线调解平台、在线服务平台等一站式建设成果，在助推社会治理法治化、智能化方面发挥了重要作用。联合信用惩戒系统让失信被执行人“一处失信，处处受限”，为“信用中国”网站向社会公开信用信息提供了基础数据，有力促进了社会诚信体系和信用中国建设。六是智慧法院和互联网司法发展为法学研究现代化创造了条件。中国裁判文书网、“法信”等平台海量的裁判文书和司法案例资源、司法大数据资源成为法学研究的实践资源“富矿”，丰富的庭审直播资源也成为教学科研的最佳素材。智慧法院建设推动了中国法学研究面向实践的范式变革，当前大数据法学、大数据法治、数字法治、数字正义的研究方兴未艾。许多高等院校与人民法院合作建立研究基地，比如，清华大学成立互联网司法研究院，上海交通大学成立智慧法院研究院，浙江大学成立数字法治研究基地。智慧法院和互联网司法的发展，有力促进了数字正义，为数字法学研究繁荣和交叉学科、新兴学科的建设发展提供了丰沃实践土壤。七是智慧法院、互联网司法助推中国司法国际影响力不断提升。我国智慧法院建设从跟跑、并跑迈向领跑，正引领全球法院信息化潮流，受到国际社会广泛关注。全球著名法律杂志《The Lawyer》刊文评价：“中国不仅在严控病毒传播方面世界领先，在智慧司法解决方案领域也引领世界。”世行法律科技顾问贾森·塔什亚在美国布鲁金斯学会网站发表《美国如何在司法数字化上与中国竞争》的文章，声称“没有哪个国家比中国在司法数字化上做得更多，中国智慧法院计划和创建完全虚拟的互联网法院，……已经赢得世界各国，包括西方在内的赞誉”，认为“中国司法数字化在提高司法透明度、消除司法救济成本、语言、距离等障碍上取得的成就，为输出其理想的法治模式奠定了基础”。这几年，无论是线下还是线上同世界各国最高法院院长、首席大法官会谈交流中，他们普遍对中国智慧法院建设、互联网司法表示钦佩，希望学习借鉴。在习近平法治思想指引下，“智慧法院”“互联网司法”已经成为新时代法治中国建设成果的“亮丽名片”，为提升我国司法国际影响力发挥了重要作用，也为数字时代的世界法治文明发展贡献了中国智慧。

回顾十年来人民法院推进智慧法院建设、探索互联网司法的历程，我们深深感到：这是一次思想观念的深刻变革。我们主动适应信息革命浪潮，敢于走出舒适区，克服转型阵痛，在思想深处、行为习惯上实现了从被动接受到主动拥抱科技的深刻转变。这是一次司法与科技深度融合的重大变革。我们从信息基础设施全面覆盖到实现网络化、阳光化、智能化应用全面发展，完成从平台搭建到深度应用的转变，实现从智慧法院1.0到4.0的迭代升级，人民法院成功探索出一条中国特色的科技赋能司法之路。这是一次司法模式和诉讼制度的全面优化。我们全面推进智慧服务、智慧审判、智慧执行、智慧管理，不断总结和转化有益经验，探索形成中国特色的互联网司法模式，推动了司法模式创新、司法流程重塑、诉讼制度完善。这是一次数字时代人民司法为人民的生动实践。我们始终以人民为中心，秉持用户思维，积极提供线上线下相结合的优质司法服务，真正通过现代科技手段为司法赋能增效、为群众带来方便，努力实现创造高水平数字正义的目标。十年来，智慧法院建设在创新中迈出了坚实步伐，在实践中积累了宝贵经验，概括起来：一是坚持正确政治方向。首要的是始终坚持以习近平新时代中国特色社会主义思想为指导，真学真信笃行习近平法治思想，牢牢坚持党对司法工作的绝对领导，坚定不移走中国特色社会主义法治道路，确保智慧法院建设始终沿着正确政治方向前进。二是坚持系统观念。树牢全局观念、强化顶层规划，加强对智慧法院建设的前瞻性思考、全局性谋划、战略性布局、整体性推进，以系统思维推进这项庞大的系统性工程，真正实现复杂信息系统体系工程建设的理论、方法和技术创新。三是坚持双轮驱动。习近平总书记强调："要遵循司法规律，把深化司法体制改革和现代科技应用结合起来，不断完善和发展中国特色社会主义司法制度。"[①] 这十年，我们认真贯彻党中央改革部署，坚持体制改革和科技创新双轮驱动，司法体制改革和智慧法院作为人民法院审判体系和审判能力现代化的"车之两轮、鸟之双翼"，司法体制改革为智慧法院建设提供制度机制保障，智慧法院建设为司法体制改革提供信息科技支撑，两者相辅相成、相互促进，有力提升了审判质效，共同促进审判体系和审判能力现代化。双轮驱动是中国特色社会主义司法制度优越性的体现。西方国家信息技术很发达，但信息技术在法院的应用却很受限。西方所谓"司法独立"的体制，决定了信息技术不可能在整个法院系统得到充分运用。按照马克思主义基本原理，这是资本主义生产关系桎梏了先进生产力的发展和应用，所以不是先进的生产关系。我国社会主义司法制度，可以运用最先进的科学技术、最新的科技成果，极大发挥科技第一生产力的作用，实现全国法院一张网，在司法与科技深度融合中进一步发展和完善中国特色社会主义司法制度，更加彰显制度优越性。四是坚持需求导向。始终从人民群众司法需求出发，从人民法院工作实际出发，注重解决实际问题，通过为解决审判执行、诉讼服务、司法管理中一系列难题探索科技方案，推动智慧法院建设逐步迈向深入，让智慧法院真正具有强大生命力。五是坚持改革创新。面对信息化浪潮，敢于抓住机遇，锐意改革创新，是赢得发展先机的关键。像跨域立案、移动微法院等很多智慧法院成果，都是源于基层创新实践。改革创新作为新时代人民法院文化的鲜明特色，已经融入全国法院基因，只有顺应科技发展潮流，立足实践创新创造，才能取得更多成果、实现更大突破。六是坚持重视人才。人才是第一资源。我们坚持人才引领驱动，既放开视野选好用好人才，又着眼长远培养储备人才，引进、培养、造就了一大批既懂法律又懂科技的创新型、应用型、复合型人才，为智慧法院建设提供了有力人才支撑。七是坚持全国法院一盘棋。推进智慧法院建设，单打独奏行不通，必须依靠全国法院集智攻关，依靠广大干警全员参与，只有全国法院一盘棋，才能攻克重大难题，形成整体效应，真正把科技优势转化为全国司法效能的整体

① 《习近平：坚定不移推进司法体制改革 坚定不移走中国色社会主义法治道路》，载《人民日报》2017年7月11日。

跃升。

下面，我再强调几点意见。

## 一、深入学习贯彻党的二十大精神，切实增强做好新时代新征程智慧法院建设和互联网司法工作的责任感使命感

党的二十大擘画了以中国式现代化全面推进中华民族伟大复兴的宏伟蓝图，在党和国家事业发展布局中突出了教育科技人才支撑、法治保障、国家安全工作，对加快建设网络强国、数字中国作出重大部署，对严格公正司法、加快建设公正高效权威的社会主义司法制度提出明确要求。11 月 9 日，习近平总书记向 2022 年世界互联网大会乌镇峰会致贺信指出："数字技术作为世界科技革命和产业变革的先导力量，日益融入经济社会发展各领域全过程，深刻改变着生产方式、生活方式和社会治理方式"，强调"中国愿同世界各国一道，携手走出一条数字资源共建共享、数字经济活力迸发、数字治理精准高效、数字文化繁荣发展、数字安全保障有力、数字合作互利共赢的全球数字发展道路"。这为智慧法院建设和互联网司法工作指明了方向。

各级法院要深入学习贯彻党的二十大精神，深刻领悟"两个确立"的决定性意义，增强"四个意识"、坚定"四个自信"、做到"两个维护"，把智慧法院建设和互联网司法工作置于中国式现代化进程中谋划和推进，坚持司法体制改革和智慧法院建设双轮驱动，加快推进审判体系和审判能力现代化，为中国式现代化提供有力司法服务。深刻把握党的二十大作出的新部署新要求，充分认识做好新时代新征程智慧法院建设和互联网司法工作的重大意义，进一步增强责任感使命感。第一，这是加快建设公正高效权威的社会主义司法制度的需要。只有顺应时代要求，遵循司法规律，持续推动现代科技创新成果同司法工作深度融合，深入推进智慧法院建设和互联网司法工作，才能有效破解司法改革和法院发展中的新情况新问题，不断提高司法质量、效率和公信力，不断完善和发展中国特色社会主义司法制度。第二，这是不断满足人民群众对美好生活向往的需要。人民群众对公平正义的向往，对实现数字正义的需求，对优质高效低成本司法服务的要求，都是美好生活需要的重要内容。只有深入推进智慧法院建设和互联网司法工作，才能为人民群众提供更加普惠均等、便捷高效、智能精准的司法服务，创造更高水平的数字正

义，不断实现人民群众对公平正义的向往。第三，这是基本实现社会主义现代化目标的需要。党的二十大报告明确了2035年我国发展的总体目标，“基本实现国家治理体系和治理能力现代化”“基本建成法治国家、法治政府、法治社会”“国家安全体系和能力全面加强”是重要内容。信息化与中国式现代化、网络强国与社会主义现代化强国、建设法治国家等有着内在联系。对人民法院来讲，司法是推进中国式现代化的重要保障，同时加快推进审判体系和审判能力现代化是实现国家治理体系和治理能力现代化、严格公正司法、推进法治中国建设的题中应有之义。深入推进智慧法院建设和互联网司法工作，是加快推进审判体系和审判能力现代化的重要驱动和必由之路。第四，这是推进建设更高水平的平安中国、法治中国的需要。党的二十大对坚持全面依法治国、推进法治中国建设、建设更高水平的平安中国作出战略部署。当前，信息化领域成为国家竞争的战略高地，信息科技将从根本上改变传统司法模式已经成为各国普遍共识，司法数字化在制度竞争和促进法治文明发展中的地位越来越重要。只有深入推进智慧法院建设和互联网司法工作，才能适应数字时代创造出更高水平社会主义司法文明，助力推进建设更高水平的平安中国、法治中国，为世界法治文明发展进步作出更大贡献。

## 二、深入推进智慧法院建设，加快推进审判体系和审判能力现代化

习近平总书记指出：“没有信息化就没有现代化。”① 过去十年，人民法院认真贯彻党的十八届三中、四中全会决策部署，推动审判公开、构建阳光司法机制等重大改革任务在司法领域落地见效。新时代新征程，人民法院要面向网络强国和数字中国建设整体布局，深入推进更加符合司法规律、更加适应改革要求、更加突出先进特征的智慧法院建设，与全面建成社会主义现代化强国“两步走”战略安排同步，到2035年基本实现审判体系和审判能力现代化，到本世纪中叶全面实现审判体系和审判能力现代化。

一是坚持创新驱动。创新是引领发展的第一动力。随着经济社会发展和

① 《习近平：总体布局统筹各方创新发展 努力把我国建设成为网络强国》，载《人民日报》2014年2月28日。

科技日新月异，司法工作比以往更加需要智慧解决方案。深入推进智慧法院建设，必须注重创新驱动发展，紧紧扭住创新这个牛鼻子，强化创新体系和创新能力建设，推动科技创新和司法工作深度融合。要抢抓网络强国和数字中国建设重大机遇，以司法数据中台、智慧法院大脑、在线法院建设为牵引，努力突破制约智慧法院高质量发展的关键理论和技术难题。要主动融入国家创新体系，以国家重点实验室为依托，以国家重点研发计划为抓手，着力构建人民法院科技创新平台体系，推动形成信息技术与审执业务相互牵引、迭代发展的良好态势。要加强智慧法院技术标准确立和规则创新，推动将规则制定的主动权转化为全球司法领域科技创新的话语权，不断增强智慧法院建设的核心竞争力和国际影响力。

二是把握发展规律。首先是要把握司法规律。人民法院是化解纠纷、定分止争的审判机关，司法解决纠纷的过程，本质上就是事实判断、适用法律的过程，“寻找事实、寻找法律”是司法工作的基本问题。深入推进智慧法院建设，必须准确把握司法规律，坚持科技理性和司法理性有机融合，通过科技提供的新工具、新思维，最大程度激活司法效能。要聚焦解决阻碍“寻找事实、寻找法律”的突出问题，充分发挥数字科技在信息收集、传递、鉴别、查找、对比以及分析运用上的优势，为法官更加客观寻找事实、更加精准寻找法律提供有效工具。要把握司法规律特点，不断拓展科技在司法领域的应用场景，把科技创新融入审判执行工作各环节各领域，深入推进诉讼流程重塑、诉讼制度升级。要遵循现代司法基本原则，尊重和保障当事人合法诉讼权利，兼顾公正与效率，实现程序公正和实体公正相统一，让智慧法院在提升公正司法能力水平上发挥更大作用。同时，要深刻认识互联网和信息技术发展规律。互联网领域有三大定律：一是摩尔定律，指微处理器的速度每18个月翻一番，这意味着同等价位的微处理器速度会越来越快，同等速度的微处理器会变得越来越便宜，这一定律揭示了信息时代的高速度与快节奏，所以芯片成为最关键的技术之一；二是吉尔德定律，指主干网带宽的增长速度至少是运算性能增长速度的3倍，网络带宽的提高解决了网络视频传输的瓶颈；三是麦特卡尔夫定律，指网络的价值同网络用户数量的平方成正比，也就是说，N个连结可以创造出N×N的效率。比如，全国法院一张网，其效应不是全国3500多家法院简单相加，而是倍乘的，潜力巨大，意义非凡。要尊重规律、把握规律、运用规律，充分运用新工具、完善新算法，加快推进智慧法院建设。

三是聚焦重点问题。实现发展的过程，从根本上说就是不断发现问题、解决问题的过程。深入推进智慧法院建设，必须坚持问题导向，不断提出以科技手段解决司法实践问题的方案。比如，要聚焦审判和执行相互分割问题，通过区块链智能合约等技术深度应用，全面推进审判执行信息互通、数据共享、程序衔接，真正形成司法流程闭环，一体化破解审判执行分割带来的弊病，促进裁判结果实现和执行质效提升。比如，刑事案件涉财产刑执行情况一直底数不明，这就是判归判、执归执造成的，要通过运用科技实现“一链解决”。要聚焦切实解决执行难问题，不断升级拓宽智慧执行系统功能，进一步运用科技手段破解查人找物、财产变现、失信惩戒、规范管理等方面难题。要聚焦证据认定质效问题，充分发挥区块链技术公开透明、可溯源、防篡改等优势，完善区块链存证标准和规则，用好区块链存证验证、数据防篡改技术，提升司法公信力。要聚焦一站式建设难点问题，围绕“一站式”“多元化”“集约化”目标，强化技术集成功能，持续推动解纷服务从分散到集约、从单一到多元、从现场到掌上、从传统到智能的转变，切实方便群众获得普惠均等、便捷高效、智能精准的司法服务。要聚焦智能辅助办案的难点问题，努力突破司法人工智能关键技术瓶颈，持续推进电子卷宗随案同步生成和深度应用，为法官办案提供全流程伴随式智能辅助支持。

四是构建司法数字生态。营造开放、健康、安全的司法数字生态，对于数字时代塑造我国智慧法院全球竞争优势意义重大。构建司法数字生态，涉及体系、规则、标准建设等一系列任务，我国案件资源丰富、智慧法院发展步伐快，在这方面有优势。要突破数字技术瓶颈，发挥人民法院大数据管理和服务平台优势，加强数据汇聚管理，提高数据质量和规范性，建立完善司法数据资源基础制度和标准规范，充分发掘海量司法数据资源潜力，为优质数据服务夯实基础。要推动优化政法部门间信息数据共享机制，完善协同平台建设，促进提升整体办案质效。要建立健全全流程数据安全管理制度，严格划定技术边界，强化数据安全防护，统筹推进数据开发利用和数据安全保障。要加强同有关国家的司法数字技术合作，主动参与和引领标准规则制定，服务推动构建网络空间命运共同体。

五是强化安全发展。网络安全和信息化是一体两面，必须强化安全发展理念，树立正确的网络安全观，一体推进网络安全和信息化工作，切实增强智慧法院建设的稳定性、安全性和可持续性。要始终把网络安全放在突出位置，压实网络和数据安全主体责任，深入实施网络安全等级保护制度，健全完善关键信息基础设施综合防御体系。要完善质效型运维保障体系，提升运行质效智能分析和研判预警能力，形成上下贯通、分级负责、协同联动的可视化质效型运维管理体系。要加强司法公开质量的技术管控，强化个人信息保护，有效防范化解舆情风险。要加强科研诚信建设，强化合法合规管理，确保每一个科研攻关项目、每一个重点建设工程都是廉洁项目、廉洁工程。

六是下好“一盘棋”。智慧法院建设覆盖全国3500多家法院、一万多个人民法庭、数以万计的信息系统，必须坚持全国法院一盘棋，充分调动各方面积极性创造性。要借鉴好、运用好下中国象棋的思维。中国象棋最突出的特点就是将帅坐镇军帐、统筹调度，车马炮卒各司其职、各展其长。这就要求处理好中央和地方、整体和局部的关系，充分发挥两个积极性。在党中央对网信工作的集中统一领导下，最高人民法院要加强统筹指导，强化顶层规划和总体设计。对全国统一应用系统建设、地方法院重大信息化项目，各高级法院要加强对辖区法院的统筹指导把关。要借鉴好、运用好下围棋的思维。围棋注重运用唯物辩证的思维方法认识和处理各种矛盾，特别是要求树立敏锐的大局观。所以，要把智慧法院建设纳入推进网络强国、法治中国建设全局谋划推进，树牢大局意识、不搞自行其是，树立长远眼光、防止急功近利，当然也要善于开拓创新、不能一潭死水。要借鉴好、运用好下国际象棋的思维。国际象棋充满了博弈思维，而且比较看重兵的作用。这要求必要时通过超常规谋划部署，集中优势资源攻坚克难，实现智慧法院建设、互联网司法的跨越式发展。

## 三、全面深化互联网司法建设，努力创造更高水平的数字正义

各级法院要正确认识互联网等数字技术对全球竞争格局的深刻影响，不断提升互联网司法水平，促进筑牢网络空间治理法治之基，推动互联网司法工作实现新发展，以高质量互联网司法服务高质量发展。

一是推进互联网审判专业化建设。要准确把握当前互联网司法的发展阶段和工作重点，深化互联网法院建设，优化案件管辖范围，加大司法技术创新应用力度，将互联网法院建成互联网司法创新示范的“样板间”和依法治

网的“新高地”。要深化互联网审判机制创新，推动审判流程在线化重塑、辅助事务集约化管理、类型化案件要素式审理、司法裁判智能化辅助，全面提升互联网司法效能。要科学组建互联网专业化审判机构和审判团队，大力加强互联网司法复合型人才建设，联合高等院校和研究机构，健全科技人才和法律人才融合培养机制。要深化互联网司法前沿理论研究，针对全域数字法院、技术伦理准则等前沿理论问题，加强与科技界、法学界合作交流，完善产、学、研协同推进模式，在理论储备和科技攻关上赢得先机。

二是构建更加成熟定型的互联网司法机制。要严格落实人民法院在线诉讼、在线调解、在线运行“三大规则”，遵循司法规律，恪守程序正义，准确把握适用范围，切实防止在线诉讼随意化，尊重和保障当事人在线诉讼知情权、审理模式选择权、诉讼流程参与权，增强在线诉讼可信度、接受度和认可度。要结合不同层级、不同地域法院实际，在法律框架内细化在线程序规则，有效破解电子证据审核、在线庭审秩序、证人在线出庭等难点堵点问题，增强在线诉讼的操作性和实效性。要稳妥有序探索刑事案件在线审理机制，加强与公安机关、检察机关的衔接配合，统筹兼顾被告人权利保障、疫情防控需要、保密纪律要求和在线审理质效，有效解决疫情防控期间部分刑事案件久拖不决问题。对处于探索阶段的新兴技术，要充分论证、谨慎推进，坚决杜绝炒“空概念”、搞“花架子”、搞形式主义，让技术创新实实在在方便群众诉讼、方便法官办案。

三是充分发挥互联网司法推进网络法治的重要作用。要依法妥善审理各类新型互联网案件，不断丰富和完善互联网裁判规则，通过司法裁判实现小切口、微治理，促进提升网络空间治理法治化水平。要依法惩治暗刷流量、网络刷单、空包洗钱等网络灰黑产业犯罪，依法惩治开设网络赌场、实施网络诈骗、盗取数字财产等网络犯罪，助力构建清朗有序的网络空间秩序。要聚焦网络发展新问题新需求，积极探索依法治网新思路新模式，推进协同治理，立足司法实践提出立法、司法建议，完善网络法治规则体系。要深度参与全球网络空间治理，探索完善互联网案件域外司法管辖制度，在跨境交易、平台治理等领域，发挥裁判示范引领作用，为推动构建网络空间命运共同体贡献中国司法智慧。

四是充分发挥互联网司法服务和保障全国统一大市场的重要作用。要发挥好互联网司法降低解纷成本、服务普惠均等、过程开放透明等方面优势，为加快建设高效规范、公平竞争、充分开放的全国统一大市场提供有力司法服务和保障。降低解纷成本、诉讼成本，就是降低市场交易成本。要切实实施民法典，落实合同自由、平等保护、公平竞争、诚实信用等原则制度，加强市场主体统一平等保护，通过公正裁判推动破除地方保护和区域壁垒，破除限制竞争、市场分割、指定交易等人为造成的市场障碍。要加强科技成果权利司法保护，完善数据要素市场司法保障，支持建设统一的技术和数据市场。要完善失信惩戒系统，探索完善守信激励和信用修复制度，强化与社会信用体系衔接融合，推动健全与市场主体信用信息相关的司法大数据归集共享和使用机制，推进诚信体系建设，促进社会信用市场经济基础制度建设。

五是充分发挥互联网司法服务和保障数字经济的重要作用。要坚持促进发展和依法规范并重，通过司法裁判为数字经济发展和技术创新明晰规则，引导新技术新业态新模式在法治轨道上健康有序发展。要深刻认识数据是数字经济的关键要素，妥善审理涉数据权属和交易等案件，立足司法推动建立健全数据产权保护制度、数据要素流通和交易制度、数字要素收益分配制度，依法保障全流程数字交易和数字市场培育。要加强涉平台反垄断和反不正当竞争司法，依法惩处损害群众利益、妨碍公平竞争的行为，防止平台垄断和资本无序扩张。要加强平台从业人员和消费者合法权益保护，完善新就业形态用工司法政策，强化劳动者权益保障力度。要妥善审理算法规制、无人驾驶、人工智能技术应用等案件，促进数字经济、数字产业在发展中规范、在规范中发展。

六是充分发挥互联网司法促进社会治理的重要作用。要在社会基层坚持和发展新时代“枫桥经验”，充分发挥互联网司法方便群众诉讼、线上定分止争的优势，持续推进人民法院调解平台进乡村、进社区、进网格，走好数字时代的群众路线，促进基层社会治理，推进法治乡村建设。要积极稳妥推进与行业监管单位等协作，运用科技手段推进治理方式变革，积极发挥互联网司法审理一案、教育一片作用，更好推动行业监管、行业自律、行业治理。要深入开展“数助决策”，充分发挥司法大数据经济社会发展“晴雨表”“风向标”的作用，为各级党委政府决策提供参考，为更好化解矛盾、防范风险、促进治理提供支持。要发挥司法教育评价指引规范功能，深化阳光司法，加强涉互联网司法典型案例宣传，为社会公众树立行为规则、明确价值导向。

新时代十年，人民法院智慧法院建设和互联网司法工作取得历史性成就，增强了人民群众对司法公正的获得感，赢得了社会各界广泛认可，提高了中国司法国际影响力。新时代新征程，智慧法院建设和互联网司法前景更加广阔。我们坚信，在党的二十大精神指引下，人民法院一定能如期实现 2035 年基本实现社会主义现代化总体目标要求，一定能不断满足人民日益增长的公平正义需要，一定能为世界法治发展和人类文明进步作出新的更大贡献！

# 在人民法院社会矛盾纠纷综合治理研究基地揭牌活动上的致辞

（2022年3月23日）

最高人民法院副院长　姜　伟

在最高人民法院与北京师范大学共同努力下，人民法院社会矛盾纠纷综合治理研究基地今天正式揭牌。在此，受周强院长委托，我代表最高人民法院对研究基地的设立表示热烈的祝贺！对北京师范大学全力参与基地共建工作表示衷心的感谢！

党的十八大以来，人民法院坚持以习近平新时代中国特色社会主义思想为指导，深入贯彻习近平法治思想，各项工作取得巨大进步。凡是到中国交流过的外国法官、学者，包括欧美国家的一些大法官，都称赞中国司法文明的巨大进步，他们认为中国法院在三大领域走在世界前列，是中国司法文明新高地。一是司法公开力度前所未有，形成了中国模式。二是智慧法院建设一马当先，创造了中国速度。三是诉讼服务独树一帜，提供了中国经验。特别是2019年以来，最高人民法院认真贯彻落实习近平总书记关于“坚持把非诉讼纠纷解决机制挺在前面”“推进案件繁简分流、轻重分离、快慢分道”等重要指示精神，坚持和发展新时代“枫桥经验”，从推进国家治理体系和治理能力现代化、建设更高水平的平安中国的高度，着力推进一站式多元纠纷解决和诉讼服务体系建设，主动融入党委领导的诉源治理格局，加快调解平台进乡村、进社区、进网格工作，促进基层社会治理从化讼止争向少讼无讼转变；在全世界率先出台《人民法院在线调解规则》，创新“互联网＋枫桥经验”实践，广泛借助社会力量，在线多元化解纠纷；对立案、调解、委托鉴定、送达、速裁快审等面向群众的诉讼服务事项，提供“菜单式”、集约式、一站式服务，让老百姓走进一个服务场所、通过一个网络平台，就能基本解决来法院诉讼的所有问题，及时定分止争，更好地满足群众多层次、多样化的司法需求，形成具有中国特色、世界领先的纠纷解决新模式。司法实践的快速发展，迫切需要加强理论研究和学理支撑。设立人民法院社会矛盾纠纷综合治理研究基地，对于贯彻落实党中央决策部署，进一步深化实务部门与理论研究部门合作，充分发挥高等学校智库作用，梳理总结人民法院一站式多元解纷实践经验，提炼中国特色纠纷解决规则，具有十分重要的意义。借这个机会，我提三点希望。

第一，坚持政治引领，开展高水平中国特色社会主义法治理论研究。坚持以习近平新时代中国特色社会主义思想为指引，深入学习贯彻习近平法治思想，紧密结合党中央关于"坚持和完善共建共治共享的社会治理制度""构建源头防控、排查梳理、纠纷化解、应急处置的社会矛盾综合治理机制"等重大改革部署，系统梳理党领导人民在正确处理人民内部矛盾方面创造的宝贵经验，深入总结人民法院纠纷解决实践规律，传承中华法律文化精华，汲取世界优秀法治文明成果，提炼出具有原创性、普遍性、前瞻性的矛盾纠纷综合治理实践标准，进一步丰富和发展中国特色社会主义法治理论，加快构建具有鲜明中国特色、实践特色、时代特色的法治理论体系和话语体系。

第二，坚持问题导向，形成高质量矛盾纠纷综合治理研究成果。加强法学研究和司法实践互动交流，聚焦我国社会治理、矛盾化解等工作面临的重大理论和现实问题，以人民法院一站式多元纠纷解决实践为切入点，总结地方法院有益做法，深入分析各类型纠纷产生的原因和演变规律，依托法学、心理学等跨学科架构优势，开展体系化研究，探索新时代矛盾纠纷综合治理的可行路径，推出一批符合中国实际、具有中国特色、解决实践难题的高质量司法智库成果，更好指导推动司法实践。加强对优秀研究成果的宣传阐释，讲好中国法院纠纷解决故事，全方位展示中国特色社会主义司法文明，努力为世界多元化纠纷解决机制改革提供中国方案，贡献中国智慧。

第三，坚持开放合作，完善高素质纠纷解决人才培养机制。坚持出成果与出人才并重，以研究基地建设为依托，不断深化拓展最高人民法院与北京师范大学合作领域，将法院的专业优势、实践优势和数据优势与学校的学术优势、人才优势和平台优势结合起来，在课题科研、人员交流、资源共享等方面创新共建模式，加强跨学科、跨部门、跨领域人才联合培养，完善在线调解组织和人员培训体系，努力将基地建设成为具有广泛国际影响力的人才交流中心和人才培养中心，不断壮大矛盾纠纷多元化解的理论人才队伍和实践人才队伍，为推动中国特色纠纷解决事业提供更加坚实的人才保障。

# 在国际商事调解委员续聘会上的主旨发言

（2022 年 8 月 24 日）

最高人民法院副院长　陶凯元

21 世纪以来，国际商事纠纷的公正高效解决已成为促进现代商业发展和全球经济繁荣的重要动力。2018 年，中共中央办公厅、国务院办公厅发布《关于建立“一带一路”国际商事争端解决机制和机构的意见》，提出最高人民法院设立国际商事法庭、组建国际商事专家委员会、建立“一站式”国际商事纠纷多元化解决机制。这是中国立足高质量共建“一带一路”、扩大高水平对外开放、构建人类命运共同体作出的重大决策部署，对于平等保护中外当事人合法权益，推动经济全球化朝着更加开放、包容、普惠、平衡、共赢的方向发展，具有重大现实意义和深远历史意义。下面，我围绕最高人民法院国际商事法庭的建设和运行情况及下一步工作思路，与各位委员分享交流四点体会。

## 一、健全机构设置，打造国际商事法庭模范样本

法治是国家核心竞争力的重要内容。四年多来，最高人民法院着眼构建更加公平、公正、高效、便捷、低成本的国际商事争端解决机制，深入贯彻落实中央部署，在深圳、西安两地分别设立第一、第二国际商事法庭，扎实推进国际商事法庭建设，审结了一批重大疑难复杂、具有规则指导意义的国际商事案件；启动国际商事法庭中英文双语网站，提供双语诉讼服务和法律数据库服务，建设立案、调解、证据交换等全流程线上纠纷解决服务平台；依托国际商事法庭，建立诉讼与仲裁、调解有机衔接的“一站式”国际商事纠纷多元化解决机制，为中外当事人提供便捷高效的法律服务。第一国际商

事法庭审理的运裕有限公司与中苑城商业投资控股有限公司申请确认仲裁协议效力案，明确了仲裁协议成立与否的异议属于申请仲裁协议效力确认之诉的范围；广东本草药业集团有限公司与意大利贝斯迪大药厂产品责任纠纷案，明确了生产商不履行召回义务时销售商具有向其主张侵权赔偿的权利。该两宗案例入选最高人民法院与新加坡最高法院共同编纂的《中国－新加坡“一带一路”国际商事审判案例选》。2019 年 5 月 29 日，第二国际商事法庭审理的原告泰国华彬公司与被告红牛公司股东资格确认纠纷一案敲响了国际商事法庭公开开庭审理的“第一槌”，引起国际社会的广泛关注。截至目前，国际商事法庭共受理案件 27 件，审结 11 件。

面对新形势新任务，我们将进一步加强制度创新，建立职能清晰、定位合理的审级体系，配备应用科学、服务便捷的硬件设施，选任经验丰富、业务精良的优秀法官，打造国际商事法庭的中国品牌，营造稳定、公平、透明、可预期的法治化营商环境。

## 二、完善运行机制，凸显商事争端解决制度优势

最高人民法院国际商事法庭坚持共商共建共享原则、公正高效便利原则、尊重当事人意思自治原则、纠纷解决方式多元化原则，形成了一套公平公正、专业高效、透明便利且低成本的国际商事争端解决机制。主要包括：充分尊重当事人意思自治原则，依法保障当事人选择管辖法院、选择适用法律和选择纠纷解决方式的权利；建立健全国际商事专家委员会制度，47 位专家成员来自不同法系的 22 个国家和我国港澳台地区，具有广泛的代表性、中立性及专业性，委员们接受国际商事法庭委托主持调解国际商事案件、提供法律咨询意见、参与司法解释和司法政策调研论证，发挥了积极作用；不断完善诉讼、仲裁、调解有机衔接的“一站式”多元化纠纷解决机制，截至 2022 年 6 月已纳入 10 个国际商事仲裁机构和 2 个国际商事调解机构，并首次实现与域外仲裁机构的对接。对于专家委员或“一站式”国际商事调解机构制作的调解协议，国际商事法庭可以依法制作调解书或判决书；对于“一站式”国际商事仲裁机构作出的仲裁裁决，可以直接向国际商事法庭申请确认、撤销或执行。

面对新形势新任务，我们将按照规范化、专业化、国际化要求，进一步

完善国际商事法庭运行机制，规范案件管辖、公证认证、证据交换、开庭审理等程序规则；进一步优化国际商事专家委员会结构，扩大从国际商贸行业非法律专业人士中选聘专家；进一步发挥“一站式”国际商事纠纷解决机制的重要作用，实现调解、仲裁、诉讼的无缝衔接、顺畅转换，保障最高人民法院国际商事法庭高效有序运转。

## 三、加快科技赋能，提升国际商事司法服务水平

5G、大数据、人工智能、云计算、区块链等现代技术的飞速发展，为做好司法工作提供了新的契机。中国法院顺势而为，大力加强智慧法院建设，推行在线审理机制，建成智慧审判系统、智慧执行系统、智慧服务系统，出台人民法院在线诉讼、在线调解、在线运行“三大规则”。最高人民法院国际商事法庭利用智慧法院成果，设置网上诉讼服务平台，实现案件登记、立案、分案、调解、询问、开庭、送达等业务流程网上办理。上线运行域外法查明统一平台，当事人可以提出申请，由国际商事法庭委托国际商事专家委员或域外法查明服务机构提供法律查明意见。疫情期间，国际商事专家委员会梳理了 60 多个国家和地区以及国际公约、国际惯例中的不可抗力等法律规则，发布了七期研究报告。开通“一站式”国际商事纠纷多元化解线上平台，打通平台各系统，实现了在线调解、在线仲裁、在线诉讼。

面对新形势新任务，我们将充分利用智慧法院成果，进一步加快科技为国际商事纠纷解决赋能，推动国际商事审判与智慧法院建设深度融合；进一步加强对国际商事案件的信息化管理和大数据分析，建立国际法和外国法数据中心，满足中外当事人线上和远程诉讼需求，统筹疫情防控和审判工作。

## 四、深化互学互鉴，扩大中国涉外司法国际影响

不拒众流、方成江海。中国注重司法领域的国际合作，坚持以开放的胸怀践行共赢理念。最高人民法院先后与 140 余个国家及地区的最高司法机构及 20 余个国际或区域性组织建立友好交往关系，与国外司法机构和国际组织签署 70 余个合作协议或合作备忘录，先后有 60 余位外国最高法院院长、首席大法官来华访问。近年来，先后主办中国—中东欧国家最高法院院长会议、

世界执行大会、世界互联网法治论坛、世界环境司法大会、海上丝绸之路（泉州）司法合作国际论坛、中国－东盟大法官论坛等一系列国际司法会议，国际司法合作日益深入紧密。国际商事专家委员以及国际商事法庭法官积极参加国际商事法院常设论坛、商事诉讼司法研讨会、仲裁高峰论坛、调解高峰论坛、跨境服务贸易法律论坛、中英司法圆桌会议、中新法律和司法圆桌会议、海牙国际私法会议线上研讨会等，积极宣传中国国际商事法庭建设情况，学习借鉴域外国际法治先进经验。

面对新形势新任务，我们将进一步坚持依法平等保护原则，发布国际商事法庭公正高效便捷化解国际商事纠纷的典型案例，吸引中外当事人选择中国最高人民法院国际商事法庭管辖；进一步发挥国际商事专家委员会促进国际商事法律协调、融合的重要桥梁作用，推动国际商事法庭建设与国际接轨；进一步加大司法协助力度，推动国际民商事司法协助规则的协调统一，促进各国间民商事判决和仲裁裁决的相互承认和执行。

开放是当代中国的鲜明标识。中国的发展离不开世界，世界的发展也需要中国。中国法院将始终坚持维护以国际法为基础的国际秩序，进一步加强国际司法合作交流，吸收借鉴各国国际商事法庭的优秀经验，在更高起点上推动中国国际商事法庭实现新发展、迈上新台阶，为公正高效便捷低成本解决国际商事纠纷提供中国方案、贡献中国智慧！

# 在第二届海丝中央法务区论坛上的致辞

（2022 年 9 月 7 日）

最高人民法院副院长　杨万明

很高兴参加第二届海丝中央法务区论坛。受首席大法官周强院长委托，我谨代表最高人民法院，对第二届海丝中央法务区论坛的召开表示热烈的祝贺！

2013 年，习近平主席先后提出共建丝绸之路经济带和 21 世纪海上丝绸之路重大倡议，掀开了中国与世界发展的新篇章。九年来，“一带一路”从理念化为行动，从愿景变成现实，从谋篇布局的大写意进入精耕细作的高质量发展阶段，搭建起全球最大的国际合作平台，为全球治理体系变革提供了“中国智慧”。高质量共建“一带一路”，离不开高质量的法治保障。福建省委、省政府深入学习贯彻习近平法治思想和习近平总书记在福建考察时的重要讲话精神，于 2021 年 11 月 5 日在厦门启动海丝中央法务区。这是福建省加强 21 世纪海上丝绸之路核心区建设的重大举措，是建设法治强省、提升法治核心竞争力的重要抓手。在不到一年的时间里，海丝中央法务区按照“打造立足福建、辐射两岸、影响全国、面向世界的东南沿海法治高地”的建设定位，瞄准“持续优化营商环境、深化改革开放、发展现代服务业”的建设目标，创新打造“一平台、五中心”的国际法律服务矩阵，厚植法务机构集聚的法治生态，努力建设国际商事海事争端解决优选地、两岸融合发展法治实践地、法务科技创新聚集地、知识产权保护应用示范地、数字经济治理先行地，加快打造集多功能于一体的一流现代化国际化法治创新区，积极推动海丝中央法务区成为福建乃至中国法治建设的新品牌和新高地，成绩斐然，令人振奋！此次论坛聚焦“打造高水平海丝中央法务区，奋力推进新时代法治强省建设”，相信在与会各界人士的参与下，将会是一届精彩纷呈、富有成效的盛会，必将有力推进海丝中央法务区的建设与发展。

最高人民法院党组和周强院长高度关注福建法治建设，高度重视海丝中央法务区建设。周强院长2021年出席海上丝绸之路（泉州）司法合作国际论坛并在福建调研时指出，要支持海丝中央法务区建设，支持在法务区设立涉外法庭，推动法务区建设的前端和末端衔接贯通。一年来，最高人民法院先后批复在厦门中院、泉州中院分别设立厦门和泉州国际商事法庭，在厦门海事法院设立涉外海事法庭，在泉州中院设立知识产权法庭，厦门仲裁委被最高人民法院纳入"一站式"国际商事纠纷多元化解决机制，大力支持福建加快涉外法治战略布局，有效聚集司法资源，创新完善工作机制，推动优质法律资源聚集发展，打造具有国际影响力、世界知名度的一流法治服务高地。下面，我就人民法院服务保障更高水平海丝中央法务区建设，谈几点意见。

一是以习近平法治思想为指引，深刻认识海丝中央法务区在法治建设中的战略意义。当前，百年变局和世纪疫情交织，经济全球化遭遇逆流，世界进入新的动荡变革期，我国对外开放面临更加严峻复杂的国际形势。福建作为我国东南沿海的大省，是对外开放的前沿，也是促进海峡两岸共同发展的前沿，加强法治建设具有重要战略意义。福建各级法院要深入学习贯彻习近平法治思想，坚持统筹推进国内法治和涉外法治，充分发挥审判职能作用，主动融入海丝中央商务区建设，积极参与福建法治强省建设，努力为实行高水平对外开放，深化两岸融合发展提供有力司法服务和保障。

二是以涉外商事海事审判为抓手，积极推动海丝中央法务区建设国际商事海事纠纷解决优选地。2022年以来，国际商事海事纠纷调解中心在厦门落地，国际商事争端预防与解决组织在厦门设立代表处，今天上午厦门国际商事法庭、厦门海事法院涉外海事法庭以及福建高院海丝中央法务区巡回审判点正式揭牌运行，与厦门仲裁委以及金融、知识产权方面专业化调解机构形成有机结合，初步形成了与海丝中央法务区定位相适应的诉讼、仲裁、调解"三大服务体系"。福建各级法院要进一步深入实施涉外审判精品战略，创新涉外审判和跨境诉讼服务等机制，不断提高涉外审判工作质效，提升我国涉外司法的国际公信力和影响力。同时要积极推动诉讼与仲裁、调解有机衔接、深度融合的"一站式"国际商事纠纷解决机制建设，以专业化、国际化、多元化的纠纷解决服务，推动海丝中央法务区建设国际商事海事纠纷解决优选地。

三是以智慧法院建设为依托，深度融入海丝中央法务区法务科技生态共同体。福建各级法院要加快推进“智审、智执、智服、智管”建设，全面提升智慧法院建设水平，加快推进审判体系和审判能力现代化。要更好运用大数据、区块链、5G等前沿技术加强审判执行工作，不断提高化解矛盾纠纷和诉讼服务能力水平。积极参与海丝中央法务区智慧法务建设，如集外国法律文献库、海事案例库、知识产权库等数字资源为一体的海丝法律资源库建设，集线上法律咨询、线上合同审核、线上智能存证、线上合规体检等一系列惠企便民服务“海丝中央法务区·云平台”建设等，着力营造更优法治环境，推动形成以数据安全、社会治理，以及线上审判、线上纠纷化解、线上法律服务为主线的法务科技生态共同体。

四是以司法交流合作为媒介，大力提升海丝中央法务区的品牌影响力。海丝中央法务区启动以来，已先后举办海丝中央法务区启动大会暨首届论坛、第二届中国—新加坡国际商事争议解决论坛、首届厦门金融司法协同论坛等多项国内国际司法交流活动，品牌影响力和吸引力逐步放大。最高人民法院支持福建法院充分运用好海丝中央法务区这个法治交流合作平台，拓展国际和区际司法交流渠道，加大司法合作的广度和深度，通过举办国际化高端司法论坛、会议等方式，诠释中国法治经验、讲好中国法治故事、凝聚国际法治共识，推动海丝中央法务区成为具有国际影响力的法治交流合作新品牌。

最高人民法院还将继续在制度创新、机制建设、业务指导、资源配置、人才培养等各方面大力支持福建海丝中央法务区建设一流现代化国际化法治服务高地，与各方一道共同推动海丝中央服务区各项建设稳步向前。

新时代需要新作为！我们相信，在习近平法治思想引领下，在福建省委的领导和省政府大力支持下，在社会各界的积极参与下，福建海丝中央法务区一定会为中国特色社会主义法治建设贡献更大力量，使古老的海上丝绸之路焕发出新时代的活力和生机！预祝本次论坛取得圆满成功！

# 在国际司法争端解决网络（JDRN）成立大会上的致辞

（2022年5月18日）

最高人民法院副院长　杨万明

很高兴应新加坡高级法院邀请，以视频形式参加本次国际司法争端解决网络（JDRN）成立大会。受最高人民法院首席大法官周强先生委托，我代表中华人民共和国最高人民法院对大会的成功举办表示热烈的祝贺，对新加坡高级法院和梅达顺首席大法官邀请中方作为国际司法争端解决网络创始核心成员表示衷心的感谢！

诉讼案件激增与司法资源的矛盾，是一个世界性难题。近年来，围绕“公正与效率”主题，世界各国普遍提出建立替代性纠纷解决机制（ADR）、简化诉讼程序等司法改革举措。

中华文明历来崇尚“以和为贵”和“无讼”文化，自古就有调解传统。中华人民共和国成立后，以“马锡五审判方式”“枫桥经验”为代表的民众参与调解制度，被多国专家和学者誉为中国特色“东方经验”。在中国法院争端解决体系中，调解始终是解决当事人争议的重要手段，贯穿诉讼活动全程。近年来，中国法院坚持把非诉讼纠纷解决机制挺在前面，全面建成法院主导下的一站式多元纠纷解决机制，形成中国特色司法争端解决新模式。

一是一站式解纷。中国3500多家法院全部建成一站式信息化集约化诉讼服务中心，可立案、可调解、可裁判、可服务，方便当事人走进一个服务场所，就能解决诉讼的所有问题。诉讼服务中心设立诉讼引导员，开辟公益律师、志愿者法律咨询窗口，配备智能化诉讼结果评估设备，对进入法院的各类纠纷，通过人工辅导、智能服务等方式引导当事人选择最佳的争议解决途径。诉讼服务中心建立专门调解场所，设立婚姻家庭、劳动争议、道路交通、知识产权、金融商事等类型化调解室，增加审判团队，对于当事人愿意调解的，提供“菜单式”调解服务，及时高效、公平友好、不伤和气地解决矛盾纠纷；调解不成的，简单案件由速裁法官快速审理，能调则调，当判则判，一站式解决纠纷。疑难复杂案件交由各专业审判庭审理。2021年，人民法院通过调解、速裁、快审方式在诉讼服务中心实质性化解的案件，达到一审民商事案件的88%，速裁快审案件平均审理周期32天，比一审民商事案件缩短43%，高效化解纠纷，及时定分止争。

二是多元化参与。中国法院依靠社会主义制度优势，加快建设“法院+社会各界”司法争端解决体系，通过多元主体，联动化解纠纷。2020年以来，最高人民法院陆续与其他机构联合发布10多个规范性文件，健全诉讼与非诉讼、调解与裁判实质性对接机制，完善法院特邀调解、立案前委派调解制度，不断拓展社会力量参与司法争端解决渠道，广泛邀请人大代表、政协委员、人民调解、行政调解、工会、商会、行业专家、律师学者、退休法律工作者、基层干部、网格员等参与调解，形成多元可选的司法争端解决资源库，让更多进入法院的纠纷通过社会力量调解得到化解。在国际商事领域，首倡国际商事专家委员会，聘任中外专家学者，邀请境内外调解机构共同参与化解纠纷。2021年，全国法院对接调解组织和调解员数量达6.3万个和26万名，诉前委派调解成功案件610.7万件。目前，入驻各级法院的调解员数量已经超过员额法官数量，成为协同法院多元化解纠纷的重要力量。

三是全流程在线。通过在线方式解决纠纷，是各国多元化纠纷解决机制发展趋势。最高人民法院率先出台《人民法院在线调解规则》，首次以司法解释文件形式，明确在线调解程序规则和实践标准，为互联网时代司法争端解决提供有益制度指引。目前，中国3500多家法院全部应用统一在线调解平台。对进入法院依法可以调解的各类纠纷，法官、调解员、当事人可以通过电脑或者手机登录平台，在线开展调解申请、委派委托调解、音视频调解、申请司法确认、制作调解书等全部或者部分调解活动。2018年2月平台上线以来，到2021年底，人民法院在线调解案件累计超过2400万件，平均调解时长17天，不到一审民商事案件平均审理周期三分之一，平均每个工作日有4.3万件纠纷在平台进行调解，每分钟就有51件成功化解在诉前。特别是面对突如其来的新冠疫情，在线调解优势得到充分释放，远隔千里的当事人足不出户就能全流程在线解决纠纷。在中国疫情形势最为严峻的2020年2月3

日至7月3日，全国法院网上调解129万件，同比增长291%，为各国疫情防控下的司法争端解决提供了中国方案。

四是送上门服务。没有纠纷就没有诉讼。中国法院向前延伸争端解决触角，主动融入基层社会治理，广泛参与无讼乡村（社区）建设，从源头上预防纠纷。充分尊重当事人多层次、多样化纠纷解决需求，在村镇街道等民众需求集中的地方，设立巡回服务点，提供“家门口”纠纷解决服务，就地立案、就地调解、就地审判；在山高路远的偏僻地方，通过马背法官、背篓法官等，进村入户，上门调解纠纷，最大限度消除诉讼不便，让各类当事人共享同质化、均等化、便捷化的纠纷解决服务。

推进多元化司法争端解决机制建设已成为现代司法文明发展进步的一种潮流。作为国际司法争端解决网络（JDRN）核心创始成员，中国法院愿意同世界其他国家加强交流合作，分享有益经验，积极推广国际司法争端解决程序，为推动全球治理体系变革、构建人类命运共同体贡献中国智慧，提供中国方案！

最后，祝本次大会圆满成功！谢谢大家！

# 在清华大学世界法治论坛上的致辞

（2022年12月9日）

最高人民法院副院长　杨万明

清华大学举办本次世界法治论坛，围绕信息化时代的法治建设开展交流研讨，对于完善数字经济法治保障、推动数字经济健康发展、更好实现数字正义，具有重要意义。我们正处于信息化迅猛发展的时代，信息革命深刻而全面地改变着人们的生产生活方式、社会组织方式、国家治理方式、法律规制方式。信息技术在造福人民、助力治理的同时，也带来一系列现实和潜在的法律问题。随着数字经济的迅速发展，互联网新业态、新模式不断涌现，各种新型矛盾纠纷也相伴而生，对人民法院工作提出新的挑战和考验。多年来，人民法院积极拥抱信息化时代浪潮，始终以长远眼光看待信息技术和数字经济发展，妥善处理好自由与秩序、私益与公益、打击与保护的关系，充分发挥司法职能作用，依法保障信息技术和数字经济在法治轨道上健康运行，取得积极成效。

一是充分发挥司法职能作用，护航数字经济健康发展。习近平总书记强调，要不断做强做优做大我国数字经济，规范数字经济发展，完善数字经济治理体系。人民法院积极构建数字时代司法新模式，依法妥善审理线上教育、在线医疗、云上会展等涉及新业态新模式案件，为国家创新体系建设和新兴产业发展提供有力司法保障。依法公正高效审理“大数据权属案”“网络游戏著作权案”等具有规则确立意义的数字经济案件，明确裁判标准，加强规则指引。发布全面加强知识产权司法保护的意见、知识产权保护系列司法解释，强化知识产权司法保护，依法处理涉及互联网核心技术、人工智能及平台经济等纠纷，优化数字时代科技创新法治环境。妥善审理电商平台“二选一”“互联网虚假刷量”等案件，明确规则、划清底线、规范秩序。依法审理涉及网约车、网上购物等“互联网＋”消费纠纷，妥善处理消费者、电商平台、平台内经营者等各方利益关系。与多部门联合发布维护新就业形态劳动者权益指导意见，规范劳动用工，补齐保障短板，完善保障机制。依法支持数字经济、数字贸易相关管理制度创新，积极参与制定完善信息技术安全、数据隐私保护、跨境数据流动等重点领域规则，推动提升数字经济治理能力。

二是筑牢信息安全司法屏障，努力营造风清气正的网络空间。习近平总书记强调，要坚持网络安全为人民、网络安全靠人民，保障个人信息安全，维护公民在网络空间的合法权益。人民法院始终坚持以人民为中心，认真贯彻总体国家安全观，健全惩治网络犯罪刑事司法解释体系，依法打击电信网络诈骗、危害计算机信息系统安全、侵害个人信息、帮助信息网络犯罪活动等刑事犯罪，净化网络空间。认真贯彻民法典关于加强个人信息保护的规定，针对信息化时代个人信息侵权案件多发现状，在民事案由规定中新增个人信息保护纠纷案由。截至2022年10月31日，各级人民法院正式以个人信息保护纠纷案由立案的一审案件627件，审结527件。制定出台“人脸识别”司法解释，全面系统规定人脸信息保护裁判规则，成为世界上第一部人脸信息保护法律性质文件。依法妥善审理胁迫用户同意处理个人信息、“大数据杀熟”、非法买卖他人个人信息等社会公众广泛关注的案件，加强个人信息保护典型案例宣传，形成良好社会导向。

三是大力加强智慧法院建设，推进审判体系和审判能力现代化。习近平总书记深刻指出，没有信息化就没有现代化。人民法院主动适应信息革命浪潮，抢抓网络强国、数字中国建设机遇，大力推进思想观念、司法技术深刻变革，全面深化智慧法院建设，在司法数字化方面走在世界前列。建成并不断完善审判流程、庭审活动、裁判文书、执行信息四大公开平台，把司法全过程置于阳光之下，以公开促公正、以透明保廉洁。建成覆盖全国四级法院的智慧法院系统，相关成果在国家“十三五”科技创新成就展全方位展示，加强智慧法院建设写入国家“十四五”规划。坚持智慧服务，建成一站式诉讼服务体系，充分发挥“在线”“多元”“融合”“集约”优势，重塑解纷格局和服务模式，为人民群众提供跨时空、跨地域在线服务。坚持智慧审判，建成法律知识服务、文书辅助制作、类案自动推送、庭审语音转录等智能辅助办案系统，为法官和群众提供全面、便捷、智能的法律知识检索智推服务。坚持智慧执行，建成网络执行查控、联合信用惩戒、网络司法拍卖等系统，推动执行模式发生根本性变革，成功实现“基本解决执行难”目标并向着“切实解决执行难”目标迈进。坚持智慧管理，运用信息系统实现审判执行工作和法院内部管理的现代化、智能化，全程留痕，全程监督，在全球率先形成人民法院在线诉讼、在线调解、在线运行互联网司法规则体系。今天，最高人民法院将发布《关于规范和加强人工智能司法应用的意见》，这个《意见》的主要目标是加强推进人工智能技术与司法业务深度融合，规范人工智能技术应用。最大亮点是提出了人工智能司法应用“五大原则”，即安全合法、公平公正、辅助审判不得代替法官裁判、透明可信、公序良俗。这是世界上首个规范人工智能司法应用的最高法院文件，必将有力促进数字中国建设。

四是加强院校交流合作，共同推动数字法治研究繁荣发展。习近平总书记强调，要相互交流、取长补短，把法学理论和司法实践更好结合起来。最高人民法院深入贯彻落实习近平总书记考察中国政法大学时的重要讲话精神，不断健全完善挂职学者、法律研修学者和法律实习生制度，加强与国内外法学院校、研究机构的交流合作，共同推进法治人才培养，促进理论实践交融。一些高校成立互联网司法研究院、智慧法院研究院，与人民法院一起，发挥高校理论优势与法院实践优势，深入研究数字司法重大理论和实践问题，推动互联网司法、智慧法院建设和网络空间治理不断实现新发展。同时，最高人民法院广泛开展与世界各国的司法交流，各国最高法院院长普遍对中国智慧法院建设给予高度评价，“智慧法院”“互联网司法”已成为新时代法治中国建设的一张“亮丽名片”，为提升我国司法的国际影响力发挥了重要作用，为数字时代世界法治文明发展贡献了中国智慧。

党的二十大擘画了以中国式现代化全面推进中华民族伟大复兴的宏伟蓝图，对加快建设网络强国、数字中国作出重大部署，对严格公正司法、加快建设公正高效权威的社会主义司法制度提出明确要求。我们将和法学理论界携手，认真学习贯彻党的二十大精神，适应数字时代新形势新任务新要求，努力创造更高水平的社会主义司法文明。

我们将继续坚持创新驱动，以司法数据中台、智慧法院大脑、在线法院建设为牵引，推动科技创新和司法工作深度融合；继续坚持把握司法规律和互联网规律，聚焦新情况、新问题，用好新思维、新工具，最大限度激活司法效能、促进数字经济发展；继续坚持抓好数据安全和个人信息保护，构建开放、健康、安全的司法数字生态，积极塑造数字时代智慧法院发展的新优势；继续坚持加强顶层设计，进一步完善互联网裁判规则，不断提升促进网络空间治理法治化的能力和水平。

恳请法学理论界各位专家学者、各有关部门、有关方面继续关心支持人民法院工作，让我们携手开创法学理论研究和司法实践发展的新局面，为建设更高水平的数字中国、法治中国作出新的更大贡献。预祝本次论坛取得圆满成功！

# 在诉讼法学高端论坛（2022）暨中国式司法现代化与诉讼法制发展研讨会上的致辞

（2022 年 12 月 10 日）

最高人民法院副院长　杨万明

非常荣幸受邀参加中国政法大学诉讼法学研究院、人民法院司法改革研究基地（中国政法大学）、中国政法大学检察基础理论研究基地联合举办的诉讼法学高端论坛（2022）暨中国式现代化与诉讼法制发展研讨会。我谨代表最高人民法院，对研讨会的召开表示热烈祝贺，并对长期关心、支持人民法院工作的专家学者表示衷心的感谢。

法治是中国式现代化建设的重要目标，也是实现中国式现代化的重要保障。党的二十大报告对“坚持全面依法治国，推进法治中国建设”作出专题论述、专门部署，提出必须更好发挥法治固根本、稳预期、利长远的保障作用，在法治轨道上全面建设社会主义现代化国家，加快建设公正高效权威的社会主义司法制度，努力让人民群众在每一个司法案件中感受到公平正义。本次论坛以“中国式司法现代化与诉讼法制发展”为议题开展学术讨论，对于学习贯彻党的二十大精神，深入践行习近平法治思想，推动诉讼法学研究和理论创新，促进深化司法改革和严格公正司法，都有十分重要的意义。

借此机会，我就当前人民法院诉讼制度相关的几项改革进展向各位领导、专家同仁作一简要介绍。

## 一、开展四级法院审级职能定位改革

“完善审级制度”是党的十八届四中全会确定的重要改革举措。2021 年 8

月，全国人大常委会第三十次会议作出决定，授权最高人民法院组织开展四级法院审级职能定位改革试点工作。在坚持“四级两审制”制度基础上，针对四级法院案件数量结构分布不够合理、审判资源分配不够科学、审级监督作用发挥不够充分等突出问题，从三个方面进行优化完善四级法院审级职能：一是在试点地区调整民事、行政诉讼级别管辖，推动将审理难度不大、受地方干预少、适宜就地化解的案件，交由基层人民法院，实现审判重心进一步下沉。二是改革民事、行政再审申请程序和标准，调整再审申请一律“上提一级”的规定，再审纠错职能主要由高级人民法院承担，最高人民法院通过审查纠正法律适用错误，重点发挥统一全国法律适用、监督指导全国法院审判工作职能。三是配套完善案件提级管辖机制，推动具有普遍法律适用指导意义或者关乎重大国家利益、社会公共利益的案件，以及可能存在“诉讼主客场”现象的案件，主要由较高层级法院审理，实现审判资源、案件结构与四级法院职能定位科学匹配。经过一年多的探索，取得明显成效：审判重心合理下沉，案件结构和分布趋于合理，推动矛盾纠纷在基层实现公正高效实质性化解；提级管辖机制有效激活，高级、中级人民法院审理重大典型一审案件职能作用更加凸显，实现案件有上有下、良性运转；再审程序运行机制持续完善，实现依法纠错与维护生效裁判权威相统一；最高审判机关定位更加明确，通过建立再审提审工作机制，最高人民法院加大重大典型案件办理力度，健全统一法律适用机制，更好履行宪法法律赋予的审判监督指导职责。试点实践证明，优化四级法院审级职能定位改革是符合当前审判工作实际、符合司法规律的，有必要将试点成果上升为立法。最高人民法院已向全国人大常委会提出修改民事诉讼法、行政诉讼法的建议，同时对于社会各界普遍关注、司法实践反映集中的其他问题，本着“较为成熟、争议不大、确有必要”的原则一并予以完善。比如，法官助理、司法技术人员纳入回避范围；上诉状既可以向原审法院提交，也可以向上一级法院提交等。

## 二、为人民群众提供一站式多元解纷服务

司法现代化与诉讼法制发展，必须置于中国式现代化的总体布局下统筹谋划，必须在国家治理体系和治理能力现代化过程中同步推进。进入新时代，我国社会主要矛盾发生变化，人民法院受理的案件越来越多。各类案件是社

会矛盾纠纷的具体表现，化解以案件形式呈现的社会矛盾纠纷，人民法院责无旁贷。但是，起诉到法院的案件很多都不属于必须通过诉讼解决的矛盾纠纷，有些通过审判反而更不利于矛盾纠纷解决。因此，近年来人民法院积极参与党委领导、政府负责、社会协同、公众参与、法治保障的社会治理，按照习近平总书记提出的坚持把非诉讼纠纷解决机制挺在前面，大力推进诉讼服务体系和多元解纷机制建设，不仅定分止争，还为群众化解纠纷提供多种解决方案，包括调解、仲裁、审判，提供菜单式、集约式、一站式服务，方便快捷、诉非对接、线上线下联动。经过三年多不懈努力，集约集成、在线融合、普惠均等的中国特色一站式多元纠纷解决和诉讼服务体系全面建成。“菜单式”服务提供多样化选择，让群众解纷变得及时便捷。与全国总工会、中国侨联、全国工商联、银保监会、中小企业协会等 11 家单位建立“总对总”在线调解机制，6.3 万个调解组织和 26 万名调解员进驻调解平台，丰富了群众选择适合渠道解决纠纷的“菜单库”。以人民法院在线服务平台为总入口，集成在线调解、电子送达、委托鉴定等 10 个平台，实现在线服务四级法院全覆盖，2021 年全国法院在线调解纠纷突破 1000 万件，平均每分钟 51 件成功化解在诉前，诉前调解案件平均办理时长 17 天，比诉讼时间少 39 天。全国法院诉讼服务中心全部设立速裁工作室，速裁快审案件 871.5 万件，平均审理周期 32 天，较一审民商事案件缩短 43%。人民法院出台在线诉讼、在线调解、在线运行“三大规则”，构建更加成熟定型的互联网司法机制，走出了一条新时代中国特色司法为民之路。希望诉讼法学界关注中国司法和社会治理创新的最新实践，从理论层面深入总结研究，推动修改完善诉讼法律，将调解前置诉讼之前并有机衔接、有序运行，形成中国式司法现代化法律制度。

## 三、深化以审判为中心的诉讼制度改革

推进以审判为中心的诉讼制度改革，是党的十八届四中全会作出的重大决策，体现了党中央对司法性质和规律的科学认识和准确把握。在党中央的集中统一领导下，在政法各部门的共同努力下，几年来，以审判为中心的诉讼制度改革取得了一系列重大进展：一是疑罪从无、证据裁判、程序公正、保障人权等司法理念深入人心，符合中国国情、具有中国特色的公检法三机

关分工负责、互相配合、互相制约的诉讼机制更加完善；二是落实非法证据排除的配套制度更加健全，证据规格标准日趋统一，证据收集固定审查判断规则进一步完善；三是全面试行“三项规程”，以提高证人鉴定人出庭率、律师辩护率和当庭宣判率为重点，有力推进庭审实质化改革；四是刑事案件律师辩护、法律帮助全覆盖改革试点深入推进，进一步健全人权保障机制，有效防范和依法纠正冤错案件；五是健全认罪认罚从宽制度、完善速裁程序机制，推进刑事案件繁简分流，促进司法资源配置更加优化。

党中央印发的《法治中国建设规划（2020－2025年）》提出要“深化以审判为中心的刑事诉讼制度改革”。深化以审判为中心的刑事诉讼制度改革，需要实务界和理论界共同持续关注，继续深入推进。在此，我想强调的是，司法现代化突出要求强化人权保障，实现司法公正，刑事诉讼以审判为中心是人权保障和司法公正的基础。人人完全平等地有权由一个独立而无偏倚的法庭进行公正的和公开的审判，以确定其权利和义务并判定对他的任何刑事指控，是一项基本人权。未经人民法院依法判决，对任何人都不得确定有罪，这是我国刑事诉讼法的基本原则。因此，以审判为中心在刑事诉讼制度体系中具有基础地位，保证庭审在查明事实、认定证据、保护诉权、公正裁判中发挥决定性作用，是以审判为中心的核心要义。建设公正高效权威的社会主义司法制度，公正是第一位的，是底线，公正是高效的前提，也是权威的基础。近年来，适应刑事犯罪结构性变化，为提高诉讼效率，针对大量轻罪案件建立了刑事速裁程序，实行认罪认罚从宽制度，庭审方式不可避免地有所简化，但根据法律规定，此类案件的证明标准没有变，审判的把关决定作用没有变。因此，对控辩双方已经达成合意的量刑建议，审判机关仍然有审查的权利和责任，明显不当的也要依法调整。认罪认罚并没有否定以审判中心、以庭审为中心，恰恰相反，正是由于有正当的审判程序作为公正和人权的保障，才能有效保证认罪认罚从宽的自愿性和控辩协商意见的合法性。另一方面，在大力推动认罪认罚从宽制度实施的同时，应当更加关注不认罪案件以审判为中心、以庭审为中心的落实，把被告人不认罪的案件下功夫办好，实现“简案快审”的同时，真正做到“繁案精审”。目前，在推进以审判为中心改革上，公检法三机关联动效应尚未发挥出来，对有些问题还没有形成广泛共识，客观上影响了这项改革推进的力度和效果。

司法改革仍然在路上。请大家一如既往关心、支持人民法院工作，为人民法院司法现代化和诉讼制度的进一步改革发展，特别是以审判为中心刑事诉讼制度改革的持续深化，提供理论指导和智力支持，共同推进中国式司法现代化。谢谢大家！

# 在金砖国家大法官论坛上的专题发言

（2022年9月21日）

最高人民法院副院长　杨临萍

信息技术的快速发展已经成为社会生产力提高和经济增长的重要因素，推动着生产方式、生活方式和治理方式的深刻变革。中国国家主席习近平强调“要推动大数据、人工智能等科技创新成果同司法工作深度融合”。中国法院坚持以习近平新时代中国特色社会主义思想为指导，深入贯彻习近平法治思想和习近平总书记关于网络强国的重要思想，坚持服务大局、司法为民、公正司法，推动法院工作与现代科技深度融合，建成支持全国四级法院“全业务网上办理、全流程依法公开、全方位智能服务”的智慧法院信息系统，重塑人民法院工作模式，推进审判体系和审判能力现代化。

一是构建一站式多元纠纷解决和诉讼服务体系，让司法服务触手可及。践行以人民为中心的发展思想，在诉前，坚持把非诉讼纠纷解决机制挺在前面，推进矛盾纠纷多元化解。建成人民法院调解平台，截至目前，四级法院以及8.8万个调解组织、35万名调解员入驻平台，为当事人在线解纷，让大量矛盾纠纷预防在源头，解决在诉前。在诉中，做到在线诉讼服务全天候。研发上线覆盖四级法院的人民法院在线服务平台，提供立案、开庭、送达等全流程在线服务，老百姓办理诉讼事务可以全天候“掌上办”，当事人参与诉讼从平均往返法院近六次减少到只需一次至二次，甚至一次也不用跑。在线诉讼保障中国实现疫情期间“审判执行不停摆、公平正义不止步”。

二是推进审判工作全流程智能化，让公平正义更好更快实现。大数据、人工智能、区块链等技术广泛用于审判工作，助力寻找事实、寻找法律。推行基于电子卷宗的网上办案，法官基于电子卷宗开展阅卷、合议等工作，审理过程全流程留痕。以往平均耗时15天的上诉案件卷宗移送工作，现在仅需几分钟即可完成。研发各类智能化辅助系统，通过案件繁简自动分流、类案精准推送、文书智能辅助生成、庭审语音自动转录等智能辅助，减轻法官事务性工作30%以上，庭审效率提升20%以上。推进跨部门信息共享和业务协同，实现与政法机关办理刑事、减刑假释等案件网上协同化，实现与交通管理部门、保险公司、鉴定机构等办理道路交通事故纠纷网上一体化，提高工作效率，强化相互监督，保障司法公正。

三是构建现代化执行工作体系，让胜诉权益兑现驶入信息高速路。在司法裁判的执行阶段，大数据等技术的广泛应用给执行工作带来历史性变革。建成网络查控系统，与公安部等16家单位和3900多家银行联网，在线查控被执行人的不动产、存款、股票等财产，有效破解查人找物难题。建成联合信用惩戒体系，通过网络公开失信被执行人信息，与国家发改委等60家单位开展联合惩戒，让失信被执行人“一处失信，处处受限”，促进社会诚信体系建设。全面推行零佣金网上司法拍卖，成交率、溢价率成倍增长，有效破解财产变现难题。截至2022年8月，网上司法拍卖成交额超过2万亿元，为当事人节省佣金达638亿余元，让老百姓得到实实在在的获得感。

四是构建互联网司法新模式，推进网络空间法治化。互联网应用对司法提出全新的机遇和挑战，中国法院随“网”而动。设立互联网法院，先后设立杭州、北京、广州互联网法院，审理一大批有规则意义的互联网案件，为解决数字时代新型纠纷提供了示范。建立规则体系，制定人脸识别等一系列司法解释，在全球率先出台人民法院在线诉讼、在线调解、在线运行“三大规则”，发布《关于加强区块链司法应用的意见》，为信息时代的诉讼制度机制变革贡献中国智慧。2021年底修改的民事诉讼法，广泛吸收人民法院在线司法有关成果经验，明确了在线诉讼的法律效力。严惩网络犯罪，深入贯彻实施网络安全法、数据安全法等法律，严惩侵犯公民个人信息等各类网络犯罪，强化网络安全、数据安全、个人信息保护，营造清朗网络空间。

五是深化司法大数据分析利用，助力司法管理和社会治理精准化。中国最高人民法院常态化、自动化汇聚四级法院2.8亿件案件信息。运用这些数据，实现：司法数据依法公开，审判流程、庭审活动、裁判文书、执行信息依法公开，一个个鲜活的案例成为全民共享的法治公开课，汇聚向上向善力量，弘扬社会主义核心价值观；审判态势实时分析，每年自动生成各级法院各类统计报表750余万张，中国法院全面告别司法统计人工时代，实时开展不同地区、不同层级审判态势分析和业务研判预警，为司法资源调配和司法改革提供翔实依据；司法大数据专题分析，建立面向社会治理的司法指数体系，分析经济社会运行矛盾纠纷及其发展趋势，已累计形成1200余份专题报告，有力服务社会治理和国家法治。

中国智慧法院建设取得了显著成效，未来可期。下一步，中国法院将全面深化智慧法院建设，着力建设以知识为中心、智慧法院大脑为内核、司法数据中台为驱动的人民法院信息化4.0版，努力创造更高水平的数字正义，推进审判体系和审判能力在信息时代的跨越发展。我们愿意同与会各方开展交流合作，为信息时代的世界法治文明作出新的更大贡献！

谢谢大家！

# 在首次清华互联网司法论坛上的开幕致辞

（2022 年 3 月 23 日）

最高人民法院副院长 贺小荣

2022 年 1 月，清华大学互联网司法研究院正式成立。今天又以“网络智能服务算法：公平性、责任性与透明性”为主题，首次举办清华互联网司法论坛，这是促进法治思维与科技理念交融碰撞、信息技术与司法工作深度融合、数字法治前沿理论和互联网司法热点难点问题深入研究的重大举措。

党的十八大以来，党中央高度重视发展数字经济，实施网络强国战略和国家大数据战略。2021 年，我国数字经济规模位居世界第二，达 42.4 万亿元，同比增长 8.2%，增速高居世界第一。习近平总书记在中央政治局第三十四次集体学习时指出，要规范数字经济发展，坚持促进发展和监管规范两手抓、两手都要硬。近年来，互联网信息服务算法在加速互联网信息传播、繁荣数字经济、促进社会发展等方面发挥着重要作用。算法应用日益普及深化，给经济社会发展注入新动能的同时，也产生了算法歧视、“大数据杀熟”、诱导沉迷、影响网络舆论等不合理应用行为，深刻影响正常传播秩序、市场秩序和社会秩序，给维护意识形态安全、社会公平公正和用户合法权益带来挑战，迫切需要加强规范，提升防范化解算法安全风险的能力，促进相关行业健康有序发展。

党中央印发的《法治社会建设实施纲要（2020—2025 年）》提出，要制定完善对算法推荐、深度伪造等新技术应用的规范管理办法。网络安全法、数据安全法、个人信息保护法及《互联网信息服务算法推荐管理规定》等法律法规、政策文件先后出台，进一步明确算法提供者主体责任，加强用户权益保护，强化算法安全管理。主要体现在三方面：一是坚持算法公平、公正，突出公平性。提供算法推荐服务，应当坚持公正公平原则，利用个人信息进行自动化决策，应当保证结果公平、公正。例如，不得根据消费者偏好、交易习惯等利用算法在交易价格等交易条件上实施不合理差别待遇；不得利用算法对其他互联网信息服务提供者进行不合理限制，实施垄断和不正当竞争行为；防止以“最严算法”考核新业态劳动者，保护他们取得劳动报酬、休息休假的合法权益。二是坚持算法公开透明，强调透明性。保障用户知情权，算法提供者应当向用户告知提供算法推荐服务的情况，公示服务的基本原理、目的意图和主要运行机制等。保障用户选择权，向用户进行信息推送、商业营销时，应当同时提供不针对其个人特征的选项，或者提供便捷的拒绝方式。通过算法作出对个人权益有重大影响的决定时，用户有权要求算法提供者作出解释说明等。三是坚持算法向上向善，彰显责任性。提供算法推荐服务，应当尊重社会公德伦理，遵守商业道德和职业道德，坚持主流价值导向，优化算法推荐服务机制，促进算法应用向上向善。例如，不得利用算法推荐服务诱导未成年人沉迷网络，应当便利老年人安全使用算法推荐服务，不得将违法和不良信息关键词记入用户兴趣点或者作为用户标签并据以推送信息，不得利用算法实施影响网络舆论或者规避监督管理行为等。

周强院长在清华大学互联网司法研究院揭牌活动座谈会上指出，要强化数字法治理论研究，创造更高水平的数字正义。人民法院将坚持发展和规范并重，立足司法审判职能，促进算法推荐服务规范健康持续发展，重点处理好以下三方面关系。

第一，推动算法创新与注重风险防控的关系。既要加强知识产权保护，保障企业算法研发积极性，提升平台算法创新能力，支持算法与社会、经济各领域深度融合，增强我国算法核心竞争力；又要依法打击利用算法干扰社会舆论、打压竞争对手、侵害网民权益等违法违规行为，利用司法手段规制算法滥用，维护网络空间传播秩序、市场秩序和社会秩序。

第二，企业主体责任与用户权益保障的关系。一方面，要推动企业依法依规建立算法安全责任制度和科技伦理审查制度，健全算法安全管理组织机构，加强风险防控和隐患排查治理；更加注重算法应用合理性，对算法应用产生结果负主体责任。另一方面，要加强算法推荐服务用户权益司法保护，保障用户知情权、决定权和选择权，坚决维护算法安全，切实保护个人信息权益。

第三，司法保障引领和算法治理合力的关系。算法治理是一个系统工程。

一方面，要深入研究算法司法治理重点难点问题，充分发挥司法保障引领作用，围绕网络安全、算法规制、数据权属、个人信息保护等问题，厘清权利义务关系，促进算法推荐服务健康有序持续发展；另一方面，进一步明确政府、企业、行业组织和网民在算法治理中的权利、义务和责任，打造形成政府监管、企业履责、行业自律、社会监督的算法安全多元共治局面，营造风清气正的网络空间。

同志们，面对数字经济时代背景下的新形势新任务，希望利用好清华互联网司法论坛这一平台，进一步深化交流合作，推进跨界融合，加强对互联网信息服务算法关键技术问题和前沿法律规则的探索研究，深入推进互联网信息服务算法综合治理，推动新时代互联网司法高质量发展。

最后，预祝此次论坛取得圆满成功。谢谢大家！

# 在互联网司法与数字治理现代化论坛上的致辞

（2022 年 8 月 18 日）

最高人民法院副院长　沈　亮

各位嘉宾、各位专家、朋友们：

大家上午好！

今天是杭州互联网法院成立五周年纪念日，是一个值得庆贺的日子。设立互联网法院，是以习近平同志为核心的党中央着眼实施网络强国战略、推动数字治理现代化所作的重大改革部署。五年来，最高人民法院高度重视互联网法院发展，周强院长多次就深化互联网法院建设作出重要指示。今天大家汇集一堂，共同探讨“互联网司法与数字治理现代化”这一重大课题，恰逢其时，意义重大。在此，我代表最高人民法院向本次论坛的召开表示热烈的祝贺！向各位与会嘉宾长期以来对人民法院工作的关心支持表示衷心的感谢！

近年来，互联网、大数据、云计算、人工智能、区块链等技术加速创新，给人类生产生活乃至经济社会各个领域都带来了前所未有的深刻变化。习近平总书记指出，要前瞻研判科技发展带来的规则冲突、社会风险、伦理挑战，完善相关法律法规、伦理审查规则及监管框架。人民法院坚持以习近平新时代中国特色社会主义思想为指导，深入学习贯彻习近平法治思想，紧跟时代发展、遵循法治规律、强化制度创新，着力构建中国特色、世界领先的互联网司法新模式，不断提升数字治理现代化水平。近年来，先后成立杭州、北京、广州三家互联网法院，围绕网上办案机制、在线诉讼制度、网络治理规则等方面开展探索创新，开辟了互联网司法发展的全新路径；深化大数据、云计算、区块链、人工智能等技术应用，建成全业务网上办理、全流程依法公开、全方位智能服务的智慧法院；出台在线诉讼、在线调解、在线运行

“三大规则”，发布区块链司法应用意见，在世界范围内首次构建全方位、系统化的互联网司法规则体系；制定规范人脸识别应用、网络消费、信息网络侵权、电信网络诈骗等相关司法解释，审理“大数据产品权属案”“短视频App侵害儿童个人信息案”等一批具有广泛社会影响和规则示范意义的新型互联网纠纷，不断完善互联网空间治理规则，为数字经济健康发展提供了有力保障。浙江法院是中国互联网司法的先行者，这里不仅诞生了全球首家互联网法院，也是“中国移动微法院”在线诉讼平台和在线诉讼机制的发祥地，近年又率先提出“全域数字法院”的构想并深入实践，实现了从技术变革到模式变革、制度变革的三级跃升，为互联网司法的发展建设提供了“浙江样本”。

当前，信息技术的飞速发展为司法审判工作带来了全新的机遇与挑战，司法模式也在向数字化、网络化、智能化转型升级；互联网在深刻改变社会生活、推动经济发展的同时，随之而来各种问题不容忽视，依法治网的形势任务更加严峻。近年来，利用信息技术实施的各类网络犯罪不断花样翻新；网络侵权行为持续易发多发；数据霸权、算法霸权问题日渐显现；公民个人信息保护问题日益突出；互联网领域反垄断和反不正当竞争任务艰巨；新兴经济形态和商业模式规则边界不清，触碰法律“红线”现象时有发生，需要不断加强互联网法治建设，完善制度规则，深化交流合作，实现网络空间治理法治化。这里，我提三点建议。

第一，坚持规范引领，健全完善数字治理规则体系。互联网司法的核心价值在于推动规则治理和制度构建，创造更高水平的数字正义。人民法院将通过审理涉及数据权属交易、网络安全、算法侵权、平台治理、个人信息保护、网络不正当竞争和垄断等新类型、专业性强的互联网案件，确立数据权利类型和交易规则，划定新型网络平台责任范围，探索算法规制路径，健全互联网垄断及不正当竞争认定标准，完善个人信息保护规则，明确新型客体知识产权保护方式，不断优化网络空间市场环境，维护群众合法权益，防范化解网络风险，推动数字经济高质量发展。希望大家以本次论坛为契机，结合各自领域，分享经验和成果，共话网络发展，推动数字治理再上新台阶。

第二，坚持改革创新，推进前沿科技与司法深度融合。当前，最高人民法院已制定信息化建设五年规划，将以司法数据中台、智慧法院大脑、在线法院建设为牵引，巩固提升智慧法院建设成果。在此进程中，有许多问题需要科研院校、科技企业一起攻关、一起研究，比如，推进司法数据中台和智慧法院大脑攻关，推动人工智能技术在司法领域应用取得实质性突破；拓展区块链等新兴技术应用场景；整合优化诉讼服务、执行信息等平台系统，提升用户体验；提高数据主动推荐服务和深度挖掘应用能力；健全技术应用规则，提炼技术伦理，划定技术边界，推动技术向善；等等。希望各位嘉宾深度参与司法科技创新，提供宝贵专业意见，共同推动司法模式和法院形态深层次变革。

第三，坚持共享共治，营造良好数字生态。加强网络空间治理，需要汇聚行政部门、司法机关、高等院校、科研院所、技术企业等产、学、研、用各方力量，围绕规则制定、数据共享、技术开发、人才培养等方面，全面深化交流合作，广泛凝聚共识，共同探索数字治理新思路、新模式，不断优化网络生态，让数字成果更多更好惠及社会公众。同时，数字治理具有高度全球化的特征，也建议大家深入开展国际交流，借鉴吸收世界各国数字治理先进成果，积极对外传播我国数字法治建设成果，推动全球数字治理体系更加公正合理。

各位嘉宾，让我们携手同行，全面深化互联网司法建设，全力推进数字治理现代化，共同为建设充满活力、规范有序的数字时代作出新的更大贡献！

最后，预祝本次论坛圆满成功！

谢谢大家！

# 全国高级法院院长会议摘要

## ➢ 周强：推动新时代人民法院工作高质量发展　以实际行动迎接党的二十大胜利召开

1月16日下午，全国高级法院院长会议以电视电话会议形式召开，最高人民法院党组书记、院长周强出席会议并讲话。周强强调，要坚持以习近平新时代中国特色社会主义思想为指导，深入贯彻习近平法治思想，认真贯彻落实习近平总书记关于政法工作重要指示精神，贯彻落实中央政法工作会议部署，坚持稳中求进、巩固提升，坚持服务大局、司法为民、公正司法，奋力推进新时代人民法院工作高质量发展，努力建设更高水平的平安中国、法治中国，以实际行动迎接党的二十大胜利召开。

会议指出，1月6日，习近平总书记主持召开中央政治局常委会会议，听取最高人民法院党组工作汇报并发表重要讲话，对做好今年法院工作作出重要指示。日前，习近平总书记对政法工作作出重要指示，明确指出当前和今后一个时期政法工作目标任务。习近平总书记的重要讲话和重要指示高屋建瓴、思想深刻、催人奋进，为做好新时代政法工作和法院工作提供了根本遵循。中共中央政治局委员、中央书记处书记、中央政法委书记郭声琨在中央政法工作会议发表重要讲话，全面总结党的十九大以来政法工作成绩和2021年政法工作成效，提出今年政法工作总体思路、任务部署、重点工作。各级法院要切实把思想和行动统一到习近平总书记重要讲话、重要指示和党中央决策部署上来，认真贯彻落实中央政法工作会议精神，不断推进新时代人民法院工作高质量发展，努力让人民群众在每一个司法案件中感受到公平正义。

会议指出，2021年，是党和国家历史上具有里程碑意义的一年。在以习近平同志为核心的党中央坚强领导下，在中央政法委领导下，全国法院和广大干警忠诚履职、攻坚克难、砥砺奋进，圆满完成党和人民赋予的职责任务。一年来，各级法院切实加强政治建设，推动理论武装深入人心，坚定维护国家安全和社会稳定，精准高效服务高质量发展，务实有效推进司法为民，人民法庭实现跨越发展，司法改革向纵深推进，党史学习教育和队伍教育整顿扎实有力开展，人民法院工作在新时代新征程上迈出坚实步伐。

会议指出，2022年是进入全面建设社会主义现代化国家、向第二个百年奋斗目标进军新征程的重要一年，要坚持稳中求进、巩固提升，全力以赴做好2022年人民法院工作。各级法院要以习近平新时代中国特色社会主义思想为指导，深入贯彻习近平法治思想，全面贯彻党的十九大和十九届历次全会精神，认真贯彻中央经济工作会议、中央政法工作会议精神，增强“四个意识”、坚定“四个自信”、做到“两个维护”，弘扬伟大建党精神，不断提高政治判断力、政治领悟力、政治执行力，深入学习领会“两个确立”的决定性意义，不忘初心、牢记使命，牢牢坚持党对司法工作的绝对领导。要紧紧围绕“努力让人民群众在每一个司法案件中感受到公平正义”目标，坚持稳中求进工作总基调，坚持服务大局、司法为民、公正司法，深化司法体制改革和智慧法院建设，奋力推进新时代人民法院工作高质量发展，努力建设更高水平的平安中国、法治中国，以实际行动迎接党的二十大胜利召开。

会议强调，要深入学习贯彻党的十九届六中全会精神，不断从党的百年奋斗重大成就和历史经验中汲取智慧和力量。要深入学习领会“两个确立”的决定性意义，坚决做到“两个维护”，坚持不懈用习近平新时代中国特色社会主义思想武装头脑、指导实践、推动工作。要真学真信笃行习近平法治思想，加强研究阐释，抓好全员培训，做到学思悟贯通、知信行统一。要深入践行以人民为中心的发展思想，始终把实现好、维护好、发展好最广大人民根本利益作为出发点和落脚点，发扬人民司法优良传统，在人民司法过程中贯彻落实全过程人民民主，切实维护人民群众合法权益。

会议要求，要充分发挥司法职能作用，更好服务党和国家工作大局。要坚决维护国家安全和社会稳定，贯彻总体国家安全观，常态化开展扫黑除恶斗争，保持严惩腐败犯罪高压态势，坚持对受贿行贿一起查，加大对行贿犯罪惩治力度。要严惩涉税违法犯罪，树立依法纳税正确导向。要营造市场化法治化国际化营商环境，健全产权司法保护制度，强化市场主体法治意识和契约精神，加强反垄断和反不正当竞争司法。要服务统筹推进疫情防控和经济社会发展，深入贯彻《最高人民法院关于充分发挥司法职能作用助力中小微企业发展的指导意见》，帮助中小微企业减负纾困、恢复发展，继续服务做好“六稳”“六保”工作。要服务加快构建新发展格局，加大破产重整案件审理力度，助力防范化解金融风险，因地制宜服务区域重大战略实施。要服务创新驱动发展，加大“卡脖子”关键核心技术司法保护力度，健全大数据、人工智能、基因技术等新领域新业态知识产权司法保护规则，持续优化科技创新法治环境。要服务数字经济健康发展，妥善审理涉数据交易、数据市场不正当竞争等案件，完善数据产权、数据隐私等司法保护机制，推动平台经济规范健康发展。要促进人与自然和谐共生，坚持用最严格制度最严密法治保护生态环境，筑牢生态安全司法屏障。要加强涉民生司法，依法妥善审理教育、医疗等民生领域案件，加强老年人权益司法保障和未成年人司法保护，完善司法救助机制。要统筹推进国内法治和涉外法治，加快涉外法治人才培养储备，深化国际司法交流合作，服务扩大高水平对外开放。

会议强调，要巩固提升审判执行质效和司法公信力，不断增强人民群众对司法公正的获得感。要树牢正确司法理念，确保案件审理政治效果、法律效果和社会效果有机统一。要着力破解影响司法公正的深层次问题，切实巩固整治年底不立案和整治裁量权行使不规范、违法“超审限”，以及整治违规违法办理“减假暂”案件等工作成果。要提升裁判文书质量，坚持以公开促公正树公信。要强化司法监督制约，健全完善权责清晰、权责统一、监督有效、保障有力的司法责任体系，加快构建系统完备、规范高效的司法制约监督体系，确保司法公正廉洁、高效权威。要巩固拓展解决执行难成果，加快推进执行难综合治理源头治理，常态化开展执行领域突出问题集中整治，加强执行信息化建设和规范化建设。

会议要求，要巩固提升人民法庭建设成果，不断夯实基层基础。要着力推动人民法庭建设取得新提升，坚持问题导向，尊重基层创新，完善制度机制，不断提升基层司法能力水平。要着力实现服务“三农”工作新成效，服务巩固拓展脱贫攻坚成果同乡村振兴有效衔接，依法保障农民及农民工合法权益。要着力拓展服务基层社会治理新途径，坚持和发展新时代“枫桥经验”，积极融入党委领导的基层治理体系，坚持线上线下相结合，为基层群众提供优质司法服务。

会议强调，要巩固提升司法改革成果，更好实现系统集成协同高效。要坚定不移走中国特色社会主义法治道路，坚持司法改革正确导向，统筹抓好司法责任制改革、以审判为中心的诉讼制度改革等重点改革和关键环节，坚持以改革的思维和方式破难题、解新题、补短板、强弱项。要切实巩固一站式多元纠纷解决和诉讼服务体系建设成果，坚持开放融合，延伸服务领域。要正确贯彻实施修改后的民事诉讼法，协同推进制度进步、程序保障、效能提升，绝不能以减损司法公正和群众权利换取审判提速。要深入推进四级法院审级职能定位改革试点，正确把握改革目标与价值导向，推动司法资源优化合理配置。

会议要求，要巩固提升智慧法院建设成果，创造更高水平的数字正义。要深化在线诉讼模式和规则创新，严格落实人民法院在线诉讼规则、在线调解规则和在线运行规则，深化互联网法院建设。要拓展信息技术在司法领域的应用场景，推进5G、区块链、人工智能等新兴技术应用，加强顶层设计和技术攻关。要积极参与推动数字治理，发掘海量司法大数据优势，加强相关领域重点案件深度研判，为经济社会发展趋势分析、矛盾纠纷化解、经济风险预警等提供决策参考。

会议强调，要巩固提升党史学习教育和队伍教育整顿成果，锻造绝对忠诚、绝对纯洁、绝对可靠的法院铁军。要坚决筑牢政治忠诚，始终把党的政治建设摆在首位，推进“两个坚持”专题教育常态化，组织开展“深刻领悟‘两个确立’决定性意义，坚决做到‘两个维护’”主题教育，始终做到维护核心、绝对忠诚、听党指挥、勇于担当。要建立党史学习教育常态化、长效化制度机制，健全政治轮训制度，始终把习近平法治思想作为教育培训的核心课程、必训内容，深化政治教育、警示教育、英模教育。要提升队伍素质能力，抓好领导班子自身建设，健全高素质专业化人才培养机制。要把严的主基调长期坚持下去，压实全面从严管党治警主体责任，坚持刀刃向内、刮骨疗毒，严格执行防止干预司法“三个规定”等铁规禁令，以零容忍态度严惩司法腐败，确保公正廉洁司法。

最高人民法院党组副书记、常务副院长贺荣主持会议。最高人民法院党组成员、政治部主任马世忠宣读《最高人民法院关于表彰全国法院先进集体和先进个人的决定》，党组成员、副院长沈亮宣读《最高人民法院关于首届“人民法院改革创新奖”评选结果的通报》。最高人民法院院领导姜伟、陶凯元、高憬宏、杨万明、穆红玉、杨临萍、贺小荣、刘贵祥出席会议。各高级人民法院、解放军军事法院、新疆维吾尔自治区高级人民法院生产建设兵团分院领导班子成员，以及全国人大代表石玉东、王丽、米忠义、郭乃硕、邵志豪、齐嵩宇、高桂英、田立坤、李亚兰、柴闪闪、樊芸、朱建弟、车捷、兰平勇、洪波、翁国星、黄茂兴、满慎刚、孙伟、赵冬苓、马少斌、胡胜云、王填、唐岳、邓泽永、何光亮、王砚蒙、刀晓勤、泽仁永宗、米玛国吉、马福昌、贾尔恒·阿哈提、徐涛，全国政协委员魏青松在各视频分会场出席会议。中央有关单位、最高人民法院有关部门负责同志参加会议。

（来源：《人民法院报》2022 年 1 月 18 日）

## ➢ 周强：加强新时代人民法院文化建设　推进人民法院工作高质量发展

7 月 9 日，全国高级法院院长座谈会暨全国法院文化建设工作会议在最高人民法院召开，最高人民法院党组书记、院长周强出席会议并讲话。周强强调，要坚持以习近平新时代中国特色社会主义思想为指导，深入学习贯彻习近平法治思想和习近平总书记关于社会主义文化建设的重要论述，加强法院文化建设，大力弘扬以忠诚为民、崇法尚德、公正廉洁、刚正不阿、改革创新为主要内容的新时代人民法院文化，为推动人民法院工作高质量发展、服务全面建设社会主义现代化国家提供坚强思想保证和强大精神动力，为实现第二个百年奋斗目标、实现中华民族伟大复兴的中国梦提供更加有力的司法服务，以实际行动迎接党的二十大胜利召开。

会议指出，文化是国家和民族之魂，是国家治理之魂。党的十八大以来，以习近平同志为核心的党中央把文化建设放在全局工作的突出位置，习近平总书记就加强社会主义文化建设发表一系列重要讲话，作出一系列重要指示，丰富和发展了中国特色社会主义文化建设理论，为建设社会主义文化强国指明了方向。社会主义法治文化是中国特色社会主义文化的重要组成部分，法院文化是社会主义法治文化的重要内容。各级法院要认真学习贯彻习近平总书记关于社会主义文化建设的重要论述，坚持以习近平法治思想为指引，坚持党对法院文化建设的领导，坚持马克思主义在意识形态领域的指导地位，坚持以人民为中心的工作导向，坚持以社会主义核心价值观为引领，坚持把恪守司法良知作为必修课，坚定不移走中国特色社会主义文化发展道路，确保新时代人民法院文化建设沿着正确方向前进。

会议指出，党的十八大以来，最高人民法院党组高度重视加强人民法院文化建设，把法院文化建设作为推动人民法院工作高质量发展的基础性工作，坚持社会主义先进文化前进方向，聚焦培育和弘扬社会主义核心价值观、推进司法为民公正司法、促进干警全面发展、服务法治中国建设等重点，深入推进全国法院文化建设。政治引领作用持续强化，有力夯实法院文化建设思想根基。组织领导不断强化，形成上下联动、整体推进工作格局。文化价值引导力充分发挥，引导广大干警更加坚定法治信仰。文化阵地不断拓展，有力提升法院文化传播力、影响力。文化培育创作成果丰硕，形成一批独具特色的文化品牌。人民法院文化建设取得新的成效，为人民法院改革发展提供了强大正能量。

会议指出，在习近平法治思想指引下，人民法院形成了以忠诚为民、崇法尚德、公正廉洁、刚正不阿、改革创新为主要内容的新时代人民法院文化。新时代人民法院文化是人民法院和法院干警在司法工作中逐步形成的共同理念、价值观念、思维方式、行为自觉、制度规范以及相关物质表现的集中体现，发挥着培根铸魂、启智润心、立德树人、凝心聚力的重要功能，对于高扬思想旗帜、强化价值引领、激发奋斗精神、展现司法形象具有重要意义。加强新时代人民法院文化建设，是真学真信笃行习近平法治思想的必然要求，是更好发挥司法职能作用的必然要求，是推动审判体系和审判能力现代化的必然要求，是锻造忠诚干净担当法院铁军的必然要求。必须弘扬新时代人民法院文化，并随着实践发展不断丰富和完善。

各级法院要紧跟新时代步伐，大力弘扬新时代人民法院文化，为法院工作高质量发展提供强大价值引导力、文化凝聚力和精神推动力，以更加饱满的热情、更加昂扬的姿态履职尽责、实干担当，为实现第二个百年奋斗目标提供更加有力的司法服务。

会议指出，当前和今后一个时期，加强新时代人民法院文化建设的总体思路是，坚持以习近平新时代中国特色社会主义思想为指导，深入学习贯彻习近平法治思想和习近平总书记关于社会主义文化建设的重要论述，全面贯彻党的十九大和十九届历次全会精神，深刻领悟“两个确立”的决定性意义，增强“四个意识”、坚定“四个自信”、做到“两个维护”，坚持社会主义先进文化前进方向，紧紧围绕“努力让人民群众在每一个司法案件中感受到公平正义”工作目标和司法为民、公正司法工作主线，以社会主义核心价值观为引领，以举旗帜、聚民心、育新人、兴文化、展形象为使命，着眼服务审判、服务干警、服务法治建设，大力弘扬以忠诚为民、崇法尚德、公正廉洁、刚正不阿、改革创新为主要内容的新时代人民法院文化，引导广大干警不断增强文化自觉、坚定文化自信，坚定不移走中国特色社会主义法治道路，奋力推进新时代人民法院工作高质量发展，为实现第二个百年奋斗目标、实现中华民族伟大复兴的中国梦提供更加有力的司法服务。

会议强调，要在习近平法治思想指引下大力弘扬新时代人民法院文化，凝聚起推动人民法院工作高质量发展的强大精神力量。要大力弘扬忠诚为民的新时代人民法院文化，让对党忠诚、一心为民成为政治自觉。忠诚为民就是要深刻领悟“两个确立”的决定性意义，增强“四个意识”、坚定“四个自信”、做到“两个维护”，筑牢政治忠诚之魂，践行司法为民宗旨。要大力弘扬崇法尚德的新时代人民法院文化，让法安天下、德润人心引领社会风尚。崇法尚德就是要坚持依法治国和以德治国相结合，做到坚守法治精神、维护法治权威，树立鲜明道德导向、弘扬美德义行，努力实现法安天下、德润人心。要大力弘扬公正廉洁的新时代人民法院文化，让公正司法、廉洁司法蔚然成风。公正廉洁就是要牢记公正是司法的灵魂和生命，牢记廉洁司法是公正司法的基石，以不公不廉为最大耻辱，以公正廉洁为原则底线，让公平正义的阳光照进人民心田。要大力弘扬刚正不阿的新时代人民法院文化，让法不阿贵、绳不挠曲成为坚毅品格。刚正不阿就是要忠于法律、捍卫法律，守住法治底线，不为任何压力所迫，不为任何利诱所动，依法独立公正行使审判权。要大力弘扬改革创新的新时代人民法院文化，让与时俱进、攻坚克难成为不竭动力。改革创新就是要坚持改革不停顿、创新不止步，以司法体制改革和智慧法院建设为“车之两轮、鸟之双翼”，着力解决影响司法公正和制约司法能力的深层次问题。

会议强调，要坚持守正创新、久久为功，加强统筹协调，形成工作合力，努力把新时代人民法院文化建设提高到新水平。要加强组织领导，完善顶层设计，各级法院党组要把法院文化建设列入重要议事日程，与审判执行、司法改革、信息化建设、队伍建设等工作同谋划、同部署、同推进。要加强协同联动，构建大文化工作格局，政工部门加强牵头抓总、组织协调，理论研究、新闻宣传、信息化建设等部门各司其职、各尽其责，审判业务部门要让法院文化更好体现法治“主题”、法院“主场”、法官“主体”，让审判工作充分传递文化力量。要拓宽思路视野，注重理念创新、手段创新、基层创新、作品创新、传播能力创新，不断推动法院文化创新发展。要健全支撑保障体系，加强法院文化组织和文化品牌建设，建好用好法院文化设施和文化资源，加强网上舆论阵地建设和管理，强化经费、技术、物资等方面保障。

会议传达学习了政法领导干部加强政治建设专题研讨班精神，要求全国各级法院深入学习贯彻习近平总书记关于加强党的政治建设重要论述，认真贯彻中共中央政治局委员、中央书记处书记、中央政法委书记郭声琨同志在专题研讨班上的讲话要求，深刻认识人民法院加强党的政治建设的极端重要性，进一步增强思想自觉、政治自觉、行动自觉，结合法院实际提出加强党的政治建设的具体措施，不断巩固队伍教育整顿成果，推动全面从严管党治警向纵深发展，确保人民法院党的政治建设取得实效，以昂扬向上的奋斗姿态和维护安全稳定的实际行动，迎接党的二十大胜利召开。

会议对做好下半年工作作出部署，要求各级法院紧紧围绕迎接党的二十大、学习宣传贯彻党的二十大精神主线，全力完成全年各项工作任务，更好发挥审判职能作用，为保持平稳健康的经济环境、国泰民安的社会环境、风清气正的政治环境提供有力司法服务。要持续学懂弄通做实党的创新理论，切实用以武装头脑、指导实践、推动工作。要积极防范化解各类风险挑战，切实营造安全稳定的政治社会环境。要服务做好高效统筹疫情防控和经济社会发展工作，促进经济平稳健康发展。要践行司法为民宗旨，更好满足人民群众日益增长的多元司法需求。要深化司法体制改革和智慧法院建设，不断提升审判执行质效和司法公信力。要驰而不息抓好全面从严管党治警，锻造忠诚干净担当的过硬法院铁军。

最高人民法院党组副书记、常务副院长贺荣主持下午会议并作总结讲话。最高人民法院党组成员、政治部主任马世忠主持上午会议并通报了“全国法院文化建设特色项目”评选结果。各高级人民法院院长汇报了人民法院文化建设工作情况。6个特色项目获奖单位进行了成果展示。最高人民法院院领导陶凯元、高憬宏、杨万明、穆红玉、杨临萍、贺小荣、沈亮、李勇、刘贵祥，最高人民法院咨询委员会主任李少平、常务副主任周泽民、副主任兼秘书长杜万华，各高级人民法院、解放军军事法院、新疆维吾尔自治区高级人民法院生产建设兵团分院主要负责同志出席会议。最高人民法院各单位有关负责同志参加会议。

（来源：《人民法院报》2022 年 7 月 10 日）

# 最高人民法院司法改革领导小组会议摘要

## ➢ 周强在2022年第一次司法改革领导小组会议上强调：坚持巩固提升　狠抓推进落实　推动司法改革不断向纵深发展

3月31日下午，最高人民法院党组书记、院长、院司法改革领导小组组长周强主持召开最高人民法院司法改革领导小组2022年第一次会议。周强强调，要坚持以习近平新时代中国特色社会主义思想为指导，深入贯彻习近平法治思想，认真贯彻落实习近平总书记在中央全面深化改革委员会第二十四次会议上的重要讲话精神和全国两会精神，坚持稳中求进工作总基调，坚持巩固提升，狠抓推进落实，确保改革整体协同推进、全面落地见效，推动人民法院工作高质量发展，为全面建设社会主义现代化国家提供有力司法服务，以实际行动迎接党的二十大胜利召开。

会议进一步深入学习了习近平总书记在中央全面深化改革委员会第二十四次会议上的重要讲话精神，审议通过《2022年人民法院司法改革工作要点》及分工方案、《党的十八大以来人民法院司法改革成效总结工作方案》，审议了《关于人民法院深化司法权力运行机制改革相关情况的报告》。

周强指出，习近平总书记在中央全面深化改革委员会第二十四次会议上的重要讲话，全面总结2021年全面深化改革的成效和经验，对推进2022年改革工作提出明确要求，为人民法院推进司法改革指明了方向。要认真学习贯彻习近平总书记重要讲话精神，结合贯彻落实全国两会精神和中央政法工作会议精神，围绕“努力让人民群众在每一个司法案件中感受到公平正义”工作目标，推进司法体制改革不断向纵深发展。

周强强调，要坚持巩固提升，狠抓推进落实，推动司法改革呈现新气象、展现新面貌。要全面系统梳理党的十八大以来人民法院贯彻落实习近平法治思想、全面深化司法改革的生动实践，深入总结司法改革在维护社会公平正义、推动人民法院工作高质量发展，提高人民群众获得感、幸福感、安全感等方面取得的显著成效，总结提炼改革经验，坚持以改革的思维和方式破难题、解新题，推进人民司法事业发展。要坚持稳中求进工作总基调，持续推进人民法院牵头的重点改革任务，切实加大改革攻坚力度，确保“硬骨头”任务取得实质性、突破性进展。要始终坚持以人民为中心，把实现好、维护好、发展好最广大人民的根本利益作为一切工作的出发点和落脚点，从更好满足人民群众对公平正义的期待和要求出发来谋划和推进司法改革，不断增强人民群众获得感。

周强要求，要加强统筹、突出重点，围绕迎接党的二十大、学习宣传贯彻党的二十大精神主线，扎实做好今年司法改革工作。要准确把握改革的阶段性要求，立足当下、着眼长远，科学统筹推进当前各项任务，推动中国特色社会主义司法制度更加成熟更加定型。要强化牵头部门和参与部门主体责任，加强沟通协调，细化落实举措，确保改革整体协同推进、全面落地见效。要认真落实今年司法改革工作要点及分工方案要求，准确把握重点领域、关键环节，全面落实司法责任制，持续深化诉讼制度改革，统筹推进互联网司法和智慧法院建设，完善法院人事制度和经费保障机制改革，确保不折不扣完成各项改革任务。要加强改革舆论宣传引导，充分凝聚改革共识，形成理解改革、支持探索、参与创新的良好氛围，为持续深化司法改革营造有利环境。

最高人民法院党组副书记、常务副院长贺荣，党组成员、政治部主任马世忠，党组成员、副院长杨万明、杨临萍、贺小荣、沈亮，审判委员会专职委员李勇出席会议。院司法改革领导小组成员单位负责同志参加会议。

（来源：《人民法院报》2022 年 4 月 1 日）

# 改革推进简讯

## ➢ 周强：贯彻习近平总书记在中央政治局常委会会议上的重要讲话精神

1月7日上午，最高人民法院党组召开会议，传达学习习近平总书记主持召开中共中央政治局常务委员会会议听取全国人大常委会、国务院、全国政协、最高人民法院、最高人民检察院党组工作汇报时的重要讲话精神，研究部署贯彻落实措施。最高人民法院党组书记、院长周强主持会议并讲话。

会议指出，习近平总书记每年主持召开中央政治局常委会会议听取最高人民法院党组工作汇报，对坚持党的全面领导、维护党中央权威和集中统一领导起到了示范作用，对推动新时代全面依法治国、加快建设社会主义法治国家，对坚持和完善中国特色社会主义制度、推进国家治理体系和治理能力现代化具有重大意义。习近平总书记重要讲话对当前和今后工作提出明确要求，体现了以习近平同志为核心的党中央对人民法院工作的高度重视和亲切关怀。最高人民法院党组和全国法院广大干警倍感振奋、倍受鼓舞，进一步增强了推动新时代人民法院工作高质量发展的责任感、使命感。最高人民法院党组要坚持以习近平新时代中国特色社会主义思想为指导，全面贯彻党的十九大和十九届历次全会精神，深入学习贯彻习近平法治思想，学习贯彻习近平总书记重要讲话精神，增强"四个意识"、坚定"四个自信"、做到"两个维护"，不忘初心、牢记使命，弘扬伟大建党精神，不断提高政治判断力、政治领悟力、政治执行力，深入学习领会"两个确立"的决定性意义，筑牢政治忠诚，不折不扣贯彻落实党中央决策部署，紧扣筹备和召开党的二十大聚焦发力，扎扎实实做好服务大局、司法为民、公正司法各项工作，为保持平稳健康的经济环境、国泰民安的社会环境、风清气正的政治环境提供有力司法服务。

会议强调，要牢牢坚持党对司法工作的全面领导，更加自觉坚定做到“两个维护”。深刻把握坚持党的领导是中国特色社会主义法治之魂，深入贯彻《中国共产党政法工作条例》，严格执行重大事项请示报告制度，把党的领导贯彻落实到人民法院工作全过程各方面，始终在思想上政治上行动上同以习近平同志为核心的党中央保持高度一致。坚持不懈用党的创新理论武装头脑，继续推进习近平法治思想进教材、进课堂、进头脑，坚定不移走中国特色社会主义法治道路。

会议要求，要围绕党和国家工作大局，更好发挥审判职能作用。坚持稳中求进工作总基调，发挥法治固根本、稳预期、利长远的保障作用，完整准确全面贯彻新发展理念，主动服务和融入新发展格局、推动高质量发展。深入贯彻总体国家安全观，依法防范化解重大风险，常态化开展扫黑除恶斗争，依法惩处重大经济犯罪、网络犯罪、毒品犯罪、职务犯罪等，推动建设更高水平的平安中国。加大知识产权司法保护力度，服务创新驱动发展。继续服务统筹疫情防控和经济社会发展、做好“六稳”“六保”工作。深入践行以人民为中心的发展思想，始终把实现好、维护好、发展好最广大人民根本利益作为司法工作的出发点和落脚点。弘扬新时代“枫桥经验”，深入推进一站式多元纠纷解决和诉讼服务体系建设，充分发挥人民法庭作用。增强忧患意识，提升斗争本领，敢于斗争、善于斗争，服务统筹推进国内法治和涉外法治，服务国家重大战略实施，以钉钉子精神做好人民法院各项工作。

会议指出，要坚定不移深入推进司法体制改革，做到系统集成、协同高效。坚持正确改革方向，深入推进司法责任制综合配套改革、以审判为中心的诉讼制度改革、完善司法制约监督体系等重大改革，正确适用修改后的民事诉讼法，努力让人民群众有更多获得感。加快现代科技与法院工作深度融合，深化智慧法院建设。切实巩固提升改革成果，进一步完善改革举措，推动建设公正高效权威的社会主义司法制度。

会议强调，要认真履行全面从严治党主体责任，锻造忠诚干净担当的法院铁军。按照新时代党的建设总要求，以党的政治建设为统领，贯彻落实加强对“一把手”和领导班子监督的意见，切实加强党组自身建设和人民法院党的建设，确保队伍绝对忠诚、绝对纯洁、绝对可靠。严格落实“三严三实”要求，严格执行中央八项规定及其实施细则精神，坚决防止“四风”问题反弹回潮。发扬自我革命精神，巩固队伍教育整顿成果，把严的主基调长期坚持下去，一体推进不敢腐、不能腐、不想腐，建设让党放心、让人民满意的法院队伍。巩固拓展党史学习教育成果，建立常态化、长效化制度机制，教育引导广大干警不断从党的百年奋斗重大成就和历史经验中汲取智慧和力量，求真务实、扎实工作、埋头苦干，以实际行动迎接党的二十大胜利召开。

最高人民法院党组副书记、常务副院长贺荣，党组成员、副院长姜伟、高憬宏，党组成员、政治部主任马世忠，中央纪委国家监委驻最高人民法院纪检监察组组长、最高人民法院党组成员穆红玉，党组成员、副院长杨临萍、贺小荣、沈亮出席会议。审判委员会专职委员刘贵祥列席会议。

（来源：《人民法院报》2022年1月8日）

## ➢ 周强：深入学习贯彻习近平法治思想 切实加强案例指导确保严格公正司法

1月13日上午，全国法院案例指导工作推进会召开，最高人民法院党组书记、院长周强出席会议并讲话。周强强调，要坚持以习近平新时代中国特色社会主义思想为指导，深入学习贯彻习近平法治思想，认真贯彻落实习近平总书记在中央政治局常委会会议听取最高人民法院党组工作汇报时的重要讲话精神，切实加强案例指导工作，确保裁判尺度统一，促进法律正确实施，实现严格公正司法，努力让人民群众在每一个司法案件中感受到公平正义。

周强指出，以习近平同志为核心的党中央高度重视司法案例工作，习近平总书记发表重要讲话、作出重要指示，为人民法院加强案例工作指明了方向、提供了根本遵循。党的十八大以来，在党中央坚强领导下，在中央政法委领导下，全国法院审理了一批具有广泛社会影响的案件，取得良好效果。人民法院加强审判执行工作，大力弘扬社会主义核心价值观，依法平等保护产权和民营企业家合法权益，防范化解金融风险，依法纠正冤错案件，形成一批典型案例和指导性案例，有效发挥了案例的引导、示范和教育功能，促进了司法为民、公正司法，提升了司法公信力。

周强指出，案例指导制度是中国特色社会主义司法制度的重要组成部分。做好案例指导工作，是深入贯彻习近平法治思想，加快建设公正高效权威的社会主义司法制度，更好发挥人民法院审判职能作用的必然要求，对于确保裁判尺度统一，促进法律正确实施，提高审判质效和司法公信力具有重要作用。要坚持以习近平新时代中国特色社会主义思想为指导，深入贯彻习近平法治思想，切实提高政治站位，充分发挥案例指导制度重要作用，有力维护国家法制统一、尊严、权威。要坚持以人民为中心，树立正确司法理念，发挥好“一个案例胜过一打文件”的示范作用，以案例指导的“小切口”解决司法实践中的难点问题。要深刻认识当前案例指导工作存在的差距和不足，聚焦党中央重大决策部署和人民群众新要求新期待，坚持问题导向，推进案例指导工作不断取得更大成效。

周强强调，要健全完善案例指导工作机制，确保裁判尺度统一，促进法律正确实施，努力让人民群众在每一个司法案件中感受到公平正义。要加强统筹协调，最高人民法院建立各有关部门共同参与的案例指导工作机制，各高级法院依据有关规定编发参考性案例，对辖区法院审判执行工作进行指导。要注重司法实践总结提炼，强化裁判文书说理，发挥资深法官和专家学者优势，深化理论研究，不断拓宽指导性案例来源。要健全工作机制，加强案例审查论证，完善案例指导工作网络，整合资源、形成合力，不断提升案例指导工作质效。要加强指导性案例应用，法官审判执行案件进行类案检索，应先行检索现行有效指导性案例，对指导性案例应当参照作出裁判。要充分运用智慧法院建设成果，加快建设指导性案例信息化平台，进一步提升案例推荐、审查、检索、应用、评估等工作现代化水平。要加强队伍建设，打造一支政治过硬、业务精湛、严谨细致、精益求精的人才队伍，为案例指导工作发展提供有力保障。

最高人民法院党组成员、副院长杨万明主持会议。最高人民法院民三庭、民四庭、环资庭、执行局，以及江苏省高级人民法院、重庆市高级人民法院有关负责同志在会上作经验交流发言。最高人民法院相关业务部门，各省、自治区、直辖市高级人民法院，解放军军事法院，新疆维吾尔自治区高级人民法院生产建设兵团分院有关负责同志在最高人民法院主会场及各视频分会场参会。

（来源：《人民法院报》2022 年 1 月 14 日）

## ➢ 周强：发挥典型案件示范引领作用　努力让人民群众在每一个司法案件中感受到公平正义

1月22日上午，由最高人民法院与中央广播电视总台共同主办的“新时代推动法治进程2021年度十大案件”评选结果揭晓，最高人民法院党组书记、院长周强出席活动并讲话。周强强调，要坚持以习近平新时代中国特色社会主义思想为指导，深入贯彻习近平法治思想，坚持严格公正司法，充分发挥典型案件示范引领作用，用公正审判凝聚人心，以司法裁判引领风尚，大力弘扬法治精神，努力让人民群众在每一个司法案件中感受到公平正义。

周强指出，最高人民法院与中央广播电视总台共同主办“新时代推动法治进程十大案件”评选，是深入贯彻习近平法治思想，推进法治中国建设的重要举措，对于充分发挥“一个案例胜过一打文件”的示范引领作用，大力弘扬社会主义核心价值观，营造全社会尊法学法守法用法的良好氛围，推动全面依法治国具有重要意义。

周强指出，本次评选出的年度十大案件作为全国法院一年来审理案件的典型，代表性强、覆盖面广，是习近平法治思想在人民法院的生动实践，是社会主义核心价值观和法治精神的集中体现。案件回应人民群众对公平正义的新要求新期待，恪守法治精神，符合人民群众朴素正义观，体现了国法天理人情的有机统一。此次评选在中央广播电视总台精心推介下，广大网友积极参与，生动体现了中国特色社会主义司法制度始终坚持以人民为中心、坚持人民立场的鲜明导向，充分展现了新闻舆论战线唱响主旋律、弘扬正能量的使命担当，为进一步推进司法与媒体的良性互动起到了示范作用。

周强强调，要坚持以习近平新时代中国特色社会主义思想为指导，深入贯彻习近平法治思想，坚持严格公正司法，充分发挥典型案件的示范引领作用，努力让人民群众在每一个司法案件中感受到公平正义。要坚定不移走中国特色社会主义法治道路，坚持正确的政治方向、舆论导向和价值取向，站稳人民立场、坚持人民至上，牢固树立新时代正确司法理念，大力弘扬社会主义核心价值观，坚持惩恶扬善，让社会正气充盈、正义彰显。要坚持以事实为依据、以法律为准绳，强化裁判文书说理，坚持以法为据、以理服人、以情感人，切实发挥人民法院司法裁判的规范指引作用，通过“小案件”讲述“大道理”，用有力量、有是非、有温度的司法裁判回应人民群众期盼。要认真总结案例积累的审判执行经验做法，深化成果运用，推进规则完善和制度创新。要深入挖掘司法案例“富矿”，注重案例收集整理，加强案例宣传发布和释法说理，讲好中国法治故事，传播好中国法治声音。

最高人民法院党组成员、副院长杨临萍主持揭晓活动并宣布“新时代推动法治进程2021年度十大案件”及十大提名案件。赖小民受贿、贪污、重婚案，侵害英烈名誉、荣誉刑事第一案，“10·18”特大跨境电信诈骗案，百香果女童被害案，中国证券集体诉讼第一案，民法典“自甘风险”适用第一案，人脸识别第一案，吴春红申请再审无罪赔偿案，种子套牌侵权纠纷案，绿孔雀预防性保护公益诉讼案入选“新时代推动法治进程2021年度十大案件”。智能语音指令不正当竞争纠纷第一案，女子取快递被造谣出轨案，证券普通代表人诉讼第一案，王某与某贸易公司跨境股权转让纠纷案，首例长城保护民事公益诉讼案，王书金故意杀人、强奸案，首例涉外执行分配方案异议之诉案，王德彬等人涉黑案，“包工头”工伤认定案，老人偷鸡蛋被拦猝死案入选“新时代推动法治进程2021年度十大提名案件”。

最高人民法院审判委员会专职委员刘贵祥，中国法学会案例法学研究会会长胡云腾，中央广播电视总台编务会议成员李挺出席活动。中央宣传部、中央文明办、中央网信办、最高人民法院、司法部等单位有关部门负责同志，中央广播电视总台有关负责同志出席活动。

（来源：《人民法院报》2022年1月23日）

## ➢ 周强：统一法律适用 严格公正司法 让人民群众切实感受到公平正义就在身边

1月26日上午，最高人民法院统一法律适用工作领导小组第一次会议暨裁判要旨梳理提炼部署会召开，最高人民法院党组书记、院长、院统一法律适用工作领导小组组长周强出席会议并讲话。周强强调，要坚持以习近平新时代中国特色社会主义思想为指导，深入贯彻习近平法治思想，扎实推进统一法律适用各项工作，确保严格公正司法，维护国家法制统一、尊严、权威，让人民群众切实感受到公平正义就在身边。

周强强调，要提高政治站位，深刻认识统一法律适用的重要意义。统一法律适用，是人民法院深入贯彻习近平法治思想，履行宪法法律职责，切实维护国家法制统一、尊严、权威，维护社会公平正义的必然要求，对于深化司法体制改革，推进完善四级法院职能定位改革试点，不断提升司法公信力、确保司法公正廉洁高效权威具有重要意义。近年来，最高人民法院出台一系列文件，通过制定司法解释、发布指导案例、推进类案检索、规范专业法官会议机制、发挥审委会职能作用等一系列举措，推进统一法律适用，取得了明显成效。当前，要适应人民群众对公平正义的新期待新要求，进一步增强责任感、使命感，始终坚持问题和目标导向，将统一法律适用工作作为重大改革任务进一步向纵深推进，确保严格公正司法，努力让人民群众在每一个司法案件中感受到公平正义。

周强强调，要加强组织领导，健全制度机制，抓好关键环节，全面推进统一法律适用工作。要充分发挥统一法律适用工作领导小组作用，构建统一领导、职责清晰、衔接有序、协同推进的工作格局，在加强司法解释、案例指导等工作同时，以裁判要旨梳理提炼、“点对点”具体法律适用分歧解决机制、线上统一法律适用平台三项工作为主体，推动形成上下贯通、内外结合、系统完备、规范高效的法律适用问题解决体系。要加强对裁判要旨的选取标准、发布程序、系统运用等问题的研究，及时出台、发布具有普遍指导意义的司法解释、指导性案例等，方便广大法官和人民群众了解、掌握和运用。要建立健全法律适用问题发现机制，加强协调配合，优先研究解决反映集中、具有典型性的问题，及时统一裁判规则和标准。要加强全国法院统一法律适用平台建设，强化司法解释和案例指导工作，为审判实践提供有力规范指导。

周强强调，要积极发挥各类主体职能作用，形成统一法律适用的合力。要充分发挥审判委员会统一法律适用标准的指导作用，推进合议庭、专业法官会议与审委会的有效衔接。要严格落实院庭长统一法律适用标准的监督管理职责，健全规范院庭长监督管理机制，紧盯“四类案件”，确保严格公正司法。要全面落实司法责任制，压实承办法官、合议庭统一法律适用标准的主体责任，“让审理者裁判、由裁判者负责”。要有效发挥专业法官会议统一法律适用标准的重要作用，在充分讨论基础上，切实明确裁判规则、统一裁判尺度。

最高人民法院党组副书记、常务副院长贺荣主持会议。党组成员、政治部主任马世忠宣读《中共最高人民法院党组关于成立最高人民法院统一法律适用工作领导小组的通知》。会议审议并原则通过《关于深入推进最高人民法院统一法律适用工作分工方案》和《最高人民法院裁判要旨梳理提炼工作方案》。

最高人民法院院领导陶凯元、杨万明、穆红玉、杨临萍、贺小荣、刘贵祥出席会议。最高人民法院有关部门负责同志参加会议。各巡回法庭、知识产权法庭负责同志通过视频参加会议。

（来源：《人民法院报》2022 年 1 月 27 日）

## ➤ 周强：推进信息技术与司法工作深度融合　全面加强智慧法院建设

2 月 15 日下午，最高人民法院党组书记、院长周强与中国移动通信集团董事长杨杰进行座谈交流。周强强调，要坚持以习近平新时代中国特色社会主义思想为指导，深入贯彻习近平法治思想，充分发挥中国特色社会主义司法制度优势，聚焦科学技术前沿，积极推进信息技术与司法工作深度融合，进一步加强智慧法院建设，创造更高水平数字正义，为全面建设社会主义现代化国家提供有力司法服务。

周强指出，党的十八大以来，党中央高度重视网络安全和信息化工作，习近平总书记对网络强国、科技强国建设提出一系列新观点、新论断，为加强科技创新指明了方向。在党中央坚强领导下，人民法院积极探索创新，建成人民法院信息化 3.0 版，形成全业务网上办理、全流程依法公开、全方位智能服务的智慧法院，人民法院在线诉讼规则、在线调解规则、在线运行规则为全球互联网法治发展贡献了中国智慧和中国方案。

周强表示，当前，世界新一轮科技革命和产业变革蓬勃兴起，网络强国和数字中国建设为全面加强智慧法院建设提供了重大机遇。人民法院将深入贯彻习近平总书记关于网络强国、科技强国建设的重要论述精神，始终坚持以人民为中心，以司法数据中台、智慧法院大脑、在线法院建设为牵引，巩固提升智慧法院建设成果，全面推进审判体系和审判能力现代化，为人民群众提供更加优质、高效、便捷的司法服务。要聚焦科技发展前沿，深入研究科技发展带来的新情况新问题，准确把握司法需求，充分发挥审判职能作用，服务推动数字经济发展，服务高水平科技自立自强。希望充分发挥中国移动通信集团作为政法信息化国家队、数字中国主力军的作用，深化双方战略合作，围绕移动云、大数据、物联网等，立足智能办公、智能审判等应用场景，促进信息技术与司法工作深度融合，共同推进法治中国建设，为全面建设社会主义现代化国家作出积极贡献。

杨杰表示，近年来，信息技术在法院工作中得到广泛深入运用，智慧法院建设取得丰硕成果，充分彰显了科技创新的巨大推动作用，有力提升了司法工作质效，推进了法治中国建设，让人很受鼓舞。中国移动将勇当网络强国、数字中国、智慧社会主力军，在服务数字经济发展中，加速信息技术融合创新，加速信息技术与经济社会民生深度融合，全面推进信息基础设施建设和全社会数智化转型，系统构建以5G、算力网络、智慧中台等为重点的新型信息基础设施，进一步促进信息技术在智慧法院建设中的应用，共同为推进法治中国建设贡献力量。

最高人民法院党组成员、副院长杨临萍主持座谈会。座谈会前，人民法院信息技术服务中心与中国移动政企客户分公司签署了战略合作协议。杨杰一行参观了最高人民法院智慧法院实验室。

（来源：《人民法院报》2022年2月16日）

## ➢ 周强：巩固提升一站式多元纠纷解决和诉讼服务体系建设成果 努力让人民群众切实感受到公平正义就在身边

2月22日，全国法院一站式建设工作推进会以视频方式召开，最高人民法院党组书记、院长周强出席会议并讲话。周强强调，要坚持以习近平新时代中国特色社会主义思想为指导，深入贯彻习近平法治思想，认真贯彻落实党的十九届六中全会和中央政法工作会议精神，不断巩固提升一站式多元纠纷解决和诉讼服务体系建设成果，努力让人民群众切实感受到公平正义就在身边，更好满足人民群众对美好生活和公平正义向往的需要，以实际行动迎接党的二十大胜利召开。

会议指出，推进一站式多元纠纷解决和诉讼服务体系建设，是人民法院深入贯彻习近平法治思想，认真贯彻落实习近平总书记关于“把非诉讼纠纷解决机制挺在前面”重要指示精神的具体举措，对于提升新时代人民法院化解矛盾纠纷、服务人民群众能力，健全中国特色社会主义司法制度，加快推进审判体系和审判能力现代化具有重要意义。各级法院要深入学习贯彻习近平总书记重要指示精神，认真贯彻落实党的十九届六中全会和中央政法工作会议精神，增强“四个意识”、坚定“四个自信”、做到“两个维护”，深入学习领悟“两个确立”的决定性意义，不忘初心、牢记使命，坚持把非诉讼纠纷解决机制挺在前面，不断健全中国特色一站式多元纠纷解决和诉讼服务体系，切实履行好维护国家安全、社会安定、人民安宁的重大责任，努力让人民群众切实感受到公平正义就在身边。

会议指出，2019 年以来，各级法院紧紧依靠党的领导，坚持以人民为中心，按照最高人民法院部署，聚焦“多元解纷”和“诉讼服务”两项重点任务，紧扣一站、集约、集成、在线、融合五个关键词，建成中国特色一站式多元纠纷解决和诉讼服务体系，让群众打官司“只进一个门、最多跑一次”，一站式建设已经成为中国法院新的亮丽名片。人民法院加强一站式建设顶层设计，源头预防化解纠纷效能不断释放，前端解纷能力在多元共治格局中有力增强，在线调解实现跨越式发展，现代化诉讼服务更加普惠精准，司法改革和科技变革“双轮驱动”推动审判质效明显提升，一站式建设取得显著成效，充分彰显了中国特色社会主义司法制度的巨大优越性，是习近平法治思想在人民法院工作中的生动实践。

会议强调，要始终坚持以习近平法治思想武装头脑、指导实践、推动工作，准确把握要求，不断巩固提升人民法院一站式建设成果。要牢牢坚持党的绝对领导，深入学习领悟“两个确立”的决定性意义，坚决做到“两个维护”，不断提高政治判断力、政治领悟力、政治执行力，始终在思想上政治上行动上同以习近平同志为核心的党中央保持高度一致。要始终坚持以人民为中心的发展思想，将深化一站式建设作为“为群众办实事示范法院”创建活动的重要内容，紧盯人民群众“打官司”过程中的急难愁盼问题，努力让人民群众在每一个司法案件中感受到公平正义。要自觉服务党和国家工作大局，准确把握立足新发展阶段、贯彻新发展理念、构建新发展格局、推动高质量发展要求，提高一站式建设精细化、智能化、法治化水平，更好服务经济行稳致远、社会安定有序。要深化司法体制改革，准确把握一站式建设与立案登记制、司法责任制、诉讼制度改革之间的联系，与四级法院审级职能定位改革做好衔接，正确贯彻实施修改后的民事诉讼法，实现改革系统集成、协同高效。要大力弘扬自我革命精神，巩固拓展党史学习教育和队伍教育整顿成果，巩固提升“年底不立案”整治成效，围绕诉讼事务“一次办好”目标，让人民群众不断增强获得感。

会议要求，要坚持目标导向和问题导向，推动一站式建设向基层、向社会、向网上、向重点行业领域延伸，在夯基、拓面、提质、增效上下功夫。要做实源头减量工程，贯彻落实《关于加强诉源治理推动矛盾纠纷源头化解的意见》《关于深化人民法院一站式多元解纷机制建设推动矛盾纠纷源头化解的实施意见》要求，加强与有关部门信息共享、数据对接、联防联控和协同治理，强化诉讼服务中心分流对接功能，发挥立审执等环节纠纷调处化解作用，促进矛盾纠纷源头减量。要做实“三进”强基工程，全方位对接基层治理单位，协同推进人民法院调解平台进乡村、进社区、进网格工作与人民法庭建设，及时预测预防风险、排查梳理矛盾、化解调解纠纷，助力基层社会治理法治化、数字化、智能化，最大限度将矛盾纠纷化解在基层、解决在当地。要做实多元增效工程，优化在线多元调解平台功能，扩大专业性行业性特邀调解队伍，全面激活“总对总”在线诉调对接资源库，加强诉前调解规范化建设，加大一站式多元解纷宣传力度。要做实智慧诉服工程，优化诉讼服务平台，扩大在线诉讼服务范围，拓宽送达平台、保全平台和委托鉴定平台应用广度和深度，全面应用网上申诉信访平台，加强涉诉信访信息化建设。要健全覆盖城乡、便捷高效的现代化诉讼服务体系，加强“一窗通办”，加强诉讼服务中心分类建设，着力解决群众异地诉讼不便问题，发挥好12368热线功能，切实提高为老年人、残疾人等特殊群体诉讼服务的能力水平。

会议强调，要狠抓工作落实，推动中国特色一站式多元纠纷解决和诉讼服务体系建设行稳致远。要强化组织领导，始终把深化一站式建设作为一项事关法院全局性、系统性工作，“一把手”带头研究部署工作，各部门负责同志狠抓任务落实。要强化协同联动，主动争取党委领导和政府支持，做好与多元解纷对接单位沟通衔接，增强工作合力，明确责任分工，加快推进平台融合。要加强督查问效，以诉讼服务指导中心信息平台为抓手，以诉讼服务质效评估指标为牵引，广泛听取意见建议，畅通民意沟通渠道，确保一站式建设更加符合人民群众期待。要深化总结提炼，准确把握一站式建设内涵，深入开展理论研究，深入总结工作经验，讲好中国法院一站式建设故事，推动构建具有鲜明中国特色、实践特色、时代特色的纠纷解决理论体系和话语体系。要淬炼过硬队伍，把党的政治建设摆在首位，巩固深化法院队伍教育整顿成果，严格落实防止干预司法“三个规定”、新时代政法干警“十个严禁”等铁规禁令，以零容忍态度严惩司法腐败，坚持严管厚爱相结合，确保法院队伍绝对忠诚、绝对纯洁、绝对可靠。

最高人民法院党组副书记、常务副院长贺荣主持会议，党组成员、副院长姜伟在会上通报全国法院一站式建设运行质效情况。最高人民法院党组成员、政治部主任马世忠，党组成员、副院长贺小荣出席会议。中央政法委、中央台办、全国总工会、中国侨联、全国工商联、国家发展改革委、人力资源社会保障部、中国人民银行、银保监会、证监会、国家知识产权局、中国中小企业协会等有关单位负责同志，部分全国人大代表、全国政协委员，最高人民法院有关部门负责人，各高级、中级、基层法院院长及有关负责同志、干警代表在最高人民法院主会场及各视频分会场参加会议。

（来源：《人民法院报》2022年2月23日）

### ➢ 周强：推动海事审判工作高质量发展　为建设海洋强国提供有力司法服务

4月25日上午，中国海事审判网正式上线，最高人民法院党组书记、院长周强出席中国海事审判网上线视频会议并讲话。周强强调，要坚持以习近平新时代中国特色社会主义思想为指导，深入贯彻习近平法治思想和习近平总书记关于建设海洋强国的重要指示精神，贯彻落实习近平总书记在海南考察时的重要讲话精神，全面深化海事审判信息化建设，推动海事审判工作高质量发展，为建设海洋强国作出新的更大贡献，以实际行动迎接党的二十大胜利召开。

周强指出，党的十八大以来，以习近平同志为核心的党中央高度重视建设海洋强国，推动我国海洋事业发展取得举世瞩目的成就。海事审判是实行高水平对外开放、加快建设海洋强国的重要保障，人民法院始终坚持以习近平新时代中国特色社会主义思想为指导，认真贯彻落实习近平法治思想和习近平总书记关于建设海洋强国的重要指示精神，充分发挥海事审判职能作用，着力提升海事司法能力水平，加强海事审判信息化建设，取得积极成果。中国海事审判网作为海事审判工作信息动态交流平台，定位准、功能全、形式新，实现了工作流程可视化，推动了平台共建共享，充分体现海事审判特点，符合海事司法实践需要，机制建设成效显著、信息化应用成果丰富，对于提升海事审判案件质效、推动海事审判工作高质量发展，更好满足人民群众司法需求具有重要意义。

周强强调，要切实建好用好中国海事审判网，进一步提升海事司法的能力水平。要牢牢坚持党对司法工作的绝对领导，深入领会“两个确立”的决定性意义，增强“四个意识”、坚定“四个自信”、做到“两个维护”，确保海事审判各项工作始终沿着正确政治方向前进。要坚持聚焦大局，充分发挥海事审判职能，准确把握高质量共建“一带一路”新任务新要求，围绕建设国际海事司法中心目标任务，充分发挥海事司法在保护海洋生态环境、推动海洋经济发展、维护国家海洋权益方面的重要作用，不断提升海事审判工作质效，有力服务国家重大战略实施，服务推进更高水平对外开放。要坚持改革创新，优化海事审判体系，加强大数据、云计算、区块链、人工智能、5G等前沿技术在海事审判领域应用，加快推进海事审判裁判标准统一，促进海事审判体系和审判能力现代化。要坚持世界眼光，服务统筹推进国内法治和涉外法治，发挥有重大国际影响的司法案件在国际规则制定、填补国际法空白领域方面的作用，深化国际司法交流合作，加强国际传播能力建设。要坚持立足长远，全面加强海事审判队伍建设，贯彻德才兼备、以德为先的用人观、人才观，把讲政治要求贯穿海事审判人才培养全过程，积极适应新形势新要求，培养一批政治过硬、业务精良、清正廉洁、具有国际视野的高素质海事审判人才。

周强强调，要做好网站推广应用工作，切实加强督促、指导和培训。各海事法院要充分用好这一平台，发挥大数据分析统计优势，加强海事审判管理。全国海事法官要依托这一平台相互学习借鉴，不断提高业务能力，拓宽国际视野，努力办出精品案件。要密切跟踪审判实践需要，不断优化网站功能，提升用户体验。要加强网站安全管理，确保网络运行安全、数据安全。

中国海事审判网由最高人民法院主导，广东省高级人民法院支持、广州海事法院承建，覆盖全国11家海事法院及其上诉审高级人民法院和最高人民法院的海事审判业务，面向海事法官提供辅助办案智慧支撑，面向中外当事人提供网上立案、线上庭审、云端执行等在线诉讼服务，面向社会公众和专家学者发布权威海事司法信息，是中国海事审判信息化建设的最新成果和向国际社会展示中国海事司法的重要窗口。

最高人民法院副院长陶凯元主持视频会议。上海市高级人民法院院长刘晓云、江苏省高级人民法院院长夏道虎、浙江省高级人民法院院长李占国、福建省高级人民法院院长金银墙、湖北省高级人民法院院长游劝荣、广东省高级人民法院院长龚稼立、广西壮族自治区高级人民法院院长黄海龙，以及最高人民法院有关部门、各海事法院上诉审高级人民法院有关负责同志，各海事法院干警参加会议。

（来源：《人民法院报》2022 年 4 月 26 日）

## ➢ 周强：深化数字法治国际交流合作　为完善全球数字治理体系贡献智慧和力量

5 月 26 日下午，由中国最高人民法院主办、浙江省高级人民法院承办的数字经济法治论坛开幕，中华人民共和国首席大法官、最高人民法院院长周强出席开幕式并致辞。周强表示，中国法院将始终坚持深入贯彻习近平外交思想和习近平法治思想，深化与各国司法机关交流合作，共同提升数字经济司法治理水平，为推进各国数字法治建设和完善全球数字治理体系、推动构建人类命运共同体贡献智慧和力量。中共浙江省委书记、省人大常委会主任袁家军出席开幕式并致辞。

本次论坛在北京、杭州两地设会场，以线上线下结合的方式举行。论坛主题为“以法治创新推动数字经济规范发展”，与会各方围绕“数字技术在司法领域应用与规制”“数字经济法律问题的司法回应”“数字时代下诉讼模式的创新与变革”等议题开展深入研讨。

周强表示，互联网、大数据、云计算、人工智能、区块链等技术加速创新，数字经济快速发展，推动生产、生活和治理方式发生深刻变革。中国国家主席习近平高度重视发展数字经济，中国始终支持加强数字经济国际合作，积极为推动全球数字经济治理提供中国方案。法治是治国理政的基本方式，中国法院将认真贯彻落实习近平主席重要指示精神，深入贯彻习近平外交思想和习近平法治思想，持续深化数字法治国际交流合作，积极分享推进数字法治建设、网络空间治理、信息技术司法应用、诉讼模式创新等方面经验，增进对世界各国数字法治建设的了解，借鉴有益经验，与世界各国司法同仁携手创造更高水平的数字公平正义。希望与会各方广泛凝聚共识、加强交流互鉴、深化务实合作，围绕论坛议题开展深入交流，积极探索互联网司法新模式和诉讼规则，不断拓展数字司法合作的广度和深度，发挥司法职能作用，推动构建各方普遍接受、行之有效的数字经济规则体系，促进各国数字法治协同发展，推动世界数字经济发展，为完善全球数字治理体系、服务经济全球化朝着更加开放、包容、普惠、平衡、共赢的方向发展作出积极贡献。

袁家军表示，习近平主席一直高度重视数字经济、数字治理，作出了一系列重要指示批示，为我们完善数字经济法治体系指明了方向、注入了强大动力。这些年来，浙江自觉践行习近平法治思想，重视发挥法治对数字经济的保驾护航作用，强力推动数字变革激发全社会创新活力，持续健全完善数字经济发展规则和制度体系，强化数字经济司法保护，坚持以法治重塑数字经济治理路径，有力地推动浙江数字经济蓬勃健康发展。浙江作为数字经济先发地和数字化改革先行省，将以此次论坛举办为契机，与世界各国的朋友们一起共商数字经济法治大计，加快推进技术变革、产业变革、模式变革、治理变革，努力构建契合创新规律和创新需求的法治方案，努力打造维护公平竞争和开放有序的法治环境，努力形成数智赋能和精准高效的法治能力，共创数字经济法治新未来，让数字经济发展成果惠及人民，让数字文明造福全球。

贝宁共和国最高法院院长维克多·达西·阿多苏出席开幕式并致辞表示，在新冠疫情背景下，全球化面临挑战，数字化愈发成为各领域特别是经济领域交流中不可回避的话题。随着数字经济快速发展，司法机关应当及时改革创新、适应发展变化。数字经济发展为各国司法机关提供了应用普及信息技术的重要机遇，通过加强信息化建设，司法机关办案效率将会大幅提高。此次论坛意义重大，希望能够从论坛中获得启发，以便更好应对信息技术革新和数字经济发展带来的新问题。

肯尼亚共和国最高法院院长、首席大法官玛莎·库姆出席开幕式并致辞表示，新冠疫情促使肯尼亚司法机关加强改革创新，加快推进数字化建设，更加关注在线工作方式和在线诉讼模式，更加注重利用信息技术提高司法效率，推动数字技术与司法工作深度融合，为民众提供便捷高效的线上司法服务。当前网络空间治理的法治建设面临若干挑战，此次论坛举办意义重大，期待同各方深入交流、分享经验、加强合作，充分发挥司法机关职能作用，共同推动数字经济在法治化道路上实现更好发展。

卡塔尔国最高法院院长、最高司法委员会主席哈桑·穆罕纳迪出席开幕式并致辞表示，此次论坛举办对于各国司法机关更好迎接数字经济发展带来的挑战，进一步助力数字经济良性发展，具有重要意义。期待在本次论坛中同与会各方进行深入交流，就共同关心的重要话题交换意见、互相学习，深入了解各国在数字经济法治建设方面积累的有益实践经验，积极借鉴大家提出的真知灼见，助力提高司法能力和水平，共同推动各国司法机关与时俱进、创新发展，共同为经济社会发展作出积极贡献。

越共中央政治局委员、中央书记处书记、越南社会主义共和国最高人民法院院长阮和平出席开幕式并致辞表示，数字经济飞速发展深刻影响着科技创新和社会进步，带来一系列新的机会和挑战，为各国司法机关改革创新提供动力。中国最高人民法院举办本次论坛恰逢其时，为各国代表提供了信息分享、经验交流的重要平台，论坛主题充分体现了司法机关服务数字经济发展的重要作用。越南法院高度重视信息技术应用，愿积极学习借鉴各国司法机关服务数字经济发展的有益经验。期待与各国司法机关进一步加深彼此了解，加强务实合作，共同推动完善世界数字经济治理体系。

中华人民共和国二级大法官、最高人民法院副院长杨万明主持开幕式。中华人民共和国二级大法官、最高人民法院副院长杨临萍、沈亮，全国人大常委会委员、农工党中央专职副主席杨震，浙江省委常委、杭州市委书记刘捷，浙江省委常委、秘书长陈奕君，香港特别行政区终审法院首席法官张举能、高等法院首席法官潘兆初，澳门特别行政区终审法院院长岑浩辉，二级大法官、高级人民法院院长李占国、黄明耀、郑青、夏道虎，全国人大代表郑亚莉、廖虹宇、朱列玉、法蒂玛、侯华梅、徐国权、高明芹、番跃平，全国政协委员刘林、南存辉、严望佳、周世虹等出席开幕式。中央和浙江省有关单位负责同志，最高人民法院、地方法院有关部门负责同志，部分专家学者等出席开幕式。

摩洛哥王国最高法院第一院长、最高司法权力委员会主席代表哈米德·阿卜德纳巴维，加勒比共同体加勒比法院院长阿德里安·达德利·桑德斯，巴基斯坦伊斯兰共和国最高法院大法官穆尼布·阿赫塔尔，菲律宾共和国最高法院大法官约瑟夫·洛佩兹，俄罗斯联邦法官委员会主席、大法官维克多·莫莫托夫，塞尔维亚共和国最高法院副院长比利亚娜·席纳诺维奇，新加坡共和国高等法院大法官艾迪阿都拉，委内瑞拉玻利瓦尔共和国最高法院大法官迈克尔·莫雷诺，英国南安普顿大学教授、政府人工智能咨询委员会主席温蒂·霍尔，联合国贸易和发展会议科技物流司司长沙米卡·西利曼，以及部分国际组织代表、外国驻华使节等通过线上方式出席论坛开幕式。

（来源：《人民法院报》2022年5月27日）

## ➢ 周强与秘鲁最高法院院长巴里奥斯举行视频会议

6月24日上午，中华人民共和国首席大法官、最高人民法院院长周强与秘鲁共和国最高法院院长埃尔维娅·巴里奥斯·阿尔瓦拉多举行视频会议。

周强表示，中秘全面战略伙伴关系稳步发展，两国政治互信不断深化，务实合作日益加强，成为中国同拉美国家团结合作、共同发展的典范。中秘司法领域长期保持友好交往，积极开展交流合作，取得丰硕成果。

周强介绍了中国法院推进司法改革以及服务统筹疫情防控和经济社会发展情况。他表示，中国法院紧紧围绕“努力让人民群众在每一个司法案件中感受到公平正义”目标，深化司法体制改革和智慧法院建设，建成一站式多元纠纷解决和诉讼服务体系，加强互联网司法建设，出台人民法院在线诉讼、在线调解、在线运行“三大规则”，出台关于加强区块链司法应用的意见，加快建设公正高效权威的中国特色社会主义司法制度。新冠疫情发生以来，中国法院及时出台服务保障举措，依法惩治涉疫犯罪，在线高效化解纠纷，切实维护人民群众生命安全和身体健康，为统筹疫情防控和经济社会发展提供有力司法服务。周强表示，中国最高人民法院愿与秘鲁最高法院共同努力，在信息化建设、司法公开、法官培训、案例研究等领域加强交流互鉴、持续深化合作，共同为促进中秘友好关系长远发展作出积极贡献。

巴里奥斯对中国法院司法改革和智慧法院建设取得的成就表示赞赏，并介绍了秘鲁司法机构有关情况。她表示，加强两国司法领域交流合作，对于进一步巩固两国友好关系发展具有重要意义，希望与中国最高人民法院积极开展对话交流，互相借鉴有益经验，共同推动两国司法事业发展，造福两国人民。

中国驻秘鲁大使梁宇、秘鲁驻华大使路易斯·克萨达等出席会议。

（来源：《人民法院报》2022 年 6 月 25 日）

## ➢ 周强：不断提升审判执行工作质效　以实际行动迎接党的二十大胜利召开

7 月 22 日下午，最高人民法院党组书记、院长周强主持召开最高人民法院党组扩大会议，研究分析上半年人民法院审判执行工作运行态势，部署下一步工作。周强强调，要坚持以习近平新时代中国特色社会主义思想为指导，深入贯彻习近平法治思想，坚持服务大局、司法为民、公正司法，不断提升审判执行工作质效，更好发挥审判职能作用，为保持平稳健康的经济环境、国泰民安的社会环境、风清气正的政治环境提供有力司法服务，以实际行动迎接党的二十大胜利召开。

人民法院大数据管理和服务平台数据显示，今年上半年，全国法院新收案件数同比下降，结案数同比上升，收结案实现良性循环。一审服判息诉率上升，涉诉信访率持续下降，执行到位金额创历史新高，审判执行工作稳中有进，各项指标呈现良好态势。

周强指出，今年以来，在以习近平同志为核心的党中央坚强领导下，在中央政法委领导下，各级法院大力加强党的政治建设，巩固深化党史学习教育和队伍教育整顿成果，全面深化司法改革，持续推进一站式建设，切实加强诉源治理，充分运用智慧法院建设成果，促进审判执行工作质效不断提升，矛盾纠纷化解更加便捷高效，各项工作实现新发展、取得新成效，为全面完成全年审判执行工作任务奠定坚实基础。

周强强调，要深刻认识和把握当前审判执行工作面临的形势任务，紧紧围绕迎接党的二十大、学习宣传贯彻党的二十大精神主线，切实履行好维护国家政治安全、确保社会大局稳定、促进社会公平正义、保障人民安居乐业的职责任务。要深刻领会“两个确立”的决定性意义，始终把坚决做到“两个维护”作为人民法院工作的首要任务，巩固拓展党史学习教育和队伍教育整顿成果，旗帜鲜明讲政治，坚决筑牢政治忠诚，牢牢坚持党对司法工作的绝对领导，确保党中央决策部署在人民法院不折不扣贯彻落实。

周强要求，要大力加强审判执行工作，服务经济社会高质量发展。要全面贯彻总体国家安全观，坚决维护国家政治安全特别是政权安全、制度安全、意识形态安全，维护社会大局稳定，为党的二十大胜利召开营造安全稳定的政治社会环境。要常态化开展扫黑除恶斗争，依法从严惩处人民群众深恶痛绝的犯罪，严厉打击网络诈骗、养老诈骗，坚决维护人民群众生命财产安全。要把思想和行动统一到党中央“疫情要防住、经济要稳住、发展要安全”的明确要求上来，发挥法治固根本、稳预期、利长远的重要作用，精准服务“六稳”“六保”，持续抓好审理涉疫情案件系列指导意见、司法助力中小微企业发展20条等司法政策措施落实落地，服务高效统筹疫情防控和经济社会发展。要加大知识产权司法保护力度，完善反垄断和反不正当竞争裁判规则，服务建设高效规范、公平竞争、充分开放的全国统一大市场。要加强产权和企业家权益司法保护，积极运用司法手段激发市场主体活力、弘扬企业家精神，让企业家专心创业、放心投资、安心经营。要加强对数据技术应用、数字经济发展的司法保护，推动营造开放、健康、安全的数字生态。要依法平等保护中外当事人合法权益，强化市场主体法治意识和契约精神，营造市场化、法治化、国际化营商环境，服务扩大高水平对外开放。要依法妥善审理涉民生领域案件，加强对高校毕业生、农民工和新就业形态劳动者等群体权益保护，坚决禁止针对曾经新冠病毒核酸检测阳性的康复者的就业歧视。要深入开展“为群众办实事示范法院”“枫桥式人民法庭”创建活动，持续推进一站式多元纠纷解决和诉讼服务体系建设，为人民群众提供更加优质高效司法服务。要坚持依法善意文明执行，巩固深化基本解决执行难成果，加快推进执行难综合治理、源头治理，及时兑现胜诉当事人合法权益。

周强强调，要深入推进司法体制改革和智慧法院建设，加强审判管理，不断提升审判执行质效。要全面统筹推进司法改革，深化完善四级法院审级职能定位改革，充分发挥最高人民法院统一法律适用、监督公正司法的职能，确保案件公正高效审理。要持续深化智慧法院建设，进一步健全互联网司法规则体系，完善中国特色、世界领先的互联网司法模式，努力创造更高水平的数字正义。要加强审判管理，立足中国特色社会主义司法制度优势，科学发挥审判绩效考核作用，加强审判执行数据分析研判，促进审判执行工作质量效率不断提升。

周强强调，要驰而不息抓好全面从严管党治警，锻造忠诚干净担当的过硬法院队伍。要坚持以党的政治建设为统领，教育引导广大干警坚定理想信念、坚守法治信仰、坚持公正司法，永葆为民务实清廉的政治本色，以实际行动践行“两个维护”。要牢牢坚持严的主基调不动摇，以零容忍的警醒、零容忍的力度严惩司法腐败，提高一体推进不敢腐、不能腐、不想腐的能力水平，确保法院队伍绝对忠诚、绝对纯洁、绝对可靠。

最高人民法院院领导贺荣、高憬宏、杨万明、穆红玉、杨临萍、贺小荣、李勇出席会议，院领导刘贵祥列席会议。最高人民法院各审判业务部门和巡回法庭有关负责同志列席会议。

（来源：《人民法院报》2022 年 7 月 24 日）

## ➢ 周强：加强人工智能司法应用　加快构建信息时代司法工作新模式

8 月 18 日下午，中华人民共和国首席大法官、最高人民法院院长周强以视频方式出席第十七次上海合作组织成员国最高法院院长会议，就“人工智能和自动化在司法程序中的体现：趋势与前景”作专题发言。周强介绍了中国法院加强人工智能应用、加快构建信息时代司法工作新模式的成效和前景，表示愿同与会各方加强交流互鉴、深化务实合作，共同推动人工智能同司法工作深度融合，为推动构建网络空间命运共同体和人类法治文明进步作出积极贡献。

周强表示，新一代人工智能在全球范围内蓬勃发展，深刻改变着人们的生产生活方式，为经济社会发展注入新动能。中国法院坚持以习近平新时代中国特色社会主义思想为指导，深入贯彻习近平法治思想和习近平总书记关于网络强国的重要思想，紧抓人工智能发展机遇，推动人工智能技术在司法领域深度应用，建成支持全国四级法院“全业务网上办理、全流程依法公开、全方位智能服务”的智慧法院信息系统，推进审判体系和审判能力现代化。

周强向与会各方介绍了人工智能和自动化在中国司法程序中的应用情况。

中国法院加强人工智能与司法为民相融合，加速推进在线诉讼服务，巩固拓展一站式多元纠纷解决和诉讼服务体系建设成果，健全阳光司法机制，加强互联网法院建设，出台人民法院在线诉讼、在线调解、在线运行“三大规则”，为信息时代的诉讼制度机制变革贡献中国智慧。加强人工智能与审判执行工作相融合，大力推进全流程网上办案，研发各类智能化办案辅助平台，建立健全网络查控系统，实现辅助事务自动化办理、案件繁简自动甄别分流、语音识别转录、案件智能画像、证据自动核验、法条及类案精准推送等，不断提升司法质量效率。加强人工智能与大数据利用相融合，实现全国四级法院审判执行数据的常态化、自动化汇聚，依托司法大数据资源，建立司法指数体系，深化区块链技术应用，积极服务社会治理。

周强表示，人工智能和自动化在司法领域应用前景广阔，中国智慧法院建设已经取得显著成效，中国法院将继续抓住信息化发展带来的历史机遇，坚持科技驱动、坚持问题导向、坚持开放合作，全面深化智慧法院建设，着力建设以知识为中心、智慧法院大脑为内核、司法数据中台为驱动的人民法院信息化4.0版，推动人工智能和自动化深度应用，实现诉讼制度体系在信息时代的跨越发展，构建中国特色互联网司法新模式，努力创造更高水平的数字正义。

中华人民共和国二级大法官、最高人民法院副院长杨万明就“上合组织成员国在打击网络犯罪方面的经验”作专题发言。

俄罗斯联邦最高法院院长维亚切斯拉夫·列别杰夫就“非监禁刑的审理实践”“行政司法程序在俄罗斯联邦的形成和发展”作专题发言。

吉尔吉斯共和国最高法院、塔吉克斯坦共和国最高法院、哈萨克斯坦共和国最高法院、乌兹别克斯坦共和国最高法院、印度共和国最高法院、俄罗斯联邦第三上诉法院代表及伊朗伊斯兰共和国第一司法副总监等作专题发言。

（来源：《人民法院报》2022年8月20日）

## ➢ 周强：健全完善中国特色一站式多元纠纷解决体系　推动建设更高水平的平安中国法治中国

8月23日上午，最高人民法院举行推进构建中国特色“总对总”在线多元解纷新格局工作座谈会，最高人民法院党组书记、院长周强出席会议并讲话。周强强调，要坚持以习近平新时代中国特色社会主义思想为指导，深入贯彻习近平法治思想，坚定不移走中国特色社会主义社会治理之路，健全完善中国特色一站式多元纠纷解决体系，推动建设更高水平的平安中国、法治中国，以实际行动迎接党的二十大胜利召开。

最高人民法院深入贯彻落实习近平总书记重要指示精神和党中央重大决策部署，扎实推进中国特色一站式多元纠纷解决机制建设，积极对接中央有关单位、全国性行业协会，指导各地法院主动融入党委领导的社会治理体系，以人民法院调解平台为载体，推动建立自上而下、全面覆盖的“总对总”多元解纷机制。目前，“总对总”合作单位有12家，全国四级法院以及7.8万个调解组织、6.9万家基层治理单位、32.8万名调解员在调解平台开展调解工作，为当事人提供菜单式、集约式、一站式解纷服务，平均每个工作日有4.7万件纠纷在法院调解平台进行调解，平均每分钟有57件成功化解在诉前。

周强指出，党的十八大以来，习近平总书记多次作出重要指示，为“枫桥经验”赋予新的时代内涵，为更好服务群众、化解矛盾、定分止争指明了方向。构建中国特色一站式多元纠纷解决体系，是贯彻落实习近平总书记关于坚持和发展新时代“枫桥经验”重要指示的务实举措，是发挥中国特色社会主义制度优势，牢牢坚持党的领导，坚持将非诉讼纠纷解决机制挺在前面，将调解优良传统与信息化、数字化、智能化发展潮流有机融合的创新实践，具有鲜明中国特色、时代特色、实践特色，对于完善社会矛盾综合治理机制，促进市域治理现代化，建设中国特色社会主义法治体系，推进治理体系和治理能力现代化，服务以中国式现代化推进中华民族伟大复兴具有重要意义。

周强指出，最高人民法院积极推进中国特色一站式多元纠纷解决机制建设，广泛汇聚解纷力量，“总对总”在线多元解纷工作实现了从点线突破向全面开花、平台搭建向实质解纷、单打独斗向多元联动、纠纷“解决得了”向纠纷“解决得好”的转变，联动资源多、覆盖领域广、规则日益完善，有效促进了调解资源跨地域、跨层级、跨部门共享共用，引导大量矛盾纠纷在法治轨道上及时高效解决，为维护群众权益、保障社会稳定、助力经济高质量发展发挥了积极作用，为多元纠纷解决机制和互联网司法发展贡献了中国智慧、中国方案。

周强强调，各级法院要坚持以习近平新时代中国特色社会主义思想为指导，深入贯彻习近平法治思想，深入学习贯彻习近平总书记重要讲话精神，深刻领悟“两个确立”的决定性意义，增强“四个意识”、坚定“四个自信”、做到“两个维护”，与各有关单位积极配合，继续扩大多元解纷的范围，拓展一站式解纷机制辐射面，推动在线多元解纷工作高质量发展，不断健全完善中国特色一站式多元纠纷解决体系。要牢牢坚持党对司法工作的绝对领导，推动形成党领导下内外联动、上下协同、有序衔接的多元纠纷解决格局。要坚持以人民为中心，健全诉讼服务大厅、在线服务平台、12368诉讼服务热线和巡回审判等立体化诉讼服务渠道，坚决贯彻立案登记制要求，不断满足人民群众对公平正义的新要求新期待。要坚持法治思维和法治方式，充分发挥司法在社会治理中的参与、推动、规范、保障作用，支持和规范各方力量在法治轨道上参与解决纠纷，提供业务指导和法律政策指引，切实加强法治宣传教育。要坚持全国“一盘棋”，坚持共建共治共享，纵向贯通四级法院，横向对接各有关单位、各类解纷力量，在线链接其他多元化解平台，畅通一站式多元纠纷解决供给链。要坚持改革创新，坚持制度变革与科技变革双轮驱动，推进司法改革成果有效衔接，与智慧法院建设深度融合，推动多元纠纷解决机制迈向更高水平。

座谈会上，最高人民法院党组成员、副院长高憬宏通报了“总对总”在线诉调对接工作质效情况，中央政法委副秘书长王洪祥致辞。中共中央台湾工作办公室副主任龙明彪，中华全国总工会书记处书记、党组成员许山松，中国侨联党组成员、副主席候选人连小敏，全国工商联党组成员、副主席鲁勇，国家发展和改革委员会副秘书长杨荫凯，人力资源和社会保障部党组成员、副部长俞家栋，退役军人事务部党组成员、副部长马飞雄，中国人民银行党委委员、副行长刘国强，中国银行保险监督管理委员会首席会计师马学平，中国证券监督管理委员会党委委员、副主席李超，国家知识产权局党组成员、副局长胡文辉，中国中小企业协会会长李子彬等12家合作单位有关负责同志，以及全国人大代表、中华全国律师协会会长高子程作发言，介绍各单位开展纠纷多元化解经验。随后，会议视频连线安徽省合肥市蜀山区人民法院、福建省漳州市中级人民法院、山东省鄄城县人民法院、湖南省长沙市中级人民法院、广东省佛山市中级人民法院，听取相关法院和合作单位介绍党委领导下类型化纠纷多元共治实践。

最高人民法院党组副书记、常务副院长贺荣主持会议。国家卫生健康委员会党组成员、副主任曾益新，最高人民法院党组成员、副院长贺小荣，教育部党组成员、副部长田学军，公安部党委委员、副部长孙茂利，住房和城乡建设部党组成员、副部长张小宏，国务院港澳事务办公室党组成员、副主任王灵桂，以及中宣部、司法部、农业农村部、国家市场监督管理总局等有关部门负责同志出席会议。

（来源：《人民法院报》2022 年 8 月 24 日）

## ➢ 周强：推进网络法治建设　营造风清气正网络空间

8 月 29 日下午，2022 年中国网络文明大会网络法治建设论坛在天津举行，最高人民法院党组书记、院长周强以视频方式致辞。周强表示，要坚持以习近平新时代中国特色社会主义思想为指导，深入学习贯彻习近平法治思想和习近平总书记关于网络强国的重要思想，广泛凝聚共识，推进网络法治建设，共同营造风清气正的网络空间，为全面建设社会主义现代化国家作出积极贡献，以实际行动迎接党的二十大胜利召开。

周强向 2022 年中国网络文明大会和网络法治建设论坛召开表示祝贺。他表示，党的十八大以来，以习近平同志为核心的党中央高度重视网络文明建设和依法治网工作。习近平总书记向首届中国网络文明大会致贺信，强调要共同推进文明办网、文明用网、文明上网，以时代新风塑造和净化网络空间，共建网上美好精神家园。人民法院始终坚持以习近平新时代中国特色社会主义思想为指导，深入学习贯彻习近平法治思想和习近平总书记关于网络强国的重要思想，积极探索互联网司法模式，推动网络空间治理法治化。人民法院坚持探索创新，成立互联网法院，深化大数据、云计算、区块链、人工智能等技术应用，出台人民法院在线诉讼、在线调解、在线运行“三大规则”和加强区块链司法应用意见，在世界范围内率先构建起互联网司法规则体系，建成全业务网上办理、全流程依法公开、全方位智能服务的智慧法院。人民法院制定关于人脸识别、网络消费、信息网络侵权、电信网络诈骗等司法解释，审理“大数据权属案”“暗刷流量案”等一批具有广泛社会影响和规则确立意义的案件，充分发挥司法裁判规范引领作用，为网络空间治理明确裁判标准，服务网络文明建设和数字经济健康发展。

周强表示，加强网络文明建设，营造风清气正的网络空间，是全社会的广泛共识，是顺应时代发展的内在要求。希望与会各方围绕本次论坛议题深入交流、相互启发、加强合作，在法治轨道上共同推进网络综合治理体系建设，共建网上美好精神家园。周强提出三点建议。一是汇众人之智、广泛凝聚共识。全面加强交流、分享经验，共话网络文明发展，同绘法治建设蓝图，推动网络文明与法治建设再上新台阶。二是坚持需求导向、深化务实合作。聚焦网络发展新情况、新问题、新挑战、新需求，全面加强技术应用、平台建设、治理模式、规则制度、人才培养等方面合作，共同探索依法治网新思路、新模式。三是坚持改革创新、强化依法治网。聚焦完善网络法治规则体系，推动完善相关立法、加大执法力度、深化司法治理，进一步加强普法宣传、深化法治研究，建设专业化复合型人才队伍，着力培育积极健康、向上向善的网络文化，共同营造风清气正的网络空间。

最高人民法院党组成员、副院长杨临萍主持论坛致辞环节并作主旨发言。中央网信办副主任、国家网信办副主任盛荣华，天津市委常委、政法委书记王庭凯在论坛上致辞。天津市副市长、公安局局长衡晓帆，天津市高级人民法院院长李静，浙江省高级人民法院院长李占国，中国科学院院士、浙江大学校长吴朝晖，全国人大代表才华、马一德、王艳、巩建丽、孙丰源、杨宝玲、郭红静、黄美媚，全国政协委员卢永琇、杨玉芙等出席论坛。中央网信办、最高人民法院、天津市委市政府有关部门负责同志，部分专家学者、企业代表等参加论坛。

作为2022年中国网络文明大会分论坛之一，网络法治建设论坛以“发挥法治保障作用，实现更高水平数字正义”为主题，与会各方围绕全域数字法院改革、智慧法院建设发展、数字治理与网络文明等网络法治前沿理论和实践热点问题开展深入研讨。

（来源：《人民法院报》2022年8月30日）

## ➢ 周强：深入学习贯彻党的二十大报告　为推进中国式现代化提供有力司法服务

最高人民法院党组书记、院长周强在参加党的二十大山东代表团讨论发言时表示，习近平总书记所作的党的二十大报告举旗定向、总揽全局、气势恢宏、思想深邃，是全面建设社会主义现代化国家、全面推进中华民族伟大复兴的政治宣言和行动纲领，各级法院要深入学习领会，深刻领悟“两个确立”的决定性意义，坚决做到维护核心、绝对忠诚、听党指挥、勇于担当，坚持服务大局、司法为民、公正司法，努力把报告擘画的宏伟蓝图落实到具体实践中，为推进中国式现代化提供有力司法服务，为全面建设社会主义现代化国家、全面推进中华民族伟大复兴而不懈奋斗。

周强表示，习近平总书记的报告全面回顾过去五年工作和新时代十年伟大变革，深入总结马克思主义中国化时代化取得的重大理论创新成果，系统阐述未来一个时期党的大政方针和战略部署，通篇闪耀着马克思主义真理的光芒，是党团结带领全国各族人民在新时代新征程坚持和发展中国特色社会主义的政治宣言和行动纲领，具有重大而深远的里程碑意义，必将极大促进全党全国各族人民凝心聚力、团结奋斗，奋进新征程、建功新时代，谱写全面建设社会主义现代化国家新篇章。

周强表示，过去五年和新时代以来的十年，党和国家事业取得历史性成就、发生历史性变革，实现一系列突破性进展，取得一系列标志性成果，中华民族迎来从站起来、富起来到强起来的伟大飞跃，根本在于习近平总书记作为党中央的核心、全党的核心掌舵领航，在于习近平新时代中国特色社会主义思想科学指引。“两个确立”是党的十八大以来党的建设最重大的政治成果，也是新时代引领党和国家事业从胜利走向新的胜利的政治保证。各级法院要深刻领悟“两个确立”的决定性意义，增强“四个意识”、坚定“四个自信”、做到“两个维护”，深刻把握新时代新征程党的历史使命，切实把思想和行动统一到党的二十大精神上来，统一到以习近平同志为核心的党中央决策部署上来，坚持人民至上、坚持自信自立、坚持守正创新、坚持问题导向、坚持系统观念、坚持胸怀天下，为全面建设社会主义现代化国家、全面推进中华民族伟大复兴不断作出新的更大贡献。

周强表示，党的二十大报告全面系统总结依法治国取得的历史性成就，对坚持全面依法治国、推进法治中国建设作出重要部署，意义重大而深远。各级法院要始终坚持以习近平新时代中国特色社会主义思想为指导，深入贯彻习近平法治思想，坚持严格公正司法，深化司法体制综合配套改革，全面准确落实司法责任制，认真履行维护国家政治安全、确保社会大局稳定、促进社会公平正义、保障人民安居乐业的职责使命，更好发挥法治固根本、稳预期、利长远的保障作用，努力让人民群众在每一个司法案件中感受到公平正义，为推进中国式现代化提供有力司法服务。

周强表示，十九届中央纪委工作报告坚持以习近平新时代中国特色社会主义思想为指导，全面总结党的十九大以来全面从严治党和纪律检查工作取得的成绩，深入准确分析形势，全面部署工作任务，主题鲜明、求真务实，是一个具有政治高度、思想高度的好报告。党的十九大以来，中央纪委国家监委和各级纪检监察机关坚决贯彻党的自我革命战略部署和全面从严治党战略方针，发挥监督保障执行、促进完善发展作用，推动纪检监察工作高质量发展，推动反腐败斗争取得压倒性胜利并全面巩固，为党和国家事业发展提供了坚强保障。各级法院要认真学习贯彻十九届中央纪委工作报告，牢牢坚持严的主基调不动摇，以全面从严治党永远在路上、党的自我革命永远在路上的执着，依法惩处腐败犯罪，一刻不放松地推进全面从严管党治警，健全一体推进“三不腐”制度机制，确保法院队伍绝对忠诚、绝对纯洁、绝对可靠。

周强表示，党的二十大全面总结新时代党的建设新的伟大成就，根据新形势新任务对党章进行适当修改，体现党的二十大报告确立的重大理论观点和重大战略思想，适应党的理论和实践创新发展需要，适应推进新时代党的建设新的伟大工程需要，有利于全党更好学习党章、遵守党章、贯彻党章、维护党章，更好把中国特色社会主义伟大事业和新时代党的建设新的伟大工程推向前进。各级法院要坚决贯彻落实党的二十大部署，把学习贯彻党的二十大精神和新修改的党章作为首要政治任务，坚决落实全面从严治党要求，建设一支忠诚干净担当的人民法院队伍。要弘扬伟大建党精神，务必不忘初心、牢记使命，务必谦虚谨慎、艰苦奋斗，务必敢于斗争、善于斗争，忠诚履职、锐意进取，推进新时代人民法院工作高质量发展，在新的赶考之路上向党和人民交出优异的答卷。

（来源：《人民法院报》2022年10月19日）

## ➢ 周强：推动现代科技与法院工作深度融合　构建以人民为中心的诉讼服务制度体系

11 月 5 日上午，中华人民共和国首席大法官、最高人民法院院长周强以视频方式出席东盟首席法官理事会东盟 + 成立大会，并围绕“法院技术与司法便民举措：挑战与经验”议题作专题发言。周强表示，愿同与会各方秉持开放包容、合作共赢理念，加强交流互鉴，深化务实合作，共同推动现代技术与司法工作深度融合，全面推进审判体系和审判能力现代化，为构建网络空间命运共同体和人类法治文明进步作出积极贡献。

周强向东盟首席法官理事会召开首届东盟 + 会议表示祝贺。他表示，本次会议主题明确、意义重大，建立有关会议机制，为中国法院与东盟各国法院及日本、韩国法院之间相互学习借鉴提供了良好机会，必将广泛凝聚合作共识，促进与会各方在共同关心的领域加强司法合作，推动各国司法工作高质量发展。

周强表示，中共二十大为新时代新征程中国共产党和国家事业发展制定了大政方针和战略部署，擘画了全面建设社会主义现代化国家、全面推进中华民族伟大复兴的宏伟蓝图。中国法院坚持以习近平新时代中国特色社会主义思想为指导，深入学习贯彻中共二十大精神，积极推动大数据、人工智能等科技创新成果同司法工作深度融合，健全以人民为中心的诉讼服务制度体系，推动审判体系和审判能力现代化，努力让人民群众在每一个司法案件中感受到公平正义。

周强介绍了中国法院推进现代科技与法院工作深度融合，构建以人民为中心的诉讼服务制度体系有关情况。他表示，中国法院建成一站式多元纠纷解决和诉讼服务体系，推进审判执行智能化，全面推广法院在线服务，提供多渠道便民利民措施，深化司法大数据分析利用，让公平正义更快更好实现。推动构建互联网司法新模式，成立互联网法院，出台人民法院在线诉讼、在线调解、在线运行“三大规则”，发布《关于加强区块链司法应用的意见》，积极为信息时代的诉讼制度机制变革贡献中国智慧。

本次东盟首席法官理事会东盟 + 成立大会在马来西亚举办，马来西亚联邦法院首席大法官麦润，泰国大理院院长卓迪瓦·勒昂巴瑟在开幕式上致辞。

日本最高裁判所所长户仓三郎，大韩民国大法院院长金命洙作专题发言。印度尼西亚共和国最高法院首席大法官穆罕默德·沙里福丁，老挝人民民主共和国最高人民法院院长万通·西潘敦，缅甸联邦共和国首席大法官吞吞乌，菲律宾共和国最高法院首席大法官亚历山大·詹斯蒙多，新加坡共和国最高法院首席大法官梅达顺，越共中央政治局委员、中央书记处书记、越南社会主义共和国最高人民法院院长阮和平等出席会议。

中华人民共和国二级大法官、最高人民法院副院长杨万明、杨临萍出席会议。

（来源：《人民法院报》2022年11月6日）

## ➤ 贺荣：加强知识产权司法保护　服务更高水平对外开放

7月20日下午，中华人民共和国一级大法官、最高人民法院常务副院长贺荣以视频方式出席第3届中国—东盟大法官论坛并作专题发言表示，中国法院深入践行习近平法治思想，依法公正高效审理各类知识产权案件，对内外资企业、中外权利人一视同仁、平等保护，助力营造市场化法治化国际化营商环境和开放、公平、公正、非歧视的科技发展环境。

贺荣指出，中国法院牢固树立保护知识产权就是保护创新理念，出台涉专利权、商标权、著作权、植物新品种权、商业秘密等司法解释和司法政策，成立最高人民法院知识产权法庭和北京、上海、广州以及海南自由贸易港知识产权法院，深入推进知识产权民事、行政、刑事审判“三合一”改革，健全行政执法和司法衔接机制，深度参与世界知识产权组织框架下全球知识产权治理，知识产权司法保护力度不断加大。贯彻对外开放基本国策，履行国际条约义务，尊重国际营商惯例，严格依法平等保护中外当事人合法权益，越来越多的外国企业选择到中国法院解决知识产权纠纷，中国正逐渐成为值得信赖的国际知识产权诉讼优选地。

贺荣强调，随着新一轮科技革命和产业变革的蓬勃兴起，加强知识产权保护国际合作愈发重要。中国法院将秉持人类命运共同体理念，继续严格依法平等保护各类知识产权，加强国际司法交流合作，为区域科技创新、文化繁荣、公平竞争和更高水平经贸往来提供司法保障。

印度尼西亚共和国最高法院大法官拉赫米·穆尔娅媞，老挝人民民主共和国最高人民法院大法官、商事审判庭庭长檀纱麦·萨姆妮缇，缅甸联邦共和国最高法院国际关系与研究部副主任莫祖乌，泰王国大理院研究室首席法官查乐林·包帕坦·阿蒙塞围绕“加强知识产权合作，提升知识产权保护国际化水平”主题发言表示，完善知识产权制度、建立知识产权法院，将更有效优化营商环境，希望有更多机会分享知识产权保护的司法实践，提高知识产权保护国际化水平。

中华人民共和国二级大法官、最高人民法院副院长杨万明主持专题研讨。

（来源：《人民法院报》2022 年 7 月 22 日）

## ➢ 贺荣：加快提升涉外司法能力　扎实有力服务高水平对外开放

9 月 28 日上午，最高人民法院以线上线下相结合方式召开专题调研座谈会，围绕办好十三届全国人大五次会议重点督办建议“提升涉外司法能力，加强国际商事纠纷解决中心建设”听取部分全国人大代表和中央有关单位的意见建议。最高人民法院党组副书记、常务副院长贺荣主持会议强调，要深入践行习近平法治思想，落实党中央关于统筹推进国内法治和涉外法治的决策部署，自觉践行全过程人民民主，以办好重点督办建议为契机，提升涉外司法能力，务实推动涉外审判工作高质量发展。

会上，最高人民法院有关庭室负责同志介绍建议办理情况，全国人大代表刘艺良、孙媛媛、李明远、陈曼琪、陈飘、罗东川、徐建贤以及全国人大监察和司法委员会、全国人大常委会办公厅、国家发展和改革委员会、司法部、国务院港澳事务办公室、中国国际贸易促进委员会的有关部门负责同志作了发言。

贺荣强调，重点督办建议涉及我国涉外法治领域前沿重点问题。要全面贯彻外商投资法及其实施条例，恪守国际条约、尊重国际惯例，坚持依法平等保护原则，确保中外当事人诉讼地位和诉讼权利平等、法律适用和法律保护平等，推动营造市场化法治化国际化营商环境。要结合重点督办建议内容，深入研究涉及跨境电商、企业和资产跨境并购、金融衍生产品投资、“走出去”中小微企业合法权益保护等方面新情况新问题，不断提高涉外司法能力水平。要充分发挥最高人民法院国际商事法庭职能作用，健全诉讼与仲裁、调解有机衔接的一站式国际商事纠纷多元化解决机制，在优化涉外案件管辖、涉外送达、域外法查明、跨境诉讼服务等方面持续加强探索，提高涉外审判质效和司法公信力。要围绕高质量共建“一带一路”、自贸试验区、自由贸易港、粤港澳大湾区建设等重大部署强化司法服务，更好服务高水平对外开放。要坚持共商共建共享原则，深入开展国际司法交流合作，积极参与全球治理体系改革和建设，服务推动构建人类命运共同体。要落实全过程人民民主，做深做实代表建议办理工作，充分回应代表关切，切实把重点督办建议办理转化为加强涉外审判工作的成效，以实际行动迎接党的二十大胜利召开。

最高人民法院有关部门负责同志参加座谈。

（来源：《人民法院报》2022年9月29日）

## ➢ 贺荣：担当实干把党的二十大精神落到实处　为推进中国式现代化提供有力司法服务

11月16日下午，最高人民法院举行学习贯彻党的二十大精神宣讲报告会暨人民法院大讲堂培训。最高人民法院党组副书记、常务副院长贺荣重点围绕党的二十大关于法治建设的重大决策部署进行宣讲，强调要深入践行习近平法治思想，严格公正司法，牢记“国之大者”履职尽责，更加扎实有力服务推进中国式现代化。

贺荣指出，要深刻理解党的二十大报告专章论述、专门部署法治建设在我国社会主义法治建设史上的重要里程碑意义，准确把握新时代新征程坚持全面依法治国、推进法治中国建设的总体思路、工作布局和实践要求，立足司法职能落实落细党的二十大决策部署。结合人民法院工作实际，重点从七个方面狠抓落实：一是牢牢坚持党对司法工作的绝对领导，坚定走中国特色社会主义法治道路，最关键的是深刻领悟“两个确立”的决定性意义，把“两个维护”这一最高政治原则和根本政治责任落到实处。二是落实统筹发展和安全，坚定不移贯彻总体国家安全观，依法惩治犯罪、保护人民、定分止争、化解矛盾，坚决维护国家政权安全、制度安全、意识形态安全，有力维护国家安全和社会稳定。三是牢记“国之大者”，紧紧围绕高质量发展主题，完整、准确、全面贯彻新发展理念，依法平等保护各类市场主体合法权益，营造市场化、法治化、国际化一流营商环境，服务构建新发展格局。四是加大对关键核心技术、重点领域、种业种源等知识产权司法保护力度，强化反垄断和反不正当竞争司法，服务创新驱动发展。五是践行以人民为中心的发展思想，依法审理就业、教育、医疗、养老、育幼、住房、社会保障等涉民生领域案件，实质性化解矛盾纠纷，弘扬社会主义核心价值观，切实保障人民群众合法权益。六是坚持严格公正司法，在全面准确落实司法责任制、规范司法权力运行、强化对司法活动制约监督上下功夫，推动加快建设公正高效权威的社会主义司法制度。七是压紧压实全面从严治党主体责任，坚持以严的基调强化正风肃纪，努力锻造政治强、业务精、务实担当、清正廉洁的过硬法院队伍。

最高人民法院党组成员、政治部主任马世忠主持会议，院领导陶凯元、高憬宏、张荣顺、杨临萍、贺小荣、李勇、刘贵祥出席会议。最高人民法院机关干警在主会场和各视频分会场参加学习。

（来源：《人民法院报》2022 年 11 月 17 日）

## ➢ 陶凯元：加强区域法律交流合作　为推动 RCEP 实施提供高质量司法服务和保障

7 月 20 日上午，中华人民共和国二级大法官、最高人民法院副院长陶凯元在第 3 届中国—东盟大法官论坛上作专题发言时表示，自习近平主席提出“一带一路”重大倡议以来，中国最高人民法院在推动完善跨境贸易投资规则、构建市场化法治化国际化营商环境方面作出了积极努力。

陶凯元指出，中国最高人民法院坚持依法平等保护，推动跨境贸易自由化便利化；积极营造市场化法治化国际化营商环境，切实保护外商投资合法权益；提高涉外司法质效，推动涉外审判高质量发展。

陶凯元认为，加快对接今年 1 月 1 日起实施的 RCEP 经贸新规则，是中国和东盟各国法院共同面临的新课题。为发挥司法在推动 RCEP 高质量实施中的服务和保障作用，陶凯元提出三点倡议。一是加强交流，推动与 RCEP 对接领域的贸易投资裁判规则协调统一。二是深化合作，进一步提高跨境送达、调查取证的效率，加大对域内他国司法判决、仲裁裁决的承认与执行力度，积极探索司法确认国际商事调解协议的机制，提升区域内司法协助效率。三是加强研究，推动就投资争端解决问题早日达成共识。

菲律宾共和国最高法院大法官约瑟夫·洛佩兹、缅甸联邦共和国最高法院办公室副主任昂阔穆也就“加快对接RCEP经贸新规则，为区域贸易投资提供更好的司法服务”这一主题作了发言，他们相信在RCEP协定下，各伙伴国将为区域贸易和投资提供更好的司法服务。

中华人民共和国二级大法官、最高人民法院副院长杨万明主持专题研讨。

（来源：《人民法院报》2022年7月22日）

## ➢ 杨临萍：筑牢信息化建设防火墙　推动智慧法院高质量发展

1月13日下午，最高人民法院召开2022年信息化建设合作企业廉政风险防控年度会议，最高人民法院党组成员、副院长杨临萍出席会议并讲话。

杨临萍指出，过去一年，人民法院信息化建设取得显著成效，实现“十四五”良好开局，离不开各合作企业的鼎力支持。各合作企业是人民法院特别是最高人民法院信息化建设的重要参与者、建设者，在党风廉政建设和反腐败工作中具有义不容辞的重要职责，要切实扛起人民法院信息化反腐倡廉建设的重要职责，守规矩、讲诚信，以良心品质和诚信经营赢得市场和利益，构建风清气正的合作氛围。

杨临萍强调，人民法院信息化廉政建设和网络安全是攸关党和国家工作大局、事关人民司法事业大局的重大问题，必须作为重要政治任务来抓好。人民法院和各合作企业要认真学习贯彻党的十九届六中全会精神和习近平总书记关于推进新时代党的自我革命、加强党风廉政建设的决策部署，切实肩负起推动人民法院信息化反腐倡廉建设的共同责任，筑牢人民法院信息化建设廉政风险和安全保密管理防火墙，推动智慧法院建设健康、安全、高质量发展。要进一步增强政治判断力、政治领悟力、政治执行力，不断强化风险意识、树牢底线思维、提升管理效能，牢牢掌握网络安全主动权，为推动“十四五”时期人民法院信息化建设高质量发展提供坚强有力的保障。

最高人民法院、信息化建设合作企业相关负责人出席会议，部分企业负责人代表在会上发言。

（来源：《人民法院报》2022年1月15日）

## ➢ 杨临萍：深化数字技术与法院工作融合　推进审判体系和审判能力现代化

5月26日下午，中华人民共和国二级大法官、最高人民法院副院长杨临萍参加数字经济法治论坛“数字技术在司法领域应用与规制”专题研讨并发言。

杨临萍指出，中国法院坚决贯彻落实习近平法治思想和习近平总书记关于网络强国的重要思想，大力推动数字科技与司法工作深度融合，全面深化智慧法院建设，不断完善互联网司法模式，全面推进审判体系和审判能力现代化。

杨临萍介绍了中国法院智慧法院建设情况。她表示，中国法院已经建成支持全国四级法院“全业务网上办理、全流程依法公开、全方位智能服务”的智慧法院信息系统，司法质效显著提升，为信息时代的世界法治文明提供了中国方案。具体的经验做法有四个方面：一是广泛运用互联网技术，建设一站式多元纠纷解决和诉讼服务体系，深化司法公开，重塑互联网时代司法服务模式；二是积极运用人工智能、区块链技术，提升审判执行工作质效；三是深度应用司法大数据技术，有效服务司法管理和社会治理；四是建设云网一体的信息基础设施，确保智慧法院在运行过程中的网络安全、数据安全和个人信息保护。

中华人民共和国二级大法官、最高人民法院副院长杨万明主持研讨。摩洛哥王国最高法院第一院长、最高司法权力委员会主席代表哈米德·阿卜德纳巴维，卡塔尔国最高法院院长、最高司法委员会主席哈桑·穆罕纳迪，俄罗斯联邦法官委员会主席、大法官维克多·莫莫托夫，英国南安普顿大学教授、政府人工智能咨询委员会主席温蒂·霍尔，中华人民共和国香港特别行政区高等法院首席法官潘兆初以在线视频方式参加研讨。

（来源：《人民法院报》2022年5月27日）

## ➢ 贺小荣：全面加强知识产权司法保护　优化创新创造创业法治环境

4月22日上午，2022中国知识产权保护高层论坛在北京举行，最高人民法院党组成员、副院长贺小荣出席论坛并致辞。

贺小荣指出，党的十八大以来，以习近平同志为核心的党中央高度重视知识产权工作，推动我国知识产权事业取得历史性成就，走出一条中国特色知识产权发展之路。人民法院坚持以习近平新时代中国特色社会主义思想为指导，深入贯彻习近平法治思想，牢固树立保护知识产权就是保护创新理念，着力提升知识产权审判质效和司法公信力，优化创新创造创业法治环境，全方位司法保护体系进一步健全，专业化审判体系建设进一步完善，服务党和国家大局成效进一步凸显。

贺小荣强调，加强知识产权司法保护，是营造法治化营商环境、服务更高水平对外开放的必然要求。人民法院将认真贯彻落实知识产权强国建设纲要和知识产权“十四五”规划，坚持创新在我国现代化建设全局中的核心地位，充分发挥审判职能作用，全面加强知识产权司法保护，进一步加大对关键核心技术、新兴产业、种源种业等重点领域知识产权保护力度，健全新领域新业态新模式知识产权司法保护规则，完善专业化审判体系，推动健全全链条协调保护格局，积极参与知识产权国际治理，努力为创新驱动发展、加快建设知识产权强国提供有力司法服务。

国家知识产权局局长申长雨、最高人民检察院检察委员会副部级专职委员宫鸣、北京市副市长殷勇出席论坛。会后，申长雨与贺小荣举行工作会谈并见证最高人民法院知识产权法庭与国家知识产权局专利局专利审查协作北京中心签订技术咨询协议。

（来源：《人民法院报》2022年4月23日）

## ➢ 沈亮：以四级法院审级职能定位改革试点为契机　推动民商事审判工作再上新台阶

1月25日至26日，最高人民法院党组成员、副院长、第五巡回法庭庭长沈亮在四川省成都市主持召开第五巡回法庭巡回区民商事审判工作座谈会。沈亮要求，巡回区人民法院要坚持以习近平新时代中国特色社会主义思想为指导，深入贯彻习近平法治思想，认真贯彻落实习近平总书记关于政法工作重要指示精神，贯彻落实中央政法工作会议、全国高级法院院长会议工作部署，奋力推进新时代人民法院工作高质量发展，推进重点司法改革举措走深走实，以实际行动迎接党的二十大胜利召开。

沈亮指出，巡回区各级人民法院坚持服务大局、司法为民、公正司法，为巡回区经济社会发展提供了高水平的司法保障。下一步，要着眼于贯彻落实中央重大决策部署，找准司法服务党和国家工作大局的着力点、切入点。要充分发挥民商事审判职能作用，继续落实落细民法典贯彻实施会议精神，发挥新修正民事诉讼法的制度效能，妥善审理各类案件，持续优化市场化法治化营商环境。要扎实推进四级法院审级职能定位改革试点工作，确保法律正确统一适用、司法资源优化配置，推动民商事审判工作再上新台阶。

会议通报了第五巡回法庭巡回区近五年民商事审判情况和下一步工作安排，围绕四级法院审级职能定位改革试点和民商事审判工作中的重点难点开展了交流讨论。重庆、四川、贵州、云南、西藏高级人民法院有关负责同志参加会议。

（来源：《人民法院报》2022年1月27日）

## ➢ 沈亮：充分发挥司法职能　健全完善数字经济规则体系

5月26日下午，中华人民共和国二级大法官、最高人民法院副院长沈亮参加数字经济法治论坛“数字经济法律问题的司法回应”专题研讨并发言。

沈亮表示，数字经济的快速发展带来了全新的法律挑战，迫切需要发挥司法鼓励创新、规范引领的功能作用。近年来，中国法院大力加强数字经济的司法保护，制定出台相关司法解释，依法公正审理各类新模式新业态案件，为促进数字经济高质量发展提供有力保障。

沈亮介绍了中国法院加强数字经济司法保障情况。他表示，中国法院坚持鼓励与规范并重，不断加强知识产权、企业产权、数据权利的司法保护，鼓励各类市场主体通过技术进步和科技创新实现产业升级，激发数字经济发展活力。优化数字经济治理生态，对直播带货、外卖餐饮等新型商业形态的法律问题作出规范，完善新型不正当竞争行为、垄断行为的裁判规则，强化网络平台治理，维护良好市场秩序。坚决打击网络刑事犯罪，依法惩处开设网络赌场、网络诈骗等各类网络犯罪，维护个人信息安全，筑牢数字经济安全屏障。积极防范化解网络风险，加强算法技术法律规制，惩治利用算法实施的违法违规行为，维护用户合法权益。

中华人民共和国二级大法官、最高人民法院副院长杨万明主持研讨。加勒比共同体加勒比法院院长阿德里安·达德利·桑德斯，委内瑞拉玻利瓦尔共和国最高法院大法官迈克尔·莫雷诺以在线视频方式参加研讨。蒙古国最高法院首席大法官达木丁·钢照日格作书面发言。

（来源：《人民法院报》2022年5月27日）

## ➢ 李勇：不断优化破产审判工作　以高质量司法服务推动东北全面振兴取得新突破

12月8日上午，第六届长白破产法论坛以线上线下相结合的方式召开。最高人民法院党组成员、副院长、第二巡回法庭分党组书记、庭长李勇出席论坛并讲话。黑龙江省高级人民法院院长石时态、内蒙古自治区高级人民法院院长杨宗仁、辽宁省高级人民法院院长郑青和吉林省高级人民法院常务副院长许柏峰出席开幕式并致辞。全国人大代表史玉东、杨松、李宗胜、丁照民、张慧、田立坤，全国政协委员贾德昌受邀参加。

李勇强调，要始终坚持以习近平新时代中国特色社会主义思想为指导，完整、准确、全面贯彻新发展理念，提高政治站位，不断优化破产审判工作，推动新时代东北全面振兴取得新突破。要坚持破产审判市场化、法治化、专业化、信息化方向，完善市场主体救治和退出机制，深入推进供给侧结构性改革，着力维护金融安全稳定，更好发挥破产审判服务保障经济高质量发展的职能作用；要建立常态化府院联动机制，积极推进破产审判工作，提升破产审判专业化水平，充分发挥管理人的积极作用，不断健全适应区域经济体系的破产审判工作机制；要准确把握违法行为入刑标准，坚决打击恶意逃废债的行为，做好执行和破产程序的有效衔接，保障保全解除和中止执行制度的实施，维护债务人财产的完整性。

本届论坛由最高人民法院第二巡回法庭主办、黑龙江高院承办，来自全国部分省市的破产法专家学者和实务界人士约70人参加。

（来源：《人民法院报》2022年12月9日）

# 重要调研活动

## ➢ 周强在吉林调研：为加快推动新时代吉林全面振兴　全方位振兴提供有力司法服务

6月28日至30日，最高人民法院党组书记、院长周强在吉林调研。周强强调，要坚持以习近平新时代中国特色社会主义思想为指导，深入贯彻习近平法治思想，认真贯彻落实习近平总书记考察吉林时的重要讲话精神，坚持服务大局、司法为民、公正司法，充分发挥审判职能作用，为加快推动新时代吉林全面振兴全方位振兴，奋力谱写全面建设社会主义现代化新吉林精彩篇章提供有力司法服务，以实际行动迎接党的二十大胜利召开。

梨树县是我国重要粮食生产县，梨树县人民法院围绕黑土地保护利用，加大审判执行工作力度，郭家店人民法庭成立“金玉米调解工作室”，依法妥善化解涉农纠纷，利用短视频开展法治宣传，受到农民欢迎。周强调研后强调，要深入贯彻落实习近平总书记关于加强黑土地保护的重要指示精神，认真贯彻实施黑土地保护法，切实维护粮食安全，服务乡村全面振兴。

四平法院大力加强一站式多元纠纷解决和诉讼服务体系建设，人民调解、行政调解、工会调解等各具特色的调解团队入驻诉讼服务中心，为人民群众提供高效便捷的解纷服务。在四平市中级人民法院和四平市铁西区人民法院，周强与法官、调解员亲切交谈，询问意见建议，勉励大家要紧盯人民群众急难愁盼问题，切实为人民群众办实事解难题，推动矛盾纠纷实质性化解、高效化解，确保案结事了、事了人和。

长春知识产权法庭积极打造知识产权解纷“优选地”，审理了一批具有广泛影响的典型案件。周强仔细询问法庭受理案件类型和案件审理情况，要求切实加大对新兴产业、关键核心技术、植物新品种等知识产权司法保护力度，服务创新驱动发展，促进实现高水平科技自立自强。长春新区人民法院长春互联网法庭管辖全省范围内部分互联网案件，实现诉讼全流程在线，周强调研后强调，要积极探索新模式、积累新经验，不断提升互联网司法能力水平，努力创造更高水平的数字正义。在吉林省高级人民法院的智慧法院实验室和人民法院数据灾备长春中心，周强听取信息化建设和司法大数据管理运用进展情况汇报，充分肯定取得的成果，强调要抓住机遇，大力加强技术攻关，积极推进司法人工智能应用和司法大数据资源整合，切实保障数据安全，更好服务审判体系和审判能力现代化。

吉林法院大力推进诉源治理，全省各地法院诉调中心全面入驻或对接本地综治中心、矛盾调解中心，形成矛盾纠纷源头预防、前端治理的有效合力。周强来到四平市铁西区地直街道西园社区综治中心、长春市二道区东盛街道社会矛盾纠纷调处化解中心，详细了解法官下沉社区参与纠纷调解、开展巡回审判、服务基层治理情况。周强强调，法院要积极主动融入党委领导的基层社会治理大格局，加强与网格员对接，大力弘扬新时代“枫桥经验”，不断完善诉调对接机制，让矛盾纠纷发现在早、化解在小。在长春市宽城区团山街道长山花园社区，党的十九大代表、社区党委书记吴亚琴向周强讲述了社区坚持党建引领，发挥群众自治、社会共治功能，吸纳司法力量进社区，努力创建平安家园的举措和成效。周强看了十分高兴，指出人民法院要始终坚持以人民为中心，贯彻群众路线，扎根基层、深入社区，通过“群众说事、法官说法”，积极服务基层社会治理，维护社会和谐稳定。

在长春市中级人民法院，周强召开座谈会，听取吉林高院院长徐家新工作汇报。周强指出，近年来，吉林法院在省委领导下，狠抓审判执行工作，深化司法改革和智慧法院建设，坚持不懈加强队伍建设，不少工作走在全国法院前列，最高人民法院对吉林法院工作予以充分肯定。

周强强调，要坚持以习近平新时代中国特色社会主义思想武装头脑、指导实践、推动工作，深入贯彻习近平法治思想，深刻领会“两个确立”的决定性意义，增强“四个意识”、坚定“四个自信”、做到“两个维护”，牢牢坚持党对司法工作的绝对领导，坚定不移走中国特色社会主义法治道路。要贯彻落实总体国家安全观，常态化开展扫黑除恶斗争，坚决维护国家政治安全和社会大局稳定，为党的二十大胜利召开创造安全稳定的政治社会环境。要深入开展调查研究，准确把握人民群众司法需求，精准服务“六稳”“六保”，服务高效统筹疫情防控和经济社会发展。要深化司法改革和信息化建设，不断提高服务大局的司法能力水平。要坚持全面从严管党治警，一体推进不敢腐、不能腐、不想腐，以零容忍态度严惩司法腐败，确保法院队伍绝对忠诚、绝对纯洁、绝对可靠。

周强参观了四平战役纪念馆，表示深受教育，强调法院干警要传承红色基因、站稳人民立场，大力弘扬老一辈革命家的崇高品格和革命精神，努力创造无愧于时代和人民的业绩。在吉林大学法学院，周强听取了司法数据应用研究情况介绍，表示要进一步加强人民法院与高等院校、科研院所的交流合作，坚持理论与实践相结合，共同推进数字法治建设，促进社会主义法治理论繁荣发展。

调研期间，周强会见了吉林省委书记、省人大常委会主任景俊海。景俊海表示，前不久，我们刚刚成功召开了省第十二次党代会，描绘了未来五年发展蓝图，开启了加快吉林振兴新征程。希望最高人民法院继续关心支持吉林，加大工作指导力度，共同建好长春智慧法务区，助力法治吉林建设再上新台阶。我们一定牢记习近平总书记殷切嘱托，以"时时放心不下"的责任感，扎实做好防风险、保安全、护稳定各项工作，努力为党的二十大胜利召开营造平稳健康的经济环境、国泰民安的社会环境、风清气正的政治环境。

周强还会见了吉林省委副书记、省长韩俊。最高人民法院党组成员、政治部主任马世忠，吉林省委常委、长春市委书记张志军，省委常委、政法委书记李明伟，省高级人民法院院长徐家新等参加调研。

（来源：《人民法院报》2022年7月1日）

## ➢ 周强在辽宁调研：充分发挥审判职能作用　为辽宁振兴发展提供有力司法服务

7月1日至2日，最高人民法院党组书记、院长周强在辽宁调研。周强强调，要坚持以习近平新时代中国特色社会主义思想为指导，深入贯彻习近平法治思想，坚持服务大局、司法为民、公正司法，充分发挥审判职能作用，为辽宁全面振兴、全方位振兴提供有力司法服务，为全面建设社会主义现代化国家、实现第二个百年奋斗目标作出积极贡献，以实际行动迎接党的二十大胜利召开。

周强来到位于沈阳市的最高人民法院第二巡回法庭，亲切慰问干警，调研法庭工作。周强指出，巡回法庭干警履职尽责、勇于担当，发扬改革创新精神，坚持严格公正司法，为推动新时代东北振兴发展发挥了积极作用。要坚决贯彻落实党中央决策部署，充分发挥巡回法庭司法改革“试验田”“排头兵”作用，把巡回法庭作为深入群众、服务群众的窗口，进一步总结经验、发扬成绩，把人民群众“家门口的最高人民法院”建设好，切实维护人民群众合法权益，服务经济社会高质量发展。

在全国模范法官滕启刚生前工作过的鞍山市千山区人民法院，周强认真听取滕启刚先进事迹介绍，要求深入开展向滕启刚同志学习活动，大力弘扬英模精神，传承发扬滕启刚同志创造的好经验、好做法，依法妥善解决矛盾纠纷，多元高效化解行政争议，更好地促进基层治理、服务人民群众。

沈阳知识产权法庭积极推动现代科技与审判工作深度融合，加强信息化手段运用，打造“智慧知产法庭、在线数字法庭”。法官介绍，法庭通过司法区块链平台有效解决了知识产权案件传统审理方式中存在的取证和固证难题。周强听了很高兴，要求不断总结经验，进一步推动信息化手段在司法领域的深度应用，加快推进知识产权审判能力现代化，服务创新驱动发展。海城市腾鳌镇民营经济活跃，海城市人民法院腾鳌人民法庭健全完善一站式多元纠纷解决和诉讼服务体系，助力民营企业高效便捷解决纠纷，受到欢迎。周强详细询问法庭服务优化营商环境举措，强调要推出更多务实管用的司法举措，坚持依法平等保护，为民营企业等各类市场主体发展营造良好法治环境。

周强深入调研了基层治理情况。鞍山市铁东区湖南街道东塔社区发挥基层党组织作用，通过线上智慧平台和线下服务驿站相结合，将党政机关、群团组织、社会组织等力量有效融入社区治理。沈阳市浑南区社会治理综合指挥服务中心构建智能化、一体化数字治理平台，通过社会协同、公众参与、科技支撑，实现了对社区的智能化服务、精细化管理。周强考察后表示，这些创新探索很有意义，是“枫桥经验”在新时代的生动实践，要充分发挥中国特色社会主义制度优势，与现代科技手段有机结合，在党委领导下，推动平台互联、信息共享，更加精准、高效地防控风险、化解矛盾、服务群众，促进基层治理水平不断提升。

在辽宁省高级人民法院，周强召开座谈会，听取辽宁高院院长郑青工作汇报，与全国人大代表王丽、杨松和全国政协委员金宪座谈交流，听取意见建议。周强指出，近年来，在省委坚强领导下，辽宁法院坚持服务大局、司法为民、公正司法，加强审判执行工作，深化司法改革和智慧法院建设，狠抓队伍建设，为服务辽宁经济社会高质量发展作出积极贡献，涌现出以滕启刚为代表的一批先进典型，最高人民法院予以充分肯定。

周强强调，要坚持以习近平新时代中国特色社会主义思想为指导，深入贯彻习近平法治思想，坚持稳中求进工作总基调，完整、准确、全面贯彻新发展理念，推动人民法院工作高质量发展，为加快推进辽宁全面振兴、全方位振兴提供有力司法服务，以实际行动迎接党的二十大胜利召开。要坚持政治引领，强化理论武装，坚持不懈用习近平新时代中国特色社会主义思想武装头脑、指导实践、推动工作。要坚持总体国家安全观，坚决捍卫国家政权安全、制度安全、意识形态安全。要服务高效统筹疫情防控和经济社会发展，贯彻落实帮助中小微企业纾困解难的20条司法措施，努力营造市场化法治化国际化营商环境。要坚持以人民为中心，巩固深化人民法院一站式建设成果，为人民群众提供更加高效、便捷的司法服务，不断满足人民群众司法需求。要深化司法改革和智慧法院建设，加快推进审判体系和审判能力现代化。要巩固提升党史学习教育和政法队伍教育整顿成果，始终把党的政治建设摆在首位，一体推进不敢腐、不能腐、不想腐，坚持以“零容忍”态度严惩司法腐败，锻造忠诚干净担当的法院铁军。

调研期间，周强参观了鞍钢博物馆，与鞍钢集团党委书记、董事长谭成旭，十九届中央候补委员、中华全国总工会兼职副主席郭明义围绕贯彻新发展理念、实现高质量发展深入交流，听取改进完善司法服务的意见建议。在辽宁大学，周强参观了科技特色鲜明的文科综合实验中心等，表示希望辽宁大学在习近平法治思想科学指引下，充分发挥综合性大学优势，大力加强交叉学科研究，促进法学与其他学科相互融合，更好地适应时代发展和司法实践需求，推动法学理论繁荣发展、加快法治人才培养。周强在沈阳参观了最高人民法院审判日本战犯特别军事法庭旧址和中共满洲省委旧址。

最高人民法院党组成员、政治部主任马世忠，党组成员、副院长贺小荣，审判委员会专职委员刘贵祥，辽宁省委常委、政法委书记于天敏，省委常委、沈阳市委书记王新伟，省高级人民法院院长郑青等参加调研。

（来源：《人民法院报》2022年7月3日）

## ➢ 周强在第二巡回法庭调研：牢记初心使命 坚持改革创新推动巡回法庭工作高质量发展

7月1日下午，最高人民法院党组书记、院长周强来到第二巡回法庭，看望慰问干警，调研法庭工作。周强要求，要坚持以习近平新时代中国特色社会主义思想为指导，深入贯彻习近平法治思想，弘扬伟大建党精神，牢记初心使命，坚持改革创新，推动巡回法庭工作高质量发展，更好地发挥巡回法庭职能作用，为新时代东北全面振兴全方位振兴提供有力司法服务，以实际行动迎接党的二十大胜利召开。

周强听取了第二巡回法庭工作汇报，就民商事审判、法庭综合保障等问题与干警进行了座谈交流。最高人民法院党组成员、副院长、第二巡回法庭庭长贺小荣主持汇报会，第二巡回法庭分党组副书记、副庭长安翱作工作汇报。周强表示，近年来，第二巡回法庭发扬改革创新精神，积极担当作为、认真履职尽责，为服务新时代东北振兴、服务人民群众、深化司法改革、培养锻炼干部队伍作出了积极贡献，积累了宝贵经验。

周强指出，设立最高人民法院巡回法庭，是党的十八届四中全会确定的重大战略部署，是全面依法治国的重要举措。各巡回法庭认真贯彻落实党中央决策部署，坚持重心下移、就地解决纠纷、方便当事人诉讼，实现了改革初衷，取得显著成效，受到人民群众欢迎。实践充分证明，党中央关于设立最高人民法院巡回法庭的决策部署是完全正确的。要进一步总结经验、巩固成果，切实把人民群众“家门口的最高人民法院”建设好，更好地维护社会公平正义、保障人民群众权益。

周强强调，今天正值党的生日，在庆祝建党101周年之际，与大家座谈交流有着更为特殊的意义。巡回法庭干警要不忘初心、牢记使命，弘扬伟大建党精神，以更加饱满的热情、更加昂扬的状态、更加出色的业绩，努力向党和人民交出满意的答卷。要深刻领会“两个确立”的决定性意义，增强“四个意识”、坚定“四个自信”、做到“两个维护”，牢牢坚持党对司法工作的绝对领导，始终做到维护核心、绝对忠诚、听党指挥、勇于担当。要始终把党的政治建设摆在首位，旗帜鲜明讲政治，胸怀“两个大局”、心系“国之大者”，不断提高政治判断力、政治领悟力、政治执行力，始终在思想上政治上行动上同以习近平同志为核心的党中央保持高度一致。

周强强调，要充分发挥巡回法庭职能作用，坚持改革创新，依法履职尽责，促进服务大局、司法为民、公正司法，以实际行动迎接党的二十大胜利召开。要完整、准确、全面贯彻新发展理念，主动对接区域协调发展重大战略，总结发扬在营造法治化营商环境、防范化解重大金融风险等方面的好经验好做法，为新时代东北振兴发展提供有力司法服务。要始终坚持以人民为中心，充分发挥巡回法庭深入群众、服务群众的窗口作用，坚持审判重心下移，立足就地解决纠纷，为人民群众提供更加高效、便捷的司法服务，更好地维护人民群众权益。要坚持守正创新，积极适应四级法院审级职能定位改革试点要求，充分展现巡回法庭作为司法改革“排头兵”“试验田”的作用，为全面深化司法改革提供有益经验。要进一步加强巡回法庭信息化建设，大力提升信息化应用水平，促进审判体系和审判能力现代化。

周强指出，要发扬自我革命精神，坚持不懈加强党风廉政建设，不断提高司法能力水平，努力建设忠诚干净担当的过硬巡回法庭队伍。要紧密结合巡回法庭工作特点和实际，完善审判权力监督制约机制，一体推进不敢腐、不能腐、不想腐，扎紧制度笼子，确保公正廉洁司法。要坚持严管与厚爱相结合，健全完善巡回法庭干警激励和保障机制，充分体现组织关怀和温暖，营造温馨良好的工作氛围。

周强向第二巡回法庭全体干警表示亲切问候，勉励大家珍惜机遇、努力工作，在贴近基层、服务群众的实践中经受锻炼、增长才干，在巡回法庭书写精彩人生。

最高人民法院党组成员、政治部主任马世忠，审判委员会专职委员刘贵祥，辽宁省委常委、政法委书记于天敏，辽宁省高级人民法院院长郑青等参加调研。

（来源：《人民法院报》2022 年 7 月 4 日）

## ➢ 周强在宁夏调研：为奋力谱写全面建设社会主义现代化美丽新宁夏壮丽篇章提供有力司法服务

7月14日至16日，最高人民法院党组书记、院长周强在宁夏调研。周强强调，要坚持以习近平新时代中国特色社会主义思想为指导，深入贯彻习近平法治思想，坚持服务大局、司法为民、公正司法，充分发挥审判职能作用，为奋力谱写全面建设社会主义现代化美丽新宁夏壮丽篇章提供有力司法服务，以实际行动迎接党的二十大胜利召开。

永宁县闽宁镇是东西部扶贫协作的成功典范，永宁县人民法院闽宁人民法庭随移民搬迁而设立，见证和参与了闽宁镇从“干沙滩”变成“金沙滩”的沧桑巨变。周强参观闽宁镇史馆、调研法庭工作，指出闽宁镇创造的脱贫攻坚人间奇迹，是习近平新时代中国特色社会主义思想的生动实践，是党带领人民群众战胜贫困、创造美好生活伟大历程的缩影。周强勉励法庭干警，要大力弘扬脱贫攻坚精神，传承闽宁协作宝贵精神财富，不忘初心使命，保持艰苦奋斗作风，充分发挥人民法庭的重要作用，服务巩固拓展脱贫攻坚成果同乡村振兴有效衔接，在新时代体现新担当、展现新作为。

中卫市地处黄河上游，位于我国西北地区重要生态屏障区。中卫市中级人民法院在环境资源审判中，立足环境恢复补偿，探索生态损害赔偿多元修复方式，以法治手段守护“沙漠水城”的优美自然画卷。法官向周强介绍了近年来法院审理的环境资源案件和环境司法改革情况，周强予以充分肯定，指出腾格里沙漠污染案等典型案例审理效果好、社会影响大，具有标杆意义，要认真总结经验，持续深入践行习近平生态文明思想，贯彻落实“两山”理念，进一步加强生态环境司法，切实履行好黄河流域生态保护的重大责任。

青铜峡市人民法院大坝人民法庭打造田间、民间、夜间“三间法庭”工作模式，深入群众开展巡回审判，充分发挥法庭“前哨”作用，把司法服务送到群众身边。周强亲切看望法庭干警，要求大家始终坚持以人民为中心，牢牢坚持党的群众路线，深入践行司法为民宗旨，扎根基层、服务群众，为人民群众及时化解矛盾纠纷，积极创建“塞上枫桥人民法庭”。

银川市中级人民法院深化民商事案件繁简分流改革，促进审判质效提升。法官汇报了法院优化司法确认和小额诉讼程序等改革举措及成效，周强肯定改革创新成果，要求进一步总结经验，合理优化配置司法资源，推动案件繁简分流、轻重分离、快慢分道，进一步让正义提速，更好地为百姓解忧。银川市兴庆区人民法院与医疗、物业、银行、保险、金融、劳动等专业行业协会合作，构建“法院+行业”解纷模式，实现诉调无缝对接、纠纷快速化解。周强要求，要坚持把非诉讼纠纷解决机制挺在前面，进一步完善诉调对接机制，充分发挥各方力量，共同促进矛盾纠纷多元化解，更好满足人民群众司法需求。同心县人民法院建成集多元解纷、执行办理、集约送达、速裁等多功能于一体的诉讼服务中心，大大提高了司法服务质效，受到群众欢迎。周强详细调研案件受理、执行、速裁等情况，强调要紧盯人民群众急难愁盼问题，进一步健全完善一站式多元纠纷解决和诉讼服务体系，大力加强司法便民利民，切实为群众提供更加优质、高效、便捷的司法服务。

中卫市沙坡头区镇罗镇设立乡村治理中心，以党建为统领，整合公安、法院、司法所、综治等各方力量，对接农村综合服务信息化平台，有效实现基层治理集约化、精细化、智能化。周强深入调研中心运转情况，与入驻中心的法官、调解员等亲切交谈，指出这是中国特色社会主义制度优越性的充分体现，人民法院要发挥制度优势，主动融入党委领导的基层综合治理大格局，形成有效合力，共同促进基层社会治理，维护社会和谐稳定。在宁夏回族自治区高级人民法院，周强召开座谈会，听取宁夏高院院长沙闻麟工作汇报，与全国人大代表方敏、全国政协委员李保平座谈交流，听取意见建议。周强指出，近年来，在自治区党委坚强领导下，宁夏法院加强审判执行工作，深化司法改革和智慧法院建设，大力加强队伍建设，积极服务经济社会高质量发展，各项工作取得明显成效，许多工作走在全国法院前列，最高人民法院予以充分肯定。

周强强调，要坚持以习近平新时代中国特色社会主义思想武装头脑、指导实践、推动工作，深入贯彻习近平法治思想，牢牢坚持党对司法工作的绝对领导，坚定不移走中国特色社会主义法治道路。要贯彻落实总体国家安全观，坚决维护国家政治安全和社会大局稳定，为党的二十大胜利召开创造安全稳定的政治社会环境。要完整、准确、全面贯彻新发展理念，努力营造市场化法治化国际化营商环境，服务高效统筹疫情防控和经济社会发展。要深化司法改革和智慧法院建设，加快推进审判体系和审判能力现代化。要把党的政治建设摆在首位，坚持全面从严管党治警，巩固提升党史学习教育和队伍教育整顿成果，一体推进不敢腐、不能腐、不想腐，努力锻造忠诚干净担当的法院铁军。

在宁夏大学，周强参观了法学院和中国阿拉伯国家研究院，与专家学者座谈交流。周强表示，希望加强法院与学校的交流合作，充分发挥宁夏大学学科特色优势，加强涉外法治、民族法治研究，更好服务自治区法治建设，服务高质量共建“一带一路”。调研期间，周强瞻仰了红军西征纪念馆和陕甘宁省豫海县回民自治政府成立大会旧址。

调研期间，周强分别与自治区党委书记、人大常委会主任梁言顺，自治区党委副书记、政府主席张雨浦，自治区政协主席崔波，自治区党委常委、秘书长、区直机关工委书记雷东生进行了座谈。

宁夏回族自治区党委常委、银川市委书记赵旭辉，自治区党委常委、政法委书记、石嘴山市委书记王刚，自治区高级人民法院院长沙闻麟等参加调研。

（来源：《人民法院报》2022 年 7 月 17 日）

## ➤ 周强在广西调研：为凝心聚力建设新时代中国特色社会主义壮美广西提供有力司法服务

7 月 18 日至 20 日，最高人民法院党组书记、院长周强在广西壮族自治区调研。周强强调，要坚持以习近平新时代中国特色社会主义思想为指导，深入贯彻习近平法治思想，认真贯彻落实习近平总书记在广西考察时的重要讲话精神，充分发挥审判职能作用，坚持服务大局、司法为民、公正司法，为凝心聚力建设新时代中国特色社会主义壮美广西提供有力司法服务，以实际行动迎接党的二十大胜利召开。

小小螺蛳粉如今已是柳州市百亿元级别的大产业，形成如此规模的产业链，这一别有风味的“网红食品”少不了法治的“配方”。柳州市柳南区人民法院在螺蛳粉生产聚集区河西高新区设立巡回法庭，就地化解螺蛳粉产业链中的矛盾纠纷，及时高效提供司法服务。周强对法院坚持重心下移，下沉司法力量，加强涉企涉商纠纷诉源治理的做法表示充分肯定，强调要推出更多务实管用的司法举措，助力各类市场主体高效便捷解决纠纷，以法治手段促进传统产业转型升级、护航特色产业发展壮大。

柳州山水纵横、民族众多，苗山、侗乡等地区群众居住分散，为此，柳州市中级人民法院在全市设立24个基层法庭，在每个乡镇都设巡回办案点，分片分类打造各具特色的诉源治理工作平台，在党委领导下实现矛盾及时分流化解。周强指出，这是“枫桥经验”在新时代的传承和发扬，法院要主动融入党委领导下的基层治理大格局，充分发挥中国特色社会主义制度优势，广泛凝聚力量，形成解纷工作合力，最大限度将矛盾纠纷化解在基层、解决在当地，更好促进社会治理、满足群众需求。“全国模范法院”柳州市鱼峰区人民法院在不断改进司法服务上下功夫，在诉讼服务中心设立诉前调解、判后答疑、法律服务等专区，为当事人提供一站式、菜单式诉讼服务。周强走进类型多样的服务区，与法官、调解员、志愿者等亲切交谈，询问意见建议，指出司法为民永无止境，勉励大家要紧盯人民群众急难愁盼问题，持续深化一站式多元纠纷解决和诉讼服务体系建设，努力为人民群众提供更加优质、高效、便捷的司法服务，在服务群众工作中不断创造更加突出的业绩。

南宁是我国面向东盟开放合作的重要门户，南宁法院加强涉外商事海事审判，探索设立自贸区巡回法庭、涉东盟审判合议庭等举措，服务中国与东盟经贸发展。在南宁市中级人民法院，周强深入调研民商事案件立案、速裁、调解、执行等工作，强调要进一步深化改革、健全机制，加快提升涉外司法质效，依法平等保护中外当事人合法权益，为促进贸易和投资自由化便利化、服务更高水平对外开放积累有益经验。南宁市江南区人民法院南宁经济技术开发区人民法庭集中审理辖区内涉企案件，法官向周强介绍了法庭通过加强诉前调解、提供专业指导、设立绿色通道，为企业解纷降成本、提质效的经验做法。周强予以充分肯定，指出“小法庭”要做好服务经济高质量发展的“大文章”，要立足职能、主动作为，不断完善司法惠民惠企政策，及时帮助各类市场主体纾困解难，为民营企业等各类市场主体发展营造良好法治环境。南宁市西乡塘区人民法院与劳动监察执法部门联动，为灵活就业人员提供咨询、调解、立案、司法确认等一站式维权服务，受到群众欢迎。周强详细了解运行机制和效果，要求积极创新司法便民利民机制，切实维护劳动者公平就业权利，依法支持并规范共享员工、网络零工等灵活就业，依法保障人民群众合法权益，促进社会和谐稳定。

在广西壮族自治区高级人民法院，周强召开座谈会，听取院长黄海龙工作汇报，与全国人大代表兰燕、揣小勇，全国政协委员龙倩座谈交流，听取意见建议。周强表示，近年来，在自治区党委坚强领导下，广西法院坚持把政治建设摆在首位，深入推进司法改革和智慧法院建设，狠抓队伍建设，服务大局、司法为民、公正司法各项工作取得新成效，为广西经济社会高质量发展作出积极贡献，一些工作走在全国法院前列，最高人民法院予以充分肯定。

周强强调，要坚持以习近平新时代中国特色社会主义思想武装头脑、指导实践、推动工作，深入贯彻习近平法治思想，认真贯彻落实习近平总书记考察广西时的重要讲话精神，加强审判执行工作，为凝心聚力建设新时代中国特色社会主义壮美广西提供有力司法服务。要全面贯彻总体国家安全观，坚决维护国家政治安全、制度安全和意识形态安全，坚决维护民族团结、社会稳定、边疆安宁，为党的二十大胜利召开营造安全稳定的政治社会环境。要依法保护各类市场主体合法权益，服务高效统筹疫情防控与经济社会发展。要坚持以人民为中心，加强民生司法保障。要持续深化司法体制改革和智慧法院建设，推进审判体系和审判能力现代化。要坚持不懈加强队伍建设，把党的政治建设摆在首位，巩固深化党史学习教育和队伍教育整顿成果，牢牢坚持严的主基调不动摇，一体推进不敢腐、不能腐、不想腐，确保法院队伍绝对忠诚、绝对纯洁、绝对可靠。

周强来到广西柳工全球研发中心、广西南南铝加工有限公司，围绕司法服务科技创新、服务高效统筹疫情防控和经济社会发展，分别向全国人大代表曾光安、周炼征求意见建议。在广西大学，周强与广西壮族自治区政协副主席、广西大学党委书记王乃学和校长韩林海、中国工程院院士郑皆连以及法学院教师等深入交流。周强表示，要深入贯彻习近平法治思想，加强法学研究与司法实践交流互动，充分发挥广西大学特色学科优势，聚焦国际商事纠纷解决机制、《区域全面经济伙伴关系协定》（RCEP）规则研究等领域，深化交流合作，共同推进高素质涉外法治人才培养，为服务高质量共建“一带一路”、更高水平对外开放提供有力的法学理论支撑和人才支撑。

调研期间，周强会见了广西壮族自治区党委书记、自治区人大常委会主任刘宁。刘宁感谢最高人民法院长期以来在司法改革、队伍建设、对外司法交流合作等方面给予广西工作的关心支持。刘宁表示，自治区党委深入学习贯彻习近平法治思想，大力支持全区各级法院履职尽责，法院审判执行质效和司法公信力不断提升，司法改革取得新突破，为新时代壮美广西建设提供了有力司法保障。希望最高人民法院继续关心指导法治广西建设，支持广西深化与东盟国家的司法交流合作，在服务和融入新发展格局上展现新作为，从商事、贸易、通道、法治等方面，更好服务中国—东盟命运共同体建设。周强还会见了自治区党委副书记、自治区主席蓝天立，自治区党委常委、秘书长周异决。

最高人民法院副院长陶凯元，党组成员、副院长杨万明，广西壮族自治区党委常委、政法委书记何文浩，自治区党委常委、南宁市委书记农生文，自治区高级人民法院院长黄海龙分别参加调研。

（来源：《人民法院报》2022年7月22日）

## ➢ 周强在河北调研：不忘初心　牢记使命　奋力推进人民法院工作高质量发展

8月26日，最高人民法院党组书记、院长周强在河北省承德市调研。周强强调，要坚持以习近平新时代中国特色社会主义思想为指导，深入贯彻习近平法治思想，不忘初心、牢记使命，坚持服务大局、司法为民、公正司法，奋力推进人民法院工作高质量发展，以实际行动迎接党的二十大胜利召开。

周强来到丰宁满族自治县人民法院，深入调研审判执行工作。在诉讼服务中心、信访工作接待室，周强详细了解今年以来案件受理情况，与当事人、法官等亲切交谈，询问意见建议，强调要始终坚持以人民为中心，不断提升司法服务水平，更好地满足人民群众多元司法需求。周强走进家事法庭，法官向周强汇报了法院深化家事审判改革、构建家事纠纷综合调解机制各项举措。周强予以充分肯定，强调家庭是社会的细胞，要依法妥善处理婚姻家庭纠纷，用心用情做好家事审判工作，加强与公安、司法行政、民政、妇联等部门协作配合，切实依法保护未成年人、妇女和老年人的合法权益，促进家庭和谐、维护社会稳定。

承德法院针对辖区地广人稀的实际，主动下沉司法力量，将智慧司法融入基层，依托巡回审判点、法官工作站（室）、学校法治课等，在全市构建“一村一法官、一社区一法官、一校一法官”工作机制，实现纠纷就地调处、就地化解，让小事不出村、问题解决在“家门口”。周强在丰宁法院深入调研工作机制运行情况，指出这是法院紧紧依靠党委领导，充分发挥中国特色社会主义制度优势，主动融入基层社会治理的有益探索，要认真总结完善，坚持弘扬和发展新时代“枫桥经验”，把非诉讼纠纷解决机制挺在前面，深入推进诉源治理，实现矛盾不上交、平安不出事、服务不缺位，努力提供更加优质、高效的司法服务，让人民群众切实感受到公平正义就在身边。

周强强调，要始终坚持以习近平新时代中国特色社会主义思想为指导，深入贯彻习近平法治思想，深刻领悟“两个确立”的决定性意义，增强“四个意识”、坚定“四个自信”、做到“两个维护”，充分发挥审判职能作用，为推进中国式现代化提供有力司法服务，以实际行动迎接党的二十大胜利召开。要牢记党的性质宗旨，践行初心使命，奋力推进人民法院工作高质量发展，服务党和国家工作大局。要坚持总体国家安全观，坚决维护国家政治安全和社会大局稳定，为党的二十大胜利召开创造安全稳定的政治社会环境。要完整、准确、全面贯彻新发展理念，加强产权司法保护，弘扬契约精神，激发市场主体活力，服务高效统筹疫情防控和经济社会发展。要深化司法改革和智慧法院建设，巩固深化人民法院一站式建设成果，加快推进审判体系和审判能力现代化。要坚持全面从严管党治警，坚持严的主基调不动摇，一体推进不敢腐、不能腐、不想腐，以零容忍态度严惩司法腐败，确保法院队伍绝对忠诚、绝对纯洁、绝对可靠。

调研期间，周强参观了塞罕坝机械林场。从茫茫荒漠到塞北“绿色明珠”，几代塞罕坝人在党的领导下艰苦奋斗、甘于奉献，创造了荒原变林海的人间奇迹。周强参观后表示深受教育，要求广大法院干警大力学习和弘扬“牢记使命、艰苦创业、绿色发展”的塞罕坝精神，忠诚履职、埋头苦干、勇毅前行，切实加强生态文明司法保护，积极推进人民法院各项工作高质量发展，努力创造无愧于党、无愧于人民、无愧于时代的新业绩。

最高人民法院党组成员、副院长贺小荣，河北省人大常委会党组副书记、副主任王晓东，河北省高级人民法院院长黄明耀参加调研。

（来源：《人民法院报》2022 年 8 月 27 日）

## ➢ 贺荣在河北雄安调研：真抓实干　以高质量司法服务雄安新区建设

6月23日至24日，最高人民法院党组副书记、常务副院长贺荣在河北雄安新区调研强调，要深入践行习近平法治思想，以高质量司法服务京津冀协同发展和雄安新区建设，务实担当做好审判执行各项工作，以实际行动迎接党的二十大胜利召开。

在雄安规划展示中心、启动区综合服务中心、容东片区尚德花园小区以及市民服务中心地下管廊等施工现场，贺荣详细了解雄安新区规划建设情况，强调人民法院要紧扣重大项目实施、征迁安置、环境治理等司法需求，公正、高效、实质性化解各类矛盾纠纷，加强知识产权司法保护，营造市场化法治化国际化营商环境。在千年秀林项目现场、安新县白洋淀环境资源法庭建设现场和巡回法庭审判点，贺荣强调要充分发挥流域环境资源案件集中管辖优势，扎实推进环境资源刑事、民事、行政“三合一”审理模式，服务蓝绿交织、水城共融的生态之城建设。

在雄安新区中级人民法院，贺荣深入了解河北法院工作情况以及人民群众反映较多的问题，召开座谈会认真听取基层干部群众意见建议，强调河北担负首都政治“护城河”的重大责任，要坚决依法严惩危害国家安全、严重暴力、涉黑涉恶特别是严重影响人民群众安全感的犯罪，从严从实从细抓好风险防范和维护安全稳定各项工作。要深入践行以人民为中心，在解决人民群众急难愁盼问题上真正让群众有获得感，处理征地拆迁等涉及群众利益的案件要注重调解和纠纷实质性化解，抓实一站式服务和诉源治理在成效上狠下功夫。要坚持把党的政治建设摆在首位，坚定不移走中国特色社会主义法治道路，针对队伍建设实际抓实转变作风、提升能力、廉洁履职、维护司法公正的各项措施，促进司法公信力的提升，把久久为功和日日做功结合起来巩固队伍教育整顿成果，努力让人民群众在每一个司法案件中感受到公平正义，以扎实工作成效迎接党的二十大胜利召开。贺荣还就人民法庭建设、审判管理、涉诉信访等工作与河北三级法院负责同志和干警代表进行了具体交流。

河北省领导张国华、董晓宇，省高级人民法院院长黄明耀以及雄安新区党工委有关负责同志参加相关调研。

（来源：《人民法院报》2022 年 6 月 27 日）

## ➢ 高憬宏在四川凉山调研：深入学习贯彻习近平法治思想推动刑事审判工作高质量发展

4 月 23 日，最高人民法院党组成员、副院长高憬宏在四川省凉山彝族自治州调研刑事审判及禁毒工作时强调，要坚持以习近平新时代中国特色社会主义思想为指导，深入学习贯彻习近平法治思想，树立正确刑事司法理念，立足刑事审判职能，依法惩治各类刑事犯罪，推动新时代刑事审判工作高质量发展。

高憬宏一行先后来到凉山州脱贫攻坚展览馆、西昌市人民法院海南人民法庭、凉山州禁毒攻坚指挥部进行调研，并主持召开刑事审判工作座谈会，听取四川法院三年来刑事审判及禁毒工作有关情况汇报。

高憬宏对四川法院刑事审判及禁毒工作予以充分肯定。他强调，要深入学习贯彻习近平法治思想，坚持以人民为中心，全面贯彻落实第七次全国刑事审判工作会议及 2021 年全国法院刑事审判工作座谈会会议精神，树立正确刑事司法理念，推动新时代刑事审判工作高质量发展。要坚决贯彻总体国家安全观，立足刑事审判职能，依法惩治各类刑事犯罪。尤其要始终保持对毒品犯罪的“零容忍”和压倒性高压震慑态势，从严惩处毒品犯罪，积极参与禁毒综合治理。要坚持把政治建设摆在首位、把专业化建设放在突出位置、把作风纪律作为底线红线，着力打造一支政治过硬、本领高强的刑事司法工作铁军。要全面总结以审判为中心的刑事诉讼制度改革的成效与经验，不断加强和改进刑事审判工作，为平安中国、法治中国建设作出积极贡献，以优异成绩迎接党的二十大胜利召开。

四川省高级人民法院及凉山彝族自治州委、州政府有关负责同志陪同调研。

（来源：《人民法院报》2022 年 4 月 25 日）

## ➤ 杨临萍在河北调研：充分发挥人民法院环境资源审判职能作用　为河北省生态文明建设和绿色发展提供有力司法服务和保障

8月16日，最高人民法院党组成员、副院长杨临萍出席河北雄安新区中级人民法院环境资源审判庭揭牌仪式，并就河北省环境资源审判工作进行专题调研。

杨临萍指出，党的十八大以来，以习近平同志为核心的党中央把生态文明建设摆在全局工作突出位置，推动生态环境保护发生历史性、转折性、全局性变化。人民法院要学深悟透习近平生态文明思想和习近平法治思想，强化生态环境司法理论武装。要牢记“国之大者”，紧紧围绕国家发展大局，对标人民群众新期待，精准做好司法服务和保障。

杨临萍强调，要充分发挥审判职能作用，推动河北省生态环境质量持续改善，经济高质量发展。一是要坚持山水林田湖草沙系统保护思维，筑牢生态安全屏障。二是要助力深入打好污染防治攻坚战，保障人民群众环境权益。三是要聚焦“双碳”目标，推动经济社会发展全面绿色转型。四是要统筹生态环境保护与文化遗产保护，守护好中华民族的精神家园。

杨临萍要求，要认真落实习近平总书记致世界环境司法大会贺信重要指示精神，深入推进生态环境司法保护创新发展。一是要推动环境资源审判专门机构实质化运转。二是要完善环境资源审判内部协同与外部协作机制。三是要提升环境资源审判智慧化水平。四是要审理一批具有影响力的案例，推动法治进程。

河北省高级人民法院党组书记、院长黄明耀陪同调研。最高人民法院环境资源审判庭、河北高院相关负责同志参加调研。

（来源：《人民法院报》2022年8月17日）

## ➢ 沈亮在浙江调研：坚持正确政治方向　推动新时代人民法院司法改革工作高质量发展

8月17日至19日，最高人民法院党组成员、副院长沈亮在浙江法院调研司法改革工作，强调要坚持以习近平新时代中国特色社会主义思想为指导，深入践行习近平法治思想，认真贯彻落实全面深化政法改革推进会和人民法院司法改革工作会议精神，坚持改革正确政治方向，深化改革思想认识，研究解决改革中的现实问题，推动新时代人民法院司法改革工作高质量发展，以实际行动迎接党的二十大胜利召开。

沈亮一行先后在浙江省高级人民法院、杭州互联网法院、湖州市中级人民法院进行调研，重点围绕“四类案件”监督管理、四级法院审级职能定位改革、以审判为中心刑事制度改革、互联网司法建设等重点改革任务，听取浙江法院推进情况、存在问题和对策建议。沈亮指出，浙江法院要深入贯彻落实中央和最高人民法院改革部署，聚焦重点任务，加强探索创新，结合全域数字法院建设，加强信息中心技术在各项改革任务中的深度应用，不断细化完善制度机制、强化协同联动，增强系统集成效应，推动司法改革工作再上新台阶。

调研期间，沈亮出席了“互联网司法与数字治理现代化”论坛活动并致辞；参观了“五四宪法”历史资料陈列馆、南湖革命纪念馆、沈家本历史文化园。沈亮强调，法院干警要大力弘扬建党精神和红船精神，传承红色基因、站稳人民立场，坚定理想信念，践行党的宗旨，大力弘扬老一辈革命家的崇高品格和革命精神，创造无愧于时代的司法业绩。

浙江高院院长李占国陪同调研。最高人民法院相关部门负责同志参加调研。

（来源：《人民法院报》2022年8月22日）

## ➢ 马世忠在安徽调研：深入开展“两个确立”主题教育　以优异成绩迎接党的二十大召开

8月31日至9月1日，最高人民法院党组成员、政治部主任马世忠在安徽法院调研时强调，要以习近平新时代中国特色社会主义思想为指导，深入贯彻习近平法治思想，扎实做好“两个确立”主题教育后半篇文章，扎实做好司法体制改革综合配套新阶段各项任务，进一步压实人民法院安全管理工作责任，以优异成绩迎接党的二十大胜利召开。安徽省高级人民法院党组书记、院长董开军参加调研。

马世忠一行先后到安徽高院司法陈列馆、合肥市瑶海区人民法院廉政文化馆、金寨县革命博物馆和六安市皋陶法治文化基地实地调研，并召开座谈会，听取安徽法院开展“两个确立”主题教育和党建队建工作情况汇报。马世忠指出，安徽高院始终把“两个确立”主题教育作为重大政治任务，强化组织领导，对表落实要求，注重抓好结合；始终坚持以政治建设为统领，全面加强法院党的建设和队伍建设，审判执行质效稳居全国前列，涌现出魏晶晶等一批先进典型，很好地提升了司法形象和司法公信力。

马世忠强调，在全国法院开展“两个确立”主题教育，是最高人民法院党组部署的一项重要任务。要深入学习贯彻周强院长在“两个确立”主题教育推进会上的讲话精神，认真抓好主题教育后续各项任务的贯彻落实。持续推动学习贯彻习近平新时代中国特色社会主义思想走深走心走实。坚决做到“两个维护”，全面加强人民法院党的政治建设。扎实开展好宣传贯彻党的二十大精神各项工作，切实加大宣传力度，积极营造迎接党的二十大的浓厚氛围。

（来源：《人民法院报》2022年9月2日）

# 第三篇

## 文件选编

# 最高人民法院办公厅<br>人力资源和社会保障部办公厅<br>关于建立劳动人事争议“总对总”在线诉调对接机制的通知

2021 年 12 月 30 日　　　　法办〔2022〕3 号

**各省、自治区、直辖市高级人民法院、人力资源社会保障厅（局），解放军军事法院，新疆维吾尔自治区高级人民法院生产建设兵团分院，新疆生产建设兵团人力资源社会保障局：**

为贯彻党中央关于坚持把非诉讼纠纷解决机制挺在前面的重要部署，落实最高人民法院与人力资源社会保障部等部门联合印发的《关于进一步加强劳动人事争议调解仲裁完善多元处理机制的意见》（人社部发〔2017〕26 号）等文件要求，进一步加强劳动人事争议调解和诉讼衔接工作，增强劳动人事争议多元化解质效，最高人民法院、人力资源社会保障部决定建立“总对总”在线诉调对接机制，现将有关事项通知如下。

## 一、建立“总对总”在线诉调对接机制

最高人民法院依托人民法院调解平台（以下简称法院调解平台）、人力资源社会保障部依托劳动人事争议在线调解服务平台（以下简称人社调解平台），通过系统对接与机构、人员入驻相结合的方式，共同推进“总对总”在线诉调对接机制建设，逐步畅通线上线下调解与诉讼对接渠道，指导全国劳动人事争议调解组织（以下简称调解组织）与各级人民法院开展劳动人事争议全流程在线委派委托调解、音视频调解、在线申请司法确认调解协议等

工作。

## 二、“总对总”在线诉调对接机制任务分工

最高人民法院立案庭统筹推进法院系统在线诉调对接工作，负责法院调解平台的研发、运维、宣传等工作。各级人民法院在“总对总”在线诉调对接机制框架下，负责与同级人力资源社会保障部门加强沟通联系，开展本级特邀调解名册确认、委派委托调解以及调解协议司法确认等工作，做好调解员培训和业务指导工作。

人力资源社会保障部统筹推进调解仲裁系统在线诉调对接工作，负责指导地方劳动人事争议调解仲裁信息系统（以下简称地方调解仲裁系统）建设以及与人社调解平台的衔接工作，指导各级人力资源社会保障部门建立调解组织和调解员名册及相关管理制度。各省级人力资源社会保障部门负责组建“省级调解专家资源库”，组织本地区各级人力资源社会保障部门、乡镇（街道）调解组织和调解员入驻法院调解平台，指导本地区各级人力资源社会保障部门做好调解组织人员管理和信息更新等工作。乡镇（街道）调解组织和调解员根据需要做好案件调解和法院委派委托案件调解等工作。

## 三、“总对总”在线诉调对接工作流程

（一）人民法院委派委托案件处理流程。当事人向人民法院提交纠纷调解申请后，人民法院在征得当事人同意后，向调解组织委派委托案件。对于地方调解仲裁系统与人社调解平台实现系统对接的地区，人民法院通过法院调解平台将纠纷推送至人社调解平台，由调解组织及其调解员在地方调解仲裁系统开展在线调解工作。对于地方调解仲裁系统与人社调解平台未实现系统对接的地区，可采用机构、人员入驻方式，登录法院调解平台开展在线调解工作，并逐步过渡至系统对接方式。

（二）调解组织音视频调解流程。调解组织及其调解员应当积极使用法院调解平台音视频调解功能开展人民法院委派委托案件在线调解工作。对于调解组织自身受理的调解申请，地方调解仲裁系统不支持音视频调解功能的，调解组织及其调解员可以通知、指导当事人，使用法院调解平台的音视频调

解功能开展在线调解。

（三）在线申请司法确认调解协议、出具法院调解书流程。调解组织调解成功后，双方当事人可以依据法律和司法解释规定，就达成的调解协议共同向人民法院申请在线司法确认或者出具法院调解书。调解组织可以通过人社调解平台向法院调解平台提供案件办理情况，为人民法院开展司法确认或者出具法院调解书提供支持。

## 四、建立沟通会商机制

最高人民法院、人力资源社会保障部加强沟通会商工作，定期通报在线诉调对接工作推广应用情况，分析存在的问题，研究下一步工作举措。各地人民法院与同级人力资源社会保障部门建立工作协调和信息共享机制，从具体工作层面落实相关建设应用要求。

## 五、工作要求

各地要高度重视“总对总”在线诉调对接工作，将其作为提高劳动人事争议调处效能、完善劳动人事争议多元化解机制的重要方式，紧密结合本地实际，因地制宜开展工作。要加强创新，充分发挥社会多元主体在预防化解矛盾纠纷中的协同协作、互动互补、相辅相成作用，更好促进社会公平正义、维护劳动人事关系和谐与社会稳定。

（一）组织入驻法院调解平台。最高人民法院负责为入驻法院调解平台的各级人力资源社会保障部门及其管理员、调解组织及其调解员开通账号。人力资源社会保障部负责分发账号，组织各省级人力资源社会保障部门开展本地区各级人力资源社会保障部门及其管理员、调解组织及其调解员入驻法院调解平台工作。

（二）组建特邀调解员队伍。各高级人民法院、各省级人力资源社会保障部门共同确定省级调解专家资源库名册，组建“省级调解专家资源库”，专门处理本地区重大集体劳动人事争议。各级人力资源社会保障部门按照《最高人民法院关于人民法院特邀调解的规定》（法释〔2016〕14 号）要求，将符合条件的调解组织及其调解员信息通过法院调解平台推送到同级人民法院进行确认。各级人民法院对于符合条件的调解组织及其调解员，应当纳入本院特邀调解名册，并在法院调解平台上予以确认。

（三）推进系统开发和对接。最高人民法院、人力资源社会保障部有关机构负责推进法院调解平台与人社调解平台对接工作。各地人力资源社会保障部门要基于金保工程二期项目，加快推进地方调解仲裁系统建设。人力资源社会保障部有关机构负责推进人社调解平台与地方调解仲裁系统对接工作。

各地在落实推进中的经验做法、困难问题，请及时层报最高人民法院和人力资源社会保障部。

# 最高人民法院办公厅
# 关于确定第二批纳入“一站式”国际商事纠纷多元化解决机制的国际商事仲裁机构的通知

2022年6月22日 法办〔2022〕326号

**各省、自治区、直辖市高级人民法院，解放军军事法院，新疆维吾尔自治区高级人民法院生产建设兵团分院；本院各单位：**

2018年，最高人民法院根据中央办公厅、国务院办公厅《关于建立“一带一路”国际商事争端解决机制和机构的意见》有关精神，建立了诉讼与调解、仲裁有机衔接的“一站式”国际商事纠纷多元化解决机制。为进一步落实中央关于推进共建“一带一路”高质量发展的决策部署，更好发挥“一站式”国际商事纠纷多元化解决机制的作用，根据相关机构自主申报，经综合考虑各机构受理国际商事纠纷案件的数量、国际影响力、信息化建设、服务“一带一路”建设工作实效等因素，最高人民法院经研究，确定广州仲裁委员会、上海仲裁委员会、厦门仲裁委员会、海南国际仲裁院（海南仲裁委员会）、香港国际仲裁中心作为第二批纳入“一站式”国际商事纠纷多元化解决机制的国际商事仲裁机构。

# 人力资源和社会保障部　中央政法委<br>最高人民法院　工业和信息化部<br>司法部　财政部　中华全国总工会<br>中华全国工商业联合会<br>中国企业联合会/中国企业家协会<br>关于进一步加强劳动人事争议<br>协商调解工作的意见

2022年10月13日　　　　　　　　人社部发〔2022〕71号

**各省、自治区、直辖市人力资源社会保障厅（局）、党委政法委、高级人民法院、中小企业主管部门、司法厅（局）、财政厅（局）、总工会、工商联、企业联合会/企业家协会，新疆生产建设兵团人力资源社会保障局、党委政法委、新疆维吾尔自治区高级人民法院生产建设兵团分院、工业和信息化局、司法局、财政局、总工会、工商联、企业联合会/企业家协会：**

劳动人事争议协商调解是社会矛盾纠纷多元预防调处化解综合机制的重要组成部分。通过协商调解等方式柔性化解劳动人事争议，对于防范化解劳动关系风险、维护劳动者合法权益、构建和谐劳动关系、维护社会稳定具有重要意义。为深入贯彻党的二十大精神，落实党中央、国务院关于“防范化解重大风险”“坚持把非诉讼纠纷解决机制挺在前面”的重要决策部署，进一步强化劳动人事争议源头治理，现就加强劳动人事争议协商调解工作，提出如下意见：

## 一、总体要求

（一）指导思想。以习近平新时代中国特色社会主义思想为指导，深入贯彻习近平法治思想，坚持系统观念、目标导向和问题导向，着力强化风险防控，加强源头治理，健全多元处理机制，提升协商调解能力，促进中国特色和谐劳动关系高质量发展。

（二）基本原则

1. 坚持人民至上，把为民服务理念贯穿协商调解工作全过程，拓展服务领域，优化服务方式，提升服务能力，打造协商调解服务优质品牌。

2. 坚持源头治理，充分发挥协商调解的前端性、基础性作用，做到关口前移、重心下沉，最大限度地把劳动人事争议解决在基层和萌芽状态。

3. 坚持创新发展，尊重基层首创精神，积极探索新理念、新机制、新举措，促进各类调解联动融合，推动社会协同共治，形成体现中国特色、符合劳动人事争议多元处理规律、满足时代需求的协商调解工作格局。

4. 坚持灵活高效，充分发挥协商调解柔性高效、灵活便捷的优势，运用法治思维和法治方式，推动案结事了人和，促进劳动关系和谐与社会稳定。

（三）目标任务。从2022年10月开始，持续加强协商调解制度机制和能力建设，力争用5年左右时间，基本实现组织机构进一步健全、队伍建设进一步强化、制度建设进一步完善、基础保障进一步夯实，党委领导、政府负责、人力资源社会保障部门牵头和有关部门参与、司法保障、科技支撑的劳动人事争议多元处理机制更加健全，部门联动质效明显提升，协商调解解决的劳动人事争议案件数量在案件总量中的比重显著提高，劳动人事争议诉讼案件稳步下降至合理区间，协商调解工作的规范化、标准化、专业化、智能化水平显著提高。

## 二、加强源头治理

（四）强化劳动人事争议预防指导。充分发挥用人单位基层党组织在劳动关系治理、协商调解工作中的重要作用，以党建引领劳动关系和谐发展。完善民主管理制度，保障劳动者对用人单位重大决策和重大事项的知情权、参与权、表达权、监督权。推行典型案例发布、工会劳动法律监督提示函和意见书、调解建议书、仲裁建议书、司法建议书、信用承诺书等制度，引导用人单位依法合规用工、劳动者依法理性表达诉求。发挥中小企业服务机构作用，通过培训、咨询等服务，推动中小企业完善劳动管理制度、加强劳动人事争议预防，具备相应资质的服务机构可开展劳动关系事务托管服务。把用人单位建立劳动人事争议调解组织、开展协商调解工作情况作为和谐劳动关系创建等评选表彰示范创建的重要考虑因素。发挥律师、法律顾问职能作用，推进依法治企，强化劳动用工领域合规管理，减少劳动人事争议。

（五）健全劳动人事争议风险监测预警机制。建立健全劳动人事争议风险监测机制，通过税费缴纳、社保欠费、案件受理、投诉举报、信访处理、社会舆情等反映劳动关系运行的重要指标变化情况，准确研判劳动人事争议态势。完善重大劳动人事争议风险预警机制，聚焦重要时间节点，突出农民工和劳务派遣、新就业形态劳动者等重点群体，围绕确认劳动关系、追索劳动报酬、工作时间、解除和终止劳动合同等主要劳动人事争议类型，强化监测预警，建立风险台账，制定应对预案。

（六）加强劳动人事争议隐患排查化解工作。建立重点区域、重点行业、重点企业联系点制度，以工业园区和互联网、建筑施工、劳动密集型加工制造行业以及受客观经济情况发生重大变化、突发事件等影响导致生产经营困难的企业为重点，全面开展排查，及时发现苗头性、倾向性问题，妥善化解因欠薪、不规范用工等引发的风险隐患。加强劳动人事争议隐患协同治理，完善调解仲裁机构与劳动关系、劳动保障监察机构以及工会劳动法律监督组织信息共享、协调联动，共同加强劳动用工指导，履行好“抓前端、治未病”的预防功能。

## 三、强化协商和解

（七）指导建立内部劳动人事争议协商机制。培育用人单位和劳动者的劳动人事争议协商意识，推动用人单位以设立负责人接待日、召开劳资恳谈会、开通热线电话或者电子邮箱、设立意见箱、组建网络通讯群组等方式，建立健全沟通对话机制，畅通劳动者诉求表达渠道。指导用人单位完善内部申诉、协商回应制度，优化劳动人事争议协商流程，认真研究制定解决方案，及时回应劳动者协商诉求。

（八）协助开展劳动人事争议协商。工会组织统筹劳动法律监督委员会和集体协商指导员、法律援助志愿者队伍等资源力量，推动健全劳动者申诉渠道和争议协商平台，帮助劳动者与用人单位开展劳动人事争议协商，做好咨询解答、释法说理、劝解疏导、促成和解等工作。各级地方工会可设立劳动人事争议协商室，做好劳动人事争议协商工作。企业代表组织指导企业加强协商能力建设，完善企业内部劳动争议协商程序。鼓励、支持社会力量开展劳动人事争议协商咨询、代理服务工作。

（九）强化和解协议履行和效力。劳动者与用人单位就劳动人事争议协商达成一致的，工会组织要主动引导签订和解协议，并推动和解协议履行。劳动者或者用人单位未按期履行和解协议的，工会组织要主动做好引导申请调解等工作。经劳动人事争议仲裁委员会审查，和解协议程序和内容合法有效的，可在仲裁办案中作为证据使用；但劳动者或者用人单位为达成和解目的作出的妥协认可的事实，不得在后续的仲裁、诉讼中作为对其不利的根据，但法律另有规定或者劳动者、用人单位均同意的除外。

## 四、做实多元调解

（十）推进基层劳动人事争议调解组织建设。人力资源社会保障部门会同司法行政、工会、企业代表组织和企事业单位、社会团体，推动用人单位加大调解组织建设力度。推动大中型企业普遍建立劳动争议调解委员会，建立健全以乡镇（街道）、工会、行业商（协）会、区域性等调解组织为支撑、调解员（信息员）为落点的小微型企业劳动争议协商调解机制。推动事业单位、社会团体加强调解组织建设，规范劳动人事管理和用工行为。

（十一）建设市、县级劳动人事争议仲裁院调解中心和工会法律服务工作站。推动在有条件的市、县级劳动人事争议仲裁院（以下简称仲裁院）内设劳动人事争议调解中心（以下简称调解中心），通过配备工作人员或者购买服务等方式提供劳动人事争议调解服务。调解中心负责办理仲裁院、人民法院委派委托调解的案件，协助人力资源社会保障部门指导辖区内的乡镇（街道）、工会、行业商（协）会、区域性等调解组织做好工作。探索推进工会组织在劳动人事争议案件较多、劳动者诉求反映集中的仲裁院、人民法院设立工会法律服务工作站，具备条件的地方工会可安排专人入驻开展争议协商、调解和法律服务工作，建立常态化调解与仲裁、诉讼对接机制。

（十二）加强调解工作规范化建设。人力资源社会保障部门会同司法行政、工会、企业代表组织等部门，落实调解组织和调解员名册制度，指导各类劳动人事争议调解组织建立健全调解受理登记、调解办理、告知引导、回访反馈、档案管理、统计报告等制度，提升调解工作规范化水平。加大督促调解协议履行力度，加强对当事人履约能力评估，达成调解协议后向当事人发放履行告知书。总结、推广调解组织在实践中形成的成熟经验和特色做法，发挥典型引领作用。

（十三）发挥各类调解组织特色优势。企业劳动争议调解委员会发挥熟悉内部运营规则和劳动者情况的优势，引导当事人优先通过调解方式解决劳动争议。人民调解组织发挥扎根基层、贴近群众、熟悉社情民意的优势，加大劳动人事争议调处工作力度。乡镇（街道）劳动人事争议调解组织发挥专业性优势，积极推进标准化、规范化、智能化建设，帮助辖区内用人单位做好劳动人事争议预防化解工作。行业性、区域性劳动人事争议调解组织发挥具有行业影响力、区域带动力的优势，帮助企业培养调解人员、开展调解工作。商（协）会调解组织发挥贴近企业的优势，积极化解劳动争议、协同社会治理。人力资源社会保障部门、司法行政部门、工会、企业代表组织引导和规范有意向的社会组织及律师、专家学者等社会力量，积极有序参与调解工作，进一步增加调解服务供给。

## 五、健全联动工作体系

（十四）健全劳动人事争议调解与人民调解、行政调解、司法调解联动工作体系。人力资源社会保障部门在党委政法委的统筹协调下，加强与司法行政、法院、工会、企业代表组织等部门的工作沟通，形成矛盾联调、力量联动、信息联通的工作格局，建立健全重大劳动人事争议应急联合调处机制。有条件的地区，可建立“一窗式”劳动人事争议受理和流转办理机制，通过联通各类网上调解平台、设立实体化联调中心等方式，强化各类调解资源整合。可根据实际情况建立调解员、专家库共享机制，灵活调配人员，提高案件办理专业性。

（十五）参与社会矛盾纠纷调处中心建设。各相关部门主动融入地方党委、政府主导的社会矛盾纠纷多元预防调处化解综合机制，发挥职能优势，向社会矛盾纠纷调处中心派驻调解仲裁工作人员，办理劳动人事争议案件、参与联动化解、提供业务支持，做好人员、经费、场所、设备等保障工作。

（十六）强化调解与仲裁、诉讼衔接。完善调解与仲裁的衔接，建立仲裁员分片联系调解组织制度。双方当事人经调解达成一致的，调解组织引导双方提起仲裁审查申请或者司法确认申请，及时巩固调解成果。仲裁机构通过建议调解、委托调解等方式，积极引导未经调解的当事人到调解组织先行调解。加强调解与诉讼的衔接，对追索劳动报酬、经济补偿等适宜调解的纠纷，先行通过诉前调解等非诉讼方式解决。推进劳动人事争议“总对总”在线诉调对接，开展全流程在线委派委托调解、音视频调解、申请调解协议司法确认等工作。建立省级劳动人事争议调解专家库，并将符合条件的调解组织和人员纳入特邀调解名册，参与调解化解重大疑难复杂劳动人事争议。依法落实支付令制度。

## 六、提升服务能力

（十七）加强调解员队伍建设。通过政府购买服务等方式提升劳动人事争议协商调解能力。扩大兼职调解员来源渠道，广泛吸纳法学专家、仲裁员、律师、劳动关系协调员（师）、退休法官、退休检察官等专业力量参与调解。加强对调解员的培训指导，开发国家职业技能标准，切实提高调解员职业道德、增强服务意识，提升办案能力。

（十八）加强智慧协商调解建设。推动信息化技术与协商调解深度融合，建立部门间数据信息互通共享机制，整合运用各类大数据开展劳动人事争议情况分析研判。完善网络平台和手机 App、微信小程序、微信公众号等平台的调解功能，推进“网上办”“掌上办”，实现协商调解向智能化不断迈进。

（十九）保障工作经费。人力资源社会保障部门将协商调解纳入政府购买服务指导性目录。地方财政部门结合当地实际和财力可能，合理安排经费，对协商调解工作经费给予必要的支持和保障，加强硬件保障，为调解组织提供必要的办公办案设施设备。

（二十）落实工作责任。构建和谐劳动关系，是增强党的执政基础、巩固党的执政地位的必然要求，是加强和创新社会治理、保障和改善民生的重要内容，是促进经济高质量发展、社会和谐稳定的重要基础。各地要把做好协商调解工作作为构建和谐劳动关系的一项重要任务，切实增强责任感、使命感、紧迫感，积极争取党委、政府支持，将这项工作纳入当地经济社会发展总体规划和政府目标责任考核体系，推动工作扎实有效开展。各级党委政法委要将劳动人事争议多元处理机制建设工作纳入平安建设考核，推动相关部门细化考评标准，完善督导检查、考评推动等工作。人力资源社会保障部门要发挥在劳动人事争议多元处理中的牵头作用，会同有关部门统筹推进调解组织、制度和队伍建设，完善调解成效考核评价机制。人民法院要发挥司法引领、推动和保障作用，加强调解与诉讼有机衔接。司法行政部门要指导调解组织积极开展劳动人事争议调解工作，加强对调解员的劳动法律政策知识培训，鼓励、引导律师参与法律援助和社会化调解。财政部门要保障协商调解工作经费，督促有关部门加强资金管理，发挥资金使用效益。中小企业主管部门要进一步健全服务体系，指导中小企业服务机构帮助企业依法合规用工，降低用工风险，构建和谐劳动关系。工会要积极参与劳动人事争议多元化解，引导劳动者依法理性表达利益诉求，帮助劳动者协商化解劳动人事争议，依法为劳动者提供法律服务，切实维护劳动者合法权益，竭诚服务劳动者。工商联、企业联合会等要发挥代表作用，引导和支持企业守法诚信经营、履行社会责任，建立健全内部劳动人事争议解决机制。

各省级人力资源社会保障部门要会同有关部门，按照本意见精神，制定切实可行的实施方案，明确任务、明确措施、明确责任、明确要求，定期对本意见落实情况进行督促检查，及时向人力资源社会保障部报送工作进展情况。

## 最高人民法院
# 关于内地与澳门特别行政区就仲裁程序相互协助保全的安排

2022年2月24日　　　　　　　　　法释〔2022〕7号

根据《中华人民共和国澳门特别行政区基本法》第九十三条的规定，经最高人民法院与澳门特别行政区协商，现就内地与澳门特别行政区关于仲裁程序相互协助保全作出如下安排。

**第一条**　本安排所称“保全”，在内地包括财产保全、证据保全、行为保全；在澳门特别行政区包括为确保受威胁的权利得以实现而采取的保存或者预行措施。

**第二条**　按照澳门特别行政区仲裁法规向澳门特别行政区仲裁机构提起民商事仲裁程序的当事人，在仲裁裁决作出前，可以参照《中华人民共和国民事诉讼法》《中华人民共和国仲裁法》以及相关司法解释的规定，向被申请人住所地、财产所在地或者证据所在地的内地中级人民法院申请保全。被申请人住所地、财产所在地或者证据所在地在不同人民法院辖区的，应当选择向其中一个人民法院提出申请，不得分别向两个或者两个以上人民法院提出申请。

在仲裁机构受理仲裁案件前申请保全，内地人民法院采取保全措施后三十日内未收到仲裁机构已受理仲裁案件的证明函件的，内地人民法院应当解除保全。

**第三条**　向内地人民法院申请保全的，应当提交下列材料：

（一）保全申请书；

（二）仲裁协议；

（三）身份证明材料：申请人为自然人的，应当提交身份证件复印件；申请人为法人或者非法人组织的，应当提交注册登记证书的复印件以及法定代表人或者负责人的身份证件复印件；

（四）在仲裁机构受理仲裁案件后申请保全的，应当提交包含主要仲裁请求和所根据的事实与理由的仲裁申请文件以及相关证据材料、仲裁机构出具的已受理有关仲裁案件的证明函件；

（五）内地人民法院要求的其他材料。

身份证明材料系在内地以外形成的，应当依据内地相关法律规定办理证明手续。

向内地人民法院提交的文件没有中文文本的，应当提交中文译本。

**第四条** 向内地人民法院提交的保全申请书应当载明下列事项：

（一）当事人的基本情况：当事人为自然人的，包括姓名、住所、身份证件信息、通讯方式等；当事人为法人或者非法人组织的，包括法人或者非法人组织的名称、住所以及法定代表人或者主要负责人的姓名、职务、住所、身份证件信息、通讯方式等；

（二）请求事项，包括申请保全财产的数额、申请行为保全的内容和期限等；

（三）请求所依据的事实、理由和相关证据，包括关于情况紧急，如不立即保全将会使申请人合法权益受到难以弥补的损害或者将使仲裁裁决难以执行的说明等；

（四）申请保全的财产、证据的明确信息或者具体线索；

（五）用于提供担保的内地财产信息或者资信证明；

（六）是否已提出其他保全申请以及保全情况；

（七）其他需要载明的事项。

**第五条** 依据《中华人民共和国仲裁法》向内地仲裁机构提起民商事仲裁程序的当事人，在仲裁裁决作出前，可以根据澳门特别行政区法律规定，向澳门特别行政区初级法院申请保全。

在仲裁机构受理仲裁案件前申请保全的，申请人应当在澳门特别行政区法律规定的期间内，采取开展仲裁程序的必要措施，否则该保全措施失效。申请人应当将已作出必要措施及作出日期的证明送交澳门特别行政区法院。

**第六条** 向澳门特别行政区法院申请保全的，须附同下列资料：

（一）仲裁协议；

（二）申请人或者被申请人为自然人的，应当载明其姓名以及住所；为法人或者非法人组织的，应当载明其名称、住所以及法定代表人或者主要负责人的姓名、职务和住所；

（三）请求的详细资料，尤其包括请求所依据的事实和法律理由、申请标的的情况、财产的详细资料、须保全的金额、申请行为保全的详细内容和期限以及附同相关证据，证明权利受威胁以及解释恐防受侵害的理由；

（四）在仲裁机构受理仲裁案件后申请保全的，应当提交该仲裁机构出具的已受理有关仲裁案件的证明；

（五）是否已提出其他保全申请以及保全情况；

（六）法院要求的其他资料。

如向法院提交的文件并非使用澳门特别行政区的其中一种正式语文，则申请人应当提交其中一种正式语文的译本。

**第七条** 被请求方法院应当尽快审查当事人的保全申请，可以按照被请求方法律规定要求申请人提供担保。

经审查，当事人的保全申请符合被请求方法律规定的，被请求方法院应当作出保全裁定。

**第八条** 当事人对被请求方法院的裁定不服的，按被请求方相关法律规定处理。

**第九条** 当事人申请保全的，应当根据被请求方法律的规定交纳费用。

**第十条** 本安排不减损内地和澳门特别行政区的仲裁机构、仲裁庭、仲裁员、当事人依据对方法律享有的权利。

**第十一条** 本安排在执行过程中遇有问题或者需要修改的，由最高人民法院和澳门特别行政区协商解决。

**第十二条** 本安排自 2022 年 3 月 25 日起施行。

## 健全以司法责任制为核心的审判权力运行体系

# 最高人民法院
# 关于做好法官惩戒与纪检监察工作衔接的规定

2022年1月27日　　　　　　　　　　　　法〔2022〕38号

为进一步明确人民法院与纪检监察机关审查调查法院工作人员违反审判职责案件的管辖权限划分，从制度上保障主体责任和监督责任既分工负责，又协同高效，统筹做好法官惩戒与纪检监察工作的衔接，制定本规定。

**第一条**　对法官的同一违反审判职责行为，纪检监察机关已审查调查、处理的，人民法院不再适用《法官惩戒工作程序规定（试行）》的相关规定进行调查处理。

**第二条**　人民法院对法官涉嫌违反审判职责行为进行调查处理时，应当遵守干部管理权限和纪检监察机关有关线索受理管理的规定。

**第三条**　人民法院对干部管理权限不在本院的法官涉嫌违反审判职责的问题线索，要按照干部管理权限的有关规定，及时移送有管辖权的纪检监察机关。

**第四条**　人民法院对涉嫌违反审判职责的法官进行立案调查前，应当向派驻纪检监察组通报初核情况。

**第五条**　人民法院对涉嫌违反审判职责的法官调查结束后，应当向派驻纪检监察组通报调查结论和拟处理意见。

**第六条**　经法官惩戒委员会审议，认定法官存在故意违反审判职责行为，或者存在重大过失导致案件错误并造成严重后果，应当予以惩戒的，人民法院组织人事部门或调查部门根据干部管理权限提出的处理建议，在征求派驻纪检监察组意见后，由人民法院作出惩戒决定。

**第七条**　纪检监察机关对法官违反审判职责行为调查处理时，商请法官惩戒委员会从专业角度提出审查意见的，人民法院应当提请法官惩戒委员会审议，并将审查意见书面告知纪检监察机关。

**第八条** 纪检监察机关对法官涉嫌违反审判职责案件调查终结，交由人民法院作出处分决定时，人民法院根据具体情况，可商纪检监察机关决定是否听取法官惩戒委员会意见。法官惩戒委员会审查意见与纪检监察机关处理意见不一致的，人民法院应当与纪检监察机关沟通。

**第九条** 本规定自印发之日起施行，由最高人民法院负责解释。

# 最高人民法院
# 关于规范合议庭运行机制的意见

2022年10月26日　　　　　　　　法发〔2022〕31号

为了全面准确落实司法责任制，规范合议庭运行机制，明确合议庭职责，根据《中华人民共和国人民法院组织法》《中华人民共和国法官法》《中华人民共和国刑事诉讼法》《中华人民共和国民事诉讼法》《中华人民共和国行政诉讼法》等有关法律和司法解释规定，结合人民法院工作实际，制定本意见。

一、合议庭是人民法院的基本审判组织。合议庭全体成员平等参与案件的阅卷、庭审、评议、裁判等审判活动，对案件的证据采信、事实认定、法律适用、诉讼程序、裁判结果等问题独立发表意见并对此承担相应责任。

二、合议庭可以通过指定或者随机方式产生。因专业化审判或者案件繁简分流工作需要，合议庭成员相对固定的，应当定期轮换交流。属于“四类案件”或者参照“四类案件”监督管理的，院庭长可以按照其职权指定合议庭成员。以指定方式产生合议庭的，应当在办案平台全程留痕，或者形成书面记录入卷备查。

合议庭的审判长由院庭长指定。院庭长参加合议庭的，由院庭长担任审判长。

合议庭成员确定后，因回避、工作调动、身体健康、廉政风险等事由，确需调整成员的，由院庭长按照职权决定，调整结果应当及时通知当事人，并在办案平台标注原因，或者形成书面记录入卷备查。

法律、司法解释规定“另行组成合议庭”的案件，原合议庭成员及审判辅助人员均不得参与办理。

三、合议庭审理案件时，审判长除承担由合议庭成员共同承担的职责外，还应当履行以下职责：

（一）确定案件审理方案、庭审提纲，协调合议庭成员庭审分工，指导合议庭成员或者审判辅助人员做好其他必要的庭审准备工作；

（二）主持、指挥庭审活动；

（三）主持合议庭评议；

（四）建议将合议庭处理意见分歧较大的案件，依照有关规定和程序提交专业法官会议讨论或者审判委员会讨论决定；

（五）依法行使其他审判权力。

审判长承办案件时，应当同时履行承办法官的职责。

**四、**合议庭审理案件时，承办法官履行以下职责：

（一）主持或者指导审判辅助人员做好庭前会议、庭前调解、证据交换等庭前准备工作及其他审判辅助工作；

（二）就当事人提出的管辖权异议及保全、司法鉴定、证人出庭、非法证据排除申请等提请合议庭评议；

（三）全面审核涉案证据，提出审查意见；

（四）拟定案件审理方案、庭审提纲，根据案件审理需要制作阅卷笔录；

（五）协助审判长开展庭审活动；

（六）参与案件评议，并先行提出处理意见；

（七）根据案件审理需要，制作或者指导审判辅助人员起草审理报告、类案检索报告等；

（八）根据合议庭评议意见或者审判委员会决定，制作裁判文书等；

（九）依法行使其他审判权力。

**五、**合议庭审理案件时，合议庭其他成员应当共同参与阅卷、庭审、评议等审判活动，根据审判长安排完成相应审判工作。

**六、**合议庭应当在庭审结束后及时评议。合议庭成员确有客观原因难以实现线下同场评议的，可以通过人民法院办案平台采取在线方式评议，但不得以提交书面意见的方式参加评议或者委托他人参加评议。合议庭评议过程不向未直接参加案件审理工作的人员公开。

合议庭评议案件时，先由承办法官对案件事实认定、证据采信以及适用法律等发表意见，其他合议庭成员依次发表意见。审判长应当根据评议情况总结合议庭评议的结论性意见。

审判长主持评议时，与合议庭其他成员权利平等。合议庭成员评议时，应当充分陈述意见，独立行使表决权，不得拒绝陈述意见；同意他人意见的，应当提供事实和法律根据并论证理由。

合议庭成员对评议结果的表决以口头形式进行。评议过程应当以书面形式完整记入笔录，评议笔录由审判辅助人员制作，由参加合议的人员和制作人签名。评议笔录属于审判秘密，非经法定程序和条件，不得对外公开。

七、合议庭评议时，如果意见存在分歧，应当按照多数意见作出决定，但是少数意见应当记入笔录。

合议庭可以根据案情或者院庭长提出的监督意见复议。合议庭无法形成多数意见时，审判长应当按照有关规定和程序建议院庭长将案件提交专业法官会议讨论，或者由院长将案件提交审判委员会讨论决定。专业法官会议讨论形成的意见，供合议庭复议时参考；审判委员会的决定，合议庭应当执行。

八、合议庭发现审理的案件属于“四类案件”或者有必要参照“四类案件”监督管理的，应当按照有关规定及时向院庭长报告。

对于“四类案件”或者参照“四类案件”监督管理的案件，院庭长可以按照职权要求合议庭报告案件审理进展和评议结果，就案件审理涉及的相关问题提出意见，视情建议合议庭复议。院庭长对审理过程或者评议、复议结果有异议的，可以决定将案件提交专业法官会议讨论，或者按照程序提交审判委员会讨论决定，但不得直接改变合议庭意见。院庭长监督管理的情况应当在办案平台全程留痕，或者形成书面记录入卷备查。

九、合议庭审理案件形成的裁判文书，由合议庭成员签署并共同负责。合议庭其他成员签署前，可以对裁判文书提出修改意见，并反馈承办法官。

十、由法官组成合议庭审理案件的，适用本意见。依法由法官和人民陪审员组成合议庭的运行机制另行规定。执行案件办理过程中需要组成合议庭评议或者审核的事项，参照适用本意见。

十一、本意见自2022年11月1日起施行。之前有关规定与本意见不一致的，按照本意见执行。

# 人民法院在线运行规则

2022年1月6日　　　　　　　　　　法发〔2022〕8号

为支持和推进在线诉讼、在线调解等司法活动，完善人民法院在线运行机制，方便当事人及其他参与人在线参与诉讼、调解等活动，提升审判执行工作质效，根据相关法律规定，结合智慧法院建设实际，制定本规则。

## 一、总则

**第一条** 人民法院运用互联网、大数据、云计算、移动互联、人工智能和区块链等信息技术，完善智慧法院信息系统，规范应用方式，强化运行管理，以在线方式满足人民群众多元化司法需求，高效支持审判执行活动。

**第二条** 人民法院在线运行遵循以下原则：

（一）高效便民。坚持以人民为中心，提供一网通办、一站通办、一号通办等多元解纷和诉讼服务，减轻当事人诉累。

（二）注重实效。坚持司法规律、体制改革与技术变革相融合，完善信息系统，规范应用方式，强化运行管理，全方位支持人民法院开展在线审判执行活动，保障司法工作，提高司法效率。

（三）统筹共享。加强顶层统筹规划，优先建设和使用全国法院统一信息系统，持续推进信息基础设施、应用系统和数据资源兼容共享。

（四）创新驱动。贯彻实施网络强国战略，加大先进技术研究应用力度，推动业务流程、诉讼规则、审判模式与时俱进。

（五）安全可靠。依法采集、存储、处理和使用数据，保护国家秘密、商业秘密、个人隐私和个人信息，保障人民法院在线运行信息安全。

**第三条** 各级人民法院用以支持在线司法活动的信息系统建设、应用、运行和管理，适用本规则。

## 二、系统建设

**第四条** 人民法院应当建设智慧服务、智慧审判、智慧执行、智慧管理、司法公开、司法数据中台和智慧法院大脑、信息基础设施、安全保障、运维保障等智慧法院信息系统，保障人民法院在线运行。

智慧法院信息系统以司法数据中台和智慧法院大脑为核心，实现数据互联互通，支持业务协同办理。

**第五条** 智慧服务系统在互联网运行，与法院专网安全联通，为人民群众提供诉讼、调解、咨询和普法等在线服务，支撑构建一站式多元解纷和诉讼服务体系。

智慧服务系统包括人民法院在线服务、电子诉讼平台、人民法院调解平台、诉讼服务网、12368诉讼服务热线、电子送达平台、在线保全系统、在线鉴定系统等。

智慧服务系统应当具备诉讼指引、在线调解及名册管理、在线立案、在线交费、在线证据交换、在线委托鉴定、在线保全、在线庭审、在线执行、在线阅卷、在线查档、在线送达、在线公告、跨域诉讼服务等功能。

人民法院在线服务与智慧服务系统其他平台对接，作为人民法院通过互联网向人民群众提供在线服务的统一入口。

**第六条** 智慧审判系统在法院专网或电子政务网运行，为审判人员提供阅卷、查档、听证、庭审、合议、裁判辅助等在线服务，支撑构建现代化审判体系。

智慧审判系统包括审判流程管理系统、电子卷宗流转应用系统、智能裁判辅助系统、量刑规范化系统、庭审语音识别系统等。

智慧审判系统应当具备案件信息管理、审限管理、电子卷宗随案同步生成和深度应用、类案智推、文书辅助生成、量刑辅助等功能。

**第七条** 智慧执行系统在法院专网或电子政务网运行，为执行人员提供执行协同、执行信息管理、查人找物、财产处置、失信惩戒等在线服务，支撑构建现代化执行工作体系。

智慧执行系统包括执行指挥平台、执行案件流程信息管理系统、执行查控系统、失信惩戒系统、司法拍卖系统、一案一帐户案款管理系统、移动执行系统等。

智慧执行系统应当具备执行案件全流程网上办理、执行线索分析、执行财产网络查控、司法拍卖信息发布、网络询价、失信被执行人管理等功能。

**第八条**　智慧管理系统在法院专网或电子政务网运行，为法院干警提供行政办公、人事管理、审务督察和档案管理等在线服务，支撑构建现代化司法管理体系。

智慧管理系统主要包括办公平台、人事管理系统、审务督察系统、电子档案系统等。

智慧管理系统应当具备公文在线办理、人事信息管理、审务督察、电子档案管理等功能。

**第九条**　司法公开平台在互联网运行，为当事人及其他诉讼参与人、社会公众提供依法公开的审判流程信息、庭审活动信息、裁判文书信息、执行工作信息等在线公开服务，支撑构建开放、动态、透明、便民的阳光司法机制。

司法公开平台主要包括中国审判流程信息公开网、中国庭审公开网、中国裁判文书网、中国执行信息公开网、全国企业破产重整案件信息网、全国法院减刑、假释、暂予监外执行信息网等。

司法公开平台应当具备信息公开、信息检索、可视化展现等功能。

**第十条**　司法数据中台和智慧法院大脑运行在法院专网或电子政务网，为智慧服务、智慧审判、智慧执行、智慧管理和司法公开等智慧法院信息系统提供数据和智能服务。

司法数据中台和智慧法院大脑包括司法数据库、数据管理平台、数据交换平台、数据服务平台、人工智能引擎、司法知识库、知识服务平台和司法区块链平台等。

司法数据中台和智慧法院大脑应当具备数据汇聚治理、共享交换、关联融合、可视化展现、知识生成、智能计算、辅助决策、证据核验、可信操作、智能合约等功能。

**第十一条**　各级人民法院应当建设信息基础设施，为人民法院在线运行提供必要的基础条件支撑。

信息基础设施包括通信网络、计算存储、通用终端设备以及信息管理中心、执行指挥中心、诉讼服务大厅、科技法庭等重要场所专用设施。

信息基础设施应当为各类应用系统、数据资源和运维保障提供计算运行、数据存储、通信传输、显示控制等服务。

**第十二条** 各级人民法院应当建设安全保障系统，为人民法院在线运行提供网络和信息安全保障。

安全保障系统包括身份认证平台、边界防护系统、安全隔离交换系统、权限管理系统、安全管控系统和安全运维系统等。

安全保障系统应当为各类信息基础设施、应用系统和数据资源提供主机安全、身份认证、访问控制、分类分级、密码加密、防火墙、安全审计和安全管理等安全服务。

**第十三条** 各级人民法院应当建设运维保障系统，为人民法院在线运行提供运行维护保障。

运维保障系统包括质效型运维服务、可视化管理平台、运行质效报告和应急管理平台等。

运维保障系统应当为信息基础设施、应用系统、数据资源和安全保障系统提供运行、维护和运行质效分析等运维保障服务。

## 三、应用方式

**第十四条** 当事人及其他参与人应用智慧服务系统进行在线调解、在线诉讼，应当先行注册并完成身份认证，取得登录智慧服务系统的专用账号。

同一用户注册智慧服务系统应当以个人身份认证和实名注册为主，尽量使用相同的注册和身份认证信息。

智慧服务系统应当对接公安机关户籍管理系统支持核对用户身份认证信息，并支持用户信息的统一管理和共享应用。

**第十五条** 当事人及其他参与人在智慧服务系统相应平台完成注册后，可以在线登录并通过身份认证，关联相关案件参与在线调解、在线诉讼。

**第十六条** 当事人及其他参与人可以应用人民法院调解平台等开展在线调解，进行在线申请、接受、拒绝或者终止调解，获得在线调解引导等服务。

人民法院通过人民法院调解平台等，支持人民法院、当事人、在线调解组织和调解员通过电脑和移动终端设备进行在线调解，支持在线开展调解前协商和解、调解组织和调解员选定、音视频调解、制作调解协议、申请司法确认或者出具调解书等，支持在线诉非对接、诉调对接程序，保存调解过程中的所有音视频和文字材料。

人民法院、调解组织和调解员可以通过人民法院调解平台等在线管理相关组织和人员信息。

**第十七条** 当事人及其代理人可以通过人民法院在线服务、电子诉讼、诉讼服务网等平台在线提交立案申请。

人民法院通过智慧审判系统对接智慧服务系统在线处理立案申请，反馈立案结果。

**第十八条** 当事人及其代理人可以通过人民法院在线服务、电子诉讼平台、人民法院调解平台、诉讼服务网等平台在线查看案件相关诉讼费用信息并通过网上支付通道在线交费。

人民法院通过智慧审判、智慧执行系统对接智慧服务系统在线发起交费通知、查看交费状态。

**第十九条** 当事人及其代理人通过人民法院在线服务、电子诉讼、人民法院调解平台、诉讼服务网等平台在线填写或提交各类案件相关电子材料，应符合平台告知的相应文件的格式、体例、规范性和清晰度等要求。

**第二十条** 智慧服务系统中在线提交、符合要求的电子文件自动纳入案件电子卷宗，并传送智慧审判系统、智慧执行系统、智慧管理系统流转应用。

对于线下提交的案件材料，人民法院应当及时通过扫描、翻拍、转录等方式随案同步生成符合要求的电子文件，形成案件电子卷宗。

人民法院通过智慧审判、智慧执行系统支持电子卷宗随案流转应用，包括阅卷、合议、庭审、审委会讨论、跨院调卷等。

人民法院利用电子卷宗实现文件数据化、回填案件信息、文书辅助生成、卷宗自动归档等智能化应用。

**第二十一条** 人民法院通过智慧服务系统相应平台和司法区块链核验当事人通过区块链平台提交的相关电子文件和数据等证据材料。

**第二十二条** 当事人及其代理人可以通过人民法院在线服务、电子诉讼平台、诉讼服务网等平台获知相应的平台门户、通信带宽和显示分辨率等技术条件要求，开展在线证据交换、在线举证质证。

**第二十三条** 人民法院通过智慧服务、智慧审判、智慧执行、司法区块链等平台，支持对经当事人及其代理人在线举证质证后的证据材料的真实性、合法性和关联性的认定和重现。

**第二十四条** 当事人及其代理人可以通过智慧服务系统提交在线阅卷、在线查档申请。

人民法院按照相关规定从智慧审判、智慧执行和智慧管理系统中调取相应卷宗或档案流转至智慧服务系统，支持当事人及其代理人在线阅卷、在线查档。

**第二十五条** 人民法院、当事人及其代理人、证人、鉴定人等可以通过人民法院在线服务、电子诉讼平台、诉讼服务网等平台，按照相关技术条件要求，通过科技法庭、电脑和移动终端设备开展在线视频庭审，开展在线庭前准备、法庭调查、法庭辩论、语音转写、笔录签名等庭审活动，人民法院应当按照相关规定保存庭审过程中的音视频和文字材料。

**第二十六条** 受送达人可以通过人民法院在线服务、人民法院送达平台、诉讼服务网和中国审判流程信息公开网等平台在线查阅、接收、下载和签收相关送达材料。

人民法院通过智慧审判、智慧执行系统，对接人民法院送达平台，记录各方参与主体的电子邮箱、即时通讯账号、诉讼平台专用账号等电子地址，按照有关规定进行在线送达、接受送达回执，实现在线送达所有环节信息全程留痕，记录并保存送达凭证。

**第二十七条** 当事人及其代理人可以通过人民法院在线服务、在线保全等平台向有管辖权的法院申请保全、提交或补充申请信息和材料，交纳保全费，也可以在线提起解除保全、续行保全、保全复议等。

当事人及其代理人可以通过人民法院在线服务、在线保全等平台在线向第三方担保机构申请担保，申请通过后在线交纳担保费，也可以在线取消、变更担保等。

第三方担保机构在当事人交纳担保费用后，可以在线出具电子担保书，支持当事人及其代理人在线查看、下载电子担保书。

人民法院通过智慧审判和智慧执行系统对接智慧服务系统在线进行保全审核和后续业务办理。

**第二十八条** 人民法院通过智慧审判系统、智慧执行系统对接智慧服务系统，依职权或当事人申请，在线发起委托鉴定、选择鉴定机构、移送鉴定材料。

鉴定机构可以通过人民法院在线服务、在线鉴定等平台在线受理委托任务、审阅鉴定相关检材、出具鉴定意见书或报告书；鉴定申请人可以在线查阅鉴定意见书或报告书，在线提出异议或者申请出庭；人民法院可以在线对异议或出庭申请进行审核及答复。

**第二十九条** 当事人及其代理人可通过人民法院在线服务、12368诉讼服务热线、诉讼服务网、人民法院调解平台等平台联系人民法院，进行案件调解、审判、执行、阅卷、查档、信访、送达以及预约事项办理信息的在线咨询查询。

**第三十条** 人民法院通过智慧审判系统实现案件电子卷宗的随案同步生成和深度应用，支持电子卷宗智能编目、信息自动回填、在线阅批、一键归档、上诉审移送与查阅，支持案件收案、分案、庭审、合议、裁判、结案、归档全流程网上办理；对接司法数据中台和智慧法院大脑，提供案件数据服务、案情智能分析、类案精准推送、文书辅助生成等智能辅助应用；依法按需实现法院内部、不同法院之间、法院与协同部门之间的卷宗信息共享和业务协同。

**第三十一条** 人民法院通过智慧执行系统实现执行案件全程在线办理、执行活动全程留痕、全方位多层次监控，支持在线采取财产查控、询价评估、拍卖变卖、案款发放、信用惩戒等执行措施。

**第三十二条** 人民法院通过电子档案管理信息系统，按照档案相关法律法规，在线完成电子档案的收集、保存和提供利用。

**第三十三条** 当事人及其代理人按照依法、自愿、合理的原则，可将诉讼、调解等环节由线上转为线下，或由线下转为线上进行；人民法院在线运行方式支持部分参与者采用线上、其他参与者采用线下的方式参与诉讼、调解等活动。

诉讼、调解活动采用线下办理的，人民法院应当及时将相关案件材料制作形成电子卷宗，并上传至智慧法院相关信息系统纳入管理。

## 四、运行管理

**第三十四条** 各级人民法院应当按照信息安全等级保护要求，确定智慧法院信息系统的安全保护等级，制定安全管理制度和操作规程，确定网络安全责任人，落实网络安全保护责任。

各级人民法院应当通过安全保障系统防范计算机病毒和网络攻击、网络侵入等危害网络安全的行为，通过安全隔离交换平台支持跨网系信息互通的同时防范网间恶意入侵、非法登录和数据窃取等行为，监测、记录并留存相关信息系统运行状态和网络安全事件，强化关键信息基础设施运行安全，建立健全用户信息保护机制，加强网络安全监测预警与应急处置能力。

各级人民法院应当开展与等级保护标准相符合的信息系统安全保障建设和测评以及密码应用安全评估。

**第三十五条** 各级人民法院应当确保智慧法院信息系统相关数据全生命周期安全，制定数据分类分级保护、数据安全应急处理和数据安全审查等制度。

各级人民法院应当通过安全保障系统建立相关信息系统数据权限管理和数据安全风险信息获取、分析、研判和预警机制，遵循“安全、必要、最小范围”原则实现数据共享和安全管控，保证在线诉讼、在线调解等司法活动中的个人隐私、个人信息、商业秘密、保密商务信息、审判执行工作秘密等数据依法予以保密，不被随意泄露或非法向他人提供。

**第三十六条** 各级人民法院应当指导、监督智慧法院信息系统建设、运行和管理中的个人信息保护工作，接受、处理在线诉讼、在线调解活动中个人信息保护有关的投诉和举报，定期组织对各类信息系统个人信息保护情况进行测评并公布结果，调查、处理在线诉讼、调解等司法活动中的违法处理个人信息行为。

各级人民法院应当加强司法公开工作中的个人信息保护，严格执行法律规定的公开范围，依法公开相关信息，运用信息化手段支持个人敏感信息屏蔽、司法公开质量管控。

**第三十七条** 各级人民法院应当通过运维保障系统，按照一线运维、二线运维和运行质效分析等方式支持智慧法院信息系统的运行维护保障，一线运维主要负责用户管理、权限分配、系统故障修复和应急响应处理等，二线运维主要负责信息系统运行状态和质效的监控分析，最高人民法院及各高级人民法院应当定期组织进行智慧法院信息系统的运行质效分析，提出改进建议。

**第三十八条** 各级人民法院应当建立健全信息系统规划、立项、采购、建设、测试、验收、应用和评价等全生命周期管理体系，实现对智慧法院信息系统主机、软件、存储资源、通信网络、机房和专用设施场所等系统和设施的全面管理，支撑人民法院在线稳定运行。

**第三十九条** 各级人民法院应当建立健全人民法院在线运行相关数据生产、汇聚、存储、治理、加工、传输、使用、提供、公开等过程管理机制，明确数据管理责任，全面提升数据质量，提高数据应用能力。

**第四十条** 各级人民法院应当制定应急计划，及时有效处理人民法院在线运行过程中出现的停电、断线、技术故障、遭受网络攻击、数据安全漏洞等突发事件。无法立即修复故障时，各级人民法院应当根据故障性质暂停提供相关服务，及时向用户告知故障信息，直至系统恢复正常，并记录保存故障信息。

**第四十一条** 各级人民法院应当依据相关法律规定，与企业院校开展合作，推进智慧法院信息系统建设、运行、维护，支持、组织、监督合作单位依照法律规定和合同约定履行义务，严格实施合作单位人员的出入、驻场、工作、培训、安全、保密、廉政和离职管理，确保合作单位不得利用工作便利擅自更改、留存、使用、泄露或者向他人提供相关工作信息。

**第四十二条** 各级人民法院应当优先推广应用全国法院统建信息系统，推进各地法院自研系统接入相应全国统建系统。

**第四十三条** 人民法院应当在符合安全要求的前提下加强与外部相关信息系统的按需对接和在线业务协同。

**第四十四条** 各级人民法院应当积极通过各种渠道向社会公众宣传智慧法院建设的重大意义，推广普及智慧法院相关信息系统应用，针对各类用户做好培训、咨询以及必要的应用演练，建立用户满意度评价、跟踪、反馈、改进机制，不断提升人民法院在线运行效能。

**五、附则**

**第四十五条** 本规则自2022年3月1日起施行。

# 最高人民法院
# 关于涉外民商事案件管辖若干问题的规定

2022年11月14日　　　　法释〔2022〕18号

为依法保护中外当事人合法权益，便利当事人诉讼，进一步提升涉外民商事审判质效，根据《中华人民共和国民事诉讼法》的规定，结合审判实践，制定本规定。

**第一条**　基层人民法院管辖第一审涉外民商事案件，法律、司法解释另有规定的除外。

**第二条**　中级人民法院管辖下列第一审涉外民商事案件：

（一）争议标的额大的涉外民商事案件。

北京、天津、上海、江苏、浙江、福建、山东、广东、重庆辖区中级人民法院，管辖诉讼标的额人民币4000万元以上（包含本数）的涉外民商事案件；

河北、山西、内蒙古、辽宁、吉林、黑龙江、安徽、江西、河南、湖北、湖南、广西、海南、四川、贵州、云南、西藏、陕西、甘肃、青海、宁夏、新疆辖区中级人民法院，解放军各战区、总直属军事法院，新疆维吾尔自治区高级人民法院生产建设兵团分院所辖各中级人民法院，管辖诉讼标的额人民币2000万元以上（包含本数）的涉外民商事案件。

（二）案情复杂或者一方当事人人数众多的涉外民商事案件。

（三）其他在本辖区有重大影响的涉外民商事案件。

法律、司法解释对中级人民法院管辖第一审涉外民商事案件另有规定的，依照相关规定办理。

**第三条**　高级人民法院管辖诉讼标的额人民币50亿元以上（包含本数）或者其他在本辖区有重大影响的第一审涉外民商事案件。

**第四条** 高级人民法院根据本辖区的实际情况，认为确有必要的，经报最高人民法院批准，可以指定一个或数个基层人民法院、中级人民法院分别对本规定第一条、第二条规定的第一审涉外民商事案件实行跨区域集中管辖。

依据前款规定实行跨区域集中管辖的，高级人民法院应及时向社会公布该基层人民法院、中级人民法院相应的管辖区域。

**第五条** 涉外民商事案件由专门的审判庭或合议庭审理。

**第六条** 涉外海事海商纠纷案件、涉外知识产权纠纷案件、涉外生态环境损害赔偿纠纷案件以及涉外环境民事公益诉讼案件，不适用本规定。

**第七条** 涉及香港、澳门特别行政区和台湾地区的民商事案件参照适用本规定。

**第八条** 本规定自2023年1月1日起施行。本规定施行后受理的案件适用本规定。

**第九条** 本院以前发布的司法解释与本规定不一致的，以本规定为准。

# 最高人民法院
# 关于第一审知识产权民事、行政案件管辖的若干规定

2022年4月20日　　　　　　　　　　　　法释〔2022〕13号

为进一步完善知识产权案件管辖制度，合理定位四级法院审判职能，根据《中华人民共和国民事诉讼法》《中华人民共和国行政诉讼法》等法律规定，结合知识产权审判实践，制定本规定。

**第一条**　发明专利、实用新型专利、植物新品种、集成电路布图设计、技术秘密、计算机软件的权属、侵权纠纷以及垄断纠纷第一审民事、行政案件由知识产权法院，省、自治区、直辖市人民政府所在地的中级人民法院和最高人民法院确定的中级人民法院管辖。

法律对知识产权法院的管辖有规定的，依照其规定。

**第二条**　外观设计专利的权属、侵权纠纷以及涉驰名商标认定第一审民事、行政案件由知识产权法院和中级人民法院管辖；经最高人民法院批准，也可以由基层人民法院管辖，但外观设计专利行政案件除外。

本规定第一条及本条第一款规定之外的第一审知识产权案件诉讼标的额在最高人民法院确定的数额以上的，以及涉及国务院部门、县级以上地方人民政府或者海关行政行为的，由中级人民法院管辖。

法律对知识产权法院的管辖有规定的，依照其规定。

**第三条**　本规定第一条、第二条规定之外的第一审知识产权民事、行政案件，由最高人民法院确定的基层人民法院管辖。

**第四条**　对新类型、疑难复杂或者具有法律适用指导意义等知识产权民事、行政案件，上级人民法院可以依照诉讼法有关规定，根据下级人民法院报请或者自行决定提级审理。

确有必要将本院管辖的第一审知识产权民事案件交下级人民法院审理的，应当依照民事诉讼法第三十九条第一款的规定，逐案报请其上级人民法院批准。

**第五条** 依照本规定需要最高人民法院确定管辖或者调整管辖的诉讼标的额标准、区域范围的，应当层报最高人民法院批准。

**第六条** 本规定自2022年5月1日起施行。

最高人民法院此前发布的司法解释与本规定不一致的，以本规定为准。

## 建设现代化智慧法院应用体系

# 最高人民法院<br>关于加强区块链司法应用的意见

2022年5月23日　　　　　　　　　　　　法发〔2022〕16号

为深入贯彻落实习近平法治思想和习近平总书记关于积极推动区块链技术为人民群众提供更加智能、更加便捷、更加优质公共服务的重要指示精神，贯彻落实《中华人民共和国国民经济和社会发展第十四个五年规划和2035年远景目标纲要》和《“十四五”国家信息化规划》，充分发挥区块链在促进司法公信、服务社会治理、防范化解风险、推动高质量发展等方面的作用，全面深化智慧法院建设，推进审判体系和审判能力现代化，结合人民法院工作实际，制定本意见。

### 一、总体要求

（一）指导思想。以习近平新时代中国特色社会主义思想为指导，深入贯彻习近平法治思想和习近平总书记关于网络强国的重要思想，紧紧围绕“努力让人民群众在每一个司法案件中感受到公平正义”的目标，坚持服务大局、司法为民、公正司法，大力推动区块链技术与多元解纷、诉讼服务、审判执行和司法管理工作深度融合，积极应用区块链平台服务社会治理、优化营商环境、加强诚信体系建设、防范化解重大风险、支持构建新发展格局，努力创造更高水平的数字正义。

（二）总体目标。到2025年，建成人民法院与社会各行各业互通共享的区块链联盟，形成较为完备的区块链司法领域应用标准体系，数据核验、可信操作、智能合约、跨链协同等基础支持能力大幅提升；区块链在多元解纷、诉讼服务、审判执行和司法管理工作中得到全面应用，有效促进司法公信，提升司法效率，强化廉洁司法；司法区块链跨链联盟融入经济社会运行体系，实现与政法、工商、金融、环保、征信等多个领域跨链信息共享和协同，主动服务营商环境优化、经济社会治理、风险防范化解和产业创新发展，助力平安中国、法治中国、数字中国和诚信中国建设，形成中国特色、世界领先的区块链司法领域应用模式，为新时代我国经济社会数字化转型和高质量发展提供坚强有力的司法服务和保障。

（三）基本原则

坚持依法统筹、注重协同联动。依法依规加强区块链基础设施统筹规划，面向经济社会发展和审判执行工作需要，开展区块链司法领域应用顶层设计，加强与各行各业跨链协同应用模式研究，促进多方数据共享和协同应用。

坚持开放共享、注重标准先行。建设与社会各行各业互通共享的区块链联盟，形成共性基础技术支持能力，建立统一、开放的区块链司法领域应用技术标准体系，为跨部门节点接入、跨行业数据共同维护和利用提供规范化服务。

坚持应用牵引、注重创新发展。以司法为民、公正司法和服务社会治理为牵引，充分发挥区块链在优化业务流程、提升协同效率、建设可信体系等方面的作用，持续推进区块链在司法领域深度应用，不断提高跨领域自动执行能力。

坚持安全可靠、注重有序推进。以安全可信为前提，着力提升上链数据和智能合约的准确可控水平，确保数据安全，保护个人信息，推动形成区块链在司法领域稳中求进、有序发展、安全可靠的应用生态。

## 二、人民法院区块链平台建设要求

（四）加强区块链应用顶层设计。遵照法律规范要求，按照内外部高效协同的总体思想，针对法院业务应用和服务社会治理协同应用需求，系统开展区块链在司法领域应用的场景设计。针对内、外网协同应用需求，形成全国统一、支持跨网系、跨链协同司法应用的区块链总体建设方案。

（五）持续推进跨链协同应用能力建设。针对主动服务经济社会治理和司法业务应用场景，构建基于分布式标识、互联互通、跨链互信的区块链联盟基础设施，有效整合执行区块链已有建设成果，充分发挥联盟链技术特点，加强司法区块链平台与各行业区块链平台跨链联盟建设，持续提升协同能力。

（六）提升司法区块链技术能力。联合优势力量，开展关键技术攻关，打造开放共享的全国法院司法区块链平台，提高数据核验、可信操作、智能合约、跨链协同等基础技术能力，支持各级人民法院基于司法链平台开展业务创新应用。

（七）建设互联网司法区块链验证平台。基于全国司法区块链平台数据，在互联网端建设司法区块链验证平台，支持当事人等相关主体对调解数据、电子证据、诉讼文书等司法数据进行真伪核验。

（八）建立健全标准规范体系。建立健全区块链在司法领域应用的技术标准和管理规范，为与相关领域区块链平台和节点接入互通、共享协同提供技术指引和标准接口支持。

## 三、充分运用区块链数据防篡改技术，进一步提升司法公信力

（九）保障司法数据安全。推进人民法院电子卷宗、电子档案、司法统计报表、案件结案状态等司法数据上链存储，确保司法数据防篡改，提升数据安全水平。

（十）保障电子证据可信。健全完善区块链平台证据核验功能，支持当事人和法官在线核验通过区块链存储的电子证据，推动完善区块链存证的标准和规则，提升电子证据认定的效率和质量。

（十一）保障执行操作合规。推动执行案件信息、当事人信息、组织机构信息、执行通知、财产查控、财产处置、案款收发、信用惩戒、执法取证、执行互动、案件报结、卷宗归档等数据和操作上链存证，常态化开展执行全业务流程操作安全审计，进一步规范执行操作行为，探索开展执行查控等敏感操作在线闭环验证，确保可靠无误。

（十二）保障司法文书权威。推动人民法院送达的诉讼文书和送达回执在司法区块链平台统一存储，支持在互联网端查验送达文书，保证送达全流程安全可靠，维护司法权威。

## 四、充分发挥区块链优化业务流程的重要作用，不断提高司法效率

（十三）支持立案信息流转应用。建立立案登记材料分级分类自动流转业务规则，支持在材料提交限定期满后案件实现分级分类自动立案，巩固立案登记制改革成果，提高立案效率。

（十四）支持调解与审判流程衔接应用。建立调解协议不履行自动触发审判立案、执行立案等业务规则和智能合约程序，增强调解程序司法权威，支持多元纠纷化解。

（十五）支持审判与执行流程衔接联动。全面推进审判与执行办案系统信息互通和数据共享，探索建立裁判文书不履行自动触发执行立案等业务规则和联动机制，优化审执衔接，畅通信息流转，减少重复工作，支持切实破解执行难。

（十六）支持提升执行效率。探索建立符合条件的执行案件自动发起查询、冻结、扣划以及执行案款自动发放智能合约机制，在确保程序合规的前提下简化审批环节；建立对统查财产线索足额终本案件、对不履行义务的执行和解案件，无需单独提起立案流程即可自动立案恢复执行的智能合约机制。

（十七）支持执行干警便捷办案。运用区块链技术推动网络查控、评估拍卖、案款收发、失信限消、事项委托、电子卷宗随案生成等向移动端延伸，形成去中心化、去网系化、去系统化的数据串联，方便执行干警随时随地办理执行事务。

## 五、充分挖掘区块链互通联动的巨大潜力，增强司法协同能力

（十八）提高律师资质验证协同能力。针对律师资质验证需求，构建人民法院与司法行政部门跨链协同应用，支持实现参与诉讼活动的律师资质、信用报告在线查询及核验，提高核验实时性。

（十九）提高政法部门案件协同办理能力。针对减刑假释、刑事、民商事等案件跨部门协同办理和公民身份认证等需求，构建人民法院与检察、公安、司法行政等部门的跨链协同应用，提高案件在线流转效率和数据互信水平。

（二十）提高跨部门协同执行能力。针对被执行人财产查控、失信被执行人联合惩戒等需求，构建人民法院与行政执法、不动产登记、金融证券保险机构、联合信用惩戒等单位的跨链协同应用，建立自动化执行查控和信用惩戒模式，提高协同执行工作效率。

## 六、充分利用区块链联盟互认可信的价值属性，服务经济社会治理

（二十一）保护知识产权。构建与版权、商标、专利等知识产权区块链平台的跨链协同机制，支持对知识产权的权属、登记、转让等信息的查询核验，为知识产权案件的证据认定等提供便利，更好地服务国家创新驱动战略实施。

（二十二）支持营商环境优化。构建与市场监管、产权登记和交易平台等区块链平台的跨链协同应用机制，支持对企业基本信息、企业股权变动、企业间关联关系、不动产和动产权属状况、融资租赁、贵金属交易等权属登记和交易状况信息的查询核验，为权属认定和产权交易提供便利，促进基于数据与信用的分级分类监管体系建设，更好地服务国家营商环境建设。

（二十三）支持数据开发利用。构建与数据权属、数据交易等区块链平台的跨链协同应用机制，支持对数据确权、数据交易等过程信息的查询核验和智能合约处置，助力数据要素市场构建和数据价值释放，更好地服务国家大数据战略实施。

（二十四）支持金融信息流转应用。构建与金融机构区块链平台的跨链协同应用机制，支持对金融贷款合同、信用卡等审批、履行、违约过程信息的查询核验和智能合约处置，更好地服务金融风险防范化解。

（二十五）支持企业破产重组。构建与相关政府部门区块链平台的跨链协同应用机制，支持对债务人企业的经营信息和涉诉涉执行信息互通共享，支持债权申报信息在线验证质证，在保障全体债权人知情权和查阅权的同时，强化债权审核公开透明，并进一步确保网络债权人会议的表决效力，更好地服务市场主体救治和退出。

（二十六）支持征信体系建设。构建与全国信用信息共享平台、国家企业信用信息公示系统和失信惩戒部门的跨链协同应用机制，支持对失信被执行人、限制高消费信息的查询核验和智能合约处置，确保失信信息可信产生、

安全传播和合规使用，更好地发挥联合失信惩戒作用，助力健全以信用为基础的新型监管机制，服务社会信用体系建设。

## 七、保障措施

（二十七）加强组织领导。各级人民法院要高度重视区块链在司法领域的建设和应用，加强统筹协调，明确任务牵头部门负责区块链应用整体推进和管理。

（二十八）建立协同机制。各级人民法院要统筹辖区区块链应用重点，联合其他政法单位、社会机构等力量强化协同工作机制，共同推进区块链在司法领域的应用。

（二十九）加大支持力度。各级人民法院要将区块链应用工作纳入智慧法院建设规划统筹组织实施，并与地方政府社会治理创新相结合，争取经费支持，加大推进力度。

（三十）注重应用示范。各级人民法院要面向服务经济社会发展和人民法院业务需求，选择较为成熟的应用场景开展典型应用示范，形成可复制、可推广的创新模式。

（三十一）确保安全可靠。各级人民法院要健全事前审核和测试评估机制，确保上链数据真实性、准确性、合规性以及链上链下数据一致性，确保智能合约的合法性、有效性、安全性和可靠性。

（三十二）积极宣传引导。各级人民法院要加强成功案例宣传推介，面向法院干警开展区块链技术应用培训，全面提升区块链在司法领域的应用成效。

# 第四篇

## 改革报告

# 北京法院

2022年，在北京市委坚强领导和最高人民法院正确指导下，北京法院坚持以习近平新时代中国特色社会主义思想为指导，深入学习贯彻习近平法治思想，深入贯彻落实党的二十大精神，不断深化司法体制综合配套改革，全面准确落实司法责任制，加快推进审判体系和审判能力现代化，持续提升人民群众司法获得感、幸福感和安全感。

## 一、推进改革的主要做法

2022年，按照中央、北京市委和最高人民法院部署，北京法院继续深入推进司法体制综合配套改革，取得明显成效。市高院再审模式、金融法院创新金融审判体制机制、东城法院打造市域基层治理新模式、朝阳法院探索“大体量”法院诉讼繁简分流等一批改革经验被最高人民法院在全国推广，北京法院入选最高人民法院司法改革典型案例数量居全国法院首位。

一是全面加强党对司法改革工作的绝对领导，坚持正确的政治方向。坚持以习近平新时代中国特色社会主义思想为指导，深入学习贯彻习近平法治思想，认真学习贯彻党的二十大精神，扎实开展“两个确立”、党史学习教育等主题教育活动，不断增强“四个意识”、坚定“四个自信”、自觉做到“两个维护”。始终坚持党对司法改革工作的绝对领导，全面落实《中国共产党政法工作条例》，建立健全并严格落实政治督察、请示报告等制度。

二是坚持全市法院司法改革统筹兼顾、系统谋划、整体推进。根据市法治建设领域改革专项小组印发的《法治建设领域改革专项小组2022年重点任务分工方案（2020—2023年）》、最高人民法院印发的《2022年人民法院司法改革工作要点》，北京高院制定了任务清单，明确责任单位与任务完成时限，针对工作要点的落实情况开展专项督办，确保责任单位认真贯彻落实。

三是坚持首善标准，推动全市法院工作取得新的重要发展。深化金融审判体制机制创新，全面落实市委关于推进金融领域审判体制机制改革创新的意见，推动最高人民法院将金融司法大数据研究（北京）中心、调研基地“落户”北京金融法院。加大对关键核心技术等知识产权司法保护力度，强化反垄断和反不正当竞争司法，为“两区”建设提供优质司法服务。深化涉侨纠纷多元化解，推进涉侨、涉台矛盾纠纷多元化解机制落地见效。不断提升基层司法水平，朝阳、密云、通州三家法院人民法庭建设案例入选最高人民法院“打造枫桥式人民法庭 服务基层社会治理”典型案例。

## 二、改革主要进展情况

全市法院认真贯彻落实北京高院《2022年度北京法院改革任务清单》，14项重点改革任务已全部完成。《法治建设领域改革专项小组2022年重点任务分工方案（2020—2023年）》中确定的法院改革任务，已如期完成或按照方案要求进度有序推进。

一是健全党对司法工作绝对领导的制度体系。落实党组会前理论学习制度，将习近平新时代中国特色社会主义思想作为各类培训班的必修课程。始终坚持把党管政法、党管干部等重大原则贯穿司法改革各环节全过程。严格落实重大事项请示报告制度，不断加强督办工作，转变工作作风，对审判权监督制约等重要制度和重点工作的落实情况开展专项巡查、督查，确保中央、市委、最高人民法院改革部署不折不扣贯彻落实。在党委领导下，鼓励基层改革创新，开展第三届司法改革“微创新”案例评选活动，刊发司改专刊139期、司改动态与参考11期，持续宣传推广全市法院最新改革成果。

二是不断完善科学合理的司法人事制度。统筹加强审判资源配置，按照《党政领导干部选拔任用工作条例》的程序和要求，积极发挥干部协管职能，配合有关区委调整班子成员，提请市人大常委会完成市级法院法律职务任免，启动全市法院员额法官递补机制，配合审级职能定位改革工作制定机关干部职务任免和岗位调整方案。加强专业化审判人才培养，建成10家“特色人才高地”，新增4名全国审判业务专家，15名司法实务研究专家和31名北京市审判业务专家。建立以五大板块为基础的14个人才库，初筛入库1259人。

三是持续完善新型审判权力运行机制。以随机分案为主的案件分配制度落地见效，制定实施《北京市高级人民法院关于随机分案的实施细则（试行）》，构建“线上+线下”互补管理模式，创设五方面制度落实保障机制。2022年，全市法院随机分案率达91.11%，实现应随机尽随机。健全统一法律适用机制，修订《关于北京法院参阅案例工作的规定》，围绕“民法典实施”“提级管辖”等主题发布4批14个参阅案例，推荐的3个案例入选最高人民法院指导性案例；组织全市法院开展法律适用问题专项调研，形成专题类案研究报告86份，涉及具体问题250个，完善法律适用问题的发现、收集、分析、研究和通报机制，健全再审案例指导制度和再审案件监督纠错的跟踪调研制度。

四是推进健全与新型审判权力运行相适应的监督管理体系。加强四类案件的监督管理及“三同步”审批，确保实现“三个效果”有机统一。严格执行“三个规定”“十个严禁”等铁规禁令，坚决防止各类问题反弹回潮。建立离职人员从业信息库及在职人员亲属从事经营活动信息库，实时跟踪，动态更新，未发现违规从业、违规经营等情况。自觉接受法律监督，针对市检察院提出的检察建议，及时组织开展评查与反馈。持续落实案件评查制度，开展专项评查。加强虚假诉讼多发领域的审查力度，强化与公安、检察机关协作。

五是深化审级职能定位改革试点工作。建立“1+8+1”试点工作机制，结合诉源治理、“多元调解+速裁”、诉讼程序繁简分流、司法权力监督制约、互联网司法等改革任务一体推进试点工作，形成系统集成效应。有效激活提级管辖制度，率先制定提级管辖工作指引，梳理出42种适宜提级管辖的案件类型，提级管辖43件案件，涵盖刑事、民事、行政等领域，已审结18件，其中2件转化为参阅案例，实现审理一件、指导一片。完善再审运行程序，按照“终审裁判、再审申请审查、再审审理”相分离原则，优化再审职权配置，同步推进再审程序与法官会议、审判委员会制度深度融合，进一步强化再审监督纠错、业务指导和统一法律适用功能。深化诉讼程序繁简分流改革，圆满完成民事诉讼程序繁简分流改革试点任务，基层法院70%的民商事纠纷在诉前得到解决。

六是巩固优化法院组织和机构职能体系。高起点、高标准建设北京金融法院，推动全国首个金融案件多元解纷一体化平台有效运行。推动成立“金融科技法治研究中心”，开展金融科技创新监管工具数据合规试点项目，获评北京“两区”建设标志性项目。加强未成年人、知识产权、国际商事、破产等专业审判领域建设。北京法院涉未成年人民事社会调查观护工作模式被引入“未成年人司法工作服务国家标准”。首都知识产权巡回审判重点园区全覆盖格局基本形成。出台《北京国际商事法庭建设发展规划（2022—2025）》，深入推进北京国际商事法庭高水平运行。出台全国首个《中小微企业快速重整工作办法（试行）》，构建“1＋2＋3”多元破产挽救体系助企减负纾困。落实优化营商环境5.0版改革，北京法院在世界银行营商环境评估中“司法程序质量指数”连续两年取得全球最高分。

七是全面建设以人民为中心的诉讼服务体系。持续推动一站式多元解纷和诉讼服务体系建设，进一步深化司法确认、小额诉讼、扩大独任制适用等改革任务融入“多元调解＋速裁”工作。创新党建引领诉源治理，在开展“两个确立”主题教育和“为群众办实事示范法院”创建活动中，推进“百分之百的党支部参与共建，百分之百的党员法官深入基层”。构建12368“一号响应”诉源治理工作机制深度融入接诉即办改革，推动该机制在全市各街乡镇知晓使用全覆盖。设立司法指导中心暨中小投资者、金融消费者保护工作站，建立“午夜间法庭”机制，完善金融消费者和中小投资者保护机制。与市版权局合作升级打造版权链——天平链协作治理平台2.0版本，服务保障数字经济发展和网络空间治理。

八是加速推进智慧法院和互联网司法建设。推进电子卷宗随案同步生成和深度应用，制定《北京法院电子卷宗同步生成操作规程》《北京法院电子诉讼档案管理规范（试行）》。加大电子移转上诉工作考核力度，全市法院上诉移转自然时长较纸质移转用时节省超过20%。加快推进互联网司法体制机制创新，审理的全国首例“直播带货案”等一批具有规则意义的互联网案件被写入最高人民法院工作报告；推进“e版权诉源共治体系”治理模型，建设形成保护个人信息安全等七大裁判规则体系。推进全流程在线诉讼，创新区块链“智能合约”技术，实现一键执行立案，案款平均发还周期缩短至2.15天。北京法院在线庭审量达63.1万次，连续两年居全国第一。

## 三、存在的问题和困难

一是司法责任制的准确落实有待继续加强。以审判为中心的刑事诉讼制度改革需要进一步加强，审判委员会、专业法官会议、合议庭制度衔接有待进一步优化。

二是审级职能定位改革还需要进一步完善。“下沉”案件办理质效需要进一步提升，上下级法院沟通衔接机制有待进一步健全，试点改革成果应当及时转化。

三是“多元调解+速裁”和诉源治理需要进一步深化。诉前调解力度需进一步加大，诉源治理在源头预防矛盾纠纷方面的效能要进一步发挥，调解、速裁和精审衔接流转机制需进一步畅通。

四是专业化审判组织建设还需要深化推进。金融审判体制机制创新改革、关键技术等知识产权的司法保护力度、环境类诉讼裁判规则、涉外司法国际公信力和影响力均需要不断加强，各领域专业化人才需要继续补充。

五是智慧法院建设还要进一步深化。电子卷宗应用、在线庭审需要进一步优化，科技创新与司法工作还需要进一步融合。

## 四、下一步工作打算

一是全面准确落实司法责任制。继续深化以审判为中心的刑事诉讼制度改革，深入推进庭审实质化，准确适用认罪认罚从宽、量刑建议等制度。加大对司法权力的监督制约，研究制定关于规范合议制运行的实施办法，完善落实专业法官会议制度，发挥审判委员会决定重大案件、统一法律适用的作用，完善合议庭、专业法官会议、审判委员会的制度衔接，推动新型审判权力运行机制更加健全。

二是深化法院审级职能定位改革。切实提高下沉案件办理水平，强化条线业务指导、培训交流，制定类案办理指引，建立“下沉”案件常态化审判运行态势监测机制。优化提级管辖工作机制，加大提级管辖案件、再审案件成果转化力度，及时将示范效应突出的裁判转化为参阅案例。

三是持续深化多元解纷和诉源治理。加大诉前调解力度，强化对调解组织的指导，提升诉前调解质效。继续推进12368“一号响应”诉源治理机制在全市各街乡镇知晓适用全覆盖，用好示范裁判等有效机制，持续巩固批量案件治理成果。主动加强与相关行政机关、行业协会的沟通对接，努力促成更多纠纷以非诉方式及时就地化解。畅通调解、速裁和精审衔接流转机制，切实实现精准分流、简案速审、繁案精审。

四是深入推进专业化审判组织建设。深化专门法院改革，加强国际商事法庭、破产法庭建设，加大高层次人才培养力度。深入推进金融审判体制机制创新，注重防范化解经济金融风险；着力提升知识产权审判专业化水平，努力缩短知识产权诉讼周期；探索建立环境资源案件集中管辖和刑事、民事、行政“三合一”归口审理机制；研究制定涉外案件办理指南，健全国际商事纠纷一站式多元解纷机制；持续深化“四大高地”建设，不断优化拓展“特色人才高地”布局。

五是持续深化智慧法院建设。加强顶层设计，坚持全市一盘棋，做好全市法院信息化建设统筹，真正实现互联互通共享。把握司法规律和互联网规律，聚焦解决法院工作实际问题，用好大数据、区块链等科技新工具新思维，加快推动审判执行办案智能化，优化电子卷宗应用，推动科技创新与司法工作深度融合。持续优化在线庭审，提升在线庭审稳定性和群众诉讼体验感。加强网络安全、数据安全和个人信息保护，筑牢信息安全防线。

（来源：北京市高级人民法院）

# 天津法院

2022年，在市委坚强领导和最高人民法院正确指导下，在各相关部门的大力支持下，天津法院坚持以习近平新时代中国特色社会主义思想为指导，深入学习贯彻党的十九大、二十大精神和习近平法治思想，认真对标对表中央、市委、最高人民法院关于政法领域全面深化改革决策部署，不断深化司法体制综合配套改革，持续释放改革红利，努力满足人民群众对司法的新需求新期待。

## 一、推进改革的主要做法

### （一）坚持和完善党对司法改革工作的绝对领导

在推进司法改革的全过程中，坚持学深悟透做实习近平法治思想，坚持党对司法工作的绝对领导，坚定不移地走中国特色社会主义法治道路，大力加强党的政治建设，不断提高政治判断力、政治领悟力、政治执行力，增强“四个意识”、坚定“四个自信”、做到“两个维护”。严格贯彻《中国共产党政法工作条例》，充分发挥党组在推动司法改革过程中把方向、管大局、保落实的领导作用。积极落实人民法院党组向同级党委报告重大改革事项责任，及时向天津市委、市委政法委请示报告三级法院审级职能定位改革等重大改革事项，自觉接受政治督察。

### （二）打造年度司改示范亮点，进一步发挥亮点工作示范引领作用

确定全市法院2022年司法改革示范亮点工作21项，内容涵盖健全“分调裁审”机制、推进以审判为中心的刑事诉讼制度改革、加强一站式多元解纷和诉讼服务体系建设等司改重点项目。开展行政案件跨区域改革试点等6

个项目被市委政法委确定为政法领域改革亮点候选项目。充分运用《司法改革专刊》刊发全市法院推进亮点工作的经验做法，为全市法院相互学习借鉴提供样板。

### （三）组织开展“改革创新奖”评选，以评促改

为充分调动全市法院锐意进取、干事创业的积极性，巩固深化司法改革成果，天津高院组织开展了首届“天津法院改革创新奖”评选活动，对党的十九大以来全市法院在实践中探索形成的改革创新成果进行评选，择优选出12项优秀改革成果予以表彰。其中，滨海新区法院构建“滨法智服模式”深化便民服务新举措的改革经验，被最高人民法院《司法改革动态》刊发。

## 二、改革主要进展情况

### （一）深入推进法院机构改革和人员分类管理改革

在滨海新区法院民事审判第四庭加挂国际商事审判庭牌子，依法集中审理应当由滨海新区法院管辖的第一审涉外民商事案件。加强对员额法官的常态化遴选及审判辅助人员配备，全年共确定入额法官和递补入额法官232名，逐级遴选法官8名，招录聘用制书记98名。修订《天津法院法官员额退出实施办法》，进一步完善能进能出的法官员额管理机制。

### （二）加强司法责任体系改革和建设

一是健全院庭长办案常态化机制。落实院庭长办案情况通报制度，逐月通报全市法院院庭长办理案件数量、结案数占比及办案数量达标率。2022年，全市法院院庭长共办理案件188261件，占全市法院结案总数的39.02%。

二是完善员额法官惩戒制度。出台《天津市法官惩戒工作办法（试行）》，对应当追究法官违法审判责任的情形、惩戒调查及听证程序的开展、惩戒决定的作出及复核、惩戒决定的执行等作出详细规定。

### （三）完善审判权力制约监督机制

一是加强上下级人民法院监督体系建设。完善案件提级管辖机制。推动

将涉及重大国家利益、社会公共利益和具有普遍法律适用指导意义的案件交由较高层级法院审理。加强对案件审判的类型化指导。先后制定印发《天津市高级人民法院企业破产重整案件办案指引》《天津法院办理暂予监外执行案件工作流程》《天津市高级人民法院关于审理特许经营合同纠纷案件相关问题的解答》等审判指导类规范性文件。

二是健全完善人民法院内部制约监督机制。健全重点案件监督管理机制。修订并重新印发《天津市高级人民法院重点案件监督管理实施细则》，进一步细化重点案件识别标准、监管启动程序、监管内容，明确责任追究。按季度发布全市法院重点案件监督情况通报，压实全过程监督管理工作责任。推进重点案件监督管理智能化，制定《天津法院重点案件监督管理信息化操作指引》《天津法院审限管理信息化操作指引》，促进对重点案件监督管理平台的规范使用，实现对重点案件的自动化识别、标签化处理、节点化控制。健全办案质效考核评价机制。开展日常案件质量评查工作，委托第三方对全市法院结案文书每半年进行智能筛查，并以专题报告的形式整理问题清单，提出整改要求，同时将裁判文书评查结果应用于年终业绩考评工作。组织开展年度全市法院优秀裁判文书及庭审评比活动，评选出优秀裁判文书 61 篇，优秀庭审 45 场。进一步完善统一法律适用机制。制定印发《关于推进案例工作高质量发展的若干措施》，统筹案例发布工作，全年先后组织发布 2 个参考性案例，涉未成年人权益保护、知识产权保护、金融审判等 18 批共 160 个典型案例，有效发挥以案释法积极作用；出台《天津市高级人民法院统一法律适用工作实施细则（试行）》，就统一法律适用的职责分工、增强统一法律适用意识、对于可能出现法律适用不统一案件的处理等内容作出规定，进一步规范全市法院法律适用工作，确保裁判质量，促进司法公正。健全审务督察机制。出台《关于进一步加强天津法院督察工作办法（试行）》，就审务督察的开展方式、内容、查究整改措施等作出详细规定，做实做细经常性监督工作，进一步规范司法行为、端正司法作风、促进廉洁司法。

三是健全完善社会制约监督机制。自觉接受纪检监察专责监督、人大监督、政协监督。认真办理人大代表、政协委员议案、提案，全年办结代表建议、委员提案 72 件。广泛接受舆论监督。通过官网、微信公众号等自媒体，把握重要时间节点及社会关注热点，及时推送法院工作动态、法治宣传信息及典型案例，加强与新闻媒体互动，积极回应社会关切。

（四）推进诉讼制度机制改革

一是积极推动三级法院审级职能定位改革试点工作。完善专门案件管辖制度。调整完善知识产权案件管辖布局，新增受理知识产权案件基层法院，统一市辖区内一审知识产权民事案件诉讼标的额标准，进一步厘清一审法院受理知识产权民事、行政案件的范围；在部分基层人民法院开展行政诉讼案件异地管辖试点工作，确定南开区、红桥区、河东区、河西区法院作为试点，对相关案件采取异地交叉管辖方式。完善案件提级管辖机制，制定《天津法院提级管辖案件诉讼文书样式（试行）》，规范全市法院提级管辖案件文书适用。

二是深化以审判为中心的刑事诉讼制度改革。加强专门案件证据审查指导。出台《故意伤害案件证据审查指引》《常见毒品犯罪案件证据审查指引》，进一步规范相关案件证据审查判断工作。持续推进量刑规范化改革，启动对《〈关于常见犯罪的量刑指导意见〉实施细则（试行）》的修订工作。完善认罪认罚案件自愿性审查机制。进一步规范认罪认罚的告知程序、审查程序，强化对认罪自愿性的审查，确保认罪认罚案件实现公正和效率的有机统一。2022年，天津法院一审适用认罪认罚从宽制度审理刑事案件约占同期审结一审全部刑事案件的90%。

三是深入推进民事案件繁简分流。加大简易程序和小额诉讼程序的适用，全市法院39%的民商事纠纷通过速裁方式得到快速、实质化解。加强矛盾纠纷源头治理。全面推进人民法院调解平台进乡村、进社区、进网格，对接综治中心、派出所、司法所等基层治理单位99家，邀请1100多名村（居）委会干部、人民调解员、五老乡贤等入驻调解平台，实现基层解纷网络全覆盖；积极参与“无讼乡村”“无讼社区”建设，深入开展诉源治理专项行动，加强联防联控和协同治理，有效预防纠纷发生。健全多元化纠纷解决机制。在市工商联及全部区工商联设立17个法官工作室，法官通过上门和在线法律咨询、诉前调解、巡回办案等形式，为广大民营企业提供多元、优质、便捷的解纷服务。联合市工商联在意式风情区商圈、解放南路商圈等重点商圈建立商圈多元解纷中心，指导相关法院成立法官工作室及民营企业法律服务站，为民营企业、商户、消费者提供零距离多元解纷服务，服务保障天津国际消费中心城市建设。着力推进人民法庭工作。制定《天津市高级人民法院新时代人民法庭高质量发展工作规划（2022—2024年）》及实施方案，指导全市法院人民法庭全面推进一站式建设，积极服务全面推进乡村振兴，发挥人民法庭面向基层优势，积极融入基层社会治理体系，着力打造一批“枫桥式人民法庭”。

四是深化执行体制机制改革。加快速执团队建设，进一步优化执行权配置。制定《关于速执团队建设运行的工作指南（试行）》，从收案范围、办理流程、简普转换、结案标准等方面规范速执团队建设和运行，推动“简案快执、难案攻坚”更加规范有序，快速兑现胜诉权益。建立健全执行信访案件“接访即办”工作机制。全市法院均设立信访专岗和接访团队，明确信访责任和办理时限，工作质效水平持续提升。建立天津法院执行工作单独考核体系，制定《天津法院执行绩效考核工作办法（试行）》，进一步加强执行管理工作，从执行质效和管理指标、落实重大工作部署、执行信息化规范化管理、执行队伍建设和保障四个方面加大考核力度，充分发挥“指挥棒”作用，提升全市法院执行质效和管理水平。

### （五）加强智慧法院建设

2022年，全市法院强化智慧法院建设，推动网络司法高质量发展取得丰硕成果，10项指标位列全国首位，行政审判信息化平台项目获2022年度人民法院重大科技创新成果一等奖。一是着力提升信息化项目建设和管理工作规范化水平，出台《天津市高级人民法院信息化项目建设管理办法》及配套管理制度。二是研发上线天津法院一站式诉讼服务数据平台，为加强诉讼服务管理提供信息化支撑。三是搭建政法机关间协同办案平台。按照市委政法委要求，在跨部门大数据办案平台上线换押、变更羁押期限、线上申请提讯提解等功能，提高政法机关间协同办案质效。四是升级完善天津法院涉诉信访系统。对接人民法院网上申诉信访平台，建设完成视频接谈审核、在线信访终结报备等功能，进一步便利人民群众依法行使申诉信访权利。

## 三、存在的问题和困难

一是基层法院案多人少矛盾依然突出。2021年10月1日启动的四级法院审级职能改革将部分中级法院管辖的民事、行政案件下放基层法院审理，使得审判重心进一步下沉，造成基层法院案件量、案件疑难复杂程度进一步加大。

二是人民调解经费保障不到位。人民调解专项补贴不足，调解员补贴发放不及时，待遇吸引力不够，缺少常态化的补贴保障机制，不利于调动调解员积极性。

## 四、下一步工作打算

一是深化司法体制综合配套改革。全面贯彻中央政法工作会议、全国法院工作会议部署要求，配合做好“五五改革纲要”收官工作，落实好新一轮政法改革实施方案。深化以审判为中心的诉讼制度改革，持续推进庭审实质化，准确适用认罪认罚从宽制度。深入推进民事案件繁简分流，促进优化司法资源配置。巩固深化司法体制改革成果，持续完善改革项目动态管理机制，定期开展司法改革成效摸底工作，对已经落地见效的，及时总结改革经验，提炼可复制、可推广的经验做法，加大宣传和交流力度，使其切实发挥提升全市司改质效的作用；对进度滞后的，督促加快节奏、加大力度，确保高质量完成各项改革任务。

二是全面准确落实司法责任制。认真研究解决法官逐级遴选、员额动态调整、三类人员交流使用等方面存在的问题，推动相关领域改革进一步深化。落实院庭长办案机制，健全完善院庭长办案情况考核、通报制度，科学界定院庭长办案数量和比例标准，推动院庭长办理重大疑难复杂、新类型和法律适用方面具有普遍指导意义的案件。持续深化审判权力监督制约机制建设，进一步加强院庭长审判监督管理工作职能，严格落实重点案件监督管理，实现院庭长对重点案件的实质性监管。

三是继续深入推进三级法院审级职能定位改革。加强调研，对改革中遇到的重大问题及时妥善解决，确保改革试点部署要求落地落实。加大对试点的督导力度，对试点工作开展情况进行督察指导，全面掌握试点工作进展，压实全市各级法院落实改革的主体责任。高度关注级别管辖调整后“下沉案件”的审判质效，加强上下级法院的业务交流及对下指导，对确属疑难、复杂、涉及重大社会公共利益或具有普遍法律适用指导意义的案件，依法提级审理。

（来源：天津市高级人民法院）

# 河北法院

2022年，河北法院坚持以习近平新时代中国特色社会主义思想为指导，深入学习贯彻习近平法治思想，认真学习贯彻党的二十大精神，在省委坚强领导和最高人民法院正确指导下，在相关部门的大力支持下，不断深化司法体制综合配套改革，推动前序改革与后续举措有机衔接、系统集成、协同高效。

## 一、推进改革的主要做法

2022年，按照中央、最高人民法院、省委部署，河北法院坚持把司法改革作为重要政治任务，切实优化组织领导，一体推进司法体制综合配套改革，推动各项重大改革部署落地生根。

一是落实主体责任。省法院三次召开司改领导小组会议，专题谋划司法改革工作。审议并通过《全省法院2022年度司法改革工作要点及分工方案》，传达贯彻省委政法委司法协调小组全体会议暨司法改革领导小组第十三次会议主要精神，确保中央、最高人民法院以及省委司改决策部署不折不扣落实。

二是突出建章立制。出台《关于加强制约监督制度机制建设的工作方案》《关于进一步加强上下级法院沟通协调 统一法律适用标准的意见（试行）》等系列重要改革文件，高位谋划、协同推进司法改革。

三是加强制约监督。深入贯彻中央、省委政法领域全面深化改革推进会精神，出台系列文件，完善自动监督预警平台，强化信息化监管手段应用。以内外监督相结合的方式，构建更加完备的司法制约监督体系，进一步回应司法公正需求。

四是强化督查问效。建立改革任务清单台账，每月汇总任务完成情况。定期开展改革工作“回头看”，查找存在的问题，并明确责任、限期整改，打通司改难点阻点。

## 二、改革主要进展情况

### （一）不断深化司法权运行机制

2022年3月印发《关于加强制约监督制度机制建设的工作方案》《关于进一步加强上下级法院沟通协调　统一法律适用标准的意见（试行）》，并协助省委政法委制定《关于进一步规范刑民交叉案件办理工作的指导意见》，进一步构建完善上下贯通、内外结合、系统完备、规范高效的制约监督体系。

一是落实院庭长监管职责。严格贯彻落实《最高人民法院关于进一步加强院庭长审判监督管理职责的意见（试行）》，依托审判质效平台和“四类案件”监管平台，加强院庭长对本院、本辖区、本条线审判质效的宏观管理和对系列案、关联案件等“四类案件”个案的标注、提示和监管。

二是强化院庭长办案示范指导作用发挥。搭建院庭长办案一体化数据平台，对院庭长办案数量进行月统计、季分析，完善院庭长办案季度通报制度，建立辖区法院院庭长办案备案制度，不断探索深化院庭长办案的长效机制。

三是强化案件质量评查。建立由业务骨干组成的案件评查人才库，出台《河北法院案件评查办法（试行）》，推动全省三级法院年度的常规评查，对改判、发回重审、指令再审、认定无罪等案件的重点评查，以及对长期未结、久押不决等案件的专项评查常态化有机结合，并建立健全跟踪督办、定期通报和异议反馈制度，实现评查工作的法官全覆盖。2022年共抽查案件103527件，评定不合格案件1571件。对全省法院1791件长期未结案件、107件久押不决案件开展为期一个月的专项评查工作，总结梳理导致案件长期未结、久押不决的成因，一案一策，分类施策，限期结案，取得阶段性成效。

四是健全统一法律适用机制。发挥好审判委员会、专业法官会议总结审判经验、统一裁判标准的重要作用，共召开审判委员会43次，研究议题311项。出台《关于适用认罪认罚从宽制度办理刑事案件的实施细则（试行）》《侵害商标权民事纠纷案件审理指南》等20余项审判业务指导文件，进一步统一全省裁判标准。

五是深化法官惩戒机制运行。根据法官惩戒委员会委员工作岗位发生变动情况，做好委员的补选、调整、报备等相关工作。确定石家庄中院、保定中院作为法官惩戒工作试点法院，有力督导试点法院稳步开展工作。指导制定《石家庄市中级人民法院法官惩戒工作流程管理办法（试行）》，截至目前已有19名法官进入高风险预警。

### （二）深化司法人员分类管理，队伍专业化素质不断增强

一是持续推进法官员额管理工作。严密组织2022年度初任法官入额遴选工作，批准直接入额588人，递补入额202人，切实把政治素质好、办案能力强、专业水平高的审判人才充实到办案一线。为中基层法院564名法官办理退额，确保法官队伍持续保持高质量。组织开展全省首次中级法院法官逐级遴选和法官助理到基层法院任职入额，20名法官被遴选到中级法院，18名中级法院法官助理到基层法院入额，打通中基层法院法官、法官助理有序流动的渠道，中基层法院法官队伍结构进一步优化。

二是深化法官单独职务序列改革。积极与省委组织部沟通，共同研究制定《法官单独职务序列规定》贯彻落实措施，联合出台相关配套规定，进一步明确雄安中院、石家庄铁路运输法院等法院等级设置、职数比例、审批权限等，明确一级、二级高级法官任免把握原则和运转程序，为全省法官科学化、规范化管理提供政策依据和规范程序。

三是加强审判辅助人员管理。对全省法院聘用制书记员、司法警察辅助人员现状、职业保障情况、存在问题及原因等进行调研，起草基层法院分类管理改革下干警待遇问题、全省人民法庭人员管理等调研报告，为科学管理提供依据。

四是切实强化干警待遇保障，积极推动省以下法院人财物统一管理改革在河北落地，基层法院财物管理权限已统一上收至市级财政部门。成立法官权益保障委员会，落实法官单独序列8项配套待遇，三类人员工资、奖金等保障机制实现常态化，法官职业尊荣感进一步提升。

### （三）深化诉讼制度改革，司法效能不断彰显

一是推进四级法院审级职能定位改革。制定印发《关于四级法院审级职能定位改革试点工作的实施方案》《关于贯彻落实〈关于完善四级法院审级职能定位改革试点的实施办法〉的实施细则》，成立由一把手牵头的全省法院审

级职能定位改革试点工作领导小组。根据四级法院审级职能定位改革后出现的新局面，以自提自审为原则对省法院内设机构职能进行及时调整，进一步优化审判资源，提高再审审查与再审审判效率。

二是积极推进以审判为中心的刑事诉讼制度改革。起草《关于办理刑事案件证人保护工作规程》，推动建立具有可操作性的证人人身保护工作机制。持续推进落实庭前会议、非法证据排除、法庭调查“三项规程”，进一步提高庭审实质化水平。联合省检察院等五部门制定印发《河北省认罪认罚从宽制度实施细则》，进一步规范认罪认罚从宽案件的认定规则和办理程序。

三是积极推进民事诉讼繁简分流。指导全省法院严格按照《关于适用小额诉讼程序审理民事案件的工作规程（试行）》《关于案件繁简分流指导意见》等文件开展案件繁简分流工作，推动全省法院“分调裁审”从民商事案件向行政、刑事、执行案件拓展。深化知识产权审判领域繁简分流改革，印发《关于适用小额诉讼程序审理知识产权民事案件的工作指引（试行）》，进一步缩短知识产权案件办理周期。

四是积极推进行政诉讼制度改革。认真贯彻落实《最高人民法院关于进一步推进行政争议多元化解工作的意见》，将行政争议实质性化解工作纳入全省中级法院工作评价内容，细化评价标准，推动全省行政争议化解工作制度化、规范化运行。行政争议实质性化解机制入选“河北省2021年度十大法治成果”，并被载入最高人民法院2021年度工作报告。

五是积极推进执行长效化机制改革。完善信息查控程序，探索建立守信激励和失信被执行人信用修复制度，印发《关于建立出具自动履行生效法律文书证明制度推进守信激励机制建设的工作指南（试行）》，在雄安中院先行试点。推广应用终本案件智能核查系统，完善“一案一账号”工作机制和信息化系统，推动执行办案系统、执行案款管理系统和移动执行平台深度融合。

### （四）推进一站式多元解纷和诉讼服务体系建设，人民群众司法感受不断提升

一是推动矛盾纠纷多元化解、诉前调解。优化“冀时调”平台，将平台全方位对接基层治理单位，实现一平台接收、多元化调处、全链条解决。加快建立“总对总”在线诉调对接工作机制，与省知识产权局、省发改委等12家省直部门联合印发指导性文件，全省“总对总”“分对分”诉调对接工作格

局基本形成。

二是持续优化提升诉讼服务能力水平。强化诉讼服务系统平台应用，圆满完成全省法院诉讼服务平台应用“清零行动”。全面推广人民法院在线服务平台，2022年，当事人利用在线诉讼服务平台网上交费548657件，网上立案779759件。进一步提升诉讼文书送达质效、深化送达集约化管理，2022年以来，全省法院通过人民法院送达平台累计送达案件664096件、送达8732934人次，通过邮政集约打印中心异地打印邮寄送达725242人次。推进12368市级集约化管理，2022年，邢台、邯郸、保定、张家口、衡水、唐山等地中级法院已建立12368热线集约中心，全省法院12368人工座席接听来电593449通，人工座席接通率达95.85％，服务满意度达99.66％。

### （五）推进智慧法院建设，审判体系和审判能力现代化水平不断提高

依据《人民法院信息化建设五年发展规划（2021—2025）》《河北法院信息化建设五年发展规划（2021—2025）》的要求，构建智慧法院大脑平台基本框架，坚持自主创新，促进信息化建设整体效能发挥，推进智慧法院建设迈向更高水平。

智慧审判方面，推进政法单位、三级法院系统间的业务协同，升级优化智审系统、自动监督预警平台、异步庭审系统等一系列智能化辅助办案系统，持续推动审判质效稳步提升。全面升级以“河北移动微法院”为核心的在线诉讼服务平台，深化在线诉讼应用。

智慧执行方面，推进“智慧执行”平台建设，构建“三统一”执行管理平台，强化终本智能核查、案款智能监管等信息化手段的应用，深化执行信息共享的协作途径。

智慧服务方面，强化一站式诉讼服务、集约化办理、自动终端办理等服务功能，优化人民法院调解平台建设，通过完善诉服平台建设不断提升服务效果。

智慧管理方面，完善全省法院信息系统统一身份认证体系，实现入口认证的统一化；推进司法行政管理应用建设，实现管理辅助的标准化；优化升级审判质效平台系统，实现考核监督的自动化。

## 三、存在的问题及原因

全省法院司法改革在取得一定成绩的同时，还存在一些影响改革创新和推动落实的体制性障碍、制度性梗阻和实践性痛点，需要全面总结分析、认真研究解决。

一是高级、中级法院法官助理到基层法院入额政策实施不畅。根据现行规定，参加法官逐级遴选必须满足“在下级法院担任法官5年以上，并具有3年以上相关工作经历”，由于周期较长，且存在职级待遇保障、两地分居、家属就业和孩子上学等问题，导致大部分上级法院法官助理到下级法院入额意愿不强。同时，由于涉及人员调动、纳入员额管理和职级确定等问题，不仅要解决员额职数问题，还需与当地编制部门和组织人事部门沟通协调，导致当前高级、中级法院法官助理到下级法院入额的程序路径尚不顺畅。

二是统一法律适用机制有待进一步落实。法律适用分歧解决机制的实质化运行不足，类案检索制度因缺乏平台支撑难以落地，类案自动推送的精准化程度远未达到实践应用标准。

三是司法辅助人员待遇保障需进一步落实。书记员、法官助理等司法辅助人员不够稳定，部分新进人员素质不高，司法辅助人员专业化建设及保障机制亟待加强。

四是智慧法院建设和在线诉讼推进不均衡。信息化平台建设分散，“数据壁垒”现象仍然存在，平台数据安全性有待进一步增强。

## 四、下一步工作打算

下一步，河北法院将全面做好学习宣传贯彻党的二十大精神各项工作，认真贯彻中央、最高人民法院和省委决策部署，坚持统筹兼顾，强化上下联动，狠抓责任落实，全面深化司法改革，推进司法权力运行机制建设，以更高视野、更新做法、更严要求推动司法改革不断向前发展。

（来源：河北省高级人民法院）

# 山西法院

2022年，山西省高级人民法院在山西省委的有力领导下，在最高人民法院的正确指导下，按照中央及省委的决策部署、司法改革的各项要求，认真扎实开展工作，各方面都取得了阶段性成果。现将山西法院2022年司法改革工作情况报告如下。

## 一、推进改革的主要做法

2022年，按照中央、省委和最高人民法院部署，山西省高级人民法院在全省法院一体推开司法体制综合配套改革。

### （一）坚持和完善党对政法工作绝对领导

山西法院深入学习贯彻习近平新时代中国特色社会主义思想，认真贯彻习近平总书记视察山西重要讲话精神和对政法工作的重要指示精神，始终把政治建设摆在首位，自觉增强“四个意识”、坚定“四个自信”、做到“两个维护”，坚持党对政法工作绝对领导。将习近平总书记对政法工作和法院工作的重要指示批示汇集成册，对标对表，组织开展主题教育活动，推动改革任务落实。坚持重大事项请示报告，省法院每半年向省委和省委政法委书面报告党组工作进展情况。常态化开展政治督察，探索实践将政治督察、司法巡查和审务督察相结合，坚持贯彻落实《中共山西省高级人民法院党组政治督察工作规划（2018—2022年）》和《中共山西省高级人民法院党组政治督察工作规则（试行）》，对全省三级法院全面从严治党责任落实、基层党组织建设、廉洁从政、党组部署重点工作落实等情况开展巡查督察，推动“政治体检”常态化。

（二）围绕中心工作推进司法改革

围绕服务高质量发展，进一步强化知识产权全链条保护，助力企业防范化解法律风险，不断优化营商环境，坚决筑牢生态安全司法屏障。以全面提升全省法院干警政治能力为目标，举办院长政治轮训班，进一步筑牢高举旗帜、听党指挥、忠诚使命的思想根基。为确保深化司法体制综合配套改革的各项任务落地见效，列出由法院牵头或参加的重点改革任务清单，建立全面深化改革重点任务台账，精心组织部署，明确职责分工，严格时间节点，做好协调配合，在改革系统集成、协同高效、纵深发展上下功夫，每季度梳理总结进度及成效，积极稳妥推进各项改革任务落地见效。

（三）完善司法体制改革工作机制

山西省高级人民法院司法体制改革领导小组，由院党组书记、院长任组长，统筹推进落实全省法院司法体制改革重点任务。2022年初，经省编办批准，独立设立了司法改革办公室，负责司法改革相关日常工作。各中级法院以政治部或研究室为司法体制改革职能部门，以负责日常工作的副院长或政治部主任为分管院领导，明确负责人、联络员，统筹推进落实辖区法院司法体制改革重点任务。

## 二、改革主要进展情况

（一）深入落实司法责任制

一是持续推进员额法官常态化遴选。2022年，全省法院严格按照《山西省法官遴选办法（试行）》组织入额遴选1次，遴选法官326名（含111名递补法官），实现了员额法官遴选常态化，员额法官递补机制目前已较为成熟。

二是完善法官统一管理和动态调整机制。2022年，调剂98个员额法官名额，帮助52家法院解决人案矛盾突出的实际困难，减少了20家案件数量较少法院法官数量，缓解现有编制分配与案件分布严重失衡的结构性矛盾，并形成长效机制。在确保全省总体员额不突破比例的前提下，根据每年基础数据的变动，对各院员额比例进行适当调整，实现员额动态管理。实施员额退出机制，实现法官“有进有出”，保持法官队伍活力。2022年1月至11月，共有218名法官退出员额。

（二）加快构建新型审判权运行机制

一是强化上级法院监督功能。通过统一法律适用和实施类案检索，不断强化上级法院监督功能，完善案件质量过程与结果监督机制。在施行发回重审案件三公开制度的基础上，强化公开内容的实质化，健全案件沟通机制，全面把握案情，及时指导并作出正确裁判。出台《关于完善统一法律适用标准工作机制的意见》，加强上下裁判协调工作。配套实施《类案和关联案件检索实施办法》，将检索报告作为类案、关联案件裁判的前置程序。

二是建立智慧审判执行管理机制。着眼于审判权力运行体系和审判管理能力现代化，下大力气加强智慧案管平台建设，面向全省三级法院提供全方位全业务全流程服务，融合各类信息化应用系统数据，实时聚焦，精准分析，全程监督，保证均衡结案。积极推动智慧法院建设，优化升级数字化、网络化案管平台，实现案件办理全流程智能提醒、同步监管。全面加快“一案一账号”案款管理系统改造升级，研发并上线运行全国首个执行案款信息监管平台，全面构筑执行案款规范管理的“数据铁笼”，实现更高水平数字正义。

三是持续推进司法辅助事务集约化、社会化改革。不断完善聘用制书记员管理体制，全年开展书记员招录4次，补录8次，共招录682人，全省法院共有聘用制书记员3433名，已基本实现与员额法官1∶1配备。不断完善书记员管理制度，实现书记员轮训常态化，提高工资待遇，稳定书记员队伍。强化12368诉讼服务热线功能。全省133个法院的12368诉服热线集中至省高院一个平台，提供“案件查询、事项咨询、联系法官、投诉建议”等24小时畅通服务，实现当事人、诉讼代理人及辩护人与全省各院法官的专线沟通。

四是强化案例在审判工作中的作用。制定出台《关于进一步加强全省法院案例工作实施意见》，促进案例在统一裁判标准、促进司法公正、提升司法公信力等方面发挥重要作用。规范指导性案例的推荐、参考性案例的评选和典型案例的发布等工作。明确法官在案件办理中应首先检索是否有相关的指导性案例和参考性案例。检索到类案为指导性案例的，应当参照作出裁判；检索到类案为参考性案例的，可以参照作出裁判。

（三）推进诉讼机制改革

一是深入开展刑事诉讼制度改革。认真贯彻落实中央关于刑事诉讼制度改革部署，省高院会同省检察院、省公安厅、省司法厅联合出台了包含多项规范性内容的全面推进以审判为中心的刑事诉讼制度改革系列文件，认真落实“三项规程”，大力推进庭审实质化。大力推动认罪认罚从宽制度落实，在适用认罪认罚从宽制度审理的刑事案件中，55%的案件运用简易程序或速裁程序审理，20%的案件从开庭到当庭宣判不超过1小时，37%的被告人被判处非监禁刑，90%以上的被告人真诚悔罪、服判息诉，实现了简案快审，节约了司法资源，化解了社会矛盾。

二是深入推进诉源治理工作。主动融入“党委领导、政府负责、民主协商、社会协同、公众参与、法治保障、科技支撑”的社会大治理格局之中，如太原中院、迎泽区法院积极推动法院诉讼服务中心与综治中心、网格化管理中心、道交纠纷调解中心等建立网上联动机制，打造以人民法庭为中心、以乡镇、社区为节点的全覆盖联动联调工作网络，充分运用社会解纷资源，努力提高矛盾纠纷源头化解效能，受到最高人民法院的肯定。

三是积极推进“分调裁审”改革。建立健全速裁快审快执机制，实现繁简分流、轻重分离、快慢分道。全省法院建立速裁审判团队154个，综合运用督促程序、小额诉讼、简易程序等方式审理案件8.47万件，案件平均审理时间缩短至45.6天，较2016年缩短77.4天，有效减轻人民群众诉累。会同省公安厅、省司法厅建成多元解纷平台，汇聚三级法院诉服中心及1208个特邀调解组织3837名特邀调解员、1457个派出所5085名基层民警、1398个司法所26373个调委会的专业力量，实现了平台互联互通、资源联动联调、治理共建共享，有力推动矛盾纠纷及时、高效、源头化解。

四是推进四级法院审级职能定位改革试点工作。根据最高人民法院的有关工作要求，成立山西法院完善四级法院职能定位改革试点领导小组，研究制定山西法院完善四级法院审级职能定位改革实施细则和实施方案。适时整合建立对应的业务部门，确保工作量均衡和对下业务指导顺畅。根据案件管辖调整后基层法院受理案件数量增多的情况，加强基层法院行政、民事审判力量配置，适时对相关基层法院的人员编制和法官员额进行调整。根据一审民事案件管辖调整后中级、高级法院受理民事案件数量减少带来的执行案件分布变化情况，研究对执行局职能进行优化调整，加强基层法院执行力量配置。

（四）健全服务高质量发展法治保障机制

一是精准服务保障高质量发展。深入贯彻落实《最高人民法院关于为新时代推动中部地区高质量发展提供司法服务和保障的意见》，坚决贯彻立足新发展阶段、贯彻新发展理念、构建新发展格局要求，设立山西转型综改示范区法院，着力强化山西中部城市群发展南引擎的司法服务和保障。强化破产审判功能，推动完善市场主体救治和退出机制，依法稳妥处置“僵尸企业”，有力保障供给侧结构性改革顺利进行。积极支持创新发展驱动战略，制定出台关于技术调查官参与知识产权诉讼活动的相关规定，规范知识产权审判活动，科技创新法治环境不断更新优化。

二是全面创优法治化营商环境。出台全省法院法治化营商环境建设工作方案和全省法院联企服务专项活动方案，充分发挥法治固根本、稳预期、利长远的重要作用，服务保障山西省全方位推动高质量发展，依法维护企业和企业家合法权益，不断优化法治化营商环境。建立全省法院法治化营商环境考评机制，科学设立指标体系，服务保障山西省全方位推动高质量发展。

三是坚决筑牢生态安全司法屏障。深入践行“两山”理念，持续加大对全省黄河流域以及“两山七河一流域”生态环境保护案件的审判力度，扎实构建环境司法保护机制，省高院及11个市中院全部设立环境资源审判庭，全面实行环境资源刑事、民事、行政“三合一”审判。全面拓展生态司法保护范围，2022年，先后成立了汾河源头、平陆黄河湿地生态环境司法保护基地，深入探索“保护基地+专业法庭”服务保障模式，有效提升生态环境司法保护专门化水平。

四是助力支持法治政府建设。紧紧围绕转变政府职能、优化政务服务，监督支持行政机关依法行政，大力推进行政争议实质性化解，保障重点项目和重大工程顺利推进。实施行政案件交叉管辖全覆盖，建立省市两级府院联席会议机制，为法治政府建设“问诊把脉、建言献策”，推动“三无三可”要求落实。坚持“一个案例胜过一打文件”，省高院连续九年发布行政审判白皮书，连续六年公布行政审判十大典型案例，连续三年举办省直机关厅级领导干部旁听庭审活动，进一步强化了行政机关依法行政意识，努力营造办事情

“靠制度不靠关系”的社会氛围。

## 三、存在的问题和困难

目前，山西法院在司法改革工作方面存在的问题和困难主要有以下几个。

一是思想认识需要进一步提高，有的法院在改革进取方面后劲不足，缺乏不断改革创新的意识与干劲，在争取有关职能部门支持方面积极性不高，存在等靠的思想。

二是系统集成、协同高效方面还存在短板，在统筹谋划、督促落实、挖掘经验、培育典型等方面力度不够，审判执行与司法改革“两张皮”的现象依然存在。

三是探索创新还有提升空间，以改革思维、务实举措破解难题的办法不多、思路不活。

## 四、下一步工作打算

2023年，山西法院将继续坚持以习近平新时代中国特色社会主义思想为指导，深入学习贯彻习近平法治思想，全面贯彻党的二十大会议精神，在全方位落实最高人民法院有关司法改革部署要求的同时，重点开展以下几个方面的改革工作。

一是推进诉讼制度机制改革。推进民事诉讼制度改革，贯彻落实新修改的民事诉讼法，聚焦深化民事诉讼程序繁简分流诉讼制度改革的瓶颈性、机制性、协同性问题。进一步推进以审判为中心的刑事诉讼制度改革，修订完善庭前会议、非法证据排除、法庭调查“三项规程”，提高庭审实质化水平。落实行政诉讼法修订内容，完善制度衔接，调整审判资源，积极做好相关审判业务的对接工作。

二是推动审级职能定位改革。研究制定提级管辖的实施细则，进一步明确有必要提级管辖的“特殊类型”案件范围，积极拓宽提级管辖案件的发现渠道，注重通过类案裁判、下级法院案件请示、当事人申请、新闻媒体报道等途径，筛选识别具有普遍法律适用指导意义、存在重大法律适用分歧、可能存在不当干预因素的典型案件。

三是完善统一法律适用机制。进一步规范审判业务文件、参考性案例的制定、编发、备案程序，加强对新类型、疑难复杂案件法律适用问题的研究，及时总结审判经验，规范裁判当中审判业务文件、指导性案例、参考性案例的适用方式。

（来源：山西省高级人民法院）

# 内蒙古法院

2022年，在内蒙古自治区党委坚强领导和最高人民法院正确指导下，在各相关部门的大力支持下，内蒙古自治区法院坚持以习近平新时代中国特色社会主义思想为指导，深入贯彻习近平法治思想，深入领会“两个确立”的决定性意义，认真学习党的二十大精神，始终把坚决做到“两个维护”作为法院工作的首要任务，坚持服务大局、司法为民、公正司法，纵深推进司法体制综合配套改革，有效落实权责清单制度，不断强化执法司法制约监督体系建设，建立执行案件动态监控机制，加大科技赋能打造智慧法院，全面推进司法改革工作，努力让人民群众在每一个司法案件中感受到公平正义。

## 一、推进改革的主要做法

2022年，按照中央、自治区党委和最高人民法院部署，内蒙古自治区高级人民法院在全区法院一体推开司法体制综合配套改革。

一是始终坚持党对司法工作的绝对领导。认真贯彻《中国共产党政法工作条例》及自治区实施办法，严格执行请示报告制度，自觉接受政治督察，定期开展司法巡查，进一步强化人民法院政治机关的属性。

二是建立改革规划台账管理机制。研究制定《内蒙古自治区高级人民法院2022年司法改革工作要点分工方案》，明确时间表和责任部门，定期跟进督办，确保各项改革任务落到实处。

三是开展司法改革亮点工作试点。为深入推进各项司法改革任务落到实处，更好呈现改革成效，选取建立司法区块链证据核验平台、启动热点案件和民生案件审判智能辅助平台、落实民事案件卷宗调阅制度作为2022年度重点打造的三个亮点工作，并取得了良好效果。

## 二、改革主要进展情况

全区法院以全面落实司法责任制为核心，以自治区党委综合配套改革任务台账为抓手，推动改革不断向纵深发展。自治区党委政法委确定的十项综合配套改革任务和三大亮点工程，除两项任务持续推进，其余各项均取得实质性进展，并按规划有序推进。

一是强化机制建设。严格落实《关于加快推进政法领域司法责任体系改革和建设的指导意见》，切实推进十大改革任务及三项亮点工程。积极推进四级法院审级职能定位改革试点工作，细化制度规范、完善配套保障，制定完善审级职能定位改革试点工作实施方案和细则，统筹推进全区法院案件提级管辖机制和再审程序改革。探索由呼和浩特铁路运输两级法院集中管辖全区法院环境资源案件，完善优化改革推进机制，细化改革方案，确保改革平稳有序推进。

二是构建新型司法权运行机制。加强新型办案组织建设，细化司法人员正负面权力清单和履职指引制度，严格落实《内蒙古自治区高级人民法院机关加强审判专业化建设方案》《内蒙古自治区高级人民法院机关审判权责清单（试行）》《内蒙古自治区高级人民法院关于全区法院加强司法权力运行监督的实施细则（试行）》，建立履职指引，防止“监督缺位”和“管理越位”。2022年，全区法院受理各类案件86.7万件，审执结81.3万件，结案率达93.9%，年人均结案226件，结案率跃升至全国第6位，案件结收比位居全国第一，一审服判息诉率全国第十。其中，高级法院受理11649件，审执结10748件，结案率达92.3%，位居全国第三。

三是强化执法司法制约监督体系建设。修订全区法院“四类案件”监督管理办法，进一步细化院庭长审判监督管理权的程序规则及权力边界，切实解决院庭长等监督者“不愿监督、不敢监督、不会监督”的问题。修订案件质量评查规则，建立上下级法院双向评查程序，组织全区法院评查近三年来发回重审、改判案件，对确有错误的案件依法提起再审予以纠正。严格落实差错案件责任追究制度，形成制约有效、监督到位、权责统一的新型审判权力运行机制。以开展“蒙马奔腾”和“巩固提升年”活动为抓手，创新审判监督管理理念，按照“评价指标＋运行机制”的工作模式，狠抓诉源治理、执源治理、积源治理，推动全区法院审判执行质效取得跨越式提升。

四是纵深推进司法体制综合配套改革。分类管理机制逐步完善，实行员额动态递补、成绩有效期制度，对全区47个收案数量较少法院核减员额75个，充实到42个人案矛盾突出的法院，缓解了部分基层法院员额法官短缺的问题，提升了补额效率。进一步修订员额退出办法，制发《内蒙古自治区法官员额退出实施办法（试行）》，进一步规范法官员额退出审批、备案程序，法官员额增补及退出实现常态化。开展书记员和司法警察执法勤务警员职务序列改革工作，探索制定全区法院系统聘用制书记员等级晋升管理制度，修改完善聘用制书记员管理暂行办法。目前，全区13家中级法院和107家基层法院已全部完成司法警察执法勤务职级套改和晋升工作。

五是建立执行案件动态监控机制。推动全区法院系统执行指挥中心实体化运作，打造执行案件流程信息系统、执行实体化平台，改变执行实施案件"一人包案到底"和"团队包案到底"的传统办案方式，依托平台对是否及时查控财产、发放执行案款、终本案件是否合规等关键节点进行提示和督办，实现执行案件全节点可监控、全流程可追溯、全过程强监管的执行案件质效管理体系。部署执行案款监管平台，实现可视化监控指标，实时监控案款、司法拍卖保证金和法院之间往来的案款到账，监控延期发放案款和提存案款的业务操作记录，进一步规范执行案款监督管理，切实维护当事人合法权益。建设执行互联网应急调度值守平台，实现全区三级法院执行案件实时视频督导、执行情况全面监督、执行及督办数据应急报警等功能，加强对执行现场的统一管理、统一指挥、统一协调，进一步推动执行工作扁平化、集约化、可视化。

六是加快矛盾纠纷多元化解中心建设。坚持高效便民原则，建成覆盖三级法院的人民法院在线服务平台，全区52家法院建立24小时自助诉讼服务站，提供网上立案、申请调解等一站式诉讼服务，人民群众办理诉讼事务实现全流程"掌上办"。针对市场主体需求，指导全区法院开通涉企诉讼"绿色直通车"，涉企案件实现立审执全流程提速。落实司法救助制度，启动为中小微企业办理缓交、减交诉讼费措施，降低企业"诉讼门槛"。下发《关于完善小额诉讼程序的实施办法》，简化规则、缩短期限，满足当事人高效、便捷、低成本的解纷需求。搭建人民法院调解平台，5060个调解组织和8358名调解员进驻，平均每小时就有近30件纠纷成功化解在诉前。鄂尔多斯市法院打造“三端五防线”、赤峰市翁牛特旗法院“融合党建”推动矛盾化解、巴彦淖尔市临河区法院“主动融入诉源治理大格局”、呼和浩特市赛罕区法院引入区外专业性调解组织，各地法院独具特色的多元解纷模式让正义提速，诉讼成本显著降低。

七是深化电子技术与司法融合应用。全域推广区块链技术，建立内蒙古法院区块链证据核验中心，涵盖 61 个数据上链节点和应用场景，截至 2022 年 12 月底，累计上链存证 2438.6 万件，上链核验证据 5.5 万次，电子送达司法数据上链 100%，实现了从推广覆盖面、应用场景设计、证据核验次数、制度建设等全面推进，第三方机构评价内蒙古法院区块链司法应用在全国遥遥领先。启动“热点案件和民生案件审判智能辅助平台”应用试点，聚焦民间借贷纠纷、专利侵权纠纷、交通事故纠纷、执行转破产案件和家事纠纷五类案件，针对审判中的痛点、难点和共性关键技术进行研究。全面推进案件数据电子化，大力推进电子卷宗同步生成和深度运用，进一步释放智慧法院“数字红利”。

## 三、存在的问题和困难

一是综合配套改革还需进一步深化。与法官单独职务序列相应的配套政策需要进一步明确；审判辅助性事务、司法行政事务集约化社会化管理模式不够健全；聘用制人员职业配套保障还需进一步完善，书记员专业性不强、流动性大，影响队伍稳定。

二是审判监督管理有待进一步加强。监督管理制度落实仍不够到位，审判质量效率有待提升，人民群众对办案周期长、裁判尺度不统一等问题仍有反映；有的审判人员素质能力有待提升，高层次人才储备还不够充足。法官权益保障机构不健全，法官惩戒制度尚未完全落实，法官惩戒实体化运行有待进一步推动。

三是关联性改革协同性较差。在实现办案系统互联互通、数据自动推送、资源共享共用等方面，还存在信息壁垒、信息孤岛的现象，特别是涉及各部门与外单位之间协作配合的联动机制有待完善，跨部门大数据办案平台建设还需持续推动。

四是呼和浩特知识产权法庭需尽快推动设立。目前，知识产权刑事、行政案件分散在全区各中级法院审理，难以形成专业的审判队伍，不利于审判专业化的推进，需设立专门的知识产权法庭，集中审理刑事、民事、行政知识产权案件，深入推进司法改革。

## 四、下一步工作打算

2023年，自治区高院将切实担负主体责任，继续加强调研和对下指导，深入贯彻落实司法改革总体要求，紧盯存在的问题，在系统集成、协同高效上持续发力，确保司法体制改革全面落实到位。

一是认真履行改革主体责任，以钉钉子精神把深化司法责任制综合配套改革工作抓细抓实抓出成效。坚持目标导向、问题导向、效果导向，及时补短板、强弱项、抓统筹、增实效，确保改革举措有序推进、精准落地、落实见效。

二是结合审判实际，坚持以更实标准推进改革创新。继续聚焦审判执行质效巩固提升，规范司法权力运行，精减办案办事程序，提升案件办理质效。进一步健全完善审判权力运行机制，强化院庭长办案指导示范作用，全面提升司法公信力。不断健全审判监督管理机制，提升智能化监管水平，以完善审判权力监督制约机制和统一法律适用机制为抓手，不断提升审判监督管理规范化、标准化、精细化、信息化水平。

三是巩固提升一站式多元解纷和诉讼服务体系建设成果，重点聚焦诉讼服务工作的整体规划、标准规范以及矛盾纠纷多元化解的高效性、专业性、精准度和成功率，通过提高智慧法院建设水平，深化区块链技术应用，积极探索立案信息流转应用、调解与审判流程衔接应用、审判与执行流程衔接联动、支持审判执行干警便捷办案等典型应用场景，着力打造全流程网上一站式多元解纷机制。

四是深入推进四级法院审级职能定位改革，推动呼和浩特铁路运输两级法院环境资源案件跨行政区划集中管辖改革。探索构建环境资源“4＋1”审判机制，即由呼和浩特、包头、通辽、海拉尔4个铁路基层法院集中管辖全区一审环境资源案件，呼和浩特铁路中院集中管辖铁路基层法院的环境资源上诉、抗诉案件和依法应当由中级法院受理的一审环境资源案件。

五是坚持以更严要求锻造过硬队伍。加强法治人才队伍专业化建设，进一步落实“政法干警素质能力提升专项行动”部署要求，通过开展教育培训、常态化引才育才，不断提升法院干警执法司法、为民服务的能力，努力锻造一支堪当重任、素质优良的法院铁军。

（来源：内蒙古自治区高级人民法院）

# 辽宁法院

2022年，在省委坚强领导和最高人民法院正确指导下，辽宁法院坚持以习近平新时代中国特色社会主义思想为指导，全面学习贯彻党的二十大精神，深入贯彻习近平法治思想，紧扣中央政法委和最高人民法院确定的改革主题，锚定“上台阶、创一流”工作定位，坚持体制改革和科技创新双轮驱动，集成推动重点改革与法院重点工作同频共振，以改革创新牵引各项工作取得新进步。2022年，审判质效全面向好，为辽宁振兴发展提供了坚强有力的司法服务和保障，人民群众司法获得感和满意度明显提升。强基工程、诉源治理、队伍建设等相关工作获最高人民法院和省委充分肯定，行政审判、调研工作、智慧法院建设等在全国法院相关会议上作经验交流。

## 一、推进改革的主要做法

一是坚持以调查研究找准改革切入点。将调查研究与深化改革融合推进，扎实构建“大调研”工作格局，建立领导干部基层联系点制度，领导干部深入一线摸实情、查问题、督落实，通过“小切口”解决大问题。2022年，辽宁高院院领导深入中基层法院、人民法庭调研98次，走访人大代表、政协委员等162人次。先后围绕诉前调解、基层基础建设等向省委、省人大常委会作专题调研报告，推动省委出台调解化访文件，将诉源治理工作纳入党委领导的平安建设大格局；省人大常委会以《关于加强人民法院基层基础建设进一步提升审判质效的决议》支持法院强基工作，在全国尚属首例。

二是坚持以系统谋划抓好改革关键点。坚持全局观念和系统思维，对标最高人民法院司法改革年度要点和省委改革部署，紧扣审执工作主责主业，将“抓改革”纳入全省法院“上台阶、创一流”工作全局通盘谋划。强力推进深化司法体制综合配套改革，全面准确落实司法责任制，集成推动司法权力运行机制改革、一站式多元纠纷解决和诉讼服务体系建设、审级职能定位改革、诉讼制度改革等重点改革与强基工程、诉源治理、队伍建设等重点工作同向发力，充分释放改革集成效应。

三是坚持以贯通落实强化改革支撑点。将重点改革作为“一把手工程”强力推动，结合审级职能定位改革、诉讼制度改革、司法制约监督体系改革和建设等重点改革任务，分别成立领导小组并组建工作专班，组织实施体系贯通三级法院。配套建立系统衔接的制度规则体系和激励约束机制，动态跟踪改革成效，层层拧紧责任链条，确保各项改革部署项目化、清单化、工程化落实见效。

## 二、改革主要进展情况

### （一）聚焦公正效率，审判权力运行更加规范

一是全面准确落实司法责任制。紧紧牵住司法责任制这个“牛鼻子”，深化法官员额制和人员分类管理改革，加强员额编制整体统筹和动态调整，队伍结构更加科学。2022 年，首次启动法官逐级遴选工作，辖区 38 名法官到上级法院交流任职。建立院庭长办案刚性约束和监督保障机制，院庭长带头办理重大、疑难、复杂和新类型案件，有力充实办案一线审判力量。完善法官员额退出工作办法，以能上能下、能进能退的员额管理机制最大限度激活员额制活力。

二是深化司法权力运行机制改革。细化完善权责清单体系，科学界定各类审判组织、司法辅助人员、司法行政人员权责范围。完善以独任法官或合议庭为核心的新型办案机制，突出法官办案主体地位。健全法律适用分歧解决机制，建立类案强制检索制度，修订专业法官会议、审判委员会制度，强化制度衔接，推动构建权责清晰、权责统一、监管有效、保障有力的新型审判权力运行机制。

三是深化司法制约监督体系改革和建设。构建具有辽宁特色的“1＋1＋N”制度体系，出台审判权力运行规范指引，规范立审执 15 个重要节点、明确 41 项司法权力制约监督内容，列出 269 项行权指引，发布 62 个警示案例，确保有序放权和有效监督相统一。加强“四类案件”监管，依托办案平台实

现全流程智能识别标注和监管留痕，进一步压实院庭长监管责任，规范法院自由裁量权行使。严格落实“三个规定”制度，定期发布“三个规定”月报告情况通报，切实拧紧公平正义“安全阀”。

### （二）激活司法效能，诉讼制度体系日益完善

一是扎实推进四级法院审级职能定位改革试点工作。作为12个试点法院之一，辽宁高院党组高度重视，第一时间向省委作出汇报，积极争取支持。省委主要领导专门作出批示，省改革办将试点工作列入省社会体制改革重点任务清单，省编办一次性释放537个政法专项编制给案多人少矛盾突出的60个基层法院，为试点工作顺利开展奠定了坚实基础。成立以“一把手”为组长的改革领导小组，组建民事、刑事、行政、再审4个工作专班，组织实施体系贯通三级法院。出台案件管辖权转移与提级操作办法等3个主体制度及10余项配套机制，创新建立完备的考核评估指标体系动态分析监控改革成效。试点工作蹄疾步稳、亮点纷呈。截至2022年底，全省下沉案件主要质效指标全面优于同期同类案件，实现案件平稳承接、梯次过滤，有力带动审判质效贯通式提升。中基层法院紧扣职能定位，大胆首创，亮点纷呈。新民市法院建立关联性群体型民事案件示范性诉讼工作机制和案例库，大连中院发布金融、行政等多份白皮书，鞍山中院联合律协开展诉答文书规范化改革、出台10余类案件裁判指引，为准确查明事实、统一裁判尺度提供有效路径。辽宁经验获最高人民法院主要领导三次批示肯定，当事人法律援助机制被写入最高人民法院关于四级法院审级职能定位改革试点情况的中期报告，《民主与法制》《人民法院报》等主流媒体大篇幅刊发报道。

二是深化诉讼制度改革。健全刑事诉讼“三项规程”，精准适用认罪认罚8901件11760人；深化民事、行政诉讼程序繁简分流，制定关于推进民事诉讼繁简分流适用普通程序独任制审理、适用小额诉讼程序审理、优化司法确认程序、规范在线庭审和电子送达4个指导意见，推广适用要素式审判和令状式、表格式文书，特殊程序、小额诉讼程序、普通程序独任制审理案件分流比达67.37%，程序效能充分释放。

### （三）促进协同高效，组织机构职能持续优化

一是健全司法人员分类管理体系。完善人员分类管理机制，推动审判辅

助事务集约化、信息化、社会化，常态化开展法官等级选升晋升，为执法办案减负增效。强化高层次人才储备和培养，扎实推进青年干部成长工程，创建“审学研”一体化机制，以“评典型案例、推创新成果、树优秀人才”为载体，大规模开展学、练、赛活动，培养储备一批能办案、理论强、会教学的审判领军人才后备队伍，获最高人民法院、省委充分肯定。

二是加强专业化建设。设立国际化、现代化、智能化、专业化、人性化的沈阳知识产权法庭，推进知识产权“三合一”审判，完善多元解纷、侵权损害赔偿、技术事实查明等机制，切实打造知产司法保护新高地。沈阳金融法庭也已获批设立。集中管辖环资案件，构建“三合一”审判机制，大连长兴岛法院司法保护辽东湾精灵斑海豹，入选最高人民法院生物多样性保护典型案例。

三是加强人民法庭基础建设。以抓基层初始案件质效为中心，全面实施强基工程。贯通落实省人大常委会《关于加强人民法院基层基础建设进一步提升审判质效的决议》，出台人民法庭“五化”建设标准和示范人民法庭创建方案，调整优化人民法庭布局，全力打造新时代枫桥式人民法庭辽宁品牌，更好服务基层社会治理。

### （四）聚焦急难愁盼，司法服务品质全面提升

精准聚焦“立案难”“诉讼难”等人民群众关心关切，不断加强一站式多元纠纷解决和诉讼服务体系建设。深入落实省委办公厅诉源治理文件，与省司法厅联合印发《关于坚持发展新时代“枫桥经验”构建大调解格局 推进完善矛盾纠纷多元化解机制的意见》，推动万人成讼率纳入“平安辽宁建设”考评体系。沈阳市于洪区法院诉前调解工作经验被写入省委文件，在全省推广。巩固提升一站式建设成果，建成诉讼服务指导中心，实时开展视频巡查工作，精准对下指导。完善网上立案、跨域立案、线上调解等机制，先后与省人社厅、省工商联等建立诉调对接机制，着力满足人民群众多元高效解纷需求。“分调裁审”工作在全国法院一站式建设工作推进会获最高人民法院肯定。

### （五）强化科技赋能，推动司法改革与信息化建设深度融合

突出服务审判、服务管理、服务人民群众“三个服务”导向，创新法官深度参与，与技术部门、技术公司深度融合的信息化建设、研发、应用一体

化机制。不断完善智审、智执、智管、智服“四大平台”，强化“发改再”等平台系统应用，以及类案检索、裁判文书纠错、电子送达、互联网庭审等信息化功能深度应用，助力“办案提质”“办案提速”。2022年，成功入选国家“区块链+审判”特色领域试点单位，区块链在线审判中台入选政法智能化建设智慧法院创新案例，在全国法院第八次网络安全和信息化工作会议暨互联网司法工作推进会、以人民为中心的电子政务建设会上作经验交流。

## 三、存在的问题和困难

一是改革发展不平衡。部分关联性高、耦合性强的改革任务推进的力度深度、精度有待进一步提升，个别偏远地区法院由于案件体量较小，改革参与度还不够高。

二是制度机制有待进一步完善。改革统筹管理机制有待进一步完善，政策解读、统筹协调、指导督导作用还需进一步发挥，与改革相适应的配套保障机制有待进一步健全完善。

三是改革成效有待一步提升。对于亮点举措、经验成效的体系化总结提炼还需进一步加强，能够反映改革突出成效、体现人民群众获得感和满意度的生动鲜活案事例数量还有所不足。

## 四、下一步工作打算

一是深化司法体制综合配套改革。深入落实党的二十大重大部署，开展深化司法体制综合配套改革主题调研，从制约司法公正最突出的问题、制约工作发展的瓶颈问题入手，系统谋划下一步改革方向，巩固深化司法体制改革成果，推动改革更加系统集成、协同高效。

二是全面准确落实司法责任制。深化法官员额制和人员分类管理改革，优化审判资源配置和队伍结构。深化司法权力运行机制改革，完善合议庭、专业法官会议、审判委员会工作机制，健全完善正负面权责清单体系和履职指引，压实院庭长监管责任，确保审判权力运行更加规范高效。加快推进司法责任体系建设，以“明责、履责、督责、考责、追责”为抓手，打造全覆盖、全过程、全要素的司法责任体系。

三是深化诉讼制度改革。深化以审判为中心的刑事诉讼制度改革，持续推进庭审实质化，准确适用认罪认罚从宽制度，切实加强人权司法保障。深入推进民事、行政诉讼程序繁简分流，完善行政争议多元化解决机制，推动案件繁简分流、快慢分道。对标最高人民法院深化四级法院审级职能定位改革要求，围绕案件上提下沉，优化完善当事人诉权保障等机制，加快推进内设机构职能优化，重点做好制度经验和亮点举措梳理，为推动修法总结辽宁经验。

四是强化科技赋能。加快创建“辽宁全域数字法院”，为法院工作现代化提供坚强的科技支撑。推动“三个服务”实现新提升。加强人工智能全流程辅助办案和辅助事务性工作，加强审判流程管理智能化应用。优化人民法院在线服务、辽宁法院诉讼服务网等平台服务功能，为特殊群体弥合“数字鸿沟”。加强能动司法，深入分析研判司法大数据蕴含的社会治理信息，主动向有关部门提出司法建议，促进诉源治理、综合治理，实现“审理一案，治理一片”。

（来源：辽宁省高级人民法院）

# 吉林法院

2022年，吉林法院高举习近平新时代中国特色社会主义思想伟大旗帜，坚持以习近平法治思想为指导，认真学习贯彻党的二十大精神，全面贯彻落实中央、中央政法委、最高人民法院和省委关于司法体制改革的系列重要部署，牢牢把握“抓落实、抓督导、抓研究、抓宣传”工作方针，纵深推进司法体制改革，为推动实现吉林法院高质量发展持续注入强劲动力。

## 一、推进改革的主要做法

一是把牢改革方向。坚持以学习宣传贯彻党的二十大精神为主线，落实全员政治轮训制度，举办习近平法治思想专题研讨班。组织召开全省法院司法改革工作会议、省高院司法体制改革领导小组会议，确保司法体制改革始终沿着正确方向前进。

二是压实改革责任。制定年度全省法院司法改革工作要点和任务台账，提出6个方面28项具体任务，健全完善改革任务台账管理机制，以“五化”工作法推进各项改革落地见效。

三是强化改革问效。结合最高人民法院和省委政法委工作部署，聚焦完善司法权力运行机制、四级法院审级职能定位改革等重点任务开展督察调研，系统评估全省法院推进改革的成效经验和短板弱项，形成专项报告，提出工作举措，抓好任务落实。

四是提炼改革成果。完善改革绩效考核指标，加大对改革经验成果宣传推广、评选表彰情况的赋分权重。实施司法改革“精品工程”，组织开展全省法院司法改革精品案例评选活动，常态化编发《改革动态》，省法院府院联动工作和梨树法院黑土地司法保护工作入选全省政法系统“十大改革创新典型案例”。

## 二、改革主要进展情况

一是健全完善主动有为的服务大局体系。坚决落实省委决策部署，积极争取最高人民法院支持，推动长春智慧法务区5个专业法庭全部挂牌成立并实质运行，人民法院数据灾备长春中心和省高院与科大讯飞成立的人工智能联合实验室正式投入使用。在全面总结过去两年法治化营商环境建设专项行动成效的基础上，部署全省法院接续开展法治化营商环境建设提升行动，提出8个方面38项具体任务，着力打造具有吉林法院特色的一流营商法治环境。围绕服务生态强省建设，开展全省环境资源审判“1＋10”案件管辖机制改革，成立东北虎豹国家公园司法保护基地。完善知识产权审判机制，持续打造专业审判团队，服务创新型省份建设。推动延边东北亚区域国际商事争端解决中心建设，组织召开第四届中国图们江区域（延边）“一带一路”建设法学研讨会，助力提升涉外司法能力。出台助力复工复产服务企业发展12项措施，组织全省法院开展“司法大调研”“服务企业月”等活动，帮助企业纾困解难，助力企业恢复发展。继续坚持重预防、抓前端的发展方向，与省政府、省检察院联合召开府院联席会议，制定年度重点工作任务清单并狠抓落实，持续推进府院联动工作由个案协调、事后化解向源头预防、前端治理延伸。

二是健全完善权责统一的司法责任体系。研究出台《关于深化司法权力运行机制改革的实施意见》，加快构建科学合理、规范有序、权责统一的司法权力运行机制。完善院庭长履行审判监督管理职责的考评、通报、追责机制，全省法院院庭长监管平台实际监管率达97.94％。健全院庭长办案情况汇集分析、定期通报机制，全省法院院庭长办案221664件，占全省法院受案总数的38.64％。出台《建立党风廉政建设“5＋N”内部责任体系的意见》，着力构建上下贯通、工作联动、一抓到底的工作闭环，一体推进“三不”体制机制建设。常态化开展“季度百起案件质量评查”，并加强与法官惩戒工作有机衔接、协同发力。建立法官业绩考评委员会，突出法官主体地位，实现法官自我管理。构建审判执行质效“135＋N”常态化监管机制，组织全省法院开展“审判执行攻坚”专项行动，探索建立“诉-程比”指标并纳入审判绩效考核，推动全省法院主要审判执行质效指标持续稳居全国前列。其中，整体结案率居全国第3位，自2019年9月以来连续40个月稳居全国前5位，院机关结案率居全国高院第3位；案件收结比居全国第5位；执行工作22项质效指标均进入全国前10位，其中18项质效指标位居全国前5位。全省法院司法透明度指数连续7年位居全国前列。

三是健全完善公正高效的诉讼制度体系。坚持和发展新时代“枫桥经验”，组织召开全省法院诉源治理工作推进会，加快推动多元解纷、诉前化解工作融入社会治理大格局。2022年，全省法院诉前调解案件202057件，调解成功案件178565件，导出调解率73.66%，调解成功率88.37%；全省法院新收诉讼案件同比下降22.89%。扎实开展案件提级管辖和改革再审制度两项试点，加强对下沉案件审判质量的跟踪评估，统筹完善配套改革举措，稳妥推进四级法院审级职能定位改革。深化刑事诉讼制度改革，研究制定《刑事案件庭前会议操作规程（试行）》，提升刑事审判工作标准化水平。认真贯彻实施修改后的民事诉讼法，健全完善案件繁简识别、程序分流适用机制，全省法院简易程序适用率为92.4%，同比上升2.18个百分点，诉讼案件平均审理天数27.8天，同比减少5天。加强行政争议多元解纷机制建设，全省各化解中心全年共受理诉前行政争议1458件，化解1159件，化解率为79.49%，同比增长11.61个百分点，涉诉法治政府建设主要指标持续优化。探索推进执行工作“双重领导”管理体制改革，提升执行指挥中心实质化运行水平，全面推进执行通知前置程序改革。

四是健全完善便捷高效的诉讼服务体系。以开展“为群众办实事示范法院”创建活动为牵引，以“服务企业、服务群众、服务基层”为重点，坚持“开门搞活动”，推出42项实事清单，不断完善司法为民机制和诉讼服务体系。全面落实诉讼服务“一站、一网、一号通办”要求，优化升级全流程一体化在线诉讼服务平台。部署开展人民法庭达标创建活动，推动人民法庭建设水平和基层司法服务能力不断提升，着力打造“枫桥式人民法庭”，梨树法院孤家子法庭被授予全国“人民满意的公务员集体”称号，人民法庭工作经验四次入选全国法院典型案例。创新推进“无讼社区”“无讼村屯”创建工作，全省法院确立388个培育对象。部署开展诉讼服务“全域通办”工作，全面落实审判服务“好差评”制度，全省法院诉讼服务质效位居全国第2位。研究制定关于加强新时代全省法院涉诉信访工作的实施意见，提升涉诉信访工作标准化、规范化水平，完成涉诉信访“积案化解”清零工作目标。组织召开国家赔偿和司法救助工作会议，出台12条具体意见，与相关部门联合印发《关于加强涉军司法救助工作的实施意见》，更好服务困难群众。部署全省法院持续开展“法治副校长”派驻工作。

五是健全完善统筹有序的人事管理体系。深入贯彻落实《吉林省法官遴选委员会工作规则》，常态化开展员额法官增补工作，为全省法院补充选任员额法官238名。与省委组织部联合印发《吉林省法官单独职务序列实施办法》，推动相关政策红利进一步落实。研究制定全省法院切实解决员额法官流失缺员问题工作任务分解台账，针对队伍老化、人员断层、法官流失等问题提出解决对策。认真贯彻省委“基层建设年”部署，省高院建立领导包保基层制度，加强基层工作指导，帮助基层解决难题，景俊海书记予以批示肯定。组织全省法院开展审判力量对口支援行动，全省选派49名办案骨干派驻支援审判压力较大的基层法院，努力缓解部分基层法院因“招人难”导致的审判力量不足问题。认真落实人员内部交流意见，扎实开展干部轮岗交流和互派锻炼工作。坚持守正创新、以文化人，创新打造全省法院文化建设“6＋1”工作布局，部署开展“书香法院”建设。

## 三、存在的问题和困难

一是思想重视不够。有的法院领导干部认为改革是上面的事，对改革部署不学习、不研究，落实改革任务敷衍应付；一些法官干警对改革不关心、不参与，审判工作和司法改革“两张皮”的现象依然存在。

二是创新意识不强。有的法院面对新情况新问题的内部挖潜、改革创新能力不足，仍然习惯于依靠增编加额的“人海战术”来解决问题。

三是统筹协调不力。一些法院特别是高级、中级法院对改革政策集成领悟不深不透，在统筹谋划、沟通协调、督察评估、成果转化、经验挖掘、典型培育、宣传解读等方面能力不强。

四是改革基础不牢。改革主体责任存在层层递减、“温差”“落差”问题，有的法院推进司法改革就是“脚踩西瓜皮，滑到哪里算哪里”。

## 四、下一步工作打算

一是深化司法权力运行机制改革，确保有权必有责、用权受监督。切实增强责任感使命感紧迫感，紧紧抓住影响司法公正的关键环节，围绕科学配权、规范行权、依法治权、廉洁用权四个方面，加快构建科学合理、规范有序、权责统一的司法权力运行机制。

二是深化四级法院审级职能定位改革，推进结构性重塑、系统化提升。坚持目标导向、问题导向，加大创新力度、推进力度，高度关注下沉案件审判质量，健全完善案件提级管辖机制，切实强化再审审判监督功能，统筹抓好相关配套改革，推动改革试点工作更加深入、更富成效。

三是深化民生司法领域改革，坚持群众有所呼、改革有所应。始终坚持人民至上的改革价值观，继承发扬司法为民优良传统，聚焦人民群众急难愁盼问题谋改革求创新，巩固深化诉讼服务体系建设成果、基本解决执行难成果、人民法庭建设成果，让人民群众的司法改革获得感分量更重、成色更足。

四是深化互联网司法建设，打造科技新引擎、智慧新高地。牢牢把握“四个遵循”工作原则，紧紧围绕“六大建设”中心任务，注重提升在线诉讼质效，全面提升智慧应用水平，着力提升数字治理能力，加快推进吉林智慧法院建设转型升级，建设全域数字法院。

五是深化司法人事制度改革，推动队伍更专业、作风更过硬。始终坚持司法改革和队伍建设“两手抓”“两促进”，持续加强党的政治建设、法官队伍建设、司法能力建设，切实把队伍建设活力转化为推动实现吉林法院全面高质量发展的内生动力。

（来源：吉林省高级人民法院）

# 黑龙江法院

2022年，黑龙江法院在省委的坚强领导和最高人民法院的正确指导下，坚持以习近平新时代中国特色社会主义思想为指导，深入学习贯彻习近平法治思想，全面准确落实司法责任制，积极推进司法体制综合配套改革，全面加强司法责任体系改革和建设，强化司法权力运行制约监督，各项改革举措有力有效。

## 一、推进改革的主要做法

按照中央、最高人民法院和省委部署，黑龙江高院以开展“能力作风建设年”和“案件质量提升年”活动为契机，采取有效措施，积极推进和深化司法改革，确保改革任务落地见效。

一是总结改革成效、推广先进经验。梳理全省法院改革成果，向省委报送《关于党的十八大以来全省法院司法改革情况的报告》，省委书记专门作出肯定性批示，新华网、省委深改委《黑龙江改革》予以全文转发。典型改革经验《黑龙江高院“五位一体”构建立体式司法责任体系》被《最高人民法院简报》《司法改革动态》采用；《黑龙江高院涉诉信访改革成效明显》被中央政法委主办的中国长安网刊载、人民资讯网转发。

二是推进改革试点，把准职能定位。制发《关于完善全省三级法院审级职能定位改革试点的实施方案》《关于完善全省三级法院审级职能定位改革试点的实施细则》，制作案件提级审理、申请再审工作流程图和《提级管辖案件在审判管理系统中的标注及统计（图文教程）》，建立定期问题汇总和数据分析制度。2022年，全省基层法院报请提级管辖案件共计77件，其中，民事案件69件、刑事案件8件；4件民事案件被中级法院裁定提级管辖。

三是加强业务培训，提高履职能力。组织开展全省法院司法改革工作业务培训班，传达学习上级改革会议精神，就中央部署深化司法改革、全省法院改革进程、当前司法改革主要任务、如何推进司法改革、司法改革相关问题解答等5个专题开展讲座；并就如何做好三级法院审级职能定位改革试点和司法改革信息报送工作进行讲解。齐齐哈尔、鸡西、黑河、大兴安岭等4个中级法院和6个基层法院结合各自改革特色进行交流发言。

四是动态管理台账、循序推进落实。根据上级文件逐项制作改革台账，明确落实措施、责任部门和完成时限，按照每月调度、季度汇总、半年总结的方式，推动改革工作落到实处。承接省委深改委、社改办重点改革任务17项、具体举措30项，均已完成或取得阶段性成果，完成率达100%。

## 二、改革主要进展情况

黑龙江法院以全面准确落实司法责任制为核心，以深化司法责任制综合配套改革为抓手，坚持政治建院、公信立院、服务兴院、改革强院、从严治院，努力让人民群众在每一个司法案件中感受到公平正义。

### （一）压实政治责任，体现政治担当

一是深入开展习近平法治思想大学习大培训大研讨。严格落实党组“第一议题”制度，开展会前集体学习41次，党组理论中心组学习研讨7次，举办1期院领导干部《习近平谈治国理政（第四卷）》专题读书班，举办3期处级以上领导干部学习贯彻习近平法治思想政治轮训班；举办“龙法讲堂”31期，7万余人参加。组织“解放思想、振兴发展”封闭集中研讨分析会，开展4次专题研讨，院领导带头逐个发言，找准找实问题，分析厘清症结，制定改进措施，形成整改台账。

二是严格落实“一把手”和领导班子全面从严治党主体责任和监督责任。印发《关于加强对各级法院“一把手”和领导班子监督的若干措施》《关于纵深推进全面从严管党治警的八项重点具体举措及分工》；制定《2022年度政治督察、司法巡查（巡察）方案》，对全省16个中级法院逐一开展政治督察，督促推动干警真正悟透党中央大政方针，时时处处向党中央看齐，扎扎实实贯彻党中央决策部署。

三是大力筑牢意识形态领域安全防范意识。健全院党组定期听取意识形

态工作汇报制度，全年 2 次专题研究意识形态工作；制作《意识形态工作制度汇编》，不断强化阵地管理；制定负面清单，实施备案登记，防范干警违规上网发表不当言论，筑牢阵地安全屏障。制发《全省法院 2022 年意识形态领域主要风险点及防控责任分工方案》，对 7 个方面 14 个风险点明确责任单位和责任人。

### （二）聚焦主责主业，提升办案质效

一是强化领导干部带头办案。严格落实《关于院庭领导办案工作规定》，保证院庭领导办案数量和质量；建立领导干部办案质效通报制度，按季度进行“张榜”排名。2022 年，全省三级法院院庭领导担任员额法官的共有 2166 名，共收案（含执行）347471 件，结案 350018 件，结收比达 99.27%。

二是开展重点案件质量评查。制发《全省法院清理长期未结诉讼案件的工作方案》，1623 件一年以上长期未结案件评查工作全部完成，全年清理 1473 件，清理率为 90.8%。制发《2022 年案件质量评查工作方案》，全省法院共评查重点案件 12825 件，认定一般瑕疵案件 1022 件，重大瑕疵案件 36 件，错误案件 2 件；智能化筛查裁判文书 15000 篇，发现瑕疵裁判文书 1497 篇。

三是全面提升案件质效。制发《全省法院“案件质量提升年”活动实施方案》，确定的 50 项案件质效提升指标，有 49 项达到或超过预期目标，经验做法被《黑龙江日报》头版报道；2020 年、2021 年、2022 年全省法院涉诉信访质效得分连续位居全国第一，实现“三连冠”。

### （三）强化权力监督，确保公正司法

一是健全制约监督机制。制发《关于加强司法权力运行制约监督制度机制建设的实施意见》，从健全完善党对法院工作绝对领导的监督体系、健全完善政法机关制约监督体系、健全完善司法权力运行制约监督机制、健全完善队伍管理监督制度、健全完善智能化制约监督体系等方面强化司法权力运行制约监督。

二是健全督察工作机制。完成三级法院监察部门更名和职责调整，制定《关于深入贯彻全面从严治党战略方针进一步加强新时代全省法院督察工作的意见》，打造源头动态预防、事中精准监督、条线指导督促共同发力的督察工

作模式。

三是健全外部评价机制。打造“诉讼参与人满意度评价系统”龙江法院特色项目，依托微信“黑龙江移动微法院”小程序，对法院全流程工作区分四个档次进行评价，并开辟网上“留言板”倾听当事人意见建议。2022年，全省三级法院评价系统共收到当事人评价表325623份，总体满意度为99.8%。

### （四）完善问责机制，强化职业保障

一是完善法官惩戒程序。制定《黑龙江省法官惩戒委员会章程》《黑龙江省法官惩戒工作办公室工作规则（试行）》《黑龙江省法官惩戒暂行办法》，明确惩戒种类、惩戒范围、惩戒机构、惩戒程序、救济程序等，界定了“故意”和“重大过失”的情形，为全省法院开展法官惩戒工作提供规范指引。继2018年举行全国法院首例法官惩戒听证会后，2022年又对两名法官提出惩戒意见。

二是建立履职免责机制。出台《容错免责实施办法（试行）》，营造锐意进取、勇于创新、敢于担当、合理容错的良性氛围，支持和保护了广大干警干事创业的积极性。对敢于担当、勤勉尽责，非因主观故意出现失误错误，未能实现预期工作目标，但其工作符合党中央、省委和最高人民法院确定的方向，未谋取私利并且未损害公共利益的，对其不作负面评价，依纪依法从轻、减轻处理或者免予责任追究，同时督促及时整改和纠错纠偏。

三是保障聘用人员权益。制发《关于进一步加强全省法院聘用制书记员管理工作的通知》，制度性规定聘用制书记员根据等级享受相应工资待遇，享有基本养老、医疗、失业、生育、工伤等社会保险和住房公积金等社会保障待遇，可以申请加入所在单位工会，按规定缴纳工会费，享受会员待遇。

### （五）持续深化改革，创新特色品牌

一是推进行政案件跨区化集中管辖改革。制发《全省铁路两级法院跨行政区域管辖行政案件改革方案》，实现哈尔滨、齐齐哈尔、牡丹江、佳木斯四市行政诉讼案件由当地铁路运输基层（中级）法院集中管辖。建设覆盖铁路两级法院及对应地方法院的“多元解纷及远程庭审系统”，实现行政案件跨区化远程诉调对接、远程开庭审理等功能，满足办案需要。2022年，铁路两级

法院共受理各类行政诉讼案件2793件，审结2607件，结案率达93.34%，审判质效明显提升。

二是推进环境资源、知识产权案件“三合一”审判机制改革。印发《关于确定全省法院环境资源审判机构受理案件范围及全面实行环境资源案件“三合一”归口审理工作的通知》，明确环境资源审判受案范围和案由，以及“三合一”归口审理基本框架。制发《关于全面推进知识产权审判“三合一”工作的实施方案》，确定16家基层法院审理知识产权民事、行政案件；与省检察院、省公安厅联合下发《关于办理知识产权刑事案件若干程序问题的意见》，将涉知识产权刑事案件集中指定给有管辖权基层法院审理，基本实现了知识产权民事、刑事、行政审判“三合一”审理。2022年，有管辖权的基层法院共受理知识产权民事一审案件939件，审结844件，审判工作平稳有序运行。

三是推进以审判为中心的刑事诉讼制度改革。建立全省法院认罪认罚案件台账，开展专题调研，推进刑事司法精细化精准化。制发《关于做好全面实施量刑规范化工作的通知》，落实宽严相济刑事政策和认罪认罚从宽制度。2022年，在依法审结的认罪认罚案件中，从轻处罚占89.52%，减轻处罚占9.84%，免予刑事处罚占0.12%，有效节约司法资源，提升诉讼效率。

四是推进政法大数据办案平台建设。建成使用政法机关跨部门大数据办案平台二期工程，对9大流程114个子流程进行深入调整，完成与减刑假释系统对接工作，对刑罚执行、网上换押、法律援助模块的交互信息进行规范化改造。发布《政法跨部门协同办案平台演示介绍》和《刑事协同（用户手册）》，组织全省法院开展政法跨部门大数据办案平台应用培训。

五是推进少年审判工作纵深发展。打造未成年人保护司法品牌，实现少年法庭全省中级法院、基层法院“全覆盖”和法治副校长全省中小学校“全覆盖”。截至2022年，邀请在校中小学生参加“公众开放日”3200余期，学生总数22万余人。对涉罪未成年人，坚持“教育、感化、挽救”方针和“教育为主、惩罚为辅”原则，轻缓量刑，宽容不纵容。2022年，全省法院生效判决未成年人犯罪人数507人，判处缓刑70人，免予刑事处罚1人，单处罚金6人，缓免率为15.2%。

六是推进“减假暂”案件审理“3个100%”。在全国首个提出减刑、假释、暂予监外执行案件审理“3个100%”目标，即100%开庭、100%结案、

100%评价。2022年审结的“减假暂”案件2282件全部实现“3个100%”，开庭率位居全国第一。相关典型经验被《人民法院报》《最高人民法院审判监督动态》《省委政法委信息专刊》等采用。

## 三、存在的问题和困难

一是全省三级法院审级职能定位改革贯彻力度不够。个别中级法院对改革试点工作传达贯彻不到位，以致一些基层法院对上级改革精神了解不多、理解不深；对出现的问题反馈不及时、主动研究推进的魄力不足；相关数据未在审判管理系统中录入，导致系统提取的案件数量和实际报请的案件数量不一致。

二是提级管辖案件报请程序不够清晰。现有规定对当事人申请提级管辖、上级法院依职权提级管辖等改革程序未作详细阐述，需要在试点中逐步探索完善。部分基层法院在报请提级管辖的请示中，存在报请说明、理由和依据不规范不充分的问题，导致无法区分该案件是否属于本次改革试点规定的提级管辖案件。

三是客观因素对改革推进存在一定阻碍。因改革涉及业务范围广，牵扯部门多，内部部门和上下级法院之间沟通协调难度较大，特别是对政策的理解把握不易统一，导致征求意见、反馈解释等程序性工作浪费了较大精力。改革队伍建设较为缓慢，无法落实专门的人员和编制，日常仅以人员抽调或业务兼职的形式开展工作。

## 四、下一步工作打算

一是对全省三级法院审级职能定位改革工作进行期中总结通报。对全省提级管辖案件进行逐个审核梳理，以中级法院为单位，制作提级管辖案件统计表；制发《关于进一步推进全省三级法院审级职能定位改革试点工作的通知》，通报一年来改革试点的推进落实情况，规范下级法院报请提级管辖请示的具体内容，研究下一步推进措施。

二是进一步健全案件提级管辖相关机制。收集整理中级、基层法院在报请提级管辖案件中遇到的制度性、程序性困难，出台《关于完善全省三级法院审级职能定位改革试点期间案件提级管辖机制的指导意见》，对下级法院依职权和依当事人申请报请提级管辖程序进行完善，对上级法院接收材料、审批答复和依职权提级管辖程序进行规定，确保改革试点“下半篇”顺利进行。

三是做好“五五改革纲要”收官工作。结合中央、最高人民法院文件精神，制作司法责任制综合配套改革任务台账，组织人员逐项填写改革任务结项登记表，广泛收集省高院近年出台的制度性、规范性文件，按任务项目进行分类整理，做到一项任务一套材料，公正客观评估改革质效。

四是对深化司法制约监督体系改革进行调研。结合中央政法委、省委深改委重点改革任务，实地走访大庆、牡丹江等地部分中级、基层法院，对全省法院司法制约监督体系改革进展情况、采取措施、取得成效、存在问题，以及如何继续深化司法制约监督体系改革等一系列问题进行调研、总结和探讨。

（来源：黑龙江省高级人民法院）

# 上海法院

2022年以来，上海法院在市委坚强领导和最高人民法院正确指导下，在各相关部门的大力支持下，坚持以习近平新时代中国特色社会主义思想为指导，深入学习贯彻习近平法治思想，积极贯彻中央、市委、最高人民法院的改革部署，充分发挥改革“领头雁”作用，全力打造科学规范、权责明晰、运行高效、系统完备、保障有力的司法体制综合配套改革制度体系，推动各项改革任务落地见效，有效促进了上海法院审判质效和司法公信力的提升。截至2022年12月31日，反映审判质量效果的服判息诉率、审限内结案率、二审改判发回率、结收比等指标持续排在全国前列。

## 一、推进改革的主要做法

一是高度重视精心组织，统筹谋划改革任务。为进一步加强对全市法院司法体制综合配套改革工作的组织领导，1月印发《2022年上海法院司法体制综合配套改革工作要点》，确定了35项综合配套改革任务和责任部门，全力打造“1+3+1”改革框架体系。为进一步落实改革任务，6月印发《上海法院司法体制综合配套改革重点培育项目清单》，确定了6个方面29项重点培育项目，并明确了责任实施法院，以点带面推动形成具有上海法院特色亮点的制度经验。

二是健全沟通协调机制，推动形成改革合力。对上积极主动向最高人民法院、市委政法委汇报改革情况，沟通了解最新动态，对下做好综合配套改革的宣传发动、政策解读和经验分享等工作。建立季报制度，每季度梳理汇总市高院各部门牵头改革任务的进度情况，做到改革进展每季汇总、重点事项跟踪督办。建立联络员制度，通过指定专门的联络人员，加强市高院司改办（研究室）与全市法院、高院各部门的日常沟通联络协调。建立情况通报机制，定期通报改革推进情况、发布改革案例等，及时发现问题，督促整改落实。

三是加强制度建设，构建综合配套改革制度体系。紧紧抓住制度建设这个根本，研究制定《2022年上海法院司法体制综合配套改革工作要点》《上海法院司法体制综合配套改革重点培育项目清单》《关于完善案件提级管辖工作机制的实施意见（试行）》《深化本院再审权力运行机制改革的框架意见》《关于申请再审案件报请提级审理的实施细则》等与改革相配套制度规定10余项，形成了覆盖全面、配套齐备的上海法院司法体制综合配套改革制度体系。

四是强化督察督办工作，推进改革落深落实。为加强改革工作要点及改革重点项目培育清单的推进落实，市高院加强改革任务督察，建立改革工作台账，及时掌握试点任务取得成效、存在问题。定期督察重点任务进度完成情况，并在全市法院予以通报。建立四级法院审级职能定位改革试点工作季报制度，定期梳理试点工作基本情况、重点亮点举措，及时报最高人民法院。配合市委政法委开展改革重点任务调研督察，形成专项调研报告报市委政法委。

## 二、改革主要进展情况

### （一）加快推进执法司法责任体系改革和建设

一是健全司法办案责任制度。完善随机分案为主、指定分案为辅的案件分配机制。继续坚持公正透明、随机均衡、鼓励办案、高效便民原则。完善以审判团队和审判专业化建设为基础的大随机、中随机、小随机、多随机四大模块建设，进一步完善各流程节点和功能设置，加大分案流程节点管控，进一步规范随机分案设置的审批流程。2022年，全市法院随机分案率达90%以上。规范法院入额领导干部带头办案责任，推动院庭长带头办理重大、疑难、复杂、新类型和在法律适用方面具有普遍指导意义的案件。2022年，全市法院院庭长办案20.79万件，同比上升5.75%，院庭长对重点案件监督管理的导向进一步强化。规范违法办案责任，制定《关于优化审判监督机制完善审判质量保障体系的指导意见（试行）》等规范文件，严格违法办案责任、差错案件责任等，细化案件质量等次标准，规范责任豁免规则。

二是严格司法监管责任。严格督察评查职责。制定《上海法院2022年审务督察工作实施意见》，拓展督察内容及形式，优化“上海法院审务督察信息平台”功能，实现动态、全过程管控。组织开展上海法院年度案件质量评查和疫情防控期间审判质量“回头看”案件专项评查活动，累计评查案件20万余件，确保审判质效，并将评查结果作为员额法官年度考核、择优晋升法官等级、评先评优等的重要参考依据。加强“四类案件”监督管理。制定加强“四类案件”监督管理规定，探索研发“四类案件监督管理平台”，构建“四类案件”识别指引体系，关联运用“上海法院审判执行监督预警分析系统”和“上海法院舆情风险指数系统”，推动实现“四类案件”自动识别、精准标注、实时提醒、智能监督管理。

三是健全依法履职保护机制。健全法官履职受到侵害保障救济机制，2022年，全市法院共受理处置各类侵害法官权益案件6起，1起案例被最高人民法院作为典型案例在全国集中宣传，对社会公众进行警示教育，维护司法权威。疫情期间，组织1600余名干警通过线上线下收听收看心理咨询辅导讲座；抓好防疫用品发放、大病困难干警慰问等关心关爱干警举措。

### （二）深化人员分类管理改革

一是推动落实法官单独职务序列规定。在市委组织部、市委政法委的大力支持下，克服政策调整和疫情防控的双重影响，按计划完成全市法院法官等级择优选升工作，晋升各级法官449人。首次以线上形式组织开展基层法院择优选升三级高级法官专业遴选面试工作，将全流程网上办案与干部人事工作深度融合，进一步拓宽信息系统应用场景。

二是健全完善法官遴选和员额管理机制。开展2022年度初任法官入额遴选工作，依托员额动态调整机制，将员额配置进一步向办案任务重的基层法院倾斜，共120名法官助理通过入额遴选成为初任法官。

三是打造上海法院审判业务人才队伍。制定《上海法院审判业务领军人才培养实施方案暨2022年主要工作安排》《2022年上海法院审判业务专家（骨干）评选工作方案》，并成立上海法院人才工作领导小组，全面细化落实审判业务领军人才规划。开展上海法院审判业务专家、审判业务骨干评选，评选出2022年上海法院审判业务专家20人、审判业务骨干148人。

（三）深化诉讼制度改革

开展四级法院审级职能定位改革试点工作。一是加强试点工作制度体系建设。制定实施《关于推进四级法院审级职能定位改革试点的实施方案》《关于完善案件提级管辖工作机制的实施意见（试行）》等规定，完善案件级别管辖、提级管辖、再审程序改革等配套机制，确保改革试点平稳有序推进。二是建立改革试点后审判态势季度通报制度。对试点后下沉大标的额民事案件、下沉“四类”行政案件、提级管辖案件等进行了专题分析，形成审判态势分析报告 3 篇，及时研判改革阶段性成效。三是加强试点工作任务推进。制定《关于四级法院审级职能定位改革试点推进情况通报与工作指引》及分工表，将需重点抓落实的任务举措分解为 23 项，并明确牵头部门、时间节点等，确保改革向纵深推进。四是落实改革试点经验总结和成果转化机制。在《上海法院司法改革专刊》暨中国上海司法智库微信公众号开辟“四级法院审级职能定位改革试点系列案例”专栏，集中展示改革试点成果。编辑改革试点系列案例 11 期，其中 1 篇被最高人民法院《司法改革动态》刊发。五是全力推进提级管辖案件工作落地见效。下发《关于进一步加强上海法院提级管辖案件工作的通知》，研发应用提级管辖案件操作专门平台，实现三级法院提级管辖案件报请、审查、决定、材料流转等线上办理、全程留痕。六是深化再审程序改革试点。制定《关于申请再审案件报请提级审理的实施细则》《关于深化本院再审权力运行机制改革的框架意见》，优化市高院再审资源配置和职权配置模式，构建新型再审权力运行体系。

（四）服务国家重大战略和上海中心工作

一是保障经济高质量发展，推进更高水平对外开放。服务保障疫情防控和经济社会发展。制定发布《关于司法服务保障疫情防控和经济社会发展的若干意见》，助力经济社会平稳健康发展。修订形成涉疫情案件法律适用系列问答（2022 年版），完成 7 期共 82 个问题的修订，就群众关心的疫情期间诉讼模式、执行问题及涉疫刑事案件、民商事合同纠纷等进行解答。发布 2022 年上海法院服务保障疫情防控和复工复产典型案例 6 个，促进经济社会全面恢复发展。服务保障浦东新区打造社会主义现代化建设引领区。制定发布《关于支持和保障浦东新区高水平改革开放打造社会主义现代化建设引领区的实施方案》（以下简称《实施方案》）及重点任务分解表，含12个方面39项举措，推动建立与浦东大胆试、大胆闯、自主改相适应的司法保障体系。《实施方案》获得最高人民法院周强院长的批示肯定。制定《关于支持和保障浦东新区高水平改革开放打造社会主义现代化建设引领区的实施细则（2022年）》，推进《实施方案》有效落实。服务保障优化法治化营商环境。发布依法保障民营企业健康发展营造良好法治化营商环境第四批10个典型案例，依法保障民营企业合法权益。发布《关于加强新时代知识产权审判工作为知识产权强市建设提供有力司法服务和保障的意见》，将知识产权案件管辖扩展至全市基层法院，强化服务保障法治化营商环境建设。服务保障第五届中国国际进口博览会召开。参与《上海市服务办好中国国际进口博览会条例》制定工作。打造"驻馆、驻庭、驻点"三大服务站，在展馆、法庭、联合服务点提供跨域立案、法律咨询、诉前调解、判后答疑等一站式诉讼服务，涉展会相关纠纷高效化解，得到参展商一致称赞。

二是强化协作配合，助推长三角一体化高质量发展。完善长三角地区案例统一发布机制。制定《长三角地区人民法院案例工作"一体化"备忘录》《人民法院服务保障长三角一体化发展第二次联席会议协调会方案》《人民法院推动长三角一体化发展第二次联席会议方案》，报送第三批长三角地区法院相关典型案例30个。发布《上海法院服务保障长江经济带发展、长三角区域一体化发展情况通报》及典型案例20个。推进长三角部分常见犯罪数额标准一体化进程，制定诈骗罪犯罪数额标准调整方案。

（五）强化改革科技支撑保障

一是积极推进全流程网上办案。制定《在线异步诉讼的若干规定（试行）》《关于进一步推广适用电子送达的若干规定（试行）》，进一步方便当事人诉讼、节约诉讼成本、提高诉讼效率。在打赢"大上海保卫战"期间，上海法院充分运用在线立案、在线庭审、异步诉讼、电子送达等方式积极应对疫情带来的不利影响，实现全部诉讼流程网上办理。2022年，全市法院网上立案率为89.53％，同比上升7.98个百分点；在线庭审适用率为57.92％；开启在线异步诉讼活动15.49万场，占在线庭审总数的42.41％；采用单套制归档案件80.5万件，覆盖率达99.84％。

二是全力拓展在线办案功能。积极研发互联网端法官办案系统功能，先后上线互联网端的网上阅卷、文书智能辅助制作、结案校验提醒等功能，保障疫情期间在线办案需求；优化在线同步及异步庭审系统，实现合议庭成员一人一号登录系统；为全市各法院开通“虚拟在线法庭”，满足法官居家开庭需要。

## 三、存在的问题和困难

目前，全市法院推进司法改革工作中还面临一些问题和困难。

一是改革的规划需要进一步加强。改革任务规划既要注重整体性、长期性，又要注重年度重点、特色亮点；既要充分发挥高院的指导性、协调性，又要注重发挥各院的首创性、积极性。

二是改革重点任务需要进一步落实。如四级法院审级职能定位改革试点，仍存在各院推进力度不一、成果转化需进一步加强等问题。

三是改革举措的跟踪督办机制仍需进一步完善。如何研究谋划司法体制综合配套改革评估体系，实现评估的标准化、规范化，仍须进一步探索推进。

## 四、下一步工作打算

下一步，上海法院将全面贯彻习近平新时代中国特色社会主义思想，深入贯彻习近平法治思想，以党的二十大精神为指引，进一步深化司法体制综合配套改革，不断提升司法质量、效率和司法公信力。

一是深化司法体制综合配套改革。结合中央、最高人民法院相关改革文件，谋划好中长期改革规划，推进培育改革特色项目，深化上海法院司法体制综合配套改革。

二是完成四级法院审级职能定位改革试点。进一步完善规则提炼、适法指导、态势分析、跟踪问效、案例制度总结、成果转化等工作机制。

三是完善司改工作机制建设。加强改革的督察评估，对各项改革任务的推进情况、阶段性成果、后续推进计划等进行动态跟踪，并定期对任务进度、完成情况等进行综合评估。加强司改理论研究，及时形成课题、论文等成果，为进一步深化改革提供决策参考。

（来源：上海市高级人民法院）

# 江苏法院

2022年，江苏法院坚持以习近平新时代中国特色社会主义思想为指导，深入贯彻习近平法治思想，认真贯彻中央、省委和最高人民法院决策部署，将司法改革工作纳入全省法院重点工作部署推进，以改革创新为动力，加强系统集成，强化科技驱动，注重督查问效，加快推进审判体系和审判能力现代化，各项改革举措扎实推进，努力让人民群众在每一个司法案件中感受到公平正义。

## 一、推进改革的主要做法

一是加强司法改革调查研究。坚持把调查研究贯穿推进司法改革全过程，围绕司法制约监督机制、法院队伍建设和审判团队机制等开展调研，为深化改革提供智力支撑。江苏高院承担的最高人民法院2021年度司法研究重大课题《新时代人民法院工作高质量发展研究》获评优秀课题，承担的最高人民法院司法改革专项课题《人民法院推进实施“五五改革纲要”情况实证分析研究》顺利结项。

二是加强司法改革督查问效。江苏高院司改办在全省范围内组织开展对司法改革情况的专项督查，赴苏州、宿迁、徐州等地中基层法院进行实地督查调研，其他各地法院对司法改革推进情况组织自查并形成自查报告，查找突出问题，及时进行整改，提升整改落实效果，推进重点改革举措落到实处。

三是加强司法改革经验总结。向最高人民法院、省委改革办积极报送司法改革典型案例，1篇案例被最高人民法院《人民法院司法改革案例选编》采用，2篇案例被最高人民法院《司法改革动态》采用，2篇案例被省委政法委《江苏政法》采用。江苏法院保护知识产权，激发科技创新活力的工作成效被《人民法院报》三次刊发。徐州法院以“四式”实招推进司法制约监督体系改革的做法被《人民法院报》整版报道。

## 二、改革主要进展情况

### （一）深化审判权运行机制改革，持续夯实司法责任体系建设

一是完善审判权制约监督体系。制定关于加强审判权制约监督的意见，切实规范审判权运行，促进严格公正司法。细化审判人员权责清单，强化院庭长审判监督管理职责，纳入“六类案件”监管14640件，同比上升22.3%。制定法律适用分歧解决机制实施细则，优化类案自动推送和强制检索系统，对分歧较大案件提交审委会讨论把关，着力避免类案不同判。强化执行权制约监督，深化审判权与执行权相分离体制改革，受到最高人民法院时任主要领导和省委领导批示肯定。严格落实防止干预司法“三个规定”，开展专项检查，通报典型案件，干警逢问必记意识普遍增强，累计记录报告信息1.3万余条，相关做法被最高人民法院肯定推广。

二是完善法官惩戒工作机制。扎实推进法官惩戒制度机制完善，修订《江苏省法官惩戒委员会工作规则》《江苏省法官惩戒办法》《江苏省法官惩戒工作听证规则》，健全完善法官惩戒与纪检监察工作的衔接机制。持续推动法官惩戒工作实体化运行，组织召开省法官惩戒委员会第三次会议，对2名涉嫌违反审判职责的法官开展调查和惩戒。

三是健全司法组织人事制度机制。实行人员分类管理制度改革，推进司法组织人事制度不断完善。推进法官员额制改革，出台《法官退额、交流、任职管理实施办法》，进一步加强和规范法官动态管理。全面推进以法官为中心的审判执行团队建设，制定关于完善审判团队运行机制的指导意见，提升审判团队运行效能。健全审判辅助人员招录管理机制，制定《关于法官助理分阶培养的指导意见（试行）》，优化法官助理队伍培养模式。创新建立“书记长”制度，选取10名同志任书记长，激发书记员工作积极性。完善司法人员履职保障制度，为受不实举报合议庭澄清正名的做法，被中国法官协会法官权益保障委员会评为“保障法官依法履职、提升司法公信力典型案例”。

（二）推进诉讼制度改革，持续提升审判工作效能

一是扎实开展审级职能定位改革试点工作。经过一年多的试点，江苏法院审级职能逐步优化，案件结构和分布日趋合理，司法职权配置更加科学，矛盾纠纷化解质效有效提升。江苏高院制定完善改革再审程序等13项配套措施，全省法院一审服判息诉率同比上升1.17个百分点。审判重心合理下沉，基层法院受理“下沉”的民事、行政一审案件审判质量保持稳中向好。提级管辖机制有效激活，多家中级法院出台完善提级管辖机制规定，提级管辖案件81件。完善再审程序运行机制，江苏高院根据试点工作要求，优化再审职权配置，采取“终审审理和再审申请审查相分离”的模式，强化再审程序制约监督。2022年，江苏高院新收申请再审审查案件12378件，案件量同比增长5.11%，提起再审率为6.85%，同比上升0.88个百分点，较好发挥了再审纠错功能。

二是深化以审判为中心的刑事诉讼制度改革。切实发挥审判对侦查、起诉的引导制约作用，制定《关于常见犯罪的量刑指导意见实施细则》，进一步促进量刑公平公正。制定《刑罚交付执行及暂予监外执行工作指引》，提升刑事司法规范化水平。强化对刑事案件被告人诉讼权利保障，深化刑事案件律师辩护全覆盖工作，下发《关于进一步保障刑事案件被告人辩护权规范刑事案件报送及委托送达等工作的通知》，与省司法厅等部门联合下发《关于加强法律援助值班律师工作的通知》。2022年，全省共计77487人次接受指派律师提供的法律援助。

三是深化行政诉讼制度改革。深化繁简分流改革，制定《关于推进行政诉讼程序繁简分流改革的工作指引》。2022年，江苏法院一审行政诉讼案件简易程序适用率达15.4%，同比上升近7个百分点。首次主办“行政法治与行政审判研讨会”，助力法治国家、法治政府、法治社会一体建设，受到最高人民法院时任主要领导批示肯定。南通首创行政行为自我纠正制度，推动行政机关及时采取撤销、变更等措施消除已作出行政行为的违法状态，被《江苏省行政程序条例》立法吸纳。

四是持续深化环境资源审判“9+1”机制改革。用最严格制度最严密法治保护生态环境，严厉打击污染环境犯罪，审结案件213件570人，1件案例入选最高人民法院依法审理固体废物污染环境典型案例。制定《关于建立非

集中管辖法院派员参与集中管辖法院环境资源审判工作的实施方案（试行）》，提升环境资源专业化审判能力。完善生态修复金管理制度，“3·07长江特大非法采砂案”系全国首次跨域移交生态修复金，受到最高人民法院时任主要领导肯定。加强生物多样性保护，设立全国首家生物多样性司法保护馆。江苏高院在全国法院环境资源审判工作座谈会上作经验交流。

（三）深化司法体制综合配套改革，持续激发改革制度效能

一是积极参与和推动诉源治理。坚持把非诉讼纠纷解决机制挺在前面，新收诉前调解案件近120万件，增长35.7%。推进“江苏微解纷”调解平台进乡村、进社区、进网格，全省所有人民法庭和1353家基层治理单位入驻平台，诉前成功解纷5.6万起。宿迁中院打造“驻院调解+律师调解+乡贤调解+行业调解”诉前解纷体系，入选人民法院一站式建设十大典型经验。深入社区、乡村参加集体议事活动，泰州法院围绕乡村风俗、水产养殖等11个重点领域指导修订村规民约23份，以法治促进提升基层自治水平。

二是持续优化诉讼服务。全面深化一站式多元解纷和诉讼服务体系建设，推进“江苏微解纷”调解平台进乡村、进社区、进网格，全省所有人民法庭和1789家基层治理单位入驻平台。在全国率先完成12368服务平台省级集中部署，廉政监督电话并入12368热线统一接听。聚力推动集中送达工作，送达成功率上升至83.57%。印发《关于推进“优+”诉讼服务标准打造高质量诉讼服务的指导意见》，打造诉讼服务江苏“升级版”。江苏高院在全国法院一站式建设工作推进会上作交流发言。

三是深化知识产权审判制度改革。完善符合知识产权案件特点的案件管辖制度，挂牌成立无锡、徐州知识产权法庭，增设13家基层法院管辖普通一审知识产权民事案件，基层管辖法院数和知识产权法庭数均位列全国第一。南京中院联合省农科院成立“种业振兴知识产权司法保护基地”，入选知识产权强国建设首批典型案例。南京中院建立聘用制专职技术调查官制度，受到最高人民法院时任主要领导肯定。

四是健全涉外审判工作机制。持续完善涉外审判机制，有力服务开放强省建设，全国人大常委会曹建明副委员长视察调研江苏法院涉外审判工作并给予充分肯定。积极融入国际海事司法中心建设，制定出台12条意见。成立无锡国际商事法庭和苏州自贸区法庭。连云港法院牵头成立“一带一路”法

庭协作联盟，协同高效化解港口建设、环保生态、涉外商事、海商运输等纠纷。南京海事法院在全国率先出台服务保障《区域全面经济伙伴关系协定》（RCEP）高质量实施16条举措，并联合江苏海事局成立全国首家船员权益保护中心，为全省25万名船员提供矛盾纠纷一站式接收、一揽子调处和全链条解决。苏州国际商事法庭构建调解、仲裁、诉讼有机衔接的涉外商事多元解纷新模式，入选最高人民法院服务保障自贸试验区建设亮点举措。

五是深入推进智慧法院建设。实施江苏数字法院提升工程，推动审判工作与现代科技深度融合。“全江苏法院特殊代理人风险预警系统”等9个智慧法院案例入选政法智能化建设创新案例。上线江苏法院数据质量监管系统、江苏法院数据中心可视化管理系统，进一步通过现代科技手段为司法赋能增效。推进区块链技术在司法领域的深度应用，积极拓展“区块链+审判”全业务、全流程、全场景实践，将关键节点信息、证据全程上链，提升电子证据可信度，破解电子证据认定难题。已经实现上链法院117家，覆盖全省90%的中基层法院，累计存证数据1400万份，位居全国第一。

## 三、存在的问题和困难

目前，全省法院推进司法改革中还面临一些问题和困难。主要是：江苏法院案件受理量多年来位居全国前列，人案矛盾仍然突出；公正与效率还需持续抓实，审判监督管理有待进一步加强，司法责任体系和审判权制约监督机制仍需完善；以审判为中心的诉讼制度改革有待进一步深化，审判对侦查、起诉的引导制约作用有待进一步发挥；法院人员分类管理制度有待进一步完善，法官助理、聘用制书记员需加强配备；诉源治理、综合治理效果有待进一步加强，矛盾纠纷多元预防调处化解的合力有待进一步强化。

## 四、下一步工作打算

2023年，我们将继续坚持以习近平新时代中国特色社会主义思想为指导，全面贯彻落实党的二十大精神，深入贯彻习近平法治思想，坚定拥护“两个确立”，坚决做到“两个维护”，牢牢坚持党对法院工作绝对领导，围绕抓实公正与效率持续深化改革创新，全力推动司法改革全面攻坚、系统集成、精准落地，为大局服务，为人民司法。

一是全面准确落实司法责任制。强化对司法活动的制约监督，完善专业法官会议、审判委员会工作机制，强化院庭长监督管理职责。加强审判管理，落实落细审限管理制度，推进长期未结案件清理。深入推进人员分类管理改革，推进法官员额省级统筹、动态调整，完善法官助理、司法行政人员、聘用制书记员管理制度。

二是深化司法体制综合配套改革。持续推进以审判为中心的诉讼制度改革，构建诉讼以审判为中心、审判以庭审为中心、庭审以证据为中心的刑事诉讼新格局。深入推进民事案件繁简分流，探索开展部分民事案件调解前置试点。深化完善审级职能定位改革试点，及时总结试点经验，全流程贯彻服判息诉、案结事了。

三是全面加强智慧法院建设。落实信息化建设五年发展规划，推进“江苏数字法院提升工程”。推进“区块链 + 审判”全链条要素式智能审判改革试点，更好实现审判业务与现代科技的深度融合。积极推进司法数据中心和智慧法院大脑建设，建立完善全省统一知识库和知识服务共享机制，充分发挥数字法院在服务保障数字经济、数字政府建设中的作用。

（来源：江苏省高级人民法院）

# 浙江法院

2022年，浙江法院在最高人民法院有力指导下，坚持以习近平新时代中国特色社会主义思想为指导，深入学习贯彻党的二十大精神，三位一体统筹推进全面深化司法体制综合配套改革、“浙江全域数字法院”改革、共同富裕示范区重大改革，各项改革工作取得新成绩。“浙江全域数字法院”改革在世界性的“数字经济法治论坛”、中国网络文明大会网络法治建设论坛作主旨交流，在全国法院第八次网络安全和信息化工作会议暨互联网司法工作推进会上作经验介绍，6次获最高人民法院周强院长批示，荣获“浙江省改革突破奖”银奖。浙江高院连续4年获评浙江省委全面深化改革考评优秀单位，共享法庭、司法公正度感受工程、诉源治理“龙山经验”入选全省共同富裕最佳实践。

## 一、推进改革的主要做法

一是坚持体系化推进，形成“三改融合”一体推动改革工作格局。健全完善改革工作组织实施机制，三位一体统筹推进改革，印发2022年全省法院司法改革工作要点及分工方案、2022年全省法院助力共同富裕示范区建设重点任务及分工方案等，确定全年改革任务39项，定期通报改革进展，督促指导推进力度，全省法院司法改革工作要点以及落实最高人民法院司法改革工作要点责任分工方案任务均圆满完成。

二是坚持数字化引领，有效撬动法院各方面全领域改革。迭代深化数字化改革理念、思路、方法、机制，全面拓展全域数字法院体系、架构、内容，持续放大数字化改革效应。搭建“浙江全域数字法院”智慧大脑，融合司法数据资源123亿条、司法案例635万个；形成智能组件42个、月均调用3000万次，驱动司法数据向司法知识、智能服务跃升。浙江高院10个应用入选全省数字法治好应用，5 项成果入选全省数字化改革“最系列”成果，浙江智慧法院建设综合指数连续 3 年位居全国第一。

三是坚持制度化破题，大力推进各项改革制度重塑。强化“一项改革项目，一个重大应用，一批理论成果，一套制度体系”工作导向，建立健全共享法庭庭务主任管理、联系法官选配、日常管理、建设考核等 10 余项制度，推进共享法庭地方标准起草；制定《“浙江全域数字法院”改革制度重塑清单》《“浙江全域数字法院”改革术语定义（1.0）》，确定 119 项制度规则起草规划，积极谋划与“全域数字法院”相适应的诉讼规则、业务流程和组织架构。

四是坚持联动化实施，积极凝聚改革合力。积极争取最高人民法院、省委改革办（省数改办）、省委社建委（省共富办）、省委政法委（数字法治办）改革支持，报送改革进度、改革材料 500 余份。加大改革推进和实施力度，“全域数字法院”改革入选全省牵一发动全身重大改革项目和 2022 年共同富裕“1＋7＋N”重点工作清单，共享法庭改革列入省委常委会 2022 年工作要点。

五是坚持品牌化建设，不断擦亮浙江法院改革“金名片”。完善改革经验复制推广和展示机制，司法改革 1 个案例入选第十二批《人民法院司法改革案例选编》，8 项改革经验被最高人民法院《司法改革动态》刊发，其中，4 篇获周强院长批示。聚焦前沿问题加强理论研究，一批调研成果在《中外法学》《人民法院报》等国家级刊物上发表。李占国院长《“全域数字法院”的构建与实现》、“浙江法院在线诉讼规则体系”分别入选浙江省数字化改革“最响话语”“最优规则”。

## 二、改革主要进展情况

### （一）健全完善司法权运行机制，全面准确落实司法责任制

一是深化人员分类管理改革。健全常态化、制度化员额遴选和管理机制，累计遴选员额法官 6912 名，确定员额递补人选 122 名，动态调整 84 个法院 128 个法官员额以及 35 家法院 81 个政法专项编制，为 18 家法院周转 44 个法官员额。制定高院机关法官等级晋升标准，起草政法专项编制周转管理办法，

健全人员分类考核机制，统筹三类人员定性定量考核指标，设立全省法院履职保护办公室，提升司法责任体系建设成效。健全法官助理分层培养机制，组织开展法官职前培训岗位实习和综合训练，建立实务导师1对1培养机制，首批共选任17名庭长和资深员额法官纳入实务导师库。完善法官助理选任机制，浙江高院探索在审判执行部门的政法编行政人员中选任法官助理，杭州、宁波等地法院推进事业编制法官助理招录。

二是加强案件质量管控体系建设。构建案件质量综合指数评估指标体系，研发29项评估指标并嵌入办案办公平台，实现数据自动抓取、实时生成、动态评估。完善案件质量评查和责任追究制度，上线随案评查功能模块2.0，累计评查案件7.4万件，问责2000余人次。深入开展“程序空转”专项治理、长期未结案专项清理、惩治虚假诉讼专项行动等，全省法院一审判决案件改判发回瑕疵率降至万分之六，12个月以上未结案件从2017年的1.18万件降至229件，创15年来最低。

三是提升“四类案件”监管实效。修订《“四类案件”监督实施细则》，上线“四类案件”智能监管功能模块2.0，实现“四类案件”自动标识、智能提醒，进一步压实院庭长监督管理责任。截至2022年底，全省法院累计纳入监管案件4.5万件，发送监督意见3.3万条，发送进展报告3.1万份，全程可追溯、可倒查的“四类案件”监管闭环管理模式不断完善。

四是健全法律统一适用机制。完善案例发现、培育和转化机制，2个案例入选最高人民法院指导性案例，编印22个全省法院参考性案例，推动统一裁判尺度。健全法律适用分歧解决机制，迭代完善“裁判结果偏离度预警”应用，累计实现裁判文书偏离度预警3000次，法律适用推荐61万次，类案检索推送81万次。规范审判业务文件备案审查和案例指导工作，印发《关于进一步规范制定审判业务文件工作的通知》，向最高人民法院和省人大常委会备案规范性文件4件。

五是推进审判辅助事务集约化改革。开展12368热线市域集约工作，热线总接通率从41％迅速提升至100％。起草《诉讼服务中心工作规程》，全面推广人民法院诉讼服务满意度评价系统，实现诉讼服务请人民参与、受群众监督。

### （二）全面深化“浙江全域数字法院”改革，努力打造数字时代互联网司法高地

一是全面布局上下联动。召开“浙江全域数字法院”改革领导小组（扩大）会议4次，编制《“浙江全域数字法院改革”一本账》，迭代更新整体架构至3.0，形成8大跑道、19项重点任务、41项重点场景，大力推动“一地创新、全省共享”，持续提升改革成效。

二是“大脑”建设见行见效。以司法核心业务及重大应用需求为牵引，以司法数据中台、业务中台、智能中台“三大中台”为支撑，建成“数字法院大脑”，汇集司法数据资源123亿条、案例635万个，构建法律知识图谱85个、工作模型93个，形成智能组件42个，形成智慧诉讼服务、智慧审判等系列应用，“数字法院大脑”建设成果亮相全省数字化改革双月推进会，并入围全省数字化改革“最强大脑”评选。

三是重大应用加速迭代。“移动微法院”迭代升级为“人民法院在线服务”，成为全国法院在线服务的总入口，目前已接入全国3500多家法院，累计实名注册用户1220万人，访问27.5亿次。执行“一件事”综合应用“不动产司法查控处置”子场景实现全省贯通，线上查询反馈率83.3%，拍卖成交金额209.68亿元。虚假诉讼协同治理、司法公正在线等应用发挥实战实效，逐步扩大试点范围。

四是互联网司法持续深化。杭州互联网法院上线首个跨境贸易司法解纷平台，探索构建国际商事多元纠纷化解机制。探索互联网产业治理规则，合理确定新型知识产权认定标准，聚焦元宇宙产业中数字鸿沟、数字版权、数据安全等问题，先行探索NFT数字作品版权规范等数字准则，为激发数字创新活力提供司法保障。

### （三）全面深化诉讼制度改革，不断提升审判体系和审判能力现代化水平

一是稳步推进审级职能定位改革试点。深化行政案件级别管辖，相关经验做法被最高人民法院作为改革中期成果重点宣传推介。完善提级管辖制度，制定《浙江法院案件提级管辖工作指引（试行）》，编印《浙江法院案件提级管辖文书样式》。改革再审程序，完善不服本院生效裁判案件再审办理机制，

建立健全再审案件全面交叉审查制度、再审审查审理一体办理机制，制定印发《跨部门合议庭组建和运行工作指引》《跨部门专业法官会议工作指引》，《民主与法制》专题刊发《再审程序改革的浙江模式》。

二是积极推进审判为中心的刑事诉讼制度改革。向省人大常委会专题报告以审判为中心的刑事诉讼制度改革情况，严格落实“四类人员”出庭制度，推动提高二审开庭率，着力提升庭审实质化水平。2020年以来，全省法院控辩双方有实质性争议的案件中共有5872人出庭作证，到庭率99.0%。其中，证人1805名、鉴定人357名、侦查人员3673名、有专门知识的人332名。

三是巩固完善行政争议实质化解“浙江方案”。全面推进行政争议调解中心建设，贯彻依法调解原则，推动行政争议实质性化解。2022年，全省一审行政案件调撤率37.03%，连续4年领跑全国；一审行政收案数同比下降13.81%，系全国唯一连续4年行政诉讼收案量下降省份。健全府院联席会议制度，行政机关负责人一审出庭应诉率比2017年上升48.5个百分点，行政机关败诉率下降5.3个百分点，有力推动法治中国示范区建设。

### （四）抓实共同富裕重点改革，为奋力推进“两个先行”提供有力保障

一是巩固深化诉源治理“浙江模式”。坚持发展新时代“枫桥经验”，积极助推“信访打头、调解为主、诉讼断后”县级矛调中心建设，推动各地党委政府牵头召开诉源治理大会，推动打造“党委领导、政法主推、行业自治、社会协同”的诉源治理大格局。积极推进调解平台进乡村、进社区、进网格，依托“浙江解纷码”建立法官“点对点”指导调解和调解员常态化技能培训机制，推动万人成讼率纳入“法治浙江”“共同富裕”“共享法庭”考核体系及镇街岗位责任制考核，压实诉源治理主体责任。全省法院新收各类案件122万件，办结123.7万件，收案数降至全国第8位，浙江诉讼大省的现状得到有力改观。

二是深入推进共享法庭改革。健全共享法庭建设制度规范，打造一站式诉讼服务、一站式多元解纷、一站式基层治理的最小支点。截至2022年底，全省建成共享法庭27448个，覆盖100%的镇街、97%以上的村社以及众多行业协会、调解组织、社会团体等，配备庭务主任28129人，配备率达100%，指导调解24.7万件次，化解纠纷18.85万件，纠纷就地化解率达76.32%，

开展网上立案、在线诉讼、协助执行22.05万件次，普法宣传5.98万场325.07万人次，受到基层和群众的广泛好评。

三是深化知识产权审判改革。制定《全省法院落实〈关于全面加强知识产权司法保护工作的实施意见〉行动项目表（2022年）》，确定行动项目68项。新增13家一般知识产权案件管辖基层法院，新设温州知识产权法庭并正式运行。加强跨部门多领域协同保护，与省市场监管局联合召开知识产权司法与行政协同保护工作会议，签署《合力打造知识产权强国建设先行省备忘录》，营造激励创新、诚实守信的良好营商环境。

四是深化破产制度改革。召开2022年度“破产审判便利化”府院联动省级联席会议，下发《关于扩大重点突破法院范围继续稳妥有序推进个人债务集中清理工作的通知》，推动提升试点探索成效。上线企业破产“一件事”应用，实现工商、税务、人社等27个相关部门入驻，628家破产管理人线上管理，导入破产案件6305件，涉案金额5088亿元。

## 三、存在的问题和困难

一是司法责任制有待进一步全面准确落实。法官逐级遴选、员额动态调整、三类人员交流使用等方面存在的问题需要认真研究解决，“四类案件”监督管理有待加强，法律统一适用机制不够完善，司法权力运行机制的规范化程度需进一步加强。

二是诉讼制度改革有待纵深推进。专业法官会议、合议庭的组成机制、召集程序等还不够健全；类案检索的范围、效力层次还不够明确；与其他政法单位之间的制约配合、多跨协同机制还不够健全。

三是配套保障机制有待健全。员额法官履职保障、助理配备，高中级法院法官助理入额，司法雇员招录等机制配套应当加强，改革经验案例的提炼不够充分，考核激励机制有待细化，需要在把握改革正确导向的基础上，进一步加大经验总结和宣传力度。

## 四、下一步工作打算

2023年，浙江法院将深入贯彻习近平法治思想，全面落实中央、最高人民法院和省委改革部署，坚持问题导向、目标导向、效果导向，坚持用改革思维解决难题、用改革方法破除障碍、用改革手段推动发展，紧紧围绕全面深化司法体制综合配套改革、浙江省委营商环境优化提升“一号改革工程”、“浙江全域数字法院”改革、共同富裕示范区重大改革等重点任务，强力推进创新深化、改革攻坚、开放提升，为加快推进新时代新征程浙江法院现代化建设、以“两个先行”打造“重要窗口”、奋力谱写中国式现代化浙江篇章提供有力保障。

（来源：浙江省高级人民法院）

# 安徽法院

2022年，在省委坚强领导和最高人民法院有力指导下，安徽法院坚持以习近平新时代中国特色社会主义思想为指导，认真学习宣传贯彻党的二十大精神，深入贯彻习近平法治思想，持续深化司法体制综合配套改革，努力让人民群众在每一个司法案件中感受到公平正义。

## 一、推进改革的主要做法

一是坚持司法改革正确政治方向。深入学习贯彻习近平总书记关于政法改革、司法改革重要讲话指示批示和党中央决策部署，衷心拥护“两个确立”、忠诚践行“两个维护”。安徽高院及时召开党组会，专题传达学习全面深化政法改革推进会、人民法院司法改革工作会议精神，研究贯彻落实举措。认真贯彻《中国共产党政法工作条例》及省委制定的实施办法，向省委专题报告全省法院深化司法责任制综合配套改革情况。安徽高院党组每月听取司法改革工作汇报，司法改革领导小组会两次专题研究司法改革中的重要事项，把党的领导贯彻到司法改革工作的全过程、各方面。

二是加强司法改革工作研究部署。召开全省中级法院院长会议，制定推进司法改革巩固提升审判执行质效工作方案，将司法改革工作纳入全省法院年度“五项重点工作”，统一部署、一体推进。细化分解法院审级职能定位改革试点工作等6个方面20项改革任务，实施项目化管理，建立清单化、闭环式工作机制，逐项对账销号。注重示范引领，确定马鞍山中院、当涂法院、怀远法院为推进司法改革示范法院，以点促面、带头突破，在矛盾纠纷综合调处、诉讼与仲裁有效衔接等方面作出积极探索。

三是突出司法改革经验集成。加强对全省法院司法改革经验总结和成果推广，为全国法院司法改革工作贡献安徽法院智慧力量。安徽法院推进法院审级职能定位改革做法在中央政法委召开的全国全面深化政法改革推进会上作书面交流，亳州中院健全二审民事案件速裁快审机制等2项改革经验获最高人民法院主要领导批示肯定，安徽法院推进完善涉诉信访工作机制、芜湖中院对外委托鉴定工作全流程网上办理等4项经验做法被最高人民法院《司法改革动态》刊载推介。

## 二、改革主要进展情况

### （一）推进法院审级职能定位改革

一是优化审判业务部门职能。坚持“大稳定、小调整”，优化7个部门专业分工，强化再审纠错功能；创新“两庭结对”办案模式，对商事、行政再审等案件，原则上按1：1分配案件量，由职能相近的审判庭共同审理，既优势互补又互相监督。

二是激活提级管辖机制功能。制定提级管辖工作指引，细化“特殊类型案件”具体标准，完善发现识别方式。2021年10月试点以来，安徽法院报请提级管辖案件298件，上级法院决定提级审理43件，推动案件“有上有下、良性运行”。

三是完善再审申请审查和再审案件审理衔接机制。制定规范民事、行政申请再审案件报请提审工作指引，明确报请提审的范围和条件，规范再审案件报请提审工作流程。

四是健全审判业务指导长效机制。通过开展调研、召开座谈会、专题培训等方式，加强对重大敏感案件和破产、知产、房地产等审判领域业务指导。

### （二）完善审判权运行制约监督机制

一是压实院庭长案件监管职责。2022年，安徽法院院庭长监管“四类案件”11566件，同比增长63.96%。合肥中院进一步明确必须接受院庭长监管或提交审委会讨论的案件范围。

二是完善统一法律适用机制。制定加强案例工作的意见，发布全省第十批参考性案例。健全专业法官会议工作机制，探索召开跨业务部门专业法官会议。加强类案智能推送，提交审委会讨论案件全面实行类案强制检索，普通程序案件类案检索率达 98.52%。合肥庐阳区法院创新“首案负责制”办案模式，推进类案及关联案件强制检索。

三是加强对保全、委托鉴定、评估、拍卖等程序性事项的监管。研究制定财产处置工作意见，修订拍卖辅助机构管理办法。滁州中院与阿里拍卖共建网络司法拍卖辅助工作管理系统，实现网拍辅助工作线上全流程监管。

（三）持续深化诉讼制度改革

一是推进以审判为中心的刑事诉讼制度改革。全面落实“三项规程”，扎实推进刑事智能辅助办案系统建设应用，全省法院通过该系统办结 33243 件。

二是巩固拓展民事诉讼繁简分流改革试点成果。全省法院一审民事案件适用小额诉讼程序、简易程序结案 581782 件，同比增长 7.01%。怀远法院建立“多元解纷 + 速裁”模式，速裁程序审结案件占一审民事案件的 78.92%。

三是推广要素式审判。制定简单民商事案件推行要素式审判方式工作规则，针对金融借款纠纷、物业服务合同纠纷等 8 类案件实行要素式审判。南谯和定远两家法院试点道路交通事故纠纷案件要素式审判平台，探索裁判文书智能生成。

（四）深入推进执行改革

一是首创“执行 110”工作机制。全省 126 家法院全部开通 24 小时“执行 110”电话，相关做法被最高人民法院推介。

二是开展执行攻坚专项行动。部署“江淮风暴”执行攻坚长效机制建设巩固年活动、执行攻坚优化营商环境之夏季行动，全省法院执结案件 512400 件，结案率达 98.74%，居全国法院第 1 位，相关做法得到省委主要领导批示肯定。

三是加强执行工作管理。出台执行人员权力和责任清单，优化执行团队运行机制，规范执行权力运行。

四是完善执行联动机制。与省公安厅优化全省查控系统，与省自然资源厅在合肥、六安、芜湖、黄山 4 个市开展不动产线上查封解封试点。

五是破解财产变现难题。印发工作指引，推广“司法 + 辅拍 + 金融”模式，扩大网拍标的金融服务覆盖面，持续开展“6・18”“11・11”网络司法拍卖节活动，成交金额 15.98 亿元。

（五）扎实推进诉源治理

一是深化“分调裁审”机制改革。集中开展民间借贷、买卖合同等9类民商事纠纷诉前调解，发布诉前调解典型案例8个。全省法院一审民事、行政案件新收案件数684517件，同比下降1.56%。

二是推进“总对总”在线多元解纷。与12家省直单位建立在线诉调对接机制，推动省、市两级成立金融纠纷人民调解委员会，省、市、县三级成立商会调解组织。全省法院委派“总对总”部委调解案件102869件，调解案件数居全国前列。

三是推进人民法院调解平台“三进”工作。依托201个诉调对接工作站、742个法官工作室和608个巡回审判点，在线对接基层治理单位。全省共3142家基层治理单位入驻调解平台开展纠纷化解工作，调解案件32517件。

（六）统筹推进其他改革任务

一是推进法官员额动态管理。实行法官员额省级统筹、市级再分配，授权各中级法院在员额总量内进行调剂，向基层和办案一线倾斜，6个中级法院按需对辖区员额进行再次分配。

二是推进涉诉信访工作机制改革。制定涉诉信访工作规程，建立“党建+信访”“清单+闭环”等工作机制，开展“集中治理重复信访、化解信访积案”“执行信访化解年”等活动。落实领导干部带头接访下访、包案化解等制度，安徽法院领导干部共计带案下访处理信访案件1731件次。

三是强化智慧法院建设。大力推进网上办案，案件起诉、立案、送达、开庭、质证、宣判等可全流程在线办理，全省法院网上立案371124件，网上开庭69485场。

## 三、存在的问题和困难

目前，安徽法院推进司法改革工作中还面临一些问题和困难。

一是诉源治理成效不够明显，2022年全省法院一审民事、行政新收案件降幅1.56%，仍有36家基层法院正增长。

二是多元解纷工作机制有空转现象，部分诉调对接单位主动参与不够，缺乏工作积极性，“靠前调解、合力调解”的大调解格局需要更大推力。

三是深化以审判为中心的刑事诉讼制度改革合力不足，证据收集、固定、审查标准不一致，证人、侦查人员出庭率低。

四是审级职能定位改革后，审判业务条线指导任务更加繁重，再审审查案件大幅增长，涉诉信访工作压力进一步加大。

## 四、下一步工作打算

2023年，安徽法院将坚持以习近平新时代中国特色社会主义思想为指导，全面贯彻落实党的二十大精神，深入践行习近平法治思想，认真落实中央及最高人民法院、省委部署要求，持续深化司法改革，不断提升司法公信力和群众满意度。

一是全面准确落实司法责任制。完善审判权责清单制度，准确界定法官职责权限，把化解矛盾、案结事了纳入司法责任体系，确保司法责任制落地落实、法官担当作为。推动合议庭运行与专业法官会议机制、审判委员会制度贯通衔接。压实院庭长监管职责，健全信息化全流程审判监督管理机制。

二是建立依法保护民营企业产权和企业家权益机制。出台司法保护民营企业产权和企业家权益意见，健全以公平为原则的产权保护制度。建立健全院长接待企业家、走访企业制度。依法严惩侵犯企业和企业家合法权益的违法犯罪。探索建立涉企案件对经济影响的评估机制。探索推进企业合规整改工作。研究制定失信被执行人信用修复机制工作指引，依法审慎采取强制措施。

三是积极推进涉诉信访工作机制改革。围绕“减存量、控增量、防变量、提质量”，开展涉法涉诉信访事项化解攻坚专项行动。完善信访考核体系，建立“案-访比”质效分析管理、群众来信件件有回复等制度，强化案件承办法官特别是一审法官预防化解信访责任，以涉诉信访化解为杠杆，撬动干警转变观念、提升能力、改进作风。

四是深化法院审级职能定位改革。强化审判条线业务指导，健全重大典型案例发现、识别和筛选机制，加强对基层法院案件质效监管。抓好提级管辖和“报请再审提升”工作，激活提级管辖机制功能，推动报请再审提审案件实现突破。

五是扎实推进诉讼制度改革。严格执行“三项规程”，推动构建诉讼以审判为中心、审判以庭审为中心、庭审以证据为中心的刑事诉讼新格局。深入推进民事、行政诉讼制度改革，完善案件繁简识别、程序分流适用、资源统筹调配等配套衔接机制。

六是提升一站式多元纠纷解决和诉讼服务体系综合效能。推广应用一站式建设3.0版，清单化、项目化推进各项工作落实，推动全省法院诉讼服务综合质效得分持续走在全国前列。巩固“为群众办实事示范法院”创建成果，推动为群众办实事常态化、长效化。

七是持续深化诉源治理。开展诉源治理提升年活动，统筹推进“总对总”多元解纷、人民法院调解平台“三进”等工作，有效提高诉前调解成功率，推动诉源治理纳入社会治理体系。坚持和发展新时代“枫桥经验”，打造“枫桥式人民法庭”。

（来源：安徽省高级人民法院）

# 福建法院

2022年，在省委坚强领导和最高人民法院正确指导下，福建法院坚持以习近平新时代中国特色社会主义思想为指导，深入贯彻习近平法治思想，持续深化司法体制改革，司法质量、效率和公信力有力提升。2022年，全省法院受理各类案件101.37万件，办结96.8万件，结案率95.49%，同比上升1.67个百分点，结收比102%，同比上升2.68个百分点，员额法官年人均结案241.06件。行政审判白皮书、党政机关“零强制”执行机制等多项工作得到省委、最高人民法院领导批示肯定；“章公祖师”肉身坐佛像案、支持法务区建设等5项举措写入最高人民法院工作报告；首创跨域立案诉讼服务获评首届“人民法院改革创新奖”，厦门金融司法协同中心入选《中国改革年鉴》典型案例。

## 一、推进改革的主要做法

坚持把学习宣传贯彻党的二十大精神作为首要政治任务，深入贯彻《中国共产党政法工作条例》，严格落实意识形态工作责任制，健全法院党组向同级党委报告重大改革事项机制，完善司法改革工作风险防控机制。各级法院主要领导认真履行“第一责任人”责任，谋改革、抓改革。围绕中央、省委和最高人民法院改革部署，结合工作实际，确立全省法院“传承赓续、巩固提升、创新奋进”工作思路，明确“着力争先竞位、强化品牌集成、务求实干实效”工作要求，推出“提高效率、提升效能、提增效益”26条措施。制定实施全省法院2022年司法改革工作要点，细化部署37项具体改革项目，健全司法改革任务台账机制，完善常态化督促落实机制，推进改革系统集成、协同高效。加强改革调研和经验总结，完成《纵深推进诉源治理研究》《审级职能改革背景下省级法院审判监督职能定位研究》等党组重大课题调研，及时形成调研转化成果。先后开展党的十八大以来、党的十九大以来全省法院深化司法体制改革情况评估，完善司法改革案例报送、筛选、提炼和推广机制，组织全省法院“十大改革创新亮点举措”评选活动，编发《福建法院司法改革案例选编（三）》，着力打造改革亮点品牌。全省法院多篇案例入选《人民法院司法改革案例选编》或被最高人民法院《司法改革动态》刊载推介，7篇论文在第五届“羊城杯”司法体制综合配套改革征文活动中获奖。福州中院“福建实达集团股份有限公司重整案”、漳州中院“全国首创蓝碳司法保护与生态治理机制”等获评2022年度福建省“十大法治事件”。

## 二、改革主要进展情况

一是深化司法责任制改革。组织开展2022年福建法院员额法官遴选考试，遴选员额法官234名，确定递补人员180名。指导福州、厦门、南平中院开展法官逐级遴选工作，从基层法院遴选19名法官。完成全省法院670名聘用制书记员公开招聘工作。全省法院现有员额法官4130名、法官助理1966名、聘用制书记员2946名。落实“谁办案谁负责”，压实院庭长监管责任，建立“类案强制检索初步过滤、专业法官会议凝聚共识、审判委员会讨论决定”的运行模式，把好案件质量关。健全“四类案件”监督管理机制，每季度通报“四类案件”监管情况。加大法律适用分歧解决机制和“四库”建设力度，做好审委会案件研究情况分类整理，建设“闽法同判”平台，促进裁判尺度统一。制定《福建法院诉讼费用收退网上办理规则（试行）》，推动诉讼费网上交退制度在全省落地落实。深化“清风”系统应用，实现对审判全流程、全方位制约监督，运用“清风”系统督促排查历史以来电子化的各类案件84万案次，运用四种形态处理306人。加强请示报告，协助省委政法委起草《福建省法官惩戒委员会章程（试行）》，稳步推进法官惩戒实质运行。2022年7月下旬，福建省第十三届人大常委会第三十四次会议专题听取和审议福建高院金银墙院长作关于审判监督工作情况的报告，对全省法院构建完善审判权制约监督体系等给予充分肯定。

二是深化诉讼制度和审判机制改革。扎实推进四级法院审级职能定位改革试点，福建高院及时调整完善法官办案要求，明确案件提级管辖标准和工作流程。各中级、基层法院紧扣试点要求，有力推进纠纷分层解决、有效过滤、精准提级。全省基层法院报送提级管辖案件7件，高院受理不服中级法院生效裁判的申请再审案件1.65万件，受理不服高院生效裁判的申请再审案件665件，受理最高人民法院下交申请再审审查案件653件。深化以审判为中心的刑事诉讼制度改革，落实和完善“三项规程”。探索推进刑事申诉领域律师强制代理，完善刑事申诉案件内部办理工作规程。圆满完成人身损害赔偿标准城乡统一试点，多项建议被司法解释吸纳。加强人民法庭建设，深入开展“枫桥式人民法庭”创建和寻找“最美法庭”活动，“海岛模式”“背包法庭”等5项经验做法入选四批新时代人民法庭建设案例。漳州、南平中院等5家法院被最高人民法院命名“为群众办实事示范法院”。深化司法与行政良性互动，推行“五位一体”以庭代训机制，进一步推动完善司法救助制度。出台10条措施助力中小微企业发展，得到最高人民法院和省委省政府主要领导的批示肯定。

三是深化诉讼服务和多元解纷机制建设。推进一站式多元解纷和诉讼服务体系建设，全省诉非联动中心全面覆盖、全力运转，全流程诉源治理新模式持续优化。制定实施《关于全面推进诉源治理工作的实施方案》，聚焦前端治理，加强诉源治理、诉非联动，完善矛盾纠纷化解机制。创新基层社会治理，完善社会矛盾纠纷化解机制，牵头制定《福建省道路交通事故损害赔偿项目计算标准》，推广道路交通事故线上快处快赔机制。打造跨域立案诉讼服务3.0版，进一步拓展服务功能、服务主体、服务事项、服务领域、服务层级，实现诉讼事项“跨区域远程办理”“跨层级联动办理”。加强智能平台运用，形成“185”集约送达服务模式，实现司法送达即时高效。

四是深化法治化营商环境建设。积极参与法治化营商环境示范区建设，发布金融、破产审判白皮书。出台司法服务保障创新型民营企业发展的24条措施，精准服务保障创新型省份建设。注重运用“执破直通”“预重整”等机制盘活资金、挽救企业，用时36天推动“实达集团”高效重整，成为全国审理时间最短、执行效率最高的上市公司重整案件，为上市公司市场化、法治化重整提供了可复制的范例。全面加强知识产权司法保护，泉州知识产权法庭挂牌成立，知识产权三级法院联动保护格局不断完善，与省知识产权局共同建立覆盖省市县的协同保护机制，入选福建省深化“放管服”改革典型经验。福建高院作为全国第二家高院，与世界知识产权组织仲裁与调解中心签署合作协议，促进涉外知识产权纠纷高效多元解决。

五是深化司法服务保障大局工作机制建设。积极融入海丝中央法务区建设，设立厦门、泉州国际商事法庭和厦门涉外海事法庭、福建高院海丝中央法务区巡回审判点，打造国际商事海事争端解决优选地。深入实施涉外审判精品战略，妥善审理“章公祖师”肉身坐佛像案，判令外籍被告返还因被盗而流失海外的宋代肉身佛像，成为我国通过司法渠道追索流失海外文物的开创性案例。推进涉台司法创新发展，连续成功举办14届海峡两岸司法实务研讨会，推动闽台交流更加热络、更富成效。创新推进生态司法，发布生态环境司法保护十大典型案例，推动武夷山国家公园司法保护实践基地发挥作用，全国首创林业碳汇损失计量及赔偿机制，破解林业碳汇司法鉴定难题，得到最高人民法院领导批示肯定，并写入最高人民法院工作报告。

六是深化智慧法院和互联网司法体系建设。积极融入“数字福建”“智慧政法”，建设人民法院信息化4.0版，加快智慧办案办公系统建设，配合推进省级政法跨部门大数据办案平台建设和运用。积极推进政法跨部门办案平台项目建设，配合做好调研报告编制、法院侧业务平台对接等工作，于2022年6月30日在全省法院全面试运行。统筹疫情防控和审判执行工作需要，充分发挥线上诉讼服务优势，网上立案16.79万件、网上调解26.4万次、网上开庭约3万次，确保诉讼服务不停摆、公平正义不止步。

## 三、存在的问题和困难

一是案多人少矛盾问题依然突出。2022年全省法院受理各类案件突破100万件，各级法院人案矛盾问题普遍存在，尤其是基层法官办案压力更大。

二是审判监督指导作用发挥不够到位，各地法院偏重审判监督案件审理，在统一案件裁判尺度、归纳总结类案法律适用及裁量基准方面还需加强。

三是法官单独职务序列配套待遇落实还需加强推进。员额法官工作性津贴、生活性津贴等仍执行改革前的标准，工勤、事业编制人员收入差距拉大。

四是各地的诉源治理工作发展不平衡，在重视程度、落实力度和推进深度上还存在一定差异。

五是省级财政安排的年度预算仅能保障法院日常业务装备配备更新需要，大项装备建设尤其是智慧建设资金保障缺乏必要的制度性安排，经费缺口较大，上划前已立项和在建的基建项目的资金保障问题，已成为阻碍省以下法院政法基础设施建设工作推进的堵点和难点。

## 四、下一步工作打算

下一步，全省法院将坚持以习近平新时代中国特色社会主义思想为指导，深入贯彻习近平法治思想，切实把思想和行动统一到党的二十大精神上来，坚持正确方向，坚定改革信心，勇于突破创新，努力推动新发展阶段司法改革取得更多成果。

一是加强司法改革总结谋划工作。对标对表党的二十大决策部署，全面落实中央、省委和最高人民法院改革要求，扎实做好既定改革部署任务的落实工作，科学谋划好下一步司法体制改革的主要方向、重点内容和具体举措。

二是持续推进司法责任制改革。按照科学配权、规范行权、依法治权、廉洁用权要求，进一步优化司法资源配置，规范司法权力运行，完善监督制约体系，全面准确落实司法责任制。

三是完成四级法院审级职能定位改革试点任务。认真落实全国人大常委会授权部署和最高人民法院试点要求，加强试点工作统筹指导，强化跟踪调研督导，完善相关配套举措，按期圆满完成试点工作。

四是深化司法体制综合配套改革。加强改革系统集成、协同高效，以项目化为抓手，健全完善司法服务大局工作机制、司法便民利民工作机制等，深化智慧法院建设应用，推动司法体制改革不断深入深化，巩固提升全省法院司法改革整体效能。

五是推进智慧法院建设和互联网司法创新发展。深化在线诉讼模式和规则创新，强化司法服务数助治理作用，抓好省级政法跨部门大数据办案平台应用，打造更加智能化、一体化、协同化智慧服务。

（来源：福建省高级人民法院）

# 江西法院

2022年，江西法院坚持以习近平新时代中国特色社会主义思想为指导，深入学习贯彻习近平法治思想，全面贯彻中央、最高人民法院、省委的决策部署和工作要求，全力践行“作示范、勇争先”目标要求，紧扣深化司法体制改革工作主线，持续推进改革系统集成、协同高效，在提升审判质效和司法公信力上走稳前列、争做标杆，努力让人民群众在每一个司法案件中感受到公平正义。

## 一、推进改革的主要做法

一是精心规划部署，高位推动改革。江西高院持续将深化司法改革确定为全省法院重点工作，根据中央、最高人民法院和省委改革部署，制定2022年全省法院司法改革工作要点，分解改革任务，明确责任领导、承办部门，定期调度进展情况，对改革任务进行台账管理。召开全省法院司法改革工作推进会，传达学习全面深化政法改革推进会和人民法院司法改革工作会精神，部署下一阶段改革工作，坚定改革定力，形成改革合力。汇编发布18个法院司法改革典型案例，其中，5个中级法院作现场经验交流发言。

二是坚持系统观念，全面协同推进。注重各项改革之间的整体关联、层次结构，准确把握司法改革与审判执行业务“一体两面”关系，坚持一体推进，注重司法改革与审判业务相融互促，实现审判权力与责任平衡、放权与监督结合、公正与效率统一。

三是持续创新创优，打造改革样板。在2022年7月中央政法委组织召开的全面深化政法改革推进会上，江西高院在会上作了交流发言，得到充分肯定和广泛认可。江西法院创新生态环境公益侵权案件，生态环境修复执行案例入选最高人民法院发布的“6·5环境日”典型案例，受邀参加世界环境司法大会，连续三年在全国法院环境审判工作会议上作经验交流，被授予“中国生态文明奖先进集体”“江西省生态文明建设先进集体”。赣法民意中心工作获评人民法院一站式建设十大典型经验，受邀参加2022年法治蓝皮书系列成果发布会，叶建春省长批示肯定。

## 二、改革主要进展情况

### （一）坚持全面准确落实司法责任制，完善审判权力运行机制

突出独任庭、合议庭办案主体地位。坚决落实“让审理者裁判、由裁判者负责”，细化权责清单，科学合理、规范有序、权责统一的新型审判权力运行机制基本形成。充分保证法官办案主体地位，98%以上的案件裁判文书由独任庭、合议庭直接签发。

强化组织化行权。规范合议庭运行机制，制定《江西省高级人民法院进一步规范合议庭运行机制的实施细则》，强化实质合议、全程留痕，严禁简单表态，防止“合而不议”“陪而不审”。落实专业法官会议工作规则，对专业法官会议实行报备管理，研发上线专业法官会议报备系统，推动跨部门专业法官会议常态化，全省法院召开专业法官会议620次，讨论议题738项。完善审委会工作规则，细化23类审委会议题，强化审判经验总结功能，对审判委员会机制运行情况开展常态化核查，督促5家法院整改审委会运行不规范问题。

健全法律统一适用和分歧解决机制。构建“类案检索初步过滤、专业法官会议凝聚共识、审判委员会讨论决定”的统一法律适用新模式，运用“法信智推”等平台开展类案检索，内网办案系统自动推送关联案件信息12万余条，有效避免同案不同判。召开全省民商事案件统一裁判尺度研讨班，开展优秀民商事调研课题、优秀民商事改判案例、优秀民商事裁判文书评选，转化成果形成审判指引、问题解答等业务文件28个。

### （二）坚持有序放权和有效监督相统一，健全制约监督和责任体系

加强院庭长监督管理。健全“四类案件”识别监管机制，助力院庭长及时发现问题、评估风险隐患，把好事中监管各个关键环节，2022年全省法院

院庭长主动标记监管案件6633件。健全院庭长办案机制，平衡监督管理与办案工作，最大限度发挥院庭长办案的监督、示范效能，2022年，全省法院院庭长承办各类案件600160件，占全省法院全年结案总数的68.47%。

强化上级法院对下级法院的监督。聚焦二审、再审案件改判、发回重审中的质量问题，健全上下级法院沟通反馈机制，为原审法官发表异议提供渠道，对上级法院审判权形成逆向制约，从严控制发回重审，避免案件程序空转。对评查认定的7件发改错误案件，向二审法院发送院长监督函。

持续创新“审判e管理”。常态化运用“审判e管理”平台，2022年，平台累计监管18个月以上长期未结案件528件，督促结案432件；15117件案件纳入“四类案件”监管平台，落实院庭长监管新要求；监管发改案件4452件，组织异地第三方法官评析评查1377件。研发上线法律适用疑难共析平台，集聚全省办案业务专家智慧，由三级法院各条线434名资深法官组建14个专家库，运行以来共研析683个法律适用疑难问题，进一步强化业务指导、总结办案经验、规范案件咨询。运用审判管理可视化平台，动态展现全省法院主要办案质效指标，为案件质效管理和调度提供强有力抓手。

打造“赣法廉韵”风险动态防控系统。设置121项司法风险点，覆盖立案、审判、执行、评估拍卖、司法鉴定等司法权力运行各环节，实现对司法风险的事前预警、事中监控、事后处置。实现自动预警风险提示，累计产生黄灯、红灯4万余个，推送预警短信6万余条，运用信息化手段支持审判权力规范运行和实时监督。

完善责任追究机制。制定出台《全省法院司法责任追究办法（试行）》，从责任追究范围、责任承担主体、追究程序等6个方面提出了48条具体举措，构建科学合理的司法责任认定和追究机制。常态化推进法官惩戒实质化运行，已向省委政法委移送惩戒线索2条。

### （三）深化诉讼制度体系改革，满足人民群众多元化司法需求

推进四级法院审级职能定位改革试点工作。制定出台全省法院实施方案，严格落实最高人民法院调整中级法院管辖第一审民事案件标准，将“下沉”基层法院标的额1000万元以上民商事案件，纳入“四类案件”监管平台自动标识范畴。在推动审判重心下沉的同时积极开展特殊案件提级管辖工作，2022年，全省法院确定提级管辖案件188件，其中，省法院提级管辖5件，

确保案件放得下去也提得上来。改革省法院机关再审职权配置，完善民事审判运行机制，落实民事申请再审审查案件立案归口，制定《关于省法院机关民事审判专业化分案的通知》。推进全省法院编制动态调整，将 171 名编制统筹分配至全省 34 家法院，有效推动编制资源向基层一线、案多人少法院倾斜。

深化以审判为中心的刑事诉讼制度改革。完善庭审实质化工作机制，严格执行“三项规程”。推动刑事案件繁简分流改革，扩大刑事速裁、简易程序适用范围，推进二审案件繁简分流。制定量刑规范化、认罪认罚从宽等实施细则，规范自由裁量权行使；推进刑事案件律师辩护全覆盖试点，保障律师执业权利。

推进立体化、多层次、精细化的民事诉讼程序改革。坚持把非诉讼纠纷解决机制挺在前面，为群众提供集约化、一站式服务，全省法院已在党委领导下入驻党政实体解纷中心 80 家，对接基层解纷组织 528 家，组建特邀调解团队 6463 人，邀请设立诉讼服务中心调解室 201 个，法院外派驻调解站点 189 个。畅通网上立案渠道，强化在线调解工作，推进远程视频庭审，持续提升智慧服务效能。推动赣法民意中心走深走实，全方位拓宽群众信访诉求表达渠道，2022 年，累计接收办理各类群众诉求 68 万个，95%的诉求一次性办理到位，群众满意度达 99.3%。设立“有案不立”投诉通道，加强多平台数据监测和联合研判，大力整治有案不立问题。规范小额诉讼程序、简易程序转普通程序审批流程。

发挥行政审判职能，推进行政争议实质性化解。持续深化行政案件跨行政区划集中管辖改革，构建监督有力、保障有力、运行有效的制度体系。强化行政争议多元化解，推进行政争议多元调处中心建设，实现 11 个设区市全覆盖，提升行政纠纷实质性化解成效。

加强专业化审判机制建设。积极探索破产审判工作新模式，实现全省各级人民法院与当地政府建立企业破产处置府院联动机制全覆盖。深入推进知识产权“三合一”审判机制改革，新增 12 个基层法院集中管辖知识产权案件，设立 21 个知识产权巡回审判点，畅通司法保护渠道；举办 VR、陶瓷、中医药等知识产权保护主题论坛，促进提升行业知识产权保护水平。完善属地管辖与流域（区域）集中管辖并行的审判体系，创新环境公益侵权案件执行方式，在全国首创以公益信托方式，委托公益性环保组织管理或监督使用生态环境修复资金，1600万余元案涉资金实行公益信托，完成42个生态环境修复项目。

（四）强化信息技术支撑提升改革效能，智慧法院与司法改革双轮驱动融合推进

全力推动全省法院“档案e管理”全面有序展开。深化无纸化办案，推行电子档案单套制改革，在卷宗制作、流转、查阅、整理、归档方面进行进一步变革，以电子卷宗全面代替纸质卷宗在办案各环节的支撑作用，并利用人工智能手段释放卷宗数字化带来的“数字红利”，形成智慧法院全流程闭环管理。

持续推进“数脑创新”工作。为进一步加强司法数据中台建设，探索通过数据为司法业务赋能，深入推进数据深度加工治理和智能工具体系搭建，开展了部分应用服务创新试点。受邀参加《法治蓝皮书·中国法院信息化发展报告No.6（2022）》发布暨2022年中国法院信息化研讨会，并作主题发言。

推进“三书”电子送达全面深入应用。在全省范围促进判决书、裁定书、调解书等三书电子送达的全面覆盖和应用比例，2022年，全省法院“三书”电子送达成功86万余人次，当事人电子送达占比72.88%，电子送达成功率达96.65%，电子送达成功平均耗时7.21小时。全省法院电子送达已实现各类文书全覆盖，“三书”电子送达应用全国领先。

## 三、存在的问题和困难

一是司法体制综合配套改革和信息化建设的系统集成需进一步加强，审判权力运行制约监督机制还不够健全，通过智能化监管来防范司法风险的精准性、有效性仍有待增强。

二是基层法院发展不平衡，一些法院办案压力较大，存在招人难、留人难问题。员额动态调控尚未达到预期效果，司法资源配置不均衡的问题仍然存在。

三是针对诸如人案矛盾突出等问题，在调整诉讼需求、优化资源配置、完善程序机制、强化科技助力等方面的力度不够、思路不活、办法不多。

四是在统筹谋划、督促落实、挖掘经验、培育典型等方面工作落实还不够到位。

## 四、下一步工作打算

2023年是全面贯彻落实党的二十大精神的开局之年，全省法院将坚持以习近平新时代中国特色社会主义思想为指导，深入学习宣传贯彻党的二十大精神，深化改革创新，持续推进审判体系和审判能力现代化。坚持系统观念，深化司法体制综合配套改革和智慧法院建设，全面准确落实司法责任制，规范司法权力运行，健全制约监督和责任体系，强化智能化监督，压实院庭长监管职责。持续深化诉讼制度改革，落实四级法院审级职能定位改革，提升执法办案质效，奋力开创新时代新征程全省法院工作高质量发展新局面，为全面建设社会主义现代化江西提供有力司法保障。

（来源：江西省高级人民法院）

# 山东法院

2022年，在省委坚强领导和最高人民法院正确指导下，在各相关部门的大力支持下，山东法院坚持以习近平新时代中国特色社会主义思想为指导，全面贯彻落实党的二十大精神，深入贯彻习近平法治思想，不断深化司法体制综合配套改革，努力让人民群众在每一个司法案件中感受到公平正义，各方面工作取得新成效。山东法院收案180.1万件，结案186.7万件，分别居全国第4位、第3位，其中山东高院收结案均为2.6万件，分别居全国第2位、第3位。

## 一、推进改革的主要做法

### （一）提高政治站位，加强组织领导

山东高院党组高度重视司法改革，将司法改革工作作为捍卫“两个确立”、做到“两个维护”的重要举措扎实推进。积极争取省委支持，把法院改革任务纳入省委改革工作盘子，推动将审级职能定位改革试点工作纳入省委全面深化改革委员会年度工作要点，形成推进改革的合力。由院长担任司法体制改革推进工作领导小组组长，定期召开司法体制改革推进工作领导小组会议，狠抓推进落实，推动司法改革不断向纵深发展。

### （二）强化督导落实，压实主体责任

聚焦审级职能定位改革试点等重点改革任务，明确山东高院领导班子成员、中院院领导定期到联系点法院进行督导推进，确保重点改革任务取得实质性进展。对各项改革任务进行梳理分工，出台司法改革工作重点任务分工落实方案，加强对改革项目的调度，列出任务表、制定路线图，对改革任务

实行台账式管理，明确改革责任部门，限定完成时限，定期盘点进展情况、短板弱项、成果形式，及时向最高人民法院报送改革落实情况，推动改革不断向纵深发展。

### （三）注重经验总结，加大宣传力度

系统总结党的十八大、十九大以来山东法院深化司法改革情况，组织开展“山东法院这五年”司法改革典型案例评选活动，邀请人大代表对改革案例进行点评，充分凝聚改革共识，形成理解改革、支持探索、参与创新的良好氛围。审级职能定位改革试点的多项做法被《最高人民法院简报》和《司法改革动态》转发推广，司法责任制、多元解纷、制约监督、智慧法院等改革经验相继被新华社《国内动态清样》、《半月谈》和《瞭望》等进行专题报道。

## 二、改革主要进展情况

### （一）坚持党对司法工作的绝对领导

一是深入学习宣传贯彻党的二十大精神。坚持以习近平新时代中国特色社会主义思想凝心铸魂，深入贯彻习近平法治思想，扎实开展“两个确立”主题教育，政治轮训 8 万人（次）。二是严格执行重大事项请示报告制度。坚定不移走中国特色社会主义法治道路。山东高院向省委、省委政法委等报送改革进展情况 35 件（次），将党的领导嵌入审判执行全过程各方面。三是严格履行意识形态工作责任制。将落实意识形态工作责任制全面纳入各中院、机关各部门和干警个人业绩考核，制定舆情应对处置工作 10 条具体意见，处置重点负面舆情 130 余件，深化“鲁法融媒”品牌效应，山东高法新媒体刊发信息 2.4 万条。

### （二）全面准确落实司法责任制

一是完善审判权力制约监督机制。加强院庭长审判监督管理，落实院庭长审判监督管理职责清单和法官审判权责清单，健全“四类案件”识别监管机制，做到放权与监督统一。进一步落实院庭长办案制度，强化办案指导示范作用，院庭长带头办理涉黑涉恶、破产、重大职务犯罪等疑难复杂案件，

办结案件124.9万件，占结案总数的57.5%。二是落实员额动态管理制度。常态化开展员额法官遴选，递补员额法官114人。组织集中遴选，1546人通过资格审查并参加笔试，审核推荐面试候选人646人。开展山东法院法官助理、书记员、行政人员、司法警察职级套改晋升，推动各类人员套改晋升工作走上正轨。加强法官员额省级统筹，持续向基层法院和办案一线倾斜，基层法院员额比例达38%，其中20个基层法院员额比例达45%以上。三是健全统一法律适用机制。完善审判委员会、专业法官会议工作规则，加强对下业务指导，制定知识产权案件适用惩罚性赔偿裁判指引、贯彻实施民法典12条意见等，编发民事、商事、环境资源、知识产权、涉外商事海事等审判参考25期，进一步统一裁判尺度。加快推进山东法院精准化案例规则库建设，收录案例1890篇，着力推进“类案同判”。

（三）持续深化诉讼制度改革

一是深化一站式多元解纷和诉讼服务体系建设。推动将“万人起诉率浮动情况”纳入全省高质量发展综合考核，出台诉前调解规范化建设的10条指导意见，推动人民法院调解平台进乡村、进社区、进网格，618个人民法庭入驻，与7025个基层治理单位实现对接。山东法院诉前调解案件98.5万件，居全国第3，万人起诉率在同档收案数量的省份中最低。诉前调解成功案件57.3万件，新收案件同比下降6.7%。二是深化以审判为中心的刑事诉讼制度改革。持续推进庭审实质化，准确适用认罪认罚从宽制度，出台常见犯罪量刑指导意见实施细则等4个规范性文件，切实发挥庭审在查明事实、认定证据、保护诉权、公正裁判中的决定性作用。三是深化民事诉讼制度改革。深入推进民事案件繁简分流，正确适用小额诉讼程序和简易程序，大力推进要素式审理，切实解决各类案件平均用力、平均用时问题。山东法院小额诉讼程序适用率为20.3%，同比上升13.6个百分点。四是深化执行工作机制改革。推进“繁简分流、事务集约”执行权运行机制改革，实现“简案快执、普案快办、难案精执”。探索三级法院执行职能定位改革，制定《办理督促执行提级执行指定执行案件工作指引（试行）》，进一步压实“三统一”管理职责。共受理执行案件81.4万件，执结83.4万件，有财产案件法定期限内执结率达99.8%。

（四）扎实推进审级职能定位改革试点

一是健全完善案件事实查明机制。出台准确查明事实实质化解纠纷指引，明确21项具体措施，把“准确查明事实、实质化解纠纷”贯彻到民商事案件办理的各个阶段，受理“下沉”案件5423件，促进审判质量和效率同步提升，推动矛盾纠纷在基层实现实质性化解。二是进一步发挥提级管辖制度功能。出台案件提级管辖实施意见，明确有必要提级管辖的“特殊类型”案件范围，积极拓宽提级管辖案件的发现渠道，加强提级管辖案件统筹管理、跟踪督办、流程监控，山东法院提级管辖案件24件，上级法院审理典型案件职能作用更加凸显。三是优化调整再审职权配置模式。出台民事案件再审交叉审查工作方案，组建山东高院“民事再审疑难案件法官库”，对经过山东高院业务庭法官会议研究的生效案件，或者生效裁判由该业务庭庭长参加合议庭审理的案件，当事人不服向山东高院申请再审的，全部交由法官库成员进行再审审查，切实提高裁判的公正性和公信力。出台关于申请再审案件向最高人民法院报请提审的实施办法，确保案件流转有序。

（五）着力强化智慧法院建设成果应用

一是升级智慧法院系统4.0版。完善案件信息自动回填、线上证据交换、庭审语音识别、类案智能推送等功能，成为法官的有力辅助，推动常用民商事案由数字化模块设计，21类常用民事案由实现了智能化要素式审理。推动实现“查明事实、实质化解、定分止争”目标。按照新修改的民事诉讼法，对小额诉讼程序、简易程序、电子送达等内容进行匹配升级，提升审判效率、规范审判行为。二是深化智慧法院建设应用。深入开展民事、行政二审网上立案改革试点，实现直接接收上诉状并完成二审立案，山东法院网上立案171.2万件，在线开庭58.8万件，为民事诉讼法的修改提供了实践样本。创建“山东金融云庭智审平台”，与金融监管部门建立风险信息交互机制，审结一审金融案件14.8万件，助力防范金融风险。三是着力构建“全贯通”智慧监管体系。结合审级职能定位改革，构建以审级监督和节点管控为基础的智管体系，对案件排期和开庭等重要节点进行管控，平均办案周期同比缩短3.5天，结收比提高7.4个百分点。加强数据汇聚和分析，自动生成审判质效数据，实现“全省一张网、一网网到底”，促进审判质效提升。在全国智慧法院建设评价中，山东高院建设指数位居全国高院第1。

## 三、存在的问题和困难

党的二十大报告对司法改革工作提出新的更高要求。与新任务新要求相比，山东法院司法改革工作还存在一些不足，面临一些困难和问题。

一是改革系统性、整体性、协同性还需要进一步加强。司法改革存在不平衡不协调不到位问题，一些基层法院法官办案数量居高不下，法官助理、书记员等审判辅助人员短缺，案多人少矛盾仍然突出，以改革思维、务实举措破解难题的力度不够。

二是全面准确落实司法责任制还要进一步深入。完善与员额制改革相匹配的新型审判权制约监督机制还不足，对重点岗位、重点环节、重点人员的监督管理不够到位，院庭长发挥监督管理职能不够充分，对临聘人员监督还存在漏洞。

三是推进审级职能定位改革试点力度需进一步加大。提级管辖案件数量、转换为典型案件数量均较低，提级管辖的功能作用有待进一步发挥，典型案件示范指导作用有待强化，报请最高人民法院再审提审工作还需要进一步加强。

四是智慧法院建设方面还需进一步加强部门协作。智慧法院建设的成果需要进一步深化，跨部门大数据协同办案方面还存在平台分散、数据壁垒、操作不便等问题，涉案财物集中管理平台建设应用、刑事案件执法办案一体化要进一步推进。

## 四、下一步工作打算

### （一）在落实党对司法工作的绝对领导上下功夫

坚持以习近平新时代中国特色社会主义思想为指导，认真学习贯彻党的二十大精神，深入贯彻习近平法治思想，增强“四个意识”、坚定“四个自信”、做到“两个维护”。严格执行《中国共产党政法工作条例》，落实重大事项请示报告制度，定期向省委、省委政法委汇报重大改革事项。锚定“走在前、开新局”，筹备召开山东法院司法改革工作推进会、山东高院司法体制改革领导小组会议，制定年度工作要点，实施“擦亮品牌”工程，推动各项改革更加系统集成、协调高效、纵深推进。

（二）在深入推进司法体制综合配套改革上下功夫

统筹做好财物市级统管改革，推动建立健全符合本地实际的经费资产管理制度。认真研究分析法官逐级遴选、员额动态调整等方面存在的问题，深入推进人员分类管理改革。强化对司法活动的制约监督，正确处理强化院庭长监督与执行“三个规定”的关系，压实审判管理部门职责。

（三）在健全诉讼制度机制上下功夫

深入推进审级职能定位改革试点工作，规范和强化提级管辖机制适用，优化调整再审职权配置模式。持续深化以审判为中心的刑事诉讼制度改革，推进庭审实质化。全面贯彻实施知识产权侵权惩罚性赔偿制度，健全技术事实查明机制。推进环境资源案件“三合一”集中审理改革，健全完善环境公益诉讼等案件跨行政区域集中管辖制度。

（四）在推动智慧法院和互联网司法创新发展上下功夫

积极参与数字法治系统建设，重点建设刑事网上办案系统，与政法协同办案平台一体化推进。加强中国家事审判网运维保障，深度拓展金融云庭智审平台、道交智审平台等系统，高度重视数据安全。深入开展“智慧决策”，充分发挥司法大数据经济社会发展“晴雨表”的作用，为各级党委政府决策提供参考。

（来源：山东省高级人民法院）

# 河南法院

2022年，河南法院始终坚持以习近平新时代中国特色社会主义思想为指引，在省委坚强领导和最高人民法院有力指导下，全面落实中央、最高人民法院、省委改革决策部署，稳步推进司法改革工作，取得明显成效。

## 一、推进改革的主要做法

始终毫不动摇坚持党对法院工作的绝对领导，确保司法改革各项工作沿着正确政治方向前进。

一是强化司法改革政治责任。严格落实第一议题制度，河南高院党组全年学习研讨第一议题72次，党组理论学习中心组学习研讨12次；严格执行“13710”工作制度，认真贯彻《中国共产党重大事项请示报告条例》《中国共产党政法工作条例》，全年共向省委、省委政法委请示、报告重大敏感案事件等132次。

二是健全司法改革工作制度机制。制定2022年全省法院司法改革工作要点及分工方案，明确具体改革事项52项，确立了任务明晰、权责明确的重点改革任务清单体系；健全完善三级法院沟通联络制度，完善改革调研信息报送机制，每月向最高人民法院报送司法改革动态，每季度甄选优秀改革案例报送省委改革办，编发河南高院司法改革工作动态11期，多项改革经验被最高人民法院肯定和推广。

## 二、改革主要进展情况

### （一）司法体制改革持续巩固提升

一是持续健全司法责任体系。压实院庭长带头办理重大疑难复杂案件、监督管理“四类案件”双重责任，完成全省法院“四类案件”监管实施细则修订及逐级备案工作，设置强制反馈程序，杜绝“只标注、不监管”。2022年，全省法院院庭长办案58.7万件，标注“四类案件”32223件，监管率达89.34%。对拟发改案件参照“四类案件”进入监管流程；完善发改指案件判前沟通、异议反馈和跟踪分析机制，截至2022年底，共有35651件拟发改指提案件进行了判前沟通并纳入智能化监管。

二是持续规范司法权运行。全面运行“类案强制检索比较过滤、专业法官会议凝聚共识、审判委员会讨论决定”机制，全面修订刑事、行政、民事专业法官会议规则；探索建立审委会委员履职考评、内部公示及审委会决议事项督办回复机制；严格落实类案强制检索，2022年，“法信”平台使用量达4479220次；落实完善合议庭运行机制，河南高院改革经验被最高人民法院《司法改革动态》刊发。

三是持续提升司法权制约监督成效。健全法官与律师接触交往负面清单、律师集中代理情况定期分析制度，持续整治法院工作人员及其近亲属违规从业问题；建立离任人员数据库，录入2012年以来全省法院离任人员信息9522条；上线违规从业信息筛查系统，拦截违规代理156人次。将法官、律师个案互评嵌入审判流程系统，邀请律师参与评查案件、化解信访、座谈交流等11380人次。加大司法公开力度，全年直播庭审280503场，上网文书591235篇，召开新闻发布会225场。

四是持续深化司法人事制度改革。完成2022年度315名员额法官遴选工作；开展编制动态调整，从尉氏县法院和省委编办未分配编制中为郑州航空港区法院调整政法专项编制6名；积极探索从律师和法学专家中公开选拔10名员额法官。修订完善法官员额退出交流实施办法，进一步明确违纪违法及业绩考核不达标退额标准。在全国率先启动特别选升程序，晋升扎根基层32年的人民法庭庭长姬海朝为三级高级法官。探索建立青年法官助理导师机制，加强法官助理管理。

### （二）司法体制综合配套改革不断完善升级

一是诉源治理融入基层社会治理成效更加显著。积极推动改革成果向地方性立法转化，起草《河南省矛盾纠纷多元预防化解条例（代拟稿）》并推动省人大常委会出台。与省司法厅等12家省直单位建立“总对总”在线诉调对接机制，推动矛盾纠纷诉前化解；邀请5294个调解组织和13916名调解员进驻人民法院调解平台，诉前调解纠纷80万余件，全省117个法院一审民事、行政收案量触顶回落。扎实开展“枫桥式人民法庭”创建工作，在全省命名50个“枫桥式人民法庭”，调整优化310个法庭布局，建成144个金融、“少家融合”等专业法庭，新乡中院法庭联系人制度、温县法院“无讼”村创建、清丰法院研发诉源治理信息化平台、襄城麦岭法庭保护乡村生态系统入选最高人民法院新时代人民法庭建设精品案例。

二是四级法院审级职能定位改革试点工作扎实推进。紧紧围绕四级法院审级职能定位，出台《关于完善四级法院审级职能定位改革试点工作实施细则》以及案件提级管辖等一系列制度性文件，确保“四类行政案件”沉下去、“具有典型意义案件”提上来，截至2022年底，全省法院共下沉“四类行政案件”547件，提级管辖64件。完善高级法院再审审查案件交叉办理和再审审查与再审案件办理相分离机制，提高案件办理质量，实现依法纠错与维护生效裁判权威相统一。选评改革基础好、创新能力强、审判质效好的“试点示范法院”13个，以点带面提升改革成效，新乡中院经验被《最高人民法院简报》转发。

三是智慧法院建设成果进一步提升。全面推行网上立案、跨域立案、“容缺”立案，当场立案率达98.6％；推行立案、交费、调解、速裁、信访等事项线上“一网通办”、线下“一站全办”。2022年，共网上立案130.6万件、交费105.7万件，位居全国第3；电子送达127.3万件，位居全国第2；律师平台应用41.8万件次，位居全国第1。升级网上办案系统和审判法庭智慧化水平，融合法律法规、关联案件查询、多媒体示证、庭审秩序管理等功能；大力推进信创版执行系统上线，目前已在登封、金水等法院试点。完善“智慧画像5.0”，用数据为全院干警“画像”。河南高院智慧法院建设成效被最高人民法院专刊、《人民法院报》等刊载。

### （三）司法诉讼制度改革继续深入推进

一是以审判为中心的刑事诉讼制度改革纵深推进。与省司法厅、省律协印发《关于进一步规范审判阶段刑事案件法律援助工作的通知》，合力提高刑事案件律师辩护质量；强化庭审设施建设，迭代升级庭审语音识别、电子送达等设施，庭审效率提高20％以上；与省检察院、省公安厅、省国安厅、省司法厅联合印发《关于适用认罪认罚从宽制度的实施细则》，2022 年，全省法院一审刑事案件认罪认罚适用率达 86.42%，采取取保候审等非羁押性强制措施占比 60.45%，96.80%的认罪认罚被告人得到从宽处罚。

二是民事诉讼程序繁简分流改革广泛落实。下发《进一步推进案件繁简分流优化司法资源配置实施办法》等文件，设立速裁快审团队 574 个，依法适用简易程序、小额诉讼程序、督促程序推动简案快办。2022 年，全省法院共分流简案 68.1 万件，占新收一审、二审民事案件总量的 52%，平均审理期限 28.87 天。适用小额诉讼程序审结一审民事案件 372204 件，占比 32.76%；适用一审普通程序独任制审结 57298 件，占比 5.04%；适用独任制审结二审民事案件 45361 件，占比 38.66%；诉前委派调解纠纷 79.7 万件，调解成功 46.1 万件；申请司法确认 36611 件，予以司法确认 29875 件。濮阳中院二审独任制经验入选最高人民法院第十二批司法改革案例。

三是行政诉讼制度改革和府院联动机制全面发力。积极向省委报告，争取省委、省政府出台《关于进一步加强和支持行政审判工作的意见》，省政府下发《行政机关负责人出庭应诉工作规定》，有力支持全省行政审判工作。2022 年，全省行政机关负责人出庭应诉率达 82%，同比提升 24.4 个百分点，25 个县（市、区）达 100%。全面落实府院联动机制，2022 年 8 月，省政府、省法院召开府院联动机制首次联席会议，全省 18 个地市和全部县（市、区）随之响应，形成全省府院联动工作格局，390 件党政机关作为被执行人、标的额达 3.68 亿元的案件两个月内全部履行完毕。构建“法院提前介入 + 普法 + 调解”模式推动行政争议诉前化解，2022 年，全省新收一审行政案件数同比减少 2719 件，出现了 2015 年以来首次大幅下降。河南省行政审判经验被《人民法院报》刊载，河南高院行政庭被最高人民法院评为行政审判工作先进集体。

四是跨行政区划管辖机制持续深化。在前期集中管辖省内黄河流域、“两横一纵”（黄河、淮河、南水北调干渠）区域环资案件的基础上，经最高人民法院批复同意，并与省检察院、省公安厅、省司法厅协商一致，河南高院印发相关规定，于 2022 年 12 月正式建立了覆盖全省的跨行政区划的“18＋1＋1”环境资源审判体系，实现了全省环境资源民事、行政案件跨区划集中管辖。经向最高人民法院申请批复同意，自 2022 年 5 月 1 日起，全省范围内第一审知识产权行政案件和诉讼标的额在 500 万元以下的民事案件均由各省辖市的1至2家基层人民法院集中管辖。2022年12月，与省检察院、省公安厅印发进一步完善知识产权“三合一”审判机制中刑事案件管辖若干问题的意见，实现了第一审知产案件“三合一”集中管辖。

## 三、存在的问题和困难

一是司法责任制改革体系有待进一步完善。追责问责机制中司法责任范围、标准、追究主体、追究程序还不够细化和具体；法官惩戒还需加大落实力度；通过内外部监督渠道发现问题的能力需进一步加强，内外部监督机制衔接配套尚需健全；法官权益保障委员会职能需进一步发挥；等等。

二是司法权运行机制改革需持续深化。统一法律适用工作仍需加强，实践中，由于地域经济、文化、思想差异等因素影响，最高人民法院的指导性文件运行效果与预期仍存在一定差距；类案检索机制适用情况不够理想，类案检索平台尚需优化。

三是司法人事制度改革需进一步推进。目前，员额制改革与实际结合不够扎实充分，员额法官数量整体不足，长期办案压力过大、负荷过重；法官逐级遴选制度落实不到位，上级法院法官助理到基层法院入额推行难度较大；司法辅助人员配备不足、配置不合理，书记员流动性大、队伍不够稳定。

四是省以下法院人财物统管改革还存在遗留问题。全省法院还有12074名编外聘用制书记员在省财政统一保障之外，而省统一核定的聘用制书记员数量远远不能满足当前审判执行工作需要；公用经费保障标准较低，难以满足办公办案需要。

## 四、下一步工作打算

下一步，河南法院将深化司法体制综合配套改革，着力在“全面”“准确”落实司法责任制上下功夫。

一是深化四级法院审级职能定位改革。高度关注“下沉案件”审判质效，确保“有价值”案件提级管辖；完善高级法院再审程序运行机制，加大省法院报请再审提审工作力度；强化省法院对下监督指导功能，健全统一裁判尺度制度体系；按照顶层设计配套推进中高级法院内设机构改革。

二是深化诉源治理和多元解纷。完善立案评价和监督管理机制，巩固提升一站式建设成果，全面提升跨域立案服务质效；坚持好发展好新时代“枫桥经验”，完善替代性纠纷解决机制和在线纠纷解决机制，深入推进执行难综合治理源头治理。

三是深化智慧法院建设。强化“数字法治、智慧司法”建设，围绕在线法院建设运用，探索技术标准确立和规则创新；深入推进司法大数据资源应用，深入开展“数助决策”，在更好化解矛盾、防范风险、促进社会治理等方面为党委政府决策提供参考。

四是深化司法权运行机制改革。推动构建诉讼以审判为中心、审判以庭审为中心、庭审以证据为中心的刑事诉讼新格局，提高二审开庭率，深化律师辩护全覆盖；深入推进民事诉讼程序繁简分流改革，探索开展部分民事案件调解前置试点；落实完善府院联动机制和行政复议与行政诉讼衔接机制。

五是持续提升司法权制约监督效果。健全信息化全流程审判监督管理机制，完善政治风险预防预警和报告处置机制；完善上级法院审判监督机制，充分发挥上级法院审判监督作用；贯通内外部监督衔接机制；推动健全完善法官惩戒机制，提高法官惩戒工作的专业性、透明度和公信力。

六是全面准确完善司法人事制度。深化员额动态调整、三类人员交流使用机制，适时落实法官逐级遴选制度，畅通优秀法官助理入额渠道，深化司法辅助人员招录、培养、使用、监督和保障机制改革。健全政法干警身心健康保护机制和依法履职免责机制，完善干警受到侵害救济保障和不实举报及时澄清机制，让最优秀的人留在办案一线。

（来源：河南省高级人民法院）

# 湖南法院

2022年，湖南法院始终坚持以习近平新时代中国特色社会主义思想为指导，认真贯彻习近平法治思想，全面落实中央、最高人民法院和省委有关全面依法治国和全面深化改革的决策部署，紧紧围绕“努力让人民群众在每一个司法案件中感受到公平正义”的工作目标，狠抓全省法院2022年司法改革工作要点及分工方案的落实落地，切实增强人民群众的获得感，取得了良好成效。长沙市开福区法院的改革经验入选最高人民法院司法改革案例，最高人民法院《司法改革动态》专刊推介了湖南高院、长沙县法院的改革经验做法，省委《改革简报》专刊推介了湘潭中院、永州中院、张家界市永定区法院等的改革经验，岳阳中院在省委政法领域全面深化改革推进会上作经验发言。

## 一、推进改革的主要做法

一是深入学习贯彻习近平法治思想。制定下发2022年度全省法院教育培训计划，在各大主题班开设习近平法治思想专题课程，将习近平法治思想作为重点培训内容，组织各支部开展专题党课辅导，撰写心得体会，推进习近平法治思想入脑入心、走深走实。

二是积极推进全面落实上级改革部署。召开省法院机关司法改革领导小组全体成员会议、全省法院审级职能定位改革推进会等，印发全省法院2022年司法改革工作要点及分工方案、加强执法司法责任系统与制约监督体系改革建设分工方案等。

三是协调推动重点司改任务落地见效。制定司法改革台账，定期督促各牵头责任部门出台改革文件制度，推出改革举措，加强司法巡查，推动中央和最高人民法院司法改革等决策部署落实落地。

四是积极培育总结推广典型改革经验。编印《湖南法院简报（司法改革专刊)》9期，全面加强对各中基层法院改革典型的培育和指导，积极主动报送司法改革经验材料60余篇，取得了良好成效。

## 二、改革主要进展情况

### （一）充分发挥审判职能，服务“三高四新”战略实施

积极推动全省法院人民法庭布局优化。认真落实《最高人民法院关于推动新时代人民法庭工作高质量发展的意见》等，出台《全省人民法庭布局优化方案》，进一步优化人民法庭布局，加强人民法庭标准化、规范化、信息化建设。

努力优化法治化营商环境。制定《湖南省法院优化营商环境2022年重点工作任务》等，召开全省法院优化营商环境电视电话会议，建立全省法院优化营商环境工作定期上报制度，梳理全省法院民营企业反馈的普遍性涉诉困难和问题，指导全省法院帮助企业解决困难。

加强破产商事审判。召开全省法院破产审判工作会议，分析房地产破产案件存在的问题和困难。加强对全省法院破产管理人的监督管理和考核，对履职不能、履职不当的管理人进行降级、除名。专题调研企业破产中涉及的职工社保、不动产处置、信用修复等问题，联合省政府出台打击逃废债、人身安全保障、不动产处置、破产企业档案管理等文件。开展送法进国资企业活动，梳理《国企经营中的法律风险防范》，助力国企加强法律风险防范。

### （二）持续加强现代化诉讼服务体系建设，全面落实以人民为中心的司法理念

夯实诉讼服务“一站通办”功能。坚决贯彻立案登记制改革要求，加快推进跨域立案诉讼服务全覆盖，以人民法院在线服务为入口，形成诉讼服务“一网通办”、诉服运行“一网统管”工作格局。加大人民法院调解平台应用力度，深度应用人民法院统一送达平台和全省法院收转发一体化平台，推进网上申诉平台应用，对群众各类网上信访申请做到接诉即办、快速响应，在全国法院网上申诉信访工作推进视频会上作经验发言。

推进诉讼服务“一号通办”建设。不断深化“厅、网、线、巡”相互融合的诉讼服务格局，在省法院设立总平台，负责全省除长沙法院以外话务；在长沙中院设分平台，负责办理长沙两级法院来电。开通 AI 智能座席功能，确保非工作时间段可以及时响应人民群众紧急来电，提升服务感知。

深入推进社会矛盾纠纷多元化解机制改革。全省法院诉讼服务中心实现多元解纷区、诉前调解室、调解速裁团队全覆盖，强化先行调解、委派调解工作机制，积极探索调解前置程序。深化“分调裁审”机制改革，进一步推动案件繁简分流、轻重分离、快慢分道。

推动构建诉源治理工作大格局。协调省人大常委会出台《关于加强诉源治理推动矛盾纠纷源头化解的决议》，完善各类调解联动工作体系，推广应用人民法院调解平台，争取党委将万人成讼率、一站式矛调中心建设、诉源治理等纳入全面依法治省、平安湖南建设范围。出台《关于全面建设诉源治理工作站的实施方案》，设立诉源治理工作站1521个，打造覆盖区（县）、乡镇（街道）、村（社区）的立体解纷服务网络。打通线上解纷链条，“三进”工作实质性化解纠纷数位居全国法院前列，最高人民法院相关领导对湖南省法院诉源治理工作予以肯定，浏阳市法院“三进”工作经验做法入选《人民法院一站式多元纠纷解决和诉讼服务体系建设（2019—2021）》。

### （三）积极推进诉讼制度改革

深入推进以审判为中心的刑事诉讼制度改革。下发《关于切实保障辩护人辩护权的通知》，开展关于侵害辩护人出庭权问题专项自查纠正，对法院工作人员阻碍律师依法执业行为严肃追责。严格落实定案证据庭审质证制度，充分利用庭前会议制度审查案件管辖、回避、非法证据排除、是否调取新证据等与审判相关的重点问题。

积极预防和严惩性侵未成年人犯罪。将开展“利剑护蕾”专项行动列入重要任务，制定专项行动工作实施方案，建立领导包案、院庭长审核、上级法院指导等一系列制度，联合发布《预防和打击性侵未成年人犯罪协作配合工作机制》，组建少年法庭132个，以专业化审理提高性侵未成年人犯罪案件审判整体效能。

推进执行工作高质量发展。协调省委出台《关于加强综合治理从源头切实解决执行难问题的实施意见》，推动完善综合治理执行难工作大格局。健全完善基层网格员协助执行工作常态化机制，推动执行事务和执行模式的集约化，打破“一人包案到底”的模式。大力开展“执行领域突出问题集中整治巩固年”“湘执利剑2022”专项执行行动，加强执行规范化建设，大力整治违规终本、案款发放不及时等六类执行顽瘴痼疾，加大“一案双查”力度，主动从案件办理、信访、督导、舆情、执行管理等工作中发现线索并开展调查。

推动行政机关负责人出庭应诉。联合出台《关于进一步推进行政机关负责人出庭应诉的工作方案》，将参与案件协调化解视为行政机关负责人出庭应诉。

（四）加快推进司法制约监督体系改革和建设

强化立案监督管理。严格落实省高院《关于完善案件分配机制的实施办法》，全省各级法院健全随机分案为主、指定分案为辅的案件分配机制，案件分配做到全程留痕。深入推进案件繁简分流，组建速裁快审团队办理简案，组建专业化审判团队办理繁案，完善重大、疑难、复杂案件由院庭长直接审理机制。

规范专业法官会议运行。严格落实省高院《关于完善专业法官会议工作机制的实施细则（试行）》要求，完善讨论报告内容、推进落实类案检索机制、规范会议召开程序等。定期通报专业法官会议开展情况，强化成果转化工作，对经专业法官会议讨论的案件进行分析总结，及时梳理、提炼类案信息、审判思路，发现共性问题以讲评、培训等方式加强对下指导，提升办案质量，统一裁判尺度。

积极推进法院审级职能定位改革。深化省高院再审制度改革，加强专业化审判团队建设、健全案件类型化审理机制，制定下发加强对基层法院大标的额民商事案件审判管理的通知，防止因“案件下移”出现办案质量滑坡。建立院审委会讨论决定发改案件分析通报机制。

健全办案质效考核机制。认真落实《最高人民法院关于加强和完善法官考核工作的指导意见》，建立健全员额法官司法业绩档案制度，压实全省各级法院党组责任，对照考核指标任务，对进度偏慢、成效较差的指标和法院进行重点督查和督办。

### （五）加快推进司法责任体系改革和建设

严格规范法官办案权责。严格落实法官审判权力和责任清单，加快将审判权责清单嵌入办案平台和日常工作考核系统，证据采信、事实认定、法律适用等司法活动关键环节必须由法官直接办理。突出法官、合议庭办案主体地位，合议庭成员平等参与案件审理、评议和裁判，充分发挥合议庭加强内部监督、维护诉讼程序和裁判结果公正的积极作用。将法官是否直接参与办案关键环节、合议庭是否切实履职作为案件质量评查的重要内容。

规范法院入额领导干部带头办案责任。合理设置案件权重系数和考核指标，准确评价院庭长的实际办案工作量，定期通报院庭长的办案情况，省高院3次通报中级法院入额院领导办案情况，各中级法院按要求定期通报辖区基层法院入额院领导办案情况，省高院机关每月发布院领导和各部门审判情况通报。通报公开院庭长的办案数量、办案类型、办案方式以及审判质效情况，把院庭长办案考核作为职务职级晋升、法官员额退出、绩效奖金发放等的重要依据。

严格审判委员会等监督管理责任。按年度对审判委员会讨论案件情况等进行总结，分析存在的问题，推动个案讨论聚焦法律适用问题、及时总结提炼裁判规则。建立审委会讨论决定发改案件分析通报机制，完善落实审判委员会决议事项的督办、回复制度，对审委会相关决定落实情况进行追踪。

严格追究违法办案责任。加强各审判业务条线的评查标准化建设，落实随案评查制度，以问题为导向，开展“利剑护蕾”及“营商环境”专项评查，对领导批示、舆情反映、社会关注、当事人反映强烈、发回重审和重大改判案件等进行重点评查，开展案件质量讲评工作，强化对下业务指导监督。充分运用评查结果，强化审判质量责任追究。

健全完善队伍管理监督制度。严格执行《湖南省法官员额退出实施办法（试行）》《关于进一步加强人民法院工作人员离职从业审批监管的意见》等规定，建立人民法院离职人员信息库和人民法院工作人员近亲属从事律师职业信息库。

完善法官惩戒制度。召开湖南省法官惩戒委员会成立大会暨第一次全体委员会议，制定《湖南省法官惩戒委员会章程（试行）》《法官惩戒委员会听证告知书》等一系列法官惩戒文件制度，推动惩戒工作实体化运行。

严格落实防止干预司法“三个规定”。持续纳入年度考核范畴。梳理“三个规定”填报方面存在的问题及容易出错的情况，形成《注意事项》发送至全省各级法院及机关各部门，进一步促进填报的规范性。贯彻落实新时代政法干警“十个严禁”，充分运用线索核查、案件倒查手段，加大对违反“三个规定”人员的追责问责力度。

## 三、存在的问题和困难

### （一）司法资源配置有待进一步优化

近10年来，中央政法专项编制尚未根据实际情况进行动态调整、合理分配，部分法院之间人员编制等资源配置不合理。且政法单位之间的司法资源配置不均衡，法院和检察院相比较，检察院的办案数量远远少于法院的办案数量。法院人员编制紧张、办案任务繁重也导致招人难、留人难，基层法院政法编制法官助理缺口大，员额法官后备人才青黄不接问题进一步加剧，严重影响了人民法院事业和经济社会的高质量发展。

### （二）人员分类管理制度改革有待完善

员额法官中的院庭长占比大，院庭长因非审判事务繁重，带头直接审理重大疑难复杂案件落实不到位，加剧了案多人少矛盾。员额法官年龄结构老化现象严重，年老的员额法官退额难、年轻的法官助理入额难，导致法官助理招录难、流失快，员额法官后备人才储备不足。法官逐级遴选制度落实不尽如人意，上级法院法官助理到下级法院任法官后职级不对等，能否再回到原所在上级法院的途径也不畅通，致使部分上级法院法官助理到基层入额的意愿不强。聘用制人员比重大、待遇低、流动性大，在加强思想政治、业务能力、教育培训、廉政建设、监督管理方面不够，审判质量和司法廉洁存在较大的风险。

### （三）全面准确落实司法责任制存在刚性不足

领导干部办案数量规定不科学、办案比率数与办案绝对数设置不合理，考核不规范，部分法院领导办指定管辖、管辖异议、撤回上诉、指定执行、撤诉等简单案件，甚至委托办案、挂名办案，对办案不符合要求的，在法官等级按期晋升上未采取不予批准、延迟批准甚至降低其法官等级等限制性举措。由于各地法院受到员额法官职数少与办案任务重的双重影响，部分法院不愿意出重拳处分违法违纪的员额法官，严肃追究司法过错责任，因员额法官一旦退出或查处后一时难以补充到位，严重影响审判工作顺利开展和司法绩效考评。

## 四、下一步工作打算

2023年，湖南法院将坚持以习近平新时代中国特色社会主义思想为指导，全面贯彻落实党的二十大精神，深入贯彻习近平法治思想，坚持问题导向、目标导向、结果导向，狠抓中央和最高人民法院2023年司法改革任务的落实落地，全面准确落实司法责任制改革，推动各项改革系统集成、协同高效，加快推进湖南法院审判体系和审判能力现代化，努力提高审判质量、效率、公信力，积极助推法院工作和经济社会高质量发展。

（来源：湖南省高级人民法院）

# 湖北法院

2022 年，湖北法院坚持以习近平新时代中国特色社会主义思想为指导，深入学习贯彻习近平法治思想，认真贯彻落实党中央决策部署和最高人民法院、省委工作要求，不断深化司法体制综合配套改革，狠抓改革工作落实见效，审判质量效率、队伍素质能力和司法公信力得到提高。

## 一、推进改革的主要做法

按照中央、省委和最高人民法院部署，湖北高院在全省法院一体推开司法体制综合配套改革。

一是坚持党的领导。深入学习贯彻党的二十大关于深化司法体制综合配套改革的决策部署，把落实好改革任务作为践行“两个确立”“两个维护”的实际行动。坚持党对司法工作的绝对领导，深入贯彻《中国共产党政法工作条例》，重要改革工作、重大改革方案及时向最高人民法院和省委汇报，牢牢把握改革正确政治方向。认真学习贯彻全面深化政法改革推进会和最高人民法院司法改革工作会议精神，准确把握深化司法权力运行和制约监督机制改革的总体思路、基本原则和工作要求，把会议精神转化为过硬实在举措，推动各项改革部署要求在湖北法院系统落实落地。

二是抓好统筹推进。坚持系统集成、协同高效推进改革，结合湖北实际，优化司法责任制综合配套改革、执法司法制约监督制度机制建设等改革落实举措，对改革任务逐一明确责任领导、责任部门和完成时限、成果形式，实行清单式管理、项目化推进。坚持以重点突破带动整体推进，将深化审判权力运行和制约监督机制改革、完善四级法院审级职能定位改革试点申报纳入省委全面深化改革年度项目，精心组织、精准发力，努力打造精品亮点。认真开展改革“回头看”，对党的十九大以来各项司法改革任务落实情况进行系统梳理、全面评估，总结经验、查找短板、深化改革。

三是注重改革宣传推广。在推进改革的过程中，始终注重同步开展思想教育引导，积极开展交心谈心等活动，宣讲改革政策，做好思想工作，充分调动干警支持改革、参与改革的积极性，凝聚改革共识。加大改革宣传力度，在《法治日报》《人民法院报》《湖北日报》等主流媒体刊发文章60余篇，大力宣传推广湖北法院司法改革进展、成效，增强人民群众对法院改革的知晓度。积极总结推荐改革案例及经验成效，促进好经验好做法得到及时推广，多元解纷和诉讼服务体系建设、强化智慧管理提升审判权制约监督实效等经验做法被最高人民法院《司法改革动态》刊发推介，涉企案件经济影响评估制度、加强律师对审判权制约监督等入选湖北省政法改革十大典型案例。

## 二、改革主要进展情况

湖北法院以全面落实司法责任制为核心，认真落实政法领域全面深化改革和省委全面深化改革任务，推进改革不断向纵深发展。

一是以改革创新举措服务湖北高质量发展。以降低诉讼成本为核心，开展“全面提高审判执行效率”专项活动，推动立、审、执诉讼全流程提速，全省法院涉企案件平均审理时长同比下降6.18天。建成全省法院涉企案件监管中心，推动涉企案件经济影响评估制度案件化、程序化、信息化、规范化，涉企案件在线评估率达91.67%。建立常态化破产联动工作机制，联合金融监管部门出台加强对破产程序参与和支持的实施意见，成立中部地区首个破产法庭，切实降低破产制度性成本。出台为自贸区深化改革创新提供司法服务和保障的意见，发布商事仲裁司法审查工作报告。完善“1＋5＋10＋N”环境资源审判体系，探索“生态环境保护法庭＋司法保护基地”模式，打造环境资源专门化审判“升级版”。坚持“共抓大保护”，贯彻长江保护法，主办首届长江大保护司法论坛，形成《长江司法保护武汉共识》，推动构建一体化司法保护新格局。

二是健全完善审判权力制约监督制度体系。健全审判监督管理机制，细化完善各类司法人员权责清单体系，把监督管控措施有效嵌入司法权运行全过程，实现审判人员在诉讼活动的各个环节履责有据、行权有度。完善重点案件监管机制，制定《关于“四类案件”监督管理的实施细则》，将“四类案件”纳入院庭长监管范围，细化“四类案件”的具体情形，明确适用监管的案件范围，优化全流程识别功能，切实增强监督管理实效。对“四类案件”以外的案件，按一定比例进行抽查评查，做到监督管理全覆盖。加强审级监督指导，定期开展审判运行态势分析，完善发改指提案件条线指导机制，建设重点案件监督管理平台，努力提升制约监督信息化精准化水平。在全省法院开展审务督察，对21项重点制度落实情况进行专项检查督导，促进制约监督机制实质化、规范化运行。

三是积极探索符合法院工作特点的监督管理新机制。创新对下级法院监督管理机制，对全省13个市（州）中级法院、4个直属法院开展17场全覆盖式拉练检查，紧盯审判执行关键指标，聚焦理念作风、审判质效、基层基础、队伍建设，进行拉网式排查和全方位监督，深刻剖析存在问题，并列明清单，加强督办，限期整改，督促全省法院补短板、强弱项、抓质量、提效率，促进审判执行等各项工作取得新成效。构建完善内部制约监督机制，压实院庭长监督管理职责，充分发挥合议庭、专业法官会议、审判委员会制约监督功能，构建制约监督闭环。开展“关于在民事诉讼中接受法律监督的配套措施”试点，增强检察机关对审判执行法律监督实效。开展律师辩护、代理意见审查保障机制运行措施试点，通过规范程序确保律师意见进入案件决策环节，发挥律师对审判权制约监督作用。完善开放动态透明的阳光司法机制，上网裁判文书328442篇，庭审直播56720场，举行新闻发布会8场，以公开促公正、树公信。

四是深化一站式多元解纷和诉讼服务体系建设。全面落实立案登记制，建好用好诉讼服务设施和系统，推行“线上立案”“云庭审”等便民举措，完善诉讼费缴退“码上办”模式，完成在线缴费、退费67.4万笔。全省法院主动融入诉源治理大格局，充分发挥替代性纠纷解决机制和在线纠纷解决机制作用，构建“法院+工会”“法院+妇联”等“1＋N”解纷模式，对接调解组织1517家、调解人员6691名，经调解平台成功调解案件28.29万件，调成率达71.47％，为群众提供方便快捷、诉非衔接、线上线下联动的多元解纷方式。加强人民法庭规范化建设，对全省人民法庭布局进行优化调整，重启、新设人民法庭69个，实际运行人民法庭573个，建立“庭、室、站、点”四位一体诉讼服务体系，努力实现司法服务全覆盖。

五是深入推进四级法院审级职能定位改革试点。省高院成立改革试点工作指导小组，抽调精干力量组建试点工作专班，加强改革日常管理和督促指导，统筹推进试点稳步有序开展。探索制定配套制度文件，出台《关于完善案件提级管辖机制的实施意见（试行）》，建立健全提级管辖案件识别机制，明确特殊类型案件判断标准，规范报请提级工作流程；出台《关于进一步完善向最高人民法院报请再审提审工作的实施细则（试行）》，明确报请再审案件的甄别筛选机制，理顺工作流程，完善材料移送机制。自试点启动以来，省高院共受理不服本院生效民事、行政裁判的再审申请988件，再审功能有效强化，审级制约监督机制进一步优化。同时，积极开展案件提级管辖工作，推动将具有普遍法律适用指导意义的案件交由较高层级法院审理，充分发挥其“审理一件，指导一片”示范作用。

六是持续推动司法改革与队伍建设相互促进。落实法官逐级遴选制度，与省委组织部、省检察院联合出台逐级遴选工作方案，认真做好逐级遴选报名和资格审查工作，严密组织遴选考试，圆满完成首次法官逐级遴选工作。持续深化人员分类管理改革，深入推进法官单独职务序列管理，推动健全审判辅助人员、聘用制人员管理机制，进一步畅通各类人员内部交流渠道。出台加强人民法庭干部工作的意见，在领导干部选任、法官等级晋升、法官助理入额等方面向人民法庭干部倾斜，将人民法庭打造成为干部培养锻炼基地，全省“80后”“90后”人民法庭庭长占比近40%。加快推进年轻干部成长工程，常态化举办优秀青年干警训练营，与高校联合培养法学硕士，促进全省法院队伍年龄、知识结构持续优化。聚焦实战实用实效导向，举办法官大讲堂，组织“轻骑兵送课下基层”业务培训，与高校共建审判教育实践基地，通过多层级、全覆盖的教育培训活动，着力培养高素质审判人才，全省法院共有全国审判业务专家5人，省级审判业务专家82人。

七是推动智慧法院建设与司法改革深度融合。深化在线诉讼模式，落实好人民法院在线诉讼、在线调解、在线运行规则和加强区块链司法应用意见，合理准确适用在线审理机制，有效服务案件质效提升。深化智慧法院建设与应用，坚持实用导向和需求牵引，以建设“数据工厂”为抓手，建设覆盖立案、审判、执行、送达、归档等工作全流程的智慧法院新模式，持续推进诉讼服务、审判执行信息等平台系统应用及优化升级，为审判执行领域各环节提供支撑和服务。建设应用大数据管理平台及分析系统，加强数据集中管理、共享交换和关联分析，为审判管理和科学决策提供精准、智能服务。

## 三、存在的问题和困难

目前，湖北法院在推进司法改革工作中还面临一些问题和困难。主要有：改革举措的系统集成、协同高效功能发挥不够，落实司法责任制改革还有差距，新型审判权运行机制有待完善，审判权制约监督体系建设还需要强化，部分基层法院案多人少矛盾突出等。对此，我们将立足自身，争取各方支持，努力推动解决。

## 四、下一步工作打算

一是深化审判权力运行和制约监督机制改革，健全司法权责清单体系，规范审判权力运行，加强内部制约监督，推动完善省级层面法官惩戒工作机制，持续深化司法公开，完善接受外部专业化监督机制。

二是推进落实深化法官员额制度改革、优化法官培养和遴选制度改革要求，推进落实深化人员分类管理、健全内部交流机制等改革要求。

三是深化以审判为中心的诉讼制度改革，持续推进庭审实质化，准确适用认罪认罚从宽制度，进一步深化刑事案件律师辩护全覆盖。

四是大力提升一站式多元解纷和诉讼服务体系综合效能，推动完善多元解纷大格局，深入推进民事案件繁简分流，不断提升司法效能。

五是深入推进四级法院审级职能定位改革试点，加大案件提级管辖工作力度，健全完善再审程序运行机制，加强审级监督和业务指导，优化审判资源配置，切实提升法院办案质效。

六是大力推进智慧法院深度应用，加强审判执行工作与信息化深度融合，着力提升审判能力现代化水平。

（来源：湖北省高级人民法院）

# 广东法院

2022年，广东法院坚持以习近平新时代中国特色社会主义思想为指导，深入贯彻习近平法治思想，全面贯彻党的二十大精神，在省委坚强领导和最高人民法院有力指导下，深入推进司法责任体系改革和建设，扎实推进四级法院审级职能定位改革试点，推动司法体制综合配套改革更加系统集成、协同高效，1个改革案例入选《人民法院司法改革案例选编》，7家人民法庭建设经验入选《新时代人民法庭建设案例选编》，4项改革经验被最高人民法院《司法改革动态》刊发推广。

## 一、推进改革的主要做法

### （一）坚持党建引领

把学习宣传贯彻党的二十大精神作为首要政治任务抓紧抓好，先后制定印发《关于认真学习宣传贯彻党的二十大精神的通知》《学习宣传贯彻党的二十大精神总体工作方案》《关于在全省法院深入开展党的二十大精神专题学习培训的实施意见》等，开展深刻领悟“两个确立”决定性意义，坚决做到“两个维护”主题教育系列活动。在全面学习、全面把握、全面落实上下功夫，努力营造奋进新征程的良好氛围，激励全省法院干警万众一心、开拓进取。

### （二）坚持问题导向

聚焦广东总定位总目标，对标全国指标最优法院，开展深化执法司法权运行机制、优化互联网法院管辖、互联网司法改革、民事诉讼法修改、提级管辖标准和程序机制、“四类案件”识别监管机制的理解与构建、服务保障高质量发展、深化政法领域改革、支持深圳建设先行示范区工作情况等9项重点调研，梳理5个方面主要问题，提出22项工作建议，扬优势、补短板、提质效。

（三）强化精准指导

组织开展党的十九大以来人民法院深化司法改革总结评估，对各项改革任务落实情况进行系统梳理、全面评估，摸清全省法院司法改革工作底数。扎实推进四级法院审级职能定位改革试点中期评估，召开试点工作推进会，对推进较慢的改革任务和法院开展精准指导，对提级管辖案件逐案指导。由省法院有关部门按条线对“抓示范促改革惠民生”改革培育项目开展全程“一对一”指导，形成33项重点改革成果，有效发挥了改革示范引领作用。

（四）加强宣传推广

组织开展首届“广东法院改革创新奖”评选活动，首次采用线上线下联动、短视频、专家评审等方式向社会公众立体展示改革成果，累计收到投票37万张、访问量42.1万余次，评选出九大全国领先改革成果。广东法院服务保障“双区”及三大平台建设、佛山中院统一法律适用机制、珠海中院服务大湾区建设、深圳市福田区法院发改案件评查精细化等4项经验被最高人民法院《司法改革动态》刊发，深圳市盐田区法院小额诉讼改革经验入选最高人民法院《人民法院司法改革案例选编（十二）》。

## 二、改革主要进展情况

（一）完善审判权制约监督体系建设

制定印发《关于加强办理重大敏感案件相关工作的通知》，健全严格执行重大敏感案件报备、识别标注、信息填报等工作机制，明确院庭长采取调整分案、审阅报告、督办检索、提交讨论等措施对“四类案件”进行监督管理。将“两升三降”（结收案比、小额诉讼程序适用率上升，存案、收案、长期未结诉讼案件量下降）作为推动审判工作的“重点指标”，分解全年审判执行工作任务，设定每季度、每月预估值，落实指标任务到团队、到个人。印发

《广东法院案件评查工作实施办法》，增设案件评查委员会，组建评查法官库，明确评查回避制度和评查结果应用，对案件评查的原则、组织、内容、标准、程序等进行系统规范。联合省检察院等单位印发《关于规范罪犯交付执行前暂予监外执行组织诊断工作的意见》，建立组织诊断工作法医专家库。

（二）完善统一法律适用机制

强化审判委员会统一法律适用功能，印发《关于完善审判委员会裁判规则工作机制的通知》，将裁判规则提炼作为上会前置事项。全面实施参阅案例制度和类案强制检索，对存在法律适用争议或者“同案不同判”可能的案件，主动制作类案及关联案件强制检索报告，并在合议庭评议或者审判委员会讨论时说明。健全参阅案例筛选、发布、应用和清理机制，加强和规范案例报送工作，举办全省法院案例工作培训班、全省法院优秀案例评审会，加强广东法院案例库建设，新增入库案例442个，编发《裁判者说》案例27期。

（三）扎实推进四级法院审级职能定位改革试点

健全完善试点工作推进实施机制，召开省法院试点工作推进会，建立15项年度重点任务清单及任务分工，创新试点台账管理、对口业务指导制度。制定《完善案件提级管辖机制的指引》，细化明确特殊类型案件的判断标准及程序规范。印发《关于办理提级管辖请示案件工作流程及说明》，规范全省提级管辖案件的立案流程。建立再审审查案件多路径收立案机制及再审审查“四项机制”，再审制度改革的广东样本、加强当事人权益保护等试点经验被《民主与法制》《人民法院报》等宣传推广。全省法院共提级管辖具有示范、指导意义的案件24件，有序推动“下沉”案件实质性化解，省高院对498件中级法院生效裁判裁定再审，再审纠错功能进一步强化。

（四）加快推进一站式建设

统一全省诉讼服务标准，升级12368诉讼服务热线办理平台，推动简证便民、集约服务、一站通办，145项诉讼事项“家里办”“掌上办”，跨省域立案服务实现全覆盖，实现疫情防控期间诉讼服务正常开展。开展“为群众办实事示范法院”创建活动，佛山中院、广州互联网法院、深圳市盐田区法院、紫金县法院4家法院被最高人民法院命名为“为群众办实事示范法院”。

深化在线诉调对接平台建设，联动省卫健委、省住建厅、省人社厅、省人民银行、省台办5家单位分别制定了诉调对接工作方案，建立在线诉调对接机制，全面实现医疗纠纷、物业管理纠纷、劳动人事争议、金融纠纷、涉台纠纷在线多元化解，全省法院建成诉调对接中心160个，联动全省2455个专业调解组织、1.8万名调解员诉前成功化解各类纠纷190万余件，2022年全省法院民事案件收案历史性首次下降。

（五）深入推进智慧法院建设

编制《2022年全省智慧法院建设工作要点》，细化《人民法院信息化建设五年发展规划（2021—2025）》2022年度工作任务，为辖区法院年度信息化建设工作提供指导。升级完善办案业务系统功能，建立电子卷宗随案同步生成工作参考标准和规程，建设要素审判辅助系统，实现全要素智能起诉、证据智能审查、争议焦点智能归纳、判决书智能生成及电子送达等。建设新一代跨网系云庭审平台，支持跨网庭审、跨境庭审等多业务场景。建设全省统一运维服务台，基本建成运维团队、可视化运维管理平台、信息化运行质效分析“三位一体”的质效型运维管理体系。

（六）稳步推进重点领域改革

深化人员分类管理改革，完善全省法官定期选任制度，持续探索员额递补和初任法官在本市内跨区域遴选等机制，探索完善劳动合同制审判辅助人员等级晋升和薪酬定期增长机制。深化诉讼制度改革，全面推进知识产权、环境资源领域“三合一”审判机制改革，全省各地级市至少有1个基层法院具有知识产权案件管辖权，广州知识产权法院建成启用全国首个技术调查实验室。加强人民法庭建设，出台《关于推动新时代人民法庭工作高质量发展的实施意见》，开展“枫桥式人民法庭”创建活动，广东高院、广州中院、东莞中院、阳江中院、深圳市宝安区法院石岩法庭、信宜市法院镇隆法庭、乳源瑶族自治县法院桂头法庭7地法庭建设经验入选最高人民法院《新时代人民法庭建设案例选编》。出台《推进粤港澳大湾区建设第二个三年行动方案（2022—2024）》《关于粤港澳大湾区内地法院审理涉港澳商事纠纷司法规则衔接的指引（一）》《强化拓展横琴法院职能和作用重点任务分工方案》等文件，服务保障横琴、前海、南沙三大平台建设。全面推进综合治理执行难，联合省公安厅印发《关于加强查人扣车、推进切实解决执行难工作的通知》，开展打击养老诈骗追赃挽损、根治欠薪等涉民生专项执行，帮助受害群众挽回损失1.6亿元，为农民工追回欠薪17亿元，根治欠薪工作经验被《人民日报》报道。

## 三、存在的问题和困难

一是全面准确落实司法责任制仍有差距。审判权运行监督管理精细化程度不够，案件风险识别、智能预警、实时监控机制有待完善。统一法律适用工作仍需加强，类案检索质量不高、合议庭运行不规范问题等仍然存在。法官惩戒制度尚未完全落实，省层面法官惩戒委员会尚未设立。

二是服务保障高质量发展还不够有力。在落实党中央、最高人民法院为服务“双区”和两个合作区建设提供司法服务保障精神上要求不够到位。对关键领域核心技术知识产权、生态环境、城乡区域协调发展等领域司法保护举措不够丰富，对新技术新业态新应用领域法治实践研究仍有短板。

三是改革系统集成协同高效有待提升。对改革精神理解不够到位，落实改革措施不够精准，关联性改革协同性较差，特别是涉及各部门之间、各部门与外单位之间协助配合的改革项目推进缓慢，导致不同层级、不同地区法院之间在推进深度、落实力度、见效程度上不够平衡。

## 四、下一步工作打算

2023年，是全面贯彻落实党的二十大精神的开局之年。广东法院坚持以习近平新时代中国特色社会主义思想为指导，全面贯彻落实党的二十大精神，坚持问题导向，全面准确落实司法责任制，深化司法体制综合配套改革，提升改革系统性集成性协同性，奋力实现全省法院工作高质量发展，为全省高质量发展提供有力司法保障。

一是全面准确落实司法责任制。紧紧扭住影响司法公正和司法公信力的关键环节，以规范人民法院裁量权为切入点，健全审判权运行机制，规范审判委员会、合议庭、专业法官会议运行。完善审判权制约监督体系，健全办案质效指标评价体系，实施常态化全覆盖案件质量评查，深化智能监管应用。

完善统一法律适用机制，推进案件分级分类精准审理，加强审判经验规则转化，持续推进案例库建设。积极推进省法官、检察官惩戒委员会分设，推动法官惩戒制度落地实施。

二是服务保障高质量发展。服务保障“双区”和三大平台建设，构建粤港澳大湾区域外法律查明平台，建设域外法律专家库，优化涉港澳民商事案件诉讼程序。服务保障一流营商环境，深入推进知识产权“三合一”审判机制改革，强化新能源、新材料、芯片制造、生物医药等关键领域核心技术知识产权司法保护。服务保障绿美广东生态建设，推进环境资源审判集中管辖和“三合一”归口审理全覆盖，健全生态环境公益诉讼、生态补偿、损害赔偿等制度机制。服务保障城乡区域协调发展，深化诉源治理联动机制，加大对涉“百县千镇万村高质量发展工程”实施中矛盾纠纷源头防范化解。

三是深化利民便民改革。推进诉讼服务规范化，在硬件保障、登记立案、调解速裁、审判辅助等方面规范服务流程，促进全省法院诉讼服务统一化、规范化、标准化。提升一站式建设成效，整合立案服务平台，增强“一号通办”效能，推广网上立案容缺受理、全链条“适老型”诉讼服务等司法便民利民举措。拓展“法院+”联动化解纠纷模式，积极推动省多元化解纠纷促进条例立法工作。深化完善联合查人扣车机制，推进大湾区执行联动平台建设，加大跨境民商事判决执行联动力度，及时兑现胜诉权益。

四是加强组织保障。建立全省法院司法改革工作“一盘棋”制度，健全改革任务统筹规划、指导督导、总结评估等工作机制。加强改革协同联动，及时主动向党委报告，争取支持。加强改革经验总结提炼和信息报送，及时形成制度性成果，强化改革示范带动作用。加强司法改革政策解读和宣传引导力度，加强广东改革特色品牌挖掘培育，营造全社会关注、理解、支持、参与司法改革的良好氛围。

（来源：广东省高级人民法院）

# 广西法院

2022 年，在广西壮族自治区党委坚强领导和最高人民法院正确指导下，广西法院坚持以习近平新时代中国特色社会主义思想为指导，深入学习贯彻习近平法治思想，不断深化司法体制综合配套改革，促进审判质效和司法公信力显著提升，人民群众对司法公正的获得感不断增强。

## 一、推进改革的主要做法

2022 年，按照中央、自治区党委和最高人民法院的部署，广西高院深入推进落实全区法院司法体制综合配套改革措施。

一是重组织领导。广西高院党组高度重视改革工作，将改革事项纳入党组重要议事日程。对于重大改革事项，党组集体研究部署，注重顶层设计，进行科学谋划，在研究改革思路和举措上群策群力，一起定好盘子、理清路子、开对方子，制定重点改革的任务书、路线图、时间表。主要领导同志多次对改革事项作出重要批示，对落实情况进行及时问询，对难点问题开展协调指导，以“关键少数”的以上率下、真抓实干，带动“绝大多数”的履职尽责。

二是重上下联动。以制度建设为抓手，自上而下形成推进改革、攻坚克难的合力。建立司改工作信息员制度，要求各中级法院和自治区高院各部门设立一名司改工作信息员，负责定期向自治区高院司改办报告改革任务推进落实情况，以便及时掌握下级法院落实改革任务的进展情况，对推进改革中的短板弱项问题加强调研指导，帮助下级法院有效解决改革中的“肠梗阻”和“拦路虎”。

三是重压力传导。压实责任链条、层层传导压力，建立分管领导负直接责任，发挥统筹协调、督办落实职能，牵头部门承担具体责任，负责细化落实举措、按照时间节点扎实推进改革任务落实的责任体系，形成一级抓一级、层层抓改革的良好局面，推动重要领域和关键环节改革走深走实。建立定期通报机制，每季度对各中级法院落实改革任务清单的进展情况、取得成效、存在问题等进行通报，对突出问题提出意见建议和改进措施。

四是重亮点培育。把疏堵点、塑亮点作为改革攻坚工作的着力点，找准“小切口”，做实“大文章”，通过挖掘小创造、微创新中蕴含的大价值，努力将局部性改革的“盆景”变成全覆盖的“风景”。创办《广西法院司法改革动态》专刊，将各地各部门的典型经验做法予以刊发推广，形成争先创优、比学赶超的态势，充分凝聚改革共识，为持续深化司法改革营造有利环境。

## 二、改革主要进展情况

广西法院以全面准确落实司法责任制为核心，以执法司法制约监督机制建设和执法司法责任体系建设为主线，以健全完善执法司法权力运行机制为目标，不断加强改革攻坚力度。

### （一）法院审级职能定位改革纵深推进

出台关于完善四级法院审级职能定位改革试点的实施方案和细则，主动适应级别管辖调整，完善案件提级管辖制度，优化再审案件分工机制，实现80％以上的案件由基层法院审结，约98％的案件经过中级法院终审实现定分止争、案结事了，三级法院审级职能逐步优化，司法职权配置更加科学，矛盾纠纷化解质效有效提升。

### （二）法律适用分歧解决机制进一步完善

研究制定法律适用分歧解决机制实施细则，细化法律适用分歧的发现、申请、启动、审查和解决工作机制，加强类案与关联案件检索信息化建设，在全区法院推行示范性裁判机制。出台《关于推进案例指导工作高质量发展的实施意见》，将一批具有普遍指导意义的案件转化为参考性案例。2022年，全区法院一审服判息诉率达89.36％，同比上升0.96个百分点；上诉案件发改（错误）率为0.8％，同比下降0.19个百分点。

（三）审判权力制约监督体系不断健全

出台《关于进一步加强“四类案件”监督管理的实施细则》等制度，从制度层面厘清院庭长正常履行监督管理职责与违法插手干预案件的界限，2022年，全区法院共有7445件案件被纳入“四类案件”监督管理。健全院庭长办理疑难复杂案件机制，2022年，全区法院院领导审结案件97580件，人均结案129.9件，结案率94.9%。修订完善审判职权配置及运行规范的相关规定，健全完善法官、法官助理、书记员、司法警察等司法人员权责清单。

（四）办案质效考核评价机制不断优化

建立法官办案业绩档案制度，科学设置案件权重系数，设置法官办案数量、质量、效率和效果等4个方面20余项考评内容，推进审判绩效考核更加规范化、科学化、合理化。坚持问题导向，注重实质管理，重点考核一审服判息诉率、案件结收比、上诉案件平均流转时长、法定（第一次）审限内结案率、法官人均结案数等指标，推动审判质效稳步提升。

（五）推动落实法官惩戒机制实质化运行

联合自治区党委政法委制定出台《广西壮族自治区法官惩戒工作办法（试行）》，对法官惩戒的程序性内容进一步细化完善，推动落实法官惩戒线索受理、立案调查、提请审议、组织听证、作出惩戒、权利救济等工作措施，完善违反审判职责问题线索发现机制，扩大线索来源，进一步完善法官惩戒与纪检监察工作衔接，稳妥推进法官惩戒工作实质化开展。

（六）积极开展在线诉讼

贯彻落实最高人民法院在线诉讼、在线调解、在线运行“三大规则”，深化互联网司法实践，优化诉讼服务平台，推动立案、开庭、调解、保全、送达、委托鉴定等事项全流程在线办理。2022年，全区法院网上立案227271件、电子送达489086件、在线调解156844次、在线开庭17868次，实现了大量案件远程立案、无接触开庭，矛盾纠纷及时化解。

（七）推进省以下地方法院财物统管改革

全区 14 个设区市已全部出台具体改革实施方案，各中级法院已组织辖区法院收集填报经费调查表、开展资产清查上划和债务清查工作，汇总掌握辖区基层法院 2019—2021 年的人员构成及数量情况、经费收支情况等相关改革工作基础信息，并将经费上划基数初步测算数报送至市级财政部门，引入第三方资产清查机构，对基层法院进行资产清查盘点。

（八）完善统一查询裁判文书生效证明机制

建成裁判文书生效证明平台系统，该系统覆盖全区各级法院，当事人可通过案件生效提示短信附带的链接、登录广西电子法院系统或在法院诉讼服务中心的自助终端在线查询、浏览、下载和打印裁判文书生效证明，切实解决涉诉群众向法院申请执行、再审、退还诉讼费等开具生效证明难的问题。自 2021 年 10 月 26 日生效证明库建成使用以来，已生成裁判文书生效证明 396153 份。

（九）持续推进“分调裁审”机制改革

运用“人工＋智能”的方式，建立案件繁简分流相关工作机制，在诉讼服务中心普遍建立速裁团队，实现少数法官办理多数简单案件。2022 年，全区法院诉前调解纠纷 254865 件，速裁、快审案件 216324 件，“分调裁审”案件占比 70％以上，大量矛盾纠纷在诉讼服务中心前端“门诊式”化解，速裁、快审案件平均审理期限由 2021 年的 40 天减少为 29.52 天。

（十）智慧法院建设不断深化

建成集示范和应用于一体的广西法院运维中心、智慧法院研发中心、可视化警务管理中心、数据治理中心以及 5G 智慧法院展示区等。开展智慧审判系统升级、执行系统升级改造、数据中台、无纸化办案等“四大重点项目”建设，在 17 家法院推进无纸化办案试点。建成电子卷宗集中扫描和加工中心，引入社会化外包专业服务办理审判辅助事务，让法官更加专注“研案审案”。全区法院电子送达率达 83.42％，在线委托鉴定率达 85.27％，律师服务平台网上阅卷成功率达 95.09％。

## 三、存在的问题和困难

一是四级法院审级职能定位改革有待深入推进，案件提级管辖的具体标准、流转程序有待细化，缺乏适案发现识别机制，“下放上提”机制衔接不够顺畅。

二是法律适用分歧解决机制运行不畅，在实施过程中缺乏对法律适用分歧的发现、备案和报送的监督机制，导致法律适用分歧问题发现较为困难，实践中“同类案件不同判决”的情况不同程度存在。

三是审判监督管理水平有待提高，审判管理流程未能精准细化、审判权力运行监督制约机制不够健全、“四类案件”监管信息化水平有待提高。

四是案件总量仍高位运行，案多人少矛盾突出，审判辅助事务管理的集约化、社会化、信息化还有待继续加强，需要进一步深化诉源治理工作。

五是亮点培育和典型经验挖掘工作相对薄弱，没有坚持边推进边提炼、边实施边总结，搜集研判改革成效的工作力度不够，缺乏改革创新的经验做法和典型案例。

## 四、下一步工作打算

一是持续深化四级法院审级职能定位改革。优化案件提级管辖机制，明确提级管辖案件的具体标准、识别方式、流转程序，将报请案件识别机制与“四类案件”、专业法官会议制度相衔接，提高案件识别率和筛选效率。完善再审程序，制定申请再审案件审查程序工作指引和内设部门职能分工方案。充分发挥审级制度诉讼分流、职能分层和资源配置的功能，构建梯次过滤、有序分层的审级制度体系。

二是全面准确落实司法责任制，健全审判团队管理制度。开展优化审判团队建设工作，强化审判团队自我管理功能，理顺团队成员权责关系，健全审判团队业绩考核制度，赋予法官对审判辅助人员的工作分配权、考核建议权及一定的人事管理建议权。

三是健全刑事涉案财物审判及处置制度。健全刑事案件涉案财物在立案、审判、处置及执行各环节相关制度、程序，探索以清单为载体的对物诉讼制度和涉案财物处置救济模式，依法规范涉案财物处置执行，切实保障当事人合法权利。

四是构建涉外民商事纠纷多元化联动解决机制。依托中国一东盟自由贸易区南宁国际商事法庭，吸纳国际商事仲裁和调解机构加入，构建调解、仲裁、诉讼有机衔接的专业化、国际化、多元化的广西涉外民商事纠纷联动解决机制，服务广西更高水平对外开放、中国一东盟自由贸易区3.0版建设和《区域全面经济伙伴关系协定》(RCEP) 实施。

五是推进法官惩戒工作实质化运行。研究制定违反审判职责认定标准和法官惩戒委员会办公室工作规则，加强督察部门与审判监督、审判管理部门的联动，建立法官惩戒线索发现和移送机制，进一步完善法官惩戒与纪检监察工作衔接，提高法官惩戒工作的专业性、透明性和公信力。严格区分办案质量责任与违法办案责任，建立容错纠错正负面清单，完善法官惩戒与履职保护衔接制度。

六是深化涉诉信访改革。推进信访法治化，开展“有信必复”工作，依法稳妥做好具有敏感因素案事件立案审判执行工作，推动构建党组统一领导、立案信访部门组织落实与推动、各部门齐抓共管的工作格局，贯彻落实领导接访下访和包案化解工作制度，建立健全涉诉信访大数据分析报告制度，定期分析信访数据和信访案件中反映的办案质量问题，及时提出改进立案审判执行工作的意见建议。

(来源：广西壮族自治区高级人民法院)

# 海南法院

2022年，海南法院坚持以习近平新时代中国特色社会主义思想为指导，认真贯彻习近平法治思想，落实中央和海南省委改革决策部署，不断深化完善司法体制综合配套改革，努力增强人民群众司法公平正义获得感。

## 一、推进改革的主要做法

2022年，海南高院党组在中央、省委和最高人民法院党组领导下，加强谋划部署，明确工作思路，坚持“四个围绕”，有序推进改革工作。

一是围绕服务海南自由贸易港建设推进改革。坚决打起“着力服务海南自由贸易港建设、加快建设海南自由贸易港人民法院”工作重任，围绕海南自由贸易港“三区一中心”的战略定位，不断完善涉外民商事等专业化审判、生态环境司法保护制度、军地协同司法服务、旅游审判及便利化诉讼服务、产权司法服务等制度机制，通过改革创新着力打造法治化营商环境，服务海南自由贸易港建设。

二是围绕全面落实司法责任制推进改革。将改革工作重心从制度机制建设转向推动实施，落实完善案件分配、审判监督管理、案件流程监管、案件质量评查等制度机制，加强审判权力运行的制约监督，巩固司法责任制改革成果。

三是围绕不断提升审判质效推进改革。坚持质效结合，以改革创新着力破解司法不公、司法不廉、办案质效不高等难题，在案件繁简分流、防范冤错案件、实质化解行政争议、破解执行难题等方面持续优化体制机制，促进提升审判质效，维护公平正义。

四是围绕人民群众司法需求推进改革。践行习近平总书记以人民为中心的发展思想，通过充分运用智慧法院建设成果，大力深化一站式多元解纷和诉讼服务体系建设，积极推行在线诉讼方式等，不断推进法院工作现代化，不断创新便民利民新举措，努力满足人民群众的司法需求。

## 二、改革主要进展情况

### （一）推进制度集成创新，服务海南自由贸易港建设

认真落实省委制度创新工作统一部署，将改革与制度集成创新工作相结合，着力打造适应海南自由贸易港建设需求的审判执行体制机制。

一是创新落实社会主义核心价值观的司法理念。落实中共中央关于将社会主义核心价值观融入法治建设的要求，继续推动全省法院树立“合目的性、合规则性、合理性”相统一的司法理念。发布海南法院首届弘扬社会主义核心价值观十大典型案例，与检察院、律师协会、《法治时报》等单位共同召开弘扬社会主义核心价值观典型案例研讨会，为法官、律师办案提供原则和方法指引，弘扬社会主义核心价值观，形成全社会情感认同和行为自觉。

二是深化落实海南自由贸易港类案裁判指引制度。落实《海南省高级人民法院关于加强和规范海南自贸港法院类案裁判指引工作的意见》，发布第一批海南自由贸易港法院类案裁判指引及典型案例，出台 12 个规范性文件和 191 个典型案例，类案指引机制入选海南省第 14 批制度创新案例。

三是落实完善与省国资委的司法服务联络机制。实质运营司法服务联络办公室，召开 6 次专题协调会，协调 19 宗涉国资国企重大敏感案件，涉自贸港重点项目 7 个，开展 2 次国有企业法律专题调研。该机制破解了长期以来困扰国企维权的堵点难题，入选全省“查破促”已解决问题公示项目，逐步成为海南法院服务自贸港建设一项重要创新举措。

四是落实完善产权司法保护机制。推动《海南省高级人民法院关于加强产权司法保护服务和保障海南自由贸易港建设的意见（试行）》落实，积极主动服务自贸港产业发展。其中，海口中院创新建立中小投资者司法保护机制，加强与证监管理部门、第三方机构的沟通，并通过出台《关于建立健全公司纠纷、证券期货纠纷小额速调机制的实施意见》等制度、发布保护中小投资者典型案例等方式，依法保护中小投资者合法权益。目前，海南法院已有 9 项制度入选自贸港制度集成创新案例，其中，两项荣获“海南省改革和制度

创新奖”二等奖。

（二）落实完善审判权运行机制，全面落实司法责任制

在完成建章立制、实现“让审理者裁判、由裁判者负责”的司法责任制改革目标后，着力推动新型审判权运行机制在实践中落实和完善。

一是落实完善案件分配机制。全省法院全部实行以“随机分案为主、指定分案为辅、指定分案留痕”的分案规则，有效防止人为干预分案。

二是落实完善审判监督管理机制。围绕加强“四类案件”监管，构建涵盖院庭长审判监督、信访案件督办、重大敏感案件管控、司法风险防控的“四类案件”监管网络。依托智慧审判系统，健全院庭长审判监督管理“三留痕”“四报告”“四审批”工作机制。自2020年至2022年，智慧审判系统记录的院庭长监管的“四类案件”共1699件，其中，民事1082件、刑事583件、行政34件；省高院563件、中级法院960件、基层法院176件。

三是落实完善案件评查机制。强化案件评查的制约监督作用，突出开展案件的实质性评查。成立案件评查人才库，坚持每年定期开展评查，评查工作实现常态化。健全省纪委监委及派驻组委托评查的衔接机制，落实以案促改，促进公正廉洁司法。

（三）深化诉讼和执行机制改革，提升审判质效

围绕让人民群众在每一个司法案件中感受到公平正义的目标，持续深化审判机制和执行体制改革，实现司法公正，维护社会公平正义。

一是深化以审判为中心的刑事诉讼制度改革。落实《最高人民法院、最高人民检察院、公安部、国家安全部、司法部关于深入推进以审判为中心刑事诉讼制度改革的意见》，强调审判中心作用，突出证据裁判原则，推进庭审实质化。

二是深化民事审判改革。继续推进海南知识产权案件的“三合一”审判机制改革，自2022年5月1日起，在海口琼山区法院、三亚城郊法院的基础上，增加儋州市法院、琼海市法院跨区域管辖普通一审知识产权案件，形成东西南北的管辖布局。印发《海南省高级人民法院关于指定海口海事法院集中受理国际多式联运合同纠纷及国际航空运输合同纠纷案件的意见》，建立国际海运等案件的专业化审判机制。争取最高人民法院设立国际商事法庭海南

自由贸易港联络点，更好地发挥海南涉外民商事法庭的改革试验田的作用。依托涉外民商事法庭，加快推动设立海南国际商事纠纷解决中心。推进破产审判机制改革，协助省人大出台《海南自由贸易港企业破产程序条例》，设立并推动海口破产法庭实质化运行。推进金融审判工作改革，省高院与人行海口中心支行、省银保监局联合出台《关于建立金融消费纠纷多元化解机制的意见》，指导及时有效化解金融消费纠纷。深入调研支持海口美兰法院设立金融法庭，满足海口地区金融案件集中管辖改革需要。五指山市法院探索建立贷后金融服务项目，有效提高贷后金融法律服务案件审判质效。

三是深化行政审判改革。继续在全省开展行政案件跨行政区域异地管辖改革，促进行政案件依法公正审理。推动完善落实行政机关负责人出庭应诉制度，全省行政机关负责人出庭应诉率明显提高。探索推动设立行政争议调处中心，推进行政争议诉源治理和实质化解。

四是深化执行体制改革。进一步完善“统一领导、统一管理、统一指挥、统一协调”的“四统一”执行工作新机制，明确三级法院的职能定位，突出高级法院督导检查和中级法院指挥调度职责，形成“层级分明、责任清晰、齐抓共管”的执行监督管理体系，全省法院执行工作管理水平显著提高。在海口中院召开刑事裁判财产性判项集中集约执行改革经验交流会，推动改革走深走实。深化推进三级法院指挥中心实体化运行，创设执行案款发放“倒数4321”督办提醒机制，推动切实解决执行难。

### （四）持续深化“两个一站式”建设，提高司法服务水平

继续大力推进海南法院一站式多元解纷和诉讼服务体系建设，全方面提升司法服务能力，增强群众司法获得感。

一是不断优化诉讼服务。制定《海南法院便民服务与司法监督指引（试行)》，持续优化网上立案、跨域立案、在线阅卷、在线开庭等诉讼服务，推出当事人申请执行无须提交裁判文书生效证明的举措，全方面提升司法便利性。

二是完善案件繁简分流机制。基层法院普遍建立民事案件繁简分流机制，促进简案快审、难案精审，提升审判质效。

三是继续推动多元化纠纷解决机制建设。推动全省法院认真贯彻实施《海南省多元化解纠纷条例》，充分发挥司法职能，服务地方多元化纠纷解决机制建设。加快推进人民法院调解平台进乡村、进社区、进网格，广泛邀请

基层治理单位入驻平台，充分利用线上调解优势，推动化解基层矛盾纠纷。

四是努力提升基层法治服务水平。继续推进以人民法庭为依托的乡村法治服务中心建设，主动服务基层治理和乡村振兴。其中，海口龙华法院龙泉法庭荣获参与基层治理的“新时代人民法庭建设案例”。

## 三、存在的问题和困难

一是全面深化改革的工作水平有待提升。思想认识上对改革的全面性、深刻性认识不足，工作方法上推进改革的整体性、协同性仍不高。

二是司法制约监督机制仍不够完善。院庭长不敢管、不想管、不会管问题仍然存在，“四类案件”监管机制仍有待完善，对诬告陷害的惩治以及对不实举报的澄清正名力度不够。

三是司法人员分类管理改革需要进一步深化。法官员额、编制省级统筹机制存在实践障碍，后备法官及辅助人员不足，法官的职业保障仍不够精细化。

## 四、下一步工作打算

2023年，全省法院将坚持以习近平新时代中国特色社会主义思想为指导，深入贯彻党的二十大精神，落实中央、海南省委和最高人民法院改革部署，继续完善司法体制综合配套改革，更好服务海南自由贸易港建设。

一是加大改革工作推进力度。紧扣党的二十大关于坚持全面依法治国的重大部署，充分认识全面深化司法体制综合配套改革对于推动法院工作高质量发展的重要意义，着力提升改革的系统性、协同性，提升改革质效。

二是完善司法制约监督机制。进一步完善和落实“四类案件”监管、案件质量评查、司法责任评价、法官惩戒、失实举报惩治和澄清等制度机制，以全面规范的制约监督体系维护司法公正。

三是继续深化诉讼和执行工作改革。建立健全更加合理高效的案件分流机制，深化以审判为中心的刑事诉讼制度改革，完善破产审判机制，深入推进海事审判“三合一”改革，继续巩固完善环境资源全域巡回审判机制，着力推进行政争议诉源治理和实质化解，深化执行工作改革，提升审判执行工作质效。

四是完善法院机构职能体系建设。落实四级法院审级职能定位改革要求，按照“基层人民法院重在准确查明事实、实质化解纠纷；中级人民法院重在二审有效终审、精准定分止争；高级人民法院重在再审依法纠错、统一裁判尺度”的职能定位，探索推进海南省法院相关改革，完善机构职能体系。

五是完善司法人员分类管理。继续研究推动完善员额、编制统筹调配机制，实施全省法院第五次初任法官入额遴选，完善各类人员考核机制。

（来源：海南省高级人民法院）

# 重庆法院

2022年，重庆法院认真贯彻中央、最高人民法院、市委改革精神和要求，持续深化创新制度、机制建设，各项重点改革任务圆满完成，部分改革项目取得了显著成效。

## 一、推进改革的主要做法

### （一）提高站位抓组织

调整充实以“一把手”任组长的司法体制改革领导小组，第一时间学习传达中央、市委、最高人民法院深化司法改革的政策要求，研究推动重大改革任务落地见效。重庆高院党组制发《关于认真学习宣传贯彻党的二十大精神的通知》，切实把思想统一到党的二十大精神上来，扎实推进各项改革工作。

### （二）对标对表抓落实

制定2022年司法体制改革、全面依法治市重点任务分解方案，确定28项重点改革任务，明确工作目标、内容及责任单位、完成时限，纳入全市法院重点工作任务和业绩评估体系，确保各项改革任务在法院有落实、有实效。

### （三）闭环管理抓成效

实行“目标、任务、人员、职责、时限、节点、调度、督查”一体化闭环管理，按月跟踪，按季研判，半年评估，年底考核。近5年重庆市重大改革项目可复制可推广计划每年均有法院项目，5个案例入选最高人民法院改革典型案例，15次在全国交流司法改革工作经验。落实司法体制改革典型案

（事）例收集、筛选、发布机制，发布改革典型案（事）例 2 批 20 件。

## 二、改革主要进展情况

### （一）注重系统集成，健全改革四梁八柱

一是纵深推进法官员额制改革。健全完善员额法官递补机制，先后开展 5 次法官遴选，法官队伍能力素养显著提高。建立编制与员额动态调整机制，相关做法受到中央编办和最高人民法院肯定。制定深化人员分类管理系列规定，出台干警业绩考核工作实施办法，研发上线业绩评价系统，选取 13 家法院试点，公正评价不同岗位干警业绩。

二是纵深推进司法责任制改革。全面落实院庭长办案，创新专业法官会议工作机制，相关做法被中央司法体制改革领导小组简报采用。强化“四类案件”监督，与市纪委监委联合制定实施系列制度完善纪法衔接机制，出台办理人大代表关注案件规定强化人大监督，与市检察院建立联席会议机制自觉接受法律监督，深化司法公开主动接受社会监督。严格落实防止干预司法“三个规定”。

三是纵深推进司法人员职业保障改革。制定实施《法官单独职务序列改革方案》，认真做好法官择优选升、按期晋升。制定实施《法官权益保障工作暂行办法》，与市公安局建立联席会议、安全预警和应急处理机制，合力加大侵害法官权益打击力度。

四是纵深推进人财物省级统管改革。配合市编办制定《区县法院机构编制统一管理的实施意见》，全面完成区县法院政法编制市级统管上收。区县法院工作人员工资纳入市级财政工资统发。各类收入以及追缴统一上缴市级国库管理。

### （二）践行守正创新，通过改革服务大局

一是高站位建设成渝金融法院，服务保障西部金融中心建设。贯彻落实中央《成渝地区双城经济圈建设规划纲要》，在渝设立成渝金融法院，成为我国首个跨省域审理相关案件的专门法院。成渝金融法院于 2022 年 9 月 28 日正式挂牌成立，已正式办公。

二是高水平建设两江新区（自贸区）法院，服务保障内陆开放高地建设。两江新区（自贸区）法院作为全国首家覆盖自贸区全域的专业化法院，成立内陆开放法律研究中心，举办首届西部陆海新通道法治保障论坛，发布涉自贸区司法保护典型案例，为重庆深度融入“一带一路”保驾护航。

三是高标准建设重庆破产法庭，服务保障供给侧结构性改革。重庆破产法庭作为西部首家破产法庭，成立以来至2022年12月，审结破产、强制清算案件1033件，清理债务2133.32亿元，盘活资产961.12亿元，在完善市场经济主体拯救和退出机制中发挥重要作用。

四是高起点拓展重庆知识产权法庭，服务保障创新驱动发展战略。重庆知识产权法庭推动健全“全域管辖、三级联动、三审合一”的专业化审判模式，在全市设立9个巡回审判站，构建全市知识产权保护大体系。成立以来至2022年12月，审结各类知产案件12063件，涉案标的额35亿元，一批具有国际国内影响力的知识产权案件得到妥善审理。

五是高目标探索设立长江上游生态保护法院的关键要素，服务保障长江经济带绿色发展。总结设立成渝金融法院的经验做法，力争长江上游生态保护法院落户重庆。在全国率先形成组织机构纵向“全覆盖”和管辖范围横向“全覆盖”的环境司法专门化体系。重庆高院在全国法院环境资源审判暨第一次环境资源刑事审判工作座谈会上作经验交流发言。重庆司法服务保障人居环境治理相关经验做法在世界环境司法大会交流经验。

六是高品质推进法院牵头的营商环境任务，服务保障法治化营商环境建设。形成《重庆法治化营商环境司法评估指数体系》2.0版，并在全市法院发布实施。邀请中国社科院法学所对2021年指数运行情况进行第三方评估。

七是高层次推动铁路审判职能调整及管辖机制改革，服务保障体制机制创新。推动铁路审判职能调整及管辖机制改革纳入市级重大改革项目，形成铁路运输法院改革转型方案，并就改革转型工作报最高人民法院请示。

八是高水准构建涉外矛盾纠纷解决机制，服务保障涉外矛盾纠纷化解。组建重庆国际商事一站式多元解纷中心，进一步提高涉外商事纠纷化解质效。落实《陆海新通道沿线国家法律查明机制指引》《适用域外法案件裁判指引》，用好东盟国家法律查明平台，提升域外法精准查明与适用水平。

（三）立足公正司法，彰显改革价值追求

一是深化诉讼制度改革。扎实推进以审判为中心的刑事诉讼制度改革，制定常见刑事案件证据标准指引规范证明标准，积极落实认罪认罚从宽制度，在全国法院工作会议交流经验。有序开展民事诉讼繁简分流改革，制定实施繁简分流系列规范性文件，科学组建审判团队，建成类案智审平台，在中央政法工作会议交流民事诉讼制度改革工作经验。

二是深化审级职能改革。作为全国人大常委会授权的12个四级法院审级职能定位改革试点地区之一，已有73件案件适用提级管辖程序，取得良好改革试点效果。相关工作被最高人民法院《司法改革动态》采用，在最高人民法院向全国人大常委会报告改革中期工作时获肯定。就提级管辖与示范判决衔接、再审审查繁简分流等工作起草指导意见，进一步拓展“1＋3＋N”制度体系。

三是深化强基导向工作。全面设立“人民法院老马工作室”和“代表委员联络站”两个平台，2070个调解组织、6200名调解员入驻。全面建立“一街镇一法官”和“一庭两所”两项机制，1116名法官定点联系全市1093个乡镇、街道、园区和重点企业，两项工作均被全国政法队伍教育整顿办公室向全国推介，“一街镇一法官”被中央全面依法治国委员会办公室简报推介。全面建成“车载便民法庭”和“云上共享法庭”两个支撑，构建便民“数智庭审＋云上共享”全渝数智法庭新模式。

四是深化诉源治理。成立诉源治理工作领导小组，推动、指导、督促诉源治理各项工作落地落实落细，制定诉源治理推进任务书，形成诉源治理“12345”总体架构，实行挂图作战。

五是深化智慧法院建设。制定实施《重庆法院信息化建设与实施五年规划（2021—2025）》，明确建设“全渝数智法院”目标，形成“12368”建设架构，形成现代科技全面赋能法院各项工作的良好格局。

六是加强川渝司法协作。2022年以来，川渝两地高院持续深化落实司法协作框架协议，发布2批司法服务保障双城经济圈建设典型案事例。两地法院累计签署司法协作协议150余份，联合发布诉讼指引、典型案例等256个，形成“高院统筹、整体推动、条块联动、点面结合”的联动格局。

七是巩固深化“执行难”综合治理成果。深入开展涉民生执行案件2022·

迅雷活动，整合力量资源集中攻坚，有效解决关系群众切身利益的执行案件。制发《关于进一步强化善意文明执行理念服务保障经济社会发展的通知》，提升规范公正执行水平。开通不动产远程查控的试运行功能，持续提升执行联动协作效能。

八是加强民营经济司法保护工作。出台《关于司法服务"稳定经济大盘、稳住社会大局、保市场主体、保民生改善"的十五条措施》，明确平等保护市场主体、防止用刑事手段干预经济纠纷、依法审慎适用保全和执行措施、发挥破产审判救治企业作用等要求。与市工商联联合开展沟通联系协作机制建设落实情况的调研，督促民营企业服务保障工作落地落实。

## 三、存在的问题和困难

一是在深化改革服务大局上，创新措施尚有不足。

二是成渝金融法院建设、四级法院审级职能定位改革、铁路审判职能改革转型等重点改革项目需进一步加大改革力度，确保尽快取得新的进展。

三是与改革相适应的信息化建设还需加快推进进度，助力改革运行取得实效。

## 四、下一步工作打算

下一步，我们将在中央、最高人民法院、市委领导下，着眼全局、立足本职，统筹推进、重点用力，不断将改革引向深入，重点做好以下工作。

一是持续强化改革服务大局。高起点高标准建设成渝金融法院，高水平推进两江新区（自贸区）法院功能和铁路运输审判职能优化，积极探索设立长江上游生态保护法院。落实优化营商环境创新措施，助推高质量发展。

二是持续细化司法责任制。完善干警业绩评价机制，实现精细化管理。加快推动法官惩戒委员会实体化运行，完善法官责任追究体系。加强法官职业保障，推动建立惩治损害法官权益行为的过硬机制。

三是持续优化审级职能。全面落实提级管辖制度、再审审理程序，完善配套举措，健全科学合理的全市三级法院审级制度。督促落实繁简分流实施细则等规定，提升实质性纠纷解决实效。

四是持续硬化诉源治理。坚持“外防输入”，依靠党委领导，调动区县发力，发挥街镇作用，夯实源头治理基础。坚持“内防反弹”，推进纠纷一次性解决和群体性纠纷一体化解。坚持“动态清零”，扎实推进积案治理。坚持“领导带头”，抓关键少数，较真碰硬夯实责任。

五是持续实化科技赋能。推进“全渝数智法院”建设，在全流程无纸化办案、完善干警业绩评价、支持强基导向六项工作等改革任务上，抓好试点运用，切实用电脑管住人脑。

六是持续严化正风肃纪反腐。严格落实新时代政法干警“十个严禁”等铁规禁令，严肃查处司法领域违法违纪行为，坚决清除“害群之马”，确保公正廉洁司法。

（来源：重庆市高级人民法院）

# 四川法院

2022年，四川法院坚持以习近平新时代中国特色社会主义思想为指导，深入学习贯彻习近平法治思想，认真落实习近平总书记来川视察重要指示精神，全面学习贯彻党的二十大精神，深化司法体制综合配套改革，全面准确落实司法责任制，努力让人民群众在每一个司法案件中感受到公平正义。2022年，全省法院共受理案件166.73万件，审执结158.79万件，同比分别上升3.15%、2.81%，结案率在全国12个百万案件大省中排名第2位，以改革促审判成效显著。《全链条构建“责任、监管、支撑”体系 创新推动审判权力运行机制转型升级》改革案例，荣获首届“人民法院改革创新奖”。

## 一、推进改革的主要做法

一是进一步强化改革工作领导，增强改革工作重要性认识。省法院坚持将司法改革作为“一把手”工程强力推进，由院长任全省法院司法改革领导小组组长，组织召开5次领导小组会议，切实担负起领导责任。深化司法改革领导小组运行机制，创新建立领导小组成员与领导小组办公室负责人动态调整制度，有效避免改革领导体系出现空当。组织召开全省法院司法体制综合配套改革推进会、全省法院司法改革工作会，强化全省法院改革工作部署。

二是实行改革任务项目式管理，推动工作重点突破。明确司法责任体系改革、诉讼制度改革、新时代人民法庭建设等20项任务为年度司法改革重点工作，印发全省法院贯彻实施，并按季度通报工作进展情况。以关键性改革为突破口，制定《关于进一步深入推进四级法院审级职能定位改革试点工作的实施意见》《贯彻落实全省全面深化政法改革推进会精神的责任分工方案》等改革文件，分解落实各项改革任务，夯实改革工作制度根基。组织全省法院司法改革工作专项培训，凝聚共识、理清思路、研究难题，切实推动改革工作走实走深。

三是坚持工作统筹，建立全省法院工作一盘棋格局。在立案、审判、执行等工作中，以改革的思维切实推动解决各项疑难问题，促进业务工作质效提升。在重点课题、学术征文、案例分析、数助决策等调研工作中，将司法改革内容作为主题或者重点，深度融合理论研究与改革实践，加快推进全省法院审判体系和审判能力现代化。

四是夯实司法改革工作载体，交流推广改革有效做法。总结四川法院诉源治理、法务区建设等司法改革"六大品牌"，在全国法院司法改革会议上交流。汇编党的十八大以来全省各地法院改革经验，组织首届"四川法院改革创新奖"评选，创新开展优秀司法改革项目推介。选送的司法改革案例被最高人民法院《人民法院司法改革案例选编》《司法改革动态》采用6个，数量居历年之最，排名全国第2。开辟司法改革专刊，推广改革案例16期43个。

## 二、改革主要进展情况

全省法院以全面准确落实司法责任制为核心，以省委综合配套改革任务为抓手，推动改革不断向纵深发展。省委深改委改革落实台账中，省法院牵头落实的7项已全面完成或基本完成、5项达到预期推进目标。

### （一）大力推进专业化审判建设，以法治软实力提升区域竞争力

一是围绕中心。深入推进成渝地区双城经济圈建设，省法院提出法治软实力改革理念，被省第十二次党代会采纳，成为改革创新工作的关键词。

二是抓住重心。服务天府中央法务区建设转段升级，"一点""五院+""五庭+"布局巩固深化，最高人民法院第五巡回法庭成都审判点敲响"第一槌"，成都国际商事法庭挂牌运行，创建一站式国际商事纠纷多元化解决机制，助推天府中央法务区获评"中国改革2021年度地方全面深化改革典型案例"唯一省级特别案例。新华社《瞭望》杂志专访刊载四川专业审判护航高质量发展。

三是创新驱动。以标志型、标杆型现代化法院标准推动筹建并实质化运行成渝金融法院，配合最高人民法院制定成渝金融法院体制机制方案，坚决落实人财物保障，通过遴选、聘用等方式精选复合型人才，按照"先拨付、

后结算”原则充分保障运行经费，过渡载体建设高标准满足运行需要，新建审判庭建设规划已提上日程。

四是合力推进。加强川渝两地法院跨域立案、代为送达、委托执行等司法协作，联合举办川渝法检系统知识产权司法保护业务培训班，会签破产审判合作协议，开展长江十年禁渔、污染防治攻坚等活动。两地自贸区法院经验做法入选人民法院服务保障自贸区建设十二大亮点举措。

（二）持续优化权力运行机制，以行权规范化提升审判质量效率

一是坚持文化引领。省法院印发社会主义核心价值观融入裁判文书释法说理的实施细则，发挥社会主义核心价值观引领作用，形成全国典型案例2个。

二是严格实质监管。建立院领导办案通报制度，落实院庭长入额办案、审判监管责任，持续优化完善“四类案件”监督管理系统，进一步压实院庭长监管职责。2022年，全省法院院庭长实质化监管“四类案件”6.9万件。按照省委巡视反馈意见，逐步完善审判委员会、专业法官会议制度。建立审判权责清单，明晰办案责任，首创从立案到审判执行全链条监管体系。完善法官履职保障，设立省级法官惩戒委员会、法官权益保障委员会，实现放权不放任、依法受保护、用权受监督。

三是创新考评机制。开展“案件审理期间—纠纷在院时间”双向考评机制试点，细化制定3类一级指标、22项二级指标、89项三级指标的全周期、全流程评价指标体系，加强科学化、规范化、系统化司法管理，试点法院纠纷在院时间较改革前缩短118天。2022年，全省法院一审服判息诉率达90.67%。配合完成政法系统跨部门办案平台建设任务，实现上线运行。截至2022年底，全省法院通过跨部门办案平台从检察院接收案件35382件，立案30738件。

四是加强制约监督。深化巩固政法队伍教育整顿成果，严格落实防止干预司法“三个规定”和“三非”工作机制，坚决落实法院干警和近亲属“禁业清单”制度，规范法院干警与律师、当事人等接触交往行为，2022年处理违纪违法干警151人。切实贯彻落实《监察法实施条例》，开展职务犯罪案件专项执行行动，依法审理贪污贿赂、渎职等犯罪案件668件792人。

（三）不断深化综合配套改革，以优化审级职能提升改革整体效能

一是逐步优化审级制度。省法院制定7个审级职能定位改革试点配套文件，建立8项工作机制，创新推出“5＋N”改革举措，配套完善编制动态调整、审判制约监督、信息化管理等改革举措，全省法院案件分布和结构日趋合理。最高人民法院周强院长在向全国人大常委会所作试点中期报告中，专门肯定四川法院试点经验。提级管辖改革创新做法在《人民法院报》、最高人民法院微信公众号、《民主与法制》等媒体推广。

二是渐次完善管辖机制。推进与行政区划适当分离的司法管辖制度改革，深入推进行政案件交叉管辖或相对集中管辖试点，全省市州试点地区增至12个，有力保障行政相对人合法权益。

三是持续健全管理体制。推动省以下法院财物统管改革驶入“快车道”，全省法院均已完成省委政法委财物统一管理改革指导意见规定的“七大任务”。全省中级以上法院均已制定内设机构改革方案，将在最高人民法院出台意见后全面推开。

四是不断完善诉讼制度。持续推进庭审实质化，2022年全省法院四类人员出庭案件663件898人次。坚持宽严相济，适用认罪认罚制度审结案件48550件。完善法检“两长”同庭履职机制，常态化开展检察长列席审委会。与省检察院联合印发23种常见犯罪量刑规范意见的实施细则，规范自由裁量权。

（四）切实关注社会需求，以优化司法服务提升获得感、幸福感、安全感

一是优化营商环境。严厉打击商业贿赂、非法经营、内幕交易等犯罪182件，发布反不正当竞争审判工作情况工作报告及典型案例。有序稳妥推进知识产权审判“三合一”改革，审理涉“谭鸭血”等知产案件1.66万件，服务创新驱动发展战略。有力防范化解金融类风险，全国首判操纵证券市场的恒康医疗案件，入选2022年全国投资者保护八大典型案例。

二是深化源头治理。与省发改委、卫健委、工商联等单位分别在强化信用监管、医疗纠纷、商会调解等8个纠纷预防化解方面持续发力，完善先行调解、专业化审判、示范性诉讼等机制，推广“石榴籽”调解品牌，推进

"法庭+派出所+司法所+网格员+N"的矛盾纠纷预防化解机制，基层治理向少诉无讼的前端防范转型。构建衍生案件治理评估体系，推行判后答疑机制，2022年，全省法院判后答疑16.75万件，同比增长2.21倍。

三是强化民生保障。巩固提升一站式多元解纷和诉讼服务机制建设成果，全省法院均已建成诉讼服务中心，设置3384个诉讼服务站点，建成57个"24小时自助法院"，方便人民群众诉讼。开展打击整治养老诈骗专项行动，退赔财产4.5亿余元。常态化开展"零欠薪""司法大拜年"等行动。

## 三、存在的问题和困难

一是改革工作开展不平衡。司法改革的推进深度、落实力度在不同地区之间存在明显差异，一些重大改革缺乏强有力推动，改革部署没有落实到"最后一公里"。有的法院对改革系统性、整体性、协同性重视不足，一些关联度高、耦合性强的改革举措衔接不够。信息化重建设、轻应用现象仍然存在，办案人员和人民群众的诉讼体验感差等问题突出。

二是财物统管改革有差距。省以下地方法院财物统管改革没有实现省级统管，暂时只实现了市级统管。改革后，部分中级法院认为自己与基层法院同为市级保障单位，不用再为之统筹谋划、持续推进，部分基层法院认为按行政级次，自己不对接市级单位，相关保障工作应由中级法院包揽，只"张嘴"提需求，将在一定程度上影响财物保障的时效性和全面性。

三是专业化改革不够协调。作为全国首个跨省域管辖的专门法院，成渝金融法院的专业化审判机制建设有待完善，在审判执行、风险防控、学术调研等方面的跨域协作模式处于探索阶段，改革举措有待强化。就四川大熊猫国家公园生态法庭管辖的刑事案件，法检两家对公诉机关的确定仍有分歧，导致部分案件未能及时公诉至法院。

四是组织保障机制有待加强。全省各法院司法改革工作均未有对应内设机构承担，相关工作主要由研究室牵头、相关部门配合推动，存在职能职责不清、人员配备不足、改革锐气减退等问题。

## 四、下一步工作打算

四川法院将根据中央和最高人民法院改革工作要求，贯彻落实新一轮政法改革实施方案确定的各项改革任务，对“五五改革纲要”中落实不到位的改革继续推进，重点抓好以下五个方面。

一是深化执法司法权力运行机制改革。压紧压实院庭长监督管理职责，健全和落实“四类案件”识别和监管机制。完善信息化全流程审判监督管理机制，构建与新型司法权力运行机制相适应的制约监督体系。自觉接受人大监督、民主监督、群众监督、舆论监督，确保始终为党和人民利益正确行使权力、履职尽责。

二是深化四级法院审级职能定位改革。进一步加强对下沉案件的审判指导，切实提升基层法院办案质效。规范和强化提级管辖机制适用，确保“当报则报”“应提必提”。抓好再审程序改革，畅通报请提审通道，促进案件“下得来”“上得去”。加快案件办理进度，加强参考性案例或指导性案例转化工作。

三是深化司法供给侧改革。持续推进“案件审理期间—纠纷在院时间”双向考评机制试点，有效降低当事人解决纠纷的时间成本。积极倡导“非接触式”诉讼服务，推广应用“天府智诉”诉讼服务平台，加快建设全省统一的12368诉讼服务热线平台。深入建设“石榴籽”调解品牌，持续在律协、律所设立诉讼服务站。

四是深化专业化审判机制改革。充分发挥天府中央法务区审判机构集聚优势，促进成都知识产权法庭、成都破产法庭、成都互联网法庭、成都国际商事法庭、四川大熊猫国家公园生态法庭等专业法庭高质量发展。切实做好成渝金融法院实质化运行工作，注重管辖衔接过渡，加强金融审判体制机制创新。

五是深化互联网司法改革。贯彻落实在线诉讼、在线调解、在线运行三个司法文件，以及加强区块链司法应用意见，规范在线诉讼。审理好网络侵权、互联网竞争秩序等互联网特性突出的案件，推动更好明确网络空间权利范围、交易规则、行为规范。大力推进5G、区块链、人工智能、元宇宙等新兴技术在司法场景中有效应用，健全技术应用规则。

（来源：四川省高级人民法院）

# 贵州法院

2022年，在省委坚强领导和最高人民法院的有力指导下，贵州法院始终坚持以习近平新时代中国特色社会主义思想为指导，深入学习贯彻习近平法治思想，系统推进司法体制综合配套改革，努力让人民群众在每一个司法案件中感受到公平正义。

## 一、推进改革的主要做法

2022年，按照中央、省委和最高人民法院的决策部署，贵州省高级人民法院在全省法院一体推进司法体制综合配套改革。

一是紧紧依靠党委领导。兴起学习宣传贯彻党的二十大精神热潮，深入把握贯穿习近平新时代中国特色社会主义思想的世界观方法论，并用以指导司法体制综合配套改革实践。深入落实《中国共产党政法工作条例》，向省委、省委政法委请示报告重大事项66次，推动诉源治理、员额法官惩戒等司法改革要点任务不断向前发展。

二是加强整体研究部署。省法院召开党组会34次，党组中心组理论学习8次，深入学习最高人民法院、省委关于司法体制综合配套改革部署，集体研究司法体制综合配套改革重点问题。制定的全省法院20类76项年度工作要点中涉及司法体制综合配套改革的任务共计49项，覆盖制约监督、队伍建设等方面。

三是有序推进重点工作。谋划推动贵州法院智慧法院数据标准规范、房地产企业破产处理府院联动机制等纳入省委全面深化改革委员会2022年工作要点任务，统筹推动四级法院审级职能定位改革、服务保障优化营商环境建设等最高人民法院明确的重点改革任务。坚持按季度反馈报告工作进度，确保各项改革任务落到实处。

四是深入开展调查研究。省法院领导带头深入基层法院及人民法庭实地调研综合配套改革中的重点工作。围绕综合配套改革的难点工作，组织开展全省法院重点调研课题26项，中标最高人民法院有关课题3项，承办省委、省委深改委、省委政法委专题调研并分获各类奖项。

## 二、改革主要进展情况

全省法院以全面落实司法责任制为核心，以省委全面深化改革委员会明确的要点任务为抓手，纵深推动司法体制综合配套改革向前发展。

### （一）完善党领导司法改革工作机制，为党的二十大胜利召开提供有力司法服务保障

一是坚持党对司法改革工作的绝对领导。全面学习、全面把握、全面落实党的二十大精神，举办习近平新时代中国特色社会主义思想读书班，深化运用“六个坚持”研究分析制约司法改革的关键性问题。落实重大敏感事项重点环节报告、研判、处置责任，建立审判执行工作重大风险报备制度，组织开展风险隐患大排查。

二是创新发展人民法院党的政治建设。长效化开展党史学习教育，深入开展“两个确立”主题教育。升级改造省法院院史馆，法治教育政治生活馆入选全国法院文化建设特色项目。制定推动党建业务工作双向深度融合的实施办法，扎实开展上下级法院基层党组织“共建共促”活动。

三是加强司法改革经验成效总结和宣传。全面总结提炼党的十八大以来全省法院深化司法体制改革成效，28项成果、31名个人和22个集体由贵州省委全面依法治省委纳入法治建设成就进行集中宣传。在新华网、《人民法院报》等国家级媒体发表稿件452篇，联合央视推出专题节目5期，全面展现贵州法院司法改革工作的新进展。

### （二）深化司法服务中心任务工作机制改革，服务保障构建新发展格局

一是服务营造安全稳定社会环境。实施党的二十大涉诉信访案件动态监测，提前化解最高人民法院交办的105件重复信访案件。3项人民法庭服务

乡村振兴经验在全国推广。推动省依法行政工作领导小组出台务实举措，进一步提升行政执法水平，与多家省直单位常态化开展行政争议实质化解。

二是深入推动诉源治理。出台推动矛盾纠纷多元化解的实施意见，助推建立28家单位参与的省诉源治理工作联席会议制度，与全国中小企业协会等19家单位建立诉调对接机制。全省法院万人起诉率降幅排名全国第4，受理案件下降数量排名全国第1，得到最高人民法院充分肯定。

三是服务推动贵州高质量发展。积极向上汇报对接最高人民法院出台《关于支持和保障贵州在新时代西部大开发上闯新路的意见》。上线法院和工商联互联互通调解服务平台。深化知识产权审判“三审合一”改革，选任专利技术调查官。成立全国首个茶产业环境保护法庭，发出全国首份判前碳汇认购令，得到最高人民法院高度肯定。

### （三）深化审判权力运行机制改革，夯实司法责任体系建设成果

一是加强司法责任体系改革和建设。进一步规范审委会工作规则，修订专业法官会议运行规则。强化“四类案件”监管，明确院庭长及二级高级法院以上法官办案量。上线发改指案件动态监管平台，深入开展瑕疵案件专项整治行动，多措并举提升案件质效。

二是完善审判权力制约监督体系。出台加强类案检索实施意见，制定参考性案例管理办法，运用示范性案例裁判机制探索类案类判路径，实质化推动法律适用统一。制定《审判权力和责任清单》，有力推进法官惩戒委员会实质化运行。

三是健全司法组织人事管理机制。建立法官对审判辅助人员的考核评价机制。出台干事创业容错纠错办法，常态化开展政治素质考察，建立干部政治素质档案，人才工作经验6次被最高人民法院推广。制定贵州省法官考核办法，稳步推进全国法院唯一的公务员平时考核试点工作。

四是不断加强智慧法院建设应用。出台贵州法院数据标准。升级贵州移动微法院，推进涉案财物管理系统法院端改造。3项自主研发成果入选2022年全国政法智能化建设智慧法院创新案例。全流程无纸化办案实现全覆盖，经验做法5次被最高人民法院推广介绍。

### （四）推进诉讼制度机制改革，促进审判体系和审判能力现代化

一是组织开展四级法院审级职能定位改革。认真落实人民法院四级职能定位改革，建立审判监督案件跟踪分析机制，加大未审结案件的督导指导力度，持续强化审判监督依法纠错、维护裁判权威的职能作用。

二是深化刑事诉讼制度改革。牵头完成23个常见罪名量刑指导意见实施细则，促进从公诉阶段提升量刑规范化水平。制定《未成年人犯罪记录档案查询暂行办法》。制定涉减假暂案件办理的工作指引，经验做法被最高人民法院推广。

三是深化民事诉讼制度改革。联合制定道路交通事故社会救助基金管理实施细则。共同建立国家司法救助与社会救助衔接工作机制的实施意见。在办理涉未成年人案件中开展家庭教育指导工作，成立家庭教育指导工作站、家庭教育服务中心。

四是深入推进执行体制机制改革。制定查封、扣押、冻结财产工作指引，出台《关于刑事诉讼涉案财物规范化管理的意见》，全面推行“事务集约、繁简分流”执行案件办理模式，首次实际执行到位率连续五年居于全国前列、西南第1。

## 三、存在的问题和困难

目前，全省法院推进司法改革工作中还面临一些问题和困难。

一是运用党的创新理论推动司法改革工作的机制需进一步健全。从中国式现代化建设的高度谋划法院工作现代化建设的意识还不强，系统推进司法改革的力度需进一步增强。针对人民群众反映强烈的审判执行质效问题，还不能很好统筹公正与效率的关系，研究解决的思路不够清晰、举措不够有力。

二是司法服务经济社会发展大局的能力水平还需要持续提升。统筹谋划和整体推进服务平安建设法治建设工作还不够深入。营造法治化营商环境措施还需不断完善，还一定程度存在举措不力、方法不多等问题。金融审判、破产审判专业化建设还不足。府院联动的机制还需升级优化，实质性化解行政争议还需不断深入。

三是健全完善权责统一、运行高效的司法权力运行体系还需要下大力气。

新型监督管理机制需不断完善，法院内部的监督力量需要加强，法院内外的监督力量还不能很好地形成合力。司法工作规范化建设需进一步强化。统一裁判尺度问题需进一步推动解决。锻造政治过硬、本领高强、作风优良法院队伍还需创新发展。

四是智慧法院促进司法工作质量、效率、动能变革的作用还不强。对智慧法院的建设规划还缺乏长远、全局的思考和研究。地区之间、法院层级之间、不同法院之间的建设和应用水平仍然存在不小的差异。部分已建成的办公办案平台和信息化诉讼服务平台等系统应用成效不佳。

## 四、下一步工作打算

全省法院将围绕加快推进审判体系和审判能力现代化建设总体布局，从以下几个方面深入推进司法体制综合配套改革。

一是坚持转变司法理念，加快实现思想观念现代化。坚持讲政治和讲法律有机统一，加强政治考量和政治把握，并把讲政治的要求贯彻到司法改革工作全过程各方面。坚持服务中心大局和抓好主责主业有机统一，自觉把司法改革工作置于中国式现代化进程中谋划和推进。坚持公正和效率有机统一，树牢“公正是根本要求”的理念，树立“效率是人民期盼”的意识，善于做到从公正和效果上落实效率的要求。

二是创新司法服务大局机制，加快实现司法能力现代化。推动基层司法力量融入基层社会治理，纵深推进诉源治理工作。提升优化法治化营商环境能力，加强对各类市场主体的平等保护，加大知识产权司法保护力度。升级府院联动机制，建立行政争议协调化解中心，全力推动行政争议实质性化解。探索开展执源治理工作，推动切实解决执行难。提升环境资源司法保护工作能力，为推动绿水青山向金山银山转变提供坚强司法服务和保障。

三是全面准确落实司法责任制，加快实现审判权运行体系现代化。深入推进人员分类管理改革，加大跨行政区划员额动态调配力度，健全司法辅助人员日常管理机制。提升审级监督、审判监督实效，完善“四类案件”监督管理机制，积极推动健全政法各单位制约监督机制。完善违法审判责任落实机制，提高法官惩戒工作规范化、专业化水平。深化以审判为中心刑事诉讼制度改革，持续推进繁简分流改革，认真开展“案件质量提升三年行动”。加强各级法院领导班子建设，大力培养选拔优秀年轻干部，面向实践加强紧缺司法人才培养。

四是坚持司法工作与信息技术深度融合，加快实现科技手段现代化。以“想用、愿用”为目标，以应用促建设、以建设促发展，持续推动智慧法院建设全面提速。持续推进司法数据中台和智慧法院大脑建设，不断深化人民法庭信息化建设。进一步加强应用推广、扩大应用范围、升级应用功能，提高全流程网上办公办案系统和其他配套辅助信息系统的互联互通水平。

（来源：贵州省高级人民法院）

# 云南法院

2022年，在省委坚强领导和最高人民法院正确指导下，在各相关部门的大力支持下，云南法院坚持以习近平新时代中国特色社会主义思想为指导，深入学习贯彻习近平法治思想，不断深化司法体制综合配套改革，努力让人民群众在每一个司法案件中感受到公平正义。

## 一、推进改革的主要做法

2022年，按照中央、省委和最高人民法院部署，云南省高级人民法院在全省法院一体推进司法体制综合配套改革。

一是始终坚持党组统领改革。全省各级法院党组、司改领导小组始终坚持把方向、管大局、保落实的总基调，强化改革工作的集体研究、统筹谋划、系统推进。坚持把学习贯彻习近平总书记改革重要论述及中央、省委改革精神作为落实改革的“第一议题”，以党组会、院长会等方式专题学习改革精神，研究部署改革任务，制定贯彻落实党的系列会议精神和改革各项机制措施，出台年度司法体制改革工作要点、重大改革项目任务分解和工作台账等，切实将改革作为重中之重，纳入年度工作抓紧抓好、纵深推进。

二是建立落实推进改革“三化”机制。以全省作风革命、效能革命为抓手，对标对表中央、省委改革决策部署，实行改革任务项目化、项目清单化、清单具体化，做到“一把手”主抓、“一条线”贯穿、“一盘棋”推进改革落地落实。每季度梳理报告改革推进情况，自检自查、总结上报年度全面深化改革落实情况、政法领域改革任务完成及亮点工作推进情况、司法体制改革工作总结及任务台账推进情况等，协同高效完成改革年度考评工作。

三是注重落实重大改革事项请示报告制度。全省各级法院均做到主动向各地党委、政法委和人大常委会汇报请示重大改革事项，认真做好重大敏感事项重点环节报告、研判、处置责任和“三同步”工作，对重大敏感案（事）件在政治方向、政策把握、组织实施等方面严格把关。省高院向省委专题报告普洱市思茅区法院“人象和谐法律服务点”获最高人民法院党组书记、院长周强批示的情况，并按省委要求迅速做好后续宣传报道等工作，云南加强生物多样性司法保护实践探索举措反响热烈。

四是完善改革指导督察考评机制。健全司改领导小组统筹协调、分管院领导分块抓总、牵头部门主要实施、参与部门各尽其责、司改办督促协调的改革工作格局，形成上下贯通、横向联动、逐级督察的工作落实机制。配合完成中央政法委、最高人民法院开展改革专项督察、改革成效评估。实行分级督察责任制常态化，赴各中基层法院进行督察、调研，指导和解决制约改革推进的难点、堵点问题。充分发挥考评“指挥棒”作用，每年总结通报改革任务完成情况，督促各领域改革任务台账落地落实。同时，完善激励机制，评选2022年度全省法院司法改革优秀案例，正向激发改革活力。

## 二、改革主要进展情况

全省法院以全面落实司法责任制为核心，以省委综合配套改革任务台账为抓手，推动改革不断向纵深发展。省高院制发并落实全省法院2022年司法体制改革工作要点和任务管理台账，分领域细化制定全年司法体制改革7大要点48项任务，审议出台系列制度文件，有力推动各领域各系统改革走深走实。

一是司法责任制落实机制持续健全。制定完善深化司法责任制综合配套改革落实方案、司法责任制履职指引等文件，健全完善审委会、院庭长、法官审判权责清单，健全专业法官会议制度，完善统一法律适用机制。持续深入全省中基层法院入额院领导办案情况定期通报和审判业绩年度考核机制，统筹开展首次中基层法院年度综合考评和第三个年度中级法院领导干部审判业绩考核工作，推进司法责任制与执法司法制约监督同步落实，领导干部办案质效和司法公信力稳步提升。云南法院构建领导干部审判业绩考评监管体系做法连续三年获得肯定，形成改革的“云南经验”“云南特色”。

二是服务党和国家中心工作成效明显。全省法院立足新发展阶段、贯彻新发展理念、构建新发展格局，持续深化改革全力服务经济社会发展大局，为自贸试验区、磨憨国际口岸城市、昆明中央法务区建设提供司法服务和保障的措施意见，制定《关于中国（云南）自贸试验区深化改革的任务措施》《支持昆明市托管磨憨镇涉法院事项工作方案》，设立昆明官渡区法院磨憨人民法庭，为构建一流营商环境、建设国际口岸城市提供法治服务与保障。主动服务绿色发展，成功承办世界环境司法大会，设立昆明环境资源法庭，制定加强生物多样性司法保护十六条措施，“云南绿孔雀”案被联合国环境规划署列为生物多样性保护十大案例之首，入选新时代推动法治进程十大案件。“绿孔雀保护案”“中国犀鸟谷生态保护法律服务站”“人象和谐法律服务点”等案例写进最高人民法院《中国生物多样性司法保护》工作报告和生物多样性司法保护典型案例。

三是执法司法制约监督更为有力。按照中央政法委《关于加强政法领域执法司法制约监督制度机制建设的意见》《关于加快推进政法领域执法司法责任体系改革和建设的指导意见》及云南省实施方案，制定贯彻落实任务措施清单、具体计划和责任分工方案，抓好司法制约监督5大体系、121项任务举措、90余项政策制度的“立改废”工作。出台规范全省法院院庭长审判监督管理职责规定、加强审判监督管理工作意见等制度，严格落实防止干预司法“三个规定”。探索建立法官惩戒机制，制定《云南省法官惩戒委员会惩戒审议规则（试行）》《关于加强法官惩戒与纪检监察等部门衔接机制建设的意见》，法官惩戒委员会对个别法官违反审判职责行为作出审查意见，成为全国第三个法官惩戒工作进入实质化运行的省份，获最高人民法院肯定。

四是诉讼制度改革持续深入推进。联合制定《办理妨害国（边）境犯罪案件证据收集及审查指引》等办案指引，完善刑事速裁程序和认罪认罚从宽制度，在全省推广刑事案件律师辩护全覆盖，以审判为中心的刑事诉讼制度改革深入推进。探索出“一二三六”繁简分流工作模式，实行环境民事公益诉讼案件、知识产权案件、跨行政区划行政案件集中管辖“三合一”审理，推进家事审判改革多元化解婚姻家庭矛盾等民事诉讼制度改革，形成一批体现中央精神、结合地方实际、符合司法规律的“繁简分流+多元解纷”新模式。持续推进行政诉讼制度改革，形成党委统筹、政府支持、社会参与的多元化解行政争议新格局，实现行政争议实质化解和源头治理。

五是审级职能定位改革有力有序。积极开展全省法院审级职能定位改革试点工作，出台云南法院完善审级职能定位改革实施方案及细则，建立改革工作专班，定期做好试点季度工作报告和数据统计，持续完善案件提级管辖机制、改革再审程序、强化审判权力运行制约监督等改革试点要求举措，指导中基层法院合理应对审级改革所带来的审判重心“下沉”的难题。优化建强配套措施，进一步完善“四类案件”监督管理，同步健全司法权制约监督机制，健全省以下法院编制动态调整，科学调配政法专项编制与员额。

六是为民司法服务保障机制更加完善。坚持把非诉讼纠纷解决机制挺在前，贯彻落实《云南省矛盾纠纷多元化解条例》，充分发挥人民调解、行政调解、行业调解、律师调解等多元力量，构建矛盾纠纷多元化解机制，落实加强和规范立案诉服工作“二十条”等意见、办法，推进一站式多元解纷和诉讼服务体系建设。调整优化人民法庭布局，增设4个人民法庭，更名调整3个人民法庭，助力基层社会治理及乡村振兴发展。云南法院诉讼服务中心建设走在全国前列，成为司法为民的一张亮丽名片。

七是队伍建设管理效能日渐提升。联合省委组织部、省委政法委印发《关于进一步加强全省法院队伍建设的十条措施》，与省委编办、省检察院联合印发《云南省法院检察院政法专项编制动态管理实施办法》，会同省委组织部转发《法官单独职务序列规定》，制定《云南法院关于建立健全法院人员内部交流机制的实施办法》。召开省法官遴选委员会第三次全体会议，完成云南省第六批法官检察官遴选工作，确认106名原任审判员以上法律职务人选入额，从208名法官助理中差额遴选132名为员额法官。完善法官员额动态调整及退出机制，制定聘用制书记员管理办法等制度，队伍建设得到加强，资源效益更加优化。

## 三、存在的问题和困难

目前，全省法院推进司法改革工作取得一定成效的同时，也存在一些问题和困难。

一是改革思想认识还有差距。有的法院和部分干警思想认识不够到位，紧密结合实际解决突出问题的整体性、针对性有差距，前瞻性、独创性的改革举措不多。

二是改革系统集成还不明显。各级法院在改革推进程度、完成程度、见效程度上参差不齐，部分改革任务仅完成了“物理整合”，还未产生“化学反应”，改革衔接协调不畅、配套跟进不足、形成合力不强等问题仍然存在。

三是业务领域还有完善空间。刑事审判中公检法三机关在执法理念和标准上对接机制有待统一；民事审判中立案均衡度把控不够，类案裁判标准不够统一；行政审判中多元化解、实质化解行政争议、行政机关负责人出庭应诉制度有待加强；立审执协调运行衔接、司法救济程序、加强执行监督等方面仍有健全完善的空间。

四是制约监督短板还未补齐。落实司法责任制中“让审理者裁判”涉及赋权、放权改革相对较快，“由裁判者负责”涉及的明责、追责改革相对滞后，一定程度上存在司法责任定责不清、尽责不够、问责不力等问题。

五是综合配套举措还需跟进。法官退出、交流到党政机构的具体规程尚未完全建立，法官助理分层培养机制条件尚不明确、任免工作存在政策障碍，高中级法院法官助理到基层法院入额的实施政策尚未明确，司法人员履行法定职责保护机制处于探索阶段。

## 四、下一步工作打算

2023年，云南法院将全面贯彻落实党的二十大精神，深入学习贯彻习近平法治思想和习近平总书记考察云南重要讲话精神，持续深化司法体制综合配套改革，为全省法院高质量发展、建设更高水平法治云南、推进新时代云南社会主义现代化提供坚强有力的司法服务和保障。重点抓好以下工作。

一是加强党对改革的绝对领导，持续建强组织机构运行机制。坚持把党的绝对领导贯穿司法体制改革全过程，健全法院党组领导和监督改革工作制度，发挥好党组总揽全局、协调各方的作用，推进全省法院改革工作再上新台阶。

二是深化司法权力运行机制，持续推进司法责任制全面落实。坚持权责相统一，建立健全办案责任制，完善和落实权力责任清单、履职指引制度，让审理者裁判、由裁判者负责，确保放权不放任、用权受监督。

三是聚焦党和国家工作大局，持续高质量服务保障新发展。坚持以服务大局为要务，紧扣云南“十四五”规划和省委“3815”战略发展目标，能动履行审判职能，不断以高质量司法服务云南高质量跨越式发展。

四是建强制约监督制度机制，持续夯实司法责任体系建设成果。坚持管理监督不缺位、权力行使必留痕、失职渎职要担责，健全监督管理机制，进一步加强与驻院纪检组配合衔接，对司法活动进行制约监督。

五是回应人民群众司法需求，持续完善多元解纷司法服务体系。坚持和发展新时代“枫桥经验”，巩固提升一站式建设成果，深化“源头预防为先、非诉机制挺前、法院裁判终局”的多元解纷模式，推进市域社会治理现代化。

六是推进司法人事制度改革，持续优化编制资源效益发挥。坚持和加强法官队伍建设，大力培养专业化审判人才，加快推进人员分类管理机制创新，优化司法人力资源配置，不断提升司法能力水平。

（来源：云南省高级人民法院）

# 西藏法院

2022年，在自治区党委坚强领导和最高人民法院正确指导下，在自治区司改办及相关部门的大力支持下，西藏自治区法院坚持以习近平新时代中国特色社会主义思想为指导，深入学习贯彻习近平法治思想，认真贯彻落实党的二十大精神、中央全面深化政法改革推进会、自治区党委司改领导小组会议和最高人民法院、自治区法院司法改革工作会议精神，不断深化司法体制综合配套改革，努力让人民群众在每一个司法案件中感受到公平正义。

## 一、推进改革的主要做法

一是坚持党对法院工作的绝对领导。全面贯彻落实《中国共产党政法工作条例》和自治区党委实施细则等，旗帜鲜明同否定党的领导、否定中国特色社会主义司法制度的错误言行作斗争，坚决抵制西方“宪政”“三权鼎立”“司法独立”等错误思潮，维护司法领域意识形态安全。落实法院党组向同级党委请示报告重大事项制度、向党委全面述职制度和重大决策执行情况督查反馈机制。

二是强化工作部署、任务推进和成效总结。通过召开党组会、专题会、推进会，制定印发年度司改任务要点、司改工作分工方案，及时对涉法院司改任务进行细化分解，建立任务清单和工作台账，认真总结改革工作成效，推进司改工作落实。

三是强化工作督导。完善改革季度调度和定期汇报制度，先后召开4次司改领导小组会议、3次全区法院司改工作推进会，交流司改工作经验做法，分析形势和问题，明确司改阶段重点任务。印发关于报送司改任务季报、工作进展情况报告的通知，建立司改任务台账，实施项目化推进，完善对账销号制度，确保司改任务件件抓到位。

四是强化工作经验总结。发挥司改办综合协调职能，及时向自治区党委和最高人民法院报送司法改革有关材料，对各中院、高院各部门所报送司改任务进行分门别类建档，进一步做好改革任务信息收集，做好改革典型材料的编写工作。强化制度建设，及时对改革成果进行总结并形成工作机制、指导意见，2022 年自治区高院共出台各类工作制度机制 31 项。

五是推进改革舆论宣传。充分发挥西藏法院自媒体主阵地作用，西藏法院微信公众号发布各类信息 1679 篇，邀请媒体报道 14 次。通过走访、慰问、座谈等形式向人大代表、政协委员、老党员老干部通报法院工作开展情况。

## 二、改革主要进展情况

一是坚持把政治建设摆在首位，深入推进人员分类管理改革。持续强化法官队伍建设，在法官入额遴选、干部选拔任用、评先选优等工作中加强政治把关，坚持法官晋职晋级必须进行正向、反向政治素质测评；健全完善法官、审判人员依法履职保护机制。进一步明确司法辅助人员、警务辅助人员职权，印发《西藏自治区高级人民法院法官及辅助人员职责和权限清单》《全区法院检察院司法警务辅助人员管理办法》。健全法官权益保障委员会工作机制，及时调整法官权益保障委员会成员。加大三类人员轮岗交流力度，出台自治区高院机关三类人员内部交流机制，22 人进行了内部交流。充分发挥国家法官学院西藏分院培训主阵地作用，通过专业培训、专题讲座、案例分析等形式加大审判人员培训。首次选调中基层法院 30 名优秀年轻法官进行专题培训。积极与自治区人大协调解决法官递补人员入额和挂职法官审判资质，向自治区编办请示核增基层法院领导职数动态调整。针对财会人员和法官助理等急需紧缺人才，提出招录 126 名的计划。

二是强化审判管理改革，推动审判业务提质增效。明确全区法院开展调整民事案件级别管辖工作，完善案件提级管辖机制，改革再审程序，强化上级法院对下监督指导、统一法律适用职能，推进四级法院审级职能定位改革。出台《西藏法院法官员额动态调整管理办法》，将 54 名员额调剂到基层和办案一线，推动编制员额配置向基层和办案一线倾斜。印发《西藏自治区高级人民法院关于规范法官裁量权行使保障裁判尺度统一的工作意见》。健全审判委员会决议事项督办回复机制。与检察院、公安厅、司法厅等部门联合印发

《关于刑罚执行建立联席会议机制的意见》《关于规范调整调阅民事、行政诉讼卷宗工作的办法（试行）》《关于临时布控列控失信被执行人配合工作机制》《关于在执行程序中试行律师调查令的若干办法》，不断增强工作合力。

三是巩固立案登记制改革成果，化解涉诉信访案件。细化当场立案、网上立案、自助立案、跨域立案规则和程序，优化立案服务，坚决防止年底“立案难”问题发生。持续推进一站式多元解纷和诉讼服务体系建设，认真推进创建“为群众办实事”示范法院、“枫桥式人民法庭”活动。2022年完成《西藏法院民事再审立案规程》《立案衔接工作办法》《提级管辖实施细则》三项制度建设。贯彻落实《信访工作条例》，严格执行“诉”“访”分离、依法终结等工作要求，制定《“院领导大接访”工作办法》《涉诉信访工作流程》，常态化开展“院庭长大接访”活动，自治区高院共受理涉诉信访案件50件，已化解44件，终结案件3件。

四是强化合作，推进刑事审判改革。制定《常见刑事案件证据指引》，统一办案证据标准。联合出台《关于办理职务犯罪案件若干问题的暂行办法（试行）》，规范提前介入、案件管辖等程序性问题。研究制定“三项规程”实施意见，持续深化以审判为中心的刑事诉讼制度改革。严格贯彻证据裁判原则，推动庭审实质化运行。联合司法厅印发《关于开展刑事案件律师辩护全覆盖试点工作的办法》。举办全区刑事审判业务培训班，审判、检察、侦查人员同堂培训，进一步推进以审判为中心的刑事诉讼制度改革。印发《关于做好常态化开展扫黑除恶斗争的实施意见》《2022年全区法院常态化扫黑除恶斗争重点工作的通知》，推动常态化扫黑除恶斗争走深走实。

五是深化民事行政审判改革，服务高原经济高质量发展。开展“优化法治营商环境助民企”活动，依法打击破坏社会主义市场秩序案件。探索知识产权“三合一”审判模式，完善破产财产管理人名册，依法审理破产案件。创新固边兴边特色司法服务，出台《关于发挥人民法庭职能助推乡村治理现代化的指导意见》。研发上线“西藏人民法庭工作平台”，召开人民法庭工作推进会，通报工作开展情况，分析法庭工作存在问题，压实人民法庭服务固边兴边主体责任。三级法院120名院领导深入辖区122个人民法庭开展调研，开展社区民意调查115次，发出司法建议11份。印发《全区法院家事审判座谈会会议纪要》《人身安全保护令工作指导意见》，开展“模拟法庭进校园”普法活动，深化家事审判方式和工作机制改革。制定《关于深入学习贯彻习近平生态文明思想为创建国家生态文明高地建设美丽西藏提供司法服务和保障的指导意见》，完善生态环境损害赔偿诉讼与公益诉讼有效衔接机制，全面推行3名法官和4名人民陪审员“七人合议庭”制度，完善环境资源刑事、民事、行政案件“三合一”归口审理机制。指导试点法院开展行政诉讼集中管辖改革。

六是强化执行机制改革，完善国家赔偿工作制度。制定《全区法院刑罚交付执行文书样式》，推动刑罚交付执行制度机制建设，加强对减刑、假释案件的实质化审理。在全区法院开展“规范执行行为、提升执行质效”专项行动，持续开展执行领域突出问题整治。推动召开自治区综合治理执行难工作协调小组联席会议，将失信被执行人信息纳入《西藏自治区公共信用信息目录（2022年版）》和《西藏自治区社会信用管理办法》。

七是完善法官惩戒制度，强化责任追究。健全法官不实举报澄清机制，修订《西藏自治区法官惩戒工作办法（试行）》，探索建立专业审查前置机制。完善防止干预司法“三个规定”强制填报和信息直报系统，制定《贯彻落实防止干预司法“三个规定”实施细则（试行）》《关于贯彻落实〈关于建立健全禁止法官、检察官与律师不正当接触交往制度机制的意见〉的实施细则（试行）》《关于严格执行“三个规定”告知书》，将办案人员权责清单嵌入办案平台和日常工作考核系统。

## 三、存在的问题和困难

一是对司改工作推进不平衡。由于受疫情影响和司改办人员调整，一些交流轮岗干部适应新的工作岗位和熟悉司改任务需要一个过程，导致一些司改工作推进落实力度不够，改革成效不明显。

二是司改办综合协调作用发挥有待加强。司改任务落实分解较为笼统，对各中院、高院各部门工作衔接有待提升，与自治区司改办、人大办公厅、组织编制、人力资源社会保险、财政等相关部门的协调联络有待加强。

三是推进改革的方法举措不多。定期研究、强力推进的工作机制有待强化。结合西藏法院和本部门业务实际，主动谋划思考、主动协调对接相关部门的意识不强，结合审判实际深度融入稳定、发展、生态、强边“四件大事”、服务保障“四个创建”“四个走在前列”的创新举措不多。

## 四、下一步工作打算

下一步工作中，我们将以学习贯彻党的二十大精神为统领，认真贯彻落实自治区党委和最高人民法院司改任务和要求，坚持问题导向、目标导向、结果导向，以时不我待、只争朝夕的劲头推动改革任务落实。

一是坚持党对司法改革工作的绝对领导。深入学习贯彻党的二十大精神，坚定捍卫“两个确立”，坚决做到“两个维护”，坚定不移走中国特色社会主义法治道路，推动司法体制综合配套改革更加系统集成、协同高效，确保司法改革正确方向。

二是发挥司法审判职能贯彻落实自治区党委和最高人民法院决策部署。加强对外汇报请示和沟通协调，深入推进四级法院审级职能定位改革试点工作，深入推进自治区以下法院财物统管改革，深化以审判为中心的刑事诉讼制度改革，依法妥善审理涉民生领域案件，健全刑事制裁、民事赔偿、行政处罚有机衔接的环境修复责任制度，创新固边兴边特色便民司法服务。

三是持续强化司法体制综合配套改革统筹管理。进一步发挥好司改办统筹协调作用，做好“五五改革纲要”收官工作，紧盯重点改革任务强化跟踪督办。不断完善司法制约监督体系，进一步落实法官、司法辅助人员考核、惩戒、退额、权益保障等机制。

四是不断深化诉讼制度改革。探索建立多元化纠纷解决新格局，巩固提升一站式多元解纷和诉讼服务体系建设成果，升级完善立案、调解、庭审、保全、鉴定、送达等全流程在线诉讼服务平台，深化便民利民司法服务。充分发挥法院在诉源治理中的参与、推动、规范和保障作用，加强诉源治理，推动一站式多元解纷向基层、社会、互联网、重点行业领域延伸。

五是大力推进智慧法院建设。积极推进“十四五”智慧法院项目建设，严格落实《人民法院在线诉讼规则》《人民法院在线运行规则》《人民法院在线调解规则》，主动融入基层解纷网络建设，加强巡回服务、上门服务。

（来源：西藏自治区高级人民法院）

# 陕西法院

2022年，在陕西省委坚强领导和最高人民法院正确指导下，陕西法院坚持以习近平新时代中国特色社会主义思想为指导，深入贯彻习近平法治思想，认真落实中央、最高人民法院和省委、省委政法委关于司法体制改革重大决策部署，不断健全执法司法制约监督、司法责任体系建设，持续深化司法体制综合配套改革，为全省法院工作高质量发展提供了改革动能。

## 一、加强改革统筹协调，确保改革有力有序推进

一是牢牢坚持党的绝对领导。认真落实《中国共产党政法工作条例》，及时向省委、省委政法委报告四级法院审级职能定位改革试点、执法司法制约监督体系、司法责任体系、员额法官遴选等司法改革重大事项，在省委统筹领导下推进职业保障政策落实、“占编”人员清理分流、司法警务辅助人员纳入地方立法等改革任务，把党对政法工作的绝对领导贯彻到司法改革工作各领域全过程。

二是切实担负改革主体责任。全省三级法院党组坚持把改革摆在重要位置，研究改革重要措施，落实改革重点任务，解决改革困难问题。省法院党组研究制定年度司法改革任务要点，研究部署“四类案件”监督管理、人民法庭局部优化等事项，安排部署对党的十九大以来全省法院推进司法体制改革工作进行总结评估，研究制定《关于加强全省法院基层基础建设的若干措施》，推动改革持续走深走实。

三是不断加强改革统筹指导。省法院党组研究制定2022年度司法改革任务及责任分工方案，从健全司法责任体系、四级法院审级职能定位改革试点、深化综合配套改革等方面提出了20项重点任务。坚持把司法改革纳入目标责任考核、作风建设专项考核范畴，列为院领导班子成员调研督导内容，推动

形成层层抓改革的浓厚氛围。

## 二、抓好改革重点任务，推动改革系统集成协同高效

认真贯彻落实政法领域全面深化改革推进会精神，以制度建设为主线，以优化机制、强化监督、效果评估为重点，推进改革向纵深发展。陕西省法院将法治文化融入多元解纷体系和汉中法院司法数据中台建设等工作经验被《最高人民法院简报》总结推介，榆林法院优化“分调裁审”机制促进审判质效提升工作经验被省委改革办总结推介。

### （一）健全审判权制约监督机制

一是省法院制定《关于进一步完善“四类案件”监督管理实施细则（试行）》，将28类具体案件纳入监督范围，提出10种“组织化行权”的监督管理措施，将院庭长监督与专业法官会议机制、审委会制度有序衔接；将“四类案件”监督管理嵌入审判系统，初步实现了“四类案件”的识别标注、全程留痕等信息化监管。二是落实《专业法官会议工作机制实施细则》，省法院行政审判、知识产权审判等业务条线探索推行专业法官会议纪要制度，为法官提供智力支持。三是落实审委会工作规则，省法院研究发布2期10个参阅案例，调整民事行政审判、刑事审判专业委员会委员组成，增强审委会指导审判实践职能作用。四是发挥审级监督职能，对2021年省法院发、改、指中院的案件进行分析通报，对2021年度各中级法院发改指案件进行专项评查，促进案件质效稳步提升。五是联合省检察院出台《关于民事诉讼监督工作若干问题的会议纪要》，建立完善典型案例联合发布、联合调研评查、同级检察长列席审委会、再审检察建议沟通等9项机制，促进民事审判工作质效提升。

### （二）推动落实司法责任

一是指导基层法院以员额法官为主体组建环境资源审判、家事审判等专业化办案团队，推动员额法官、法官助理各司其职。二是修订《入额院庭长办案规定》，明确院庭长办案数量、办案类型，完善院庭长办案通报机制。省法院按季度发布了4期中级法院入额院领导办理的1682件案件情况通报。三是修订并实施《全省中级法院2022年度执法办案评价实施办法》，加大服判

息诉率等质量效果指标权重，进一步优化评价指标体系。四是严格执行防止干预司法“三个规定”，修订陕西省《落实〈领导干部干预司法活动、插手具体案件处理的记录、通报和责任追究规定〉的实施细则》《落实〈司法机关内部人员过问案件的记录和责任追究规定〉的实施细则》，三级法院逐月填报“三个规定”有关信息，全年累计报送3319条。

（三）扎实推进四级法院审级职能定位改革试点

一是研究制定陕西省法院《关于第一审民事行政案件提级管辖的识别标准指引》《关于第一审民事行政案件提级管辖的识别操作流程指引》《关于案件报请最高人民法院再审提审操作指引》，规范提级管辖和提请再审案件标准和流程。二是对西安、榆林、宝鸡、延安等地法院案件办理情况进行调研，掌握案件变化、案件质量和困难问题第一手情况，并重点对提级管辖相关问题进行指导，促进中基层法院全面准确把握试点要求。三是积极推动“下沉案件”中涉及重大利益、具有法律适用指导意义、疑难复杂新类型的一审案件由上一级法院审理，加强案件质效把控。试点以来，共有6件一审民事、行政案件进行了提级审理。四是每季度总结试点情况并开展中期评估，及时交流经验做法，推动试点扎实开展。“陕西高院与当地行政机关联合发布政府信息依申请公开典型案例，指导基层法院提高案件办理质量”写入最高人民法院向全国人大常委会所作的改革试点中期报告。

（四）持续优化诉讼机制

一是完善特邀调解机制，推动形成由1184个特邀调解组织和4821名特邀调解员组成的线上线下资源共享、动态管理的调解网络。二是根据民事诉讼法第一百六十五条规定，对基层法院及派出法庭适用小额诉讼程序审理民事案件的标的限额进行调整。三是完成全省人身损害赔偿类民事纠纷案件中统一适用城镇居民人身损害赔偿标准试点工作。四是创新知识产权审判机制，推动最高人民法院授权西安市雁塔区法院等16个基层法院管辖诉讼标的为100万元以下的第一审知识产权民事、行政案件；制定《关于为秦创原创新驱动平台建设提供司法服务保障的十条措施》，推动成立秦创原知识产权司法保护中心，加强知识产权司法保护。五是推进以审判为中心的刑事诉讼制度改革，联合省检察院、省公安厅、省民政厅制定《关于建立妥善处置以冒名顶替或者弄虚作假的方式办理婚姻登记问题协作配合工作机制的指导意见》，会同省检察院制定故意伤害等 23 种罪名的具体量刑标准，联合省公安厅、省自然资源厅印发《联合打击惩治防范古生物化石犯罪工作机制》，制定全省法院办理减刑、假释案件实施细则，开展全省适用认罪认罚制度专题调研。六是制定《生态环境损害赔偿协议司法确认案件和生态环境损害赔偿诉讼案件审理指南》，对司法确认案件的申请主体、期限、立案和审查范围等，诉讼案件的举证责任、证据保全等作出规范。省法院选送的“西咸新区某管理委员会不履行环境监管职责行政公益诉讼案”入选最高人民法院评选的“人民法院依法审理固体废物污染环境典型案例”。七是完善执行工作机制，印发《关于推进执行团队化办案、执行实施案件繁简分流、执行事务集约办理“三项机制”改革的指导意见》，并选取 32 家基层法院重点推进；与国家税务总局陕西省税务局签署《人民法院与税务机关建立协作配合机制的合作备忘录》，联合省交警总队在西安中院、宝鸡市陈仓区法院等试点推行“点对点”车辆查控机制，不断增强执行联动合力。八是推进互联网诉讼机制，全面建成诉讼服务网、陕西移动微法院、律师服务平台等 15 个系统，实现诉讼全业务在线办理；全省 121 家法院全面开通一站式在线诉讼服务功能，实现调解、立案、开庭、阅卷、鉴定、送达等全流程在线办理。

### （五）持续深化综合配套改革

一是配合省法官遴选委员会完成 2021 年度员额法官统一遴选工作，共遴选员额法官 231 人、递补法官 31 名。二是指导推动榆林中院 1 名法官助理到基层法院参加入额遴选，为上级法院法官助理到下级法院入额积累了经验。三是落实员额动态调整和退出实施办法，指导汉中、商洛在市域范围开展员额法官统筹配置。四是配合省委编制、组织部门，为全省法院招录法官助理、法警和其他各类人员 415 名，全省法院员额法官、法官助理配比上升到 1∶0.58。五是推动常态化开展三级、四级高级法官晋升工作，新晋升一级高级法官 7 名、二级高级法官 14 名，激发队伍活力。六是修订聘用制书记员招聘办法、考核管理办法、职务等级管理办法，推动落实聘任制书记员薪酬新标准，协调为全省新招录聘用制书记员 384 名。七是落实《关于进一步推动解决法院检察院人财物统管改革后有关问题专题会议纪要》，协调推动各地党委、政府共分流安置“占编”事业身份人员 235 名、工勤身份人员 9 名、身份类别无法确定人员 121 名。八是联合省财政厅等印发《关于在省以下地方法院检察院财物市级统一管理中进一步完善经费保障机制的意见》，确保各地法院公用经费按现行标准得到足额保障；联合省财政厅转发《人民法院财务管理办法》，明确基层法院执法执勤车辆更新资金在转移支付资金列支并不限制比例。九是持续推进人民法庭“两化”建设，完成全省 2 批次示范、达标法庭评定工作，共评定示范法庭 44 个、达标法庭 182 个，西安市临潼区法院雨金法庭等 5 个人民法庭分别入选最高人民法院新时代人民法庭建设案例。

## 三、存在的困难和问题

一是人案矛盾普遍突出。2022 年，陕西法院案件数量仍呈大幅增长态势，共有 20 个基层法院年人均结案超过 300 件，11 个法院年人均结案超过 400 件，法官工作量、办案压力持续加大。与此同时，全年有 216 名法官因退休、工作调动等原因退出员额，导致案多人少矛盾更加突出。

二是监督管理机制还不平衡。基层法院在“四类案件”监督管理、专业法官会议机制实际运行、院庭长办案等方面，还存在配套措施不完善、推动落实不平衡的现象。

三是人员管理改革有待深化。基层法院普遍“缺人”问题突出，法官员额统筹动态调整有待全面推开；受编制等政策因素影响，基层法院法官助理短缺问题短期内难以有效解决。

## 四、下一步工作打算

深入贯彻党的二十大精神，认真落实中央政法工作会议、第二十二次全国法院工作会议和第二十二次全省法院工作会议部署，守正创新，开拓进取，持续推进思想观念、工作体系和工作能力现代化。

一是深化综合配套改革，积极协调配合遴选委员会每年至少开展一次员额法官遴选工作，推动员额遴选常态化；统筹推进员额和编制跨域统筹使用、动态调整，健全内部人员交流机制，推动人案配比相对均衡。

二是全面准确落实司法责任制，探索制定更加细致合理、符合审判规律的权责清单，强化院庭长法定监督管理职责，健全院庭长办案机制，进一步完善合议庭、专业法官会议、审判委员会工作机制，规范司法权力运行。

三是持续推进以审判为中心的刑事诉讼制度改革，推动构建诉讼以审判为中心、审判以庭审为中心、庭审以证据为中心的刑事诉讼新格局。

四是扎实推进四级法院审级职能定位改革试点，完善提级管辖机制，促进优化司法资源配置。

五是创新发展新时代“枫桥经验”，拓宽多元解纷机制，完善诉调对接机制，优化司法确认机制，积极参与党委主导的多元解纷和综合治理工作，将矛盾纠纷化解在诉讼之前、萌芽状态，从源头减少诉讼增量。

六是认真落实人民法院在线诉讼、在线调解、在线运行“三大规则”，全面推进新时代人民法庭标准化规范化建设。

（来源：陕西省高级人民法院）

# 甘肃法院

2022年，在甘肃省委坚强领导和最高人民法院有力指导下，甘肃法院坚持以习近平新时代中国特色社会主义思想为指导，深入学习贯彻习近平法治思想和党的二十大精神，围绕“努力让人民群众在每一个司法案件中感受到公平正义”目标，通过抓改革、强中心，建机制、促效能，优服务、聚民心，人民法院各项改革接续推进、积厚成势，司法质效和公信力不断提高。

## 一、推进改革的主要做法

一是锚定发展方向凝聚改革信心决心。坚持改革是第一动力、科技是第一支撑、人才是第一资源，确立“政治建院、公信立院、改革强院、科技助院、文化育院、人才兴院、从严治院”七大举措，强化政治担当、历史担当、责任担当，强化守正创新、科技赋能、开放合作，强化干事创业、争先创优、团结奋斗，强化法院治理、文化滋养、人才培用，着力实现“全面工作争一流、重点工作求突破、特色工作创品牌”三大目标。通过方向引领、规划决策、高效执行，始终把改革置于服务全局来谋划、发展大局来把握、构建工作格局来强化，推动改革真正落到实处、见到实效。

二是深挖内在潜力增强改革活力动力。统筹人员配置，推进力量下沉，通过建立员额动态调整、员额法官“入额+递补”、常态化支援办案、实习法官助理、东西部协作交流“五项机制”，化解人案矛盾取得了新突破。坚持“数据多跑路、群众少跑腿”，以在线服务平台为总入口，推进移动微法院、人民法院调解平台、12368热线深度运用，智慧法院建设跑出了为民服务“加速度”。在全国省级层面首创《人民法庭建设指引》“1+4”体系，引导人民法庭服务县域特色经济，“种子法庭”“苹果法庭”成功入选全国人民法庭建设案例库。积极稳妥推进省级财物统管改革，大幅提高公积金缴存基数，

"3＋N＋5"改革模式不断拓展延伸。聚焦环境司法区域协作，成功举办"第二届黄河流域甘肃段生态环境司法保护协作论坛"。

三是坚定根本宗旨擦亮为民服务底色。深入开展民法典知识普及，指导企业依法用工，引导农民工合法维权。加大家庭暴力规制力度，出台《审查人身安全保护令案件工作指南》。开展"登记难"专项行动，化解案件673件，保障民生更为精准。开展根治欠薪专项行动，追回"血汗钱"1558万余元，为农民工兄弟"打气撑腰"。开展执行案款专项清理，全省认领不明款36亿余元，发放超期案款57亿余元，践行为民办实事庄严承诺。提升司法救助工作的主动性、精准性和实效性，建立"司法救助＋心理援助"机制，全省法院发放司法救助金1600万余元。

四是强化示范效应倾力打造特色品牌。承办新时代践行马锡五审判方式研讨会，选编优秀论文、百篇案例，命名一批先进人民法庭及个人，深度总结马锡五审判方式的理论价值、时代价值和实践价值，与新时代"枫桥经验"贯通衔接，有效发挥司法在社会治理中的参与、推动、规范和保障作用。不断为铸牢中华民族共同体意识注入法治内涵，出版《丝绸之路出土法律文献研究》（卷四），完成《中华民族共同体法治文化研究》选题编印。坚持把法治化营商环境作为"一把手"工程，紧盯三大重点指标找差距、补短板，加强审限管理、强化破产审判、抓实考核整改、跟进舆论宣传，服务保障重大战略实施迈上了新台阶。

## 二、改革主要进展情况

一是加强政治建设引领改革发展。始终把党的领导贯穿司法改革全过程、各领域，坚持不懈强化创新理论武装，深入开展"两个确立"主题教育，扎实组织政治轮训、理论研讨，创新推出高级法官大讲坛、"习近平法治思想"青年干警学习小组，引导广大干警深学真信笃行习近平法治思想，推动党的二十大精神入脑入心、走深走实、见行见效。认真贯彻落实《中国共产党政法工作条例》及实施细则，坚守意识形态主阵地，严明政治纪律政治规矩，坚决把中央、省委和最高人民法院对司法工作的决策部署落到实处。全面加强党的政治建设，围绕"五个过硬"，加强"四化"培育，倾力打造让党和人民信得过、靠得住、过得硬的政法铁军。

二是抓细落实审级职能定位改革。研究制定省法院《四级法院审级职能定位改革试点工作推进方案》，出台《完善案件提级管辖工作机制实施细则(试行)》等4个规范性文件，“1+4”制度体系全面构建，12项配套措施综合发力。确定兰州、天水、张掖中基层法院为改革示范法院，及时将提级管辖案件纳入“四类案件”监管，实现案件自下而上有效过滤、精准提级，天水中院敲响全省法院提级管辖“第一锤”。建立案件提级管辖机制，主动识别、优化流程、强化监管，推动上下级法院之间形成工作回路，做到“当报则报”“应提必提”。

三是多措并举促进审执质量提升。抓实六项评查，对最高人民法院发改的39个案件进行专项评查、全省470个案件进行交叉评查、273篇外省裁判文书参与全国性评查、4234篇上网裁判文书首次评查。落实权责清单、院庭长法定监督管理职责，制发“四类案件”情况通报4期。健全重大敏感案事件监管机制，指导中基层法院建立“重点案件”管理台账，及时审批47个案件。制定审委会工作办法和讨论议题范围规定，建立审委会委员出席情况通报制度。组织参评第五届全国法院“双百”评选，开展第一届“甘肃法院双百”评选，对360篇裁判文书、285场庭审直播进行初评、复评和终评，有效发挥优秀裁判文书和优秀庭审示范引领作用。创刊《审管动态》交流经验做法，推动审判管理向更高水平发展。

四是围绕“三不”加强廉政风险防控。聚焦“不敢”强震慑，紧盯执法不公、司法腐败，靶向“六难三案”“七类事”和司法“微腐败”，充分运用“四种形态”，持续保持高压态势。聚焦“不能”强约束，出台强化合议庭履职监督“十五步”工作法、审委会监督“九聚焦”工作办法，实现对两个议事规则全过程政治监督；围绕更好发挥惩戒委员会作用，及时修订《法官惩戒委员会工作规则》及《法官惩戒工作办公室工作规则》。聚焦“不想”强教育，常态开展“三个规定”专项工作约谈和督导督察，创新推出“十个一”廉政提醒。聚焦“顽疾”治四风，扎实开展3个月的司法作风突出问题集中整治，及时开展线上审务督察，助推纪律作风持续改进。

五是着力强化法官员额动态管理。以近三年人均办案量为基数，统筹73个法官员额调剂到案多人少矛盾突出的38个基层法院，做到“以案定额”。科学测算未来一定时限内法官自然减员数量，法官退额、调动由定期审批改为随报随批，通过设置递补名额，与法官同步遴选，实现“随缺随补”。从直属、中级法院分别选派12名、27名法官（法官助理）到案件量大的基层法院帮助办案，锻炼审判队伍，缓解办案压力。主动联系省内高校，接收法律研究生担任实习法官助理，实现司法实践与法学教育有机融合。协调山东高院，推动临夏、济南两地法院达成协议，拓宽协作地区法院之间交流学习的渠道。

六是聚力推进一站式建设夯基拓面。做实源头减量、"三进"强基、多元增效基础工程，两当法院经验做法跻身全国法院一站式建设优秀改革创新成果，高台法院"一庭三所+"获全国社会治理创新案例。深化繁简分流，强化速裁团队、类型化调解室建设，实现简案速裁、普案快办、繁案精审。突出联调共治，与省人社厅、退役厅等建立在线诉调对接，多元解纷"朋友圈"扩至13家；最大限度集成解纷力量，1664个调解组织、3103名调解员入驻调解平台，诉前调解成功案件72709件；指导以人民法庭为"主阵地"在线集约，全方位对接基层治理单位2478家，稳步有序推进调解平台"三进"工作。打造服务新高地，组织专题培训，实现解纷能力、实务技能、诉服水平一体化提升。

七是积极推动智慧法院增势赋能。坚持阳光司法，网上公开裁判文书163634份、直播庭审359933场次。坚持规划先行，编制完成甘肃智慧法院4.0版项目可行性研究报告并通过立项；颁布《甘肃法院信息化建设项目管理办法》，组织省法院新建诉服中心和定西、白银等9家法院信息化项目评审立项。坚持系统融合，自主研发甘肃法院营商环境信息平台，完成与"甘快办"、省委政法委矛调平台、省发展改革委信用信息平台贯通衔接。坚持安全为要，部署违规外联监控系统7104台，完成重要系统等保测评和网络攻防演练。开展全方位智能服务，尤其是在疫情期间大显身手，实现了"审判执行不停摆、公平正义不止步"。

## 三、存在的问题和困难

一是思想认识不到位。对见效快、容易改的，比较上心，对见效慢、难度大的，等待观望，有的不能正确处理改革和其他工作的关系，协同不够、落实不细。

二是改革落实不平衡。改革推进深度、落实力度在不同地区存在差异，改革任务部署没有落到“最后一公里”。

三是配套改革不完备。对改革的系统性、整体性、协同性重视不够，关联度高、耦合性强的改革举措衔接不紧，对改革新情况、新问题研究不深、方法不多。

## 四、下一步工作打算

一是以更高站位把牢正确政治方向。推动学习贯彻党的二十大精神往深里走、往实里落，把“两个确立”转化为坚决做到“两个维护”的思想自觉、政治自觉和行动自觉。深入贯彻落实《中国共产党政法工作条例》和实施细则，积极把党的领导优势转化为执法司法效能。围绕“七院建设、四强要求、三大目标”，突出能力为先、执行为要、效能为王的导向，不断增强夙夜在公、只争朝夕、推动人民法院高质量发展的不懈动力。

二是以更大作为服务高质量发展。在抢抓“一带一路”倡议机遇、服务西部大开发战略格局、实现黄河流域生态保护、优化法治化营商环境、保障乡村振兴等方面找准司法改革的切入点、结合点，在服务重大战略实施中出实招、见成效。扎实开展三抓三促、主动创稳等“五项行动”，抓实一体化治理、特色审判等“四大亮点”，以改革思维破解发展难题、提升全面建设质量。

三是以严实作风推动改革创新发展。坚持问题导向，狠抓改革创新，持续深化司法体制综合配套改革，有序推进四级法院审级职能定位改革，大力加强智慧法院建设，以改革创新精神破解人案矛盾、司法改革、队伍顽疾以及涉诉信访、风险防范、执行难等工作难题，努力把工作难点变成创新亮点，以务实创新举措走好赶超进位之路。

四是以实际举措锻造过硬法院队伍。压紧压实全面从严治党主体责任，深入开展理想信念、党规党纪、反腐倡廉、职业道德教育，建立健全警示教育常态化机制，一体推进不敢腐、不能腐、不想腐。以零容忍态度严惩司法腐败，保持法院队伍纯洁。

（来源：甘肃省高级人民法院）

# 青海法院

2022年，在青海省委坚强领导和最高人民法院有力指导下，青海法院坚持以习近平新时代中国特色社会主义思想为指导，深入贯彻习近平法治思想，全面落实党的二十大精神和青海省第十四次党代会精神，围绕“努力让人民群众在每一个司法案件中感受到公平正义”工作目标，持续深化司法体制综合配套改革，加快推进审判体系和审判能力现代化，审判执行工作质量和效率取得明显进步。

## 一、推进改革的主要做法

2022年，按照中央、最高人民法院和青海省委部署，青海高院紧密结合省情实际，在全省法院一体推进司法体制综合配套制度改革。

一是坚持统筹谋划，突出工作“重点”。院党组高度重视司法体制综合配套改革工作，立足服务全省经济社会发展大局，研究部署年度改革任务，共确定由七部门牵头的25项改革任务，持之以恒加以推进。印发年度司改工作要点，明确各项重点改革任务责任部门、责任人和完成时限，进一步压紧压实工作责任。主动将推动全省法院逐级遴选工作作为张泽军院长牵头的“一把手”工程纳入省委改革办年度重要改革事项，高质量推进相关工作。

二是坚持问题导向，找准工作“盲点”。建立年度司改任务台账，坚持每月在内网对改革任务进展情况进行通报，对进展较慢的及时督促落实；对多部门协作推进的任务进行统筹协调，激发改革潜力，增强工作合力。坚持将重点改革任务与青海省委目标（绩效）考核任务有机结合，发挥考核指挥棒作用，推动形成全省法院特别是机关各责任部门改革工作同频共振、协调一致的生动局面。

三是坚持督导问效，突破工作“难点”。制定印发司法体制改革督察工作方案，成立由院领导担任组长，由院评查法官、司改办工作人员为组员的4个督察小组，采取听汇报、看材料、查台账、实地调研、座谈交流等方式开展督察，以督察中发现的问题和不足为着力点，对照改革重点，梳理问题，建立台账，狠抓细化落实。

四是坚持总结宣传，凸显工作“亮点”。积极引导全省各级法院大力挖掘改革中的好经验、好做法，形成固定的信息报送制度，多渠道讲好青海法院改革故事，《青海法院充分发挥审判职能作用积极探索生态环境司法保护新模式》等2篇文章被最高人民法院《司法改革动态》和青海省委改革办《青海改革》转发采用。对已取得较大成效的改革任务进行深挖细探，提炼改革经验，彰显改革亮点，并利用《情况反映》在全省法院推广宣传，激励引导辖区法院打造各自“金招牌”。

## 二、改革主要进展情况

青海法院紧牵司法责任制“牛鼻子”，稳抓综合配套改革任务，积极克服疫情带来的不利影响，推动改革不断向纵深发展，基本完成了2022年确定的各项改革任务。

### （一）积极推动四级法院审级职能定位改革，调整实现司法体制结构优化

成立由院党组书记、院长张泽军担任组长的四级法院审级职能定位改革领导小组，确保高位推动四级法院审级职能定位改革工作。制定完善四级法院审级职能定位改革试点实施方案和实施细则，建立全省法院四级法院审级职能定位改革联络员制度和改革工作季报制度，加强监督指导，畅通沟通交流，及时跟进改革试点运行，全面了解试点举措落地情况。优化审判部门职责分工，明确民商事再审申请案件立案、审查、审理等责任归口，稳步推进再审审查改革工作。适度调整各中级、基层法院业务部门职能分工，根据案件变化调配审判资源，加强诉源治理的衔接配合，在改革推进的同时，确保审判工作有序开展。组织召开全省法院完善四级法院审级职能定位改革试点工作推进会，院党组书记带头抓部署促落实，推动四级法院审级职能定位改革试点工作向纵深发展。研究制定《关于完善案件提级管辖机制的规定（试

行)》《关于开展四级法院审级职能定位改革试点工作中民事、行政再审程序的相关规定（试行)》，进一步完善提级管辖机制、改革再审程序。

（二）全面落实司法责任制改革，构建权责统一的新型审判权运行机制

把审判质量管理、审判效率管理和审判效果管理的要求落实到案件审理的各个环节，防范案外因素干扰审判执行工作，切实规范司法行为，不断提升审判执行案件质效，实现“让审理者裁判、由裁判者负责”。修订完善办案人员权力清单、院庭长审判管理与监督权力清单，明确法官、合议庭、院庭长、审判委员会以及其他审判人员职责权限，严格落实“证据采信、事实认定、法律适用等审判活动关键环节必须由法官直接办理”重大要求。按期通报全省法院院庭长对“四类案件”监督管理情况，完善权责明晰、权责统一、监督有力、制约有效、运转有序的“四类案件”监督管理工作机制，强化院庭长及时、规范在网上监管平台履行对“四类案件”的监督管理职责，不断提升审判执行工作质效。结合工作实际修订《关于加强全省法院院庭长办案工作的规定》，细化院庭长办案类型，推动院庭长带头办理重大复杂敏感、新类型和法律适用方面具有指导意义的案件，充分发挥院庭长对审判工作的示范、引领和指导作用。同时，加强考核与监督，督促院庭长切实履行办案职责，坚决杜绝院庭长挂名办案等现象发生。深入推进案件“三评查一审核”工作，修订完善评查办法，全面细致检查、分析、评价案件质量情况，定期对评查情况进行全省通报，有效提升庭审驾驭能力、文书制作水平和案件办理质量。

（三）持续完善人员分类管理制度，加强履职保障体系建设

坚持正确导向、准确折算、正确评价原则，进一步修改细化《法官、审判辅助人员、司法行政人员绩效考评工作办法（试行)》，建立导向科学、内容明晰、运行有力的业绩评价指标体系和考评机制，引导和激励法官依法履职、不断提升办案质效。建立平时考核与绩效考核有机融合衔接机制，确保将“周记录”“月评鉴”“季通报”“年汇总”各时段工作流程和环节细化落小，真正将考核功夫下在平时。积极推进法院警务辅助人员管理纳入地方立法，推动解决法院辅警的职业保障问题，确保法院辅警队伍稳定。印发《关

于进一步加强和改进新时代青海法院队伍建设和人才工作的若干措施》，认真落实中央、最高人民法院和青海省委关于加强新形势下队伍建设和人才工作的决策部署，进一步加强和改进新时代青海法院队伍建设和人才工作。稳步推进员额法官逐级遴选工作，加强对法官遴选工作的调研评估，针对法官逐级遴选制度实践中面临的问题和困难，院党组书记、院长张泽军牵头赴办案任务较重的西宁法院开展专题调研并主持完成青海省法官遴选制度调研报告，得到省委改革办充分肯定并刊发于《青海改革》，为进一步完善优化法官逐级遴选办法提供依据和支撑。会同省委组织部、省委政法委和省人民检察院深入讨论研究逐级遴选工作，发现逐级遴选工作中存在的困难和问题，充分结合青海法院实际提出解决意见，推动整体优化逐级遴选政策，确保建立科学全面的法官培养模式和良性循环成长机制。

（四）稳步优化司法资源配置机制，切实促进审判效能提升

进一步贯彻落实最高人民法院电子卷宗随案同步生成和深度应用工作要求，积极推进全省法院电子卷宗随案同步生成外包工作，跟踪监督全省法院工作开展情况，印发《全省法院电子卷宗随案同步生成工作外包情况通报》，努力实现辅助事务流程化、精细化、集约化管理。征求中基层法院关于电子卷宗目录统一问题的意见建议，修改印发《关于统一电子卷宗目录规范电子卷宗制作的通知》，督促卷宗目录配置，对西宁市、海南州等地法院电子卷宗抽查中发现的问题进行督办，推动全面停止纸质卷宗流转，缩短案件移送流转时间。跟踪监督涉运维重点工作进展情况，着力解决电子卷宗网上阅卷、档案系统存在的问题，强化对电子卷宗及巡查系统问题跟进处理，推动剩余案件归档入库。开展规范少数民族语言裁判文书上网公开专项行动，获最高人民法院领导的批示肯定。优化办案辅助系统，推广“法信”平台和聚法案例的类案检索系统，供法官在办理案件过程中予以参考，促进裁判尺度和法律适用的统一。积极推动内外网融合电子签名和庭审两个系统研发工作，其中，内外网融合法庭入选2022年政法智能化建设智慧法院创新案例和《法治蓝皮书·中国法院信息化发展报告 No.7（2023）》案例；内外网融合电子签名系统案例获2022年度人民法院重大科技创新成果二等奖，极大便利了人民群众网上诉讼需求。

### （五）落实防止干预司法“三个规定”，加强廉政风险防控机制建设

健全防止干预司法“三个规定”制度机制，总结推广领导干部带头填报、党组定期听取汇报、向纪检监察机构通报情况和移送问题线索等行之有效的做法，着力解决记录报告落实不到位问题。定期开展对下级人民法院的监督检查，对落实“三个规定”敷衍塞责、长期“零记录”“零报告”“零查处”的法院，组织专项检查和重点督办。及时转发最高人民法院《关于进一步规范防止干预司法“三个规定”记录报告平台使用管理有关工作的通知》《关于对青海部分法院贯彻落实防止干预司法“三个规定”情况的通报》，按季度对全省法院执行防止干预司法“三个规定”情况进行通报。坚持月提醒、月报告制度，每月月底下发工作提醒，月初汇总梳理上月填报情况，确保“三个规定”填报不漏一人。扎实开展司法巡查、审务督察，将法官与律师接触交往、法官近亲属从事律师职业等问题纳入督察范围，认真落实《关于建立健全禁止法官、检察官与律师不正当接触交往制度机制的意见》等规定。转发《最高人民法院关于印发〈法官惩戒工作程序规定（试行）〉的通知》，起草《青海省法官惩戒工作实施办法（试行）》并形成征求意见稿。

## 三、存在的问题和困难

一是青海省法官、检察官遴选工作机制不尽合理。青海省法官、检察官遴选委员会要求每两年一次同步开展法官、检察官遴选工作，且遴选委员会委员缺乏专业性和权威性，导致无法及时回应法院迫切的遴选需求，无法发挥专业把关作用，阻碍青海法院法官队伍梯次培养。

二是审判队伍力量亟待充实。各级法院陆续出现法官“退休潮”，法官断档现象普遍存在，但初任法官入额周期过长（每两年一次）、逐级遴选条件过于严苛、中高级法院法官助理到中基层法院入额的意愿不强、任职手续办理十分繁杂等问题尚没有很好地解决，严重影响法院队伍正规化建设。

三是司法辅助事务管理滞后。司法事务集约化、社会化、信息化管理滞后，审判辅助事务外包经费保障支持不够，外包覆盖面不广，未能真正为审判执行工作减负。跨部门大数据办案平台建设进度不快，司法人力资源投入较多，办案系统互联互通、数据自动推送、资源共享共用目标尚未完全实现，

司法办案效率有待进一步提高。

## 四、下一步工作打算

2023 年，青海法院将牢牢把握“稳字当头，稳中求进”工作总基调，坚持讲政治、促公正、提效率、强队伍，为大局服务、为人民司法，全面准确落实司法责任制，深化司法体制综合配套改革，持续优化司法资源配置，为奋力谱写全面建设社会主义现代化国家青海篇章提供有力司法服务。

（来源：青海省高级人民法院）

# 宁夏法院

2022年，宁夏法院坚持以习近平新时代中国特色社会主义思想为指导，全面贯彻落实习近平法治思想，认真贯彻落实党的二十大精神，对标对表最高人民法院关于人民法院司法改革决策部署，持续巩固深化四项基础性改革，稳步推进创新诉讼制度改革，不断提升人民群众获得感、幸福感、安全感，积极探索推动智慧法院建设，制约司法能力、影响司法公正的深层次、体制性问题逐步得到解决，全区法院政治立场更加坚定，服务保障大局更加有力，司法资源配置更加优化，审判权力运行更加规范，司法改革取得阶段性成效。

## 一、推进改革的主要做法

宁夏法院党组始终坚持目标导向、问题导向和结果导向，高站位谋划、高标准推进，正确处理长远发展与当前重点的关系，将确定总体战略目标与强化年度工作引领相结合，精准谋划发展思路和工作重点，为实现宁夏法院司法改革工作高质量发展明确了任务书、时间表、路线图，确保有思路、有举措、有方向。2019年初，提出“努力将宁夏法院打造成为争端解决的‘优选地’、公平正义的‘标志地’、司法权威的‘制高地’”的“三地”法院建设战略目标，同时，准确定位宁夏法院在全国法院“一盘棋”中的位置，实事求是提出“全国有位置、西北走在前”的具体目标。2022年，为切实履行好维护国家安全、社会安定、人民安宁的重大政治责任，不折不扣将“三项政治任务”落到实处，审时度势提出要争做“平安宁夏的建设者、法治宁夏的先行者、公平正义的守护者”的工作理念，以改革的思维指导破解法院工作难题。

## 二、改革主要进展情况

### （一）持续巩固深化四项基础性改革

全面落实司法责任制，深入推进综合配套改革，改革的系统性、整体性、协同性不断增强。

一是人员分类管理推进有序。常态化开展法官入额遴选，建立完善常态化员额增补机制，制定《法官入额遴选交流确认工作办法》《法官员额配置及动态管理办法》《法官员额退出实施办法》《法官员额递补工作办法》，进一步理顺全区法院员额法官管理工作。2021 年，首次同时启动面向本院、地级市辖区基层法院之间跨院和参加所在地级市辖区下级法院遴选的三类入额遴选程序，并于 2022 年完成 103 名法官遴选。落实司法辅助人员聘用制度，认真落实自治区《各级人民法院、检察院聘用制书记员管理办法》，2022 年为全区招聘聘用制书记员、司法辅助人员 235 名。

二是司法责任制全面落地。明确司法人员权责清单，制定《加强案件审限管理工作指引》《加强合议庭工作职责办法》，理顺人民法院依法独立行使审判权与院庭长的监督管理权的关系，促进规范用权。强化院庭长职能作用发挥，制定《法官审判业绩评价办法》，明确院庭长办案比例和类型，逐月通报全区法院院庭长办案情况。制定《庭长审判监督管理办法》，准确界定“四类案件”范围，细化行使启动监督管理的程序、方式和不当行使责任，建设并启用“四类案件管理系统”，实现“四类案件”的智能识别、自动标注。构建司法人员业绩考核体系，制定《案件权重系数标准》，全面考核评价法官业绩，充分发挥绩效考评良性激励作用，制定《聘用制书记员等级管理办法》《聘用制书记员试用期满考核及定等定级办法》，规范审判辅助人员的管理考核。完善统一法律适用机制，制定《专业法官会议工作机制实施细则》《审判委员会工作规则》《关于建立类案检索制度统一法律适用的暂行规定》，充分发挥专业法官会议和审委会职能作用，不断提升案件质效。严格违法办案责任追究，制定《宁夏法官惩戒办公室工作制度》，明确法官违法办案责任追究的范围和程序。制定《关于落实防止干预司法“三个规定”实施办法》《院庭长落实防止干预司法“三个规定”正面清单》，强化落实防止干预司法“三个规定”的日常监督管理。

三是职业保障制度运行平稳。健全完善法官职业保障制度，推动自治区制定出台单独职务序列改革实施方案和等级升降实施办法，全区法院法官单独职务序列管理工作稳步推进。目前，正按照关于法官检察官单独职务序列改革试点实施后养老保险有关问题的通知要求，组织全区各级法院梳理统计退休人员数据，确保及时确定并兑现法官退休待遇。

四是人财物统管改革落实有力。全区法院财物管理已实现完全由省级统管，29个法院全部作为自治区财政一级预算单位实行独立核算，财务管理更加统一规范，法院预算收入总量实现“保低就高”改革目标。

### （二）稳步推进创新三大诉讼制度改革

一是深化以审判为中心的刑事诉讼制度改革。推进庭审实质化，会签出台《关于刑事案件证人、鉴定人及有专门知识的人出庭的实施办法》《关于刑事案件侦查人员出庭的实施办法》，进一步加强刑事诉讼出庭制度、刑事案件律师辩护全覆盖的落实。推进认罪认罚从宽制度落实。会签出台《刑事案件适用认罪认罚从宽制度工作实施细则》，为认罪认罚从宽制度落实提供可操作的规范，联合召开落实认罪认罚从宽制度联席会议，凝聚工作合力。推进量刑规范化改革，起草《〈关于常见犯罪的量刑指导意见（试行）〉实施细则（试行）》，对23个罪名的主刑、罚金刑和缓刑进行了规范。

二是启动四级法院审级职能定位改革试点。成立由沙闻麟院长任组长的工作领导小组，印发《关于完善四级法院审级职能定位改革试点的实施方案》《关于完善四级法院审级职能定位改革试点实施细则》，就任务分工、责任部门、完成时限作出安排部署，明确高级法院申请再审案件的受理及审理问题，确保改革推进与现有审判工作的顺畅衔接。起草《关于特殊类型案件报上一级人民法院审理与提级管辖的实施意见》，统一规范特殊类型案件下报上、上提下的报请和提级程序，稳步推进四级法院审级职能定位改革各项任务落实到位。

### （三）努力提升人民群众获得感、幸福感、安全感

紧紧围绕“努力让人民群众在每一个司法案件中感受到公平正义”目标，精准发力，最大限度满足人民群众司法需求。

一是主动参与基层治理。出台《关于为完善基层治理体系提高基层治理能力提供司法服务和保障的意见》，指导全区法院助力完善“1＋6”基层治理体系。以自治区两办名义印发《关于进一步完善多元解纷机制加强诉源治理的实施意见》，将民事行政案件万人起诉率指标纳入市域社会治理和地方综合考核项目，推动形成多元解纷合力。联合自治区相关部门先后出台《关于建立消费纠纷多元化解机制的指导意见》《关于建立物业纠纷多元化解机制的指导意见》《关于推进人身安全保护令制度的实施办法》《关于进一步加强全区婚姻家庭矛盾纠纷预防化解工作的通知》等制度规定，推动建立健全社会矛盾纠纷预防化解体制机制。

二是坚持发展新时代“枫桥经验”。将一站式建设融入党委领导的城乡社会治理体系，发挥基层法院和人民法庭功能，巩固基层政权、助力乡村振兴，推动社会矛盾综合治理、源头治理。搭建法院与综治、公安、司法等法律服务联动的工作机制，探索实践“诉调对接工作室”、“法官村官双助理”、“庭站点员”四位一体、“1＋1＋N”新做法成效明显。高级法院一站式多元解纷和诉讼服务中心建设在全国会议上做经验交流。始终坚守司法服务“三农”定位，出台《关于为乡村振兴战略提供司法服务和保障的意见》，深度调研宁夏乡村治理问题，“乡村治理之疾不治恐深”的调研报告得到最高人民法院周强院长及自治区多位领导同志的批示肯定。召开全区第四次基层法庭工作会议，传承弘扬马锡五审判方式，推进“塞上枫桥”调解品牌建设，服务保障完善基层治理体系，让司法力量融入乡村振兴发展、走进农民日常生活。“塞上枫桥人民法庭”创建工作被写入最高法院工作报告。

三是提升诉讼服务水平。制定《关于进一步推进一站式多元解纷机制、一站式诉讼服务中心建设的实施意见》，贯通大厅、网络、热线、移动终端一网通办的智慧诉讼服务新模式运行顺畅，为群众提供“线上、线下”立体化、无障碍、智慧型便民服务。升级移动微法院和12368功能，实现群众诉求即答即办、即收即转。巩固立案登记制改革成果，网上立案、跨域立案全面实现，全面整治年底不立案问题，依法惩治虚假诉讼。建成现代化诉讼服务体系10大平台，243家组织和1063名调解员进驻法院线上调解平台，实现和解、调解、行政裁决、行政复议、仲裁、诉讼有机衔接。制定矛盾纠纷诉前调解与诉讼衔接办法，设立交通、物业等专业调解室131个，做到群众需求在哪里、诉讼服务跟进到哪里。全区3个基层法院被评为一站式多元解纷诉讼服务体系建设先进单位。

（四）积极探索推动智慧法院建设

推动现代科学技术在法院工作中的深度应用，提高网络安全保障水平，强化关键信息基础设施防护，加强网络安全预警监测。

一是深化智慧法院建设。编制宁夏法院信息化建设规划，“审判流程网络化、庭审活动数字化、案件数据集中化、卷宗管理规范化、数据交互自动化、司法信息公开化、诉讼服务现代化”的“七化”建设目标基本实现，信息化建设位列全国法院第二方阵。目前已建成345套具备全程录音录像、庭审笔录实时生成等功能的高清科技法庭，覆盖率达100%，建成文书智能提取回填、法律资源服务、案件评查等一批审判智能辅助系统，新版电子卷宗系统增加随案同步生成及深度应用功能，实现全业务网上办理，全流程实时监管。

二是加强系统整合优化。加强现代科技在审判执行、诉讼服务等领域的创新应用，以执行指挥中心综合管理平台为核心，以执行案件流程管理系统和执行公开系统为两翼，以网络查控、询价评估、网络拍卖、信用惩戒、执行委托、集中送达等执行办案辅助系统为子系统的立体化执行信息化架构基本建成并全面投入使用。加强应用系统整合优化，建设完成移动微法院、网上调解、涉诉信访、统一送达等一批线上诉讼服务系统及内网配套系统，实现基于互联网的全流程、全覆盖的一站式线上诉讼服务，“一个中心、十大系统”的基本构架全部建成，为群众诉讼提供更加智能化、一体化、协同化的智慧服务。

三是强化数据使用及安全保障。深度挖掘数据应用能力，建成宁夏法院数据中心，加强司法大数据分析，为司法管理、决策、统计提供审判态势展示、专项分析服务以及网状辐射式检索服务，为党和政府决策提供高质量、有价值的参考。开通立案管理系统重案查询功能，有效避免多次立案、重复立案问题的发生。建设法官绩效管理系统，自动测算员额法官办案业绩，解决审判人员工作量评估难题。全流程严格落实网络安全保护责任，加强个人信息安全保护，尤其在网络执行查控、司法公开等环节，切实抓好网络安全和数据安全。

## 三、存在的问题和困难

一是持续推进改革的劲头有所减弱。部分法院存在改革主体框架已经确立，改革已经大功告成，可以歇歇脚、喘口气的思想，改革的紧迫感有所下降，改革的步伐有所减慢，改革组织领导有所弱化。个别法院面对改革中出现的新问题、新情况，遇到的难点、痛点，还存在“等、靠、绕”等思想，敢于探索、勇于创新的首创精神不足，破解难题的新思路、新方法不多，甚至继续沿袭改革初期或改革之前的老办法、老经验。一些法院主动适应改革需要，不断推出符合自身实际的工作举措，得到党委、政府、上级法院和社会各界的普遍认可，进而又反哺法院自身改革，变得“强者恒强”；一些法院对改革重视不足、措施不力，推动改革任务的内外部环境较差，陷入“弱者恒弱”的困境，改革推进不均衡的问题依然存在。

二是司法改革的集成效应有待显现。司法体制改革是一项系统工程，既需要目标指向明确、改革思路清晰的顶层设计，也需要内外部整体发力、协同发力。从整体看，随着改革进程的加快，中央及最高人民法院不断提出一些新的改革要求，有些改革任务需要完善顶层设计，在具体的实施细则还未出台的条件下，地方法院自主推进落实存在一定的困难。从局部看，宁夏法院在改革任务的深入推进方面，与部分外省法院特别是东部发达地区法院还有差距，需要进一步下“绣花”功夫“精耕细作”。从内部看，出台的改革指导意见在实践操作层面还需要一个探索完善的过程，改革任务牵涉的职能部门之间沟通协作不足，改革任务推进缓慢。从外部看，一些改革如编制统一调配、法官遴选惩戒等，涉及组织、编制、财政等多个职能部门，外部支持和保障力度与改革实际需要还有一定的差距，还需要积极争取。

三是聚焦突出问题抓落实的力度需要加大。在基础性改革任务已经完成的背景下，要想取得突破性进展，必须在聚焦具体问题、找准工作切口、破解突出矛盾上下功夫。例如，在强化审判监督管理方面，还存在部分法院院庭长带头办案意愿不强烈，监督机制不到位，管理手段不科学，监督管理不到位等问题，需要紧盯院庭长这个关键主体，抓住审判权力运行这个关键问题，持续推进司法责任制改革，确保其职责清晰、作用发挥充分。又如，全区法院对较为突出的人案矛盾等问题，普遍存在畏难情绪，一些法院面对突出问题和矛盾驻足不前、束手无策，习惯于“人海战术”和“疲劳战术”。解决人案矛盾，既需要各级法院充分激发内生动力、完善制度机制、鼓励法官多办案、办好案，也需要在增加人员编制数量、探索员额和编制动态调配、推动健全非诉纠纷解决机制、将审判辅助事务交由社会力量办理等改革方面大胆创新。面对这些难啃的“硬骨头”，必须坚定信心、担当作为、逐个击破。

## 四、下一步工作打算

2023年是全面落实人民法院“五五改革纲要”目标任务的最后一年，全区各级法院要进一步端正思想、提高认识、担当实干，以提升改革创新能力水平为抓手，围绕司法权力运行机制、诉讼制度改革，司法人事制度改革，智慧法院建设和在线诉讼制度改革等重点，进一步细化措施、争取支持，进一步完善机制、推进落实，推动各方面制度更加成熟更加定型，不断推进审判体系和审判能力现代化。

一是坚持党对政法工作的绝对领导。严格贯彻执行《中国共产党政法工作条例》，完善推动党中央重大决策落实机制、法院党组执法司法监督机制，明确重大敏感事项重点环节报告、研判、处置责任。完善风险防控机制，推动风险防范机制与“四类案件”监督管理、审判管理等工作机制协同衔接。完善与司法责任制相适应的廉政风险防控机制，构建纵向到底、横向到边的责任体系，健全内部监督管理机制，强化不敢腐的震慑，完善不能腐的制度，形成不想腐的自觉。

二是加快实现审判监督与有序放权有机统一。认真落实审判人员权责清单，强化院庭长办案指导示范作用，加强对“四类案件”个案监督，并将落实清单情况作为开展业绩考评、晋职晋级、法官惩戒等工作的重要依据，确保监督管理实效。健全审判委员会委员、专业委员会组成人员管理机制，探索建立审判委员会委员履职考评和内部公示机制。健全审判委员会决议事项督办回复机制，完善决议事项责任追究机制。推动将履行监督管理职责等情况作为领导干部综合考核评价的重要内容。完善法官惩戒制度，健全与纪检监察机关工作衔接机制，形成科学完备、符合规律的问责制度体系，实现严肃追责与依法保护有机统一。优化审判监督管理的方法举措，积极依托信息技术，完善监管方式，建立与新型审判权力运行机制相适应的案件评查制度，让监督管理自动触发、全程留痕、实时查询、有效追溯。

三是健全司法组织人事制度机制。完善法官员额管理制度，健全员额退出机制和员额统筹机制，建立更加科学高效、符合审判工作实际的员额、编制管理使用机制。完善审判辅助人员管理制度，研究建立法官助理分层培养机制。健全完善法官权益保障委员会工作机制，完善不实举报澄清制度机制，依法预防惩治对法院干警及其近亲属实施的不法侵害行为。完善司法人员职业发展制度，打通审判岗位与司法行政岗位间的交流通道，拓展各类人员的职业发展空间。完善审判辅助人员管理制度，健全审判辅助人员选任、培养、使用、监督机制，积极协调有关部门，确保审判辅助队伍的稳定。

四是统筹推进综合配套改革。持续深化以审判为中心的刑事诉讼制度改革，推动完善诉讼以审判为中心、审判以庭审为中心、庭审以证据为中心的刑事诉讼工作格局。准确适用认罪认罚制度，正确把握适用范围、适用条件等要求。深入推进民事案件繁简分流，探索开展部分民事案件调解前置试点。深入推进四级法院审级职能定位改革试点，完善提级管辖的具体标准、发现机制和识别方式，确保案件“放得下去”“提得上来”。

五是全面深化智慧法院建设。继续推进信息化工作中心由“建系统”向“推应用”转化，加大对已建系统的优化和使用力度，不断提升法院工作信息化应用水平。要加强网络安全管理，加快推进法院专网安全体系建设，提高法院网络信息系统综合防护能力，实现业务与安全双同步。深度挖掘司法大数据资源，加强数据服务功能应用，深入开展“数助决策”，为提高法院工作效率、促进裁判尺度统一、服务党委政府决策提供参考。

（来源：宁夏回族自治区高级人民法院）

# 新疆法院

2022年，新疆法院坚持以习近平新时代中国特色社会主义思想为指导，深入贯彻习近平法治思想，在自治区党委的坚强领导和最高人民法院的有力指导下，以学习宣传贯彻党的二十大精神为主线，完整准确贯彻新时代党的治疆方略，牢牢扭住社会稳定和长治久安总目标，坚持以改革促公正、提效率、树公信，持续推进审判体系和审判能力现代化，为推进平安新疆、法治新疆建设贡献了法院力量。全年共受理案件57.91万件，审结50.86万件，结案率为87.82%，结收比为98.40%，一审服判息诉率为92.63%。

## 一、推进改革的主要做法

一是把准目标方向，坚持党的绝对领导。始终把党对改革工作的绝对领导摆在首位，发挥好党把方向、定政策、促改革的政治优势，推动将审级职能定位改革和人财物统管改革纳入自治区党委年度重点任务，确保工作高位推动、高标准落实。认真贯彻执行《中国共产党政法工作条例》，坚持全面报告与重点报告、日常报告与专项报告相结合，累计向自治区党委、党委政法委和最高人民法院请示报告改革事项10余次；健全完善党组议事和决策机制，重大事项党组讨论决定、重要文件党组研究审定，切实将党的领导贯穿于改革任务谋划、方案制订、措施落实等各环节全过程。

二是紧扣重点环节，全面加强工作统筹。将改革作为“一把手”工程，坚持整体谋划、一体推进，围绕最高人民法院和自治区党委改革工作重点，结合实际制定2022年深化司法责任制综合配套改革的任务清单，分解任务、细化措施、明确时限，台账式管理、动态化跟踪，全年专题调度2次、跟进督办12次。畅通对下联络沟通渠道，建立情况收集反馈、数据统计汇总、联席会议、督导落实等工作机制，依托考评指导工作机制，每季度收集汇总改革的难点问题，点对点开展指导，对下帮助指导和考核考评同向发力，有效推动改革落实落细。

三是鼓励探索创新，因地制宜培树亮点。注重及时提炼总结改革经验，重点围绕服务保障经济高质量发展、繁简分流、在线诉讼等编写推报案例，鼓励基层首创探索，发挥好改革案例示范引领作用。在全区收集、上报改革案例百余篇，其中，《新疆法院坚持全方位服务 全环节贯通打造司法助力区域经济发展新模式》被最高人民法院《司法改革动态》第25期采编；乌鲁木齐市中院《强化科级支撑 提升应用实效 努力满足各族人民群众在线诉讼新需求》入选第十二批《人民法院司法改革案例选编》。

## 二、改革主要进展情况

### （一）以司法责任制为核心，着力健全新型审判权运行体系

一是持续完善人员分类管理改革，强化员额管理，组织专题调研，动态调整员额295人，有效保障法官队伍稳定性。积极拓宽审判辅助人员来源渠道，通过公务员招录、“双一流”引进等途径，补充吸纳法官助理126名。

二是全面落实办案主体责任，强化法定审判组织的办案主体地位，搭建专业审判团队1015个，团队最高办理1000余件，法官年人均办案142.6件；完善院庭长办案常态化、刚性约束机制，以考核通报倒逼办案责任落实，年均办案量占总量39%以上。

三是深化统一法律适用，严格落实类案强制检索，充分发挥审判委员会、专业法官会议审核把关作用，每半年对制度落实情况进行分析通报，有序规范结果运用；规范审判业务文件制定和案例编发工作，及时提炼总结审判经验，累计公布典型案例20余件、出台审判业务文件1个。

四是强化审判监督管理，修订《新疆维吾尔自治区高级人民法院“四类案件”监督管理实施细则》，进一步完善“四类案件”认定标准、程序、院庭长监督方式和保障措施，积极运用信息化手段，构建全院全员全流程的监督管理机制，确保监督不缺位、行权必留痕，全区法院累计识别标注1690件。

（二）以重点难点为突破，着力优化司法资源配置

一是稳妥推进地方法院人财物统管，高位推动出台《关于推进自治区以下地方法院、检察院人财物统一管理改革方案》，因地制宜、分步实施、有序推进，目前已完成基层人民法院经费、资产和非税收入上划工作，初步实现财物统管阶段性目标；会同自治区党委组织部、自治区党委政法委和自治区检察院下发《自治区以下地方法院、检察院领导人员统一管理办法》，为实施人员编制统管工作奠定制度基础。

二是持续深化审级职能定位改革试点，印发《关于完善审级职能定位改革的实施方案》，配套出台提级管辖实施意见及民口、审监口职能调整方案等文件，规范案件提级管辖办理程序，合理调整高级法院内设机构职能。强化审级监督职能，建立发回重审、指令再审案件跟踪反馈机制，采取终审裁判和再审审查相分离模式，推行协调一致、相互配合的"大审监"机制。坚持重心下移，针对改革后案件下沉的实际，择优选拔 26 名青年法官赴乌鲁木齐、昌吉、伊犁、喀什等案件体量较大的基层人民法院挂职、锻炼，有效缓解基层办案压力。

三是深入开展繁简分流机制建设，准确贯彻落实新修正的民事诉讼法，全覆盖设立速裁分流中心，完善简易程序适用规则，有序扩大独任制和司法确认程序适用范围，合理调整小额诉讼程序标的额，繁简分流、多元便捷、快速终局的程序运行机制逐步形成，司法质量、效率进一步提升，人民群众对公平正义的获得感不断增强。全年累计适用司法确认程序 6.68 万件，适用普通程序独任制审理 2.37 万件、二审独任制 1153 件，适用简易程序审结的案件占一审民商事案件 83.86%，小额诉讼程序适用率达 20.77%，实现了 30%的员额法官审结 74.66%的民商事案件。

（三）以一站式建设为依托，着力提升诉讼服务水平

一是常态化纠治不立案顽疾，出台立案指南，统一全区法院立案服务标准、规范立案程序，开通 12368"不立案"投诉举报热线，建立诉讼服务满意度评价制度，畅通诉讼参与人线上线下评价诉讼服务通道。全面拓展多元立案渠道，全流程在线办理立案、调解、开庭、送达、保全、委托鉴定等主要诉讼事项，跨域立案实现全国通办，全年网上立案、跨域立案 21.6 万件；

严格落实绿色通道、一次告知、当场立案、律师服务工作站等便民措施，不断提升各族群众诉讼服务体验感。

二是持续巩固诉源治理成果，主动融入党委领导下的社会治理体系，优化完善一站式多元解纷工作路径，创新开展“诉源治理巩固提升年”活动，在原有“庭、站、点、员”四位一体诉源治理格局基础上，以推进“源头减量”“三进强基”“多元增效”三大工程17条举措为有力抓手，加快完善前端预防、多元解纷服务网络，促进矛盾纠纷村村可解、多元化解、一网通调，全面提升诉源治理效能。全区人民法庭受理各类矛盾纠纷7.63万件，诉前调解成功率达99.86%，诉前调解纠纷数量超过诉讼审结案件数量，诉讼案件调撤率达73.70%。

### （四）以科技创新为支撑，着力深化智慧法院建设成果应用

推动建成集“智服、智审、智执、智管”64个信息应用系统于一体的智慧法院3.0版，嵌入类案推送、法律法规查询、文书自动生成等辅助功能，形成全业务网上办理、全流程依法公开、全方位智能服务格局；打造1169个科技法庭，满足智能语音识别、庭审同步录音录像、互联网庭审直播功能，与全区23个监狱、84个看守所实现远程庭审提讯；优化升级跨部门协同办案平台，深化多语种语音云平台应用，庭审时间平均缩短30%，极大提高了办案效率、节约了审判资源。

## 三、存在的问题和困难

一是部分法院落实主体责任不力。有的法院领导干部对改革认识不到位，决心不坚定，理解有偏差，存在不担当、不作为、慢作为的情况，导致部分改革进度滞后，发展不平衡。有的运用创新思维破解难题的意识和能力不足，对改革政策学习不够、理解不透，司法观念、办案方式没有与时俱进，影响了改革成效。

二是改革中瓶颈性问题仍然突出。审级职能定位改革试点成效不明显，部分法院面对改革后基层案件量上升、审理难度加大的实际，主动适应、积极应变的意识不强，适用提级管辖制度的动力不足，导致提级管辖“审理一案、指导一片”的示范作用未能有效发挥。此外，实施法官单独职务序列后，

初任法官定级和法官交流转任定级政策等尚无明确文件依据，须进一步协调解决。

三是部分改革举措的协同性不强。一些关联度高、相互制约的改革举措推进不同步，改革的系统性不够强。比如，以审判为中心的刑事诉讼制度改革，需要进一步加强公检法配合制约，加强跨部门数据交换；人员分类管理和内设机构改革后，相关配套举措有待进一步跟进；财物统管改革实施后，部分地方经费保障不足，法院资产管理和历史债务等问题有待配套解决；等等。

四是特色经验挖掘推广不足。部分法院改革积极性不高、主动性不强，落实改革任务习惯于“跟着走”“照着做”，就任务部署任务，基层创新不足，缺乏对地方特色改革经验的梳理、提炼和总结，没有从提升治理体系和治理能力高度形成可复制可推广的制度机制性经验。

## 四、下一步工作打算

一是进一步深化对改革的认识。将学习宣传贯彻党的二十大精神作为当前和今后一个时期首要政治任务，引导全区法院干警不断提高对全面深化改革的认识，坚定改革定力，凝聚改革共识。进一步加强改革政策解读和宣传引导，确保把改革精神讲清楚、政策讲透彻、道理讲明白，主动回应社会关切，传递改革正能量，推动形成拥护支持改革的良好氛围。

二是进一步抓好改革措施落地见效。切实加强对改革落实情况的督察问效，建立上下贯通、横向联动、逐级督察的工作格局，健全常态化督察机制，着力解决改革推进不到位、措施不落地的问题。加强对司法责任制改革、审级职能定位改革等重点任务的督察，完善改革工作台账，对督察中发现的问题列出清单，明确时限，加强督办，确保改革政策精准落地，改革红利尽快兑现。

三是进一步强化对下指导。完善对下帮助指导机制，加大对司法案例、调研论文等优秀改革产品的考评力度，定期收集梳理基层改革难点，着力扬优势、补短板、强弱项。统筹做好“五五改革纲要”评估验收，总结可复制可推广的成功经验，持续推动改革成果转化。加强沟通协调，针对区级财物统管、以审判为中心的刑事诉讼制度等涉及部门多、推进难度大的改革，主动请示、争取支持，确保相关改革政策明确、衔接配套。

四是进一步挖掘特色亮点。将司法改革融入大局中去谋划，着眼于提升新疆法院审判体系和审判能力现代化，分类推进、差异化实施，聚焦改革推进的关键环节和制约改革落实的瓶颈问题，充分发挥基层首创精神，通过改革动态、改革案例等平台，宣传推广各地区改革亮点经验，最大限度凝聚改革正能量，助推改革高效精准落地。

（来源：新疆维吾尔自治区高级人民法院）

# 新疆生产建设兵团法院

2022年，兵团各级人民法院认真贯彻落实最高人民法院统一工作部署，持续加力推进司法改革，全力提升审判执行工作质效，为促进兵团社会稳定和经济社会高质量发展提供了有力司法保障。

## 一、改革主要进展情况

各级法院始终坚持以习近平新时代中国特色社会主义思想和习近平法治思想统领各项改革工作，健全维护党中央权威和集中统一领导工作机制，完善党对司法工作绝对领导制度体系，健全党组领导监督司法工作制度机制，坚持把加强政治建设和落实全面从严治党主体责任贯穿改革始终。

一是持续深化司法体制综合配套改革，推进审判执行工作步入快车道。调整司法体制改革领导小组成员，召开司法改革工作推进会等，制发司法改革工作领导小组会议纪要、2022年司法改革重点工作分工方案等。持续推进司法责任制改革，优化完善审委会、专业法官会议、合议庭审判决策运行机制，强化自由裁量行权监管监控。健全司法职权清单体系，完善院庭长权责清单和履职监管制度，推动合议庭、专业法官会议、审委会制度机制贯通衔接。优化、协同、高效的组织体系和机构职能体系基本形成，为促进审判执行工作提质增效激发动力活力。2022年，各级法院克服疫情封控近不利影响，共受理各类案件66365件，审执结60676件，审执结率为91.43％。结案率、调撤率与2021年同期基本持平；二审发回率为5.62％，下降2.38％；维持率为49.07％，上升3.04％；网上开庭、在线调解率上升15％；第十师两级法院2022年诉讼案件审结率达99.19％，执行案件执结率达98.62％，在兵团法院系统审执质效排名双第一。

二是深化司法权运行机制改革，司法责任体系更加完善。加快推进执法司法责任体系改革，深化内设机构改革，中级、基层法院内设机构从437个减少至269个。巩固立案登记制改革成果，当场立案率达100%。健全刑事司法权力运行机制，推进庭审实质化、量刑规范化，认罪认罚从宽制度改革取得新成效。健全民事司法权力运行机制，建立健全劳动争议等专业化审判组织和新型审判团队。深化行政诉讼制度改革，与兵团党委依法治兵团委员会等部门联合制发《关于深入推进行政机关负责人出庭应诉工作的意见》，推动行政争议实质化解。完善环境资源审判机制，制定《环境资源案件范围的规定》，启动环境资源审判集中管辖试点工作，设立塔里木河流域、白沙湖2个生态环境保护巡回法庭，服务保障兵团生态环境治理。深化人民法庭工作机制改革，大力创建"枫桥式人民法庭"，苏塘人民法庭诉源治理实践案例入选全国法院打造枫桥式人民法庭积极服务全面推进乡村振兴典型案例。

三是推进司法制约监督体系改革，内外监督实效进一步提升。落实合议庭内部制约监督主体责任，强化专业法官会议、审委会专业监管职能，压紧压实院庭长监管职责，健全落实"四类案件"识别监管机制。完善法官惩戒制度，制发《兵团法官惩戒暂行办法》等。对三师、十三师、十四师两级法院开展审务督察，扎实开展突出问题集中整治。健全落实案件评查机制，修订《案件质量评查奖惩暂行办法》，推动案件评查工作走深走实。深化司法公开，"三大公开"持续稳步推进，开展"司法零距离护蕾在行动"人民法院开放日等系列活动。加强与派驻纪检监察机构的配合衔接，制定《关于建立健全纪检监察机关与审判机关衔接配合制约监督机制的实施办法》。加强人大代表、政协委员督办事项办理工作，制发《兵团法院关于加强和改进全国人大代表、全国政协委员意见建议办理工作的任务分工方案》。细化立案、审判、执行廉政风险防控点，完善涉案财物、减刑假释等智能化监管平台。开展司法制约监督专项调研，首次成功中标最高人民法院2022年度"深化司法制约监督体系改革研究"司法研究重大课题。

四是深化司法人事制度改革，巩固提升司法能力水平。健全完善法官逐级遴选制度，调整配备11名基层法院班子成员，分院新招录公务员7人。持续深化人员分类管理制度改革，会同兵团党委组织部、兵团检察院联合制定《兵团法官检察官单独职务序列管理规定实施意见》。完善审判辅助人员管理制度，健全法官助理分层培养机制，优化聘用制书记员管理机制。健全员额法官交流、退出机制，实现法官常态化增补和跨地域遴选。深入推进廉政司法机制改革，坚决惩治司法腐败。组织召开“以案促改”警示教育大会，扎实做好“以案促改后半篇文章”。压实各级法院党组全面从严管党治警主体责任，突出对“关键少数”特别是“一把手”的监管防治。强化防止干预司法“三个规定”填报记录工作，全系统共填报信息16668条，其中有报告1629条，报告率接近10%，在全国法院排名第1。

五是推进改革系统集成，不断提升司法改革整体效能。深化四级法院审级职能定位改革，强化上级法院统一对下监督指导、统一法律适用的职能，制定《关于特殊类型案件提级管辖的实施办法》，推动各类纠纷分层解决、有效过滤、精准提级。完善类案检索平台，健全类案发现识别筛选机制。深化再审制度改革，重点防治程序空转，确保错误生效裁判纠错到位。探索建立员额编制省级统筹动态调配机制，为南疆中级、基层法院调整编制50名，推动编制员额配置向基层法院和办案一线倾斜。深化民事诉讼繁简分流改革，简易程序适用率提高29%。三坪垦区法院简案速裁占审结总数78%，速裁快审案件平均审理期限缩短18天。深入推进减刑假释案件实质化审理机制改革，编制《兵团法院减刑、假释、暂予监外执行工作指导手册》，进一步规范减刑、假释、暂予监外执行工作。积极服从服务兵团改革发展大局，兵团党委政法委确定的政法改革6大类13项改革任务完成率达85%；社会治理体制改革58项任务完成率达96.5%；兵团全面深化改革委员会确定的4项改革任务完成率达100%；依法治兵团委员会确定的6项12条改革任务完成率达98%；团场综合配套改革3项改革任务完成率达100%。

六是坚持以人民为中心，通过改革不断满足职工群众司法需求。全力推进一站、集约、集成、在线的一体化诉讼服务体系融合发展，“无讼连队”“法官工作室”“人民调解+司法确认”机制建设发展取得长足进步，有效推动基层矛盾在诉前就地化解。下野地垦区人民法院炮台人民法庭诉前化解案件142件，收案下降63.22%。推进多元解纷和在线解纷机制改革，积极融入党委领导的基层治理体系。法院调解平台入驻基层治理单位248家，入驻基层治理单位占比在全国法院排名靠前。先后与兵团人社局等9家单位建立在线诉调对接机制，成立15家“商事调解室”，聘请30名商会人员作为特邀调解员。共受理诉前调解案件20046件，调解18667件，调解成功率达96.31%。委派人社部门调解纠纷案件1524件，占全国法院委派人社部门调解纠纷总数的17.09%。调解成功1492件，调解成功率达98.55%，在线诉调对接工作走在全国法院前列。深化执行领域突出问题集中专项整治，与兵团检察院共同制定《关于加强兵团民事行政执行检察监督工作的意见》。第十师两级法院深化执行“三统一”改革，“中枢+条块”运行管理模式在兵团法院系统推广。

七是巩固提升智慧法院建设成果，推动审判执行工作提质增效。建成全视化总控中心，构建“一体牵引、两翼发力、三点支撑”的智慧兵法 4.0 集约化平台管理新格局。持续推进 206 系统等三个跨部门办案平台与“兵法 e 诉”平台深度融合，深化电子卷宗“单轨制”应用。推进三级法院应用系统统建统管工作，实现 12368 服务热线统一接听规范应答。建立集中运维呼叫中心，实现三级法院运维需求“一号响应、分类回复、即办即结”。深化“互联网+诉讼服务”改革，疫情期间三级法院实现诉讼事务全流程“网上办”“掌上办”。开启“云端”化解新模式，网上立案 16885 件，网上开庭、证据交换 4809 件，网上送达案件 5740 件。《法治蓝皮书·中国法院信息化发展报告 NO.6（2022）》显示，兵团智慧法院评价指数大幅提升，主要应用效能指标取得历史性进步。兵团智慧法院建设入选中国智慧法院典型案例，并被选树为 2022 年兵团政法领域改革创新典型。2022 年 11 月 25 日，时任最高人民法院党组书记、院长周强就兵团分院智慧法院建设成效和经验作出专门批示，要求在全国法院推广。

## 二、存在的问题和困难

一是司法改革工作部署还存在没有完全落实到位的问题。上下级法院之间、各师各垦区法院之间改革任务落实不平衡；有的破解深层次体制机制问题的锐气不足，只改容易改、见效快的缺项，对制约审判执行工作的长期性问题和突出矛盾绕着走、往后退；有的推进司法改革的责任感和紧迫感不强，甚至改革意识减弱、改革意志消退。

二是改革的系统性、整体性、协同性效应发挥不到位。“应付式”“碎片化”改革和“忽冷忽热式”抓改革的现象并未完全消除；激发调动工作积极性、主动性、创造性的改革办法不多；审执质效不高、均衡结案不稳定、诉讼便利化程度不高等问题依然存在；员额法官和司法辅助人员的工作潜力效能尚有较大提升空间。

三是司法改革工作监管考核机制不完善。“清单式”监管、定向定点指导监督和“一把手”的司法改革专项问责问效措施没有落实到位；有的法院没有将司法改革工作纳入年度目标绩效考核体系；有的法院“一把手”传导改革压力不严不实；“财物统管”等改革难题没有解决落实。

## 三、下一步工作打算

一是提高政治站位。坚持以习近平新时代中国特色社会主义思想为指导，真学真信笃行习近平法治思想，坚决做到“两个维护”，坚决捍卫“两个确立”。从讲政治的高度出发，结合学习贯彻习近平新时代中国特色社会主义思想主题教育，狠抓各级法院党组司法改革政治责任落实，重点抓好“一把手”履行改革职责的问责问效监督。深化司法人事制度改革，坚持全面从严管党治警，持续提升司法能力水平。

二是完善改革机制。围绕提升审执质效的改革目标，深化执法司法权力运行机制改革，完善司法权力制约监督体系，健全司法为民工作机制，推动智慧法院建设，统筹推进审级职能定位改革等重点改革任务，协调推进各项改革系统集成，加强改革指导监督，重点整治“应付式”“碎片化”“忽冷忽热式”抓改革等突出问题，完善细化“四个突出”“五个落实”等改革责任体系，持续有序推进各项改革协同发展。

三是强化破冰除弊。深化落实全党大兴调查研究部署，深入查摆长期制约兵团法院系统审判执行工作质效的基础性、体制性、机制性、全局性突出问题，坚持问题导向、目标导向、效果导向相结合，确保司法改革与推进兵团法院审判体系和审判能力现代化方向目标措施相一致，积极协调各方破解深层次改革难题，努力为推动兵团法院司法审判现代化提供动力。

（来源：新疆维吾尔自治区高级人民法院生产建设兵团分院）

# 第五篇

## 观点摘编

## 大法官述要

# 在习近平法治思想指引下
# 奋力推进新时代司法为民公正司法

最高人民法院院长　周　强

2020年11月，中央全面依法治国工作会议确立习近平法治思想在全面依法治国中的指导地位，这在党和国家法治建设史上、马克思主义法治理论发展史上都具有重大意义。2021年12月，习近平总书记主持中央政治局第三十五次集体学习时发表重要讲话，强调坚定不移走中国特色社会主义法治道路，更好推进中国特色社会主义法治体系建设。习近平总书记重要讲话是习近平法治思想新的经典篇章，体现了以习近平同志为核心的党中央对全面依法治国的高度重视和厉行法治、奉法强国的坚定意志，为更好推进中国特色社会主义法治体系建设提供了强大思想武器。党的十八大以来，习近平法治思想领航法治中国阔步向前，我国社会主义法治建设发生历史性变革、取得历史性成就。在引领"中国之治"不断谱写新篇章的壮阔进程中，习近平法治思想这一马克思主义法治理论中国化最新成果展现出强大真理力量和磅礴实践伟力。

人民法院要深入学习贯彻习近平总书记重要讲话精神，增强"四个意识"、坚定"四个自信"、做到"两个维护"，从党的百年奋斗史中汲取智慧和力量，不忘初心、牢记使命，牢牢坚持党对司法工作的绝对领导，坚定不移走中国特色社会主义法治道路，紧紧围绕"努力让人民群众在每一个司法案件中感受到公平正义"目标，在新时代新征程上奋力推进人民法院工作高质量发展，努力建设更高水平的社会主义司法文明，更好推进中国特色社会主义法治体系建设。

## 一、深入贯彻习近平法治思想，为中国特色社会主义法治体系建设提供有力司法服务

党的十八届四中全会指出，全面推进依法治国，总目标是建设中国特色社会主义法治体系，建设社会主义法治国家。《中共中央关于党的百年奋斗重大成就和历史经验的决议》指出，党的十八届四中全会和中央全面依法治国工作会议专题研究全面依法治国问题，就科学立法、严格执法、公正司法、全民守法作出顶层设计和重大部署，统筹推进法律规范体系、法治实施体系、法治监督体系、法治保障体系和党内法规体系建设。法律的生命在于实施，法律的权威也在于实施。法治实施体系既是中国特色社会主义法治体系的组成部分，也是建设中国特色社会主义法治体系的重要保障。人民法院作为国家审判机关，是保证法律有效实施的重要力量。必须始终真学真信笃行习近平法治思想，牢牢抓住法治体系建设这个总抓手，围绕坚持依法治国、依法执政、依法行政共同推进，坚持法治国家、法治政府、法治社会一体建设，充分发挥审判职能作用，为中国特色社会主义法治体系建设提供有力司法服务。

牢牢把握正确方向，坚定不移走中国特色社会主义法治道路。习近平总书记指出，“要坚持法治体系建设正确方向，坚持党的领导，坚持中国特色社会主义制度，贯彻中国特色社会主义法治理论”[①]。党的十八大以来，以习近平同志为核心的党中央从关系党和国家长治久安的战略和全局高度定位法治、布局法治、厉行法治，把全面依法治国纳入“四个全面”战略布局予以有力推进，坚持党的领导、人民当家作主、依法治国有机统一，推动中国特色社会主义法治体系建设取得历史性成就，充分彰显了中国特色社会主义法治道路、理论、制度、文化的强大生命力和巨大优越性。人民法院要始终把坚决做到“两个维护”作为首要任务，始终在思想上政治上行动上同以习近平同志为核心的党中央保持高度一致，始终做到维护核心、绝对忠诚、听党指挥、勇于担当。矢志不渝坚持和拓展中国特色社会主义法治道路，在重大问题上做到头脑特别清醒、立场特别坚定，旗帜鲜明抵制西方“宪政”“三权鼎立”

---

① 《习近平在中共中央政治局第三十五次集体学习时强调 坚定不移走中国特色社会主义法治道路 更好推进中国特色社会主义法治体系建设》，载《人民日报》2021年12月8日。

“司法独立”等错误思潮影响，不断用司法为民、公正司法的新成效，彰显中国特色社会主义法治道路的显著优势。在真学真信笃行习近平法治思想上持续用力，深刻领悟其中蕴含的马克思主义立场观点方法，蕴含的鲜明政治导向、真挚为民情怀、深远战略思维，做到学思悟贯通、知信行统一，不断增强运用科学理论指导实践、解决问题、推动工作的能力水平。牢牢坚持司法工作的正确方向，无论司法理念、司法政策，还是司法裁判、司法改革，都以习近平法治思想为指引，都扎根中国文化、立足中国国情、解决中国问题。自觉把坚持党的领导同依法独立公正行使审判权结合起来，把讲政治和讲法律统一起来，善于从政治上观察和处理问题，谋划和推动司法工作，确保党的领导不折不扣贯彻落实到法院工作全过程各方面。

始终牢记“国之大者”，忠实履行宪法法律赋予的职责。习近平总书记强调，“我们已经踏上了全面建设社会主义现代化国家、向第二个百年奋斗目标进军的新征程，立足新发展阶段，贯彻新发展理念，构建新发展格局，推动高质量发展，满足人民群众对民主、法治、公平、正义、安全、环境等日益增长的要求，提高人民生活品质，促进共同富裕，都对法治建设提出了新的更高要求”①。人民法院要始终围绕党和国家工作大局，坚持依法履职，切实维护国家政治安全、确保社会大局稳定、促进社会公平正义、保障人民安居乐业。坚持贯彻总体国家安全观，把统筹发展和安全不折不扣落实到位，切实履行好维护国家安全、社会安定、人民安宁的重大责任，切实提高运用法治手段防范化解风险的能力水平，维护经济社会发展大局稳定。着力营造市场化、法治化、国际化营商环境，更好发挥法治固根本、稳预期、利长远的保障作用，为构建新发展格局、推动高质量发展提供有力司法服务。围绕统筹疫情防控和经济社会发展，坚持善意文明司法，落实好《最高人民法院关于充分发挥司法职能作用助力中小微企业发展的指导意见》，帮助中小微企业、个体工商户纾困解难、恢复发展，精准服务做好“六稳”“六保”工作。坚持“两个毫不动摇”，加强产权和知识产权司法保护，激发和保护市场主体活力。加强反垄断和反不正当竞争司法，完善数据产权、数据隐私等司法保护规则，保护平台从业人员和消费者权益，促进平台经济、数字经济规范健

① 《习近平在中共中央政治局第三十五次集体学习时强调 坚定不移走中国特色社会主义法治道路 更好推进中国特色社会主义法治体系建设》，载《人民日报》2021 年 12 月 8 日。

康发展。强化市场主体法治意识和契约精神，依法惩治恶意拖欠账款和逃废债行为。深入践行绿水青山就是金山银山理念，维护人民群众环境权益，依法服务经济社会发展全面绿色转型。

坚持以人民为中心，努力让人民群众在每一个司法案件中感受到公平正义。习近平总书记强调，“要始终坚持以人民为中心，坚持法治为了人民、依靠人民、造福人民、保护人民，把体现人民利益、反映人民愿望、维护人民权益、增进人民福祉落实到法治体系建设全过程”，强调要“努力健全国家治理急需、满足人民日益增长的美好生活需要必备的法律制度”①。人民法院要深入践行以人民为中心的发展思想，悟透“我是谁、为了谁、依靠谁”等基本问题，始终把实现好、维护好、发展好最广大人民根本利益作为出发点和落脚点。聚焦人民群众急难愁盼问题，对群众反映强烈的电信网络诈骗、新型毒品犯罪、“阴阳合同”逃税等违法犯罪加大惩治力度，积极推动解决群众关切的食品药品安全、公共卫生安全、生产生活安全问题，用法治保障人民安居乐业。坚持践行和弘扬社会主义核心价值观，用一个个“小案件”讲好“大道理”，让人民群众切实感受到更有力量、有是非、有温度的新时代司法。坚持和发展新时代“枫桥经验”，不断巩固提升一站式多元纠纷解决机制建设和人民法庭建设成果，加强矛盾源头预防化解，方便群众公正、高效、实质性地化解矛盾纠纷，更好定分止争，实现公平正义。不断提高处理新形势下人民内部矛盾的本领，善于处理复杂的利益关系问题，合理平衡好不同利益、不同诉求，更好维护人民群众根本利益、长远利益、整体利益。

## 二、加快实现审判体系和审判能力现代化，不断提高服务中国特色社会主义法治体系建设能力水平

习近平总书记指出，“要围绕让人民群众在每一项法律制度、每一个执法决定、每一宗司法案件中都感受到公平正义这个目标，深化司法体制综合配套改革，加快建设公正高效权威的社会主义司法制度”②。更好推进中国特色

① 《习近平在中共中央政治局第三十五次集体学习时强调 坚定不移走中国特色社会主义法治道路 更好推进中国特色社会主义法治体系建设》，载《人民日报》2021年12月8日。

② 《习近平在中共中央政治局第三十五次集体学习时强调 坚定不移走中国特色社会主义法治道路 更好推进中国特色社会主义法治体系建设》，载《人民日报》2021年12月8日。

社会主义法治体系建设，离不开立法、执法、司法机关自身的改革创新和队伍建设。人民法院必须通过深化司法体制改革、加快智慧法院建设、锻造过硬法院队伍，促进审判体系和审判能力现代化，更好提升服务中国特色社会主义法治体系建设的效能。

深化司法体制改革。坚持原则、把握底线，坚持守正与创新相统一，扭住影响公平正义实现的关键环节持续发力，努力在形成更加系统完备、成熟定型的审判制度规则体系上取得更大成效，在推动现代科技从工具性运用向更深层次规则治理和制度构建上取得更大成效，加快建设公正高效权威的社会主义司法制度。全面落实司法责任制，深化司法体制综合配套改革，加快构建系统完备、规范高效的司法制约监督体系，加快构建权责清晰、权责统一、监管有效、保障有力的司法责任体系。完善明责、履责、督责、考责、追责的制度体系，压实政治责任、审判责任、监督管理责任和保障责任，真正实现有权必有责、用权必担责、失职必问责、滥权必追责。推进完善四级法院审级职能定位改革试点，让中级、基层法院更加专注于化解矛盾、定分止争，推动具有普遍法律适用指导意义、涉及重大国家利益和社会公共利益的案件交由较高层级法院审理，促进法律适用标准统一。深化以审判为中心的诉讼制度改革，保证庭审在查明事实、认定证据、保护诉权、公正裁判中发挥决定性作用，促进优化司法职权配置。正确实施新修正的民事诉讼法，推进行政诉讼程序繁简分流改革、推动强制执行法立法等工作，为维护当事人合法权益提供法律制度保障。完善集约、集成、在线、融合的一站式多元纠纷解决机制，把非诉讼纠纷解决机制挺在前面，加强诉讼与非诉讼机制衔接，充分发挥替代性纠纷解决机制（ADR）和在线纠纷解决机制（ODR）作用，提升解纷效能和服务品质，让司法为民的中国品牌成色更足。

加快推进智慧法院建设。巩固提升智慧法院和互联网司法建设成果，以司法数据中台、智慧法院大脑、在线法院建设等为牵引，推动技术运用与司法审判深度融合。不断拓展人工智能、5G、区块链等新兴技术应用场景，提升存固证据、在线审判、智能辅助、卷宗管理等方面应用效能和规范程度，为群众诉讼和法官办案提供智能化、一体化、协同化服务。全面落实在线诉讼规则、在线调解规则和人民法院在线运行规则，深化在线诉讼模式和规则创新，发挥互联网法院在确立规则、完善制度、数字治理等方面示范引领作用，完善中国特色、世界领先的互联网司法模式，努力创造更高水平数字正义。

锻造忠诚干净担当的法院铁军。发扬自我革命精神，全面贯彻新时代党的建设总要求，坚持以党建带队建促审判，努力锻造忠于党、忠于国家、忠于人民、忠于法律的法院铁军。始终以党的政治建设为统领，建立党史学习教育常态化、长效化制度机制，在全国法院常态化开展“坚持党对司法工作的绝对领导，坚持中国特色社会主义法治道路”专题教育，严明政治纪律和政治规矩，坚决筑牢政治忠诚。按照“真心爱才、悉心育才、精心用才”的要求抓好人才建设，健全高层次专业化人才培养机制，不断提高广大干警在新时代履职尽责的能力水平。深化英模教育，深入学习邹碧华、周春梅、杨军等法院系统先进典型，教育引导干警永葆对党忠诚的政治本色。驰而不息纠治“四风”，落实“三严三实”要求，坚决反对形式主义、官僚主义。巩固深化队伍教育整顿成果，把严的主基调长期坚持下去，一体推进不敢腐、不能腐、不想腐，严格执行防止干预司法“三个规定”、新时代政法干警“十个严禁”等铁规禁令，以廉洁司法保证公正司法。深刻汲取法院系统反面典型教训，坚决清除“两面人”“两面派”，着力净化政治生态。持之以恒严格教育、严格管理、严格监督，引导广大法院干警以忠诚干净担当的实际行动，在全面建设社会主义现代化国家新征程中履职尽责、建功立业。

## 三、服务统筹推进国内法治和涉外法治，运用法治方式维护国家安全和人民利益

习近平总书记强调，“要坚持统筹推进国内法治和涉外法治，加强涉外领域立法，推动我国法域外适用的法律体系建设。要把拓展执法司法合作纳入双边多边关系建设的重要议题，提升涉外执法司法效能，坚决维护国家主权、安全、发展利益”①。中国特色社会主义法治体系建设，既包括建设完备的国内法律规范体系，也包括履行我国参加和批准的国际公约、条约和协定，全面加强涉外执法司法工作。当前，国际竞争越来越体现为制度、规则、法律之争。随着我国日益走近世界舞台中央，参与国际规则制定、保护我国海外

① 《习近平在中共中央政治局第三十五次集体学习时强调 坚定不移走中国特色社会主义法治道路 更好推进中国特色社会主义法治体系建设》，载《人民日报》2021年12月8日。

利益、加强国际传播能力建设等，都对法院工作提出更高要求。人民法院必须服务统筹推进国内法治和涉外法治，加强司法应对，更好维护国家主权、安全、发展利益。

切实提升涉外司法质效。坚定不移贯彻对外开放的基本国策，坚持依法平等保护中外当事人合法权益，促进贸易和投资自由化便利化，服务畅通国内国际双循环。恪守条约义务，尊重国际惯例，准确适用准据法，保护平等竞争。完善服务自贸试验区、自由贸易港、共建“一带一路”高质量发展司法政策，服务扩大高水平对外开放。完善涉外审判机制，加快推进国际商事法庭实质化运行，健全一站式国际商事纠纷多元化解决机制，努力建设国际商事争端解决新高地。完善海事审判体系，加快建设国际海事司法中心，服务海洋强国建设。

深化国际司法交流合作。加强国际刑事司法合作，共同打击跨国暴恐、毒品、网络、腐败等犯罪。加强涉外司法信息共享，建立健全司法衔接联动机制。通过举办上海合作组织成员国最高法院院长会议、数字经济法治论坛、金砖国家大法官论坛、中国—东盟大法官论坛等重要国际会议，讲好中国法治故事，促进司法交流互鉴，服务推动构建人类命运共同体。

加快涉外法治人才培养储备。加强涉外法治人才培养布局，完善涉外法治人才培养机制，深化与国际组织的合作，健全人才引进、选派、使用、管理机制。加强涉外法治人才使用，鼓励优秀法治人才走出去，参与国际法律事务。加强法学院校教师、科研人员与实务部门的人员交流，使教学、科研与司法实践更好有机结合，培养出既有专业理论知识，又有较强实务能力的高端涉外法律人才，推动形成优秀人才不断涌现的生动局面。

新时代新征程上，人民法院要增强“四个意识”、坚定“四个自信”、做到“两个维护”，深入学习领悟“两个确立”的决定性意义，弘扬伟大建党精神，在习近平法治思想指引下奋力推进司法为民、公正司法，坚定历史自信，不忘初心使命，勇于担当作为，坚定不移沿着中国特色社会主义法治道路奋勇前进，努力创造更高水平的社会主义司法文明，更好服务中国特色社会主义法治体系建设，为实现第二个百年奋斗目标提供有力司法服务，以实际行动迎接党的二十大胜利召开。

（来源：《求是》2022 年第 4 期）

# 推进中国特色一站式多元纠纷解决机制建设

最高人民法院院长　周　强

处理矛盾、化解纠纷是社会治理的基础性工作。我们党始终把社会矛盾化解作为社会治理的重要内容。20 世纪 60 年代初，浙江省诸暨市枫桥镇干部群众创造了“发动和依靠群众，坚持矛盾不上交，就地解决，实现捕人少、治安好”的“枫桥经验”。这是一套扎根中国文化、符合中国实际、行之有效的社会治理方案，成为我们党领导人民在正确处理人民内部矛盾方面创造的宝贵经验。党的十八大以来，习近平总书记多次作出重要指示，强调把“枫桥经验”坚持好、发展好，把党的群众路线坚持好、贯彻好，为“枫桥经验”赋予了新的时代内涵，使之在新时代焕发新的生机活力，为我们更好服务群众、化解矛盾、定分止争指明了方向。人民法院要坚持以习近平新时代中国特色社会主义思想为指导，深入贯彻习近平法治思想，增强“四个意识”、坚定“四个自信”、做到“两个维护”，深入学习领会“两个确立”的决定性意义，从党的百年奋斗史中汲取智慧和力量，坚持和发展新时代“枫桥经验”，紧紧围绕“努力让人民群众在每一个司法案件中感受到公平正义”目标，推进中国特色一站式多元纠纷解决机制建设，不断为实现人民对美好生活的向往贡献力量。

## 一、深入贯彻习近平法治思想，准确把握一站式多元纠纷解决机制建设的根本遵循

党的十八大以来，习近平总书记从推进国家治理体系和治理能力现代化、建设更高水平的平安中国的高度，就正确处理人民内部矛盾、加强和创新社会治理、预防和化解社会矛盾等提出一系列新理念新思想新战略，体现了真

挚为民情怀和对社会治理规律的深刻把握，为人民法院坚持和发展新时代“枫桥经验”，推进中国特色一站式多元纠纷解决机制建设提供了根本遵循。

坚持把党的领导作为根本保证。习近平总书记指出，要坚定不移走中国特色社会主义社会治理之路，善于把党的领导和我国社会主义制度优势转化为社会治理优势。[①] 党的领导是中国特色社会主义法治之魂。“枫桥经验”之所以历久弥新，充满生机活力，最根本的就在于把党的领导贯彻到社会治理全过程、落实到基层治理第一线。人民法院要牢牢坚持党对司法工作的绝对领导，充分发挥党的领导和我国社会主义制度优势，推动社会各方力量在矛盾化解中发挥更大作用，形成内外联动、上下协同、有序衔接的多元纠纷解决格局，真正把党的理论优势、政治优势、组织优势、制度优势、密切联系群众优势转化为社会治理的强大效能，彰显中国特色社会主义社会治理体系和司法制度的巨大优越性。

坚持以人民为中心。习近平总书记强调，要始终坚持以人民为中心，坚持法治为了人民、依靠人民、造福人民、保护人民，把体现人民利益、反映人民愿望、维护人民权益、增进人民福祉落实到法治体系建设全过程。[②] 人民法院要牢记人民至上，一切为了人民、一切依靠人民，完善群众参与矛盾化解的制度化渠道，创造更多依靠基层、发动群众、就地化解矛盾的办法，最大限度满足群众多层次多样化司法需求。把人民法院纠纷解决工作深深扎根于人民群众的创造性实践中，真正让人民群众成为一站式多元纠纷解决机制建设的实践参与者、直接受益者和成效评判者。

坚持从中国国情和实际出发。习近平总书记强调，我们要建设的中国特色社会主义法治体系，必须是扎根中国文化、立足中国国情、解决中国问题的法治体系。[③] 中华优秀传统法律文化崇尚以和为贵。“枫桥经验”和“马锡五审判方式”是党领导人民推进法治建设和社会治理的成功经验。我国作为拥有 14 亿多人口的大国，推进法治建设必须抓前端、治未病。人民法院要传承中华优秀传统法律文化，发扬人民司法优良传统，突出一站式多元纠纷解

---

① 参见《习近平：坚持走中国特色社会主义社会治理之路 确保人民安居乐业社会安定有序》，载《人民日报》2017 年 9 月 20 日。

② 参见《习近平在中共中央政治局第三十五次集体学习时强调 坚定不移走中国特色社会主义法治道路 更好推进中国特色社会主义法治体系建设》，载《人民日报》2021 年 12 月 8 日。

③ 参见《习近平在中共中央政治局第三十五次集体学习时强调 坚定不移走中国特色社会主义法治道路 更好推进中国特色社会主义法治体系建设》，载《人民日报》2021 年 12 月 8 日。

决机制建设的中国特色、时代特色、实践特色，为人民群众提供线上线下一站式多元纠纷解决服务。

坚持正确处理新形势下人民内部矛盾。习近平总书记指出，要把群众矛盾纠纷调处化解工作规范起来，让老百姓遇到问题能有地方“找个说法”①。进入新时代，我国社会主要矛盾发生变化，人民群众的利益关系更加复杂多样。人民法院作为国家审判机关，要履行定分止争、惩恶扬善职能；作为人民司法机关，又要引导群众正确处理个人利益和集体利益、局部利益和全局利益、眼前利益和长远利益等关系，提供化解矛盾纠纷、解决利益诉求的多元化渠道，从源头上预防和减少社会矛盾。人民法院通过和解、调解等方式公正高效化解人民内部矛盾，尽快修复破损的社会关系、人际关系，更好维护国家长治久安和社会安全稳定。

坚持把非诉讼纠纷解决机制挺在前面。习近平总书记指出，要把非诉讼纠纷解决机制挺在前面，推动更多法治力量向引导和疏导端用力。② 这是推进法治建设、推进社会治理现代化的重大理论和实践创新。诉讼是化解矛盾的必要手段，但不是唯一手段。人民法院要坚持把非诉讼纠纷解决机制挺在前面，推动完善预防性法律制度，形成矛盾纠纷化解的“多车道”。加强诉讼与仲裁、公证、行政裁决、行政复议等非诉讼解纷方式衔接，完善人民调解、行政调解、司法调解联动工作体系，充分发挥替代性纠纷解决机制和在线纠纷解决机制作用，为群众提供便捷快捷、诉非衔接、线上线下联动的多元化纠纷解决方式。

坚持系统治理、依法治理、综合治理、源头治理。习近平总书记强调社会治理是一门科学，指出要把专项治理和系统治理、综合治理、依法治理、源头治理结合起来。人民法院要深刻把握社会矛盾成因及演变规律，更加注重系统观念、法治思维、强基导向，创新一站式多元纠纷解决的理念思路、体制机制、方法手段，坚持综合施策、关口前移、开放融合、多元化解。更好发挥司法在提升基层治理法治化水平中的重要作用，在法治轨道上统筹社会力量、平衡社会利益、调节社会关系、规范社会行为，运用法治思维和法

---

① 参见《习近平在浙江考察时强调：统筹推进疫情防控和经济社会发展工作 奋力实现今年经济社会发展目标任务》，载《人民日报》2020 年 4 月 2 日。

② 参见《习近平主持召开中央全面深化改革委员会第十八次会议强调：完整准确全面贯彻新发展理念 发挥改革在构建新发展格局中关键作用》，载《人民日报》2021 年 2 月 20 日。

治方式化解矛盾、定分止争。

坚持司法体制改革和智慧法院建设双轮驱动。习近平总书记指出，要深化诉讼制度改革，推进案件繁简分流、轻重分离、快慢分道，推动大数据、人工智能等科技创新成果同司法工作深度融合。[①] 人民法院要把司法体制改革和智慧法院建设作为推动法院工作高质量发展的车之两轮、鸟之双翼。通过司法改革为一站式多元纠纷解决机制建设赋能，通过一站式多元纠纷解决机制建设推动改革成果系统集成，使司法改革的成果更多更好惠及群众。推进“互联网+枫桥经验”创新实践，全面升级在线多元解纷和智慧诉讼服务，不断完善中国特色、世界领先的互联网司法模式，努力为人民群众创造更高水平的数字正义。

坚持把夯实基层基础作为根本支撑。全面推进依法治国，推进国家治理体系和治理能力现代化，工作的基础在基层。人民法院要牢固树立强基导向，推动司法重心下移、力量下沉，主动融入自治法治德治相结合的城乡基层治理体系，推动形成共建共治共享的现代基层社会治理新格局。坚持把一站式建设同基层党组织建设相结合、同人民法庭建设相结合，不断提升基层司法能力、治理能力、服务能力。推动健全覆盖城乡街镇村社的纠纷预防化解链条，打通服务群众的“最后一公里”，切实把矛盾解决在萌芽状态、化解在基层。

## 二、坚持集约集成、在线融合，推动一站式多元纠纷解决机制建设取得明显成效

在习近平法治思想的科学指引下，人民法院坚持和发展新时代“枫桥经验”，探索形成符合中国国情、遵循司法规律、引领时代潮流的中国特色一站式多元纠纷解决机制，化解矛盾纠纷、服务人民群众的能力水平显著提升，创造了独树一帜的多元纠纷解决中国方案，走出了一条中国特色的司法为民之路。

矛盾纠纷源头治理走出新路子。主动融入党委领导的社会治理体系，推

① 参见《习近平：全面深入做好新时代政法各项工作 促进社会公平正义保障人民安居乐业》，载《人民日报》2019年1月17日。

动人民法院定分止争职能向纠纷源头和前端延伸。各地法院解纷触角不断向基层网格、企业园区、重点行业领域延伸，广泛参与平安乡村（社区）创建，调解平台进乡村、进社区、进网格工作有序推进，“家门口”纠纷解决站点充满活力，农村地区优质司法资源供给更加充沛。人民法庭发挥在源头预防调处矛盾纠纷中的“前哨”“堡垒”作用，全国8429家人民法庭通过入驻调解平台，在线对接综治中心、矛调中心、司法所、派出所、工会、妇联、乡镇（街道）、村（社区）等基层治理单位43033家，有效激活基层解纷服务网格，让大量矛盾纠纷依法及时就地化解。

矛盾纠纷多元化解取得新进展。加快推进“法院+”多元纠纷解决体系建设。与中央台办、全国总工会、中国侨联、全国工商联、国家发展改革委、人力资源社会保障部、中国人民银行、银保监会、证监会、国家知识产权局、中国中小企业协会等单位开展“总对总”诉调对接合作。广泛凝聚人大代表、政协委员、人民调解组织、行政调解组织、行业专家、律师学者、退休法律工作者、基层干部、网格员等解纷力量，形成优势互补、专群结合、融合发力的多元共治格局，覆盖四级法院的行业性专业性调解资源库日益丰富。2021年，人民法院对接调解组织和调解员数量分别达6.3万个和26万名，借助社会力量诉前调解成功案件610.7万件，同比增长43.9%，远超全国法院案件量同期增幅。

矛盾纠纷在线调解实现新突破。在世界上率先出台在线调解规则，人民法院调解平台在线集成解纷资源，实现四级法院应用率100%，有效打破地域阻隔和时空限制，为群众提供同质化、均等化、全流程在线纠纷解决服务。截至2021年底，人民法院在线调解案件累计超过2400万件，年均增长85.6%，在线音视频调解占比从2018年的0.2%提高到现在的27.5%，平均调解时长17天。86%的道交纠纷在线调解，调解成功率超过66%。6.1万家调解组织和25.4万名调解员通过调解平台开展工作，平均每个工作日有4.3万件纠纷在平台进行调解，每分钟有51件成功化解在诉前。人民法院在线调解平台极大方便群众及时化解矛盾纠纷，成为中国法院的一张亮丽名片。

矛盾纠纷一站式化解开创新局面。坚持把最好的场所、最便捷的纠纷解决服务提供给群众，诉讼服务中心一站式解纷能力持续增强。类型化调解室和速裁团队在全国法院诉讼服务中心基本实现全覆盖，“分调裁审”机制改革全面落地，立案登记制与矛盾多元化解改革有效衔接，具有区域特色、民族特色、专业行业特色的多元解纷品牌蓬勃发展。一站式解纷涵盖劳动争议、道路交通、物业合同、医疗纠纷、证券期货、金融消费、银行保险、知识产权、民营企业、价格争议、涉侨涉台等诸多领域，群众解决纠纷渠道更加丰富，纠纷化解的质量、效率和公信力不断提升。2021年，全国法院52.5%的一审民事案件通过速裁、快审方式审理，比一审民事案件平均审理周期缩短43%，真正实现让正义提速、为群众解忧。

## 三、明确职责使命，更加充分发挥中国特色一站式多元纠纷解决机制显著优势

进入新时代，人民群众在民主、法治、公平、正义、安全、环境等方面的要求日益增长。推动高质量发展、创造高品质生活，都对人民法院工作提出新的更高要求。人民法院要切实提高政治站位，从更高层次上谋划和推进中国特色一站式多元纠纷解决机制建设，更好服务党和国家工作大局、服务人民群众、服务审判执行、服务社会治理。

立足服务国家治理体系和治理能力现代化。习近平总书记强调，要更好发挥法治对改革发展稳定的引领、规范、保障作用。[①] 人民法院紧扣把握新发展阶段、贯彻新发展理念、构建新发展格局、推动高质量发展要求，积极推动一站式多元纠纷解决机制建设融入党委领导的社会治理体系，公正高效化解经济金融、科技创新、民生保障、农业农村、土地房屋、环境资源、数字治理等各领域纠纷，为经济社会高质量发展提供有力司法服务。积极建设以诉讼服务为载体、多元解纷为主体的一站式多元纠纷解决机制和诉讼服务体系，形成源头预防、非诉在前、多元化解、繁简分流的分层递进解纷路径，高效化解矛盾，促进基层善治，助力建设更高水平的平安中国。

立足服务人民群众美好生活需要。习近平总书记强调，要始终把最广大人民根本利益放在心上，坚定不移增进民生福祉，把高质量发展同满足人民美好生活需要紧密结合起来。[②] 人民法院积极顺应人民群众对高品质生活的

① 参见习近平：《推进全面依法治国，发挥法治在国家治理体系和治理能力现代化中的积极作用》，载《求是》2020年第22期。

② 参见《习近平在参加青海代表团审议时强调：坚定不移走高质量发展之路 坚定不移增进民生福祉》，载《人民日报》2021年3月8日。

期待，努力为人民群众提供菜单式、集约式、一站式纠纷解决服务，不断满足人民群众对公平正义的需要。围绕一站式这个关键、多元化这个目标，推动纠纷解决服务从分散到集约、从单一到多元、从现场到掌上、从传统到智能，努力为老百姓提供普惠均等、便捷高效、智能精准的纠纷解决服务。健全覆盖城乡的诉讼服务机制，在线诉讼服务、12368 热线服务 24 小时“不打烊”。在世界上率先实现跨域立案服务全覆盖，探索“夜间法庭”“假日法庭”，解决群众打官司中的“急难愁盼”问题，极大方便群众化解矛盾纠纷。加强巡回审判，马背法庭、车载法庭、渔船法庭等把司法服务送到群众身边，让全体人民共享便捷高效的一站式多元纠纷解决服务。

立足服务人民法院工作高质量发展。习近平总书记强调，要深化司法体制综合配套改革，加快建设公正高效权威的社会主义司法制度。[①] 人民法院坚持从完善中国特色社会主义司法制度、创造更高水平的社会主义司法文明的高度，认识、谋划、推进一站式多元纠纷解决机制建设。推进其与立案登记制、司法责任制、诉讼制度改革等改革成果系统集成，与智慧法院建设深度融合，深化司法质量变革、效率变革、动力变革，促进审判体系和审判能力现代化，在更高层次实现司法公正与司法效率的统一，更好发挥司法维护社会公平正义最后一道防线的作用。

新时代新征程上，人民法院要真学真信笃行习近平法治思想，增强“四个意识”、坚定“四个自信”、做到“两个维护”，不忘初心、牢记使命，坚持和发展新时代“枫桥经验”，巩固提升中国特色一站式多元纠纷解决机制建设成果，努力创造更高水平的社会主义司法文明，为全面建设社会主义现代化国家、实现第二个百年奋斗目标提供有力司法服务，以实际行动迎接党的二十大胜利召开。

（来源：《人民日报》2022 年 3 月 3 日）

① 参见《习近平在中共中央政治局第三十五次集体学习时强调 坚定不移走中国特色社会主义法治道路 更好推进中国特色社会主义法治体系建设》，载《人民日报》2021 年 12 月 8 日。

# 以党的二十大精神为指引
# 奋力推进新时代新征程人民法院工作高质量发展

最高人民法院院长　周　强

党的二十大是在全党全国各族人民迈上全面建设社会主义现代化国家新征程、向第二个百年奋斗目标进军的关键时刻召开的一次十分重要的大会，是一次高举旗帜、凝聚力量、团结奋进的大会。大会选举产生了新一届中央委员会和中央纪律检查委员会，通过了关于十九届中央委员会报告的决议、关于十九届中央纪律检查委员会工作报告的决议、关于《中国共产党章程（修正案）》的决议。大会选举产生了新一届中央委员会，党的二十届一中全会选举产生了新一届中央领导机构，习近平同志任中共中央总书记、中央军委主席。选举结果充分体现了全党共同意志，充分反映了亿万人民共同心愿，充分展现了我们党朝气蓬勃、兴旺发达、奋发有为。前进道路上，以习近平同志为核心的党中央必将团结带领全党全军全国各族人民，坚定历史自信，增强历史主动，踔厉奋发、勇毅前行，为全面建设社会主义现代化国家、全面推进中华民族伟大复兴而团结奋斗，把中国发展进步的命运牢牢掌握在自己手中。"两个确立"是党在新时代取得的重大政治成果，是新时代引领党和国家事业从胜利走向新的胜利的政治保证。新时代党和国家事业取得历史性成就、发生历史性变革，从根本上讲，在于确立了习近平同志党中央的核心、全党的核心地位，确立了习近平新时代中国特色社会主义思想的指导地位。面对复杂严峻的外部环境和繁重艰巨的改革发展稳定任务，"两个确立"是我们战胜一切艰难险阻、应对一切不确定性的最大确定性、最大底气、最大保证。新时代新征程上把中国特色社会主义事业推向前进，最紧要的是深刻领悟"两个确立"的决定性意义，更加自觉地维护习近平总书记党中央的核心、全党的核心地位，更加自觉地维护以习近平同志为核心的党中央权威和集中统一领导，全面贯彻习近平新时代中国特色社会主义思想，坚定不移在思想上政治上行动上同以习近平同志为核心的党中央保持高度一致。

习近平总书记代表十九届中央委员会所作的报告，高举中国特色社会主义伟大旗帜，全面贯彻习近平新时代中国特色社会主义思想，分析了国际国内形势，提出了党的二十大主题，回顾总结了过去五年的工作和新时代十年的伟大变革，阐述了开辟马克思主义中国化时代化新境界、中国式现代化的中国特色和本质要求等重大问题，对全面建设社会主义现代化国家、全面推进中华民族伟大复兴进行了战略谋划，对统筹推进“五位一体”总体布局、协调推进“四个全面”战略布局作出了全面部署，为新时代新征程党和国家事业发展、实现第二个百年奋斗目标指明了前进方向、确立了行动指南。报告举旗定向、总揽全局、气势恢宏、思想深邃，是党和人民智慧的结晶，是党团结带领全国各族人民夺取中国特色社会主义新胜利的政治宣言和行动纲领，是马克思主义的纲领性文献。

大会通过的十九届中央纪律检查委员会工作报告，全面总结了党的十九大以来在以习近平同志为核心的党中央坚强领导下，各级纪律检查委员会深入学习贯彻习近平新时代中国特色社会主义思想，认真落实新时代党的建设总要求，坚定贯彻党的自我革命战略部署，深入落实全面从严治党战略方针，忠实履行党章赋予的职责，坚定不移推进党风廉政建设和反腐败斗争，推动新时代纪检监察工作高质量发展，紧紧围绕党和国家工作大局发挥监督保障执行、促进完善发展作用的实践探索和重要成效，阐明了深化全面从严治党、深入推进新时代党的建设新的伟大工程对全面建设社会主义现代化国家、全面推进中华民族伟大复兴的极端重要性，揭示了以党的自我革命引领社会革命的重大意义，宣示了党以永远在路上的清醒和坚定推进党风廉政建设和反腐败斗争的坚强决心。

大会通过的党章修正案，把党的十九大以来习近平新时代中国特色社会主义思想新发展写入党章，体现了党的理论创新、实践创新、制度创新成果，对坚持和加强党的全面领导、坚定不移推进全面从严治党、坚持和完善党的建设、推进党的自我革命提出了明确要求，这对于全党更好地学习党章、遵守党章、贯彻党章、维护党章，更好把中国特色社会主义伟大事业和新时代党的建设新的伟大工程推向前进，具有十分重大的意义。大会同意把党的初心使命、党的百年奋斗重大成就和历史经验的内容，发扬斗争精神、增强斗争本领的内容写入党章，对激励全党坚定历史自信、增强历史主动，坚守初心使命、传承红色基因，把握新的伟大斗争的历史特点，团结带领全国各族人民夺取中国特色社会主义新胜利，具有十分重大的意义。习近平总书记在庆祝中国共产党成立一百周年大会上代表党和人民作出实现了第一个百年奋斗目标、全面建成了小康社会、正在向着全面建成社会主义现代化强国的第二个百年奋斗目标迈进的庄严宣告，党章据此作出相应修改，有利于全党全面准确把握新时代新征程党和国家事业发展新要求，聚焦实现第二个百年奋斗目标、实现中华民族伟大复兴的中国梦，凝聚起全党全国各族人民共同奋斗的意志和力量。把新时代新征程中国共产党的中心任务，社会主义基本经济制度，逐步实现全体人民共同富裕，立足新发展阶段，贯彻新发展理念，构建新发展格局，推动高质量发展等内容写入党章，有利于推动全党把思想和行动统一到党中央对国内外形势的科学判断与党和国家工作战略部署上来，更加自觉地贯彻党的基本路线，不断以发展新业绩续写新时代中国发展的伟大历史。党章根据全面建成社会主义现代化强国两步走总的战略安排作出相应修改，有利于激励全党坚定信心、锐意进取，朝着既定奋斗目标勇毅前行。把走中国特色社会主义法治道路，发展更加广泛、更加充分、更加健全的全过程人民民主，建立健全民主选举、民主协商、民主决策、民主管理、民主监督的制度和程序，统筹发展和安全等内容写入党章，对全党更加自觉、更加坚定地贯彻党的基本理论、基本路线、基本方略，全面推进中国特色社会主义伟大事业，具有十分重要的作用。把党的十九大以来习近平总书记就加强国防和军队建设、统战工作、外交工作提出的一系列新理念新思想新战略写入党章，有利于坚持走中国特色强军之路，有利于推动"一国两制"实践行稳致远、推进祖国统一，有利于推动构建人类命运共同体、引领人类进步潮流。把党的十九大以来党的建设取得的许多新的重大成果和成功经验写入党章，有利于推动全党永葆自我革命精神，贯彻全面从严治党战略方针，深入推进新时代党的建设新的伟大工程，确保党在革命性锻造中更加坚强有力，始终成为中国特色社会主义事业的坚强领导核心。把党是最高政治领导力量，坚持和加强党的全面领导等内容写入党章，有利于充分发挥党总揽全局、协调各方的领导核心作用，把党的领导落实到党和国家事业各领域各方面各环节。总结吸收党的十九大以来党的工作和党的建设的成功经验，并同总纲部分修改相衔接，对党章部分条文作适当修改，有利于坚持和加强党中央集中统一领导、坚持不懈用习近平新时代中国特色社会主义思想凝心铸魂，有利于增强党组织政治功能和组织功能、坚持以严的基调强化正风肃纪、坚定不移推进全面从严治党。

10月17日，习近平总书记参加广西代表团讨论时强调，党的二十大报告进一步指明了党和国家事业的前进方向，学习贯彻党的二十大精神，要做到“五个牢牢把握”。10月22日，习近平总书记主持大会闭幕会并发表重要讲话强调，中国共产党走过了百年奋斗历程，又踏上了新的赶考之路，号召全党要紧密团结在党中央周围，高举中国特色社会主义伟大旗帜，坚定历史自信，增强历史主动，敢于斗争、敢于胜利，埋头苦干、锐意进取，团结带领全国各族人民为实现党的二十大确定的目标任务而奋斗。10月23日，习近平总书记在二十届中共中央政治局常委同中外记者见面时强调，新征程上，我们要始终保持昂扬奋进的精神状态，始终坚持一切为了人民、一切依靠人民，始终推进党的自我革命，始终弘扬全人类共同价值，踔厉奋发、勇毅前行，以中国式现代化全面推进中华民族伟大复兴。人民法院将把深入学习宣传贯彻党的二十大精神作为当前和今后一个时期的首要政治任务，迅速把思想和行动统一到党的二十大精神上来，统一到以习近平同志为核心的党中央战略部署上来，深刻领悟“两个确立”的决定性意义，增强“四个意识”、坚定“四个自信”、做到“两个维护”，坚持服务大局、司法为民、公正司法，立足司法职能奋力谱写新时代中国特色社会主义更加绚丽的华章，为全面建设社会主义现代化国家、全面推进中华民族伟大复兴提供有力司法服务。

## 一、全面准确学习领会党的二十大精神，深刻认识党的二十大的重大现实意义和深远历史意义

党的二十大明确宣示了党在新征程上举什么旗、走什么路、以什么样的精神状态、朝着什么样的目标继续前进，对于团结和激励全国各族人民为夺取中国特色社会主义新胜利而奋斗具有十分重大的意义。党的二十大报告开篇提出大会的主题是：高举中国特色社会主义伟大旗帜，全面贯彻新时代中国特色社会主义思想，弘扬伟大建党精神，自信自强、守正创新，踔厉奋发、勇毅前行，为全面建设社会主义现代化国家、全面推进中华民族伟大复兴而

团结奋斗。报告阐明的大会主题是大会的灵魂，是党和国家事业发展的总纲。报告鲜明提出“三个务必”，这是习近平总书记对党所处历史方位、面临形势任务、党情发展变化进行深刻分析作出的重大论断，体现了强烈的使命担当、忧患意识和斗争精神，彰显了百年大党新时代赶考的清醒和谨慎。报告总结新时代十年来经历的对党和人民事业具有重大现实意义和深远历史意义的三件大事，高度评价这是“三个历史性胜利”，并从十六个方面总结了新时代十年伟大变革，新时代十年的伟大变革在党史、新中国史、改革开放史、社会主义发展史、中华民族发展史上具有里程碑意义。报告深刻阐释习近平新时代中国特色社会主义思想的世界观和方法论，明确提出“六个坚持”，为不断谱写马克思主义中国化时代化新境界提供了“金钥匙”。报告明确提出以中国式现代化全面推进中华民族伟大复兴的使命任务，深刻阐述中国式现代化的中国特色、本质要求和前进道路上必须牢牢把握的五项重大原则，为人类实现现代化提供了新的选择。报告对全面建成社会主义现代化强国两步走战略安排进行宏观展望，系统阐述未来一个时期党和国家事业发展的战略部署，擘画了全面建设社会主义现代化国家、全面推进中华民族伟大复兴的宏伟蓝图。报告在总结新时代十年伟大变革时充分肯定司法体制改革取得重大进展等全面依法治国重大成就，在到2035年基本实现社会主义现代化的总体目标中提出全面依法治国目标，并专章对坚持全面依法治国、推进法治中国建设作出重大部署，对严格公正司法作出系统安排，为在法治轨道上全面建设社会主义现代化国家提供了行动指南。党的代表大会报告专章论述全面依法治国，这在我们党的二十次全国代表大会中是第一次，意义重大而深远。报告强调全党必须牢记“五个必由之路”，这是我们党在长期实践中得出的至关紧要的规律性认识，必须倍加珍惜、始终坚持，咬定青山不放松，引领和保障中国特色社会主义巍巍巨轮乘风破浪、行稳致远。

人民法院必须深入学习领会党的二十大精神，深学细悟党的二十大提出的一系列重大理论成果和重大决策部署，切实把智慧和力量凝聚到党的二十大确定的各项任务上来，更好贯彻党的基本理论、基本路线、基本方略，始终坚持正确前进方向，始终把握发展规律，运用科学的世界观和方法论谋划事业发展、应对风险挑战。深刻认识党和国家事业发展面临的战略机遇、风险挑战，准确把握机遇挑战在人民法院工作中的具体表现、对人民法院工作提出的新要求，进一步增强做好法院工作的责任感使命感紧迫感，保持战略定力，增强忧患意识，坚持底线思维，敢于斗争、善于斗争，为党和国家事业发展提供有力司法服务。准确把握人民法院在全面建设社会主义现代化国家、实现第二个百年奋斗目标中的职责定位，弘扬伟大建党精神，始终做到“三个务必”，坚定历史自信，增强历史主动，做到知责明责、知重负重、担责尽责，充分发挥审判职能作用，以高质量司法服务高质量发展，努力在新的赶考之路上向党和人民交出更加优异的答卷。

## 二、深刻领会“五个牢牢把握”，扎实推进全面依法治国，切实将党的二十大重大决策部署落到实处

习近平总书记强调，学习贯彻党的二十大精神，要牢牢把握过去五年工作和新时代十年伟大变革的重大意义，牢牢把握新时代中国特色社会主义思想的世界观和方法论，牢牢把握以中国式现代化推进中华民族伟大复兴的使命任务，牢牢把握以伟大自我革命引领伟大社会革命的重要要求，牢牢把握团结奋斗的时代要求。① 这是习近平总书记为全党学习贯彻党的二十大精神所作的“动员令”，是最权威的辅导报告，为我们更好领会和贯彻党的二十大精神指明了方向、提供了根本遵循。各级法院要坚持以习近平总书记重要讲话精神为指引，引导广大干警紧紧围绕“五个牢牢把握”的重要要求，学深悟透做实党的二十大精神，在党的旗帜下团结成“一块坚硬的钢铁”，做到心往一处想、劲往一处使，一步一个脚印把党的二十大作出的重大决策部署付诸行动、见之于成效。

### （一）牢牢把握过去五年工作和新时代十年伟大变革的重大意义，更加深刻领悟“两个确立”的决定性意义

习近平总书记在报告中深刻指出，“十九大以来的五年，是极不寻常、极不平凡的五年”，“新时代十年的伟大变革，在党史、新中国史、改革开放史、社会主义发展史、中华民族发展史上具有里程碑意义”。过去五年和新时代十年，以习近平同志为核心的党中央团结带领全党全军全国各族人民，统揽伟

① 参见《习近平在参加党的二十大广西代表团讨论时强调：心往一处想劲往一处使推动中华民族伟大复兴号巨轮乘风破浪扬帆远航》，载《人民日报》2022年10月18日。

大斗争、伟大工程、伟大事业、伟大梦想，统筹推进“五位一体”总体布局，协调推进“四个全面”战略布局，采取一系列战略性举措，推进一系列变革性实践，实现一系列突破性进展，取得一系列标志性成果，推动党和国家事业取得历史性成就、发生历史性变革。报告系统总结了全面依法治国取得的历史性成就，社会主义法治国家建设深入推进，全面依法治国总体格局基本形成，中国特色社会主义法治体系加快建设，司法体制改革取得重大进展，社会公平正义保障更为坚实，法治中国建设开创新局面。与党和国家事业发展同步，新时代人民法院工作发生历史性变革、取得历史性成就，从理念到实践、从体制改革到科技应用、从作风到能力都取得了长足发展。回望新时代十年伟大变革，根本在于习近平总书记作为党中央的核心、全党的核心掌舵领航，在于习近平新时代中国特色社会主义思想科学指引，充分彰显了“两个确立”的决定性意义。

人民法院必须在新时代十年的伟大变革中、在马克思主义中国化时代化新境界中、在以中国式现代化全面推进中华民族伟大复兴历史进程中，深刻领悟“两个确立”的决定性意义，深刻理解把握其理论逻辑、历史逻辑、实践逻辑，不断提高政治判断力、政治领悟力、政治执行力，坚定不移在思想上政治上行动上同以习近平同志为核心的党中央保持高度一致。旗帜鲜明讲政治，始终把“两个维护”作为最高政治原则和根本政治规矩，落实到服务大局、司法为民、公正司法的实际行动上，坚决做到维护核心、绝对忠诚、听党指挥、勇于担当。强化党的创新理论武装，不断提高运用科学理论分析解决问题、应对风险挑战、攻克改革难题、化解社会矛盾的能力水平，始终做习近平新时代中国特色社会主义思想的坚定信仰者和忠实实践者。在真学真信笃行习近平法治思想上持续用力，深刻认识习近平法治思想既是新时代十年全面依法治国最重要的标志性成果，也是十年来我国社会主义法治建设取得历史性成就的根本原因，不折不扣做到“十一个坚持”，更好发挥法治固根本、稳预期、利长远的保障作用。

### （二）牢牢把握习近平新时代中国特色社会主义思想的世界观和方法论，切实用以武装头脑、指导实践、推动工作

习近平总书记在报告中深刻指出，“中国共产党为什么能，中国特色社会主义为什么好，归根到底是马克思主义行，是中国化时代化的马克思主义

行”。党的二十大报告深刻阐明习近平新时代中国特色社会主义思想的世界观和方法论，强调要坚持人民至上、坚持自信自立、坚持守正创新、坚持问题导向、坚持系统观念、坚持胸怀天下。习近平新时代中国特色社会主义思想坚持把马克思主义基本原理同中国具体实际相结合、同中华优秀传统文化相结合，为丰富和发展马克思主义作出重大原创性贡献，为激活中华优秀传统文化生命力作出重大历史性贡献，开辟了马克思主义中国化时代化新境界。习近平新时代中国特色社会主义思想的世界观和方法论，彰显了中国共产党人的政治立场、价值追求、精神风范，为我们认识世界、把握规律、追求真理、改造世界提供了强大思想武器，为实现中华民族伟大复兴提供了科学思想指引和行动指南。

人民法院必须深刻认识习近平新时代中国特色社会主义思想在马克思主义发展史、中华文明发展史上的重要地位和卓越功勋，深刻理解把握其世界观和方法论，坚持好、运用好贯穿其中的立场观点方法，深入领会其道理学理哲理，做到知其言更知其义、知其然更知其所以然，切实贯彻到人民法院工作全过程各方面，真正做到虔诚而执着、至信而深厚。深刻领会坚持人民至上的鲜明立场，坚持以人民为中心的发展思想，牢记江山就是人民、人民就是江山，一切为了人民、一切依靠人民，站稳人民立场、把握人民愿望、尊重人民创造、集中人民智慧，始终把实现好、维护好、发展好最广大人民根本利益作为一切工作的出发点和落脚点，坚持走好中国特色司法为民之路。深刻领会坚持自信自立的精神力量，坚持对马克思主义的坚定信仰、对中国特色社会主义的坚定信念，增强对中国特色社会主义法治道路的自信、底气、定力，始终从我国实际出发，走自己的路，以更加积极的历史担当和创造精神，努力创造更高水平的社会主义司法文明。深刻领会坚持守正创新的思想精髓，坚持党的领导，坚持中国特色社会主义制度，贯彻中国特色社会主义法治理论，解放思想、实事求是、守正创新，紧跟时代步伐，顺应实践发展，不断推进司法理论创新、制度创新、实践创新，推动人民司法事业与时俱进。深刻领会坚持问题导向的实践要求，坚持把解决新情况新问题作为研究制定司法政策的着力点，发扬奔着问题去、迎着困难上的精神，善于聆听人民心声和时代提出的新问题，始终把化解矛盾、破解难题作为推动法院工作发展的突破口，不断提出真正解决问题的新理念新思路新办法。深刻领会坚持系统观念的科学方法，不断提高战略思维、历史思维、辩证思维、系统思维、创新思维、法治思维、底线思维能力，加强前瞻性思考、全局性谋划、整体性推进，坚持用系统观念分析司法职能定位、推进法院改革发展、解决错综复杂矛盾，推动人民法院工作在更高起点上实现高质量发展，更好促进中国特色社会主义法治体系建设。深刻领会坚持胸怀天下的情怀担当，坚持统筹推进国内法治和涉外法治，立足中国司法实践，回答世界法治难题，学习借鉴世界上优秀的法治文明成果，努力以中国司法智慧、中国司法实践为世界法治文明建设作出新的更大贡献。

### （三）牢牢把握以中国式现代化推进中华民族伟大复兴的使命任务，更好服务在法治轨道上全面建设社会主义现代化国家

习近平总书记在报告中深刻指出，“从现在起，中国共产党的中心任务就是团结带领全国各族人民全面建成社会主义现代化强国、实现第二个百年奋斗目标，以中国式现代化全面推进中华民族伟大复兴”。进入新时代，我们党成功推进和拓展了中国式现代化，打破了“现代化就是西方化”的迷思，创造了人类文明新形态。中国式现代化在理论和实践上不断创新突破，丰富和发展了社会主义现代化理论，不仅改变了中华民族的历史命运，而且拓展了发展中国家走向现代化的路径，为人类发展进步贡献了中国方案，让科学社会主义在21世纪的中国焕发出强大生机活力。

人民法院必须牢牢把握以中国式现代化推进中华民族伟大复兴的使命任务，深刻领会中国式现代化的中国特色和本质要求，在前进道路上始终坚持五项重大原则，增强使命意识和政治担当，充分发挥司法职能作用，主动服务和融入以中国式现代化全面推进中华民族伟大复兴的历史进程。深刻领会中国式现代化是中国共产党领导的社会主义现代化，把握本质属性，坚定正确方向，坚决维护党中央权威和集中统一领导，自觉把党的领导落实到人民法院工作各领域各方面各环节，确保党发挥总揽全局、协调各方的领导核心作用。深刻领会中国式现代化是人口规模巨大的现代化，摒弃西方以资本为中心的现代化，贯彻以人民为中心的发展思想，无论司法职能发挥，还是法院自身改革发展，都坚持发展为了人民、发展依靠人民、发展成果由人民共享，不断实现人民对美好生活和公平正义的向往。深刻领会中国式现代化是全体人民共同富裕的现代化，摒弃西方两极分化的现代化，不断完善推动发展更平衡、更协调、更包容的司法政策措施，更好发挥司法规范社会行为、

调节和平衡利益关系、维护和促进公平正义的职能作用，依法服务在高质量发展中促进共同富裕。深刻领会中国式现代化是物质文明和精神文明相协调的现代化，摒弃西方物质主义膨胀的现代化，在司法裁判中大力弘扬社会主义核心价值观，弘扬中华优秀传统文化，弘扬社会主义法治精神，依法促进新时代公民道德建设和精神文明建设。深刻领会中国式现代化是人与自然和谐共生的现代化，摒弃西方先污染后治理的现代化，深入践行绿水青山就是金山银山理念，坚持山水林田湖草沙一体化保护和治理，贯彻节约资源和保护环境的基本国策，依法服务生态文明建设，促进经济社会发展全面绿色转型。深刻领会中国式现代化是走和平发展道路的现代化，摒弃西方对外扩张掠夺的现代化，高举和平、发展、合作、共赢的旗帜，深入推进法治文明交流互鉴，不断拓展国际司法务实合作，立足司法职能积极参与全球治理体系改革和建设，为世界和平与发展凝聚法治力量、贡献中国智慧。牢牢把握前进道路上的五项重大原则，牢记始终把国家和民族发展放在自己力量的基点上、把中国发展进步的命运牢牢掌握在自己手中，知难而进、迎难而上，统筹发展和安全，依法防范化解各种风险挑战，为全面建设社会主义现代化国家提供有力司法服务。

### （四）牢牢把握以伟大自我革命引领伟大社会革命的重要要求，坚定不移推进全面从严治党，加强司法队伍建设

习近平总书记在报告中深刻指出，“全面建设社会主义现代化国家、全面推进中华民族伟大复兴，关键在党。我们党作为世界上最大的马克思主义执政党，要始终赢得人民拥护、巩固长期执政地位，必须时刻保持解决大党独有难题的清醒和坚定”。党的二十大报告对新时代十年全面从严治党工作作了总结，并对持之以恒推进全面从严治党，深入推进新时代党的建设新的伟大工程作出全面部署，为坚持以党的自我革命引领社会革命指明了方向，必将指引全党更加紧密地团结在以习近平同志为核心的党中央周围，全面推进党的自我净化、自我完善、自我革新、自我提高，确保我们党坚守初心使命，永远不变质、不变色、不变味，始终成为中国特色社会主义事业的坚强领导核心。

人民法院必须坚持以党的政治建设为统领，坚持不懈用习近平新时代中国特色社会主义思想凝心铸魂，真学真信笃行习近平法治思想，认真学习新

修改的党章，严格执行《中国共产党政法工作条例》，树立新时代正确司法理念，牢牢坚持党对司法工作的绝对领导，坚定不移走中国特色社会主义法治道路。落实新时代好干部标准，抓好高素质专业化审判人才培养，大力培养选拔优秀年轻干部，注重在重大斗争中磨砺干部，加强干部斗争精神和斗争本领养成，健全符合司法工作规律的素质培养、选拔任用、从严管理、考核评价体系，着力建设堪当民族复兴重任的高素质法院队伍。坚持大抓基层的鲜明导向，坚持以党建带队建促审判，扎实推进“四强”党支部建设，增强基层党组织政治功能和组织功能，切实把基层党组织建设成为有效实现党的领导的坚强战斗堡垒。驰而不息推进全面从严管党治警，坚持以严的基调强化正风肃纪，锲而不舍落实中央八项规定及其实施细则精神，持续深化纠治“四风”特别是形式主义、官僚主义，坚决破除特权思想和特权行为。深入践行“三严三实”，经常深入基层开展调查研究，做到真抓实干、善始善终、善作善成。依法严惩腐败犯罪，落实受贿行贿一起查，积极配合构建追逃防逃追赃机制，助力打赢反腐败斗争攻坚战持久战。严格执行防止干预司法“三个规定”、新时代政法干警“十个严禁”等铁规禁令，健全一体推进“三不腐”制度机制，坚决彻底肃清沈德咏流毒影响，以零容忍态度严惩司法腐败。深入开展警示教育，以案说德、以案说纪、以案说法、以案说责，深刻汲取沈德咏、孟祥、王林清等反面典型教训，提高党性觉悟、强化法纪观念，锤炼坚守法治、公正司法的职业品格。加强新时代廉洁文化建设，教育引导干部增强不想腐的自觉，清清白白做人、干干净净做事。坚持严管和厚爱相结合，健全依法履职保障机制，落实“三个区分开来”，提高干警职业尊荣感，千方百计为敢于担当、善于作为、甘于奉献、严于律己的干警撑腰鼓劲、排忧解难，让广大干警安身、安心、安业。

**（五）牢牢把握团结奋斗的时代要求，紧紧依靠团结奋斗战胜前进道路上的困难挑战**

习近平总书记深刻指出，“团结才能胜利，奋斗才会成功”[①]。党的二十大报告通篇贯穿团结奋斗，在评价十年来对党和人民事业具有重大现实意义和

① 参见《习近平在参加党的二十大广西代表团讨论时强调：心往一处想劲往一处使推动中华民族伟大复兴号巨轮乘风破浪扬帆远航》，载《人民日报》2022年10月18日。

深远历史意义的三件大事时，指出“这是中国共产党和中国人民团结奋斗赢得的历史性胜利”，在阐释“五个必由之路”时强调“团结奋斗是中国人民创造历史伟业的必由之路”。团结奋斗是中国共产党和中国人民最显著的精神标识，在新时代更加熠熠生辉。我们党领导人民靠团结奋斗创造了辉煌历史，还要靠团结奋斗开辟美好未来。新时代新征程，只要我们团结一切可以团结的力量，调动一切可以调动的积极因素，形成同心共圆中国梦的强大合力，就一定能战胜前进道路上的各种困难和挑战，就一定能从胜利走向新的胜利。

人民法院必须更加紧密地团结在以习近平同志为核心的党中央周围，团结凝聚在党的旗帜下，始终与党和人民同心同德、同向同行，锚定新时代新征程党的中心任务，坚定不移做团结统一的维护者、顽强奋斗的践行者。坚持以人民为中心，树牢群众观点，贯彻群众路线，尊重人民首创精神，紧紧依靠人民群众，充分发挥我国人民代表大会制度、政治协商制度优势，把人民司法事业发展深深扎根于人民群众的创造性实践中。在司法审判各环节坚决贯彻党的民族政策和宗教政策，在化解矛盾中促进团结，加强中华民族共同体法治文化研究和建设，运用法治思维和法治方式铸牢中华民族共同体意识。牢固树立全国法院“一盘棋”意识，把全国四级法院和59万名干警紧紧团结在一起，总结发扬好新时代人民法院改革发展迎难而上、攻坚克难、一仗接着一仗打的经验，继续为创造更高水平的社会主义司法文明而团结奋斗。发扬斗争精神，增强斗争本领，在意识形态、惩治犯罪、化解矛盾、反制打压、改革攻坚、自身建设等方面敢于斗争、善于斗争，依靠斗争战胜困难挑战、化解矛盾风险，努力实现人民法院工作新的更大发展。

### （六）紧扣党的二十大关于坚持全面依法治国、推进法治中国建设的重大部署，坚持走中国特色社会主义法治道路，建设中国特色社会主义法治体系、建设社会主义法治国家

习近平总书记在报告中深刻指出，“全面依法治国是国家治理的一场深刻革命，关系党执政兴国，关系人民幸福安康，关系党和国家长治久安。必须更好发挥法治固根本、稳预期、利长远的保障作用，在法治轨道上全面建设社会主义现代化国家”，强调“公正司法是维护社会公平正义的最后一道防线”。党的二十大报告对“坚持全面依法治国，推进法治中国建设”作出专题论述、专门部署，把法治建设提高到前所未有的重要位置，充分体现了党中

央对全面依法治国工作的高度重视，充分体现了我们党坚持走中国特色社会主义法治道路，全面推进国家各方面工作法治化的坚定决心，广大法院干警倍受鼓舞振奋、倍感责任重大。

人民法院必须牢牢把握建设中国特色社会主义法治体系、建设社会主义法治国家的总目标，抓住法治体系建设这个总抓手，对标对表党的二十大关于坚持全面依法治国、推进法治中国建设的重大战略部署，认真谋划推进新时代新征程人民法院工作，更好服务全面建设社会主义现代化国家。服务完善以宪法为核心的中国特色社会主义法律体系，正确贯彻实施宪法法律，深入总结司法实践鲜活经验，配合做好民事强制执行法、民事诉讼法涉外民事诉讼程序的特别规定编等立法修法工作，严格落实司法解释等规范性文件备案审查制度，以良法促进发展、保障善治。深刻认识法治政府建设是全面依法治国的重点任务和主体工程，深化行政审判体制机制改革，妥善审理行政案件，加大合法性审查力度，支持扎实推进依法行政，促进行政争议实质性化解，服务法治政府建设。深刻认识法治社会是构筑法治国家的基础，坚持把推进全民守法作为法治社会建设的基础工程，认真落实“谁执法谁普法”普法责任制，通过深化司法公开、强化裁判文书说理、发布典型案例、举办公众开放日活动等，传播法律知识，增强全民法治观念，弘扬社会主义法治精神，推动尊法学法守法用法在全社会蔚然成风。深刻认识公平正义是司法的灵魂和生命，紧紧围绕“努力让人民群众在每一个司法案件中感受到公平正义”目标，坚持以改革的思维和办法解决改革中出现的新情况新问题，从更高水平上推动解决影响司法公正、制约司法能力的深层次矛盾，加快建设公正高效权威的社会主义司法制度。深化司法体制综合配套改革，全面准确落实司法责任制，统筹抓好司法责任制综合配套改革、四级法院审级职能定位改革等重点改革和关键环节，推动各项改革更加系统集成、协同高效。规范司法权力运行，深化以审判为中心的诉讼制度改革，推动健全公安机关、检察机关、审判机关、司法行政机关各司其职、相互配合、相互制约的体制机制，促进优化司法职权配置。坚持放权与监督相统一，压紧压实院庭长、职能部门监督管理责任，健全信息化全流程审判监督管理机制，依法接受检察机关法律监督，构建与新型审判权力运行机制相适应的制约监督体系。完善公益诉讼审理机制，依法公正审理各类公益诉讼案件，切实维护国家利益和社会公共利益。坚持科技赋能，全面加强智慧法院建设，加快完善中国特色、世界领先的互联网司法模式，推动现代科技从工具性运用向更深层次规则治理和制度构建迈进，努力创造更高水平的数字正义。

### （七）坚定不移贯彻总体国家安全观，推动建设更高水平的平安中国

习近平总书记在报告中深刻指出，“国家安全是民族复兴的根基，社会稳定是国家强盛的前提”。党的二十大报告对“推进国家安全体系和能力现代化，坚决维护国家安全和社会稳定”作出专题部署，充分体现了国家安全在党和国家工作大局中的重要性。当前，百年变局和世纪疫情交织影响，单边主义、保护主义明显上升，局部冲突和动荡频发，世界进入新的动荡变革期。我国发展进入战略机遇和风险挑战并存、不确定难预料因素增多的时期，来自外部的打压遏制随时可能升级，各种“黑天鹅”“灰犀牛”事件随时可能发生。推进国家安全体系和能力现代化，以新安全格局保障新发展格局，既是推进中国式现代化的应有之义，也是确保中国式现代化行稳致远的重要保障。

人民法院必须坚定不移贯彻总体国家安全观，及时研判影响国家安全、社会安定、人民安宁的新态势、新动向、新问题，始终把维护以政权安全、制度安全为核心的政治安全放在首位，把维护国家安全贯穿审判执行工作各方面全过程，推动建设更高水平的平安中国。严厉打击敌对势力渗透、破坏、颠覆、分裂等犯罪活动，坚定维护国家政权安全、制度安全、意识形态安全。依法严惩杀人、抢劫、涉枪涉爆等严重暴力犯罪，推进扫黑除恶常态化，依法严惩重大责任事故、危害食品药品安全、电信网络诈骗、侵犯公民个人信息等人民群众反映强烈的犯罪，保障人民安居乐业。加大关系国家安全重点领域犯罪惩治和矛盾化解力度，切实维护粮食安全、能源资源安全、重要产业链供应链安全。依法审理我国“走出去”公民、法人各类涉外案件，推动我国法域外适用法律体系建设，切实维护我国海外合法权益，维护国家海洋权益，坚定捍卫国家主权、安全、发展利益。健全中国特色一站式多元纠纷解决和诉讼服务体系，加快推动一站式建设向基层、向社会、向网上、向重点行业领域延伸，加大涉法涉诉信访化解力度，及时把矛盾纠纷化解在基层、化解在萌芽状态，助力在社会基层坚持和发展新时代“枫桥经验”。

（八）坚定不移贯彻对外开放基本国策，服务推动构建人类命运共同体

习近平总书记在报告中深刻指出，“构建人类命运共同体是世界各国人民前途所在”，强调“中国坚持对外开放的基本国策，坚定奉行互利共赢的开放战略，不断以中国新发展为世界提供新机遇，推动建设开放型世界经济，更好惠及各国人民”，“中国积极参与全球治理体系改革和建设，践行共商共建共享的全球治理观，坚持真正的多边主义，推进国际关系民主化，推动全球治理朝着更加公正合理的方向发展”。党的二十大报告系统总结新时代十年对外开放取得的伟大成就，将坚持深化改革开放作为前进道路上必须牢牢把握的重大原则之一，对推进高水平对外开放、推动构建人类命运共同体等作出重大部署，充分传递新时代中国改革不停顿、开放不止步的坚定决心。当前，国际竞争越来越体现为制度、规则、法律之争，法治日益成为国家核心竞争力的重要内容，落实统筹推进国内法治和涉外法治要求，做好涉外司法工作是党和国家赋予人民法院的重要使命。

人民法院必须坚定不移贯彻对外开放基本国策，全面提升涉外司法质效，为推进高水平对外开放、推动构建人类命运共同体提供有力司法服务。坚持依法平等保护原则，全面贯彻外商投资法及其实施条例，依法保护外商投资权益，促进贸易和投资自由化便利化，营造市场化、法治化、国际化一流营商环境。完善自贸试验区、自由贸易港司法服务举措，加强国际商事法庭建设，健全一站式国际商事纠纷多元化解决机制，努力建设国际商事纠纷解决优选地，服务共建“一带一路”高质量发展。深化国际司法交流合作，巩固拓展现有双边和多边合作机制，拓宽务实合作领域，完善司法协助体制，服务推动构建新型国际关系。坚持真正的多边主义，坚定维护以联合国为核心的国际体系、以国际法为基础的国际秩序、以联合国宪章宗旨和原则为基础的国际关系基本准则，积极参与全球治理体系改革和建设，推动全球治理朝着更加公正合理的方向发展。立足司法职能推动落实全球发展倡议、全球安全倡议，推动建设持久和平、普遍安全、共同繁荣、开放包容、清洁美丽的世界。加强国际传播能力建设，全面提升国际传播效能，讲好中国法治故事、传播好中国法治声音，不断提升中国司法的国际话语权和影响力，助力展现可信、可爱、可敬的中国形象。

## 三、立足职能狠抓落实，为推进中国式现代化提供有力司法服务

习近平总书记在报告中深刻指出，“全面建成社会主义现代化强国，总的战略安排是分两步走”，强调“未来五年是全面建设社会主义现代化国家开局起步的关键时期”。党的二十大报告对全面建成社会主义现代化强国两步走战略安排进行宏观展望，对未来五年乃至更长时期的目标任务和重大举措作出重大部署，向全党全国发出了为全面建设社会主义现代化国家、全面推进中华民族伟大复兴而团结奋斗的动员令。“两步走”战略安排和一系列重大部署清晰标示了实现中华民族伟大复兴中国梦的战略步骤、历史任务和实践要求，必将激励全党全国各族人民增强志气、骨气、底气，坚定信心、锐意进取，更好地主动识变应变、主动防范化解风险，奋力夺取全面建设社会主义现代化国家新胜利。下一步，要以钉钉子精神狠抓落实，在人民法院工作中创造性落实党中央大政方针和工作部署，切实做好“最后一公里”的抓落实工作。

人民法院必须深刻领会全面建成社会主义现代化强国的两步走战略安排和未来一个时期重大部署，始终牢记“国之大者”，切实把党的二十大作出的重大决策部署转化为人民法院实际行动，为全面建设社会主义现代化国家提供有力司法服务。围绕坚持以推动高质量发展为主题，完整、准确、全面贯彻新发展理念，依法审理各类案件，服务扩大内需战略实施和深化供给侧结构性改革，推进加快构建新发展格局，切实统筹好速度与质量、发展与安全、发展与环保、发展与疫情的关系，助力经济实现质的有效提升和量的合理增长。坚持“两个毫不动摇”，完善产权司法保护制度，依法保护民营企业产权和企业家权益，弘扬契约精神和企业家精神，久久为功推进执行难综合治理源头治理，服务构建高水平社会主义市场经济体制和全国统一大市场。加强反垄断和反不正当竞争司法，依法规范和引导资本健康发展，促进数字经济、平台经济规范健康发展。依法审理各类金融案件，严惩金融领域犯罪，助力守住不发生系统性风险底线。服务全面推进乡村振兴，创建一批“枫桥式人民法庭”，推进更高水平的平安法治乡村建设。服务区域协调发展等战略部署落实落地，促进解决发展不平衡不充分问题。坚持科技是第一生产力、人才是第一资源、创新是第一动力，落实好党的二十大关于加强知识产权法治保障的部署，加大知识产权司法保护力度，依法保护科技创新主体合法权益，

更好服务科教兴国战略、人才强国战略、创新驱动发展战略实施。践行全过程人民民主，认真贯彻我国根本政治制度、基本政治制度、重要政治制度，巩固人民陪审员制度改革、深化司法公开等改革成果，自觉接受人大监督，保障人民参与司法，依靠人民推进公正司法。围绕推进文化自信自强，牢牢坚持马克思主义在意识形态领域指导地位，弘扬社会主义先进文化、革命文化、中华优秀传统文化，促进繁荣发展文化事业和文化产业，服务社会主义文化强国建设。坚持依法治国和以德治国相结合，通过审判执行工作推动社会主义核心价值观融入法治建设、融入社会发展、融入日常生活。传承中华优秀传统法律文化，弘扬新时代人民法院文化，建好用好人民法院文博档案场所，深化全民阅读活动，加强中国法官文联建设，总结《底线》等文艺作品创作经验，推出更多新时代法院题材精品力作，讲好中国法治故事、传播好中国法治声音。围绕增进民生福祉，加强教育、就业、医疗、住房、社会保障等民生领域司法保障，依法保护妇女、儿童、老年人、残疾人合法权益，让新时代司法改革成果更广泛惠及人民群众，立足司法促进解决人民群众急难愁盼问题，服务扎实推进共同富裕。围绕推动绿色发展，坚持用最严格制度最严密法治保护生态环境，积极服务环境污染防治、生态系统保护和修复、碳达峰碳中和等重大部署，促进人与自然和谐共生。围绕开创国防和军队现代化新局面，依法审理各类涉军案件，切实维护国防安全和军人军属合法权益，促进巩固发展军政军民团结。贯彻“一国两制”方针，依法维护港澳台同胞合法权益，深化区际司法协助互助和交流合作，为保持香港澳门长期繁荣稳定、深化两岸融合发展提供优质司法服务。

党中央对深入学习宣传贯彻党的二十大精神作了全面系统部署。各级法院要精心组织筹划，采取党组理论中心组学习、专题报告会、集中宣讲辅导等多种形式，在全国法院迅速掀起学习宣传贯彻热潮，把学习宣传贯彻党的二十大精神这件大事抓紧抓好抓出成效。紧紧围绕党的二十大主题，组织全体法院干警特别是各级法院党员领导干部原原本本认真学习党的二十大报告、中央纪委工作报告和党章修正案等重要文件，认真学习贯彻习近平总书记重要讲话精神，深入领会蕴含其中的重要思想、重要观点、重大战略、重大举措，引导广大干警真正做到学懂弄通做实，更好履行维护国家政治安全、确保社会大局稳定、促进社会公平正义、保障人民安居乐业的职责任务。推动党的二十大精神进教材、进课堂、进头脑，通过专题培训班、人民法院大讲堂等形式，开展分层次、全覆盖的全员培训，把党的二十大精神作为各类教育培训的必修课，抓紧修订国家法官学院各类培训教材。大兴调查研究之风，紧紧围绕党的二十大提出的一系列重大理论成果和重大决策部署，围绕人民群众对严格公正司法提出的新要求新期待加强调研，提出推动新时代新征程人民法院工作发展的新思路新举措，扑下身子干实事、谋实招、求实效，确保党的二十大精神在司法领域落地生根。加强理论阐释研究，围绕党的二十大关于坚持全面依法治国的重大部署，加强法治理论研究，引导干警和人民群众自觉抵制西方错误思潮影响，努力创造更高水平的社会主义司法文明。积极营造浓厚氛围，各级法院领导干部要带头到基层干警和群众中宣讲党的二十大精神，组织党的二十大代表到基层开展宣讲。综合利用全媒体传播方式和手段，采取人民群众喜闻乐见的形式，大力宣传人民法院学习贯彻党的二十大精神的务实举措和典型经验，宣传习近平法治思想在新时代人民法院的生动实践，为严格公正司法、推进法治中国建设凝聚广泛共识和强大力量。

伟大变革鼓舞人心，宏伟蓝图催人奋进。让我们更加紧密团结在以习近平同志为核心的党中央周围，全面贯彻习近平新时代中国特色社会主义思想，深入贯彻习近平法治思想，认真学习贯彻党的二十大精神，深刻领悟“两个确立”的决定性意义，增强“四个意识”、坚定“四个自信”、做到“两个维护”，埋头苦干、锐意进取，奋力推进新时代新征程人民法院工作高质量发展，为以中国式现代化全面推进中华民族伟大复兴作出新的更大贡献！

（来源：《人民司法》2022年第31期，此文根据周强同志2022年10月24日在最高人民法院学习贯彻党的二十大精神干部大会上讲话整理而成，刊发时有修改。）

# 深入学习贯彻党的二十大精神 奋力推进新时代新征程人民法院工作高质量发展

最高人民法院院长 周 强

党的二十大是在全党全国各族人民迈上全面建设社会主义现代化国家新征程、向第二个百年奋斗目标进军的关键时刻召开的一次十分重要的大会，在党和国家发展进程中具有极其重大的历史意义。大会全面贯彻习近平新时代中国特色社会主义思想，回顾总结了过去五年的工作和新时代十年的伟大变革，阐述了新时代坚持和发展中国特色社会主义的重大理论和实践问题，描绘了全面建设社会主义现代化国家、全面推进中华民族伟大复兴的宏伟蓝图，为新时代新征程党和国家事业发展、实现第二个百年奋斗目标指明了前进方向、确立了行动指南。大会首次对坚持全面依法治国、推进法治中国建设作出专题部署，对严格公正司法作出系统安排，充分体现以习近平同志为核心的党中央对全面依法治国工作的高度重视，充分彰显我们党矢志不渝推进法治建设的坚定决心，在我国社会主义法治建设史上具有重要里程碑意义。大会胜利闭幕以来，各级人民法院党组把学习宣传贯彻党的二十大精神作为当前和今后一个时期首要政治任务，切实加强组织领导，以高度的政治责任感和使命感，推动学习贯彻不断走深走实。各级人民法院要全面贯彻落实党的二十大精神，深刻领悟"两个确立"的决定性意义，增强"四个意识"、坚定"四个自信"、做到"两个维护"，把思想统一到党的二十大精神上来，把力量凝聚到党的二十大确定的各项任务上来，弘扬伟大建党精神，以忠诚担当、高度负责、昂扬奋进的精神状态做好服务大局、司法为民、公正司法各项工作，奋力推进新时代新征程人民法院工作高质量发展，为扎实推进中国式现代化提供有力司法服务。

## 一、新时代十年人民法院工作的新变革新发展

新时代十年，在以习近平同志为核心的党中央坚强领导下，在中央政法委领导下，全国法院坚持以习近平新时代中国特色社会主义思想为指导，深入贯彻习近平法治思想，牢牢坚持党对司法工作的绝对领导，紧紧围绕“努力让人民群众在每一个司法案件中感受到公平正义”目标，坚持服务大局、司法为民、公正司法，坚持司法体制改革和智慧法院建设双轮驱动，初步实现了审判体系和审判能力现代化，为全面建成小康社会、全面建设社会主义现代化国家提供了有力司法服务。

### （一）筑牢政治忠诚，党对司法工作的绝对领导全面加强

习近平总书记连续八年主持中央政治局常委会会议听取最高人民法院党组工作汇报，定向领航新时代人民司法事业发展。人民法院始终把学习贯彻习近平新时代中国特色社会主义思想作为首要政治任务，把“两个维护”作为最高政治原则和根本政治规矩，不断提高政治判断力、政治领悟力、政治执行力，坚定不移在思想上政治上行动上同以习近平同志为核心的党中央保持高度一致。2013年3月全国两会后，最高人民法院党组提出以习近平总书记系列重要讲话精神武装头脑、指导实践、推动工作，明确把习近平总书记提出的“努力让人民群众在每一个司法案件中感受到公平正义”作为工作目标。2016年，鲜明提出“维护核心、绝对忠诚、听党指挥、勇于担当”十六字政治要求。全面加强人民法院党的政治建设，扎实开展党内集中教育，深入开展“两个坚持”专题教育、“两个确立”主题教育。真学真信笃行习近平法治思想，不折不扣做到“十一个坚持”，推进习近平法治思想进教材、进课堂、进头脑，强化干警入职教育和青年理论武装。严格落实重大事项请示报告制度，坚决贯彻《中国共产党政法工作条例》，健全党中央重大决策部署落实机制，确保党中央大政方针在人民法院得到不折不扣贯彻落实。加强人民法院文化建设，形成以忠诚为民、崇法尚德、公正廉洁、刚正不阿、改革创新为主要内容的新时代人民法院文化。十年来，人民法院牢牢坚持党对司法工作的绝对领导，把中国特色社会主义法治之魂深深融入血脉，坚定不移沿着中国特色社会主义法治道路阔步前进。

（二）坚持守正创新，新时代社会主义司法理念牢固树立

坚持用习近平法治思想指导树立正确司法理念，坚持以人民为中心，努力维护社会公平正义，确立并践行“司法为民、公正司法”的工作主线。坚守法治原则，遵循司法规律，坚持程序公正与实体公正相统一，坚持公正与效率相协调，坚持专业化与大众化相结合。兼顾国法天理人情，切实纠正偏离人民立场、机械司法、就案办案等错误做法，依法再审改判“百香果女童被害案”，妥善审理“王力军无证收购玉米案”“鹦鹉案”“兰草案”等标志性案件，努力实现政治效果、法律效果、社会效果有机统一。尊重人民群众朴素公平正义观，准确把握宽严相济刑事政策，正确适用刑事附带民事调解制度，坚决防止在社会上传递出“花钱买命”“以钱买刑”“以官抵罪”等错误导向。大力弘扬社会主义核心价值观，发挥司法断案惩恶扬善功能，引导全社会崇德向善。依法审理侵害“狼牙山五壮士”“抗美援朝冰雕连”等英烈名誉荣誉案，狠刹历史虚无主义歪风，捍卫英烈尊严荣光。破解长期困扰群众的“扶不扶”“劝不劝”“追不追”“救不救”“为不为”“管不管”等法律和道德风险，坚决防止“谁能闹谁有理”“谁横谁有理”“谁受伤谁有理”等“和稀泥”做法，让司法有力量、有是非、有温度，让群众有温暖、有遵循、有保障。坚持支持监督行政机关依法行政和维护人民群众合法权益相统一，强化合法性审查，促进行政争议实质性化解，服务法治政府建设。十年来，人民法院以新时代社会主义司法理念指导司法实践，努力让全社会充满正气、正义，让人民群众切实感受到公平正义就在身边。

（三）贯彻总体国家安全观，促进平安中国建设作出新贡献

坚持把政治安全放在首要位置。依法严惩渗透颠覆破坏、暴力恐怖、民族分裂、宗教极端等犯罪，坚定维护国家政权安全、制度安全、意识形态安全。坚决维护社会大局稳定。圆满完成扫黑除恶专项斗争审判执行任务，对孙小果、杜少平等依法判处并执行死刑，坚决“打伞破网”“打财断血”，推进扫黑除恶常态化。保持对严重危害社会治安犯罪高压态势，严惩严重暴力犯罪、危害公共安全犯罪以及盗抢骗、黄赌毒等犯罪。我国严重暴力犯罪案件十年来总体呈下降趋势并保持低位运行。切实增强人民群众安全感。针对群众反映强烈的危害食品药品安全、危害安全生产、高空抛物、偷盗窨井盖、

电信网络诈骗、侵犯公民个人信息等违法犯罪，加大惩治力度，促进依法治理，守护人民群众针尖上、舌尖上、头顶上、脚底下、钱袋子等安全。严惩针对妇女儿童的暴力、虐待、拐卖、性侵害等犯罪，对一批杀害伤害未成年人的犯罪分子依法判处并执行死刑。加大新型网络犯罪惩治力度，决不让网络空间沦为法外之地。十年来，人民法院积极促进平安中国建设，为新时代续写社会长期稳定奇迹作出重要贡献，助力我国成为世界上最安全的国家之一。

（四）完整、准确、全面贯彻新发展理念，服务高质量发展取得新成效

围绕统筹疫情防控和经济社会发展，及时发布指导意见及典型案例，依法审理相关案件，妥善化解涉疫矛盾，精准服务“六稳”“六保”。针对疫情给企业和群众带来的困难，出台助力中小微企业发展20条、促进消费30条、稳定就业14条等司法政策，为企业纾难解困，帮群众排忧解难。结合疫情防控措施的优化调整，及时调整完善司法政策。围绕构建全国统一大市场，出台30条司法措施，统筹市场主体、要素、规则、秩序统一保护，加强产权司法保护，维护市场公平竞争，弘扬契约精神和企业家精神，着力营造稳定公平透明、可预期的法治化营商环境，服务高标准市场体系建设。依法甄别纠正张文中案等涉产权刑事冤错案件，健全产权司法保护制度，向全社会释放党中央保护产权和企业家权益的强烈信号，为民营企业和企业家稳定发展预期、提振发展信心。在世界银行全球营商环境评估报告中，涉及法院的“执行合同”“办理破产”“保护中小投资者”指标稳步提升，其中“执行合同”指标全球第五，细分单项指标“司法程序质量”并列全球第一。围绕创新驱动发展，加大关键核心技术、种源种业、新兴领域等知识产权司法保护力度，深化知识产权审判领域改革，健全落实惩罚性赔偿制度，着力破解知识产权维权“举证难、周期长、赔偿低、成本高”等问题，使我国日益成为国际知识产权诉讼优选地。加强数据权利保护，出台人脸识别司法解释，合理划定数据资源利用与个人信息保护边界，促进数字经济健康发展。围绕防范化解金融风险，妥善审理“e租宝”等涉众型经济案件，从严打击证券违法活动，全面推进金融纠纷多元化解机制建设，运用市场化法治化手段防范化解金融风险。围绕深化供给侧结构性改革，妥善审理海航集团等重大破产重整案件，推动市场主体有序退出和有效救治，推动完善破产法律制度，促进市场资源

高效配置。围绕脱贫攻坚和全面推进乡村振兴，妥善审理涉农案件，保护农民合法权益，服务乡村产业振兴，支持农业农村改革，促进平安法治乡村建设。围绕促进区域协调发展，跟进完善司法服务政策，为京津冀协同发展、粤港澳大湾区建设、长江经济带发展、长三角一体化发展、黄河流域生态保护和高质量发展、雄安新区建设、成渝地区双城经济圈建设等重大战略实施营造良好法治环境。围绕推动绿色发展，深入践行“两山”理念，依法审理绿孔雀预防性保护等标志性案件，出台生态环境侵权禁止令、惩罚性赔偿等司法解释，促进大江大河生态保护和系统治理。习近平总书记致世界环境司法大会贺信指出“中国持续深化环境司法改革创新，积累了生态环境司法保护的有益经验”。十年来，人民法院始终围绕中心、服务大局，努力做到党中央决策部署到哪里，司法服务就跟进到哪里，经济社会发展到什么阶段，司法工作就跟进到什么阶段。

### （五）依法惩治腐败犯罪，服务反腐败斗争取得新成果

坚决贯彻党中央反腐败工作部署，配合国家监委完善监察与刑事司法衔接机制。依法审理周永康、薄熙来、郭伯雄、孙政才、令计划等重大职务犯罪案件。对赖小民依法判处并执行死刑，对白恩培、赵正永、孙力军、王立科、傅政华等腐败犯罪分子适用终身监禁。落实受贿行贿一起查，严惩主动行贿、多次行贿、行贿数额巨大、长期“围猎”干部的行贿犯罪，依法追缴行贿非法获利，斩断“围猎”腐蚀、权钱交易的利益链条。对原县处级以上职务犯罪罪犯减刑、假释、暂予监外执行实行备案审查，一律上网公示，让暗箱操作没有空间。加大赃款赃物追缴力度，最大限度挽回职务犯罪造成的经济损失，让妄想“当官发财两美”的腐败分子“人财两空”。配合做好境外追逃追赃工作，审理“红通1号”杨秀珠等一批外逃腐败分子回国受审案件，适用刑事缺席审判程序审理程三昌案，完善犯罪嫌疑人、被告人逃匿、死亡案件违法所得没收程序，推动境外承认执行我国法院没收裁定，对外逃腐败分子及其违法所得一追到底。十年来，人民法院始终保持惩治腐败犯罪高压态势，全力配合“打虎”“拍蝇”“猎狐”，为反腐败斗争取得压倒性胜利并全面巩固提供了有力司法服务。

### （六）践行司法为民，探索走出中国特色司法为民新路径

牢记人民至上，站稳人民立场，立足司法推动解决人民群众急难愁盼问题，不断增强人民群众获得感、幸福感、安全感。切实实施民法典，制定修改配套司法解释，妥善审理“老旧小区加装电梯案”等与百姓生活息息相关案件，推动民法典走入千家万户、走进百姓心田。加强民生司法保障，妥善审理教育、就业、医疗、住房、婚姻家庭、社会保障等涉民生案件，加强妇女、儿童、老年人、残疾人合法权益保护，依法保障人民安居乐业。深化少年法庭改革，中国特色社会主义少年司法制度更加成熟定型。平等保护港澳台同胞合法权益，深化拓展涉港澳台司法工作。与港澳签署14项民商事司法协助安排，发布5项涉台司法互助司法解释，中国特色区际司法协助互助体系不断完善。出台司法惠台36条措施，实现内地与港澳仲裁协助全流程覆盖，建立“总对总”涉台纠纷在线诉调对接机制。成功举办6届海峡两岸暨香港澳门司法高层论坛、14届海峡两岸司法实务研讨会。国家法官学院举办5期澳门司法范畴培训班，实现澳门现职法官首轮全员研修。接收1000余名港澳台学生到人民法院实习参访。全面实行立案登记制，全国法院当场立案率达95%以上，实现跨域立案服务全覆盖，让千百年来老百姓反映强烈的立案难问题真正成为历史。坚持和发展新时代“枫桥经验”，建成中国特色一站式多元纠纷解决和诉讼服务体系，方便群众公正、高效、实质性化解矛盾纠纷。“马背法庭”“车载法庭”深入田间地头，广泛开展巡回审判，打通方便群众诉讼的“最后一公里”。十年来，人民法院深入践行司法为民宗旨，用惠民生、暖民心、解民忧的实际行动，让公平正义更加可感可触，让中国特色司法为民之路越走越宽广。

### （七）严格公正司法，审判质效和司法公信力实现新提升

牢记“公平正义是司法的灵魂和生命”，坚持以事实为根据、以法律为准绳，依法独立公正行使审判权，坚决守住维护社会公平正义的最后一道防线。坚决贯彻党和国家死刑政策，严格执行“保留死刑，严格控制和慎重适用死刑”，对严重危害公共安全、严重影响群众安全感、挑战法律和伦理底线、罪行极其严重、论罪当判死刑的，坚决依法判处并核准死刑。严把死刑案件质量关，死刑、死缓案件二审一律开庭。坚守法治定力，不为各种纷繁所扰，

不为各种噪声所惑，不为各种压力所阻，坚决捍卫法律的尊严和权威。健全事实认定符合客观真相、办案结果符合实体公正、办案过程符合程序公正的法律制度。加强和规范司法解释和案例指导，统一法律适用标准。完善“四类案件”监督管理机制，强化类案强制检索，健全信息化全流程审判监督管理机制，加强司法制约监督。十年来，全国法院结案量年均增长11%，各类案件服判息诉率持续增长，审判质效指标保持稳中向好，司法质量、效率和公信力显著提升，公平正义成为新时代人民司法的鲜亮底色。

### （八）坚决纠正和防范冤错案件，人权司法保障水平迈上新台阶

坚持惩罚犯罪与保障人权相统一，切实尊重和保障人权。圆满完成特赦重大政治任务，2015 年、2019 年分别依法裁定特赦罪犯 31527 人和 23593 人，充分展示我国开放、民主、法治、文明的国际形象。坚持实事求是、有错必纠，依法再审纠正张氏叔侄案、呼格吉勒图案、聂树斌案、张玉环案等重大刑事冤错案件，健全错案防止、纠正、责任追究机制，牢牢守住防止冤错案件底线。纠正张氏叔侄案、呼格吉勒图案、聂树斌案均被写入《中国共产党百年法治大事记》。发挥一审程序基础作用和二审程序把关作用，完善证据审查、案件审理、内部监督等机制，确保无罪的人不受刑事追究。对卢荣新案、陶雪案、范太应案等刑事案件依法作出无罪判决，对事实不清、证据不足的熊秋保案依法不予核准死刑，有效避免冤错案件发生。严格贯彻罪刑法定、疑罪从无、证据裁判、非法证据排除等原则规则，落实公开审判、法庭辩论等诉讼制度，禁止让被告人穿囚服出庭。加强律师执业权利保障，充分发挥律师促进公正司法和人权保障的重要作用。推进律师辩护全覆盖，健全死刑复核案件法律援助制度。与各级律师协会建立联系机制，建立律师服务平台，为律师立案、阅卷、参与诉讼提供便利。完善国家赔偿和司法救助制度，加强刑事冤错案件国家赔偿工作，明确精神损害赔偿责任适用，推进司法救助与社会救助衔接。十年来，加强人权司法保障取得重大进展，成为我国人权事业发展和法治中国建设重大成就的重要内容。《中国共产党尊重和保障人权的伟大实践》白皮书系统介绍“完善基本权利保障的司法制度”进展，《全面建成小康社会：中国人权事业发展的光辉篇章》白皮书全面发布“加强人权司法保障”成效。党的十九届六中全会把“依法纠正冤错案件”写入党的第三个历史决议。

### （九）变革执行模式，攻坚解决执行难取得历史性新突破

坚决贯彻党的十八届四中全会关于“切实解决执行难”重大部署，紧紧依靠党的领导，推动健全综合治理执行难工作格局，开展为期三年的基本解决执行难攻坚战并不断巩固成果，以前所未有的决心和力度破除实现公平正义的最后一道藩篱。建成网络执行查控、司法拍卖、司法评估系统，有力破解查人找物、财产变现等难题，联合信用惩戒体系让失信被执行人“一处失信，处处受限”，执行模式发生根本性变革和重塑。司法拍卖过去是司法腐败的重灾区，网络拍卖以后实现了违纪违法“零投诉”。出台财产调查、执行制约监督等79件司法解释和规范性文件，建成统一的执行办案平台和指挥管理平台，实现“统一管理、统一指挥、统一协调”，把执行权关进了制度和数据的“铁笼”。集中开展涉民生、涉中小企业、涉党政机关等专项执行行动，一批群众关心的突出问题得到解决。健全解决执行难长效机制，推动民事强制执行立法迈出实质性步伐。十年来，人民法院如期实现基本解决执行难目标，兑现了向人民作出的庄严承诺，持续保持执行工作高水平运行，中国特色执行制度、机制和模式更加健全、更加有力，有力促进了法治建设和社会诚信建设。

### （十）全面深化改革，司法体制改革取得历史性新成就

坚决贯彻党中央司法体制改革部署，深化以司法责任制为重点的司法体制改革，牵头负责的中央重大改革任务绝大部分已经完成，“四五改革纲要”全面收官，“五五改革纲要”稳步推进，公正高效权威的社会主义司法制度更加成熟、更加定型。全面落实司法责任制。落实“让审理者裁判、由裁判者负责”，实行法官员额制，完善人员分类管理制度，优化审判权力责任配置，全国法院85%以上人员向办案一线集中，权责明晰、权责统一、监督有序、配套齐全的新型审判权力运行体系全面建成。深化诉讼制度改革。深入推进以审判为中心的诉讼制度改革，系统修订刑事诉讼法司法解释，推行庭前会议、非法证据排除、法庭调查“三项规程”，保证庭审在查明事实、认定证据、保护诉权、公正裁判中发挥决定性作用。深化量刑规范化改革，促进量刑公开公平公正。正确适用认罪认罚从宽制度，推进民事、行政案件繁简分流机制改革，立体化、多元化、精细化的诉讼制度体系日益完善。推进四级

法院审级职能定位改革，四级法院审级职能日益优化、职权配置更加科学。完善人民陪审员制度，配合制定人民陪审员法，全国人民陪审员增至33.2万人，比2013年扩大近3倍。优化法院组织体系。设立最高人民法院巡回法庭、国际商事法庭、知识产权法庭，增设或新设海事法院、知识产权法院、金融法院及专业化法庭，探索设立跨行政区划法院，人民法院组织体系更加适应国家发展战略需要。现代化司法政务体系建设迈出坚实步伐。十年来，人民法院坚持正确改革方向，敢于啃硬骨头、涉险滩、闯难关，做成了想了很多年、讲了很多年但没有做成的改革，推动法院工作许多领域实现了历史性变革、系统性重塑、整体性重构。党的二十大报告充分肯定“司法体制改革取得重大进展”。

### （十一）建设智慧法院，创新互联网司法，审判体系和审判能力现代化实现新跨越

抓住网络强国、数字中国建设重大机遇，推动科技创新成果同司法工作深度融合。贯彻落实党的十八届三中、四中全会关于司法公开的重大部署，坚持以公开促公正、以透明保廉洁，建成审判流程、庭审活动、裁判文书、执行信息四大公开平台，开放、动态、透明、便民的阳光司法机制已经形成。中国裁判文书网公开文书超过1.3亿份，访问量超过1000亿次，中国庭审公开网直播庭审超过2000万场。建成覆盖全国四级法院，涵盖智慧服务、智慧审判、智慧执行、智慧管理的智慧法院，实现全业务网上办理、全流程依法公开、全方位智能服务，疫情期间“大显身手”，实现“审判执行不停摆、公平正义不止步”。智慧服务系统让一站式建设“在线”“多元”“融合”“集约”等优势充分发挥、效能极大释放。智慧审判系统为法官减轻事务性工作达30%以上，提高庭审效率超过20%。人民法院大数据管理和服务平台汇聚2.9亿余件案件信息，形成司法大数据专题分析报告1200余份，司法区块链平台完成28.5亿条数据上链存证固证。积极探索互联网司法。北京、杭州、广州互联网法院在技术创新、规则确立、网络治理等方面探索形成一批有益经验。出台人民法院在线诉讼、在线调解、在线运行“三大规则”和区块链、人工智能司法应用意见，中国特色互联网司法从技术领先迈向规则引领。智慧法院创新成果在国家“十三五”科技创新成就展全方位展示，加强智慧法院建设写入国家“十四五”规划纲要。十年来，智慧法院建设推动了审判体

系、司法模式和诉讼程序的重塑，让司法工作在数字时代实现质量变革、效率变革、动力变革。

（十二）服务对外开放，中国司法国际公信力和影响力实现新跃升

统筹推进国内法治和涉外法治，全面提升涉外司法质效，坚定不移维护国家主权、安全、发展利益，服务推动构建人类命运共同体。全面落实准入前国民待遇加负面清单制度，审理外国股东依据负面清单确认股权份额等案件，依法平等保护中外投资者合法权益。加强国际商事法庭建设，首创国际商事专家委员会制度，建立国际商事争端多元化解机制，完善“一带一路”、自贸试验区、自由贸易港等司法服务政策，探索创新陆上国际贸易规则，服务高水平对外开放。推进国际海事司法中心建设，依法审理“加百利”轮海难救助合同案、“尼莉莎”轮扣押案、“天使力量”轮船员劳务纠纷案等海事案件，彰显大国司法的公正高效和国际担当。依法审理“章公祖师”肉身坐佛像案，开启民间通过民事诉讼追索流失海外文物的新途径。加强国际司法协助，推进打击跨国犯罪、网络空间治理、生态环境保护、知识产权保护、国际经贸规则等领域司法合作，积极参与国际规则制定。上海合作组织成员国最高法院院长会议、中国—东盟大法官论坛、金砖国家首席大法官论坛等机制成果丰硕。达成世界执行大会上海宣言、世界互联网法治论坛乌镇宣言、世界环境司法大会昆明宣言等成果性文件，为促进国际司法合作和世界法治发展作出贡献。举办57期国外法官研修班。最高人民法院3名法官先后当选国际劳工组织行政法庭和联合国上诉法庭、争议法庭法官。十年来，中国司法国际公信力和影响力不断提升，越来越多境外当事人主动选择中国法院管辖，有力传递中国改革不停顿、开放不止步的时代强音。

（十三）加强以案释法，推动法治社会建设展现新作为

全面落实“谁执法谁普法”普法责任制，以案释法，弘扬社会主义法治精神，推动让法治成为全民思维方式和行为习惯。坚持越是社会关注案件，越要依法主动公开，在薄熙来案、于欢案、江歌案等社会广泛关注案件审理中，通过庭审直播、新闻发布等方式，让热点案件审判成为全民共享的法治公开课。加强裁判文书说理，讲清群众身边“小案件”的法理事理情理，强化规则意识，弘扬公序良俗，引导人们牢固树立有权力就有责任、有权利就

有义务的观念，让广大群众知道法治社会提倡什么、反对什么、禁止什么。加强执行案例宣传，举办55期“决胜执行难”“正在执行”全媒体直播，推动形成守法诚信光荣、违法失信可耻的社会氛围。广泛开展法治进校园活动，引导青少年增强法治意识、践行社会主义核心价值观。发展法院文博事业，丰富法院文艺创作，成立中国法官文联，推出《家事如天》《执行利剑》等一批精品力作，电视剧《底线》被誉为“国产法治题材剧的标杆之作”。十年来，人民法院发挥以案释法的独特优势，生动讲好新时代司法故事，有力推动了法治社会建设，极大增强了全民法治观念。

### （十四）促进理论与实践相结合，推动中国法学研究实现新发展

立足新时代丰富司法实践，推动法学理论和法治实践更好结合，促进法学研究繁荣和法治人才培养。通过裁判文书网、庭审公开网等司法公开平台，把司法实践最新经验和生动案例带进教学科研。海量裁判文书、司法案例、司法大数据资源成为法学实证研究和实践教学的“富矿”，推动中国法学教学科研面向实践的范式变革。智慧法院和互联网司法蓬勃发展，为数字法学研究繁荣和交叉学科、新兴学科建设提供了丰沃实践土壤。支持清华大学互联网司法研究院、上海交通大学智慧法院研究院、浙江大学数字法治研究基地等开展法治前沿问题研究，数字法治、数字正义等研究方兴未艾。加强法官教育培训学科建设和课程体系建设，加强应用法学研究，创建中国司法案例学、司法信息学等学科。支持司法案例研究院建设国际一流的司法案例数据库和研究中心。支持中国司法大数据研究院建设成为世界一流司法大数据管理者、研究者、服务者。加强法院与法学院校双向交流，建立法律研修学者、法律实习生等制度，创新社会主义法治人才培养模式。十年来，人民法院推动法学理论和法治实践相互促进、融合发展，助推中国法学研究的现代化，为完善中国特色社会主义法学理论体系、学科体系、课程体系作出重要贡献。

### （十五）夯实基层基础，司法事业长远发展之基得到新加强

坚持强基导向，推进力量配备和司法资源向基层倾斜，全面提升基层司法能力、治理能力、服务能力。加强新时代人民法庭建设，全国四级法院院长、班子成员深入6028个乡镇人民法庭开展驻庭调研，完善“三个便于”“三个服务”原则，人民法庭区域布局不断优化，保障水平明显提高，功能作

用显著提升。积极创建“为群众办实事示范法院”和“枫桥式人民法庭”，更好发挥基层法院和人民法庭服务乡村振兴、促进基层治理作用。加大对革命老区、民族地区、边疆地区法院建设支持力度，扎实开展援藏、援疆、援青工作。培养双语法官1345人，推动解决中西部艰苦边远地区法院人才短缺问题。加强基础设施建设，有效解决“两庭”建设突出问题，建成2.8万个科技法庭。最高人民法院6个巡回法庭为最高审判机关重心下移、就地解决纠纷、方便当事人诉讼提供了有力保障。十年来，人民法院坚持重心下移、力量下沉，努力提升基层司法能力水平，有力夯实了人民司法事业高质量发展的基层基础。

（十六）坚持全面从严治党、从严治院，人民法院队伍展现昂扬新气象

紧紧围绕习近平总书记提出的“五个过硬”要求，加强队伍革命化、正规化、专业化、职业化建设，努力锻造忠诚干净担当的法院铁军。旗帜鲜明把党的政治建设放在首位，以党建带队建促审判，加强理想信念教育，加强政治纪律和政治规矩教育，建好用好干部政治素质档案，确保法院队伍绝对忠诚、绝对纯洁、绝对可靠。加强职业良知教育，引导广大干警信仰法律、坚守法治，端稳天平、握牢法槌，铁面无私、秉公司法。坚决落实党风廉政建设主体责任和监督责任，坚定不移推进全面从严管党治警，驰而不息正风肃纪，以零容忍态度严惩司法腐败，清除了一批害群之马，深刻汲取沈德咏、奚晓明、张坚、胡毅峰、孟祥、张家慧等法院系统违纪违法案件教训，一体推进不敢腐、不能腐、不想腐。加强司法能力建设，完善法官培训制度，深入开展“人民法院大讲堂”“全国审判业务专家”评选等活动，抓好高层次审判人才培养，完善年轻干部培育锻炼机制，广大干警履职尽责、定分止争能力明显提升。十年来，全国法院干警得到前所未有的淬炼，特别是在队伍教育整顿中实现刮骨疗毒、激浊扬清、铸魂扬威，思想作风发生深刻变化，能力素质全面加强，精神面貌焕然一新。十年来，全国法院涌现出许多可歌可泣的先进人物和事迹，邹碧华、李庆军、胡国运、周春梅、魏晶晶、杨军、滕启刚、鲍卫忠、刁志岭等法官因超负荷工作或遭受暴力伤害等原因牺牲在工作岗位上，他们是共和国审判事业的忠诚卫士，他们用奉献牺牲诠释为民情怀，用鲜血生命捍卫公平正义。

新时代十年人民司法事业取得历史性成就、发生历史性变革，根本在于有

习近平总书记作为党中央的核心、全党的核心领航掌舵，根本在于有习近平新时代中国特色社会主义思想科学指引。“两个确立”是新时代最重大的政治成果、最重要的历史经验、最鲜明的实践结论，是战胜一切艰难险阻、应对一切不确定性的最大确定性、最大底气、最大保证，必须倍加珍惜、坚决拥护、长期坚持。

## 二、新时代十年人民法院工作的基本经验

十年来，人民法院始终与党中央同心同德、与新时代同向同行，在攻坚克难中勇担使命，在变革创新中砥砺奋进。在新时代法治中国建设伟大实践中，我们深化了对人民司法事业发展的规律性认识，积累了许多宝贵经验。

坚持党对司法工作的绝对领导。新时代人民法院工作之所以能够克服重重困难、战胜风险挑战、取得历史性成就，最根本的是有党的坚强领导，有习近平总书记定向领航。必须毫不动摇坚持党对司法工作的绝对领导，坚决服从党中央集中统一领导，坚持把党的领导和依法独立公正行使审判权统一起来，坚决做到维护核心、绝对忠诚、听党指挥、勇于担当，确保人民法院工作始终沿着正确政治方向前进。

坚持以党的创新理论武装头脑、指导实践、推动工作。新时代人民法院取得的一切成就都是习近平法治思想的生动实践。必须全面把握习近平新时代中国特色社会主义思想的世界观、方法论和贯穿其中的立场观点方法，始终以习近平法治思想指导司法理念和司法实践，不断增强运用马克思主义中国化时代化最新成果指导实践、解决问题、推动工作的能力，不懈开拓人民司法事业发展新境界。

坚持紧紧围绕党和国家工作大局履职尽责。新时代人民法院工作之所以能够与时俱进、赢得发展，原因就在于始终以党和国家工作大局为重，以最广大人民利益为念，紧紧围绕中心、服务大局。必须牢记“国之大者”，心怀“两个大局”，切实肩负起中国特色社会主义事业建设者、捍卫者的职责使命，努力在服务大局中践行对党忠诚、彰显使命担当。

坚持司法为民、公正司法工作主线。新时代人民法院工作之所以司法公信力不断提高，受到人民欢迎，焕发蓬勃生机，原因就在于发扬一切为了人民、一切依靠人民的优良传统，紧紧围绕“努力让人民群众在每一个司法案

件中感受到公平正义”目标来改进工作。必须始终坚持人民至上、站稳人民立场，始终肩扛公正天平、手持正义之剑，践行司法为民宗旨，坚持严格公正司法，不断满足人民群众对司法公正的新要求新期待。

坚持司法体制改革和智慧法院建设双轮驱动。新时代人民法院之所以能够有力推进审判体系和审判能力现代化，原因就在于把司法体制改革和智慧法院建设作为“车之两轮、鸟之双翼”，有力推动人民法院工作创新发展。必须坚持发扬改革创新的时代精神，坚定不移深化司法体制改革和智慧法院建设，依靠改革和科技破难题、解新题，努力创造更高水平的社会主义司法文明，为世界法治文明进步作出更大贡献。

坚持系统观念、法治思维、强基导向。新时代人民法院工作高质量发展之所以取得重大进展，原因就在于坚持正确的原则方法，把握尊重经济社会发展规律和司法规律，始终从系统观念出发解决法院改革发展的错综复杂矛盾，始终信仰法治、坚守法治、依法办事，始终树立抓基层强基础的鲜明导向。必须一以贯之加强对司法工作的前瞻性思考、全局性谋划、整体性推进，一以贯之运用法治思维和法治方式保障权益、化解矛盾、维护稳定，一以贯之加强基层组织、基础工作、基本能力建设，推动在更高水平上实现人民法院工作高质量发展。

坚持发扬斗争精神、增强斗争本领。新时代人民法院工作之所以能够解决很多影响司法公正、制约司法能力的深层次问题，原因就在于敢于斗争、善于斗争、勇于担当，不畏艰难、迎难而上、攻坚克难。必须聚焦群众急难愁盼问题，发扬一仗接着一仗打、一个难题接着一个难题攻克的精神，积极探索真正解决问题的思路办法，依靠顽强斗争、勇于担当不断开拓司法事业发展新局面。

坚持以廉洁司法确保公正司法。新时代人民法院之所以树立起惩恶扬善、执法如山的浩然正气，原因就在于始终以公正廉洁为原则底线，勇于自我革命，敢于刮骨疗毒，驰而不息正风肃纪反腐，以廉洁司法确保公正司法。必须始终发扬自我革命精神，保持正视问题的勇气和刀刃向内的坚定，不断清除一切侵蚀法院肌体健康的病毒，永葆忠诚纯洁可靠的政治本色，永葆公正为民的强大底气，真正做到让党中央放心、让人民群众满意。

坚持自觉接受监督。新时代人民法院之所以能够正确履行职责、维护司法公正、增强司法权威，原因就在于以前所未有的决心和力度深化司法公开，以前所未有的主动和自觉接受人民监督。必须更加自觉以公开促公正树公信，更加自觉在监督下秉公用权、依法用权、廉洁用权、为民用权，自觉接受人大监督、民主监督、纪律监督、监察监督、检察机关诉讼监督、舆论监督和各方面监督，充分发挥特约监督员作用，确保司法更加公正廉洁高效权威。

## 三、全面贯彻落实党的二十大精神，奋力推进新时代新征程人民法院工作高质量发展

与全面建成社会主义现代化强国“两步走”战略安排同步，人民法院工作的战略目标是：到2035年，基本实现审判体系和审判能力现代化；到本世纪中叶，全面实现审判体系和审判能力现代化。围绕全面贯彻落实党的二十大精神、党中央决策部署，锚定新时代新征程人民法院工作战略目标，当前和今后一个时期，要重点做好以下几个方面工作。

第一，坚定不移走中国特色社会主义法治道路。中国特色社会主义是实现中华民族伟大复兴的必由之路。中国特色社会主义法治道路，本质上是中国特色社会主义道路在法治领域的具体体现，是建设社会主义法治国家的唯一正确道路。要坚定不移拥护“两个确立”、做到“两个维护”，始终把“两个维护”作为最高政治原则和根本政治规矩，始终做习近平新时代中国特色社会主义思想的坚定信仰者和忠实实践者。要坚决维护党中央权威和集中统一领导，坚持对党绝对忠诚，始终真心爱党、时刻忧党、坚定护党、全力兴党。要贯彻中国特色社会主义法治理论，始终把真学真信笃行习近平法治思想作为法院全部工作的主题，不断形成更为丰富、更加生动的实践成果。要牢牢坚持党对司法工作的绝对领导，紧紧依靠党的领导战胜困难挑战，把党的绝对领导作为最大优势贯穿法院工作全过程各方面。要增强对中国特色社会主义法治道路的自信、底气、定力，旗帜鲜明同西方错误思潮作斗争。要坚持和拓展中国特色社会主义法治道路，扎根中国文化、立足中国国情、解决中国问题，以中华法系智慧、中国司法实践为世界法治文明建设作出更大贡献。

第二，积极服务和推动中国式现代化建设。党的二十大擘画了以中国式现代化全面推进中华民族伟大复兴的美好蓝图。对人民法院来讲，审判体系和审判能力现代化既是国家治理体系和治理能力现代化的题中应有之义，又

是推进中国式现代化不可或缺的重要保障。要始终牢记“国之大者”，深刻领会中国式现代化的中国特色和本质要求，准确把握司法在中国式现代化中的职责定位，更好发挥法治固根本、稳预期、利长远的保障作用，在法治轨道上推进中国式现代化。要坚持总体国家安全观，发挥好惩罚犯罪、保护人民、定分止争、化解矛盾的职能，妥善化解人民内部矛盾，精准防范化解风险挑战，促进更高水平的平安中国建设，为以新安全格局保障新发展格局提供司法服务。要坚持以推动高质量发展为主题，完整、准确、全面贯彻新发展理念，更好统筹发展和安全，以高质量司法服务高质量发展。要切实落实“两个毫不动摇”，持续加强产权和知识产权司法保护，弘扬契约精神，在司法裁判中正确处理局部与整体、当前与长远、政府与市场、效率与公平、发展与安全等重大关系问题，着力营造市场化、法治化、国际化一流营商环境。要严格落实对国企民企的平等保护、平等对待，保障各类市场主体平等使用生产要素、公开公平参与市场竞争、同等受到法律保护、共同履行社会责任。依法保护企业家人身和财产安全，依法破除对民营企业在投资、市场准入等领域设置的门槛，立足司法促进提振发展信心。要完善推动发展更平衡、更协调、更包容的司法政策措施，更好发挥司法规范社会行为、调节和平衡利益关系、维护和促进公平正义的作用，依法服务在高质量发展中促进共同富裕。要加强生态环境司法保护，服务绿色发展，促进人与自然和谐共生。要紧扣以审判体系和审判能力现代化服务中国式现代化的时代课题，深入研究谋划，巩固经验成果，补齐短板不足，努力完成到2035年基本实现审判体系和审判能力现代化的目标任务，实现司法理念、职能定位、组织体系、制度机制、队伍素质和国际影响力等方面全方位提升，更好适应国家治理体系和治理能力现代化要求，更好适应中国式现代化要求。

第三，不断实现人民群众对公平正义的向往。人民法院的“人民”二字力重千钧，这决定了我们必须牢记江山就是人民、人民就是江山，始终把实现好、维护好、发展好最广大人民根本利益作为一切工作的出发点和落脚点。要坚持走好中国特色司法为民之路，无论司法职能发挥，还是法院改革发展，都坚持发展为了人民、发展依靠人民、发展成果由人民共享。要站稳人民立场，增强群众感情，提高群众工作能力，“把屁股端端地坐在老百姓的这一面”，用严格公正司法的实际行动体现全心全意为人民服务。要依法维护社会公平正义和人民权利，把尊重和保障人权贯穿司法全过程，让司法真正成为维护公平正义的坚固防线、保障人民权益的坚强后盾。要不断提高运用司法手段推动解决群众急难愁盼问题的能力，切实维护人民群众切身利益，善于解决好少数与多数、个人与集体、公益与私益、权利保护与权利救济等重大利益关系问题，更好保障人民安居乐业。要准确把握人民群众对司法公正的新要求新期待，决不能与群众朴素的公平正义观背道而驰，注重维护权利公平、机会公平、规则公平，兼顾依法保障权益和引导理性维权，弘扬社会正气、正义。要竭诚服务群众，努力做到既解决案件的“法结”、又打开群众的“心结”，让老百姓感受到法律条文背后的力量、是非、温度。要不断解决群众在诉讼中遇到的难点堵点痛点问题。深化执行体制机制改革，努力实现到2035年“切实解决执行难”的目标。要在社会基层坚持和发展新时代“枫桥经验”，提升一站式多元纠纷解决和诉讼服务体系综合效能，提升司法服务精准性普惠性。要践行全过程人民民主，有力有序推进社会主义司法民主建设，坚持人民司法为人民，倾听人民心声，接受人民监督，依靠人民推进公正司法，通过公正司法维护人民权益，让人民司法事业发展深深扎根于人民群众的创造性实践中。

第四，加快建设公正高效权威的社会主义司法制度。党的二十大报告指出“公正司法是维护社会公平正义的最后一道防线”，对严格公正司法、加快建设公正高效权威的社会主义司法制度作出重大部署。要坚持正确方向，坚定改革信心，决不走回头路、翻烧饼，始终以改革的思维和办法解决改革中出现的新情况新问题。要紧紧扭住深化改革和科技赋能双轮驱动，在新的更高起点上深化司法体制改革、加快智慧法院建设，不断完善和发展中国特色社会主义司法制度。要深化司法体制综合配套改革，全面准确落实司法责任制，对“四五改革纲要”“五五改革纲要”中落实不到位的改革要继续推进，统筹重点改革任务，推动各项改革更加系统集成、协同高效、相得益彰。要规范司法权力运行，进一步优化司法职权配置，推进以审判为中心的诉讼制度改革取得更大突破性进展，推动健全公安机关、检察机关、审判机关、司法行政机关各司其职、相互配合、相互制约的体制机制。要强化对司法活动的制约监督，贯通内部监督和外部监督，完善与新型审判权力运行机制相适应的制约监督体系。要抓住有利窗口期，深化四级法院审级职能定位改革，真正让不同层级法院各司其职，更好发挥四级两审审级制度优势，配套推进各级法院内设机构改革。要聚焦保障法官作出令人信服和敬畏的裁判，保障司法人员依法履职，着力改善司法环境，在全社会推动形成尊重司法裁判、维护司法权威的良好氛围。要巩固拓展智慧法院建设成果，完善中国特色互联网司法模式，努力创造更高水平的数字正义。要遵循司法规律，把握正确方法，统筹解决当前突出问题和实现长远健康发展，探索规律、尊重规律，趋利避害、兴利除弊，围绕更好保障和促进社会公平正义改进工作，为加快建设更高水平的法治中国提供有力司法服务和保障。

第五，努力建设更高水平的涉外审判体系。统筹推进国内法治和涉外法治，是统筹中华民族伟大复兴战略全局和世界百年未有之大变局的必然要求，是迈向中国式现代化的必然要求。要紧跟新时代新征程我国走向世界、迈向现代化的步伐，坚定落实统筹推进国内法治和涉外法治要求，全面提升涉外司法质效，更好服务中国特色大国外交，更好匹配我国国际地位和国际影响力。要坚定不移贯彻对外开放基本国策，落实平等保护原则，完善涉外涉海法律适用规则体系，推进建设国际海事司法中心、国际金融司法中心和国际商事争端解决优选地，更好服务高水平对外开放。要积极参与和推动国际治理体系变革，加强国际法研究运用，推动国际法治朝着更加公正合理的方向发展。要深入实施人才强基计划，加强涉外法治人才培养。要深化国际司法交流合作，拓宽司法合作领域，促进法治文明互鉴，讲好中国法治故事，传播好中国法治声音，立足司法弘扬和平、发展、公平、正义、民主、自由的全人类共同价值。

第六，坚持不懈锻造忠诚干净担当的人民法院铁军。新时代新征程人民法院工作高质量发展，一支过硬的队伍是基础、是关键、是保障。深刻认识把全面从严治党作为党的长期战略、永恒课题部署，把严的基调、严的措施、严的氛围长期坚持下去。要全面落实新时代党的建设总要求，一刻不停推进全面从严治党、从严治院，深入推进新时代人民法院党的建设，不断加强司法队伍建设，确保法院队伍绝对忠诚、绝对纯洁、绝对可靠。要始终把党的政治建设摆在首位，坚持不懈用习近平新时代中国特色社会主义思想凝心铸魂，抓实对党忠诚教育、理想信念教育和社会主义法治理念教育，大力弘扬新时代人民法院文化，淬炼忠于党、忠于国家、忠于人民、忠于法律的政治灵魂。要严格落实党风廉政建设主体责任，坚持以严的基调强化正风肃纪，坚定不移推动党风廉政建设和反腐败斗争向纵深发展，坚持不敢腐、不能腐、不想腐一体推进，扎牢制度笼子，严肃铁规禁令，深化标本兼治，确保公正廉洁司法。要坚决支持各级法院驻院纪检监察组充分履行监督责任，自觉接受监督。要切实加强各级法院领导班子建设，把各级法院领导班子建设成为忠诚践行习近平法治思想的坚强集体。要把人才培养作为一项长期的、系统的基础性工作，面向实践加强紧缺司法人才培养，健全符合司法规律的素质培养体系、知事识人体系、选拔任用体系、从严管理体系和正向激励体系，让各类优秀司法人才充分涌流。要站在司法事业薪火相传的战略高度，重视年轻干部培养选拔，鼓励他们在审判大案难案、攻坚改革难题中经受锻炼，真正长成经得起风雨、受得住磨砺、扛得住摔打的栋梁之材。要牢记“三个务必”，敢于斗争，善于斗争，勇于担当。人民法院是各种社会矛盾的聚集地，是直面复杂利益博弈的风暴眼。要加强干部斗争精神和斗争本领养成，着力增强防风险、迎挑战、抗打压能力，善于应对突发情况、驾驭复杂局面，遇到风险挑战、矛盾问题、困难挫折，不屈不挠、一往无前、敢打能赢。要进一步转变司法作风，落实“三严三实”要求，严格遵守中央八项规定及其实施细则精神，落实最高人民法院贯彻中央八项规定精神的各项制度，严格遵守防止干预司法“三个规定”等铁规禁令，坚决克服形式主义、官僚主义。要坚持大抓基层的鲜明导向，加强基层基础建设，建强基层党组织、基层法院和人民法庭，推进以党建引领基层治理，以提升基层司法能力更好服务群众。要坚持严管厚爱相结合，真正关心关爱我们的队伍，做到政治上激励、工作上鼓劲、待遇上保障、人文上关怀，让广大干警安身安心安业，让人民司法事业长青。

新时代新征程，党和国家事业前景无限光明，法治中国建设前景无限光明。全国法院要更加紧密地团结在以习近平同志为核心的党中央周围，全面贯彻习近平新时代中国特色社会主义思想，深入贯彻习近平法治思想，坚定不移走中国特色社会主义法治道路，不忘初心、牢记使命，埋头苦干、奋勇前进，为全面建设社会主义现代化国家、全面推进中华民族伟大复兴作出新的更大贡献！

（来源：《人民司法》2023年第2期，此文系周强同志2023年1月6日在第二十二次全国法院工作会议上的讲话，刊发时有修改。）

# 坚决贯彻全面依法治国战略部署 努力让人民群众在每一个司法案件中感受到公平正义

最高人民法院院长　周　强

党的二十大是在全党全国各族人民迈上全面建设社会主义现代化国家新征程、向第二个百年奋斗目标进军的关键时刻召开的一次十分重要的大会，在党和国家发展进程中具有极其重大的历史意义。习近平总书记的报告鲜明提出大会主题，回顾总结了过去五年的工作和新时代十年的伟大变革，系统阐述了开辟马克思主义中国化时代化新境界、中国式现代化的中国特色和本质要求等重大问题，战略擘画了全面建设社会主义现代化国家、全面推进中华民族伟大复兴的宏伟蓝图，是党团结带领全国各族人民夺取中国特色社会主义新胜利的政治宣言和行动纲领，是高举旗帜、领航复兴、开辟未来的马克思主义纲领性文献。报告充分肯定新时代全面依法治国取得的历史性成就，对“坚持全面依法治国，推进法治中国建设”作出专题论述、专门部署，这在党的代表大会历史上是第一次，充分彰显以习近平同志为核心的党中央厉行法治、奉法强国的坚定决心，在我国社会主义法治建设史上具有重要里程碑意义。人民法院要全面贯彻习近平新时代中国特色社会主义思想，深入贯彻习近平法治思想，深刻领悟“两个确立”的决定性意义，增强“四个意识”、坚定“四个自信”、做到“两个维护”，切实用党的二十大精神统一思想和行动，坚决贯彻全面依法治国战略部署，依法履职尽责，严格公正司法，努力把大会擘画的宏伟蓝图落实到服务大局、司法为民、公正司法的具体实践中，为全面建设社会主义现代化国家、全面推进中华民族伟大复兴提供有力司法服务。

## 一、习近平法治思想是新时代法治中国建设最重要的标志性成果

伟大时代诞生伟大思想，伟大思想引领伟大实践。新时代十年来，以习近平同志为核心的党中央从党和国家事业发展全局的战略高度，定位法治、布局法治、厉行法治，把全面依法治国纳入“四个全面”战略布局有力推进，推动我国社会主义法治建设取得历史性成就、发生历史性变革。其中，最重要的标志性成果就是形成了习近平法治思想。新时代十年来，习近平法治思想领航法治中国阔步向前，社会主义法治国家建设深入推进，全面依法治国总体格局基本形成，中国特色社会主义法治体系加快建设，司法体制改革取得重大进展，社会公平正义保障更为坚实，法治中国建设开创新局面。习近平法治思想既是十年来全面依法治国的伟大理论成就，也是十年来法治中国建设取得历史性成就的根本原因，充分彰显了作为当代中国马克思主义法治理论、21 世纪马克思主义法治理论的时代意义、实践意义、世界意义。

习近平法治思想是顺应实现中华民族伟大复兴时代要求应运而生的重大战略思想。习近平总书记指出：“马克思主义之所以行，就在于党不断推进马克思主义中国化时代化并用以指导实践。”[①] 问题是时代的声音，回答并指导解决问题是理论的根本任务。习近平法治思想是我们党在新时代统筹“两个大局”、统揽“四个伟大”的实践中应运而生、丰富发展的，紧扣时代脉搏、顺应时代要求、回应时代关切，针对时代提出的重大任务、重大问题、重大挑战提供了法治解决之道，彰显了马克思主义与时俱进的理论品格。习近平法治思想本质上是人民的理论，其时代意义突出体现在聚焦新时代我国社会主要矛盾新变化，回应人民群众新要求新期待，以科学理论指引法治中国建设，为实现人民对美好生活的向往提供良法善治保障。习近平法治思想是回答时代之问的理论，其时代意义突出体现在深刻回答了新时代为什么实行全面依法治国，科学指明全面依法治国在党和国家事业全局中的坐标定位，以科学理论指引法治中国建设，为党和国家事业发展提供根本性、全局性、长期性的制度保障。习近平法治思想是引领国家治理深刻革命的理论，其时代意义突出体现在指明了全面依法治国的时代使命，为在法治轨道上推进国家

① 习近平：《更好把握和运用党的百年奋斗历史经验》，载《求是》2022 年第 13 期。

治理体系和治理能力现代化提供了根本遵循，以科学理论指引法治中国建设，推动中国治理迈向“中国之治”新境界。

习近平法治思想是领航新时代法治中国建设的科学行动指南。习近平总书记指出：“实践的观点、生活的观点是马克思主义认识论的基本观点，实践性是马克思主义理论区别于其他理论的显著特征。”[①] 习近平法治思想是植根实践沃土、回答实践问题、经过实践证明、富有实践伟力的科学理论，始终贯穿强烈的问题意识，聚焦全面依法治国理论和实践的方向性、根本性、全局性重大问题，不断提出真正解决问题的新理念新思路新办法，展现巨大现实解释力和实践引领力，彰显了马克思主义鲜明的实践品格。比如，原创性阐明党的领导和依法治国关系这个核心问题，廓清迷雾，正本清源，揭示了党的领导对社会主义法治的决定性作用，树立了中国特色社会主义法治道路的高度自信。原创性提出“建设中国特色社会主义法治体系”的重大命题，纲举目张明确全面依法治国的性质方向、路径指南和工作重点，引领法治体系建设取得历史性进展。原创性提出“更好发挥法治对改革发展稳定的引领、规范、保障作用”[②]，正确处理法治和改革发展稳定的关系，为创造“两大奇迹”提供有力法治保障。原创性提出“全面依法治国，必须紧紧围绕保障和促进社会公平正义来进行”[③]，回应人民对公平正义的渴望，指引司法体制改革向着前所未有的纵深推进，让公平正义成为新时代的鲜亮底色。原创性提出“法治社会是构筑法治国家的基础”[④]，树立法治权威，增强全民法治观念，推进社会治理法治化，实现法安天下、德润人心，让法治中国的社会基础、群众基础更加稳固。习近平法治思想是实践的理论，必将随着全面依法治国伟大实践的推进不断发展，引领新时代新征程法治中国建设取得新的更大成就。

习近平法治思想是推动人类政治和法律文明发展的共同思想财富。习近平总书记在党的二十大报告中指出，“不断谱写马克思主义中国化时代化新篇章，是当代中国共产党人的庄严历史责任”，强调“不断开辟21世纪马克思

① 《习近平在纪念马克思诞辰200周年大会上的讲话》，载《人民日报》2018年5月5日。

② 习近平：《推进全面依法治国，发挥法治在国家治理体系和治理能力现代化中的积极作用》，载《求是》2020年第22期。

③ 《习近平：领导干部要做尊法学法守法用法的模范》，载新华网2015年2月2日。

④ 习近平：《加强党对全面依法治国的领导》，载《求是》2019年第4期。

主义发展新境界，让当代中国马克思主义放射出更加灿烂的真理光芒”[①]。习近平法治思想继承和发展马克思主义国家和法学说，把科学社会主义基本原则同中国法治建设实际和中华优秀传统法律文化相结合，把开拓正确法治道路、发展科学法治理论、建设高效法治体系相统一，深化对共产党依法执政规律、社会主义法治建设规律、人类法治文明发展规律的认识，丰富和发展了科学社会主义，开辟了21世纪马克思主义法治理论发展新境界。这一科学理论扎根中国文化、立足中国国情、解决中国问题，引领中国特色社会主义法治道路越走越宽广，以法治中国的生动实践和光明前景，为广大发展中国家迈向法治现代化提供了世界级的伟大样本。推动中国特色社会主义法治体系加快建设，把我国制度优势不断转化为治理效能，夯实了“中国之治”制度根基，集中体现中国共产党和当代中国对人类制度文明的卓越贡献。统筹推进国内法治和涉外法治，创造性提出共商共建共享的全球治理观、推进全球治理规则民主化法治化、以公平正义为理念引领全球治理体系变革等重大理论观点，强调以文明互鉴超越文明冲突，为全球治理体系变革和国际政治文明发展提供了方向指引。习近平法治思想坚持胸怀天下，拓展世界眼光，深刻回答世界法治发展的普遍性问题，为全球化时代人类政治和法律文明发展提供了科学理论，为百年变局下全球治理体系变革贡献了中国方案，展现出跨越地域、跨越国度、跨越时代的影响力。

## 二、新时代十年习近平法治思想在人民法院形成生动实践

新时代十年来，人民法院把真学真信笃行习近平法治思想作为全部工作的主题，忠诚履职、守正创新，迎难而上、攻坚克难，推动习近平法治思想在人民法院形成生动实践，新时代人民法院工作发生深刻变革、实现长足发展，为党和国家事业发展提供有力司法服务，书写了新时代十年伟大变革的法院篇章。

党对司法工作的绝对领导全面加强。党的领导是中国特色社会主义法治之魂。习近平总书记连续八年主持中央政治局常委会会议听取最高人民法院党组工作汇报，定向领航新时代人民司法事业发展。十年来，人民法院牢牢

---

① 习近平：《更好把握和运用党的百年奋斗历史经验》，载《求是》2022年第13期。

坚持党对司法工作的绝对领导，始终把深入学习贯彻习近平新时代中国特色社会主义思想作为首要政治任务，把做到“两个维护”作为最高政治原则和根本政治规矩。2013年全国两会后，最高人民法院党组提出以习近平总书记系列重要讲话精神武装头脑、指导实践、推动工作。2016年鲜明提出“维护核心、绝对忠诚、听党指挥、勇于担当”的十六字政治要求，要求广大干警切实记在心里、扛在肩上、落实到行动中。加强党的政治建设，在全国法院扎实开展党内集中教育，先后部署开展“两个坚持”专题教育、“两个确立”主题教育，抓实干警入职教育、全员政治轮训和青年理论武装，教育引导干警坚决筑牢政治忠诚之魂。坚持把党的领导和依法独立公正行使审判权统一起来，健全党对司法工作绝对领导的制度机制，把党的绝对领导坚决贯彻到服务大局、司法为民、公正司法全过程。十年来，全国法院把中国特色社会主义法治之魂深深融入血脉，坚定不移沿着中国特色社会主义法治道路阔步前进。

新时代正确司法理念牢固树立。公平正义是司法的灵魂和生命。十年来，人民法院坚持以习近平法治思想指导树立正确司法理念，把习近平总书记提出的“努力让人民群众在每一个司法案件中感受到公平正义”作为工作目标，紧紧围绕这个目标来改进工作。确立“司法为民、公正司法”的工作主线，依法保障人民权益，恪守司法职业良知，对群众深恶痛绝的事零容忍、对群众急需急盼的事零懈怠。严格公正司法，以事实为根据、以法律为准绳，审判案件不为纷繁所扰、不为压力所阻，始终保持法治定力，坚决维护法治权威。兼顾国法天理人情，切实纠正偏离人民立场、机械司法、就案办案等错误做法，努力实现裁判法律效果、政治效果、社会效果相统一。准确把握宽严相济刑事政策，正确适用刑事附带民事调解制度，坚决防止在社会上传递出“花钱买命”“以钱买刑”“以官抵罪”等错误导向，尊重人民群众朴素公平正义观。坚决守住防止冤错案件底线，加强人权司法保障和产权司法保护，依法纠正呼格吉勒图案、聂树斌案、张文中案等一批冤错案件。坚持依法治国和以德治国相结合，大力弘扬社会主义核心价值观，发挥司法断案惩恶扬善功能，促进实现法安天下、德润人心。依法审理“狼牙山五壮士”等英烈名誉荣誉案，狠刹历史虚无主义歪风，捍卫英雄尊严荣光。通过“小案件大道理”，着力破解长期困扰群众的“扶不扶”“劝不劝”“追不追”等法律和道德风险，坚决同“和稀泥”做法说不，立“明规则”、破“潜规则”，努力让全社会充满正气、正义。坚持以公开促公正、树公信，建成审判流程、庭审活动、裁判文书、执行信息四大公开平台，构建开放、动态、透明、便民的阳光司法机制，让公平正义的阳光照进人民心田。十年来，全国法院以正确司法理念指导司法实践，用有力量、有是非、有温度的新时代司法回应人民关切，让人民群众切实感受到公平正义就在身边。

服务经济社会发展大局更加有力。十年来，人民法院牢记“国之大者”，紧紧围绕经济社会发展稳定大局履职尽责，切实肩负起中国特色社会主义事业建设者、捍卫者的职责使命。全面贯彻总体国家安全观，严厉打击渗透颠覆破坏、暴力恐怖、民族分裂、宗教极端等犯罪，积极参加扫黑除恶专项斗争，依法严惩电信网络诈骗等群众反映强烈的犯罪，全方位守护老百姓“针尖上”“舌尖上”“头顶上”“脚底下”“钱袋子”等安全，审结一审刑事案件1100余万件，切实履行维护国家安全、社会安定、人民安宁的重大责任。依法惩治腐败犯罪，配合做好追逃追赃工作，彰显党中央有腐必惩、有贪必肃的坚定决心。完整、准确、全面贯彻新发展理念，围绕构建新发展格局、推动高质量发展，出台一批司法服务政策，审理一批标志性案件，充分发挥法治的引领、规范、保障作用。落实法治是最好的营商环境，审结一审商事案件5000万余件、行政案件220万件，落实平等保护原则，维护公平竞争秩序，依法防范化解金融风险，推动市场主体有序退出和有效救治，着力营造市场化、法治化、国际化营商环境。加强知识产权司法保护，审结一审知识产权案件270万余件，加大关键核心技术、种源种业等司法保护力度，服务创新驱动发展。深入践行“两山”理念，审结一审环境资源案件近200万件，促进大江大河生态保护和系统治理，助力打好蓝天碧水净土保卫战。围绕乡村全面振兴和区域协调发展战略实施，跟进完善司法服务举措。围绕统筹疫情防控和经济社会发展，严惩妨害疫情防控犯罪，依法化解涉疫矛盾纠纷，出台助力中小微企业发展20条等司法措施，精准服务“六稳”“六保”。十年来，全国法院自觉在大局下思考、在大局下行动，依法服务高质量发展和高水平安全，努力做到党中央部署到哪里，司法服务就跟进到哪里，经济社会发展到什么阶段，司法工作就跟进到什么阶段。

中国特色司法为民之路越走越宽广。推进全面依法治国，根本目的是依法保障人民权益。十年来，人民法院始终站稳人民立场，积极回应人民群众新要求新期待，切实解决人民群众难点痛点堵点问题，改进司法作风，创新便民举措，走出了一条中国特色司法为民之路。加强民生司法保障，切实实施民法典，依法妥善审理涉及教育、就业、医疗、住房、婚姻家庭、社会保障等民生案件超过3600万件，推进家事审判改革，完善少年司法制度，推行适老化诉讼服务，依法保障人民安居乐业。全面实行立案登记制，做到有案必立、有诉必理，实现跨域立案服务全覆盖，破解群众异地诉讼不便问题，让千百年来老百姓反映强烈的立案难问题真正成为历史。坚决打赢基本解决执行难攻坚战，兑现向人民作出的庄严承诺，形成中国特色的执行制度、机制和模式，有力促进法治建设和社会诚信建设。坚持和发展新时代“枫桥经验”，建成中国特色一站式多元纠纷解决和诉讼服务体系，大力发展替代性纠纷解决机制和在线纠纷解决机制，方便群众公正、高效、实质性化解矛盾纠纷。推动人民法庭建设迈上高质量发展新阶段，创建一批“枫桥式人民法庭”，完善巡回审判机制，真正方便群众及时感受到公平正义。十年来，全国法院扎根中国土壤，践行司法为民，用解民忧、破难题的实际行动，生动诠释中国法治的鲜明底色，让人民群众对司法公正的获得感成色更足。

司法体制改革取得重大进展。深化司法体制改革，建设公正高效权威的社会主义司法制度，是推进国家治理体系和治理能力现代化的重要举措。十年来，人民法院坚决贯彻党中央司法体制改革部署，深化以司法责任制为重点的司法体制改革，加快建设公正高效权威的社会主义司法制度。落实司法责任制，实行法官员额制，加强司法监督制约，让审理者裁判、由裁判者负责，健全权责明晰、权责统一、监督有序、配套齐全的新型审判权力运行体系。完善司法人员分类管理制度，健全司法人员职业保障，形成符合司法职业特点的法院人员管理制度。推进以审判为中心的诉讼制度改革，推行庭前会议、非法证据排除、法庭调查“三项规程”，促进庭审实质化，努力实现程序公正与实体公正相统一。深化认罪认罚从宽制度改革，完成民事诉讼程序繁简分流改革试点，完善四级法院审级职能定位，立体化、多元化、精细化的诉讼制度体系日益完善。完善人民陪审员制度，全国人民陪审员增至33.2万人，比2013年扩大近3倍，人民陪审员参审权利得到切实保障。设立最高人民法院巡回法庭、国际商事法庭、知识产权法庭，增设或新设地方海事法院、知识产权法院、金融法院及专业化法庭，探索设立跨行政区划法院，人民法院组织体系更加适应国家发展战略需要。十年来，全国法院坚持正确改革方向，敢于啃硬骨头、涉险滩、闯难关，做成了想了很多年、讲了很多年但没有做成的改革，司法质量、效率和公信力明显提升，中国特色社会主义司法制度优势更加彰显。

智慧法院建设走在世界前列。没有信息化，就没有现代化。十年来，人民法院抢抓网络强国、数字中国建设重大机遇，推动科技创新成果同司法工作深度融合，坚持用科技手段赋能司法、保障权益、维护公正，推动司法工作质量变革、效率变革、动力变革。建成覆盖全国四级法院、涵盖智慧服务、智慧审判、智慧执行、智慧管理的智慧法院系统，实现全业务网上办理、全流程依法公开、全方位智能服务。疫情期间，智慧法院“大显身手”，有力保障“审判执行不停摆、公平正义不止步”。建成世界上最大的审判信息资源库，深化司法大数据应用，形成司法大数据专题分析报告超过1200份，服务司法管理和国家社会治理。加强智慧法院建设写入国家“十四五”规划，云计算、大数据、区块链、人工智能等先进技术深度应用，司法领域科技创新取得突破性进展。主动适应互联网发展大趋势，设立北京、杭州、广州互联网法院，在诉讼规则创新、技术深度应用、裁判规则完善、网络空间治理法治化等方面探索出一批可复制可推广的经验。出台人民法院在线诉讼、在线调解、在线运行“三大规则”，发布全球首个区块链司法应用意见，中国特色互联网司法规则体系基本形成。十年来，全国法院坚持体制改革和科技创新双轮驱动，促进司法效能充分释放，实现互联网司法从技术领先迈向规则引领，充分彰显中国特色社会主义法治的政治优势、制度优势、科技优势。

中国司法国际公信力和影响力持续提升。统筹推进国内法治和涉外法治，是全面依法治国的迫切任务。十年来，人民法院加强涉外司法工作，坚定不移维护国家主权、安全、发展利益，坚定不移贯彻对外开放基本国策，为构建人类命运共同体积极提供司法服务。依法惩治涉外犯罪，依法维护我国公民、法人在海外合法权益，依法应对和反制非法制裁、干涉、“长臂管辖”，坚决捍卫我国司法主权和国家尊严。平等保护中外投资者合法权益特别是知识产权，全面落实准入前国民待遇加负面清单制度，完善自贸试验区、自由贸易港司法服务措施，服务高水平对外开放。建立一站式国际商事纠纷多元化解平台，完善涉“一带一路”案件法律适用规则体系，推进国际海事司法中心建设，为中外当事人提供公正、高效、便捷、低成本的纠纷解决渠道。加强国际司法协助，推进反腐败、打击跨国犯罪、网络空间治理、生态环境保护、知识产权保护、国际经贸规则等领域司法务实合作。举办上合组织成员国最高法院院长会议、中国—东盟大法官论坛、金砖国家首席大法官论坛等国际司法会议，发布世界执行大会上海宣言、世界互联网法治论坛乌镇宣言、世界环境司法大会昆明宣言等成果文件。十年来，全国法院紧跟时代步伐、树立世界眼光，加快提升涉外司法质效，越来越多境外当事人主动选择中国法院管辖，中国法院判决得到越来越多国家承认和执行，中国法治声音受到越来越多国际朋友的尊重和认同，中国司法正为促进世界法治文明交流互鉴和发展进步作出越来越大的贡献。

法院队伍在革命性锻造中更加过硬。严格公正司法，离不开一支高素质的过硬法院队伍。十年来，人民法院按照习近平总书记提出的“五个过硬”要求，加强法院队伍革命化、正规化、专业化、职业化建设，努力锻造忠诚干净担当的过硬法院队伍。旗帜鲜明把政治建设放在首位，以党建带队建促审判，加强理想信念教育，加强政治纪律和政治规矩教育，开展全覆盖的政治轮训，确保法院队伍忠于党、忠于国家、忠于人民、忠于法律。加强职业良知教育，引导广大干警信仰法律、坚守法治，端稳天平、握牢法槌，铁面无私、秉公司法，涌现出邹碧华、方金刚、周春梅、杨军等一大批公正为民的好法官、敢于担当的好干部。加强司法能力建设，高层次人才队伍扩容提质，知识产权、互联网、涉外等紧缺人才培养储备稳步推进，艰苦边远地区人才政策支持有力加强，年轻干部培养锻炼机制加快完善，法院干警在新时代履职尽责、定分止争的能力水平明显提升。坚持全面从严治党、从严治院、从严管理，驰而不息正风肃纪，以零容忍态度严惩司法腐败、清除害群之马。十年来，全国法院干警得到前所未有的淬炼，特别是在队伍教育整顿中实现刮骨疗毒、激浊扬清、铸魂扬威，思想作风发生深刻变化，能力素质全面加强，精神面貌焕然一新，展现出昂扬向上的精气神。

## 三、新征程上坚定不移沿着习近平法治思想指引的方向前进

党的二十大报告描绘了法治中国建设美好蓝图，指明了新时代新征程全面依法治国的前进方向和实践路径。人民法院要深刻领会习近平新时代中国特色社会主义思想的世界观和方法论，真学真信笃行习近平法治思想，深入学习贯彻党的二十大精神，真抓实干推动新时代新征程人民法院工作高质量发展，奋力谱写全面建设社会主义现代化国家的法院新篇章。

坚定不移走中国特色社会主义法治道路。深刻领悟“两个确立”的决定性意义，始终把“两个维护”作为最高政治原则和根本政治规矩，始终做习近平新时代中国特色社会主义思想的坚定信仰者和忠实实践者，坚定不移在思想上政治上行动上同以习近平同志为核心的党中央保持高度一致。增强对中国特色社会主义法治道路自信、底气、定力，自信自立、守正创新，扎根中国文化、立足中国国情、解决中国问题，努力创造更高水平的社会主义司法文明。牢牢坚持党对司法工作的绝对领导，紧紧依靠党的领导确保正确方向、战胜困难挑战，切实把党的领导贯彻落实到人民法院工作各领域各方面各环节。坚持以人民为中心的发展思想，牢记江山就是人民、人民就是江山，发扬一切为了人民、一切依靠人民的人民司法优良传统，不断实现人民群众对美好生活和公平正义的向往。紧紧围绕建设中国特色社会主义法治体系、建设社会主义法治国家的总目标，正确贯彻实施宪法法律，总结司法经验，配合做好重点领域、新兴领域、涉外领域立法工作，深化行政审判体制机制改革，支持扎实推进依法行政，认真落实“谁执法谁普法”普法责任制，促进加快建设法治社会，更好服务在法治轨道上全面建设社会主义现代化国家。

坚定不移为推进中国式现代化提供有力司法服务。牢记“国之大者”，牢牢把握以中国式现代化推进中华民族伟大复兴的使命任务，深刻领会中国式现代化的中国特色和本质要求，坚持五项重大原则，立足司法职能抓好创造性落实，主动服务和融入以中国式现代化推进中华民族伟大复兴的历史进程。坚持以推动高质量发展为主题，完整、准确、全面贯彻新发展理念，服务扩大内需战略实施和深化供给侧结构性改革，完善产权保护、公平竞争、社会信用司法政策，服务加快构建新发展格局。坚持科技是第一生产力、人才是第一资源、创新是第一动力，加大知识产权司法保护力度，保护科技创新主体合法权益，更好服务科教兴国战略、人才强国战略、创新驱动发展战略实施。坚持依法治国和以德治国相结合，立足司法推动社会主义核心价值观融入法治建设、融入社会发展、融入日常生活，促进繁荣发展文化事业和文化产业，服务推进文化自信自强，建设社会主义文化强国。坚持用最严格制度最严密法治保护生态环境，依法服务环境污染防治、生态系统保护和修复、碳达峰碳中和等重大部署，促进人与自然和谐共生。坚持贯彻总体国家安全观，依法严惩群众反映强烈的各类犯罪，推进扫黑除恶常态化，促进更高水平的平安中国建设，服务以新安全格局保障新发展格局。坚持统筹推进国内法治和涉外法治，全面提升涉外司法质效，营造市场化、法治化、国际化一流营商环境，积极服务高水平对外开放、共建“一带一路”高质量发展、推动构建人类命运共同体。

坚定不移走好中国特色司法为民之路。始终把实现好、维护好、发展好最广大人民根本利益作为法院工作的出发点和落脚点，深入践行司法为民宗旨，无论司法职能发挥，还是法院自身改革发展，都坚持发展为了人民、发展依靠人民、发展成果由人民共享。围绕增进民生福祉，加强教育、就业、医疗、养老、住房、社会保障等民生领域司法保障，依法保护妇女、儿童、老年人、残疾人合法权益，切实保障劳动者合法权益，保护平等就业权，立足司法促进解决好人民群众急难愁盼问题。在社会基层坚持和发展新时代“枫桥经验”，大力创建“枫桥式人民法庭”，健全中国特色一站式多元纠纷解决和诉讼服务体系，让新时代司法改革成果更广泛惠及人民群众。久久为功推进执行难综合治理源头治理，健全解决执行难长效机制，及时兑现人民群众胜诉权益。充分发挥司法规范行为、调节利益、促进公平的功能作用，切实维护权利公平、机会公平、规则公平，完善推动发展更平衡、更协调、更包容的司法政策措施，依法服务在高质量发展中促进共同富裕。践行全过程人民民主，贯彻我国根本政治制度、基本政治制度、重要政治制度，巩固人民陪审员制度改革、深化司法公开等成果，自觉接受人大监督和各方面监督，扎实推进司法民主建设，保障人民参与司法，依靠人民推进公正司法。

坚定不移推进严格公正司法。紧紧围绕“努力让人民群众在每一个司法案件中感受到公平正义”目标，从更高水平上推动解决影响司法公正、制约司法能力的深层次问题，加快建设公正高效权威的社会主义司法制度，坚决守住维护社会公平正义的最后一道防线。深化司法体制综合配套改革，全面准确落实司法责任制，统筹抓好司法责任制综合配套改革、四级法院审级职能定位改革等重点改革任务落实，推动各项改革更加系统集成、协同高效。规范司法权力运行，深化以审判为中心的诉讼制度改革，推动健全公安机关、检察机关、审判机关、司法行政机关各司其职、相互配合、相互制约的体制机制，促进优化司法职权配置。坚持放权和监督相统一，强化对司法活动的制约监督，压紧压实院庭长、职能部门监督管理责任，健全信息化全流程审判监督管理机制，依法接受检察机关法律监督，构建与新型审判权力运行机制相适应的制约监督体系。完善公益诉讼审理机制，依法公正审理公益诉讼案件，切实维护国家利益和社会公共利益。全面加强智慧法院建设，加快完善中国特色、世界领先的互联网司法模式，努力创造更高水平的数字正义。

坚定不移全面从严治党、从严治院。牢记全面从严治党永远在路上，党的自我革命永远在路上，坚持以党的政治建设为统领，坚持不懈用习近平新时代中国特色社会主义思想凝心铸魂，全面落实新时代党的建设总要求，不断提高政治判断力、政治领悟力、政治执行力。坚决落实全面从严治党政治责任，严明政治纪律和政治规矩，严格执行《中国共产党政法工作条例》，完善党中央重大决策部署落实机制，全面加强人民法院党的政治建设。落实新时代好干部标准，抓好高素质专业化审判人才培养，大力培养选拔优秀年轻干部，加强干部斗争精神和斗争本领养成。坚持以党建带队建促审判，扎实推进“四强”党支部建设，增强基层党组织政治功能和组织功能。坚持以严的基调强化正风肃纪，锲而不舍落实中央八项规定及其实施细则精神，持续深化纠治“四风”特别是形式主义、官僚主义，深入践行“三严三实”，坚决破除特权思想和特权行为。严格执行防止干预司法“三个规定”、新时代政法干警“十个严禁”等铁规禁令，健全一体推进“三不腐”的体制机制，以零容忍态度严惩司法腐败，加强新时代廉洁文化建设，确保公正廉洁司法。大力弘扬新时代人民法院文化，驰而不息涵养新风正气，激励广大法院干警以更加昂扬的精神状态和真抓实干的实际行动奋进新征程、建功新时代。

新时代新征程，人民法院要更加紧密地团结在以习近平同志为核心的党中央周围，弘扬伟大建党精神，牢记“三个务必”，坚定不移沿着中国特色社会主义法治道路埋头苦干、奋勇前进，更好履行维护国家政治安全、确保社会大局稳定、促进社会公平正义、保障人民安居乐业的职责任务，为全面建设社会主义现代化国家、全面推进中华民族伟大复兴作出新的更大贡献！

（来源：《民主与法制》2022年第42期，《习近平法治思想研究与实践》专刊2022年第10期）

# 为共建繁荣、绿色、数字、开放、和平丝绸之路提供有力司法服务

中华人民共和国首席大法官、最高人民法院院长　周　强

中国和东盟山水相连、血脉相亲，友好关系源远流长。多年来，双方全方位合作不断深化，互为最大贸易伙伴，成为亚太区域最具活力的合作。新冠疫情发生以来，双方携手抗“疫”、共克时艰，以实际行动诠释了守望相助、休戚与共的命运共同体精神。2021 年 11 月，中国—东盟建立对话关系 30 周年纪念峰会成功举办。习近平主席同东盟国家领导人共同宣布，建立中国东盟全面战略伙伴关系。这是双方关系史上新的里程碑，必将为构建更为紧密的中国—东盟命运共同体、为地区和世界和平稳定、繁荣发展注入新的动力。2013 年，习近平主席提出共同建设丝绸之路经济带和 21 世纪海上丝绸之路，即“一带一路”倡议，得到国际社会积极响应和广泛支持，一大批合作项目落地生根，有关合作理念和主张写入了联合国、二十国集团、亚太经合组织、上海合作组织等重要国际机制的成果文件，“一带一路”合作展现出强大韧性和活力。当前，世界百年未有之大变局正在加速演进，新冠疫情仍在蔓延，人类社会面临前所未有的挑战，世界发展进入新的动荡变革期。如何抓住机遇、共迎挑战，继往开来、守正创新，成为中国和东盟的共同课题。法治是治国理政的基本方式。加强区域经济合作、发展互联互通、推进跨境犯罪治理，都离不开法治的保障。东盟是共建“一带一路”的重要伙伴。在高质量共建“一带一路”过程中，中国法院坚持以习近平新时代中国特色社会主义思想为指导，深入贯彻习近平外交思想和习近平法治思想，与东盟国家法院携手并进，积极开展多层次、各领域司法交流与司法协助，促进营造区域内和谐有序的经贸投资法治环境。围绕本次论坛“共建 21 世纪海上丝绸之路 建设高水平司法合作平台”主题，提出

五点意见。

一是坚持依法平等保护，共建“繁荣丝绸之路”。2022年1月1日，《区域全面经济伙伴关系协定》(RCEP) 正式生效实施，标志着世界上人口最多、经贸规模最大、最具发展潜力的自由贸易区正式起航。在协定安排下，东亚区域经济一体化向前迈出重要一步，地区和全球贸易繁荣发展也将迈上新的台阶。中国和东盟成员国均是RCEP的签署国，RCEP的实施对完善跨国商事交易规则和争端解决规则提出了新的要求，迫切需要建立协调统一的区域化贸易制度和规则标准。近年来，中国先后颁布外商投资法、海南自由贸易港法，修订对外贸易法、海关法，实施《优化营商环境条例》等法律和行政法规。最高人民法院先后发布涉扣押与拍卖船舶、审理独立保函纠纷、适用外商投资法、审理涉船员纠纷案件等司法解释，及时出台涉“疫”民事案件指导意见，意见部分规定被联合国国际贸易法委员会收录，制定稳外资稳外贸司法政策，完善最高人民法院统一域外法查明平台。这些举措，为进一步优化外商投资环境，服务扩大中国对外开放，推动中国—东盟自由贸易区3.0版建设提供了坚实法律基础和司法保障。当前，RCEP之下的国际贸易和跨境投资正在高速增长，其中大多数货物贸易依托海上运输开展。未来，中国法院愿同东盟成员国法院进一步加强对话交流，共同研究航运、贸易、投资、能源、基础建设等领域的纠纷解决规则，以持续推动贸易和投资自由化便利化为目标，促进地区贸易法律规则的协调统一，实现规则标准“软联通”，平等保护各国公民和企业合法权益，为RCEP高效实施和“一带一路”行稳致远提供有力司法服务。

二是践行可持续发展理念，共建“绿色丝绸之路”。建设美丽家园是人类的共同梦想。2020年，习近平主席宣布中国力争2030年前实现碳达峰、2060年前实现碳中和，彰显了中国推动构建人类命运共同体的责任担当。2021年3月通过的中国“十四五”规划和2035年远景目标纲要，对推动绿色发展、促进人与自然和谐共生作出全面部署。2021年5月，中国最高人民法院与联合国环境规划署联合举办世界环境司法大会，习近平主席专门向大会致贺信，引发与会代表热烈反响。中国法院深入贯彻习近平生态文明思想，依法保障人民在健康、舒适、优美生态环境中生存发展的权利。坚持用最严格制度、最严密法治保护生态环境，加强环境司法专门化建设，设立环境资源专门审判机构，实行环境资源刑事、民事、行政案件跨行政区划集中统一审理，综合运用环境保护禁令、环境侵权惩罚性赔偿等制度，准确适用刑事、民事、行政等多种法律责任，加大对环境污染、生态破坏行为的惩治力度。服务海洋生态文明建设，海事法院依法妥善审理“康菲”溢油事故系列案等一批海洋环境污染纠纷，助力建设绿色可持续的海洋生态环境。未来，中国法院愿同东盟成员国法院进一步强化绿色发展理念，共同落实《联合国气候变化框架公约》及《巴黎协定》，建立环境司法国际交流合作长效机制，携手推进生态环境司法治理，努力推动构建公平合理、合作共赢的地区和全球环境治理体系。

三是回应科技发展需求，共建“数字丝绸之路”。当前，新一轮科技革命和产业变革加速推进，数字经济日益成为重组全球要素资源、重塑全球经济结构、改变全球竞争格局的关键力量。新冠疫情发生以来，数字技术、数字经济在支持抗击新冠疫情、恢复生产生活方面发挥了重要作用。中共十八大以来，中国高度重视发展数字经济、实施网络强国战略和国家大数据战略，建设数字中国、智慧社会，积极推进数字产业化和产业数字化。颁布电子商务法，实施加快发展外贸新业态新模式、促进跨境电子商务健康快速发展等政策措施，推动外贸领域制度创新。中国法院紧跟时代发展，在全球率先出台人民法院在线诉讼、在线调解、在线运行“三大规则”，发布加强区块链司法应用的意见，制定人脸识别、网络消费、反不正当竞争、涉网络知识产权侵权等司法解释，推进互联网法院建设，支持引导数字经济规范健康发展。2021年，全国法院网上立案1143.9万件，在线开庭127.5万场。2022年5月，中国最高人民法院举办数字经济法治论坛，推动深化数字法治国际交流合作。中国和东盟国家在数字经济领域有着广阔的合作前景。未来，中国法院愿同东盟成员国法院进一步深化数字领域合作，落实《全球数据安全倡议》，推动建立互利共赢、公开透明的电子商务国际规则标准体系，依法妥善审理数字经济新业态案件，打击各类涉网络信息、数据安全等违法犯罪，加强知识产权保护国际合作，促进营造开放、公平、公正、非歧视的科技发展环境，服务数字经济高质量发展。

四是坚持共商共建共享，共建“开放丝绸之路”。中国和东盟比邻而居，民族文化宗教多姿多彩。我们从东亚文明中汲取智慧，以开放理念引领地区经济一体化。中国注重司法领域的国际合作，坚持以开放的胸怀践行共赢理念。中国已同81个国家缔结刑事司法协助条约、民事司法协助条约、引渡条约、被判刑人移管条约和打击恐怖主义、分裂主义、极端主义合作协定等双边条约共169项，加入了众多含有司法协助和引渡内容的多边国际公约。中国最高人民法院先后与140个国家及地区的司法机构、17个国际或区域性组织建立友好交往关系，与国外司法机构和国际组织签署70个合作协议或合作备忘录，邀请60余位外国最高法院院长、首席大法官来华访问，举办世界执行大会、世界互联网法治论坛、海上丝绸之路（泉州）司法合作国际论坛等，国际司法合作日益深入紧密。未来，中国法院愿同东盟成员国法院进一步深化司法交流，健全国际司法协助、案例交流分享、法律适用交流、法官培养合作等机制，加强“一带一路”抗“疫”法治合作，增强机制、理念、政策、规则的开放性和包容性，推动经济全球化朝着更加开放、包容、普惠、平衡、共赢的方向发展。

五是坚持真正多边主义，共建“和平丝绸之路”。平等相待、和合与共是中国和东盟的共同诉求。中国率先倡导和平共处五项原则和“万隆精神”，在东盟对话伙伴中最先加入《东南亚友好合作条约》。中国始终坚持走和平发展道路，践行真正的多边主义，坚定维护以联合国为核心的国际体系、以国际法为基础的国际秩序、以联合国宪章宗旨和原则为基础的国际法基本原则和国际关系基本准则。中国最高人民法院积极参与重要国际组织、国际机构有关议题讨论和规则制定，充分发挥司法在解决国际争端和纠纷中的作用，推动建设公正合理的国际秩序。在广东深圳、陕西西安设立第一、第二国际商事法庭，成立国际商事专家委员会，健全诉讼、仲裁、调解有机衔接的“一站式”国际商事纠纷多元解决机制。先后发布两个为“一带一路”建设提供司法服务和保障的意见，推动沿线各国司法判决的相互承认与执行。未来，中国法院愿同东盟成员国法院进一步增进理解互信，坚持共同、综合、合作、可持续的安全观，加强沟通合作，推动建设包容、现代、全面、互利的中国东盟经贸关系，促进双方贸易平衡发展，共同打击跨国犯罪，携手应对安全挑战，维护地区融合发展和人民福祉。

中国有句谚语：“单丝不成线，独木不成林。”让我们携起手来，继续秉持和平合作、开放包容、互学互鉴、互利共赢的“丝路精神”，充分发挥法治固根本、稳预期、利长远的保障作用，全面深化中国和东盟国际司法交流合作，为构建更为紧密的中国—东盟命运共同体作出新的更大贡献，共建和平家园、安宁家园、繁荣家园、美丽家园、友好家园，共创更加繁荣美好的地区和世界！

（来源：《中国审判》2022 年第 15 期，本文系中华人民共和国首席大法官、最高人民法院院长周强在 2022 年 7 月 20 日第 3 届中国—东盟大法官论坛上的主旨发言，内容有删改。）

# 深入学习贯彻党的二十大精神 坚持人民至上 推动新时代国家赔偿审判工作高质量发展

最高人民法院副院长 陶凯元

党的二十大是党和国家历史上具有里程碑意义的大会，吹响了全面建设社会主义现代化国家、全面推进中华民族伟大复兴的号角。习近平总书记所作的报告，体现了大党大国的大志向、大担当、大情怀、大格局，是全国各族人民奋进新时代新征程的政治宣言和行动纲领。习近平总书记在报告中以专章论述坚持全面依法治国，推进法治中国建设，为深化社会主义法治建设、推进人民法院工作擘画了路线图、发出了动员令。国家赔偿审判工作要坚持以习近平新时代中国特色社会主义思想为指导，全面贯彻习近平法治思想，坚持人民至上，保障人民权益，促进公众参与，接受群众监督，努力让人民群众在每一个国家赔偿案件中感受到公平正义，推动提升执法为民、司法公正的质效和水平。

## 一、坚持人民至上是推动新时代国家赔偿审判工作高质量发展的必然要求

习近平总书记指出，推进全面依法治国，根本目的是依法保障人民权益。[①] 坚持以人民为中心，是全面依法治国的根本立场。通过国家赔偿审判工作加强人权法治保障、促进严格执法公正司法，就是人民法院坚持人民至上的重要体现。实践证明，只有始终站稳人民立场，积极回应群众关切，国

① 参见习近平：《坚定不移走中国特色社会主义法治道路 为全面建设社会主义现代化国家提供有力法治保障》，载《求是》2021 年第 5 期。

家赔偿审判工作才能符合民情、体现民意、赢得民心，才会呈现蓬勃生机和无限活力。

坚持人民至上是国家赔偿审判工作做好群众工作的客观需要。国家赔偿审判工作为了人民，离不开人民。“知民情、听民声、解民忧”，既是国家赔偿审判工作满足人民群众日益增长的司法需求的迫切需要，又是推动国家赔偿审判事业高质量发展的内在要求。我们要坚持人民至上，深入了解人民群众对国家赔偿审判工作的新期待，积极回应人民群众对国家赔偿审判的新需求，更好地维护人民群众合法权益。

坚持人民至上是国家赔偿审判工作维护社会稳定的根本前提。民惟邦本，本固邦宁。国家机关及其工作人员在行使职权过程中侵犯了人民群众的合法权益，甚至使人民群众受到了冤屈，就必须依法及时纠错赔偿。如果人民群众的损害得不到及时救济，必然导致民怨堆积，集聚演化成影响社会安全稳定的消极因素。我们要坚持人民至上，通过国家赔偿审判依法裁决是否由国家承担赔偿责任，及时提出纠错追责的建议，尽快弥补受到违法滥权侵害的群众的合法权益，把扭曲的“国民关系”“官民关系”“干群关系”恢复到法治轨道上来，增强人民群众安全感，有效维护社会稳定。

坚持人民至上是国家赔偿审判工作促进公平正义的基本方式。国家赔偿审判通过救济权利、弥补损害、救助群众，能够发挥加强对执法司法权力运行的制约监督，推动落实执法司法责任制的重要作用，是公正高效权威的社会主义司法制度的重要组成部分。加强国家赔偿审判工作，让侵权的国家机关依法承担赔偿责任，依法处置违法滥权的害群之马，不但不会损害执法司法公信力，反而彰显了党和国家坚守法治、建设法治的坚定决心，彰显了党和国家尊重和保障人民权益的坚定态度，彰显了人民法院对人民负责，对法律负责，勇于承认和改正错误，严格公正司法的良好形象。我们要坚持人民至上，不断提升国家赔偿审判工作的质量和效率，更好地维护人民依法享有的广泛权利和自由，更好地促进社会公平与正义。

坚持人民至上是衡量国家赔偿审判工作治理效能的重要指标。国家赔偿审判工作建立在“国家管理风险不可避免”“公共负担平等”等法治理念之上，要求全社会共同承担权力行为造成的损害，属于国家和社会治理的重要内容。国家赔偿审判工作通过受理人民群众的赔偿申请、判定是否成立国家赔偿责任，起到了纠错追责的效果，有助于促进优化执法司法职权配置和权力运行机制，有助于促进优化执法司法权力责任机制，从根源上减少冤错案件和违法滥权行为的发生。我们要坚持人民至上，以人民群众满不满意作为衡量国家赔偿审判是否有效助力国家治理体系和治理能力现代化的重要标准，不断提升国家赔偿审判参与法律之治、规则之治的效能。

## 二、坚持人民至上是推动新时代国家赔偿审判工作高质量发展的发力点和突破口

习近平总书记在党的二十大报告中强调，公正司法是维护社会公平正义的最后一道防线。人民法院在案件审理中需维护社会公平正义的防线，而国家赔偿审判作为所有司法程序最后的审理程序，更需找准人民至上的着力点和突破口，责无旁贷地承担起维护司法内部最后一道防线的任务。

畅通群众诉求，创新和完善国家赔偿公正审理机制。公正是国家赔偿审判工作的生命线，更是坚持人民至上的关键。创新和完善国家赔偿公正审理机制，不仅要重视案件的公正审理，而且要体现对弱势群体的人文关怀。必须坚持法治原则和证据裁判原则，以证据认定事实，以法律评判争议，以科学、正确的方式解释适用法律，以合理性原则规范自由裁量权，杜绝裁判行为的任意和不可预测性，排除权力、金钱、人情、关系等一切法外因素的干扰。要深入总结呼格吉勒图、聂树斌等刑事冤错案件国家赔偿审判的经验，加强重大国家赔偿案件的审理与监督，注重理顺刑事冤错案件纠错与国家赔偿审判的衔接配合，确保国家赔偿审判的及时性和有效性。

维护人民权益，创新和完善国家赔偿调解机制。调解具有弥补司法审判不足的功能。人民法院在审理国家赔偿案件时，除了公正裁判之外，应当通过对国家赔偿的有关政策的充分释明，寻求调解方式化解矛盾，提高赔偿决定的可接受度，最大限度地实现结果公正。要充分发挥调解在国家赔偿中的重要作用，努力促进人民群众与国家机关在协商中解决赔偿问题。对于可能调解的案件，要尽最大可能促成调解。对于难以查明损害事实、区分损害责任的案件，要善于通过调解的方式结案，使纠纷得到根本解决，真正实现“案结事了人和”。

注重民众参与，创新和完善“阳光赔偿”机制。在国家赔偿审判的全过程中注重民众参与，充分保障民众的知情权和参与权，是保证人民在全面推进依法治国中的主体地位的重要举措。要进一步加大国家赔偿的公开力度，

继续完善立案公开、听证质证公开、文书上网公开三大公开平台，让正义看得见、可感知。要在法律和司法解释规定的范围内，更多地运用听证和质证的程序，确保审判公开。要在法律所允许的范围内，更多地在国家赔偿案件审理中注入法官中立、当事人双方平等、第三方有序参与、程序公开透明、公众意见合理表达等要素，强化程序正当。要严格落实合议庭合议、赔偿委员会讨论、审判委员会决议等制度，贯彻司法民主的要求。要加强政策宣传和舆情引导，提升国家赔偿审判工作的美誉度和信任感。

回应人民关切，创新和完善国家赔偿追责机制。只有追究责任，才能落实责任。要强化对违法滥权人员的责任追究，有效惩戒腐败和违法，提高违法用权的成本和风险，促进健全执法司法权力运行和责任机制。国家赔偿追责机制既是防止国家机关工作人员违法滥用职权的有效措施，也是保护国家机关工作人员工作积极性的重要手段。要严格适用法定追责标准，正确适用法定追责方式，既防范因消极追责导致违法人员逍遥法外，又避免因过度追责挫伤执法司法人员工作积极性。

把握人民愿望，创新和完善国家赔偿效果延伸机制。国家赔偿审判不能仅停留在“国家责任”的层面上，还应注重拓展延伸职能，探索和完善效果延伸机制。要秉持“防为上，救次之，戒为下”的司法理念，纠正错一件赔一件、被动应付的做法，做到以赔促防、以赔促管、以赔促廉，从而实现国家赔偿审判政治效果、法律效果、社会效果最大化。要充分发挥国家赔偿审判工作作为执法和司法活动晴雨表的功能，深化国家赔偿司法建议和司法审查报告工作，认真总结分析执法司法形成错案、违法滥权的深层次原因，凸显国家赔偿案件的教育、警示、防范作用，进一步延伸国家赔偿审判工作效果。

## 三、坚持人民至上是推动新时代国家赔偿审判工作再上新台阶的重要举措

习近平总书记强调，国家各项工作都要贯彻党的群众路线，密切同人民群众的联系，倾听人民呼声，回应人民期待，不断解决好人民最关心最直接最现实的利益问题。[①] 国家赔偿审判是切实维护人民群众人身权、财产权的

① 参见习近平：《在庆祝全国人民代表大会成立六十周年大会上的讲话》，载《求是》2019年第18期。

重要制度，是法治建设的重要环节，要着眼新时代新征程的形势任务，多措并举，不断提升自身工作水平，彰显国家赔偿审判平冤理直、纠错正偏、为民请命、为国安邦的“正能量”。

坚持党的领导，牢牢把握正确政治方向。中国共产党的领导是中国特色社会主义制度最本质的特征，是中国特色社会主义制度最大的优势，是社会主义法治最根本的保证。国家赔偿审判作为一项特殊的综合性审判业务，涉及各行政机关、司法机关、监察机关和法院内部的多个部门，这决定了必须把坚持党的领导作为根本保证。国家赔偿审判工作要坚持党的领导，牢牢把握国家赔偿审判正确政治方向，坚决贯彻党的路线方针政策和党中央决策部署，确保案件处理实现政治效果、法律效果和社会效果的有机统一。

坚持群众观点，牢固树立正确的赔偿观念。治国有常，利民为本。树立正确的国家赔偿观念，就是要旗帜鲜明站在人民群众这一边，摒弃国家赔偿法为单纯惩戒法的观念，摒弃国家赔偿法是“不赔法”或“少赔法”的观念，摒弃国家赔偿是损害公权公信、丧失公权信赖的观念。树立正确的国家赔偿观念，就是要旗帜鲜明站在公平正义这一边，抛弃国家赔偿是“自曝家丑”“自找麻烦”的错误观念，依照国家赔偿法律程序纠正错误，兑现权利救济。树立正确的国家赔偿观念，就是要旗帜鲜明站在权利救济这一边，在现有法律制度框架之内从优用足各项法律政策，在司法裁量权范围内尽量作对赔偿请求人一方有利的解读，只有用好用足实体法律的空间，才能使人民的合法权益得到更优质更充分的保护。

坚持理论创新，努力夯实理论根基。实践没有止境，理论创新也没有止境。只有通过理论研究的创新，国家赔偿审判才会获得充分的价值指引和理论支撑，才能为制度的建立、机制的完善提供充分的科学依据，才能促使纸上的人权保障承诺转化为权威、公正、高效的人权保障实践。要深入学习贯彻党的二十大精神，找准国家赔偿审判的结合点，坚持用习近平法治思想引领国家赔偿理论研究的各项工作。要深入研究新时期国家赔偿制度发展的特殊路径和表现形式，探索国家责任制度体系产生的深层次原因和发展趋势，从实践中总结、升华新的理论成果，及时指引司法实践，推动国家责任制度体系的科学发展。要高度关注司法实践的创新发展与成果，特别是各地在探索实践中积累的行之有效的工作经验，注意及时加以总结、提升和转化，为国家赔偿审判制度改革创新提供理论依据。

坚持问题导向，努力提升法治化水平。近年来，国家赔偿审判工作得到了长足发展。与此同时，还必须清醒地认识到，国家赔偿审判还存在诸多不足，特别是在刑事冤错赔偿领域，法律条文的有限性与司法实践需求多样性的矛盾逐渐凸显。要及时总结在国家赔偿审判中适用法律的新情况新问题，着力解决法律规定的稳定性与司法实践对规范制度要求的紧迫性之间存在的天然矛盾，推动立法修改和规范体系完善同步进行。对经过实践检验比较成熟的、各方面认识也比较一致的问题，可以结合实际情况，尽快出台司法解释。对遇到的一些新情况新问题，可以先以指导意见、会议纪要等形式下发，为规范制定留下空间，待取得经验、条件成熟时再制定规范性文件。对于一些亟待明确规范的问题，经调研论证后确有把握的，可以指导意见等形式下发，以作应急之用。

坚持能力建设，提升队伍司法能力。国家赔偿审判队伍是正确行使国家赔偿审判权、维护司法公正的重要保障。当前，国家赔偿审判队伍应注重提升三种司法能力。一是要着力提升“政治三力”。始终坚持以习近平新时代中国特色社会主义思想为指导，深入学习贯彻习近平法治思想，深刻领悟“两个确立”的决定性意义；增强“四个意识”、坚定“四个自信”、做到“两个维护”，不断提高政治判断力、政治领悟力、政治执行力，确保国家赔偿审判始终沿着正确方向前进。二是要注重提升群众工作能力。强化群众观念，坚持群众路线，学会用群众语言释法析理，找准司法为民的切入点。三是要注重提升基层基础的司法能力。根据基层法院国家赔偿案件多、矛盾集中的特点，着力培养基层法院国家赔偿审判专业化人才，加强审判监督指导，从源头上提升办案质量，努力把国家赔偿案件办好，努力将国家赔偿纠纷化解在基层。

站在向着第二个百年奋斗目标进军的新征程上，法治中国建设前进的步伐将愈发坚定有力。我们要更加紧密地团结在以习近平同志为核心的党中央周围，坚持人民至上，以高度的历史责任感和使命感，努力推动新时代国家赔偿审判高质量发展，不断增强人民群众的获得感、幸福感、安全感，助力建设良法善治的法治中国。

（来源：《人民司法》2022年第31期）

# 深入学习贯彻习近平法治思想 全面推进涉外商事海事审判工作 为高质量共建“一带一路”提供有力司法服务和保障

最高人民法院副院长 陶凯元

法治是治国之策、强国之基，是国家核心竞争力的重要内容，是我国推进高水平对外开放、高质量共建“一带一路”不可或缺的重要基础和保障。党的十八大以来，以习近平同志为核心的党中央从坚持和发展中国特色社会主义的全局和战略高度定位法治、布局法治、厉行法治，把全面依法治国纳入“四个全面”战略布局，放在党和国家事业发展全局中来谋划、来推进，作出了一系列重大决策、提出了一系列重要举措。在这一过程中，习近平总书记以马克思主义政治家、思想家、战略家的深刻洞察力和理论创造力，创造性地提出了关于全面依法治国的一系列具有原创性、标志性的新理念新思想新战略，形成了习近平法治思想。2020 年 11 月，习近平总书记在中央全面依法治国工作会议上强调，要坚持统筹推进国内法治和涉外法治。这一重要论述是习近平法治思想“十一个坚持”的重要内容之一，为人民法院涉外商事海事审判工作指明了前进方向、提供了根本遵循。人民法院涉外商事海事审判肩负着平等保护中外当事人合法权益，营造优质法治营商环境，护航高水平开放型经济新体制发展，维护国家主权、安全、发展利益，推动建设相互尊重、公平正义、合作共赢新型国际关系的重要职能，在统筹推进国内法治和涉外法治建设中占有重要地位。人民法院必须坚持以习近平新时代中国特色社会主义思想为指导，深入践行习近平法治思想，充分发挥涉外商事海事审判职能作用，切实提升涉外司法执法质效，为高质量共建“一带一路”提供强有力的司法服务和保障。

## 一、坚持党的领导，坚定不移走中国特色社会主义法治道路

党的领导是人民当家作主和依法治国的根本保证，中国特色社会主义法治道路是推进全面依法治国的唯一正确道路。习近平总书记指出："党的领导是我国社会主义法治之魂，是我国法治同西方资本主义国家法治最大的区别。"① 人民法院必须始终坚持党对涉外商事海事审判工作的绝对领导，全面贯彻习近平法治思想，坚定不移走中国特色社会主义法治道路，确保涉外商事海事审判工作的正确政治方向。

### （一）坚持以习近平法治思想为根本遵循

习近平法治思想是顺应实现中华民族伟大复兴时代要求应运而生的重大理论创新成果，贯穿着坚定理想信念、鲜明人民立场、敏锐战略眼光和宏大全球视野。习近平总书记着眼国内国际两个大局，强调统筹推进国内法治和涉外法治，强调法治在推进全球治理体系变革中的重要作用，提出运用法治和规则协调各国关系和利益，提出构建人类命运共同体的重大理论观点，饱含着对世界法治文明和时代课题的睿智思考和独特创见。当前，世界百年未有之大变局加速演变，国际环境不稳定、不确定性明显上升，全球性新冠疫情影响广泛深远。涉外商事海事审判要以习近平法治思想为指导，坚持把习近平法治思想贯穿到涉外商事海事审判工作各领域全过程，深刻领会习近平法治思想的政治意义、理论意义、实践意义和世界意义，保持战略定力、增强忧患意识，通过依法公正审理各类涉外商事案件，开展国际司法交流与合作，积极向全世界宣介习近平法治思想，展示负责任大国和公平公正良好司法形象，防范、化解各类法律风险和挑战。

### （二）坚持党对涉外商事海事审判工作的绝对领导

办好中国的事情，关键在党。党的领导是中国特色社会主义最本质的特征，是中国特色社会主义制度的最大优势，是社会主义法治最根本的保证。

---

① 习近平：《坚定不移走中国特色社会主义法治道路 为全面建设社会主义现代化国家提供有力法治保障》，载《求是》2021年第5期。

习近平总书记指出，党的领导是党和国家事业不断发展的“定海神针”。坚持党的绝对领导，是人民法院抓好执法办案的最高原则，是人民法院审判事业取得发展进步的根本保证。涉外商事海事审判是开展对外司法交流的重要窗口，是宣传社会主义法治成果的重要方式，是党领导下开展统筹推进国内法治和涉外法治的重要领域。在涉外商事海事审判中，要更加准确地把握党的绝对领导的本质要求，更加深刻认识党的十九届六中全会决议关于“两个确立”的决定性意义，不断提高政治判断力、政治领悟力、政治执行力，增强“四个意识”、坚定“四个自信”、做到“两个维护”，始终坚持党的领导不动摇。

（三）坚持统筹推进国内法治和涉外法治

随着中国日益走近世界舞台中央，我们面临的风险挑战明显增多，必将迎接具有许多新的历史特点的伟大斗争。当前，国际经济合作和竞争局面正在发生深刻变化，国际竞争越来越体现为制度之争、规则之争，部分国家以国内法名义对我公民、法人实施所谓“长臂管辖”和单边制裁，部分“一带一路”参与国仍有战乱或社会动乱，我国海外利益保护面临诸多威胁，跨国纠纷数量日益上升，所涉法律问题日趋复杂。习近平总书记在推进“一带一路”建设工作5周年座谈会上指出，要高度重视境外风险防范，完善安全风险防范体系，全面提高境外安全保障和应对能力。构建以国内大循环为主体、国内国际双循环相互促进的新发展新格局，迫切需要运用法治方式推动建设更高水平的开放型经济新体制。统筹推进国内法治和涉外法治，要求人民法院既要处理好国内法和国际法的关系，依法公正审理涉外商事海事案件，维护公平公正的国际贸易投资秩序，又要坚持总体国家安全观，围绕反制裁、反干涉、反制“长臂管辖”等，进一步加强涉外立法领域的前瞻性研究，推动民事诉讼法涉外民事诉讼程序的特别规定编修订，科学界定我国法院涉外民商事案件管辖范围，坚定维护国家主权和国土安全、经济金融安全、网络安全、生物安全、海外利益安全等。

## 二、坚持公正司法，积极营造共建“一带一路”市场化法治化国际化营商环境

习近平总书记在中央全面依法治国委员会第二次会议上强调，法治是最

好的营商环境。公正司法是法治建设的重要环节，是平等保护中外各类市场主体产权和合法权益的最后一道防线，也是优化营商环境的应有之义。高质量共建“一带一路”，必须充分发挥法治固根本、稳预期、利长远的保障作用，积极营造市场化法治化国际化营商环境。

### （一）恪守国际条约义务，践行国际法规则

国际法在全球治理中具有重要地位和作用。多年来，以WTO规则、《联合国国际货物销售合同公约》《选择法院协议公约》《承认与执行外国民商事判决公约》等为代表的一系列国际公约，成为解决国际商事争端的重要国际法规则。在国际经济交往中，国际法规则是各类主体共同的行为准则，各国都有责任共同维护国际法治权威，共同维护国际法和国际秩序的权威性和严肃性。人民法院历来高度重视恪守国际公约，尊重国际惯例，履行国际义务，在解决涉“一带一路”建设经贸争端中，遵循国际社会共同制定、普遍公认的国际法规则，同时注重创新和丰富国际商事交易规则，完善涉外法律适用规则体系，推动构建公正、合理、透明的国际经贸规则体系，坚决做世界和平的建设者、全球发展的贡献者、国际秩序的维护者、公共产品的提供者。

### （二）坚持平等保护原则，稳定市场主体预期

“公正是司法的灵魂和生命”。全面推进依法治国，必须坚持公正司法。习近平总书记指出，“各级司法机关要秉持公正司法，提高民事案件审判水平和效率”“提高办案质量和司法公信力”[①]。涉外商事海事审判具有解决国际经贸纠纷的重要职能，事关中国司法的国际公信力和中国市场的投资环境质量。依法平等保护中外当事人合法权益，是涉外商事海事审判应当坚持的基本原则。人民法院注重各类市场主体诉讼地位平等、法律适用平等、法律责任平等，依法妥善审理涉外商事海事案件，积极维护公平有序、统一开放的市场竞争秩序。2010年5月最高人民法院发布《关于审理外商投资企业纠纷案件若干问题的规定（一）》，并于2020年12月进行修订，对于解决外资股权转让合同、隐名投资等争议问题提供统一规则；2019年12月最高人民法

① 习近平：《充分认识颁布实施民法典重大意义 依法更好保障人民合法权益》，载《求是》2020年第12期。

院发布《关于适用〈中华人民共和国外商投资法〉若干问题的解释》，聚焦外商投资合同纠纷，确保外商投资准入前国民待遇加负面清单管理制度落地实施。要进一步全面、准确贯彻实施外商投资法和相关配套法规，全面实施外商投资准入前国民待遇加负面清单管理制度，维护外资企业合法权益；积极配合有关部门出台稳外资外贸政策，营造稳定、公平、透明的法治化营商环境，稳定市场主体预期；充分利用和进一步完善最高人民法院统一域外法查明平台，尽快发布域外法查明和适用司法解释，准确查明和适用域外法解决案件实体争议。

（三）深化涉外精品战略，提高涉外商事海事审判质效

精品战略是人民法院涉外商事海事审判的重要品牌和系统工程，对于发挥人民法院涉外裁判在国际上的影响力具有重要保障作用。党的十八大以来，人民法院围绕深化实施涉外审判精品战略，不断强化案件审判管理、规范涉外审判程序，加强案件监督管理、提高裁判文书质量、落实司法公开要求，审结了一大批影响重大、具有引领国际法规则发展的涉外商事海事精品案件。先后发布涉“一带一路”建设指导性案例6件、典型案例18件，年度典型海事案例41件，联合国贸法会法规裁判库已收录我国法院裁判文书36份，树立了我国司法在国际上的良好形象。在抗击新冠疫情期间，人民法院开展网上立案、网上送达、在线调解、在线开庭等全流程网上诉讼服务，统筹疫情防控和审判工作，实现疫情期间审判工作“不停摆”、司法服务“不打烊”。古人云：“道虽迩，不行不至。”要继续实施涉外商事海事审判精品战略，完善涉外诉讼程序规则、国际条约和国际惯例适用规则、域外法查明规则等；对跨境物流服务、智能化港口建设、自由贸易港航运、国际船舶登记等新类型海事案件进行深入研究，探索完善规则，不断提升我国涉外商事海事审判国际影响力。

（四）促进法律适用统一，提升司法国际公信

区域经济合作、发展互联互通、跨境投资贸易，都离不开法治的保障作用。协调、统一的法律规则能够稳定商业预期、降低交易成本、便利争议解决。多年来，契约自由、平等保护、诚实信用、公序良俗等原则已经成为绝大多数国家所共同坚持的一般法律原则。人民法院注重司法裁判标准的统一，

最高人民法院相继发布扣押与拍卖船舶、审理独立保函纠纷、适用外商投资法、审理涉船员纠纷案件等司法解释，明确类案裁判规则；2015年6月，最高人民法院发布《关于人民法院为“一带一路”建设提供司法服务和保障的若干意见》，2019年12月发布《关于人民法院进一步为“一带一路”建设提供司法服务和保障的意见》；聚焦新冠疫情影响带来的法律适用问题，发布《关于依法妥善审理涉新冠肺炎疫情民事案件若干问题的指导意见（三）》，部分规定被收录至联合国贸法会法规判例法系统。要继续围绕对外贸易、极地、海洋、外层空间开发利用等重点领域，加强调查研究，及时提出立法建议，及时出台相关司法解释或规范性文件，进一步统一涉外商事海事案件裁判尺度；要进一步完善案例指导制度，丰富指导性案例和典型案例库，为当事人提供可预期的裁判指引，提高涉外司法公信力。

## 三、坚持改革创新，逐步打造涉“一带一路”争端解决优选地

当前，国际经贸环境日趋复杂，涉外法律风险突出。在涉外商事纠纷中，当事人选择仲裁多、选择诉讼少；选择境外仲裁机构多、选择国内仲裁机构少；选择国外法院多、选择国内法院少。人民法院要进一步推进国际商事法庭建设，健全一站式国际商事纠纷多元化解决机制，创新涉外商事海事审判机制，促进我国仲裁机构国际化发展，提高涉外司法审判质效和法律服务水平，吸引国内外企业协商选择我国法院诉讼或者仲裁机构仲裁，逐步将我国打造成为国际商事纠纷解决的优选地。

### （一）坚持共商共建共享，完善涉“一带一路”国际商事争端解决机制

国际商事纠纷的公正高效便捷解决是国际法治竞争力的重要标志。《中共中央办公厅、国务院办公厅关于建立“一带一路”国际商事争端解决机制和机构的意见》提出，要坚持共商共建共享原则、公正高效便利原则、尊重当事人意思自治原则、纠纷解决方式多元化原则，为推进“一带一路”建设、实行高水平贸易和投资自由化便利化政策、推动建设开放型世界经济提供更加有力的司法服务和保障。2018年6月，最高人民法院分别在广东深圳和陕西西安设立第一、第二国际商事法庭，发布《关于设立国际商事法庭若干问题的规定》《最高人民法院国际商事法庭程序规则》，实现了案件管辖、诉讼

证据、裁判文书、智慧审判等机制上的重大创新，在有效解决国际贸易争端中发挥着重要作用；首倡国际商事专家委员会制度，聘请来自25个国家和地区的52位专家组成国际商事专家委员会，成为国际商事争端解决的“智囊团”；建立诉讼与仲裁、调解有机衔接的一站式国际商事纠纷多元化解决机制，吸纳5个国际商事仲裁机构和2个国际商事调解机构加入一站式平台，为中外当事人提供多元化专业化的纠纷解决途径。面对新形势新任务，要进一步加强国际商事纠纷多元化解决机制建设，完善最高人民法院国际商事法庭管辖制度；健全国际商事专家委员会工作机制，建设国际一流法律智库；适时吸收域外国际知名商事仲裁机构和商事调解机构纳入一站式国际商事纠纷解决机制，推动“一带一路”国际商事法律服务示范区建设。

（二）创新涉外商事海事审判机制，打造专业化涉外审判格局

习近平总书记指出：“法治领域存在的一些突出矛盾和问题，原因在于改革还没有完全到位。”[①]“解决法治领域的突出问题，根本途径在于改革。”[②] 对人民法院而言，改革创新是涉外商事海事审判工作高质量发展的不竭动力。在全面推进依法治国的进程中，要秉持改革创新精神，坚决破除法治领域中的体制机制障碍。要进一步研究涉外商事案件的范围和级别管辖标准，适时修订《最高人民法院关于明确第一审涉外民商事案件级别管辖标准和归口办理有关问题的通知》；进一步明确“涉外因素”识别标准，细化相关案件的涉外因素连接点；进一步规范涉外民商事审判程序，完善当事人诉辩制度、证据制度、庭前会议制度，依法保障当事人陈述、辩论、申请调查证据、收集证据和进行鉴定等权利；进一步解决制约涉外商事海事审判效能的域外送达、域外取证等问题；进一步完善全国海事审判组织体系，深入推进海事审判“三合一”试点工作，将我国建设成为具有较高国际影响力的国际海事司法中心；推动涉外商事海事审判与智慧法院建设深度融合，提高涉外商事海事审判信息化水平。

---

① 《习近平在中共中央政治局第三十五次集体学习时强调 坚定不移走中国特色社会主义法治道路 更好推进中国特色社会主义法治体系建设》，载《人民日报》2021年12月8日。

② 习近平：《加快建设社会主义法治国家》，载《求是》2015年第1期。

### （三）尊重争议解决多元需求，促进中国仲裁国际化发展

仲裁作为国际通行的纠纷解决方式，可以充分发挥在尊重当事人意思自治和便捷、高效解决纠纷等方面的作用，是我国社会治理体系中多元化纠纷解决机制建设的重要组成部分，也是满足中外当事人争议解决方式多元化需求的重要途径。2018 年以来，最高人民法院相继出台多份司法解释和规范性文件，实行仲裁司法审查案件归口办理，健全仲裁司法审查案件报核制度，规范仲裁司法审查程序规则等，有力提升我国仲裁的国际公信力和影响力。2020 年 12 月，最高人民法院首次发布中英文版《商事仲裁司法审查年度报告（2019）》，促进我国仲裁法治的国际传播。最高人民法院出台服务保障自由贸易试验区、海南自由贸易港和北京“两区”建设等司法文件提出，支持国内仲裁机构与“一带一路”建设参与国仲裁机构建立联合仲裁机制、支持探索“三特定”临时仲裁制度、支持境外仲裁机构在中国设立分支机构等。人民法院秉持“有利于裁决执行”的原则，准确适用《纽约公约》承认和执行外国仲裁裁决，表明中国法院依法支持仲裁的立场。共建“一带一路”倡议为我国国际仲裁业的发展带来了前所未有的机遇。要贯彻落实《中共中央办公厅、国务院办公厅关于完善仲裁制度提高仲裁公信力的若干意见》，把握机遇、乘势而为，在总结多元化纠纷解决机制特别是国际仲裁实践经验的基础上，完善仲裁司法审查制度，营造仲裁友好型的司法环境，积极支持我国仲裁机构改革创新，推动形成我国在国际商事纠纷解决方面的优势地位。

### （四）立足长远发展，打造具有国际视野的涉外商事海事审判队伍

法律的生命力在于实施，法律的实施在于人。涉外法治人才培养工作在涉外法治建设中具有基础性、战略性和先导性地位和作用，不仅需要扩大规模，更需要提高质量。当前，我国涉外法治人才还存在总量小、人才少、分布散、管理弱以及供需脱节等问题，急待培养一批既有大局观念又有国际视野，既熟悉国内法律又通晓国际法规则，既坚持中国特色社会主义法治体系又善于处理涉外法律事务的优秀涉外法治人才。最高人民法院高度关注涉外法治人才培养，坚持实行挂职学者、法律研修学者、法律实习生等制度，不断加大法官实务培训的力度和范围。全国各级法院积极派出优秀资深法官参与高校科研机构的教学科研活动，增强法官的理论水平和科研能力。在涉外

法治建设中，要立足长远，建立健全涉外法治人才培养、选拔、使用和管理长效机制，进一步加强与高等院校的合作，发挥高等院校在涉外法治人才培养中的基础性作用，完善人民法院和高等院校人员的双向交流机制，实施互聘计划；加强涉外法治理论与司法实务培训，培养和储备一批具有全球意识和国际思维、通晓国际法规则、善于处理涉外事务的复合型国际化涉外法治人才；补齐中西部地区涉外法治人才短板，通过培训、交流、挂职等方式，提高中西部地区涉外审判队伍的素质和能力。

## 四、坚持多边主义，为共建“一带一路”夯实法治基础

作为负责任大国，中国坚持走和平发展道路，坚持共商共建共享的全球治理观。习近平总书记指出：“世界上的问题错综复杂，解决问题的出路是维护和践行多边主义，推动构建人类命运共同体。”[①] 共建“一带一路”倡议是发展的倡议、合作的倡议、开放的倡议，中国始终是国际合作的倡导者和多边主义的支持者，高质量共建“一带一路”，必须坚持多边贸易体制的核心价值和基本原则，共同构建更高水平的国际经贸规则，促进贸易和投资自由化便利化。

### （一）参与国际规则制定，维护以国际法为基础的国际秩序

践行多边主义，需要坚持国际社会共同制定、普遍公认的国际法则，维护以联合国为核心的国际体系、以国际法为基础的国际秩序、以联合国宪章宗旨和原则为基础的国际法基本原则和国际关系基本准则。当今世界，全球治理体制变革正处在历史转折点。要积极参与全球治理体系改革和国际法规则制定，促进国际贸易法律规则的协调统一，推动形成公正合理透明的国际规则体系，维护多边贸易体制和国际法治秩序。近几年，最高人民法院派员参与海牙国际私法协会外国判决项目、管辖权项目、联合国全程或者部分海上国际货物运输合同公约（鹿特丹规则）、司法出售船舶国际承认公约草案（北京草案）、投资仲裁透明度规则等多项国际公约和示范法的制定。国际商

① 《习近平出席世界经济论坛“达沃斯议程”对话会并发表特别致辞》，载《人民日报》2021 年 1 月 26 日。

事法庭法官赴海牙参与《承认与执行外国民商事判决公约》的谈判和签署，为国际公约的制定提供更多的中国方案。要继续配合有关部门进行条约谈判工作，在生态环境保护、应对气候变化、跨境金融监管、互联网管理、人工智能、知识产权、国际投资、贸易、航运等国际规则的形成中发出中国声音；积极参与世界贸易组织改革，参与国际投资争端解决机制改革和重要国际组织、国际机构有关议题讨论和规则制定；积极参与国际海洋治理机制和相关规则制定和实施，推动建设公正合理的国际海洋秩序；充分发挥司法在解决国际争端和纠纷中的作用，通过制定司法解释、发布典型案例和工作报告等方式丰富国际法内涵和实践，推动国际习惯法和一般法律原则的形成。

（二）深化司法合作交流，增加“一带一路”法治共识

当前，百年变局与世纪疫情叠加震荡，国际和平与安全领域挑战突出。各国在全球和地区层面需要同向发力，加强交流与合作，为全球“寒冬”注入“暖流”。不拒众流、方成江海。最高人民法院先后与140个国家及地区的司法机构及17个国际或区域性组织建立友好交往关系，与国外司法机构和国际组织签署70个合作协议或合作备忘录，邀请60余位外国最高法院院长、首席大法官来华访问，举办世界执行大会、世界互联网法治论坛、世界环境司法大会、海上丝绸之路（泉州）司法合作国际论坛等，积极传播中国法治声音。文明因多样而交流，因交流而进步，要进一步拓宽国际司法交流渠道，加强与世界贸易组织、联合国国际贸易法委员会、世界银行集团、世界知识产权组织、国际法院等国际组织合作的广度和深度；要广泛凝聚共识，不断健全国际司法协助机制、案例交换分享机制、法律适用交流机制、法官培养合作机制等，增进对彼此法律制度的了解与信任，开创“一带一路”沿线国家间司法交流合作新局面。加强国际司法协助工作体制机制建设，提高国际司法协助工作信息化水平，推动国际司法协助良性互动；加强对中国司法制度、司法文化、司法改革、智慧法院建设等方面的对外宣传，积极传播中国法治声音。

（三）加强国际法研究和运用，推动“一带一路”规则标准“软联通”

国际法规则是解决国际经贸争端的重要依据。正确理解和适用国际法，需要不断加强对国际法基础理论的研究和运用。人民法院要与高等院校、科

研机构加强学术合作，发挥研究类基地的“智库”优势，开展共建“一带一路”，自由贸易试验区、自由贸易港建设等国家对外开放重大战略相关法律问题研究；积极开展平行诉讼、跨境破产、跨境数据流动、主权豁免、国家责任、跨国公司与人权等国际法热点问题研究，夯实涉外法治的理论基础；深化对有关国家法律制度的跟踪研究，及时掌握国际司法动态和前沿成果。同时，加强我国法律域外适用相关条款的前瞻性研究，研究制定有关域外适用条款的司法解释和配套规则，完善我国法律域外适用的司法标准和程序；深入研究国内法与国际条约的关系以及国际条约在国内适用问题，制定关于审理涉外民商事案件适用国际条约和国际惯例的规定，强化国际法与国内法的有效衔接，实现规则标准“软联通”。

新时代新征程上，人民法院要准确把握复杂严峻的国内外形势，坚持以习近平新时代中国特色社会主义思想为指导，全面贯彻习近平法治思想，增强“四个意识”、坚定“四个自信”、做到“两个维护”，紧扣推动高质量发展主题，把握立足新发展阶段、贯彻新发展理念、构建新发展格局要求，为高质量共建“一带一路”和推进扩大对外开放提供更加有力的司法服务和保障。

（来源：《民主与法制》2022 年第 18 期，《习近平法治思想研究与实践》专刊 2022 年第 5 期）

# 关于“总对总”在线诉调对接工作质效的情况通报

最高人民法院副院长　高憬宏

近年来，人民法院坚持以习近平新时代中国特色社会主义思想为指导，全面贯彻落实习近平总书记关于“把非诉讼纠纷解决机制挺在前面”重要指示精神，主动适应我国社会主要矛盾变化新要求，坚持和发展新时代“枫桥经验”，全面建设一站式多元纠纷解决和诉讼服务体系，推动矛盾纠纷源头治理、多元化解、在线调解、一站式解决。为从更高层次创新多元解纷思路方法，凝聚工作合力，最高人民法院持续推进“总对总”在线诉调对接工作，陆续与中央台办、全国总工会、中国侨联、全国工商联、国家发展改革委、人力资源社会保障部、退役军人事务部、人民银行、银保监会、证监会、国家知识产权局、中小企业协会等单位建立纠纷解决合作机制。不到三年时间，“总对总”对接工作迅速铺开、飞速发展，多元解纷“朋友圈”不断扩大，诉调对接机制日益健全，在线多元解纷模式更加成熟，行业专业调解活力明显增强，纠纷解决的多元化、法治化、集约化、智能化水平大幅提升，多元解纷效能持续释放，走出一条符合中国国情、遵循司法规律、引领时代潮流的矛盾纠纷多元化解新路子，展示出党委领导、政府负责、民主协商、社会协同、公众参与、法治保障、科技支撑的社会治理体系的强大生命力，彰显了习近平法治思想的巨大实践伟力。

“总对总”在线诉调对接，旨在发挥中央国家机关、全国性行业协会对下指导管理职能，将各单位分散在省、市、县、乡各个层级的调解资源进行最大限度集约，并集成在人民法院调解平台上，实现“一次对接、全国覆盖”，做到“一平台调解、全流程在线、菜单式服务、一体化解纷”。2019年以来，最高人民法院会同各合作单位通过开展高层会晤，组织实地调研，召开联合推进会议，建立常态化沟通联系机制，加强运行质效通报，组织线上线下培训，发布建设成效和典型案事例，评选改革创新成果，深化理论研究，开展广泛宣传等一系列“组合拳”，高规格、全方位、一盘棋推动“总对总”在线诉调对接工作，取得明显成效。

一是思想共识基本形成。各合作单位从推进国家治理体系和治理能力现代化的政治高度，深刻认识“总对总”在线诉调对接的重大意义，主动参与共建工作，共享解纷资源，实现多元共治，让大量矛盾纠纷通过非诉讼方式得到及时化解。最高人民法院“总对总”对接单位从2020年初的3家，增加到2021年的8家，再到2022年初的12家，“总对总”覆盖面更加广泛，“品牌”效应更为显著，形成了中央国家机关加快建设中国特色多元纠纷解决体系，促进社会治理现代化的生动局面。

二是制度体系日益健全。坚持以制度建设为引领，加强顶层设计，最高人民法院出台在线调解规则，与各合作单位联合下发涉台、劳动争议、涉侨、民营经济、价格争议、劳动人事争议、涉退役军人、金融、银行保险、证券期货、知识产权、涉中小企业等矛盾纠纷在线诉调对接文件，明确了目标任务和责任分工，统一了在线委派、视频调解、司法确认等程序运行规则，形成以在线调解规则为基础、类型化多元解纷文件为主体的科学规范、有机衔接、务实管用的制度体系。各地法院普遍联合相关部门制定落地文件，推动在线多元解纷更加规范化、专业化、科学化。

三是解纷力量更加充沛。各合作单位加大推进力度，通过平台对接或人员入驻等方式，推动本系统越来越多的调解组织、调解员与四级法院进行对接，不断充实行业专业调解队伍。“总对总”调解组织和调解员数量从2020年的566家、2350人，增长到2022年8月中旬的18847家、44269人，增幅分别为3230%和1784%。其中，中央台办、全国工商联、中国侨联、人民银行、银保监会、证监会、国家知识产权局“总对总”调解资源基本实现四级法院全覆盖。全国总工会、国家发展改革委价格认证中心、中小企业协会试点单位分别扩大到19个、21个和20个省（区、市）。人力资源社会保障部、退役军人事务部2022年启动入驻工作，已完成对接的省（区、市）分别为30个和10个。从合作单位入驻调解力量情况看，2022年上半年，入驻法院调解平台数量最多的为人力资源社会保障部，调解组织和调解员分别达5302家和8351人。入驻调解组织在1000家以上的有全国总工会、中国侨联和全国工商联，分别为1382家、1019家和2713家；入驻调解组织在500家以上的有国家发展改革委价格认证中心和中小企业协会，分别为544家和606家。入驻调解员在5000人以上的有人民银行、银保监会，分别达5012人和6227人；入驻调解员在2000人以上的为国家知识产权局，人数为2234人。中央台办入驻调解组织和调解员也达229家、620人，证监会有785名调解员、37家调解组织与人民法院对接，其中，包括6家全国性调解组织。退役军人事务部2022年7月启动入驻工作，目前，入驻平台的调解组织已超过千家，调解员达1311人。大量调解资源入驻对接法院调解平台，形成解纷“菜单库”，为人民群众提供更多样、更精准、更高效的纠纷解决服务。

四是调解质效显著提升。人民法院与各合作单位狠抓提质增效，推动矛盾纠纷在法治轨道上得到实质性化解。2020年1月至2022年8月中旬，人民法院累计在线委派“总对总”单位诉前调解纠纷76.7万件，调解成功率达67.3%。诉前调解纠纷量、调解成功量、调解成功率逐年增加，人均月调解量从2020年的1.8件，增加到现在的10.2件。2022年上半年，22.5万件纠纷在诉前成功调解，比2021年全年调解成功量还多出10.6万件，调解成功率比2020年增加了11.7%，平均调解时长10天。从合作单位情况看，2022年上半年，诉前调解纠纷量最多的是银保监会，为99137件；调解成功数最多的为全国总工会，达66747件，人民银行调解成功数也超过4万件。调解纠纷量超过2万件的为中国侨联、全国工商联和国家知识产权局。其中，中国侨联调解成功率达78%。国家发展改革委价格认证中心调解纠纷量近2万件，中小企业协会调解纠纷量近1万件。中央台办、人力资源社会保障部及证监会调解成功率远远高于平均调解成功率，分别达80%、89%和93%。表明随着“总对总”机制运行更加顺畅，调解员调解技能不断提升，多元调解质效持续提高，让人民群众切实感受到公平正义就在身边。

五是服务大局更加有力。“总对总”在线诉调对接机制不断向基层延伸、向社会延伸、向重点领域延伸，在增进民生福祉、服务经济行稳致远、维护社会安定有序、国家长治久安方面作用愈加显著，形成一批可复制可推广的有益经验，涌现一批“法院+社会”在线多元解纷典型案例。包括：为远隔千里的侨胞、港澳台同胞提供“屏对屏”解纷服务，减轻往返奔波的诉累；通过诉前调解降低劳动者、金融消费者、银行用户、用人单位和中小企业解纷成本，帮助尽快摆脱疫情给生产生活带来的不利影响；为因虚假陈述纠纷诉至法院的群体提供最适宜的纠纷解决方案，高效率、低成本、不伤和气地化解矛盾冲突；通过“商人纠纷商会解”助力民营企业高效解纷；通过一站式多元解纷机制有力维护退役军人合法权益；依靠知识产权调解员专业优势及时高效定分止争；通过“总对总”机制从源头减少因“双减”政策产生的价格争议纠纷；等等。“总对总”在线多元解纷辐射面不断拓展，助力建设更高水平的平安中国、法治中国。

“总对总”在线诉调对接工作成效充分证明，在党的领导下，各单位团结一心、通力协作，方能形成推动中国特色多元纠纷解决体系的强大合力。在此，衷心感谢中央政法委的有力领导；衷心感谢各合作单位为建设“总对总”在线多元解纷机制所做的大量卓有成效的工作；衷心感谢人大代表、政协委员、各有关单位对人民法院工作的大力支持。下一步，最高人民法院将认真贯彻落实党中央重大决策部署，坚持人民至上，持续深入推进“总对总”在线诉调对接工作，让群众司法获得感成色更足、底色更暖，让在线多元解纷成为中国向世界展示的一张“金名片”。

（来源：《中国审判》2022年第16期，本文系高憬宏同志在2022年8月23日推进构建中国特色“总对总”在线多元解纷新格局工作座谈会上的讲话，内容有删减。）

# 深化现代科技与法院工作融合 实现更高水平的数字正义

最高人民法院副院长 杨临萍

当前，5G、区块链、人工智能等技术加速创新，推动生产方式、生活方式和治理方式深刻变革，为司法领域带来前所未有的机遇和挑战。人民法院紧紧抓住新一轮科技革命机遇，不断推动现代科技和司法工作深度融合，为推动网络法治文明建设、服务数字经济发展作出了积极努力。

## 一、坚持思想引领 推进网络空间治理法治化

党的十八大以来，习近平总书记多次从保障网络安全、掌握核心技术、汇聚网络人才、清朗网络空间等方面部署网络强国建设。人民法院坚持以习近平新时代中国特色社会主义思想为指导，深入贯彻习近平法治思想和习近平总书记关于网络强国的重要思想，大力推进互联网司法和智慧法院建设，推动技术创新、规则确立、网络治理向前迈进。在党中央决策部署下，设立杭州、北京、广州互联网法院，在全球率先出台在线诉讼、在线调解、在线运行“三大规则”，互联网司法完成了由实践探索到规则体系的构建。紧跟数字时代步伐，形成了全业务网上办理、全流程依法公开、全方位智能服务的智慧法院信息系统，开创了中国特色、世界领先的互联网司法新模式。深化信息化与审判执行工作的深度融合，确保司法公正高效。建成“人民法院司法区块链统一平台”，累计存证24亿余条。实现了庭审语音识别、文书智能辅助生成、“法信”、裁判偏离度风险预警等。在案件审理、诉讼规则、技术运用等方面，形成许多全球领先的经验。深化信息化与诉讼服务的深度融合，极大地方便了群众诉讼。大力推进网上诉讼服务平台建设，

全国法院100%应用“人民法院在线服务”小程序和手机“掌上立案”，让当事人充分感受到“指尖诉讼、掌上办案”的便利。率先在全世界实现跨域立案服务全覆盖和跨境网上立案。截至2022年7月，全国法院提供跨域立案服务15.4万件，涉及的当事人遍布海内外30个国家和地区。深化信息化与审判管理的深度融合，有效提升了人民法院工作效能。建成司法大数据管理和服务平台，实现对全国四级法院案件数据的自动生成、实时更新、动态分析，实现大数据分析与司法统计并轨，不断加深司法大数据分析应用，累计形成了1200余份研究报告，为社会治理提供科学参考，更好地实现社会公平正义。

## 二、发挥司法职能 服务数字经济健康发展

近年来，人民法院积极回应数字经济发展需求，充分发挥司法职能作用，加强数字经济法治建设，面向诉讼参与人、社会公众和政务部门提供全方位智能服务，致力于服务人民群众、服务社会治理、服务数字经济规范健康发展。严惩网络犯罪，营造清朗网络空间。坚决打击网络谣言和有害信息，依法审理“辣笔小球”、罗昌平等侵害英雄烈士名誉、荣誉案，激浊扬清，弘扬正气。制定惩治电信网络诈骗、危害网络系统安全等司法解释，依法审理徐玉玉案、“长城行动”系列专案等电信网络诈骗犯罪案件，决不让网络空间成为法外之地。2021年，全国法院一审审结涉网络诈骗案件2.5万余件。打击各类涉网络信息、数据安全等违法犯罪，维护个人信息安全，筑牢数字经济安全屏障。强化裁判引领，护航数字经济发展。出台规范人脸识别应用、网络消费、信息网络侵权等司法解释，优化数字经济治理生态，维护良好市场秩序。不断加强涉及数字经济领域新类型案件审理，公正高效审理“暗刷流量案”“小猪佩奇著作权案”等一批具有规则意义的涉数字经济案件，总结提炼裁判规则，促进互联网新技术、新业态、新模式在法治轨道上健康有序发展。聚焦服务创新驱动发展，设立最高人民法院知识产权法庭以及北京、上海、广州、海南自贸港知识产权法院，加强对“卡脖子”关键核心技术司法保护，加大惩罚性赔偿力度，促进高水平科技自立自强。拓展司法服务，保障人民合法权益。大力推进一站式多元纠纷解决和诉讼服务体系建设。2021年，全国法院在线调解纠纷1084万件，2022年1月至6月在线调解纠纷

577.3万件，为老百姓提供便捷高效、智能精准的纠纷解决服务。促进执行高效化，巩固基本解决执行难成果。建成网络执行查控系统，与公安部、银保监会等16家单位和3900多家银行业金融机构联网，有效破解了查人找物难题。建立联合信用惩戒制度，联合国家发改委等60多个单位构建信用惩戒网络，采取11类37大项150项惩戒措施，让失信被执行人“一处失信，处处受限”。全面推行网络司法拍卖，制定网络司法拍卖司法解释，助力破解执行难题。截至2021年底，通过网络司法拍卖成交额超1.8万亿元，节省佣金567亿元。加强以案释法，丰富优质网络产品供给。建成审判流程、庭审活动、裁判文书、执行信息四大公开平台，最大限度满足人民群众知情权，让司法经得起“围观”。做大做强理论武装网络阵地，构建全国法院全媒体矩阵。全国法院入驻新浪微博账号3681个，粉丝总数9123万个，阅读总量超过300亿次。联合主办“新时代推动法治进程十大案件”宣传活动，1.2亿网民参与投票，推出“小案大道理”新媒体专栏，有效发挥“一个案例胜过一打文件”的引导示范作用。充分运用3D、人工智能、元宇宙等新技术开展精准普法，弘扬社会主义核心价值观，让人民群众在数字经济发展中享受更多的获得感、幸福感、安全感。

## 三、强化科技赋能　汇聚向上向善力量

“十四五”时期，网络强国、数字中国建设加速推进，加强智慧法院建设进入国家“十四五”规划纲要，“电子诉讼占比”成为“十四五”数字中国重要发展指标之一。人民法院将坚持司法体制改革和智慧法院建设双轮驱动，持续优化互联网司法新模式，在保障新业态新模式健康发展、推进网络空间治理法治化方面取得更大成效。一是全面提升智慧法院建设水平。坚持科技驱动、问题导向，着力建设以知识为中心、智慧法院大脑为内核、司法数据中台为驱动的人民法院信息化4.0版，实现智慧法院规则体系在信息时代的跨越发展，促进审判体系和审判能力现代化。二是持续完善互联网司法模式。深化互联网法院建设，进一步发挥其在网络空间治理领域的“头雁效应”。全面落实“三大在线规则”，继发布加强区块链司法应用的意见后，将出台司法领域人工智能指导意见，助推网络治理法治框架成熟完善。三是强化数字经济司法保障。坚持鼓励与规范并重，不断加强知识产权、企业产权、数据权

利的司法保护，通过依法公正裁判为数字经济发展和技术创新明晰规则。加强数字经济法治问题研究，深化与研究机构、高等院校交流合作，共同探讨解决数字技术带来的新情况新问题，积极服务保障经济社会发展大局。

未来，人民法院将紧抓信息化发展的历史机遇，充分发挥法治保障作用，助力构建和谐文明、规范有序的互联网社会，推动实现更高水平的数字正义，为信息时代的世界法治文明提供中国方案，贡献中国智慧，以实际行动迎接党的二十大胜利召开。

（来源：《中国审判》2022年第18期，本文系最高人民法院党组成员、副院长杨临萍在2022年中国网络文明大会网络法治建设论坛上的发言，内容有删减。）

# 深入学习贯彻习近平法治思想 努力让更高水平社会主义司法文明惠及社会公众

最高人民法院副院长　沈　亮

2021年，全国法院在以习近平同志为核心的党中央坚强领导下，围绕“努力让人民群众在每一个司法案件中感受到公平正义”的目标，持续深化司法体制综合配套改革，强化制约监督，化解纠纷和服务群众的能力更强、成色更足、底色更暖，人民群众的司法获得感显著提升，主要包括以下四个方面。

第一，推进司法责任体系建设，增强人民群众对司法公正的获得感。公平正义是司法工作的生命线，让每一个司法案件得到公正处理，是人民群众的核心司法需求。2021年，人民法院紧紧牵住全面落实司法责任制这个“牛鼻子”，不断补短板、堵漏洞、强弱项，为司法公正提供制度保障。

一是完善统一法律适用机制，解决群众普遍关注的“类案不同判”问题。近年来，最高人民法院积极推进统一法律适用机制建设，先后印发加强类案检索指导意见、完善统一法律适用标准工作机制意见和统一法律适用工作实施办法。2021年初，最高人民法院印发了关于专业法官会议的指导意见，推动专业法官会议机制与前述改革文件深度融合。现在，各级法院在办案过程中，审判庭都能常态化召开专业法官会议，有时还会跨审判机构召开，为审判组织、院庭长正确履职提供专业咨询意见。此外，我们还要求法官在阅卷、庭审或评议前后，根据办案需要，对本院和上级法院已决案件进行“类案检索、精准比对、研判分析”，初步形成了“类案检索初步过滤、专业法官会议凝聚共识、审判委员会讨论决定”的统一法律适用新模式。按照这样的运作模式，案件无论分配到哪位法官、哪个合议庭手上，都能在个案审理中体现集体智慧和裁判经验。

与此同时，我们还注重统一上下级法院、辖区同级法院之间的法律适用标准，防止不同审级、不同地域办案标准的不合理差异。2021 年，最高人民法院加大对各高级人民法院拟出台审判业务文件、参考性案例的审核备案力度，共完成 88 个审判业务文件、110 多个参考性案例的审核备案工作，纠正、调整了不少与法律和司法解释精神相悖的内容。

二是优化审判权力运行机制，解决群众痛恨的“裁判不公正”问题。2021 年，最高人民法院继续在司法责任体系建设上下功夫，印发关于进一步完善“四类案件”监督管理工作机制的指导意见。指导意见聚焦群众关注的裁判公正问题，区分案件类型，为有必要加强监督管理的“四类案件”精准画像、分类施策。对于所涉人员多、利益大的“重大、疑难、复杂、敏感”案件，加大监督管理力度，丰富监督管理措施；对于有法官、审判辅助人员涉嫌违纪违法线索的，依法及时开展监督，视情调整审判组织；对于诉讼标的额较大、裁判结果对当事人有重大影响的案件，适用“四类案件”监督管理措施，确保案件质效过硬。

三是优化考核激励机制，解决群众在意的“纠纷化解不彻底”问题。在 2021 年开展的政法队伍教育整顿过程中，最高人民法院坚持目标导向、问题导向，制定印发了一系列队伍建设方面的规范性文件，实现司法责任体系建设与法院队伍审判能力提升一体推进、形成合力。此外，我们还印发了法官考核指导意见，更加突出为民服务意识、群众工作能力、甘于担当奉献等指标的比重，不仅考察办案数量效率，更注重考察办案质量、效果和群众满意度，引导激励法官努力提升为群众实质性化解矛盾纠纷的能力。

第二，完善诉讼繁简分流机制，实现人民群众对司法高效的新期盼。2021 年，全国法院的收结案数量仍在 3000 万件以上高位运行。部分地区法院人案矛盾更为突出一些，办案压力日益增大。面对这一现状，除了要积极推动编制、员额配置向基层和办案一线倾斜，更重要的是推动制度挖潜，向制度变革和科技创新要“生产力”。2021 年，最高人民法院顺利完成了民事诉讼程序繁简分流改革试点，在总结改革试点成果的基础上，向全国人大常委会提出了民事诉讼法修正草案，2021 年 12 月底，新修改的民事诉讼法获得通过。与此同时，经中央批准、全国人大常委会授权，又启动四级法院审级职能定位改革试点，推动各类案件在“横向”和“纵向”上繁简分流、提质增效。

一是把非诉解纷机制挺在前面，丰富当事人解纷选项。经过试点实践，新民事诉讼法将司法确认范围由“人民调解委员会”调解达成的调解协议扩大至“依法成立的调解组织”调解达成的调解协议，让当事人有更多渠道、用更低成本，通过更加专业的调解方式解决纠纷。此外，最高人民法院先后印发关于深化一站式建设和矛盾纠纷源头化解的制度文件，推动多元解纷服务力量向基层、社会、网上、重点行业领域延伸。2021年，全国法院对接的调解组织和调解员数量分别是2018年的48倍和18倍，诉前调解成功案件610.68万件。

二是推动案件繁简分流、轻重分离、快慢分道，确保诉讼权益保障质效兼顾。近些年，我们在调研中发现，起诉到法院的案件，大多数当事人在关心公正裁决的同时，更加关注案件办理的效率。针对有的案件受理之后排期较长、等待过久的问题，我们完善了诉讼“前端”分流机制，区分案件类型，对应不同流程、程序和审判组织类型，做到“繁案精审，简案快审”。针对人民群众对便利快捷解纷的新需求，新民事诉讼法进一步凸显小额诉讼的程序优势，扩大了适用范围，缩短了审限要求，增加了当事人合意适用的内容；针对一些案件存在的“平均用力”问题，新民事诉讼法明确规定，部分第一审普通程序案件和第二审案件也可以适用独任制。这些程序上的变化，并不是仅仅简化程序，更重要的是让程序运行更加符合当事人的诉求、案件自身的特点，在确保公正司法的前提下，实现审判效率的有效提升。

三是完善四级法院审级职能，推动群众胜诉利益尽快实现。针对实践中群众反映强烈的再审门槛过低、终审不终等问题，最高人民法院组织推进四级法院审级职能定位改革，积极优化审级职能、完善诉讼程序、畅通救济途径，将审理难度低、没有地方保护因素、适宜就地解决的案件放在基层法院审理，而将涉及重大国家利益和社会公共利益、存在外部干预或“诉讼主客场”现象的案件，交由较高层级法院审理，努力实现绝大多数事实、法律争议在两审之内得到实质性化解。

第三，建互联网司法新模式，回应人民群众对司法便捷的高期待。近年来，随着信息技术的飞速发展，既为人民法院高质量发展提供了技术支撑，也给司法审判工作带来了前所未有的挑战。为了适应新形势新要求，人民法院坚持以新应新、以变应变，推动理念变革、技术变革和制度变革，积极构建完善互联网司法新模式。

一是发布在线司法“三大规则”，构建形成互联网司法规则体系。最高人民法院在充分总结实践经验的基础上，先后制定印发人民法院在线诉讼、在线调解和在线运行“三大规则”，有效填补了我国在线诉讼领域的制度空白，实现了互联网司法模式从实践探索向制度构建的历史性跨越。

二是强化技术赋能，在线诉讼质量和效率全面提升。全国法院普遍推行网上跨域立案、在线举证质证、庭审语音识别、电子卷宗应用、文书电子送达等在线审理机制，文书智能生成、类案识别推送、裁判偏差提示、区块链电子存证、智能合约执行等技术日益成熟，将在线诉讼服务平台“中国移动微法院”转型升级为“人民法院在线服务”，司法便民利民程度明显提升。截至目前，全国已有3500多家法院接通“人民法院在线服务”平台。据统计，2021年，全国法院在线立案1143.9万件，在线开庭127.5万场，在线诉讼适用规模和质量不断提升，线上线下双轨并行、有序衔接的诉讼模式已基本形成。

三是聚焦用户需求，打造全方位立体化在线司法服务。针对当事人用更少时间和经济成本、更集中便捷完成诉讼活动的希望，人民法院发挥互联网司法模式便民利民作用，建成了一站式多元解纷和诉讼服务体系，努力让群众打官司“只进一个门、最多跑一次”。为加强诉讼服务的精准度，建成人民法院互联网统一账户管理中心，当事人可以“一次注册、全网通办”。最高人民法院还会同司法部搭建了律师诉讼服务平台，为广大律师提供35项在线诉讼服务，律师满意度达97.4%。

第四，压实制约监督政策红线，提升人民群众对司法廉洁的信任度。2021年，人民法院按照中央统一部署，积极开展政法队伍教育整顿，其中与群众利益关联最紧密的内容之一，就是整治人民群众深恶痛绝的非法干预司法、插手案件处理、充当司法掮客等顽瘴痼疾，有力巩固提升社会公众对廉洁司法的信心。

一是划定“权力边界”，消解群众对滥用司法权力的顾虑。最高人民法院印发关于完善审判权力和责任清单的指导意见，明确各类人员权责边界，消除权力行使过程中的“灰色地带”，避免越权履职导致的风险隐患。目前，全国法院均已制订适合本院特点的权责清单，一些法院还将权责清单内嵌于办案系统，实现权责清单规范化、标准化、可提示、可追溯。

二是明确“高压红线”，让可能侵害群众诉讼权益的行为无处遁形。为了让防止干预司法“三个规定”生威发力，我们建成了覆盖四级法院的记录报告平台，从最高人民法院院长到基层法院派出法庭书记员，全国法院所有干警都要逐月填报“三个规定”执行情况。目前，已经有3481家法院突破“零报告”，11.2万人次报告信息12.8万条。我们紧盯可能滋生司法腐败的重点环节，发布“史上最严格禁业清单”，确保法院干警廉洁修身、公正履职。

三是严格“事后追究”，让损害群众合法权益的司法行为付出代价。最高人民法院印发法官惩戒工作程序规定和法官违纪违法退出员额的管理规定，规范违法审判行为查处办理程序，确保滥用司法权力、损害当事人合法权益的行为受到惩戒。截至目前，全国31个省区市和新疆生产建设兵团全部设立法官惩戒委员会，最高人民法院法官惩戒委员会筹建工作也已接近完成。

司法改革是与时俱进、永无止境的事业。新时代新征程上，人民法院将坚持守正创新，围绕关系人民群众福祉、影响公平正义实现的环节布局发力，努力让更高水平的社会主义司法文明惠及社会公众，以实际行动迎接党的二十大胜利召开。

（来源：《民主与法制》2022年第9期）

# 充分发挥司法职能　健全完善数字经济规则体系

最高人民法院副院长　沈　亮

数字经济是信息技术与经济活动深度融合而形成的全新经济形态。当前，数字经济的快速发展不仅催生了全新的社会关系和纠纷形态，而且对公民个人信息和隐私、数据权属交易、网络平台治理、互联网竞争秩序、信息网络安全等方面带来全新的法律挑战，迫切需要发挥司法鼓励创新、规范引领的功能作用。近年来，中国法院大力加强数字经济的司法保护，制定出台相关司法解释，依法公正审理各类新模式新业态案件，为促进数字经济高质量发展提供有力保障。

## 一、坚持鼓励与规范并重，激发数字经济发展活力

一是加强知识产权保护。中国国家主席习近平指出，创新是引领发展的第一动力，保护知识产权就是保护创新。中国专门设立最高人民法院知识产权法庭、知识产权专门法院，有效促进知识产权案件审判专业化。加大科技创新成果保护力度，审理涉量子信息、人工智能、高端芯片等一批高新技术案件，鼓励各类市场主体通过技术进步和科技创新实现产业升级。

二是加强产权平等保护。产权保护是数字经济发展的重要基石。坚持平等、全面、依法保护产权的原则，严防侵害企业和企业家合法权益的行为发生，坚决防止用刑事手段介入民事纠纷，营造法治化营商环境，有效稳定市场预期、增强创新创造活力，让企业家安心经营、放心投资、专心创业。

三是加强数据权利保护。数据是数字经济的核心生产要素。中国法院妥善审理因数据权属、数据交易等产生的各类案件，充分保护权利人对数据控制、处理、受益等合法权益，推动构建数据资源汇集共享、数据流动安全有

序、数据价值市场化配置的良性发展格局。如杭州互联网法院审理的“大数据爬取案”，对数据爬取行为的合法性作出明确界定，完善爬虫技术应用规则。

## 二、优化数字经济治理生态，维护良好市场秩序

一是规范数字新业态健康发展。坚持尊重市场规律，合理把握司法介入尺度，既充分赋予新业态成长空间，又科学划定数字交易行为的法律边界。中国最高人民法院出台网络消费司法解释，对直播带货、外卖餐饮等新型商业形态的法律问题作出规范。各地法院妥善审理短视频、线上教育、在线医疗、数字金融、共享出行等新业态领域的案件，加强对5G网络、大数据平台、车联网等新型数字化基础设施建设的司法保护，有效促进产业数字化和数字产业化发展。

二是加强反垄断和反不正当竞争。相较于传统行业，互联网行业滥用市场支配地位和不正当竞争行为更为普遍和隐蔽。2022年3月，中国最高人民法院出台反不正当竞争法司法解释，对商业诋毁、虚假宣传、网络不正当竞争等行为细化了规定。2021年9月，还发布了反垄断和反不正当竞争的十大典型案例，涉及网络刷单炒信、浏览器屏蔽广告、算法推荐排名、平台经营者限制竞争等前沿法律问题，明确司法认定标准，完善新型不正当竞争行为、垄断行为的裁判规则，切实保障各类市场主体公平参与竞争。

三是强化网络平台治理。合理界定平台责任关系数字经济的健康有序发展。中国法院通过个案裁判，推动平台责任具体化、规范化。比如，平台如果从网络用户的行为中直接获得经济利益，则应当对该用户侵权行为负有较高的注意义务；平台对网络侵权事实故意视而不见的，应当直接认定平台负有过错；对于重复侵权人或重复侵权行为，平台应承担更高的主动审查义务等，通过清晰界定网络平台责任，推动网络平台向用户提供更加公平、透明、可预期的网络服务和环境。

## 三、积极防范化解网络风险，筑牢数字经济安全屏障

一是坚决打击网络刑事犯罪。互联网时代，网络犯罪出现手段技术化、

领域专业化、主体组织化、获利机制产业化等新样态。中国法院深入贯彻实施网络安全法、数据安全法等法律，根据网络犯罪新特点，加大惩处力度，依法惩处开设网络赌场、非法盗取数字、网络诈骗、网络传销、网络黑客、侵犯公民个人信息等各类网络犯罪，依法追究恶意投诉、网络造谣的法律责任，确保互联网环境安定有序，决不让网络空间成为法外之地。

二是维护个人信息安全。数字经济时代下，个人信息既是基本的公民权利，也是重要的商业资源，依法有效维护个人信息安全成为迫切需要。2021年8月，中国颁布了个人信息保护法，开启了个人信息保护事业的新篇章。中国法院积极贯彻实施个人信息保护法，制定出台关于人脸识别技术处理个人信息相关法律问题的司法解释，划定人脸识别技术应用的法律边界，守护个人重要生物识别信息安全。各地法院通过审理利用信息网络侵犯隐私权、肖像权、个人信息安宁权等案件，明确用户个人数据信息商业使用规则，引导和规范互联网企业合法合规收集使用个人信息数据。

三是加强算法技术法律规制。算法技术极大地提高了社会生产效率，但算法的风险也随之而来，诸如算法黑箱、算法歧视、违法处理数据、利用算法实施不正当竞争等问题日益显现。中国法院秉持科技向善理念，通过审理大数据杀熟、算法限制竞争、算法处罚等案件，惩治利用算法干扰社会舆论、打压竞争对手、侵害公民权益等违法违规行为，加强算法技术应用中对用户权益的司法保护，保障用户知情权、选择权和拒绝权，切实保障算法安全。

中国法院将通过审判活动，在数据权利、平台责任等方面确立和完善裁判规则，规范和引领数字经济高质量发展。我们愿意围绕数字经济的司法保障问题，开展多边国际交流合作，让数字经济造福各国人民。

（来源：《中国审判》2022年第11期）

# 正确贯彻实施新民事诉讼法需要重点把握的七个问题

刘　峥　何　帆　李承运

2021年12月24日，第十三届全国人大常委会第三十二次会议审议通过《全国人民代表大会常务委员会关于修改〈中华人民共和国民事诉讼法〉的决定》（以下简称《修改决定》），修改后的《中华人民共和国民事诉讼法》（以下简称新民事诉讼法）已于2022年1月1日起施行。此次修法是全国人大常委会作出《关于授权最高人民法院在部分地区开展民事诉讼程序繁简分流改革试点工作的决定》后，根据试点情况进行的专项修改，共新增7个条文，调整26个条文，其中13处修改是为与民法典相关规定表述衔接一致，另外20处均与试点工作相关。

按照立法机关授权决定要求，在全国人大及其常委会相关部门的监督指导下，最高人民法院结合试点工作情况，研究提出民事诉讼法修正草案。最高人民法院由司改办牵头组成民事诉讼法修改起草小组，与试点同步开展修法论证研究。在全面总结试点经验成效、深入开展实地调研，并广泛征求中央有关职能部门、全国人大代表和政协委员、地方各级法院、专家学者、律师代表等意见基础上，形成《中华人民共和国民事诉讼法（修正草案）》。全国人大常委会"两读"审议，并修改完善后，作出《修改决定》。

此次修法集中体现了试点成果，有效回应了新时代人民群众多元司法需求，对完善诉讼制度、促进社会公平正义、保障群众合法权益、推进全面依法治国具有重大意义。司法实践中，正确理解和贯彻实施新民事诉讼法，需要重点把握以下七个问题。

## 一、正确理解民事诉讼法修正内容的精神与内涵

近年来，随着经济社会形势发展变化和信息化时代全面到来，人民群众司法需求日益多元，民事审判工作形势发生深刻变化，民事诉讼法的一些规定已不能完全适应人民群众对公正、高效、便捷解纷的司法需求，制约了司法效能的有效提升。此次修法工作立足经济社会发展变化，坚持以人民为中心的发展思想，着重从制度层面进一步健全繁简分流程序规则体系，优化司法资源配置，强化信息技术应用支撑，推动全面提升民事审判工作水平。司法实践中，贯彻实施好新民事诉讼法应坚持以下三个原则。

第一，坚持司法公正与效率的有机统一。此次修法强调优化程序、调配资源、提升效能，但绝不是以“效率”为唯一价值取向，而是以实现司法公正与效率的有机统一作为根本价值目标。实践中，人民法院对小额诉讼程序、普通程序独任制、二审独任制、在线诉讼等新规则的适用，均应结合案件的类型特点、难易程度、影响大小、当事人意愿等因素作出综合判断，不能奉行“能用尽用”“能简尽简”“一简到底”，必须在保证案件质量、确保司法公正的前提下，推动审判工作提速增效。

第二，坚持维护和保障当事人合法权益。此次修法高度重视人民群众诉讼权利的保障，在关于小额诉讼程序、独任制、在线诉讼等条文中，均设置了当事人权利保障条款。在法律适用过程中，应根据案件的具体情况，综合考虑程序选择、价值取舍的整体平衡，避免将提升司法效能和保障诉讼权利对立起来，不能以减损当事人程序利益换取审判效率的提升。在诉讼过程中，应依法保障当事人诉讼方式自主权、程序适用选择权、程序运行异议权、诉讼过程知情权，强化释明和告知义务，注重积极运用信息技术，提升当事人权利行使的效率性、便捷性和充分性。

第三，坚持依法开展程序机制探索创新。此次修法既有效解决了案件繁简分流立法支撑不够、操作规则不明、实践做法不统一等问题，又充分保持立法弹性，为进一步完善繁简分流机制预留了探索空间。司法实践中，一方面，应当注意原则性和灵活性相结合，既严格遵守法律规定，也可以在法律框架下细化完善程序规则，加强探索创新，实现诉讼规则、信息技术、审判组织与各类案件的精准匹配；另一方面，应当注意诉讼制度的整体性和协调

性，既正确适用这次修法确立的新制度、新规则，推动非讼程序与诉讼程序、小额和简易程序与普通程序、审理程序与审判组织形式等方面有机衔接、优化配置，又注重加强修法内容与其他民事诉讼程序规定的相互协调、价值统一，在推进“简案快审”的同时，落实“繁案精审”，充分彰显民事诉讼制度的多重价值。

## 二、准确理解司法确认程序的扩大范围

新民事诉讼法第二百零一条对司法确认程序作出两处调整：一是扩大司法确认程序适用范围，从人民调解协议扩展至“依法设立的调解组织”调解达成的调解协议；二是优化司法确认案件管辖规则，明确在人民法院委派调解、调解组织自行调解等不同情形下，实行司法确认的管辖规则，并允许中级人民法院受理符合其管辖标准的司法确认申请。实践中，需注意以下三个方面问题。

第一，关于“依法设立的调解组织”的含义。调解组织设立的法律依据，包括人民调解法和未来可能出台的多元调解促进法、商事调解法等法律，也包括行政法规、地方性法规、部门规章等规范性文件。根据《最高人民法院关于人民法院特邀调解的规定》，纳入法院特邀名册的调解组织应当首先满足“依法成立”的条件。由此理解，只要是纳入法院特邀调解名册的调解组织，调解达成的调解协议均可以申请司法确认。

第二，关于调解员主持达成的调解协议的处理。此次修法未将“依法任职的调解员调解达成的调解协议”纳入司法确认范围，旨在强调非诉调解的严肃性和规范性，强化调解组织的监督管理作用，增强调解协议的权威性和公信力，防止虚假调解和不当确认。因此，在司法实践中，对于调解员以个人名义主持达成的调解协议，不能再予以司法确认。实践中，可以鼓励调解员加入依法设立的调解组织，以调解组织名义开展调解工作。

第三，关于司法确认案件管辖规则的适用。此次修法调整和细化了司法确认案件管辖规则，实践中需重点把握以下三个方面。

一是“邀请调解组织开展先行调解”的含义。新民事诉讼法第二百零一条第一项中的“邀请”，是指人民法院特邀调解制度的“特邀”，“先行”是指“诉前”，实质含义即“人民法院诉前委派调解”。考虑到民事诉讼法中未出现

过“特邀”和“委派”的概念，而“邀请”和“先行调解”先前已有规定，其含义可以直接对应“特邀”和“委派调解”，所以在修改后的条文中采纳了现有概念和表述，意为“诉前委派调解的，向作出委派的人民法院提出司法确认申请”。需要注意的是，中级人民法院委派调解的纠纷也可以适用该规则。

二是“调解组织自行开展调解”的管辖规则应遵循实际联系原则。“调解组织自行开展调解”是指非经人民法院委派，由当事人自主申请或调解组织主动调解的调解类型。针对这类调解协议，新民事诉讼法在坚持遵循实际联系原则的基础上，将管辖连接点从“调解组织所在地”扩展到“当事人住所地”和“标的物所在地”，增加管辖连接点，为当事人申请司法确认提供了便利，也通过坚持实际联系原则，便于人民法院审查和执行调解协议，有利于加强对调解组织的监督和指导。需要指出的是，司法确认作为特别程序，并不以法院对纠纷具有诉讼管辖权为前提，只需考虑符合管辖连接点要求。司法实践中，双方当事人向符合管辖连接点的多个法院申请司法确认的，由最先受理申请的法院管辖。

三是中级人民法院受理调解组织自行调解的司法确认申请管辖规则。新民事诉讼法第二百零一条第二项规定“调解协议所涉纠纷应当由中级人民法院管辖的，向相应的中级人民法院提出”。司法实践中，金融法院、知识产权法院、海事法院等专门人民法院也可以适用该条。法条中未单独列明“专门人民法院”，主要是考虑到民事诉讼法的立法表述惯例，并未将专门人民法院排除在适用范围之外。该条中的“调解协议所涉纠纷应当由中级人民法院管辖的”，主要是指该纠纷如果提起诉讼，其标的额、案件类型等，符合级别管辖或专门管辖标准的，应当由中级或专门人民法院管辖。“向相应的中级人民法院提出”，并非指向具有诉讼管辖权的中级或专门人民法院提出，而是应当遵循本项前半句的管辖连接点的规定，向“当事人住所地、标的物所在地、调解组织所在地”的中级或专门人民法院提出。

### 三、稳妥有序加大小额诉讼程序适用力度

新民事诉讼法第一百六十五条至第一百六十九条，全面完善了小额诉讼程序规则，明确了小额诉讼程序的适用范围、标的额标准、合意适用模式、

不得适用的负面清单，重构了审理方式、审理期限和程序转换机制等规则。此次修法对小额诉讼程序规则调整幅度较大，司法实践中需予以重点关注。

第一，关于小额诉讼程序的适用案件类型。新民事诉讼法第一百六十五条将小额诉讼程序适用案件类型从原来的“简单的民事案件”限定为“简单金钱给付民事案件”，使小额诉讼程序聚焦适用于“小额钱债”纠纷。这类案件法律关系明确、诉求单一、审理难度不大，适宜适用小额诉讼程序审理。实践中，如果当事人除给付金钱请求外，还提出其他诉讼请求，原则上就不适用小额诉讼程序，但如果双方当事人均同意适用，且案件符合小额诉讼程序其他适用条件的，也可以考虑适用该程序审理。

第二，关于小额诉讼程序的标的额标准。此次修法将适用小额诉讼程序的标的额标准，从原来的“各省、自治区、直辖市上年度就业人员年平均工资百分之三十以下”提升到“百分之五十以下”，并对“标的额超过各省、自治区、直辖市上年度就业人员年平均工资百分之五十但在二倍以下的”，允许当事人约定适用小额诉讼程序。考虑到全国各地经济发展水平不均衡，立法对标的额标准确定方式采取了“比例制”，以有效适应各地区的经济发展情况，实现动态调整，确保“小额”的标准因地制宜、合理妥当。

需要指出的是，国家统计局的现行统计口径中并无“就业人员年平均工资”专属统计项，与之对应的有“城镇非私营单位就业人员年平均工资”“城镇私营单位就业人员年平均工资”“全口径城镇单位就业人员年平均工资”三类统计口径。司法实践中，各地区对统计口径的选用有所不同，不同统计口径所对应的年平均工资数额差异明显。下一步，最高人民法院将会同国家统计局研究确定是否采用统一的统计口径。在此之前，各地可以继续沿用之前的统计方式。

第三，关于不得适用小额诉讼程序的案件范围。新民事诉讼法第一百六十六条规定了不得适用小额诉讼程序六种案件类型，相较于此次修法前《最高人民法院关于适用〈中华人民共和国民事诉讼法〉的解释》（以下简称《民事诉讼法司法解释》）的相关规定，呈现出“两增一减”的变化。“两增”是将“一方当事人下落不明”“提出反诉”两类案件纳入不得适用范围。前一类案件大多为单方诉讼，下落不明的一方当事人的意见不明，适用一审终审对其诉讼利益的减损较为严重；后一类案件因涉及反诉，当事人之间争议较大，法律关系相对复杂，审理难度加大，也不宜适用小额诉讼程序审理。“一减”

是指将“知识产权”案件从不得适用的范围中剔除。司法实践中，知识产权案件类型多样，并非均为复杂案件，大量图片类、音乐作品类等著作权侵权案件，案情简单、权利义务关系清晰、诉讼请求明确，可以适用小额诉讼程序审理。

第四，关于小额诉讼案件的审理方式。由于小额诉讼程序仍是简易程序的一种特殊类型，故简易程序中的简化审理方式和相关期限的规定均适用于小额诉讼案件。各地法院可以在现行法律和司法解释的框架下，进一步简化小额诉讼案件的起诉、答辩、传唤、送达、庭审规则和裁判文书。同时，有必要强化小额诉讼案件审理前准备工作，充分释明告知审判组织、审理期限、审理方式、一审终审等相关事项，积极推行要素式审理，合并庭审相关程序环节，努力实现一次开庭审结并当庭宣判，有效提升小额诉讼案件审理质量和效率。

第五，关于小额诉讼程序的转换机制。新民事诉讼法第一百六十九条明确了小额诉讼程序的转换机制，实践中，需注意以下三个方面。

一是处理好小额诉讼程序与简易程序的关系。因小额诉讼程序属于简易程序的特殊类型，故不存在两者之间的程序转换问题，而两者在适用标准、适用范围、审理期限、生效规则等方面仍存在差异，需要通过一定形式明确适用规则的变化。司法实践中，当案件出现不得适用小额诉讼程序的情形，或者因案情、诉讼请求金额变化等原因，导致不符合小额诉讼程序条件时，人民法院应当向当事人发送书面通知，告知适用程序、审理期限、生效规则等方面的变化。当适用简易程序的案件，因诉讼请求金额变化、当事人达成合意等原因，又符合小额诉讼程序适用条件的，人民法院也应当书面告知小额诉讼程序的相关事项。

二是小额诉讼程序与普通程序的转换。根据新民事诉讼法第一百六十九条第一款的规定，小额诉讼程序可以转为普通程序。司法实践中，根据案件具体情况，既可以转为普通程序独任制，也可以转为合议制普通程序。

1. 关于小额诉讼程序转为普通程序独任制的条件

小额诉讼程序转为普通程序独任制，应当满足三个条件：（1）案件出现增加诉讼请求、诉讼请求金额变化、需要评估鉴定、提出反诉等情形，致使案件不符合小额诉讼适用条件；（2）案件不符合简易程序“事实清楚”的标准，或者查明事实的程序较烦琐，审理周期较长，不宜适用简易程序；（3）案件符合普通程序独任制“基本事实清楚、权利义务关系明确”的适用标准。

2. 关于小额诉讼程序转为合议制普通程序

案件审理过程中发现存在案情疑难复杂、类型新颖、社会影响大，以及其他不得适用独任制审理的情形时，应当转为合议制普通程序审理。

3. 关于程序转换的方式和效力

上述程序转换应当以裁定方式作出，可以采用口头或书面形式。采用口头形式的，应以笔录或录音录像方式记录在案。小额诉讼程序转为合议制普通程序的，裁定应以合议庭名义作出，合议庭组成人员及相关事项应当书面通知双方当事人。案件转换为普通程序前，双方当事人已确认的事实，可以不再举证、质证；开庭后转换为普通程序的，一般应当再次开庭审理。司法实践中，应注意防止利用程序转换变相延长审限，对于由小额诉讼程序转为适用简易程序其他规定审理的案件，一般不得再转为普通程序，院庭长对此类程序转换事项应当严格把关审批。

三是当事人小额诉讼程序异议权的行使。新民事诉讼法第一百六十九条第二款明确了当事人对小额诉讼程序的异议权。

1. 关于异议的事由

法律明确了异议的事由为“违反法律规定”，具体而言，主要包括以下三个方面情形：（1）案件不符合适用小额诉讼程序的主客观标准；（2）案件并非“金钱给付”案件或者属于不得适用小额诉讼程序的情形；（3）案件属于不得适用独任制审理的范围。

2. 关于提出异议的时间

当事人的异议对程序后续进程有重大影响，为保障程序的稳定性和有序性，促使当事人及时合法行使权利，参照《民事诉讼法司法解释》关于简易程序异议权的相关规定，异议应当在开庭审理前提出。

3. 关于提出异议的方式和处理

由于程序适用和转换属于重大程序事项，故当事人的异议应以书面形式提出，并应说明异议的事由和依据。人民法院对异议的处理，应当以裁定方式作出，裁定可以采用口头或者书面形式。此类裁定属于不可上诉的裁定，一经作出即产生法律效力。

## 四、精准把握简易程序审限延长规则

新民事诉讼法第一百六十四条增加了简易程序案件审限延长规则，规定“有特殊情况需要延长的，经本院院长批准，可以延长一个月”。

“特殊情况”一般是指不能预见和不可避免，受到客观因素制约的情形，主要包括：发生不可抗力或意外事件；等待法院依职权调取关键性证据；需与关联案件统筹协调；等等。

因新民事诉讼法对简易程序延长审限的规定已作出新的规定，简易程序案件延长审限不再以“双方当事人同意继续适用简易程序”为前提，延长的时间也从三个月变为一个月。各地法院应当准确把握审限延长时间，并及时修改案件管理系统中的相应流程和模块设计。

需要注意的是，民事诉讼繁简分流改革试点工作中，除完善简易程序案件审限规则外，还调整适用了此次修法前《民事诉讼法司法解释》的相关规定，扩大了简易程序适用范围，允许对公告送达案件适用简易程序，此项制度调整在试点过程中取得了良好效果，有效降低了当事人诉讼成本，提升了审判质效。由于该问题主要涉及修改《民事诉讼法司法解释》的相关规定，而此次修法对此也未予明确，因此，在试点结束后，司法解释修改前，司法实践中暂不能对公告案件适用简易程序。试点过程中涉及完善简易程序审理方式和简化裁判文书的相关规则，不涉及调整与法律和司法解释问题，各地法院可以参照最高人民法院印发的《民事诉讼程序繁简分流改革试点实施办法》的相关规定继续加强探索、细化完善。

## 五、严格依法适用独任制

新民事诉讼法第四十条、第四十一条、第四十二条、第四十三条、第一百四十条对独任制适用规则作出完善，创设了普通程序独任制、二审独任制审理模式，明确了适用条件、适用案件范围，以及不得适用独任制的负面清单，建立了独任制与合议制转换机制。此次修法的一大亮点就是对独任制适用作出重大调整，解除了独任制与简易程序的绑定关系，适度扩大了独任制适用范围，兼顾了当事人诉讼权利保障和司法效能提升，有利于推动审判组织形式与审理程序的灵活精准匹配。

第一，关于普通程序独任制的适用标准。新民事诉讼法第四十条明确了普通程序独任制的适用标准，即“基本事实清楚、权利义务关系明确”。“基本事实清楚”主要是指案件的核心和关键事实总体清楚，但部分次要事实或者关联事实需要进一步查实，相关事实的查明需要经过当事人补充举证质证、评估、鉴定、审计、调查取证等程序和环节，有必要进行更充分的陈述辩论、适用更完备的审理程序。“权利义务关系明确”即法律适用明确，是指案件法律关系清晰明了，有明确的法律规范与之对应，在解释和适用上不存在空白与争议。

司法实践中，区分适用普通程序独任制与简易程序，可考虑以下因素：（1）案件事实的清晰程度，是否存在有待进一步查证的事实；（2）事实查证的难度和方式，是否需要进行鉴定、评估、审计、调查取证等程序；（3）当事人之间争议大小，是否就法律要件事实存在重大争议；（4）案件审理难度，是否需开展庭前会议、证据交换、多次开庭等。需要注意的是，普通程序独任制案件要严格遵循普通程序的要求，不能适用简易程序的相关简化规则，确保程序环节完整、诉讼活动规范、权利保障到位，严格防止将普通程序独任制作为单纯延长审限的工具。

第二，关于二审独任制适用的范围和条件。新民事诉讼法第四十一条创设了二审独任制审理模式，同时明确限定了适用范围和条件。

从适用范围上看，二审独任制的适用在主体范围上，限于中级人民法院和专门人民法院，最高人民法院、高级人民法院受理的二审案件不得适用独任制。在案件范围上，限于“第一审适用简易程序审结的”和“不服裁定提起上诉的”第二审民事案件，实践中对此范围不得任意扩大，对一审适用普通程序审结的上诉案件、报请解决管辖权争议案件等，均不得适用独任制。

从适用条件上看，二审独任制适用需满足案件“事实清楚、权利义务关系明确”和“双方当事人同意”两个方面条件。司法实践中，对于符合适用范围的二审案件并非一律适用独任制，应当结合当事人上诉请求、二审提出的事实、证据和理由、一审裁判情况等，综合研判案件的复杂程度、影响大小、纠错可能，确定是否适宜适用独任制。二审独任制适用前，人民法院应当以书面或者口头方式征求双方当事人意见，征求意见应当在确定开庭前的合理时间内完成。当事人的同意应为明示的同意，可以以口头或者书面方式作出；口头表示同意的，人民法院应当记录留痕。当事人未明确表示同意的，人民法院不得推定或者变相强制其同意，确保当事人对二审独任制适用的选择权。

第三，关于独任制向合议制的转换机制。立法将审判组织和审理程序绑定关系解除后，客观上存在审判组织的单独转换问题。新民事诉讼法第四十三条对独任制向合议制转换作出规定，既包括了一审程序，也包括了二审程序中的转换。

一是在转换情形上，案件审理过程中，发现存在案情疑难复杂、社会影响大、法律适用难度大，以及其他应当适用合议制审理的情形的，人民法院应当及时将案件由独任制转为合议制审理。

二是在转换启动上，除了人民法院依职权转换，立法赋予了当事人对独任制适用的异议权。司法实践中，当事人提出异议的事由主要为"由审判员一人独任审理违反法律规定"的情形，主要是指违背独任制的适用标准、适用范围以及法律规定不得适用独任制的情形。为保障诉讼有序推进，当事人异议一般应当在开庭审理前以书面形式提出，但转换事由在开庭审理后才发现的，也可以在法庭辩论终结前提出，当庭口头提出异议的，应当说明具体理由和依据并记入笔录。

三是在转换形式上，独任制向合议制的转换应当通过裁定方式作出。当事人提出的异议，独任法官提出初步审查意见后，由合议庭进行评议。经合议庭评议，决定转由合议庭审理的，裁定以合议庭名义作出；决定驳回异议的，裁定以独任审判员名义作出。此类裁定也属于不可上诉的裁定。

四是在转换效力上，为保障司法亲历性和发挥合议制制度功能，案件组成合议庭审理后应当再次开庭，但对于审判组织转换前已经依法完成的诉讼行为，依然认定为继续有效，双方当事人已确认的事实，可以不再举证、质证。

第四，关于独任制适用的监督制约。为避免独任制适用不当扩大，防止案件质量下滑和当事人权利保障弱化，司法实践中，各级人民法院应当按照司法责任制综合配套改革相关要求，加强对独任制适用的监督制约。

一是严格把握独任制适用案件范围。对于符合新民事诉讼法第四十二条规定的涉及重大利益、影响社会稳定、产生广泛社会影响、新类型或疑难复杂、法律规定应当适用合议制等六类案件，以及司法责任制相关文件确定的

"四类案件"，不得适用独任制。立案部门应当加强对此类案件的识别、标注和提示，将程序分流和审判组织适用有机结合、综合考虑。院庭长应当加强对标注案件的管理监督，对独任制适用不当的，及时作出调整，切实避免架空合议制。

二是充分发挥当事人监督制约作用。尊重二审程序中当事人独任制适用的选择权，保障当事人独任制适用的异议权，充分听取当事人意见，依法进行审判组织形式转换，强化当事人制约监督作用。

三是完善独任制案件质量保障举措。各地法院应当积极健全独任法官审判权责清单，规范独任法官审判权行使；依托信息化手段，加强对独任制案件裁判情况的全过程公开、全流程监督；积极发挥专业法官会议对独任法官的咨询、监督作用，保障独任制案件质量；完善独任制案件评查机制，建立健全法官惩戒工作程序和法官违法违纪退额管理规定，加大违法审判责任追究力度，强化廉政风险防控，确保"独任而不放任"。

## 六、积极有序推进在线诉讼适用

新民事诉讼法第十六条确立了在线诉讼的法律效力，明确了在线诉讼适用条件，有力推动了民事诉讼方式与信息化时代相适应，为未来在线诉讼发展拓展了制度空间。

第一，关于在线诉讼的法律效力。新民事诉讼法第十六条第二款规定："民事诉讼活动通过信息网络平台在线进行的，与线下诉讼活动具有同等法律效力。"该规定具有以下三个方面的含义。

一是在线诉讼适用的广泛性。在线诉讼方式既适用于各类诉讼主体，也适用于诉讼的各个程序环节；既可以全流程适用，也可以仅在部分诉讼环节适用，相较于以往的法律规定，极大地拓展了在线诉讼的适用范围。

二是在线诉讼效力的"等效性"。在线诉讼与线下诉讼活动具有同等法律效力，是指在线依法完成的诉讼活动具有确定的法律效力，产生确定的法律后果和约束力。如果诉讼主体同意在线诉讼，但又不履行诉讼义务，不参与在线诉讼活动，将承担相应的不利后果。

三是在线诉讼活动的规范性。在线诉讼的本质仍然是诉讼活动，必须遵循民事诉讼法中关于权利义务、诉讼流程、行为规范、证据规格、法律效力等方面的规定。需要强调的是，所有在线诉讼活动必须依法规范完成，确保既有效促进司法便民利民，又切实维护司法的严肃性和权威性，避免诉讼随意化和自由化。

第二，关于在线诉讼的适用条件。新民事诉讼法第十六条第一款明确了“经当事人同意”作为在线诉讼的适用前提，在司法实践中需注意以下三个方面。

一是“经当事人同意”的含义。立法上并未要求在线诉讼必须“经双方当事人同意”，因此，当事人同意的效力范围一般及于自身。一方当事人不同意在线诉讼，不影响其他当事人选择在线诉讼的权利，案件可以采取“同意方当事人线上、不同意方当事人线下”方式审理。一方当事人要求其他当事人在线下参与诉讼的，按照《人民法院在线诉讼规则》（法释〔2021〕12号，以下简称《规则》）第五条第三款，应当提出具体理由。经人民法院审查，其理由成立的，可以将相应诉讼环节转为线下进行。

二是“当事人同意”的情形和法律效果。立法上对“当事人同意”的规定较为原则，实践中有不同的表现形式，部分当事人同意后可能又提出反悔。对此，人民法院应当按照《规则》第四条、第五条、第六条的规定作出相应处理。

三是在线诉讼适用的其他条件。除“经当事人同意”外，在线诉讼适用还应当充分考虑案件性质、特点、证据类型、社会关注度、法院技术条件和当事人技术应用能力等多方面因素，综合判断适用在线诉讼的必要性、可行性以及适宜在哪些环节适用，灵活采取线上线下相结合的方式，确保案件审理公正高效、规范有序。

## 七、正确适用电子送达及公告送达规则

新民事诉讼法第九十条、第九十五条对电子送达、公告送达规则作出完善，优化了电子送达适用文书范围和适用方式，缩短了公告送达期限，有利于从制度层面解决“送达难”问题，提升案件审理效率，保障当事人合法权利。

第一，关于电子送达的适用范围。新民事诉讼法第九十条将“判决书、裁定书、调解书”纳入电子送达范围，实际上将电子送达拓展适用于所有诉

讼文书。同时，对于“判决书、裁定书、调解书”的送达也规定了人民法院的附随职责，即“受送达人提出需要纸质文书的，人民法院应当提供”。但需要注意的是，法院另行提供纸质文书不产生送达的效力，文书送达仍以完成电子送达时生效。

第二，关于电子送达的方式。电子送达的发出端应当是人民法院统一的送达平台，确保送达过程可查询、可验证、可追溯，形成有效的电子送达凭证，同时也便于当事人及时有效查询。电子送达的到达端可以是多样化的电子地址，包括受送达人的电子邮件、即时通信账号、诉讼平台的专用账号等。司法实践中，要注意避免分散和多头送达，同一内容材料原则上只应采取一种送达方式，以便确定送达生效时间，便于当事人行使后续诉讼权利。

第三，关于电子送达的生效标准。这次修法未修改电子送达的生效标准，实践中仍需综合考虑“确认其收悉”“送达信息到达”两个方面的因素。《规则》第三十一条对电子送达生效标准作出了细化完善，修法后可以继续适用，即对当事人主动提供或确认的电子地址，采取“到达生效”标准；对人民法院获取的受送达人其他电子地址进行送达的，采取“收悉生效”标准，有效兼顾电子送达的有效性和当事人的知情权。此外，关于电子送达的“同意”的方式和效力、电子地址的确认、法院附随职责等方面均适用《规则》的有关规定。

第四，关于公告送达的期限和方式。新民事诉讼法第九十五条将公告送达期限从六十日缩短为三十日，有利于进一步缩短审理周期，降低诉讼成本、防止诉讼拖延。实践中，人民法院可以依据《民事诉讼法司法解释》第一百三十八条，采取线下和线上两种公告形式，特别是在互联网时代背景下，应当大力推行线上电子公告送达，充分发挥线上公告覆盖广、传播快、易查询、成本低等优势，提升公告送达的有效性。需要注意的是，各地法院自建的网站平台，不属于“信息网络媒体”，不宜作为线上公告送达的有效方式。最高人民法院将依托“人民法院公告网”，建立完善统一、权威、规范的公告送达平台，作为发布线上电子公告统一渠道，全面提升公告送达的覆盖面、精准度和规范性。

通过此次修法，民事诉讼程序繁简分流的制度体系虽然得到进一步完善，但新时代对人民法院民事审判工作也提出了更高的要求和期待。最高人民法院将加快修改完善《民事诉讼法司法解释》和其他相关司法解释，及时编写出版相关读本，加强规则解读和实践指引，确保新民事诉讼法的正确适用和有效实施。

（来源：《人民司法》2022 年第 10 期）

# 《最高人民法院关于规范合议庭运行机制的意见》的理解与适用

刘　峥　何　帆　马　骁

为深入学习贯彻党的二十大精神，全面准确落实司法责任制，进一步完善合议庭权责配置，规范合议庭运行机制，最高人民法院于2022年10月26日印发《最高人民法院关于规范合议庭运行机制的意见》（以下简称《意见》）。

《意见》按照中央关于深化执法司法权力运行机制改革的决策部署，结合近年来推进落实司法责任制的新情况、新要求，立足各地法院审判工作实际，进一步细化了合议庭组成机制，完善了合议庭成员职责、评议规则和裁判文书制作方式，并就合议庭运行与院庭长履行监督管理职责、“四类案件”监督管理机制的衔接等重点问题作出规范。

《意见》注重与最高人民法院此前印发的专业法官会议、审判委员会、审判权责清单、统一法律适用、“四类案件”监督管理等改革文件有机贯通、协同配套，完成了司法责任制改革的制度拼图。为方便各级人民法院正确理解适用，现就《意见》的起草背景、基本考虑、适用中的重点问题和下一步工作要求说明如下。

## 一、《意见》的起草背景和基本考虑

最高人民法院历来高度重视合议庭工作，2002年8月和2010年2月先后颁布施行《最高人民法院关于人民法院合议庭工作的若干规定》和《最高人民法院关于进一步加强合议庭职责的若干规定》，对合议庭运行和基本职责等问题作出规定，此外还有一系列规范性文件对合议庭运行相关问题提出要求。

党的十八大以来，按照中央司法体制改革部署，人民法院推进实施法官员额制、司法责任制综合配套改革，强化法官依法履职保障，审判权力运行机制发生深刻变化，原有的一些规定已难以适应改革后的新特点和新要求，亟须优化调整、衔接配套。

具体表现在以下五个方面：一是实行法官员额制后，院庭长编入合议庭常态化参与办案，合议庭组成模式、审判长产生机制等需要进一步明确。二是落实“让审理者裁判、由裁判者负责”，强调审判组织在办案工作中的主导性作用、基础性地位，需要进一步调整优化合议庭组成人员职责。三是建立专业法官会议机制，完善审判委员会制度，其中许多涉及与合议庭运行的配套衔接，需要进一步明确相关工作机制。四是建立审判权责清单制度、“四类案件”监督管理制度后，需要进一步明确院庭长对合议庭履行审判监督管理职权的程序、范围和方式。五是人民法院在线运行的应用场景不断延伸，需要明确和规范信息化条件下合议庭的评议规则，促进充分评议、实质评议。

基于上述考虑，最高人民法院将进一步规范合议庭运行机制纳入2022年人民法院司法改革工作要点，形成初稿后，通过召开座谈会、实地调研、书面征求意见等多种方式，充分征求和吸收了中央有关单位和各级人民法院的意见。

《意见》着重体现以下三个原则：一是坚持司法规律，落实共同审理、平等行权、权责一致等基本要求，充分尊重合议庭作为基本审判组织在办案工作中的地位和作用；二是准确把握改革要求，严格执行民主集中制，坚持有序放权与有效监管相统一；三是尊重基层实际，针对需要因地制宜细化规定的问题，《意见》提出原则性、倡导性意见，不搞“一刀切”，由各级人民法院结合本院实际合理安排。

## 二、重点问题

### （一）关于合议庭履职及责任

《意见》第一条首先强调了“合议庭成员平权”原则，即合议庭全体成员平等参与案件的阅卷、庭审、评议、裁判等审判活动，确立了合议庭成员在办案中的平等地位。明确要求合议庭成员应当依照法律规定履职尽责，对案件证据采信、事实认定、法律适用、诉讼程序、裁判结果等问题独立发表意见，并合理确定各自应当承担的责任。《意见》在第三条至第五条中规定了合议庭成员的具体职责。这里，一方面对合议庭成员实质性履职提出了更高的要求，强调要充分、有效参与案件办理全过程；另一方面，较为准确地体现了司法责任制改革要求的权责相一致原则。在追究违法审判责任时，应当根据合议庭成员是否存在违法审判行为及其情节，合议庭成员发表意见的情况和过错程度，合理确定各自应当承担的责任。

（二）关于合议庭产生方式

《意见》第二条规定了合议庭的产生方式，主要内容包括以下三个方面。

第一，合议庭可以通过指定或者随机方式产生。这既是适应司法责任制综合配套改革后“以随机分案为主，以指定分案为辅”的制度要求，也兼顾了特定类型案件或专业化案件的审理需要。《意见》第二条第一款同时还规定，审理“四类案件”，或者参照“四类案件”监督管理的案件时，一般应当由院庭长按照职权以指定方式产生合议庭。

第二，院庭长对合议庭成员的指定和调整。按照《意见》第二条第一款和第三款规定，院庭长指定合议庭，或者合议庭成员确定后因回避、工作调动、身体健康、廉政风险等事由，确需由院庭长按照职权调整成员的，应当遵循全程留痕原则，通过办案平台操作，或者形成书面记录入卷备查，确保可以追溯倒查，方便后续监督管理。调整合议庭成员的，还应当将调整结果及时通知当事人。如此规定，一方面，明确了院庭长对合议庭组成的调度权限；另一方面，对院庭长行使相关职权也设置了必要的制约机制，体现了权力制约的双向性，最大限度防止权力滥用。

第三，“另行组成合议庭”的具体内涵。按照《意见》第二条第四款规定，法律、司法解释规定的“另行组成合议庭”，指组成原合议庭的所有法官，以及参与原案审理的法官助理、书记员等审判辅助人员，均不得参与后案的办理工作。

（三）关于相对固定的合议庭

考虑到专业化审判和案件繁简分流工作机制在实践中已经普遍推开，需要与之配套相对固定的审判组织，因此，《意见》第二条第一款规定，人民法院可以组成相对固定的合议庭，但合议庭成员应当定期轮换交流，以防止合议庭固化带来的弊端。各级人民法院应当综合考虑自身案件特点和人员构成情况，确定合理的轮换交流的期限和方式，既不能过于频繁，也不宜拉得过长。从实践情况来看，合议庭可以每年替换一部分，也可以三年至五年整体轮换交流。

### （四）关于审判长的确定

《意见》第二条第二款规定了审判长的确定方式。司法实践中需要注意以下两点。

第一，审判长由院庭长指定。这是诉讼法的明确要求，例如，2021 年修正的民事诉讼法第四十四条规定，“合议庭的审判长由院长或者庭长指定审判员一人担任”。实践中，一些法院根据随机分案制度，随机确定承办法官和审判长，但在程序上仍须按照诉讼法要求由院庭长指定。

第二，院庭长担任审判长。按照人民法院组织法第三十条第二款规定：“……院长或者庭长参加审理案件时，由自己担任审判长。”合议庭成员同时包含院、庭负责人时，由行政职务最高者担任审判长。例如，合议庭成员中既有副院长，也有审判庭庭长时，应由副院长担任审判长。

### （五）关于评议时机

按照此前有关规定，为了确保评议质量，合议庭应当在庭审结束后五个工作日内评议案件。对此，许多地方法院反映，一些案件需要多次开庭，有的开庭后需要进一步调解或者等待被告人退赃，五个工作日内往往难以组织评议。经研究认为，不同层级法院对于何时组织评议分歧较大，不同类型的案件对评议时机要求也不相同，应当由合议庭根据案件审理进度和案件具体情况自主决定。因此，《意见》第六条第一款就评议时机问题只是原则性要求“及时评议”，并未作出硬性规定，这既是提高办案效率的导向性要求，又便于合议庭合理把握组织评议的时机。

### （六）关于在线评议

随着智慧法院建设不断推进，在线诉讼、无纸化办案普遍适用，特别是受新冠疫情影响，除在线开庭、在线调解外，许多地方法院也根据实际需要，越来越多采取在线方式评议案件，确保了疫情期间审判工作不停摆，提高了审判效率，解决了多地、居家、移动办案对合议庭工作的挑战。因此，为有效规范在线评议工作，《意见》第六条第一款对在线评议作出了规定。实践中需要注意以下三点。

第一，明确在线评议的适用条件。线下同场评议仍然是合议庭评议的最主要方式，在线评议仅仅是补充措施。只有在合议庭成员确有客观原因、难以实现线下同场评议，同时，根据案件审理进展情况，确需立即组织评议时，合议庭方能适用在线方式评议。并且，基于评议保密原则，在线评议应当依托人民法院办案平台进行，确保系统平台安全可靠。

第二，确保交互评议和连续评议。不论在线评议还是线下同场评议，合议庭成员既不能以提交书面意见的方式参加评议，也不能委托他人参加评议。实践中，一些法院探索以“异步评议”方式提高工作效率，但实际上还是以提交书面意见或录音录像的方式评议，无法实现面对面评议的交互性和连续性，不利于确保办案质量。

第三，严格落实评议保密原则。确保合议庭评议过程和内容不受外界不当干扰，是维护审判权的判断权和裁量权属性、确保司法公正的题中之义，故《意见》在第六条第一款中特别强调“合议庭评议过程不向未直接参加案件审理工作的人员公开”。实践中，未直接参与案件审理的院庭长，按照相关规范性的文件规定，可以采取多种途径和方式行使监督管理权，但不得以“列席”合议庭评议的方式履行监督管理职责。

### （七）关于评议时的发言顺序

《意见》第六条第二款基于长期形成的审判实践，部分调整了合议庭评议时的发言顺序，明确了承办法官先行发言、其他成员依次发表意见、审判长总结结论性意见的发言规则。承办法官同时担任审判长的，仍由其先发言，并作最后总结。同时，为了确保实质评议、确保评议质量，防止“形合实独”现象，《意见》第六条第三款明确，合议庭成员权利平等，独立行使表决权，在评议时不得拒绝陈述意见，同意他人意见的，应当提供事实和法律根据并论证理由，不能仅作简单表态。需要说明的是，按照法官单独职务序列管理制度改革要求，法官等级与行政职级脱钩，合议庭成员就同一起案件行使审判权时，权力平等、共同担责，不存在“谁级别更高，谁审批把关”的问题。

这样有利于从职业身份、履行职责等方面保障法官独立表达意见。

（八）关于评议笔录的制作

为了规范评议笔录制作过程，《意见》第六条第四款规定，评议过程应当以书面形式完整记入笔录。同时，为落实工作责任，该款规定评议笔录应当由审判辅助人员制作，并由合议庭成员和制作笔录的审判辅助人员签名。其中，制作人既可以是法官助理，也可以是书记员，具体由合议庭根据审判辅助人员配置情况和工作安排决定。依照法律规定，合议庭评议内容属于审判工作秘密，评议笔录应当归入副卷，除非依照法定条件和程序，否则不得以任何形式公开或者调阅。

（九）关于少数服从多数和民主集中制

《意见》第七条第一款重申了少数服从多数的评议原则，规定如果合议庭评议存在意见分歧，应当按照多数意见作出决定，但少数意见也应当记入笔录。《意见》第七条第二款明确，合议庭可以根据案情或者院庭长提出的监督意见复议；合议庭无法形成多数意见时，审判长应当按照有关规定和程序，建议院庭长将案件提交专业法官会议讨论，或者由院长将案件提交审判委员会讨论决定。

需要特别说明的是，专业法官会议是为审判组织办案提供专业咨询意见的工作平台，讨论形成的意见仅具有参考效力，办案决策和审判责任的承担主体仍然是合议庭；同时，为了体现审判委员会作为人民法院内部最高审判组织的法定地位，《意见》第七条第二款明确，合议庭应当执行审判委员会的决定。

（十）关于合议庭审理“四类案件”时的监督管理

按照《意见》第二条第一款规定，人民法院审理“四类案件”或者参照“四类案件”监督管理的案件，一般应当组成合议庭。实践中需要注意以下三点。

第一，合议庭的发现和报告义务。《意见》第八条第一款进一步落实《最高人民法院关于进一步完善“四类案件”监督管理工作机制的指导意见》（法发〔2021〕30号）确立的“全过程识别机制”，要求承办案件的合议庭发现审理的案件属于“四类案件”或者有必要参照“四类案件”监督管理时，应当及时向院庭长报告。

第二，院庭长应当依法履行监督管理职责。《意见》第八条第二款明确了院庭长对合议庭履行监督管理职责的方式，包括要求合议庭报告案件审理进展和评议结果，就案件审理涉及的相关问题提出意见，以及视情建议合议庭复议等。其中，“案件审理涉及的相关问题”既包括认定案件事实和如何适用法律的问题，也包括对案件处理效果会产生重大影响的其他相关事项。

第三，院庭长与合议庭意见分歧时的处理。按照《意见》第八条第二款规定，院庭长对审理过程或者评议、复议结果有异议的，不得直接改变合议庭意见，而应当按照有关规定决定将案件提交专业法官会议讨论，或者按照程序提交审判委员会讨论决定。相关监督管理情况应当在办案平台全程留痕，或者形成书面记录入卷备查。

### （十一）关于裁判文书的签署和印发机制

为切实提升裁判文书制作质量，《意见》第九条重申了合议庭成员对于裁判文书的签署责任，明确合议庭成员应当共同负责。同时规定，合议庭其他成员在签署前，可以对裁判文书的结构、表述、说理等内容提出修改意见，并反馈承办法官，以此确保生效裁判文书全面、完整反映合议庭评议意见。裁判文书经合议庭全体成员签署后，即可正式印发。

需要特别指出的是，按照《最高人民法院关于完善人民法院司法责任制的若干意见》（法发〔2015〕13号）第六条规定，只有经审判委员会讨论决定以及院庭长参加审理案件的裁判文书，才由院庭长审核签发；其他案件的裁判文书，合议庭成员签署后即可印发。实践中，一些法院采取裁判文书送阅后签发等方式，由院庭长实质性行使裁判文书的审核签发权，不符合司法责任制改革要求和司法规律。

### （十二）关于《意见》的适用范围

按照人民陪审员法及其司法解释相关规定，由法官和人民陪审员组成合议庭审理案件的范围和运行机制，与单纯由法官组成的合议庭存在较大差异，特别是七人合议庭在评议、表决机制和审判长职责等方面有其特殊规则，司法实践中关于事实审和法律审如何区分、事实问题清单规范化、法官对人民陪审员的指引限度等问题较为复杂，同时还涉及三人合议庭、七人合议庭的案件区分以及各自的运行规则等诸多问题，不宜在同一份文件中列明，故《意见》第十条规定，依法由法官和人民陪审员组成合议庭的运行机制另行规定。同时，执行案件办理过程中，如执行裁决、执行异议等事项，依法也需要由执行法官组成合议庭评议或者审核，可以参照适用《意见》的有关规定。

## 三、下一步工作要求

党的二十大报告对下一步深化司法改革提出了总体要求。各级人民法院要按照党中央决策部署，以规范合议庭运行机制为抓手，在“全面”和“准确”上下功夫，进一步深化司法责任制改革，加强改革综合配套，发挥改革整体效能，不断提升审判质量、效率和司法公信力。

一是做好相关文件的立改废工作。各级人民法院要对照《意见》规定，系统梳理此前印发的关于合议庭运行的规范性文件，及时修改或者废止不符合改革精神的内容，制定完善实施细则，同时按要求作好相关文件的备案工作。

二是规范办案权力运行过程。各级人民法院要严格落实《意见》精神，切实尊重合议庭办案主体地位，强调合议庭成员实质性、全程参与办案，切实防止“形合实独”现象，及时纠正不符合司法规律和司法责任制改革精神的做法，并依托专业法官会议、审判委员会等工作平台，确保案件审理、咨询、合议、监督等办案工作全过程规范高效。

三是细化《意见》原则性规定。各级人民法院要从实际出发，根据自身审级职能、案件结构和数量、队伍构成和素质，以及所处区域发展需求等因素，对“定期轮换交流”“及时评议”等需要结合实际进一步明确的问题，科学合理地细化落实。

四是研究解决难点堵点问题。各级人民法院要统筹司法责任制、法官绩效考核以及法官惩戒制度等关联改革任务，加强司法责任制基本理论研究，不断探索妥善处理合议庭整体责任与合议庭成员个人责任，合议庭办案责任制与民主集中制，审判组织办案权与院庭长监督管理权、法院审判权的关系等重大问题，明确各类责任的承担方式和具体实现路径，推动改革措施不断向精细化、具体化方向延伸。

（来源：《人民司法》2022 年第 34 期）

# 《最高人民法院关于建立健全人民法院人员内部交流机制的若干意见》的理解与适用

叶　健　侍东波　梁代杰

为进一步加强人民法院人员内部交流，增强队伍活力，优化人才结构，2021年11月16日，最高人民法院印发《关于建立健全人民法院人员内部交流机制的若干意见》（以下简称《若干意见》）。《若干意见》就健全法院人员内部交流机制，进一步拓宽法官、审判辅助人员、司法行政人员交流渠道，促进法院人员多岗位培养和锻炼提出了具体举措。为便于实践中正确理解与适用，现就《若干意见》的起草背景和过程、思路和原则、主要内容等作简要阐述。

## 一、起草背景和过程

完善人民法院人员内部交流机制，是贯彻新时代党的组织路线和干部方针政策、加强法院队伍建设、深化司法人事制度改革的重要内容，对推进人民法院队伍革命化、正规化、专业化、职业化建设，推动新时代人民法院工作高质量发展具有重要意义。

一是贯彻落实中央关于干部工作有关要求的重要举措。党的十八大以来，以习近平同志为核心的党中央高度重视干部队伍建设。2016年，中共中央出台《关于新形势下加强政法队伍建设的意见》，强调要加强干部培养锻炼规划，搭建政法领导干部交流任职平台，推动跨地区、跨部门交流锻炼。中共中央办公厅、国务院办公厅出台《新时代法治人才培养规划（2021—2025年）》，提出要建立健全司法部门干部和人才常态化交流机制。中共中央组织部、中共中央政法委员会等部门联合印发《关于进一步推动市县级政法机关领导干部交流的指导意见》（以下简称《交流指导意见》），明确要求加强执法司法关键岗位等人员定期交流。建立健全人民法院人员内部交流机制，是深入贯彻习近平法治思想、贯彻新时代党的组织路线、做好新时代干部工作的重要举措，有利于坚持党管干部原则，把党中央关于政法队伍建设的决策部署贯彻落实到法院工作的全过程、各方面。

二是深化司法人事制度改革的内在要求。法官员额制改革后，如何有序推进人员分类管理下的跨序列交流，成为深化司法责任制综合配套改革的重要课题。2020 年，中共中央办公厅印发《关于深化司法责任制综合配套改革的意见》，提出要规范法官交流任职程序，完善职务序列制度。2021 年全国高级人民法院政治部主任会议将“完善人员交流机制，加大三类人员轮岗交流力度”作为一项重要任务，列入全国法院政工工作要点。研究制定《若干意见》，有利于深化司法人事制度改革，建立健全科学合理、渠道畅通、流动有序、管理规范的交流机制，对拓宽法院各类人员职业发展渠道、进一步激发人才潜能具有重要作用。

三是解决干部队伍突出问题的有效途径。实践反复证明，开展交流对事业有利，对干部有利。新一轮司法体制改革以来，各级法院认真落实党中央决策部署和最高人民法院工作要求，加强干部交流，激发工作活力，取得了突出成效。与此同时，部分地方法院反映，目前，内部交流政策不够明确，交流机制不够顺畅，导致综合部门与审判业务部门之间交流力度不够，中层干部队伍年龄偏大、职业晋升空间受阻、年轻干部数量不足等问题较为突出。建立健全人民法院人员交流机制，有利于全面培养高素质复合型人才，提高干部的积极性、主动性、创造性，有利于进一步加强法院人才储备，增强队伍凝聚力、战斗力，为新时代人民法院改革发展提供坚强的组织保证和人才保证。

基于上述考虑，最高人民法院政治部在认真调研并总结梳理各地经验做法的基础上，研究起草了《若干意见》，经多次讨论修改后，形成征求意见稿。2021 年 6 月起，先后面向最高人民法院机关、各高级人民法院、中央有关单位等征求了意见建议。文件起草组在认真研究和充分吸收各方面意见的基础上，对《若干意见》作了进一步修改完善。2021 年 11 月，《若干意见》由最高人民法院党组会议审议通过，并于 11 月 16 日正式印发。

## 二、起草思路和原则

《若干意见》起草过程中，文件起草组坚持问题导向、目标导向，既注重深入开展调研论证，又注重广泛听取各方意见；既注重总结现有经验做法，又注重研究实践中的新情况新问题，确保《若干意见》具有较强的针对性和可操作性。具体而言，文件起草主要遵循以下工作原则。

一是坚持依法依规。以《公务员转任规定》《党政领导干部交流工作规定》《人民法院工作人员分类管理制度改革意见》等现行法规政策、改革文件为依据，对《司法人事制度改革答复口径》等文件中有关人员交流的政策进行梳理整合，同时结合当前工作实际，对相关规定进行必要的补充、完善和细化，确保符合现有规定和中央改革精神。

二是突出问题导向。坚持从实际出发，紧紧抓住法官、审判辅助人员、司法行政人员在法院内部交流不够顺畅，部分中层领导干部任职经历单一、岗位历练不够等关键症结，从制度层面提出有针对性的对策措施，推动人民法院人员交流制度机制更加成熟更加规范。

三是充分总结实践经验和做法。注重对各地法院在开展干部交流和人才培养工作中探索形成的好经验、好做法进行总结提炼，使之固化为制度规范，在全国法院范围内推广适用。

四是注重优秀年轻干部交流培养。准确把握中央关于大力发现培养选拔优秀年轻干部的要求，重点突出优秀年轻干部的交流，强化多岗位历练，丰富经历阅历，拓展视野格局，培养一批懂审判、会管理、素质高、能力强的优秀年轻干部。

五是坚持指导性与灵活性相结合。坚持宜粗不宜细的起草原则，对不同类别人员的交流方式、定级标准、交流程序、保障机制等重点内容，既提出可操作的具体举措，又提出原则性要求，为各级法院结合实际抓好落实提供遵循，留出空间。

## 三、主要内容

《若干意见》共16条，对完善定期交流机制、规范法官交流入额程序及定级标准、加强综合部门与审判业务部门领导干部交流等内容作出规定，着力破解司法人员分类管理改革后各类人员交流不畅、交流不多、交流不力等突出问题，推动人民法院人员交流常态化、制度化、规范化。

### （一）关于重点岗位的定期交流

定期开展干部交流轮岗，是干部管理中的一项重要制度。《公务员转任规定》第七条规定："担任机关内设机构领导职务的公务员在同一职位工作满10年的，不担任领导职务的公务员在组织、人事、纪检、监察、审计、财务、项目和资金审批、招标采购、行政许可、行政处罚等同一职位工作满10年的，应当转任……"中组部《交流指导意见》对部分关键岗位重点职位人员、派出机构主要负责人等四种情形的定期交流作出规定。实践中，由于配套制度不健全、思想认识存在偏差等主客观原因，一些地方贯彻落实定期交流制度并不到位。特别是本轮司法体制改革以来，有的法官以专业化、职业化为由，长期在一个岗位任职，不愿接受交流轮岗，既导致经历单一，又容易产生廉政风险。实行司法人员分类管理是遵循审判工作规律、打造高素质法院干部队伍的内在要求，但分类管理并不意味着各类人员之间壁垒高筑、互不交流。为了贯彻落实中央文件的部署要求，解决实践中存在的问题，《若干意见》充分吸收《交流指导意见》对关键重点岗位人员和派出机构主要负责人的定期交流规定，结合《公务员转任规定》对司法关键岗位、人财物重点职位予以细化，提出在法院刑事审判、民事审判、行政审判、国家赔偿、执行等司法关键岗位以及组织、人事、监察、财务、项目和资金审批、招标采购等人财物重点职位的工作人员，在同一职位任职满一定年限的必须交流。派出法庭庭长在同一职位任职满一定年限的，也应当交流。

实践中，各级人民法院要立足四级法院审级职能定位，充分考虑部门人员结构、岗位性质、审判力量配置等因素，合理确定交流对象、岗位职位。在具体开展交流时，除了可以在审判业务部门与综合部门之间交流外，还可以根据本人专业、从事业务等在相近职位进行交流，如刑一庭交流至刑二庭、民一庭交流至民二庭等。对于一些特殊岗位，比如，互联网、知产、金融、涉外商事海事等专业性较强、人才紧缺的，经最高人民法院、高级人民法院决定或批准，还可以在相关专业的不同合议庭、审判团队间进行交流，充分兼顾原则性与特殊性。

### （二）关于法官交流入额程序及定级标准

2018年，最高人民法院政治部印发《司法人事制度改革答复口径（五）》，对法官交流相关入额政策作出规定。从近年来各地法院反馈情况看，法官因工作需要退额后重新入额、法官在上下级法院交流任职及挂职锻炼等不同交流方式的入额条件和入额程序得到了规范统一，执行效果较好。但也有部分法院反映，交流入额程序不够细化、法官转任定级标准不够明确等问题仍不同程度存在。为此，《若干意见》对现有关于法官交流的政策规定进行了系统的梳理整合，对不同交流方式、不同法院层级法官的入额手续办理方式作进一步细化，对法官不同交流转任方式对应的定级标准作进一步规定，既保持了政策的稳定性和延续性，又进一步提高了政策的针对性和灵活性。

一是进一步细化重新入额方式。法官因工作需要调整到法院非办案岗位或者调离法院系统，又回到办案岗位的，区分情况规定重新入额方式。其中，退出员额未超过五年的，经所在法院党组研究后，由高级人民法院党组、最高人民法院党组决定或批准入额；退出员额超过五年的，须回到法院办案岗位参与办案一年以上，经绩效考核合格后，再按照上述程序办理入额手续。

二是进一步规范跨地域、跨院交流入额程序。法官因工作需要在本省（区、市）或跨省（区、市）调到同级人民法院、下级人民法院办案岗位，或者通过干部选拔任用程序选任到上级人民法院办案岗位，符合新任职法院法官任职条件的，经新任职法院党组研究后，由高级人民法院党组、最高人民法院党组决定或批准入额。关于逐级遴选，《若干意见》特别明确通过逐级遴选程序选任到上级法院担任法官的，即为新任职法院的员额法官，可直接依照法定程序办理法律职务任命手续，无须再办理入额手续。

三是进一步完善挂职交流入额政策。经组织选派到人民法院办案岗位挂职锻炼的干部，符合挂职法院法官任职条件的，经挂职法院党组研究后，由高级人民法院党组、最高人民法院党组决定或批准入额，并送法官遴选委员会备案。挂职入额期间不占用挂职法院的员额，挂职结束后自动退出员额。征求意见过程中，有意见提出，应对建立法院人员上下级挂职锻炼常态化机制作适当规定。起草组认为，根据公务员法，组织部门对公务员挂职管理较为严格，规定法官如何开展挂职可能涉及干部管理权限问题，不宜直接在《若干意见》中作出规定。但对组织已经决定选派挂职干部的入额程序问题进行规范，属于人民法院法官员额管理权限范围，因此，《若干意见》参照《司法人事制度改革答复口径》有关规定，对挂职锻炼干部入额问题作出细化规定。

四是进一步明确转任定级标准。法官重新入额的，其法官等级应综合考虑任职资历、工作经历等条件，以及交流期间任职表现等因素确定。法官交流转任其他类别公务员的，综合考虑法官任职资历、工作经历、担任法官期间的审判业绩、工作表现等比照确定。法官因考核不称职、违纪违法或受到法官惩戒等原因退出员额的，转任后综合考虑退出原因、任职资历、日常表现等因素，比照确定职务职级。

（三）关于审判辅助人员和司法行政人员的交流

审判辅助人员、司法行政人员作为法院队伍的重要组成部分，是人民法院各项事业健康发展不可或缺的力量。加强审判辅助人员和司法行政人员的交流，一方面，有利于落实中央关于大力发现培养选拔优秀年轻干部的部署要求，丰富年轻干部的知识和履历，促进年轻干部快速成长；另一方面，也有利于提升综合部门人员的职业发展预期，拓宽成长渠道，确保队伍更加稳定、更有活力。为此，《若干意见》规定，法官助理与司法行政人员可以根据工作需要，相互交流任职。参加晋升时，相应层次的法官助理等级和公务员职务职级任职年限可以累计计算。关于书记员的交流，根据中共中央办公厅印发的《关于深化司法责任制综合配套改革的意见》，符合条件的编制内书记员将逐步转任法官助理，今后书记员主要实行聘用制管理，原则上不再占用中央政法专项编制，涉及书记员交流的情形将越来越少。关于司法警察的交流，考虑到现有政策下，省级及以上法院具有公务员身份的司法警察实行综合管理类公务员职级序列，除省级以外的地方各级法院具有公务员身份的司法警察实行执法勤务职级序列，其交流转任政策有不同规定。因此，《若干意见》对书记员、司法警察的交流仅作了原则性规定。

（四）关于综合部门与审判业务部门领导干部交流

实践中，不少地方法院反映，综合部门与审判业务部门领导干部交流力度不够，领导干部大部分只能在本序列中成长，干部流动缓慢，造成中层领导干部任职经历单一、岗位历练不够，可能出现“偏科”干部；同时，中层干部中年轻干部得不到及时有效补充，也阻碍了法院队伍健康发展。从干部培养角度考虑，进一步打通综合部门领导干部与审判业务部门领导干部的交流渠道，有利于发现培养选拔更多优秀年轻干部，有利于进一步拓宽干部的职业发展空间，不断激发干部干事创业的积极性、主动性、创造性。

为此，《若干意见》规定审判业务部门领导干部可以交流至本院综合行政部门担任领导职务，强化多岗位锻炼，提升综合管理能力；综合部门领导干部经干部选拔任用程序选任或交流至本院审判业务部门担任领导职务，符合法官法规定的法官任职资格条件的，可以按照法定程序任命相关法律职务。属于首次入额的，参与办案一年以上，经绩效考核合格后，可以按照本院法官遴选的条件、标准和程序遴选入额。属于再次入额的，按照前述关于重新入额相关规定执行。这一方面有利于培养历经多岗位锻炼、素质全面的法院领导干部，另一方面也坚持法官遴选的条件、标准和程序，确保入额法官具有较高专业能力。

（来源：《人民司法》2022年第1期）

# 《人民法院在线调解规则》的理解与适用

钱晓晨 刘雪梅 徐德芳

为方便当事人及时解决纠纷，规范依托人民法院调解平台开展的在线调解活动，提高多元化解纠纷效能，2021 年 12 月 27 日，最高人民法院审判委员会第 1859 次会议审议通过《人民法院在线调解规则》（法释〔2021〕23 号，以下简称《规则》），自 2022 年 1 月 1 日起施行。《规则》共 30 条，从司法解释层面对在线调解适用范围、人民法院在线调解内涵、在线调解组织和人员、在线调解程序、在线调解行为规范等作出规定，为全国法院深入推进一站式多元纠纷解决工作提供制度保障。

《规则》明确了在线调解框架体系，丰富了人民法院调解形式，填补了在线调解程序空白，创新完善了互联网时代人民群众参与司法的制度机制，拓展了调解资源共享的广度深度，是人民法院贯彻落实习近平法治思想的生动实践，对于完善具有鲜明中国特色、实践特色、时代特色的纠纷解决制度体系，促进实现更高水平的数字正义具有里程碑意义。为便于实践中正确理解与适用，本文就《规则》的制定背景、总体思路、重点内容进行说明。

## 一、《规则》的制定背景

为贯彻落实习近平总书记关于“把非诉讼纠纷解决机制挺在前面”“推动大数据、人工智能等科技创新成果同司法工作深度融合”等重要指示要求，认真落实党中央关于“完善社会矛盾纠纷多元预防调处化解综合机制”“建立健全运用互联网、大数据、人工智能等技术手段进行行政管理的制度规则”等重大部署要求，服务网络强国数字中国战略，最高人民法院坚持以人民为中心，坚持和发展新时代“枫桥经验”，在深入总结多元化纠纷解决机制改革成果基础上，加快推进一站式多元纠纷解决机制建设，运行人民法院调解平台（以下简称调解平台），创新互联网时代在线解纷新模式，先后出台《关于建设一站式多元解纷机制一站式诉讼服务中心的意见》（以下简称《一站式意见》）及《关于深化人民法院一站式多元解纷机制建设推动矛盾纠纷源头化解的实施意见》等规范性意见，并会同中央台办、全国总工会、中国侨联、全国工商联、人力资源社会保障部、人民银行、银保监会、证监会、国家知识产权局等单位联合印发十余个“总对总”在线诉调对接文件，推动人民法院在线调解从方式变革向模式变革转变，从单打独斗向开放共享转变，从实践探索向规则创新转变，形成独树一帜中国特色在线纠纷解决新模式，并呈现以下特点。

一是多元化参与。更加注重发挥多元主体在纠纷解决中的重要作用，创新“总对总”在线诉调对接机制，中央台办、全国总工会、中国侨联、全国工商联、人力资源社会保障部、人民银行、银保监会、证监会、国家知识产权局、国家发展改革委价格认证中心、中国中小企业协会等11家对接单位共5627家调解组织、16705名调解员入驻调解平台，截至2021年12月底，共接受人民法院委派调解纠纷21.7万件。广泛邀请人民调解、行业专业调解、行政调解、商会调解、人大代表、政协委员、行业专家、律师学者、退休法律工作者、基层干部、网格员等参与调解，在涉外或者涉港澳台案件中，邀请符合条件的外籍人士、侨胞、港澳台同胞参与，最大限度集成各行各业纠纷解决力量，协同化解纠纷。到2021年12月底，6.1万家调解组织、25.4万名调解员入驻调解平台，调解组织和调解员数量分别是2018年调解平台开通当年的48.27倍和18.46倍。专业行业调解人员不断增多，实现人民调解为主向行业专业调解力量并行转变。从入驻调解平台调解员情况看，人民调解员占42.9%、行业专业调解员占23.3%、法官或退休法官占15.7%、律师占9.5%、乡镇干部、五老人员等占2.4%、专家学者占2%，形成了专群结合、类型丰富的调解资源库，为当事人提供菜单式纠纷解决服务。

二是全流程在线。调解平台与审判流程管理系统等法院办案平台做到内外交互，实现诉调在线对接，一站式开展咨询评估、音视频调解、司法确认、网上立案、一键归档等工作。从当事人申请调解、法院委派委托调解，到调解组织及其调解员接受委派委托、组织音视频调解，制作调解协议，再到法院司法确认调解协议效力，或者对诉前调解不成的进行登记立案、对诉中调解不成的继续审理，均可以通过在线方式完成，方便当事人通过一个平台就能基本解决全部诉求。

三是开放式融合。充分发挥调解平台集成主渠道功能，打破区域、部门和层级信息壁垒，将有关部门参与社会治理、化解矛盾纠纷职能协同起来，构建纵向贯通、横向集成、共享共用、安全可靠的在线多元调解体系，形成一站式纠纷解决“供给链”，实现调解资源跨层级、跨地域共享。目前，调解平台已经与证监会全国证券期货纠纷在线调解平台、全国工商联商会调解服务平台、人民银行中国金融消费纠纷调解网等实现互联融通、业务协同、数据共享，正在与人力资源社会保障部劳动人事争议在线调解服务平台进行系统对接，并与在线服务、律师服务、委托鉴定等其他对外服务平台打通。在线调解覆盖婚姻家庭、劳动争议、道路交通、证券期货、银行保险、金融消费、价格争议、商事企业、涉侨、涉台等纠纷领域。

四是一体化解纷。针对近年来道路交通事故多发易发情况，最高人民法院会同公安部、司法部、银保监会建立道交纠纷网上数据一体化处理平台，打通信息壁垒，整合数据资源，统一赔偿标准，实现车辆信息、驾驶人信息和交通事故信息一键调取，物品损失和人员伤情委托鉴定在线完成，责任认定、理赔计算、调解、诉讼、一键理赔等工作全流程在线开展，有效解决赔偿标准不一、赔偿程序烦琐、鉴定时间过长等问题。自 2018 年 1 月上线至 2021 年 12 月底，3006 家基层人民法院全部应用道交一体化平台，全国法院 86.77％的道交案件通过在线平台进行调解，调解成功率达 70％。各地法院积极推动建立金融、医疗等类型化纠纷一体化解纷机制，形成多部门联合在线调解工作模式。

五是智能化管理。调解平台对调解案件实行编号管理，不论是诉前调解还是诉中调解，均统一编号，一案一号，确保调解全程留痕，可查询、可追溯、可监管。建立在线调解数据管理平台，四级法院各类调解数据实现自动汇聚，实时掌握全国法院在线调解态势。最高人民法院建立诉讼服务指导中心信息平台，按照建机制、定规则、搭平台、推应用四个环节，将在线调解工作要求逐一细化，纳入诉讼服务质效评估体系，并以此为牵引，推动人民法院在线调解从前半程起步摸索、积蓄成长、建成主体框架，到后半程日臻成熟、全面加速、形成平台效应，从发展不平衡到全面普及应用，从粗放到集约的飞跃式发展，成为中国特色纠纷解决的一张亮丽名片。

调解平台自2018年2月上线以来，截至2021年12月底，累计在线调解纠纷2443.3万件，调解成功率达64.86%，平均调解时长17天。2019年、2020年、2021年在线调解量增幅分别为132.9%、103.6%、35.6%。2018年、2019年、2020年、2021年诉前调解成功数分别为57.1万件、145.9万件、424.5万件、610.68万件，2019年至2021年增幅分别达155.71%、190.94%、43.86%。通过音视频方式调解案件量分别为0.29万件、1.66万件、101.12万件、298.19万件，2019年至2021年增幅分别达470.76%、5973.53%、194.89%。目前，入驻调解平台参与在线调解工作的社会力量已经超过员额法官数，成为联合化解纠纷的重要力量。法院诉前调解成功纠纷数已超过一审民商事案件1/3，音视频调解量占调解总量1/4以上，表明在线调解，特别是诉前在线多元调解，已经成为人民法院解决纠纷的重要方式。

2021年，为进一步发挥调解平台在促进基层治理体系和治理能力现代化中的作用，最高人民法院下发《关于加快推进人民法院调解平台进乡村、进社区、进网格工作的指导意见》，开展调解平台“三进”工作，形成“横向到边、纵向到底”的基层解纷服务大格局，让小矛盾小问题在基层就能得到实质性化解。截至2022年2月25日，全国9378家人民法庭入驻调解平台，在线对接综治中心、矛调中心、司法所、派出所、工会、妇联、乡镇（街道）、村（社区）等基层治理单位47624家，更加方便当事人在家门口及时便捷解决纠纷。

人民法院依托调解平台，将法院履行定分止争职能与坚持和发展新时代“枫桥经验”统一起来，将司法调解与信息化技术、社会化参与结合起来，形成融合ADR和ODR纠纷解决路径的中国特色在线多元纠纷解决模式。经过几年发展，人民法院在线调解应用场景更加广泛，参与调解的社会力量不断壮大，在线调解数量大幅增加，调解纠纷类型更加丰富，诉调对接模式不断创新，在线调解工作逐渐成熟，呈现出不同于传统线下调解新的特点和运行要求，现行法律中关于司法调解的规定已经难以满足当前实践发展需要，特别是诉前在线调解工作缺乏专门规范，各地在推进过程中存在标准不一、无据可循等问题，有必要在充分总结人民法院一站式多元纠纷解决和智慧法院建设成果基础上，提炼出根植于中国土壤、符合我国实际、体现国际视野、有效融合调解优良传统与现代信息技术的在线调解规则，更好满足人民群众互联网时代的司法新需求，构建形成互联网司法规则体系，促进审判体系和审判能力现代化，为世界多元化纠纷解决机制改革发展提供中国方案，贡献中国智慧。



## 二、《规则》的起草原则

《规则》是最高人民法院坚持以习近平新时代中国特色社会主义思想为指导，深入贯彻习近平法治思想，坚持以人民为中心，顺应时代潮流，回应实践需要，对依托调解平台开展在线调解活动作出的重要规范性文件。在起草过程中，我们坚持以下原则。

一是坚持以习近平法治思想为指引。党的十八大以来，习近平总书记就正确处理人民内部矛盾、加强和创新社会治理、预防和化解社会矛盾提出一系列新理念、新思想、新战略，为人民法院推进中国特色一站式多元纠纷解决机制提供了根本遵循。《规则》不仅对诉讼过程中的在线调解作出规定，还首次以司法解释形式对立案前在线调解作出系统规范，有力贯彻落实“坚持把非诉讼纠纷解决机制挺在前面”重大部署要求。

二是坚持严格依法制定。严格遵循宪法法律精神，在现行法律框架下对在线调解具体适用问题依法进行解释，特别是与新修改的民事诉讼法保持一致。《规则》明确根据民事诉讼法、行政诉讼法、刑事诉讼法等法律进行制定。

三是坚持以人民为中心。《规则》将方便当事人及时解决纠纷作为首要目的，将调解自愿，充分尊重当事人意愿作为基本原则，将丰富多元调解“菜单库”，提供多元化纠纷解决方案、立体化调解参与渠道以及更加及时高效的解纷服务作为内容主线。同时，为其他社会力量依法参与化解纠纷提供平台和载体，充分释放多元解纷效能。

四是坚持面向实际。总结党的十八大以来智慧法院建设成果以及基层在线调解实践经验，归纳全国法院基本成熟的做法，规范实践迫切需要统一认识的问题，确保《规则》具有较强前瞻性和可操作性，为打造世界领先、中国特色在线调解模式提供广阔空间。

五是坚持问题导向。针对在线调解过程中面临的突出问题，如调解的流程、调解的期限、调解组织和人员的选择、立案前调解与鉴定评估工作的衔接等提出有效解决方案，规范在线调解行为，促进长效发展。同时，注意与《人民法院在线诉讼规则》《人民法院在线运行规则》的衔接，对在线案件办理、调解平台应用方式、运行管理、数据安全等其他两大在线规则已经规范的内容，除需要进一步明确的，不再重复规范。《规则》条款从第一轮征求意见稿的38条，到第二轮征求意见稿的34条，再到最终的30条，不断精炼，力求解决实际问题。

六是坚持广征意见。在起草《规则》前开展充分调研，听取全国人大代表、基层法院代表、调解组织代表等意见建议，并邀请中国人民大学、上海交通大学、西安交通大学专家团队全程参与。之后，面向全国四级法院、最高人民法院相关部门、专家学者开展两轮意见征求工作，并征求全国人大常委会法工委以及中央政法委、全国总工会、中国侨联、中国法学会、全国工商联、国家发展改革委、司法部、人力资源社会保障部、人民银行、国务院港澳办、国台办、银保监会、证监会、国家知识产权局等单位意见建议，三轮共收到反馈意见建议622条，对能够吸收的全部予以吸收，确保《规则》更加科学严谨。

## 三、人民法院在线调解的内涵

在线纠纷解决发端于电子商务和跨国电子商务领域，一方面，具有非诉讼纠纷解决机制的属性，另一方面，依赖互联网技术和平台技术。随着现代信息技术发展，一些地方法院开始探索视频调解。早期的视频调解，主要是出于便利群众的考虑，让当事人在任何地方都可以通过电脑、手机开展调解。这一时期尚未广泛邀请多元化力量参与调解。2018年2月，最高人民法院上线调解平台，并根据实践需求不断迭代升级，完善“一网通调”流程，扩大社会力量参与度。与此同时，其他国家和地区对于在线争议解决的认识逐渐从改进法院过去运作方式的技术工具向变革传统争议处理方式转变，并且也在积极探索集成化的争议解决系统，开展在线分流、协商、调解和在线听证等工作。从在线调解平台发展的速度、覆盖的广度，以及在线解决纠纷的数量看，我国法院一马当先，调解平台已经成为应用覆盖面最广、解纷功能最集约、调解资源最丰富、化解案件量最多、诉调对接最顺畅的强大平台，这主要得益于我国的制度优势以及自上而下一盘棋推进的工作思路。

从人民法院在线调解的功能、性质看，在线调解与线下调解并无太多差异，都是通过说服、疏导等方式，促使当事人在平等协商基础上达成调解协议，及时解决纠纷，属于非诉讼纠纷解决方式之一，线下调解的自愿、合法、平等、保密等基本原则以及相应的程序规则同样适用于在线调解。但在调解主体、调解方式、调解期限起算、委派委托调解流程等方面存在一定特殊性，因此，有必要专门作出规定。

《规则》标题使用“人民法院在线调解”的表述，主要强调的是对人民法院主导下的在线调解工作作出规范，属于司法调解范畴，包括当事人向法院提起诉讼后，经引导进行立案前或者诉讼过程中的调解，也包括当事人通过调解平台选择法院特邀调解组织或者特邀调解员开展的调解。人民法院并非解决纠纷的唯一主体，实践中，大量矛盾纠纷发生后，当事人不是起诉到法院，而是直接选择其他调解组织或者在其他纠纷解决平台上进行调解。对其他调解组织开展的在线调解，且不涉及在线诉调对接的，不适用《规则》。

《规则》第二条对在线调解作出界定，其包括以下几个要件。

第一，依托调解平台这一载体开展。在征求意见中，有意见指出《规则》标题应当改为“人民法院调解平台在线调解规则”。考虑到《规则》与《人民法院在线诉讼规则》《人民法院在线运行规则》作为“三大在线规则”，形成了有机衔接、相互支撑、各有侧重的程序规则体系，在名称上需要保持统一，因此，将依托调解平台这一要件放在《规则》适用范围中作出明确。这里的调解平台既包括最高人民法院统一建设的平台，也包括部分地方法院自行建设的调解平台。从全国法院情况看，24 个省（自治区、直辖市）法院使用最高人民法院统一建设的调解平台，北京、河北、上海、江苏、浙江、江西、广东、重庆 8 个地区法院使用自建的调解平台，但与调解平台互联互通。为规范自建地区调解平台名称，最高人民法院在 2021 年下发专门通知，要求将自建平台名称修改为人民法院调解平台＋自建平台名称，如河北法院改为“人民法院调解平台·冀时调”，因此，《规则》将在线调解平台名称统一为人民法院调解平台。在《规则》第一轮征求意见稿中，我们对在线调解平台建设对接要求作了规范，但有意见指出关于平台建设要求不属于司法解释规范内容，考虑到《人民法院在线运行规则》对调解平台将作出专门规定，故删除相关内容。

第二，在线调解包括在线申请、委派委托、音视频调解、制作调解协议、申请司法确认调解协议、制作调解书等环节。目前，关于线下调解具体流程散见于人民调解法、民事诉讼法以及《最高人民法院关于适用〈中华人民共和国民事诉讼法〉的解释》（以下简称《民事诉讼法解释》）等法律和司法解释中，如人民调解法第四章调解程序和第五章调解协议中对调解的申请、组织调解、调解协议书制作、申请司法确认等作出规定。《民事诉讼法解释》对调解的基本原则、调解书的制作等作出规定，但对调解具体流程特别是起诉到法院后立案前的调解流程尚未作出系统性规范。《规则》梳理了在线调解流程：在线申请，即当事人经人民法院引导后直接通过调解平台申请调解；委派委托，即人民法院对当事人同意在线调解的，通过调解平台在立案前委派或者在立案后委托在线调解组织或者调解员调解；音视频调解，即主持在线调解人员通过音频、视频等非现场方式组织调解；制作调解协议，即当事人就所有或者部分调解请求达成一致意见后在线制作或者上传调解协议；申请司法确认调解协议、制作调解书，即对依法可以申请司法确认或者应当立案后出具调解书的，通过调解平台在线申请或者制作。

第三，调解环节可以全部在线完成，也可以部分在线完成，充分尊重当事人选择权。在线调解不等同于音视频调解，也不意味着在线调解必须采用音视频方式，更不是所有流程都必须在线办理。例如，人民法院通过调解平台委派委托调解后，调解人员既可以根据当事人意愿开展音视频调解，也可以组织现场调解，因委派委托调解这一环节通过调解平台进行，即便调解过程不是通过音视频方式开展，也属于在线调解范畴。

关于在线调解的效力，征求意见稿在第二条第二款作了专门规定。因民事诉讼法增加了“经当事人同意，民事诉讼活动可以通过信息网络平台在线进行。民事诉讼活动通过信息网络平台在线进行的，与线下诉讼活动具有同等法律效力”的规定，关于在线调解法律效力的规定可以适用民事诉讼法，已无必要在《规则》中再行规定，故根据全国人大常委会法工委建议删除第二款内容。

## 四、在线调解的适用

《规则》第一条、第三条、第四条明确了在线调解的适用要件。

第一，主体条件。人民法院、当事人、调解组织或者调解员可以通过人民法院调解平台开展在线调解活动。人民法院既可以自行组织在线调解，审判人员在立案后组织双方当事人调解，也可以委派委托调解组织或者调解员开展在线调解，还可以结合案件情况，与调解组织或者调解员联合进行调解。

第二，案件范围。为鼓励大量矛盾纠纷通过调解方式不伤和气地解决，《规则》第三条明确依法可以调解或者和解的纠纷，包括民事纠纷、行政纠纷、执行案件、刑事自诉以及被告人、罪犯未被羁押的刑事附带民事诉讼案件均可以在线调解，实现主要案件类型全覆盖。同时，考虑到行政诉讼法、刑事诉讼法关于行政案件、刑事自诉案件以及刑事附带民事案件的调解范围、证据采信等规定与民事纠纷有所不同，如行政诉讼法第六十条对行政案件调解范围作了明确，即行政赔偿、补偿以及行政机关行使法律、法规规定的自由裁量权的案件可以调解。在征求意见中，有意见指出，《规则》主要采取民事调解的做法，相关规定不适用刑事案件，此外，对于被告人、罪犯已经被羁押的，不适宜进行在线调解，故增加刑事附带民事诉讼调解应当适用于被告人、罪犯未被羁押情形的前置条件，故《规则》第三条第二款规定："行政、刑事自诉和刑事附带民事诉讼案件的在线调解，法律和司法解释另有规定的，从其规定。"关于执行和解，考虑到现行法律没有规定执行案件的调解，而仅有执行和解程序，故在第一轮征求意见稿中没有包括执行案件。在征求意见时，一些地方法院建议将执行案件纳入。为尊重地方实践，鼓励通过调解、和解等方式解决大量案件，故将执行案件纳入在线调解范围，并在表述上采用"调解或者和解"。

第三，适用环节。在线调解适用于包括立案前或者诉讼过程中的各个环节。现行法律和司法解释主要对诉讼过程中的调解作出规定，对先行调解的规定较为原则。如民事诉讼法第一百二十五条规定："当事人起诉到人民法院的民事纠纷，适宜调解的，先行调解，但当事人拒绝的除外。"考虑到诉讼中调解较为完善，《规则》重点对立案前调解作出规定，同时注意衔接诉中调解工作。之所以对立案前调解进行专门规定，主要的考虑是：近年来，随着经济社会快速发展，大量矛盾纠纷涌入人民法院，诉讼案件激增与有限司法资源之间的矛盾更加突出。如果纠纷都到法院解决，会带来两个问题。首先，"对簿公堂"，因法庭对抗性强，可能影响社会和谐。其次，司法资源有限，大量案件在法院解决，既让法官难堪重负，也难以及时实现正义。2019 年初，习近平总书记指出，要坚持把非诉讼纠纷解决机制挺在前面，推动更多法治力量向引导和疏导端用力。诉讼是化解矛盾纠纷的必要手段，但不是唯一手段。为贯彻落实党中央决策部署，人民法院大力推进一站式多元纠纷解决机制建设，出台《最高人民法院关于人民法院特邀调解的规定》（以下简称《特邀调解规定》）、《最高人民法院关于进一步完善委派调解机制的指导意见》（以下简称《委派调解意见》）、《最高人民法院关于人民法院深化“分调裁审”机制改革的意见》（以下简称《分调裁审意见》）等规范性文件，加大诉前调解工作力度，让大量矛盾纠纷及时高效化解在起诉前。从调解平台数据看，诉前调解量占全部在线调解纠纷的 85%左右。《规则》吸收了之前司法政策文件成熟经验，充分尊重实践可行做法，除对立案前或者诉讼过程中在线调解的共性问题作出规范外，也专门对立案前在线调解申请的退回、立案前在线调解组织和调解员的指定、立案前一方当事人调解意愿的征询、立案前调解协议的履行、立案前调解不成的处理、立案前调解过程中鉴定评估的效力认定等作出规定。

第四，适用条件。《规则》第四条明确适用在线调解必须征得当事人同意。不论是《人民法院在线诉讼规则》，还是民事诉讼法，均明确在线模式的适用，需以当事人同意为前提，尊重当事人对在线方式的选择权。因此，《规则》对采用在线调解方式应当征得当事人同意作了专门强调。同时，人民法院决定是否采用在线调解方式，也需要考虑案件具体情况以及技术条件等因素。比如，面对面调解更容易化解纠纷的，或者双方当事人都在现场的，可以组织线下调解。需要指出的是，不论在线调解还是组织现场调解，抑或上门调解，出发点都是为了给人民群众解决纠纷提供多元化的途径，目的是让纠纷解决更加及时便捷高效，决不能为了提高在线调解应用率，增加群众解决纠纷的负担。

## 五、在线调解的主体及名册管理

《规则》第五条对开展在线调解的主体作出规定。在主体范围设计上，《规则》坚持开放性原则，尽可能吸纳更多社会力量参与调解工作。在线调解主体主要包括四类。

一是法院审判人员。

二是法院专职或者兼职调解员。专（兼）职调解员主要为人民法院负责调解工作的法官或者司法辅助人员，以及由人民法院选聘专门从事调解工作的人员。

三是特邀调解组织和特邀调解员。《特邀调解规定》第六条第一款、第二款规定：“依法成立的人民调解、行政调解、商事调解、行业调解及其他具有调解职能的组织，可以申请加入特邀调解组织名册。品行良好、公道正派、热心调解工作并具有一定沟通协调能力的个人可以申请加入特邀调解员名册。人民法院可以邀请符合条件的调解组织加入特邀调解组织名册，可以邀请人大代表、政协委员、人民陪审员、专家学者、律师、仲裁员、退休法律工作者等符合条件的个人加入特邀调解员名册。”

四是人民法院邀请的其他单位或者个人。

在征求意见中，有意见提出将在线调解组织和人员限缩为特邀调解组织和特邀调解员。我们考虑到，近年来，最高人民法院建立“总对总”在线诉调对接机制，积极推动调解平台进乡村、进社区、进网格，邀请中央部委单位数万个调解组织和调解员，以及基层治理单位、基层解纷人员入驻调解平台，开展化解、调解工作。

这些人员中，对符合纳入特邀调解名册条件的，鼓励各地纳入特邀调解名册管理，但仍有部分组织或者人员无法纳入特邀调解名册。

为尊重工作实践，扩大多元解纷队伍，对这些单位和人员，人民法院可以邀请参与调解，更好地为当事人提供有针对性的纠纷解决服务。

《规则》第二十七条对在线调解组织和人员分级管理作出规定，即“谁选任、谁管理”。管理内容包括调解组织或者调解员的选任；上级人民法院选任的调解组织或者调解员，下级人民法院可以征得其同意后确认为本院调解组织或者调解员；选任后定期组织业务培训；制定本地区调解组织或者调解员资质认证规范；指导邀请的调解组织或者调解员入驻调解平台；根据调解组织或者调解员类型对其工作权限进行分类设置；对调解组织或者调解员工作业绩进行评价；等等。

《规则》第六条根据当前实践以及长远发展需要，对于外国人和港澳台地区居民参与在线调解以及调解案件范围作出规定。从实践情况看，广东、上海、福建、海南等地方法院已经探索开展这项工作。最高人民法院与中国侨联建立“总对总”涉侨纠纷在线诉调对接机制，与中央台办建立“总对总”涉台纠纷在线诉调对接机制，邀请外国调解员、台湾同胞调解员多元化解纠纷，充分发挥他们在解决纠纷中的专业优势、身份优势。

此外，《规则》第二十八条规定最高人民法院可以建立全国性特邀调解名册，供四级法院使用，地方法院对重大、疑难复杂且适宜调解的案件，可以邀请名册中的调解组织或者人员参与调解。高级、中级人民法院也可以建立区域性特邀调解名册，如长三角、粤港澳、京津冀等地区法院可以共同选任一批在线调解组织和调解员，建立共享调解资源库，提高解决纠纷质效。为推动专业行业调解，提高在线调解的精准化、精细化水平，形成特色在线调解品牌，对于婚姻家庭、劳动争议、道路交通、金融消费、证券期货、知识产权、海事海商、国际商事和涉港澳台侨等类型化纠纷，人民法院可以建立特殊特邀调解名册，邀请相关领域专家参与调解。

## 六、在线调解的程序规范

《规则》框架按照总体要求、在线调解程序、管理要求、其他这四大部分划分。从条款数来看，总体要求有6条，在线调解程序有20条，管理要求有3条，其他1条为施行时间，在线调解程序占《规则》篇幅的1/3，是本次规范的重点内容。《规则》第七条至第二十六条按照在线调解工作流程，明确了在线调解的引导、启动、材料提交要求、在线调解受理条件、调解组织或者调解员的选定及更换、调解组织和人员接受委派委托调解、组织调解方式确定、调解协议、诉调对接、调解电子笔录、在线调解期限、在线调解程序终结等。

### （一）在线调解的引导

引导可以由立案人员在立案前实施，对起诉到法院的当事人，通过告知在线调解的优势特点，为他们解决纠纷提供多元化渠道，也可以由审判人员在诉讼过程中，引导双方当事人通过在线调解方式解决纠纷。近年来，人民法院以建设现代化诉讼服务中心为契机，加强诉讼引导工作。《一站式意见》首次明确设立诉讼引导和辅导区，提供诉讼指引类服务。《分调裁审意见》要求全面开展调解分流工作，对起诉到人民法院的民事纠纷，除根据案件性质不适宜调解、已经调解但无法达成调解协议的外，应当在立案前向当事人发放是否同意调解确认书。

目前，许多地方法院在诉讼服务大厅张贴宣传海报、播放动漫视频、发放调解平台宣传手册等，告知在线调解具有便捷高效、省时省力、低成本、有保障等好处。同时，设立诉讼引导辅导岗，配备诉讼结果智能评估设备，提供纠纷智能评估结果，推送类似典型案例，由法院工作人员或者第三方志愿者对当事人的起诉进行调裁分流，适宜调解的，引导进行调解。告知可以采用口头、书面或者在线方式进行。《规则》增加了在线方式，主要是考虑当前网上立案已成常态，对于当事人网上提交起诉申请的，可以通过在线服务平台智能推送、12368 热线人工服务等方式进行引导。

（二）在线调解材料的提交

在线调解材料的提交形式分为两种：一种是当事人自行填写；另一种为系统推送。如对当事人现场提交的起诉材料，人民法院已经扫描录入审判流程管理系统，为避免当事人重复录入，可以直接将电子化起诉申请材料直接推送到调解平台，无须当事人重复提交。《规则》第八条明确申请在线调解需要填写的信息项，包括身份信息、纠纷简要情况、有效联系方式以及接收诉讼文书电子送达地址等，并为当事人上传电子化起诉申请材料以及相关证据材料提供入口。考虑到老年人等特殊群体不善于使用智能技术，为帮助解决“数字鸿沟”，对当事人填写或者提交电子化起诉申请材料确有困难的，可以由人民法院辅助当事人将纸质材料作电子化处理后导入调解平台。

（三）立案前在线调解申请的退回

《规则》第九条明确了立案前申请调解的条件，包括应当属于法院受案范围，与调解组织或者调解员建立邀请关系的法院对案件有管辖权，案件适宜在线调解。对于不符合条件的，退回申请。目前，立案前在线调解启动包括法院委派调解组织或者调解员调解，以及当事人通过调解平台提交在线调解申请。从实践情况看，绝大多数法院在立案前委派调解时，已经对纠纷是否属于法院受案范围、是否属于本院管辖作了初步判断。对符合案件受理条件的，才进行委派调解。这主要是考虑委派的权利来源以及后续司法保障问题。根据民事诉讼法的规定，起诉必须符合“原告是与本案有直接利害关系的公民、法人和其他组织；有明确的被告；有具体的诉讼请求和事实、理由；属于人民法院受理民事诉讼的范围和受诉人民法院管辖”四个条件，对于起诉到法院的民事纠纷，适宜调解的，才能先行调解。

因此，即便采用法院委派社会调解组织或调解员或者当事人选择平台上的调解组织或调解员的方式，也应当限定为对案件有管辖权法院邀请的调解组织或者调解员，避免出现当事人选择与有管辖权法院毫无关系的调解组织或者调解员，影响后续申请司法确认、请求制作调解书或者登记立案的效力。需要说明的是，这里只要求法院对纠纷有管辖权，并未限制调解组织或者调解员开展跨地域调解，只要调解组织或者调解员与有管辖权的法院建立邀请关系，就可以接受委派、组织调解。

### （四）调解组织或者调解员的选定及更换

《规则》第十条、第十四条对调解组织和调解员的选定方式以及当事人申请更换的权利、法律后果等作出规定，并根据立案前一方当事人申请还是立案后双方当事人申请作出区分。在征求意见的过程中，有意见提出必须当事人共同选定。但对于立案前一方当事人申请，因不存在双方当事人共同选定的前提，为了快速推进调解进程，由法院指定更符合实践需要。同时，《规则》规定了当事人申请更换调解组织或者调解员的权利，即便一方当事人没有在指定环节参与，后续如果认为调解组织或者调解员不适宜调解的，可以申请更换。

因此，第十条第一款规定立案前的调解，调解组织或者调解员由法院指定，但必须征求提起诉讼一方当事人意见。第二款规定立案后调解组织和调解员确定的原则，以当事人选择为主，法院指定为辅。法院指定包括两种情形：一种是当事人同意由法院指定；另一种是在两个工作日内无法共同作出选择，为避免一方当事人利用调解恶意拖延，故由法院进行指定。同时，为避免法院久拖不决，第十条第三款规定法院指定调解组织或者调解员应当在收到当事人在线调解申请后三个工作日内进行。法院指定调解组织或者调解员后，《规定》第十四条规定当事人可以申请更换，对于更换后仍不同意且拒绝自行选择的，视为拒绝调解。

### （五）调解组织或者调解员及时接受及披露义务

考虑到线上调解不同于现场调解，法院工作人员或者当事人能够面对面确认调解组织或者调解员是否接受委派委托，故《规则》第十二条对于在线调解组织和调解员应当在收到人民法院委派委托调解信息或者当事人在线调解申请后三个工作日内确认法院接受委派委托或者当事人调解申请、不予接受的情形以及超期未予确认的法律后果作出规定。考虑到入驻调解平台的调解组织和调解员类型多样，多为公益性质，调解组织和调解员有各自擅长的调解领域，一些调解员属于兼职，一些调解组织资源有限，因此，对于纠纷不属于调解组织调解范围或者行业领域，明显超出调解员擅长领域，以及调解组织调解资源已经饱和或者具有其他不适宜接受情形的，调解组织或者调解员可以写明理由后不予接受，避免给调解组织或者调解员参与多元化解工作带来过重负担。

《规则》第十三条第一款首次规定调解组织和调解员应当披露的三种情形：(1) 调解员是纠纷当事人或者当事人、诉讼代理人近亲属；(2) 调解员与纠纷有利害关系；(3) 调解员与当事人、诉讼代理人有其他可能影响公正调解的关系。在征求意见稿中规定的是信息披露与回避，即调解组织和调解员披露这些存在利益冲突的情形后，当事人有权申请其回避。但在讨论过程中，多数意见认为诉讼法上的回避制度主要针对审判人员，非诉讼调解与诉讼相比，具有灵活性特点。比如，在乡村社区或者行业协会的调解员，往往就是利用熟识双方当事人的身份优势促成调解，化解纠纷。因此，《规则》明确主持或者参与调解的人员有披露的义务，当事人有申请更换的权利，但对调解组织和调解员披露后当事人仍同意的，或者当事人明确知道调解组织、调解员具有以上三种情形，没有要求更换仍同意继续调解的，应当尊重当事人意愿，由该调解组织或者调解员继续调解。

### （六）调解前的准备工作

《规则》第十五条第一款规定，对于当事人一方立案前调解的，调解员可以协助法院通知对方当事人，征询调解意愿。这主要考虑司法实践中，调解员往往帮助承担大量辅助性工作，包括调解意愿的征询、指导双方当事人填写《送达地址确认书》、记录无争议事实等，这一做法能够更好发挥调解人员作用，提高工作效率。《规则》第十六条对确认参与调解方式作了规定，既为愿意通过音视频方式调解的当事人提供平台，减轻他们诉累，特别是在常态化疫情防控形势下，通过音视频调解，让当事人不用千里奔波就能“云上”解纷，同时，对于不具备音视频技术条件的，为其在诉讼服务大厅等场所参与音视频调解提供便利条件。对于一方当事人通过手机、电脑开展调解，另一方在法院诉讼服务大厅视频调解室参与音视频调解，因双方都在调解平台上，亦属于音视频调解方式之一。对于双方都不具备音视频条件或者拒绝通过音视频方式调解的，可以组织现场调解。

（七）在线调解行为效力

考虑到调解过程中，各方当事人为了促成调解，可能会作出妥协或者让步，《规则》第十八条规定，当事人为达成调解协议作出妥协而认可的事实、证据等，不得在诉讼过程中作为对其不利的依据或者证据，但法律另有规定或者当事人均同意的除外。同时规定，当事人可以共同确认无争议事实。

关于无争议事实记载机制，最高人民法院 2012 年下发的《最高人民法院关于扩大诉讼与非诉讼相衔接的矛盾纠纷解决机制改革试点总体方案》首次规定："建立无争议事实记载机制。当事人未达成调解协议的，调解员在征得各方当事人同意后，可以用书面形式记载调解过程中双方没有争议的事实，并告知当事人所记载的内容。经双方签字后，当事人无需在诉讼过程中就已记载的事实举证。" 2016 年出台的《最高人民法院关于人民法院进一步深化多元化纠纷解决机制改革的意见》再次规定："调解程序终结时，当事人未达成调解协议的，调解员在征得各方当事人同意后，可以用书面形式记载调解过程中双方没有争议的事实，并由当事人签字确认。在诉讼程序中，除涉及国家利益、社会公共利益和他人合法权益的外，当事人无需对调解过程中已确认的无争议事实举证。"

从司法实践看，许多地方法院已经建立无争议事实记载机制，这对于固定调解成果、确认双方分歧焦点等具有积极作用。因此，《规则》对无争议事实记录、效力等作出规定。

（八）诉调对接机制

《规则》第二十条对调解成功的，区分立案前还是立案后分别作出规定。第二十一条对调解不成的，分别作出规定。同时，为了用好调解成果，规定调解组织或者调解员应当记录调解不成的原因及其他需要提示的情况，为法官后续审理提供参考。第二十五条对于在线调解程序终结的八种情形作出规定，包括调解成功达成调解协议、当事人自行和解等，也包括无法联系到当事人、当事人不愿意继续调解、当事人难以达成调解协议、当事人拒绝在调解协议上签章以及规定期限内未达成调解协议等，确保诉调顺畅对接，做到能调则调、当判则判，快速解决纠纷。

## 七、其他规定

### （一）调解协议自动履行

《规则》第十九条、第二十条均规定当事人应当主动履行调解协议。调解工作要实现长效发展，并不能简单通过扩大司法确认范围，发挥司法保障作用来实现，应当更加注重培育调解组织的公信力，完善调解协议诚信履行机制。近年来，人民法院积极推动建立自动履行正向激励机制，引导当事人诚信履行调解协议。《分调裁审意见》中专门规定“促进非诉讼调解自动履行。非诉讼调解要注重调解内容的真实、合法和可执行性，做到权利义务主体明确、给付内容明确。建立非诉讼调解自动履行正向激励机制，通过将自动履行情况纳入诚信评价体系等，引导当事人主动履行、当场执行调解协议，及时就地化解矛盾纠纷”。浙江宁波法院率先推行自动履行机制，通过建立诚信履行名单，强化履约保障机制，在促进纠纷源头化解、减少调解衍生案件方面取得了很好效果。

### （二）虚假调解行为的规制

近年来，虚假诉讼案件不断增多，花样翻新，破坏了正常诉讼秩序，侵害了他人合法权益，不利于经济社会持续健康发展。

为规制虚假诉讼、虚假调解等行为，民事诉讼法第一百一十五条规定：“当事人之间恶意串通，企图通过诉讼、调解等方式侵害他人合法权益的，人民法院应当驳回其请求，并根据情节轻重予以罚款、拘留；构成犯罪的，依法追究刑事责任。”《民事诉讼法解释》第一百四十四条规定：“人民法院审理民事案件，发现当事人之间恶意串通，企图通过和解、调解方式侵害他人合法权益的，应当依照民事诉讼法第一百一十二条的规定处理。”

《规则》第二十三条对于虚假调解的表现形式以及审查要求作了规定，包括以下几个要件：一是虚假调解形式包括双方当事人恶意串通、虚构法律关系，申请确认调解协议效力、申请法院调解，也包括当事人基于捏造的事实获得调解书等；二是发现的环节是在人民法院审查司法确认申请或者出具调解书过程中；三是审查方式依照《民事诉讼法解释》第三百五十八条等规定，可以要求当事人提供相关证据，必要时，通知共同到场核实；四是对经审查认为构成虚假调解的，依照民事诉讼法等规定处理，发现涉嫌刑事犯罪的，及时移送有管辖权的机关。

（三）诉前鉴定评估与诉前调解的衔接

近年来，人民法院加快推进一站式建设工作，对于鉴定、评估等工作提出集约化要求。为促成调解，提高审判效率，最高人民法院出台的《委派调解意见》《分调裁审意见》等文件，均对诉前调解过程中的鉴定评估工作作出规定。从司法实践看，不少法院积极推进诉前鉴定评估工作，特别是在道交纠纷、医疗纠纷诉前调解过程中，开展诉前委托鉴定评估工作，增强了当事人对纠纷解决结果的可预见性，有效提高了调解成功率，促成调解自动履行。一些法院开展诉前鉴定后，审理期限缩短了60%。

此外，最高人民法院已经建立委托鉴定系统，实现委托鉴定网上流转、全程留痕、公开透明、可视监管。系统上线以来，截至2021年12月底，共有15301家专业机构入驻，累计在线委托鉴定69.9万件，覆盖827个案由和29项鉴定类别，鉴定后采信率达99.7%，平均周期比线下鉴定缩短37.1%。现在，在诉前鉴定应用较广的道路交通事故纠纷领域，道交平台与委托鉴定系统实现对接，可以开展鉴定前置工作。2022年，我们将加快调解平台与委托鉴定系统对接，目前正在研究起草诉前鉴定相关指导性文件。

《规则》第二十六条在总结司法实践基础上，对于诉前鉴定与诉前调解的衔接问题、证据效力等作出规定，明确诉前委托鉴定评估经人民法院审查符合法律规定的，可以作为证据使用。

（四）在线调解组织和调解员行为规范

为进一步规范调解组织和调解员在线调解活动，提高调解质量，《规定》第二十九条明确对以下五类情形当事人可以投诉。

一是强迫调解。调解应当坚持自愿原则。根据民事诉讼法规定，调解达成协议，必须双方自愿，不得强迫。

二是无正当理由多次拒绝接受人民法院委派委托或者当事人调解申请。考虑到司法实践中，个别法院为了增加调解员数量，将一些无法开展调解工作的人员纳入平台，影响了调解成功率和调解质效，为激活调解队伍，对于无正当理由多次拒绝的，法院可以不再纳入在线调解队伍。

三是接受当事人请托或者收受财物。调解员应当依法中立公正开展工作，不得索取、收取当事人财物或者牟取其他不正当利益。

四是泄露调解过程、调解协议内容以及调解过程中获悉的国家秘密、商业秘密、个人隐私和其他不宜公开的信息，但法律和行政法规另有规定的除外。诉讼法规定调解过程和调解协议的内容不得公开。对泄露调解过程、调解协议内容以及调解过程中获悉的国家秘密、商业秘密、个人隐私和其他不宜公开的信息，当事人可以投诉。

五是其他违反调解职业道德应当作出处理的行为。当事人认为在线调解组织或者调解员存在这些不当行为的，可以向法院进行投诉，由法院进行核查，视情形作出解聘等相应处理，并告知主管部门。

（来源：《人民司法》2022年第10期）

# 《人民法院在线运行规则》的理解与适用

许建峰　孙福辉　张　娴

为支持和推进在线诉讼、在线调解等司法活动，完善人民法院在线运行机制，2022年1月，最高人民法院发布了《人民法院在线运行规则》（以下简称《规则》），并于2022年3月1日起施行。《规则》是继《人民法院在线诉讼规则》《人民法院在线调解规则》之后，最高人民法院出台的又一份重要文件，将在世界范围内首次构建全方位、系统化的互联网司法规则体系，推动构建中国特色、世界领先的互联网司法模式。《规则》基于智慧法院建设应用成果，进一步指导和规范信息系统建设、完善应用方式、加强运行管理，支持和推进在线诉讼、在线调解等司法活动，完善人民法院在线运行机制，方便当事人及其他参与人在线参与诉讼、调解等活动，提升审判执行工作质效。

为便于实践中正确理解与适用，现就《规则》的起草背景和过程、出台的重大意义、主要内容等作简要阐释。

## 一、《规则》起草的背景和过程

党的十八大以来，各级人民法院认真贯彻落实习近平法治思想和习近平总书记关于网络强国的重要思想，将信息化作为一场深刻的自我变革，加快建设智慧法院，在全世界法院树立了网络覆盖最全、数据存量最大、业务支持最多、公开力度最强、协同范围最广、智能服务最新的示范样板，为广大人民群众开展在线诉讼、在线调解等活动提供了极大便利，取得了显著成效，充分体现了以人民为中心的发展思想。最高人民法院制定发布了一系列指导性文件和技术标准来引领和规范智慧法院建设。

2021 年 6 月 16 日和 12 月 30 日，最高人民法院分别发布《人民法院在线诉讼规则》和《人民法院在线调解规则》，对于在线诉讼和在线调解的适用范围、法律效果、程序要求等都给出了规则指引。但两个规则没有对诉讼平台、调解平台等信息系统建设、应用、保障和管理提出具体要求。

《规则》就是要基于智慧法院建设应用成果，进一步指导和规范信息系统建设、完善应用方式、加强运行管理，支持和推进在线诉讼、在线调解等司法活动，完善人民法院在线运行机制，方便当事人及其他参与人在线参与诉讼、调解等活动，提升审判执行工作质效。同时通过《人民法院在线诉讼规则》《人民法院在线调解规则》《规则》三个既各有侧重又相互配合、有机衔接、三位一体的规则体系，推动构建中国特色、世界领先的互联网司法模式。

在最高人民法院党组的领导部署下，2021 年 8 月，最高人民法院启动《规则》起草工作。最高人民法院信息中心制定专门工作方案，分管院领导整体负责，同时成立起草工作组，成员由最高人民法院相关部门、部分高级人民法院、中级人民法院、三个互联网法院代表和部分高等院校法学专家学者组成。

2021 年 9 月形成初稿后，在起草组内部进行多轮研究讨论修改。

2021 年 10 月，形成《规则》征求意见稿，并面向中央政法委、最高人民检察院、中央网信办、工业和信息化部、司法部、科技部六个中央和国家机关、最高人民法院各单位、地方法院（含兵团法院）等征求意见。

各单位均对《规则》起草工作表示支持和肯定，同时反馈意见 91 条，含修改意见 70 条，其余为无意见。起草组采纳或部分采纳其中 47 条修改建议，解释说明 23 条。

2021 年 11 月 18 日，最高人民法院网络安全和信息化领导小组 2021 年第二次会议研究讨论《规则》。

2021 年 11 月底，《规则》（征求意见稿）送交全国人大常委会法工委进一步征求意见，全国人大常委会法工委回复无不同意见。

2021 年 12 月 30 日，《规则》经最高人民法院审判委员会第 1861 次会议审议通过。2022 年 1 月 26 日，《规则》正式印发。

## 二、《规则》出台的重大意义

《规则》的出台，对于进一步构建全方位、系统化的互联网司法规则体系具有重要意义，主要体现在以下几个方面。

一是习近平法治思想和习近平总书记关于网络强国重要思想的生动实践。习近平总书记指出，“全面依法治国最广泛、最深厚的基础是人民”“没有信息化就没有现代化”。以信息化方式让信息多跑路、让群众少跑腿，是习近平总书记多次反复强调的指示要求。出台《规则》，推进以高度信息化方式支持人民群众参与在线诉讼和在线调解等活动，减少广大人民群众往返奔波，进一步从司法制度层面更加深入地体现以人民为中心的发展思想。

二是信息时代国家治理体系和治理能力现代化的具体体现。当今信息时代，我国拥有全球最多的互联网用户和最广泛的互联网应用。大力提升网络综合治理和服务能力，形成经济、法律、技术等多种手段相结合的综合治网用网格局，是不断提高经济社会治理水平的必由之路，必然要求司法制度同步跟进，为数字社会发展和网络空间治理提供有力的司法保障。《规则》的出台，必将从司法规则指引和程序约束等方面更加有力地推进审判体系和审判能力现代化，更好地服务国家治理体系和治理能力现代化。

三是深化落实民事诉讼法等相关法律规定的必要举措。2021 年 12 月 24 日通过的《全国人民代表大会常务委员会关于修改〈中华人民共和国民事诉讼法〉的决定》提出 16 处修改内容，其中，第一处修改内容便是增加一条“经当事人同意，民事诉讼活动可以通过信息网络平台在线进行。民事诉讼活动通过信息网络平台在线进行的，与线下诉讼活动具有同等法律效力”；第六处提出，“经受送达人同意，人民法院可以采用能够确认其收悉的电子方式送达诉讼文书”。其中所指的“信息网络平台”和“电子方式送达”均需要予以具体明确。因此，出台《规则》，不仅能规范法院内部系统的建设和管理，也能够对人民群众参与在线诉讼和调解等活动提供充分的指引和帮助。

四是全国智慧法院建设应用成果的制度化升华。按照最高人民法院的顶层设计、规划引领和标准规范，我国智慧法院建设取得了十分显著的成效，全国 3500 多家法院都构建并联通了以中国移动微法院、人民法院调解平台等为载体的在线诉讼和调解平台。各地法院还形成了不同形式、覆盖不同业务阶段、各具特色的智慧法院建设和应用探索经验，但门户各异、功能参差、数据孤岛等现象仍不同程度存在，也给广大用户带来诸多不便。《规则》对全国智慧法院建设经验进行总结凝练，是以往规划、标准和指导性意见等成果的集成升华，有利于通过制度规制约束全国法院系统建设、应用、保障和管理，更好地保障当事人的合法权利和使用便利。

## 三、《规则》的主要内容

《规则》共包括五个部分四十五条内容，涵盖人民法院在线运行的基本原则、适用范围，确定了人民法院用以支持在线司法活动的信息系统建设、应用、运行和管理要求。

### （一）明确人民法院在线运行的总体要求和基本原则

《人民法院在线诉讼规则》和《人民法院在线调解规则》，为人民法院开展在线诉讼、在线调解提供程序指引，均以司法解释的形式发布。《规则》通过规范性文件的形式予以发布，旨在指引人民法院运用先进信息技术，完善智慧法院信息系统、规范应用方式、强化运行管理，为在线诉讼、在线调解等提供配套技术支撑保障体系。因此，《规则》要求，“人民法院运用互联网、大数据、云计算、移动互联、人工智能和区块链等信息技术，完善智慧法院信息系统，规范应用方式，强化运行管理，以在线方式满足人民群众多元化司法需求，高效支持审判执行活动”。

《规则》明确人民法院在线运行遵循高效便民、注重实效、统筹共享、创新驱动、安全可靠原则。高效便民原则是人民法院在线运行的首要原则，相较于线下方式，在线方式更加能够减轻群众诉累，增强人民群众获得感，是坚持以人民为中心思想的重要体现；注重实效原则因智慧法院建设坚持司法规律、体制改革与技术变革相融合，全方位支持人民法院开展在线审判执行活动，保障司法工作，提高司法效率；统筹共享原则是智慧法院服务范围越来越广、协同部门越来越多的情况下，统筹各种需求、平衡各方矛盾，实现信息资源共享的必然要求；创新驱动原则体现人民法院促进先进科技与司法工作深度融合，推进审判体系和审判能力现代化的主动性、积极性和创造性，是智慧法院与时俱进、持续发展的不竭动力；安全可信原则因在线运行相较于传统方式网络安全、数据安全和个人信息保护的矛盾更加突出，要求强化相关安全机制和措施，确保各类系统和数据的安全可信，是人民法院在线运行的必要前提和坚守底线。

### （二）明确支撑人民法院在线运行的信息系统组成和主要功能

党的十八大以来，人民法院大力推进信息化建设，建成了支持全业务网上办理、全流程依法公开、全方位智能服务的智慧法院。

在服务人民群众方面，通过互联网建成中国裁判文书网等四大公开平台、全国企业破产重整案件信息网、减刑假释信息公开网等系列司法公开平台，支持构建阳光司法机制；全国法院全面建成诉讼服务网、诉讼服务大厅、12368诉讼服务热线、人民法院在线服务平台、人民法院调解平台等智慧服务系统，支持构建一站式多元纠纷解决和诉讼服务体系。

在服务审判执行方面，全国法院全面建成网上办案平台，并上线文书辅助、量刑规范等智能审判辅助应用，支撑构建现代化审判体系；全国法院全面建成“1＋2＋N”的执行信息化体系，即以执行指挥中心综合管理平台为核心，以四级法院统一的执行办案系统和执行公开系统为两翼，以网络查控、评估拍卖、信用惩戒、执行委托等N个执行办案辅助系统为子系统的执行信息化系统，成为实现“基本解决执行难”目标并健全切实解决执行难长效机制的有力利器。

在服务司法管理方面，全国法院不断拓展覆盖人、案、事的行政综合管理应用，建成了覆盖文件办理、教育培训、业绩档案、编制管理、人才管理、离退休干部管理等业务的各类综合管理平台。

在全国法院大力推进信息系统建设的同时，也产生了信息系统较为分散、数据孤岛等问题。《人民法院信息化建设五年发展规划（2021—2025）》提出一体化建设目标，以更加科学的顶层规划和总体设计为指导，加强多元解纷、诉讼服务、审判执行、司法管理等各类信息系统内外部集成，充分运用共性基础平台、智慧法院大脑、司法数据中台、统一应用门户等提供融合化数据服务、知识服务和业务服务，系统提升智慧法院一体化水平。

为了指引全国法院推进智慧法院信息系统一体化建设，《规则》明确：“人民法院应当建设智慧服务、智慧审判、智慧执行、智慧管理、司法公开、司法数据中台和智慧法院大脑、信息基础设施、安全保障、运维保障等智慧法院信息系统，保障人民法院在线运行。智慧法院信息系统以司法数据中台和智慧法院大脑为核心，实现数据互联互通，支持业务协同办理。”

由此，确定了人民法院在线运行所依托智慧法院信息系统的主要组成，即包括九大系统，其中，智慧服务、智慧审判、智慧执行、智慧管理、司法公开是五大业务应用系统，司法数据中台和智慧法院大脑是为各类业务系统提供数据和服务支持的共性支撑平台，信息基础设施、安全保障、运维保障是综合保障平台，指引全国法院完善信息系统建设，推进系统整合优化。

《规则》第五条至第十三条分别确定了智慧法院九大信息系统运行的网系、服务的对象、包含的子系统、应当具备的功能。《规则》特别提出：“人民法院在线服务与智慧服务系统其他平台对接，作为人民法院通过互联网向人民群众提供在线服务的统一入口。”

在《规则》施行的同日，即 2022 年 3 月 1 日，最高人民法院将中国移动微法院转型升级为“人民法院在线服务”，作为全国法院通过互联网面向人民群众提供在线服务的统一入口，集成整合调解、立案、阅卷、送达、保全、鉴定等全国通用诉讼服务功能，支持人民群众集中查询、办理全国法院的诉讼和调解等事项，实现人民法院在线服务“一网通办、一站全办”，解决以往各级法院网上服务入口多、选择难的问题，满足人民群众“一站式”便捷办理各地法院诉讼和调解等事项的司法需求。

### （三）明确人民法院在线运行的各项活动依托的平台及其应用方式

《规则》第三部分“应用方式”规定了智慧法院信息系统支持在线诉讼和在线调解等司法活动的主要途径和方法，直接指引在线司法活动的各个具体环节。《人民法院在线诉讼规则》和《人民法院在线调解规则》主要对相关在线司法活动的业务应用规则作出规定，《规则》主要从信息系统的角度说明应用的系统、程序及需要遵循的规则要求，着重对两个业务应用规则进行必要补充。

《规则》明确了当事人及代理人注册登录及身份认证的应用方式。当事人及其他参与人应用智慧服务系统进行在线调解、在线诉讼，应当先行注册并完成身份认证，取得登录智慧服务系统的专用账号。同一用户注册智慧服务系统应当以个人身份认证和实名注册为主，尽量使用相同的注册和身份认证信息。

《规则》明确了人民法院开展在线调解、在线立案、在线交费、在线材料提交、电子卷宗随案同步生成、在线证据核验、在线举证质证、在线证据认定、在线阅卷和查档、在线庭审、在线送达、在线保全、在线委托鉴定、在线服务咨询、在线审理、在线执行到在线归档全流程各类主体的应用方式，满足人民群众全流程在线诉讼、调解需求。

电子卷宗是贯穿人民法院在线诉讼、在线调解等司法活动全流程的重要主线，是全流程在线办理、智能化应用的基础，因此，《规则》对于电子卷宗的随案生成、流转、应用等给予明确规定。

关于电子卷宗的随案生成，《规则》第二十条第一款、第二款提出，"智慧服务系统中在线提交、符合要求的电子文件自动纳入案件电子卷宗，并传送智慧审判系统、智慧执行系统、智慧管理系统流转应用"，"对于线下提交的案件材料，人民法院应当及时通过扫描、翻拍、转录等方式随案同步生成符合要求的电子文件，形成案件电子卷宗"；《规则》第三十三条第二款提出，"诉讼、调解活动采用线下办理的，人民法院应当及时将相关案件材料制作形成电子卷宗，并上传至智慧法院相关信息系统纳入管理"。

关于电子卷宗的随案流转，《规则》第二十条第三款提出，"人民法院通过智慧审判、智慧执行系统支持电子卷宗随案流转应用，包括阅卷、合议、庭审、审委会讨论、跨院调卷等"。

关于电子卷宗的深度应用，《规则》第二十条第四款提出，"人民法院利用电子卷宗实现文件数据化、回填案件信息、文书辅助生成、卷宗自动归档等智能化应用"；《规则》第三十条提出，"人民法院通过智慧审判系统实现案件电子卷宗的随案同步生成和深度应用，支持电子卷宗智能编目、信息自动回填、在线阅批、一键归档、上诉审移送与查阅，支持案件收案、分案、庭审、合议、裁判、结案、归档全流程网上办理"。

此外，为了充分保障当事人合法权益，《规则》对线上线下衔接的问题也予以明确，第三十三条提出，"当事人及其代理人按照依法、自愿、合理的原则，可将诉讼、调解等环节由线上转为线下，或由线下转为线上进行；人民法院在线运行方式支持部分参与者采用线上、其他参与者采用线下的方式参与诉讼、调解等活动"。

### （四）明确人民法院在线运行网络安全保障要求

网络安全事关国家安全，《规则》遵照网络安全法、数据安全法、个人信息保护法、密码法等法律法规，对于人民法院在线运行相关网络安全、数据安全、个人信息保护等提出明确要求。

一是明确网络安全管理要求。要求各级人民法院应当按照信息安全等级保护要求，确定智慧法院信息系统的安全保护等级，制定安全管理制度和操作规程，确定网络安全责任人，落实网络安全保护责任。各级人民法院应当通过安全保障系统防范计算机病毒和网络攻击、网络侵入等危害网络安全的行为，通过安全隔离交换平台支持跨网系信息互通的同时防范网间恶意入侵、非法登录和数据窃取等行为，监测、记录并留存相关信息系统运行状态和网络安全事件，强化关键信息基础设施运行安全，建立健全用户信息保护机制，加强网络安全监测预警与应急处置能力。各级人民法院应当开展与等级保护标准相符合的信息系统安全保障建设和测评以及密码应用安全评估。

二是明确了数据安全管理要求。要求各级人民法院应当确保智慧法院信息系统相关数据全生命周期安全，制定数据分类分级保护、数据安全应急处理和数据安全审查等制度。各级人民法院应当通过安全保障系统建立相关信息系统数据权限管理和数据安全风险信息获取、分析、研判和预警机制，遵循“安全、必要、最小范围”原则实现数据共享和安全管控，保证在线诉讼、在线调解等司法活动中的个人隐私、个人信息、商业秘密、保密商务信息、审判执行工作秘密等数据不被随意泄露或非法向他人提供。

三是明确了个人信息保护管理要求。要求各级人民法院应当指导、监督智慧法院信息系统建设、运行和管理中的个人信息保护工作，接受、处理在线诉讼、在线调解活动中个人信息保护有关的投诉和举报，定期组织对各类信息系统个人信息保护情况进行测评并公布结果，调查、处理在线诉讼、调解等司法活动中的违法处理个人信息行为。各级人民法院应当加强司法公开工作中的个人信息保护，严格执行法律规定的公开范围，依法公开相关信息，运用信息化手段支持个人敏感信息屏蔽、司法公开质量管控。

### （五）明确人民法院在线运行保障、宣传培训等运行管理要求

运行管理是人民法院在线运行正常稳定的前提条件，一些管理措施和要

求也与当事人参与在线司法活动的具体环节或情形处置密切相关。

《规则》明确了人民法院在线运行维护保障、信息系统管理、数据管理、应急和故障管理、合作供应商管理、内接系统管理、外接系统管理、宣传推广和培训演练等要求。

智慧法院信息系统建设和运维的大量具体工作依赖于社会化外包服务，在线司法活动的很多环节与合作单位高度关联，因此合作单位也是影响在线司法活动流程和效果的重要因素。

各级法院必须按照国家政府采购法律法规，建立健全并严格落实对外合作的各个环节、各类人员、各种活动的管理制度，才能满足在线司法活动切实便利人民群众、维护社会公平正义的要求。

《规则》要求各级人民法院应当依据相关法律规定，与企业院校开展合作，推进智慧法院信息系统建设、运行、维护，支持、组织、监督合作单位依照法律规定和合同约定履行义务，严格实施合作单位人员的出入、驻场、工作、培训、安全、保密、廉政和离职管理，确保合作单位不得利用工作便利擅自更改、留存、使用、泄露或者向他人提供相关工作信息。

随着智慧法院建设不断深入，各地法院创新实践层出不穷，既解决了司法为民和审判执行工作中的不少痛点难点，同时也带来系统繁杂的问题，门户入口多、界面不统一、数据不共享等现象直接影响到社会公众参与在线司法活动的可行性和便利性。

《规则》提出，“各级人民法院应当优先推广应用全国法院统建信息系统，推进各地法院自研系统接入相应全国统建系统”，不断推进智慧法院信息系统整合共享，保障社会公众便利高效参加在线司法活动。

（来源：《人民司法》2022年第10期）

# 《最高人民法院关于第一审知识产权民事、行政案件管辖的若干规定》的理解与适用

林广海 李 剑 许常海

2021年12月27日，最高人民法院审判委员会第1858次会议审议通过《最高人民法院关于第一审知识产权民事、行政案件管辖的若干规定》（法释〔2022〕13号，以下简称《规定》），自2022年5月1日起施行。为细化《规定》第三条，最高人民法院配套发布了《最高人民法院关于印发基层人民法院管辖第一审知识产权民事、行政案件标准的通知》（法〔2022〕109号，以下简称《通知》），与《规定》同步实施。本文就《规定》的起草背景、基本原则及主要内容，并结合《通知》的有关规定进行说明，以便于实践中准确理解与适用。

## 一、《规定》制定的背景与经过

2014年以来，北京、上海、广州和海南自由贸易港知识产权法院相继设立。2017年起，最高人民法院批复同意南京等27个城市设立知识产权专门审判机构，跨区域管辖专业技术性较强的知识产权案件。2019年1月，最高人民法院知识产权法庭挂牌办公，集中管辖全国范围内专利等技术类知识产权和垄断上诉案件。在此之前，最高人民法院先后批准近200家基层人民法院集中管辖相应区域的商标、著作权等普通知识产权案件，管辖布局不断完善。随着我国经济社会快速发展，知识产权案件数量逐年激增，新类型疑难复杂案件不断涌现，现有的知识产权案件管辖布局需要作进一步优化，以便更好地发挥知识产权专门化审判体系在统一裁判标准、优化科技创新法治环境、服务知识产权强国建设等方面的职能作用。

一是民事案件诉讼标的额标准应尽可能统一，便于当事人诉讼。《最高人

民法院关于调整地方各级人民法院管辖第一审知识产权民事案件标准的通知》（法发〔2010〕5号，以下简称《2010年通知》）基于当时各地案件类型和数量分布差异大等实际，规定基层人民法院管辖第一审民事案件诉讼标的额由高级人民法院自行确定并报最高人民法院批准。随着知识产权案件数量增加，各地管辖标准不统一问题日益凸显。

二是中级人民法院、基层人民法院管辖标准需要进一步优化，合理定位法院审级职能。当前有部分中级人民法院辖区没有基层人民法院管辖知识产权民事案件，以致所有知识产权民事案件，包括案情简单、诉讼标的额小的案件都由中级人民法院一审、高级人民法院二审。地方法院反映，这种情况不利于中级人民法院集中审判力量审理疑难复杂案件，也不利于高级人民法院再审纠错、统一裁判尺度职能的发挥。

三是知识产权刑事案件管辖需要进一步调整，确保“三合一”审判机制功能充分发挥。目前，部分地区第一审知识产权民事案件由中级人民法院管辖，而第一审知识产权刑事案件由基层人民法院管辖，容易造成针对同一权利的民事、刑事案件管辖不协调情形。

《中共中央关于全面推进依法治国若干重大问题的决定》要求完善审级制度，一审重在解决事实认定和法律适用，二审重在解决事实法律争议、实现二审终审，再审重在解决依法纠错、维护裁判权威。中央全面深化改革委员会审议通过的《关于完善四级法院审级职能定位的改革方案》明确了完善四级法院审级职能定位的改革目标、基本原则及主要内容。《最高人民法院关于完善四级法院审级职能定位改革试点的实施办法》（法〔2021〕242号，以下简称《实施办法》）进一步明确“基层人民法院重在准确查明事实、实质化解纠纷；中级人民法院重在二审有效终审、精准定分止争；高级人民法院重在再审依法纠错、统一裁判尺度；最高人民法院监督指导全国审判工作、确保法律正确统一适用”。中共中央、国务院印发的《知识产权强国建设纲要（2021—2035年）》强调“健全公正高效、管辖科学、权界清晰、系统完备的司法保护体制”“深入推进知识产权民事、刑事、行政案件‘三合一’审判机制改革，构建案件审理专门化、管辖集中化和程序集约化的审判体系”。上述决策部署为完善知识产权案件管辖制度提供了遵循，指明了方向。

为贯彻落实党中央决策部署，进一步完善管辖科学的知识产权诉讼制度，合理定位四级法院审判职能，切实解决知识产权案件管辖存在的问题，最高人民法院民三庭牵头起草《规定》。起草期间，多次征求中宣部、全国人大常委会法工委、最高人民检察院、公安部、司法部、海关总署、国家市场监管总局、国家知识产权局、全国律协等部门以及各高级人民法院意见。在充分吸收各方反馈意见的基础上，对条文稿作了反复修改完善，形成送审稿，并提交最高人民法院审判委员会讨论通过。

## 二、《规定》的基本原则

《规定》的起草，始终坚持以习近平新时代中国特色社会主义思想为指导，深入学习贯彻习近平法治思想，切实发挥知识产权审判激励创新创造、维护公平竞争、促进文化繁荣的职能作用，紧扣知识产权审判工作实际，着力促进知识产权审判体系和审判能力现代化建设，确保党中央决策部署落地见效。起草过程中，遵循以下原则。

一是坚持服务大局。兼顾推动知识产权审判重心下沉和充分发挥专门审判机构优势的指导思想，《规定》采取“特殊案由列举＋其他兜底”的起草思路，明确知识产权法院等部分中级人民法院集中管辖发明专利等特定类型案件，充分聚焦重大科技创新的司法保障问题。同时，积极推进知识产权案件繁简分流，切实发挥基层人民法院多元解纷、化解矛盾的重要功能，促进社会治理体系和治理能力现代化。

二是坚持依法解释。严格依据民事诉讼法、行政诉讼法及全国人大常委会决定等法律规定，进一步明确中级人民法院、基层人民法院管辖知识产权民事、行政案件类型及诉讼标的额标准，对管辖布局作进一步细化完善。

三是坚持问题导向。积极回应社会各方关切，以方便当事人诉讼为出发点，紧扣各地经济发展及知识产权案件数量分布不均衡等实际情况，《规定》从案由、类型及标的额三个方面入手，明确第一审知识产权案件管辖范围和标准。

## 三、《规定》的主要内容

### （一）部分中级人民法院管辖的第一审知识产权案件类型

为确保部分中级人民法院集中力量公正高效审理专业技术性强、重大疑难复杂等案件，《规定》依据《全国人民代表大会常务委员会关于专利等知识产权案件诉讼程序若干问题的决定》和《全国人民代表大会常务委员会关于在北京、上海、广州设立知识产权法院的决定》（以下简称《知识产权法院决定》），明确发明专利、实用新型专利、植物新品种、集成电路布图设计、技术秘密、计算机软件的权属、侵权纠纷及垄断纠纷这七类案件由知识产权法院、省会城市中级人民法院和最高人民法院确定的中级人民法院集中管辖。适用中需要注意以下问题。

一是涉及发明专利等的合同纠纷案件按普通知识产权案件确定管辖。起草过程中，有意见提出，鉴于《知识产权法院决定》对知识产权法院管辖的专利等案件类型作出了“专业技术性较强”的限定，而专利等知识产权合同纠纷案件通常不涉及较强的专业技术性问题，由知识产权法院等部分中级人民法院集中管辖的必要性不大，可将知识产权合同纠纷案件作为普通知识产权案件确定管辖。经征求全国人大常委会法工委意见，《规定》采纳了上述意见，即涉及发明专利等权属、侵权案件由部分中级人民法院管辖，而将知识产权合同纠纷案件作为普通知识产权案件管辖。《规定》施行后，涉及发明专利等的第一审知识产权合同纠纷案件，将由基层人民法院管辖（需符合有关诉讼标的额标准）。当事人对一审裁判不服的，应当上诉至上一级人民法院。需要注意的是，《规定》第一条、第二条所称“权属、侵权纠纷”，主要是指《民事案件案由规定》所规定的“知识产权权属、侵权纠纷”，包括确认不侵害知识产权纠纷、因申请知识产权临时措施损害责任纠纷、因恶意提起知识产权诉讼损害责任纠纷、专利权宣告无效后返还费用纠纷等。知识产权合同纠纷亦指《民事案件案由规定》所规定的“知识产权合同纠纷”。另外，有的商业秘密侵权案件可能既涉及技术信息又涉及经营信息，应当按照特殊优先原则，由有权管辖侵害技术秘密纠纷的法院审理。

二是垄断行政案件包括滥用行政权力排除、限制竞争的行政性垄断案件。起草过程中，有意见提出，滥用行政权力排除、限制竞争的行政案件同样涉及相关市场认定、竞争损害分析等具有普遍性的反垄断法律问题，需要与有关垄断民事案件和行政处罚类垄断行政案件保持一致，建议将滥用行政权力排除、限制竞争行政案件的管辖按照垄断民事、行政案件管辖确定。为统一司法裁判标准，《规定》采纳了该意见，亦即《规定》第一条规定的垄断行政案件包括滥用行政权力排除、限制竞争的行政性垄断案件。

另外，鉴于《知识产权法院决定》、《全国人民代表大会常务委员会关于设立海南自由贸易港知识产权法院的决定》（以下简称《海南知识产权法院决定》）对知识产权法院管辖的案件类型还有其他明确规定，如不服国务院行政部门裁定或者决定而提起的第一审知识产权授权确权行政案件，由北京知识产权法院管辖，故《规定》第一条第二款规定，法律对知识产权法院的管辖有规定的，依照其规定。

### （二）各中级人民法院管辖的第一审知识产权案件类型

《规定》第二条明确了知识产权法院和各中级人民法院可以管辖的案件类型，可分为以下三类。

第一类是外观设计专利的权属、侵权纠纷以及涉驰名商标认定第一审民事、行政案件。此前，该两类案件由部分中级人民法院集中管辖。起草过程中，有意见提出，该两类案件通常不涉及较强的专业技术性问题，跨区域集中管辖给当事人诉讼带来不便，此两类案件集中管辖的必要性不大。《规定》采纳该意见，明确该两类案件由知识产权法院和各中级人民法院管辖，不再由部分中级人民法院集中管辖，以均衡案件分布，进一步确保部分中级人民法院集中审理专业技术性较强的疑难复杂案件。

需要注意的是，就知识产权法院而言，根据《知识产权法院决定》的规定，北京、上海、广州知识产权法院跨区域管辖所在省（直辖市）的有关专利等第一审知识产权民事和行政案件；《海南知识产权法院决定》规定，海南自由贸易港知识产权法院管辖海南省有关专利等第一审知识产权民事、行政案件。全国人大常委会决定所规定的专利案件包括外观设计专利案件，故知识产权法院所属区域的其他中级人民法院不能管辖外观设计专利民事、行政案件。

关于涉驰名商标认定第一审知识产权民事、行政案件，《知识产权法院决定》未规定北京、上海、广州知识产权法院集中管辖，但考虑到北京、上海知识产权法院统一管辖北京市、上海市应当由中级人民法院管辖的第一审知识产权民事、行政案件，因此，北京、上海知识产权法院统一管辖全市涉驰名商标认定第一审民事、行政案件。根据《最高人民法院关于北京、上海、广州知识产权法院案件管辖的规定》，广州知识产权法院对涉驰名商标认定的民事案件实行跨区域集中管辖。鉴于知识产权审判经验不断积累，涉驰名商标认定案件裁判规则业已成熟，从方便当事人诉讼角度考虑，不再由广州知识产权法院统一管辖广东省内此类案件的做法，条件已经成熟，因此，根据《规定》第二条，广州知识产权法院不再集中管辖全省其他地市的涉驰名商标认定案件，此类案件由广东省各中级人民法院管辖。

也就是说，《规定》施行后，除北京市、上海市、广东省、海南省外，其他地区的中级人民法院均可以管辖外观设计专利第一审民事、行政案件；除北京市、上海市、海南省外，其他地区的中级人民法院均可以管辖涉驰名商标认定第一审案件。

起草过程中，有意见提出，个别中级人民法院案件数量多，建议经最高人民法院批准，外观设计专利民事、涉驰名商标认定案件可以由基层人民法院管辖。《规定》采纳该意见，以便于案件特别多的地区将此类案件下沉。需要注意两点：一是外观设计专利行政案件不能由基层人民法院管辖；二是基层人民法院管辖此两类案件须经最高人民法院另行批准，并不是所有具有知识产权民事案件管辖权的基层人民法院均可管辖。另外，基于《规定》第一条规定权属、侵权纠纷案件由知识产权法院等部分中级人民法院管辖，而将合同纠纷案件作为普通知识产权案件管辖的理由，《规定》第二条对外观设计专利案件亦作同样规定。

第二类是最高人民法院确定的诉讼标的额以上的普通知识产权民事案件。本文所指的普通知识产权民事、行政案件，是指《规定》第一条规定的七类案件和第二条第一款规定的两类案件之外的其他知识产权民事、行政案件，包括涉及发明专利等的合同纠纷案件。关于普通知识产权民事案件诉讼标的额的确定，考虑到各地诉讼标的额不宜“一刀切”、需要动态调整等实际情况，《规定》未涉及诉讼标的额的具体标准，而由《通知》另行明确。另外，根据民事诉讼法第十九条的规定，中级人民法院还管辖重大涉外案件、在本辖区有重大影响的第一审民事案件。需要注意的是，涉外知识产权民事案件的管辖应依照民事诉讼法及《规定》确定，不适用一般涉外民商事案件管辖司法解释的规定。

第三类是涉及国务院部门、县级以上地方人民政府或者海关行政行为的普通知识产权行政案件。另外，根据行政诉讼法第十五条的规定，中级人民法院还管辖本辖区内重大、复杂的第一审行政案件。《最高人民法院关于适用〈中华人民共和国行政诉讼法〉的解释》第五条进一步规定：“有下列情形之一的，属于行政诉讼法第十五条第三项规定的‘本辖区内重大、复杂的案件’：（一）社会影响重大的共同诉讼案件；（二）涉外或者涉及香港特别行政区、澳门特别行政区、台湾地区的案件；（三）其他重大、复杂案件。”知识产权行政案件同样适用行政诉讼法关于级别管辖的规定。

### （三）最高人民法院确定的基层人民法院管辖的案件类型

除《规定》第一条、第二条规定的案件外，其他第一审知识产权民事、行政案件均由基层人民法院管辖。为细化《规定》第三条，最高人民法院同步发布了《通知》。

一是确定了具有知识产权民事、行政案件管辖权的基层人民法院及其管辖区域。除个别地区外，每个中级人民法院辖区内至少有一个基层人民法院具有知识产权案件管辖权。需要注意的是，每一个基层人民法院管辖的知识产权民事案件区域范围与行政案件区域范围是一致的。

二是确定了基层人民法院管辖第一审知识产权民事案件的诉讼标的额标准。《通知》充分考虑各地区知识产权案件数量分布不均、诉讼标的额差异较大等实际情况，同时为确保标准相对简单明了，便于当事人诉讼，根据各高级人民法院的请示，明确广东省划分两个诉讼标的额标准确定基层人民法院的管辖，其他省份实行省内一个诉讼标的额标准确定基层人民法院的管辖。

### （四）关于提级管辖

完善案件提级管辖机制是四级法院审级职能定位改革试点的重要内容，有利于充分发挥较高层级法院统一法律适用、打破诉讼主客场的职能作用。就知识产权案件而言，国际影响重大、涉新领域新业态的新类型案件不断涌现，前沿法律争议问题较多，因此，知识产权案件下沉的同时，提级管辖机制显得尤为重要。根据《规定》第四条的规定，对新类型、疑难复杂或者具有法律适用指导意义等知识产权民事、行政案件，上级人民法院可以依照诉讼法的有关规定，根据下级人民法院报请或者自行决定提级审理。

需要注意的是，《实施办法》规定的可以提级的特殊类型案件的识别标准、案件提级管辖的流转程序、案件提级管辖的处理方式等，同样适用于知识产权案件。各高级人民法院可以根据辖区知识产权审判实际，依据《实施办法》细化提级管辖机制方案，积极完善符合地方审判实践的提级管辖工作机制。

（五）关于适用效力及立案衔接

《规定》对当前中级人民法院、基层人民法院管辖知识产权民事、行政案件的类型和标准进行了较大调整，此前发布的司法解释以及最高人民法院有关批复、答复等与《规定》不一致的，以《规定》为准。需要注意的是，《规定》和《通知》施行前，具有知识产权案件管辖权的人民法院已经收到当事人起诉材料的，继续审查，不得基于《规定》移送管辖。

## 四、其他需要注意的问题

（一）地方法院知识产权法庭管辖案件的调整

2017年起，最高人民法院先后批准在南京等27个城市中级人民法院内设知识产权法庭（审判庭），省内跨区域管辖专业技术性较强的知识产权案件。《规定》实施后，地方知识产权法庭管辖的案件类型应当根据《规定》进行调整，此前最高人民法院有关批复与《规定》不一致的，以《规定》为准。

为便于理解，现以南京知识产权法庭为例进行说明。根据《最高人民法院关于同意南京市、苏州市、武汉市、成都市中级人民法院内设专门审判机构并跨区域管辖部分知识产权案件的批复》（法〔2017〕2号）[《最高人民法院关于同意江苏省徐州市中级人民法院内设专门审判机构跨区域管辖部分知识产权案件并调整江苏省南京市中级人民法院管辖范围的批复》（法〔2022〕15号）对南京知识产权法庭管辖区域范围等进行了调整]，南京市中级人民法院管辖以下知识产权案件：（1）发生在南京市、镇江市等辖区内的专利、技术秘密、计算机软件、植物新品种、集成电路布图设计、涉及驰名商标认定及垄断纠纷的第一审知识产权民事案件；（2）发生在南京市、镇江市等辖区内，诉讼标的额为三百万元以上的商标、著作权、不正当竞争、技术合同纠纷的第一审知识产权民事案件；（3）发生在南京市、镇江市等辖区内，对国务院部门或者县级以上地方人民政府所作的著作权、商标、专利、不正当竞争等行政行为提起诉讼的第一审知识产权行政案件……根据《规定》和《通知》，调整事项为：

一是南京市中级人民法院跨区域集中管辖南京市、镇江市等辖区内的发明专利、实用新型专利、植物新品种、集成电路布图设计、技术秘密、计算机软件的权属、侵权纠纷以及垄断纠纷第一审民事、行政案件，而此前由南京市中级人民法院跨区域集中管辖的外观设计专利权属、侵权纠纷以及涉驰名商标认定第一审民事、行政案件则由南京市、镇江市等各中级人民法院管辖，涉及发明专利等的合同纠纷案件则按照普通知识产权案件确定管辖。

二是南京市中级人民法院管辖南京市辖区内诉讼标的额在五百万元以上（包括本数）的第一审商标、著作权、不正当竞争以及涉及发明专利等的合同纠纷等普通知识产权民事案件，而诉讼标的额在五百万元以下的此类案件则由南京市辖区内具有知识产权民事案件管辖权的基层人民法院管辖（根据江苏省高级人民法院的报请，《通知》确定江苏省辖区基层人民法院管辖诉讼标的额在五百万元以下的第一审知识产权民事案件）。

三是应当由中级人民法院管辖的涉及著作权、商标、不正当竞争等第一审普通知识产权行政案件，不再由南京市中级人民法院集中管辖，各中级人民法院均有管辖权。这里所称“普通知识产权行政案件”，主要强调不包括专利、商标授权确权类行政案件及《规定》第一条和第二条第一款规定的行政案件。

### （二）知识产权“三合一”审判机制改革的协同推进

知识产权民事、行政和刑事案件“三合一”审判机制改革，是党中央决策部署的改革任务。最高人民法院于2016年发布《最高人民法院关于在全国法院推进知识产权民事、行政和刑事案件审判“三合一”工作的意见》，“三合一”改革进一步深化。实践证明，“三合一”改革在统一司法标准、提高审判质量、优化审判资源配置、培养复合型人才、提升知识产权司法保护整体效能等方面发挥了重要作用。

随着《规定》的实施，知识产权民事、行政、刑事案件“三合一”审判机制改革将面临一些新的变化：一是知识产权刑事案件集中管辖布局将更加合理。《规定》和《通知》明确，除个别地区外，各中级人民法院辖区内均有管辖知识产权民事、行政案件的基层人民法院。在实施“三合一”的地区，知识产权刑事案件将在中级人民法院辖区内由相应的基层人民法院管辖，便于公检法三家协调配合。二是为全面铺开“三合一”改革奠定基础。原则上，第一审知识产权刑事案件的管辖法院及管辖区域范围，应当与第一审知识产权民事、行政案件保持一致。由此产生的刑事案件跨区域管辖，需报最高人民法院批准。下一步，最高人民法院将会同有关部门开展“三合一”改革专项调研，尽快制定相关规范性文件。

需要注意的是，知识产权刑事案件一般由基层人民法院管辖，而《规定》第一条中的技术秘密、计算机软件等权属、侵权纠纷第一审知识产权民事案件由有关中级人民法院管辖。为解决上述级别管辖不一致的问题，具有技术秘密、计算机软件等权属、侵权纠纷民事案件管辖权的中级人民法院可以通过提级管辖的方式，审理相关刑事案件。

### （三）高级人民法院管辖第一审知识产权民事、行政案件的标准

根据《实施办法》，高级人民法院重在再审依法纠错、统一裁判尺度。《规定》实施后，知识产权案件将进一步下沉，高级人民法院审理的案件数量会相应减少，应当通过完善案件提级管辖机制、加强审判监督等多种方式发挥监督职能。民事诉讼法第二十条规定，高级人民法院管辖在本辖区有重大影响的第一审民事案件。行政诉讼法第十六条规定，高级人民法院管辖本辖区内重大、复杂的第一审行政案件。原则上，高级人民法院可以管辖辖区内重大的第一审知识产权民事、行政案件，故《规定》未再规定高级人民法院管辖第一审知识产权民事、行政案件的具体标准。

关于高级人民法院管辖第一审知识产权民事、行政案件的具体标准。根据《最高人民法院关于调整高级人民法院和中级人民法院管辖第一审民事案件标准的通知》（法发〔2019〕14号）的规定，高级人民法院管辖诉讼标的额五十亿元以上（包含本数）或者其他在本辖区有重大影响的第一审民事案件。知识产权民事案件的级别管辖标准按照该通知执行，但发明专利、实用新型专利、植物新品种、集成电路布图设计、技术秘密、计算机软件、垄断第一审民事案件除外。

发明专利等七类民事案件诉讼标的额标准，仍适用《2010年通知》的规定，即“高级人民法院管辖诉讼标的额在二亿元以上的第一审知识产权民事案件，以及诉讼标的额在一亿元以上且当事人一方住所地不在其辖区或者涉外、涉港澳台的第一审知识产权民事案件”。

结合《规定》所明确的涉发明专利等合同纠纷案件由基层人民法院管辖

的情况，高级人民法院管辖第一审知识产权民事、行政案件的具体标准为：一是本辖区有重大影响的第一审知识产权民事案件和重大、复杂的第一审知识产权行政案件；二是诉讼标的额在二亿元以上以及诉讼标的额在一亿元以上且当事人一方住所地不在其辖区，或者涉外、涉港澳台的第一审发明专利、实用新型专利、植物新品种、集成电路布图设计、技术秘密、计算机软件的权属、侵权纠纷以及垄断纠纷案件；三是诉讼标的额在五十亿元以上的其他普通知识产权民事案件。

（来源：《人民司法》2022 年第 16 期）

# 《最高人民法院关于加强区块链司法应用的意见》的理解与适用

孙福辉

为充分发挥区块链在促进司法公信、服务社会治理、防范化解风险、推动高质量发展等方面的作用，全面深化智慧法院建设，推进审判体系和审判能力现代化，最高人民法院于2022年5月发布了《最高人民法院关于加强区块链司法应用的意见》（以下简称《意见》）。《意见》明确人民法院加强区块链司法应用总体要求以及人民法院区块链平台建设要求，提出区块链技术在司法领域典型场景应用方向，明确区块链应用保障措施，对形成中国特色、世界领先的区块链司法领域应用模式有重要意义。为便于实践中正确理解与适用，本文就《意见》的起草背景和过程、发布的重要意义、主要内容等作简要阐释。

## 一、《意见》起草的背景和过程

党的十八大以来，以习近平同志为核心的党中央高度重视发展数字经济，实施网络强国战略和国家大数据战略，建设数字中国、智慧社会。习近平总书记在十八届中央政治局第三十六次集体学习时强调要做大做强数字经济、拓展经济发展新空间，在十九届中央政治局第二次集体学习、2018年中央经济工作会议等多个重要场合对发展数字经济进行了系统阐述。习近平总书记强调，发展数字经济是把握新一轮科技革命和产业变革新机遇的战略选择，区块链技术的集成应用在新的技术革新和产业变革中起重要作用。

区块链是一种将数据区块有序连接，并以密码学方式保证其不可篡改、不可伪造的分布式数据库技术，集合了分布式记账、点对点组网、非对称加解密、数字签名、智能合约等技术，可以在无须第三方背书情况下实现系统中所有数据信息的公开透明、不可篡改、不可伪造、可追溯，其作为一种底层协议或技术方案可以有效地解决信任问题，实现价值的自由传递，在诸多领域有着广阔应用场景。

当前区块链技术应用已延伸到数字金融、物联网、智能制造、供应链管理、数字资产交易等多个领域，日益融入经济社会发展各领域全过程。税务部门推出区块链电子发票“税链”平台，税务部门、开票方、受票方通过独一无二的数字身份加入“税链”网络，实现“交易即开票”“开票即报销”——秒级开票、分钟级报销入账，大幅降低了税收征管成本，有效解决数据篡改、一票多报、偷税漏税等问题；当前，中国人民银行正扎实推进数字人民币研发试点，有序扩大试点范围，数字人民币逐渐深入百姓生活，相比实体货币，数字人民币兼容账户和价值特征，不可重复花费、不可非法复制伪造、交易不可篡改、抗抵赖，可满足公众对小额匿名支付服务需求，进一步满足人民群众多样化的支付需求。

在司法领域，区块链技术的应用也逐渐铺开，最高人民法院积极利用区块链技术开展应用，将区块链技术建设应用作为智慧法院 4.0 版的重要组成部分。2021 年 5 月，最高人民法院办公厅发布《最高人民法院办公厅关于推进司法数据中台和智慧法院大脑建设的通知》，积极开展司法领域区块链建设，加快构建全国统一司法区块链平台，面向全国各级人民法院和人民群众提供统一数据存证和验证能力，对电子档案、执行查控、申诉信访、操作行为等数据开展区块链应用，实现执行当事人信息、限制高消费人员信息和失信被执行人信息 100%上链，累计上链存证验证数据超过 22 亿条。各地人民法院也展开积极探索，杭州互联网法院利用区块链固定互联网数字版权保护中的电子证据，现已存证超 1000 万条数据。

为深入贯彻习近平法治思想，落实习近平总书记关于区块链技术的指示精神、想法和《中华人民共和国国民经济和社会发展第十四个五年规划和 2035 年远景目标纲要》以及《“十四五”国家信息化规划》，充分发挥区块链在司法领域应用方面的作用，在最高人民法院党组的领导部署下，2022 年 4 月，最高人民法院启动《意见》起草工作。最高人民法院分管院领导整体负责，信息中心制定专门工作方案，结合司法区块链建设现状、区块链科研项目、区块链试点工作等相关内容，组织起草《意见》初稿，经内部多轮研究讨论修改，形成《意见（征求意见稿）》。2022年5月，分别向最高人民法院司法区块链建设协调机制成员单位、各高级人民法院（含兵团法院）等征求意见。各单位均对《意见》起草工作表示支持和肯定，信息中心针对反馈的三十一条意见进行逐一研究，进一步修订《意见》，并经最高人民法院党组会议审议通过后于2022年5月23日正式发布。

## 二、《意见》发布的重要意义

《意见》的发布，对于形成中国特色、世界领先的区块链司法领域应用模式有重要意义，主要体现在以下几个方面。

### （一）《意见》的发布是习近平法治思想和习近平总书记关于网络强国的重要思想的生动实践

党的十八大以来，以习近平同志为核心的党中央牢牢把握信息革命的“时”与“势”，高度重视互联网、积极发展互联网、有效治理互联网，明确提出努力把我国建设成为网络强国的战略目标。当前，新一轮信息革命浪潮催生全球范围的产业变革，科技创新进入空前密集活跃时期，信息化领域成为国家竞争的战略高地。习近平总书记在中央政治局第十八次集体学习中强调，“区块链技术的集成应用在新的技术革新和产业变革中起着重要作用”。发布《意见》有利于加强司法领域区块链基础设施建设，进一步推动法治与科技的深度融合，推动运用区块链等数字经济技术实现数字化变革，为人民群众创造更高水平的数字正义。

### （二）《意见》的发布是信息时代国家治理体系和治理能力现代化的具体体现

我国拥有全球最多的互联网用户和最广泛的互联网应用，受新冠肺炎疫情影响，人民群众线上办理事务的需求大幅提升，需要大力提升网络综合治理和服务能力，发挥区块链在促进数据共享、优化业务流程、降低运营成本、提升协同效率、建设可信体系等方面的作用，为人民群众提供更加智能、更加便捷、更加优质的公共服务，为人民群众带来更好的政务服务体验。《意见》的出台，必将从设计和应用引导等方面更加有力地推进审判体系和审判能力现代化，更好地服务国家治理体系和治理能力现代化。

（三）《意见》的发布是全国智慧法院深化建设的必然要求

按照最高人民法院的顶层设计、规划引领和标准规范，智慧法院 4.0 版建设稳步推进，司法数据中台和智慧法院大脑逐渐形成，司法数据汇聚进一步丰富，司法数据服务进一步深化，一批针对法院痛点场景的智能化服务上线应用，全国 3500 多家人民法院构建并联通了以人民法院在线服务、人民法院调解平台等为载体的在线诉讼和调解平台。各地人民法院也形成了不同形式、覆盖不同业务阶段、各具特色的智慧法院建设和应用探索经验。法院信息化不断纵深发展，但越来越多信息系统的上线运营也对信息流转过程中的一致性、不同系统间的信息及时同步、不同信息系统间业务环节的自动衔接等提出了更高的要求。《意见》在前期全国智慧法院建设经验的基础上，对现阶段区块链在司法领域应用提出总体目标、建设要求，也提出可应用区块链技术优化提升的应用场景，区块链在智慧法院 4.0 版建设中的应用必将进一步加速，也将推动全国法院的信息化水平稳步提升。

（四）《意见》的发布是完善区块链司法应用标准体系的重要引导

目前，全球主要国家都在加快布局区块链技术发展，我国区块链的发展既要强化基础研究，提升原始创新能力，努力让我国在区块链这个新兴领域走在理论最前沿、占据创新制高点、取得产业新优势，也要加强区块链标准化研究，提升国际话语权和规则制定权。前期，最高人民法院发布了《司法区块链管理规范》《司法区块链技术要求》《司法区块链接口要求》《司法区块链跨链协同管理规范》《司法区块链智能合约管理规范》《司法区块链跨链协同技术规范》等信息化标准，《意见》的发布有利于推动司法区块链有关信息化标准的贯彻实施，有利于指引区块链相关信息化标准健全完善。

（五）《意见》的发布是建成互通共享的司法区块链联盟的有力推动

《意见》提出到 2025 年建成人民法院与社会各行各业互通共享的区块链联盟，数据核验、可信操作、智能合约、跨链协同等基础支持能力大幅提升，司法区块链跨链联盟融入经济社会运行体系，主动服务营商环境优化、经济社会治理、风险防范化解和产业创新发展，助力平安中国、法治中国、数字中国和诚信中国建设。这为司法区块链联盟发展指明了方向，有利于明确司法区块链联盟的建设目的，推动形成中国特色、世界领先的区块链司法领域应用模式。

## 三、《意见》对区块链在司法领域应用和人民法院区块链平台建设的要求

《意见》设定了到2025年关于区块链司法应用的总目标，提出了对各级人民法院区块链平台的具体建设要求。

### （一）《意见》对区块链在司法领域应用的总体要求

在指导思想上，《意见》明确以习近平新时代中国特色社会主义思想为指导，深入贯彻习近平法治思想和习近平总书记关于网络强国的重要思想；在总体目标上，到2025年建成人民法院与社会各行各业互通共享的区块链联盟，区块链在多元解纷、诉讼服务、审判执行和司法管理工作中得到全面应用，司法区块链跨链联盟融入经济社会运行体系，形成中国特色、世界领先的区块链司法领域应用模式。

在基本原则上，《意见》明确了“坚持依法统筹、注重协同联动”“坚持开放共享、注重标准先行”“坚持应用牵引、注重创新发展”“坚持安全可靠、注重有序推进”等四项原则。依法依规遵循国家政策导向是首要原则，统筹规划区块链顶层设计、建设区块链基础设施，结合经济社会发展和审判执行工作需要，开展各行各业跨链协同应用模式研究，促进多方数据共享和协同应用。坚持建设与社会各行各业互通共享的区块链联盟，建立统一、开放的区块链司法领域应用技术标准体系，为跨部门节点接入、跨行业数据共同维护和利用提供规范化服务。以司法为民、公正司法和服务社会治理为牵引，持续推进区块链在司法领域深度创新应用。以安全可信为前提，着力提升上链数据和智能合约的准确可控水平，确保数据安全，保护个人信息，推动形成区块链在司法领域稳中求进、有序发展、安全可靠的应用生态。

### （二）《意见》对人民法院区块链平台建设的要求

《意见》明确要求人民法院加强区块链应用顶层设计、持续推进跨链协同

应用能力建设、提升司法区块链技术能力、建设互联网司法区块链验证平台、建立健全标准规范体系。《意见》提出要打造开放共享的全国法院司法区块链平台，加强司法区块链平台与各行业区块链平台跨链联盟建设，持续提升协同能力；要在互联网端建设司法区块链验证平台，支持当事人等相关主体对调解数据、电子证据、诉讼文书等司法数据进行真伪核验。

区块链技术目前仍处于发展期，区块链网络的建设也处于早期阶段，未来成熟完整的区块链技术体系以及大规模稳定的区块链网络模型还有待成型，在此条件下，司法区块链平台建设应注意以下几个方面。

第一，需加强司法区块链技术研究。需要形成既适用于现行人民法院体系结构，且技术本身自主可控，可满足智慧法院建设的成熟完善的区块链技术体系。

第二，需注意司法区块链网络建设的边界。应围绕智慧法院核心建设目标、围绕司法审判业务开展司法区块链网络建设和司法区块链应用建设，不适宜在司法区块链的建设过程中随意延展司法区块链的网络边界和业务应用边界。

特别是在开展诉源治理过程中，要考虑司法区块链的边界问题，司法区块链可以只提供司法区块链接入能力，而将延展到源头的相关区块链网络和建设交给社会其他部门处理，以保持人民法院核心职能定位。以电子证据平台为例，公证行业组织也有其行业区块链平台的实践和建设规划，司法区块链的电子证据平台关注提供支撑法院审判业务的电子证据接入能力，而可暂不考虑在区块链固定证据能力上向社会提供公共法律服务。

同样在具体行业的司法支撑上，司法区块链应该向其他行业部门提供跨链接入能力，而不适宜将司法区块链网络直接建设到其他行业部门。以版权行业为例，司法区块链应该与行业区块链进行跨链对接，以司法支撑版权行业，而不适合直接对各类权利方进行直接的区块链网络节点接入。在早期互联网法院的司法区块链建设探索实践中，更加注重探索创新，但目前阶段涉及全国司法区块链建设问题，需要严格考虑司法区块链建设和应用边界的问题。

第三，需要关注国家基础区块链网络的建设进程。目前国家级区块链网络正在建设当中，司法区块链需要统筹考虑全国司法区块链的建设问题，有机融入国家级区块链网络建设整体布局，更好地发挥司法区块链在地方法治支撑的作用。

## 四、《意见》对区块链在司法领域应用的典型场景方向的指引

人民法院在发挥审判执行职能的过程中，存在大量与区块链技术的高度可信、防篡改属性相吻合的司法应用场景，这些高度契合的业务场景为区块链技术在司法领域的应用提供了现实基础能力和广阔发展前景。全国诸多人民法院选择区块链技术作为其数字化业务发展的底层技术之一。《意见》为区块链技术在司法领域的广泛应用和深度融合提供了以下几个方向的指引，各级人民法院可应用司法区块链能力，积极进行下列场景的探索应用。

### （一）充分运用区块链数据防篡改技术，为司法数据安全、电子证据可信、执行操作合规、司法文书权威等四个典型应用场景提供技术保障，进一步提升司法公信力

数据防篡改能力是区块链技术的核心能力。区块链技术所应用的对等网络技术可以使区块链每个节点都无差别地储存一份数据，使区块链本身具有良好的容错机制；哈希嵌套的链式存储结构可以保证每个区块的内容的更改都需要更改其他所有前序区块，这样的机制使区块链系统数据更加安全，使其具有不可篡改性；数字签名技术可以记录每条数据的出处，使其具有不可抵赖性；合理的数据模型使每条数据的流转都可以追溯到最初的状态，使其具有可信任性；时间戳技术可以做到对每条数据的生成时间进行明确认定。正是这些技术的组合实现了区块链数据防篡改的能力，使之具备支持保障司法数据、电子证据、操作行为、司法文书真实性的能力。

区块链可以在保障司法数据安全方面发挥作用。相较纸质材料而言，信息时代电子材料等司法数据的易取得性、易复制性、易篡改性使得它的真实性容易受到质疑，必须要保证司法数据的可信安全才能提升司法公信力。司法区块链具备通用的存证和验证能力，在和人民法院业务系统对接后，支持司法数据自产生至应用、归档的每一环节的存证验证，使通过区块链传输的司法数据具有高度的安全性和可靠性，并且能够基于网络共识构建一个纯粹的、跨界的“利益无关”信任网络的验证机制，从而打造一个高度安全、深

度信任的内外数据流通环境，促进司法数据的可信流转。

区块链可以在保障电子证据可信方面发挥作用。数字经济时代浪潮下电子数据更为多样、复杂，人民法院面对不断涌现的新型案件，取证的技术难度上升、证据认定也更为困难，这些都使“取证难”成了人民法院信息化道路上亟待解决的一个现实问题。而区块链技术的不可篡改性恰好为保障电子证据的可信度提供了技术支撑。当电子证据在区块链上存储，即使某个节点试图进行篡改行为，区块链的多节点共识机制也会起到维护电子证据的作用，保证电子数据存证的真实可信、防篡改。

区块链可以在保障执行操作合规方面发挥作用。目前，人民法院在执行环节存在很多直接涉及当事人隐私和权益的如财产查控、财产处置、案款收发、信用惩戒等敏感操作，需要在进行这些执行业务节点操作时进行及时的审计监管，在保证执行的同时也维护当事人的合法权益。因此，可以利用区块链技术将执行过程中涉及的财产查控、处置等信息进行全流程记录，实现全程可追溯，确保执行案件对被执行人财产的查控、处置流程规范可靠。以执行查控可信操作场景为例，审判办案系统在案件审理过程中将立案、裁判、结案三个关键环节的数据上链存证，方便后续验证，并确保在执行办案系统中的节点操作在必要的业务范围内。比如，法官对当事人进行财产调查、财产冻结与财产划扣等敏感操作时，在操作前通过区块链进行操作验证，利用前已存证的审判办案系统等信息确保被执行人是真实被立案的当事人、案件被裁判执行且处于未结案状态、进行执行操作的人员是该案件的承办法官等；如果上述条件无法全部满足，则操作会被警告或阻断，如上述条件均满足，则允许进行操作的同时会将操作行为、操作时间、操作人员等信息在区块链上进行存储。通过区块链技术对执行敏感操作的操作前验证、操作后存证将进一步促进执行操作合规。

区块链可以在保障司法文书权威方面发挥作用。互联网技术的普及，使得判决书、裁定书、调解书等被送达的电子文书存在被篡改的风险，也因此引出难验证真伪的问题。为此，保证司法文书的真实性一直是人民法院在开展电子送达工作中所关注的焦点。在区块链技术的支持下，提升电子送达文书真实性的电子送达文书验证场景正在建设中。送达环节中，人民法院在出具电子文书后，通过电子送达系统发起送达请求，使系统自动生成送达信息，经由送达系统和区块链的对接，送达发出的同时，被送达的原文生成的特征指纹将在司法区块链平台上链存证，并生成存证回执反馈到电子送达系统。电子送达系统会将被送达文书原件发送给当事人，当事人接收送达文书原件后，根据业务要求，也可以选择将生成的签收回执通过司法区块链平台对回执信息原文生成的特征指纹上链存证。若当事人对被送达文书存疑时，可以在司法区块链平台互联网端在线发起验证；核验通过后，司法区块链平台会返回存证编号、存证时间与验证结果等核验信息，以此来保障电子送达文书的真实性。

### （二）充分发挥区块链优化司法业务流程的重要作用，支持立案信息流转应用、调解与审判流程衔接应用、审判与执行流程衔接联动、提升执行效率等典型应用场景，不断提高司法效率

区块链通过智能合约技术可以有效减少人为操作的干预，从而实现立案信息的自动化流转，以及调解、审判、执行等流程的衔接联动，减短流转环节的时间及人工成本。所谓智能合约，是指以数字形式定义的能够自动执行条款的合约，是基于预定事件触发的不可篡改的可自动执行的计算机程序。智能合约把合同的条款编制成一套计算机代码，在交易各方签署后自动运行。一旦约定的条件达成，将立即触发相应的结果。将智能合约嵌入业务流程，通过信息格式归纳技术和多方密钥授信技术，实现全流程司法业务数据的实时上链。当诉讼纠纷发生时，智能合约可以自动抽取要素信息推送至人民法院，实现批量验证并自动立案。整个事务和状态的处理都由司法区块链底层内置的智能合约系统自动完成，全程透明、不可篡改，能够提高工作效率，减少业务环节等待时间，避免出现恶意违规操作，有利于提升当事人的获得感。

区块链可以在支持立案信息流传应用方面发挥作用。当前，在立案系统中登记材料需要进行人工审核，工作效率较低，且不同系统之间的数据流转信任度低。针对存在的风险与困境，借助区块链技术建设立案登记材料分级分类自动流转智能合约，定时登记、定时触发、定时获取符合立案标准的案件信息，保证最终流向人民法院的数据真实、准确，在材料提交限定期满后案件实现分级分类自动立案信息回填能力。现阶段正在开展的人民法院信息化创新实践中，司法区块链平台通过提供智能合约服务与立案系统、办案系

统进行对接，实现立案登记材料在提交限定期满后通过合约的自动审核，在审核通过后自动推送给办案系统，并提醒该案件可以立案。分级分类自动立案合约的业务逻辑需要结合实际业务确定，基本思路是对不同级别不同案由的立案材料进行形式审查，如果缺少必要材料则不会触发自动立案业务流程。

区块链可以在支持调解、审判、执行等流程衔接应用方面发挥作用。调解程序效率仍有提高空间，审执衔接不够紧密，信息流转不够畅通，重复工作占比较高的问题也需要进一步解决。借助区块链技术，当事人申请诉前调解时可以在司法区块链上存证核心信息，运用区块链智能合约技术，多个节点通过业务规则自动触发审判立案、执行立案等操作，为当事人提供流畅、连贯的自动化服务，优化调解程序，既有利于提高工作效率，也能避免出现恶意拖延的情况，有助于维护当事人权益、减轻人民法院工作量、促进司法公正。具体而言，当事人在诉前调解过程中，针对诉前调解的开始时间、调解内容、调解期限等关键信息通过司法区块链平台进行上链存证，并将关键信息写入智能合约。如调解期限超期，触发智能合约，自动对当事人进行提醒；如案件调解成功，出具调解协议书或予以司法确认并明确履行标的和期限；如到期被告未履行完毕调解协议，则触发智能合约向原告自动推送是否申请执行立案的确认通知，由人民法院审核当事人申请后，确定是否转立案；如案件调解失败，当事人可以选择转审判立案，选择后，系统将调解案件信息及相关材料等关键信息发送给立案系统法官进行审核。此外，区块链可以支持审判与执行流程联动，推进以判决结案的自动执行立案智能合约应用，通过智能审执衔接服务，原告不需要再到人民法院联系承办法官开具生效证明并准备申请执行书等材料，节约了当事人的时间成本，简化了法官事务工作流程。

区块链可以在提升执行效率、便捷办案方面发挥作用。人民法院办理执行案件过程中，异地执行案件需要执行法官多次往返异地，不但耗时耗力，有时还可能因为异地而遇到种种困难。最高人民法院发布《最高人民法院关于加强中级人民法院协同执行基层人民法院执行实施案件的通知》，要求充分发挥统一管理、统一指挥、统一协调的管理机制，以执行指挥中心为枢纽，为重大、疑难、复杂案件异地执行提供了强有力的保障。区块链为人民法院信息化背景下提升执行效率、辅助执行干警便捷办案提供基础支撑技术。一方面，区块链提供的高可信度数据存证大幅提高了立案信息的利用效率，智能合约机制深度优化了立案流程，通过人工智能处理重复性、辅助性、流程性工作，切实提升执行效率；另一方面，区块链形成的去中心化、去系统化的数据串联机制，可以在很大程度上减少执行法官办案过程中需要耗费的时间、人员和物质成本。

### （三）充分挖掘区块链互通联动的巨大潜力，提高律师资质协同审查、政法部门案件协同办理、跨部门协同执行能力等典型应用场景，增强司法协同能力

区块链技术作为跨部门信息高效可信共享的重要前提与基础保障，支撑跨部门协同办案可以让立案侦查、批捕起诉、审判执行、刑罚执行等整个司法程序实现闭环，从而加强政法各部门之间的监督制约，进一步提升办案质效，提高司法公信力。

区块链可以在提高律师资质验证协同能力方面发挥作用。通过区块链跨链基础能力建设，实现人民法院与司法行政部门业务协同，满足人民法院对律师资质、信用等信息进行实时高效核实验证的需求。面向律师执业身份中律师证核验场景，通过跨链协同可实现检察院等部门对参与诉讼活动的律师资质、信用报告的查询及核验；人民法院、人民检察院对诉讼活动中存在违规执业的律师提出司法建议，可以通过人民法院、人民检察院、司法行政机关跨链协同进行司法建议的多方送达。同时，人民法院、人民检察院、司法行政机关对当事人诉讼委托代理关系进行审查确认后可以实时上链存证，方便后续进行核验。

区块链可以在提升政法部门案件协同办理能力方面发挥作用。针对跨政法部门信息共享交换难、业务协同效率低的问题，区块链技术可以支持法院、检察院和司法行政部门的跨链协同，实现三部门高效互认互信。以减刑假释场景为例，人民检察院获取司法行政链上的罪犯基础数据、计分考核数据、裁判文书、执行通知书等提请材料，通过跨链智能合约对监狱减刑、假释流程合规性进行链上溯源核查，并反馈检察意见书；监狱获取检察链上人民检察院的意见书，并向人民法院提请减刑假释审理申请；人民法院获取司法行政链上的提请减刑或假释建议书、终审判决书、执行通知书、悔改、立功、重大立功表现等提请材料，对检察建议进行跨链核实，并向人民检察院、监

狱送达立案受理通知书；人民法院审理完成后作出裁定，并通过跨链协同能力送达人民检察院及监狱；人民检察院获取法院链上裁定书，提出裁定检察建议书，反馈给人民法院；监狱获取法院链上裁定书，核实检察链上的裁定检察建议书，执行减刑假释的裁定意见。

总体上来看，区块链跨链技术在跨部门安全、可信、高效的业务协同和信息交互、协同共享方面，有重要的应用价值。为发挥我国司法区块链建设的领先优势，司法区块链协同除了要涵盖法院内部业务协同，如裁判标准、文书送达、调查取证、证据保全、案件管辖、异地执行、区域法律服务、区域司法鉴定信息互通共享等方面，还应进一步扩大，面向人民法院与人民检察院、公安、司法行政等部门形成全范围全业务的协同应用；面向各类企事业单位、社会机构提高政企数据协同效率，持续支持营商环境优化，推进治理体系和治理能力现代化，以数字正义实现更高水平的公平正义。

### （四）充分利用区块链联盟互认可信的价值属性，实现高效保护知识产权、支持营商环境优化、支持数据开发利用等典型应用场景，服务经济社会治理

在保护知识产权方面，针对知识产权纠纷案件日益增长且知识产权归属认定难、侵权证据认定难的问题，可依托区块链技术赋能知识产权的司法保护，进而为知识产权案件的证据认定等用途提供便利，更好地服务国家创新驱动战略实施。以视频类知识产品为例，可以通过跨链对接，加强司法要素前置，对视频类证据进行固定、存证，结合区块链的特点，通过共治方式打通内容信息存证公示、审批结果公示、权力存证公示、权力查询、交易信息存证、盗版监测任务管理、盗版证据存证、司法确认等环节，协同进行内容生态治理。未来可以以最高人民法院建设的司法链平台为基础，借助司法区块链与国家版权局的“媒体融合链”、国家广播电视总局的“视听链”等区块链对接，强化视频知识产权的保护。利用区块链实现对于证据的固定、存证，增强司法协同作用，从而对视频类知识产权增强司法保护，降低被侵权后的维权难度，减少被侵权现象发生，保障视频知识产权的核心价值免受侵害。

在支持营商环境优化方面，部门之间的数据共享与业务协同能力深刻影响着政务环境、市场环境、法治环境、人文环境等市场经济活动所涉及的机

制条件和要素场景。区块链技术可以在一定程度上支持人民法院与市场监管部门、产权登记和交易平台等打破数据孤岛，形成协同监管体系，为权属认定、产权交易提供便利，广泛提升市场融资环境信任度，利用高效的数据共享与使用切实降低信息不对等带来的市场交易成本，推动营商环境优化，打开数字经济时代市场创新发展新格局。

在支持数据开发利用方面，区块链技术为数据确权、数据交易、数据安全等问题提供了全新的解决方案。区块链技术建立数据共享、分散协作的去中心化生态环境，让数据公开、透明、可追溯、不可篡改，真实反映相关参与主体的实际情况，且支持全过程信息的核验和智能合约处置，从技术工具和基础建设层面形成了数据监管的有效路径以及数据共享的快捷通道。具体而言，区块链技术一方面有助于促进数据资源流向最大化发挥其价值的主体，形成数据要素市场良性竞争环境，支持企业高效安全地利用数据提升产品服务质量以及对象的主观体验；另一方面有助于相关部门对数据采集、存储、交易、利用等场景进行监管，全方面、全流程把控数据安全，支持数据监管区块链联盟的形成，为人民法院处理涉数据纠纷提供及时协助与可靠支撑。

在支持金融信息流转应用方面，针对金融纠纷场景电子证据多、认定难、成本高等问题，利用区块链联盟技术可以形成有效的解决方案。利用司法区块链已有能力，可以广泛探索应用。考虑借由区块链支持的金融案件从立案到裁判全流程“链上”办理新模式，即当事人通过在线诉讼服务平台录入待起诉的核心要素进行立案，人民法院根据借贷合同中的电子邮箱以电子邮件等方式通过网络送达司法诉讼各阶段的法律文书；该流程同时兼容智能手机等移动产品应用端平台，可以实现庭审、调解等视频影像的自动留存、相关证据在线展示、笔录电子确认等功能；以案件事实要素为基础，结合令状式、表格式裁判文书的模板形式，系统辅助智能生成裁判文书的初稿，实现关键信息自动存证，流转环节耗时缩短。此外，基于对接司法区块链平台的线上调解平台，通过业界调解、律师调解、专家调解等多种调解手段，全面实现调解协议在线签订与司法确认在线完成等功能，大力优化完善金融案件多元纠纷的多样解决方式，减轻当事人诉讼成本和负担。

在支持企业破产重组方面，在人民法院与相关政府部门之间建立互认可信的数据共享与信息交互平台是区块链发挥技术效能的锚点。以赋强公证债权典型场景为例，随着互联网在线公证业务试点的快速发展，公证转执行立案案件将大量增加，当前赋强公证债权文书申请执行立案时，人民法院对公证过程的合规性审查往往缺乏客观依据，对立案材料的完整性主要依靠人工审查，效率较低，且数据流转不畅。通过对收案数据进行实时上链与可信验证，可以形成公证债权文书可信数据资产，解决数据流转效率问题。在链上公证债权文书智能合约方面，基于环签名技术的强隐私账户模型的链上“赋强公证”智能合约，债权人企业将经营数据事实经过数字签名后上链存证并与公证处实现互通互认，当债权人申请强制执行时，可将存证数据、存证公证债权文书推送给人民法院，自动转入执行环节。通过公证债权转立案合约技术，可以构建公证债权文书辅助立案服务、公证债权文书存证服务、公证债权可信验证服务及公证债权文书执行合约服务。根据公证信息、债权信息以及相关约定的执行计划，可以自动生成公证债权执行的智能合约实例，实现公证债权文书对接法院强制执行的线上流转及自动校验的能力。

在支持征信体系建设方面，区块链技术可以支持人民法院与全国信用信息共享平台、国家企业信用信息公示系统和失信惩戒部门在各类司法业务中实现全链条可信协同。例如，将失信执行案件中限制高消费被执行人信息进行电子上链登记存证，实现失信限制高消费被执行人信息的发布、撤销、屏蔽等行为全时段、全流程可审计可追溯，确保最大力度地发挥执行案件失信惩戒处罚的威慑力。

此外，以区块链联盟技术手段可以赋能金融小额案件诉源治理，优化法院多元化调解机制。同时配合闪信、短信、律师函、类案推送等不同手段，建立有效的智慧解纷模式，充分发挥诉源治理整体效能，缓解案多人少矛盾。通过最高人民法院建设的司法链平台，对接金融小额案件诉源治理平台，以司法链平台上链规范性为基础，为金融纠纷提供电子证据的存取和验证功能，以诉源治理方式处理金融纠纷，缓解人民法院诉讼压力大、执行难的矛盾问题。

（来源：《中国应用法学》2022 年第 4 期）

# 《最高人民法院、最高人民检察院、公安部、司法部关于加强减刑、假释案件实质化审理的意见》的理解与适用

罗智勇　董朝阳　孙自中

2021年12月1日，最高人民法院、最高人民检察院、公安部、司法部联合印发了《关于加强减刑、假释案件实质化审理的意见》（以下简称《意见》）。《意见》的出台，对于严格规范减刑、假释案件审理，确保刑罚执行与变更活动的公平公正，不断提升司法权威和公信力，必将发挥重要的作用。为便于实践中准确理解和正确适用，现就《意见》主要内容解读如下。

## 一、《意见》制定的基本背景

减刑、假释是我国刑罚执行制度的重要组成部分，对于激励罪犯积极改造，促进罪犯回归、融入社会，实现刑罚的目的，具有非常重要的意义。《意见》的出台，既是现实所需，也是长远所虑。

一是贯彻党中央决策部署，继续深入推进刑罚执行制度改革的必然要求。党的十八大以来，党中央高度重视刑罚执行工作。习近平总书记多次对减刑、假释工作作出重要指示，要求严格规范减刑、假释，充分体现司法公正，杜绝司法腐败，提高司法公信力。党的十八届三中、四中全会对严格规范减刑、假释程序，完善刑罚执行制度提出了明确的要求。为贯彻落实中央重大决策部署，最高人民法院、最高人民检察院、公安部、司法部等中央政法机关近年来先后出台了多个司法解释和规范性文件，完善了计分考核办法，建立了备案审查、巡回检察等一系列制度机制，对减刑、假释工作进行严格规范，

取得了明显成效。但是，减刑、假释案件办理仍然存在相关机关职能作用发挥不充分、实质化审理效果不理想等问题，导致少数案件处理结果不够公正，其中一些案件甚至存在徇私舞弊、司法不廉等现象，严重损害了司法权威和公信力。《意见》的出台，是健全完善减刑、假释制度的现实需要，也是继续深化刑罚执行制度改革的重要举措。

二是强力整治顽瘴痼疾，努力实现常治长效的重要成果。2021 年开展的全国政法队伍教育整顿，将违规违法办理减刑、假释、暂予监外执行案件作为六大顽瘴痼疾之一予以集中整治，要求在排查纠正违规违法案件的同时，立足于建章立制，严格规范司法权的运行，将权力关进制度的笼子。在这次整治过程中，减刑、假释案件审理暴露出来的问题主要为：减刑、假释案件过于依赖刑罚执行机关报请的材料，检察机关、审判机关的职能作用没有得到充分发挥，一些案件审理流于形式，监督缺乏有效手段，导致有的案件关键事实未能查清，矛盾和疑点被放过，甚至一些虚假证据得以蒙混过关，个别案件还引发了负面舆情，造成不良社会影响。《意见》的出台，坚持以问题为导向，强化顽瘴痼疾排查整治的成果运用，有针对性地采取措施，解决实践中的突出问题，出实招、施实策、求实效，进一步严格规范减刑、假释工作。

三是积极回应社会关切，践行以人民为中心司法理念的有效举措。随着社会公众法治意识的增强，刑罚执行工作越来越受到社会各界的广泛关注。新时代人民群众对公平正义的期待越来越高，对公正高效司法产品的需求越来越迫切，这些新期待、新要求也深刻反映到刑罚执行工作中。刑罚规范有效执行关乎社会公平正义的最终实现，而减刑、假释作为刑罚执行变更的重要措施，如果在办案过程中不能做到公平公正，势必影响刑罚执行的效果，影响司法权威和公信力。《意见》的出台，能够有效促使有关机关更加公平公正执法办案，不断提高减刑、假释裁定的公信力，做到民众有所呼、政策有所应、司法有所为、局面有所变。

《意见》共 20 条，分别从基本要求、严格审查实体条件、强化案件办理程序、监督指导及工作保障等四个方面，进一步细化实质化审理的工作要求。

## 二、《意见》的核心要义和基本要求

### （一）关于《意见》的核心要义

《意见》的核心要义是实现减刑、假释案件实质化审理，《意见》在标题中开宗明义提出实质化审理问题。在文件起草调研过程中，有意见认为，不宜使用实质化审理这一表述，主要理由是减刑、假释案件在审理方式、适用规则等诸多方面与普通刑事案件相比，存在着很大差异，普通刑事案件在推进庭审实质化等改革过程中，也没有使用实质化审理这一表述；提出推进减刑、假释案件实质化审理，是否意味着以前的审理都是形式化的。

对这一意见，我们进行了认真研究，最终还是保留了实质化审理这一表述，主要基于以下考虑：一是制定加强减刑、假释案件实质化审理有关规范性文件，是落实中央巡视整改任务的重要措施。此前，中央政法委已要求采取措施加强减刑、假释案件的实质化审理。2021年5月31日至6月2日，中央政法委有关领导在青海调研并主持召开政法队伍教育整顿西北片区调研座谈会时，聚焦顽瘴痼疾整治这一专题，再次明确要求“完善罪犯减刑、假释案件实质化审理制度”。二是加强减刑、假释案件实质化审理是针对以往审理容易流于形式、实质性审理不足等问题较为普遍而提出的，其指向性明确。我们在调研中发现，各级政法机关对这一表述高度认同。三是推进实质化审理具有可行性。近几年来，随着司法理念的转变以及相关制度机制不断健全完善，各政法机关在办理减刑、假释案件过程中，逐渐加强了对证据材料的全面、细致审查，不断规范案件审理工作，其中，多地在采取措施推进实质化审理过程中都取得了明显的成效，加上减刑、假释案件多方参与审理模式的日渐成熟，我们相信客观上能够实现案件的实质化审理。

### （二）关于实质化审理的基本要求

减刑、假释的根本目的是激励罪犯积极改造，要实现这一目的，就必须确保减刑、假释只适用于悔改表现良好的那部分罪犯，而如何审查判断罪犯是否确有悔改表现，是实践中的重点，也是难点。在总结实践经验的基础上，我们认为有必要对减刑、假释案件审理应当遵循的基本要求进行总结提炼。

经过认真调研和反复论证，《意见》第 1 条至第 4 条提出了实质化审理的四项基本要求，即坚持全面依法审查、主客观改造表现并重、严格审查证据材料、区别对待。这四项基本要求的提炼和总结，既是《意见》的重要内容，也是《意见》的一大亮点，不仅为案件办理提供了一定的理念遵循，也将有助于推动减刑、假释制度相关理论问题的深入探究。

1. 坚持全面依法审查

对减刑、假释案件进行全面依法审查，不是现在才提出来的。早在 2005 年，最高人民法院原副院长姜兴长在全国法院减刑假释工作座谈会上就提出，要“全面审查，区别对待，准确把握减刑的标准”。2009 年，最高人民法院原副院长江必新也指出，要探索减刑假释的综合考核制度，使减刑假释的条件更加科学和规范。这种标准，除了要全面考虑法律规定的要件以外，还要重点考虑财产刑执行的情况、附带民事诉讼赔偿的履行情况以及对减刑假释后的社会评价和反应进行评估，保证减刑、假释法律效果和社会效果的统一。2016 年 11 月，最高人民法院出台《关于办理减刑、假释案件具体应用法律的规定》（法释〔2016〕23 号），第二条规定：“对于罪犯符合刑法第七十八条第一款规定‘可以减刑’条件的案件，在办理时应当综合考察罪犯犯罪的性质和具体情节、社会危害程度、原判刑罚及生效裁判中财产性判项的履行情况、交付执行后的一贯表现等因素。”可见，《意见》将坚持全面依法审查作为一项基本要求予以强调，既是对以往要求的承继与延续，也是对该内容因时就势而作的提炼和升华。

近几年来，人民法院在审理减刑、假释案件过程中，按照全面依法审查的要求，通过综合考察各方面因素来准确判断罪犯的真实悔改表现情况，取得了良好的效果。但是，实践中仍然一定程度地存在着“唯计分论”的现象，主要表现在过于依赖刑罚执行机关提交的罪犯改造计分考核材料，而没有充分认识到单纯的计分考核并不能全面反映罪犯的真实悔改表现，也没有充分考虑原判认定的犯罪性质、具体情节、社会危害程度、原判刑罚等，以综合判断罪犯是否确有悔改表现。因此，有必要进一步重申全面依法审查这一基本要求，督促各办案机关不断转变司法理念，坚决摒弃“唯分是举、以分折刑”的不适当做法。

2. 坚持主客观改造表现并重

罪犯确有悔改表现是适用减刑、假释的法定条件。然而，是否确有悔改表现，是存在于罪犯主观世界的一个事实，但对主观世界的审查判断，又离不开对客观、外在行为表现的考察。理想的状态是努力实现主客观相统一。要做到这一点并不容易。调研中，很多监狱干警反映，罪犯客观行为表现有可能是具有欺骗性的，在监管状态下，尤其在与相对固定的干警朝夕相处过程中，罪犯可能表现出积极接受改造的一面，平时各项考核也符合规定，但是其内心的真实心理变化则很难准确把握，尤其对于一些具有特殊情节的罪犯而言，其内心主观恶性是否真正得到了转化，往往无从把握。客观来说，这些情况是存在的，但是我们也要看到，从一些典型案例来看，罪犯悔改表现情况并非完全不能审查判断出来。比如，实践中就有这样的案例，罪犯因犯抢劫罪被判处重刑，在服刑改造多年之后，因严重违反监规被严管了几个月，考核期也相应延长一年，但等考核分数一够，监狱仍对其报请减刑，人民法院也裁定予以减刑，该罪犯刑满释放后不久又实施了严重暴力性犯罪。该案中，仅就该次减刑而言，罪犯已经服刑改造多年但仍然没有改造好，仍严重违反监规受到处罚，指望其在延长的一年考核期内就改造好，几乎是不可能的，这种情况下应不予减刑。

过去，人民法院审理减刑、假释案件，往往只注重对罪犯客观行为改造情况的审查，而容易忽视对罪犯主观世界改造情况的审查。实际上，罪犯客观行为表现较好，并不一定意味着其从内心深处真正认识到自身犯罪行为给社会带来的严重危害，如果其犯罪心理没有得到彻底矫治，就仍有可能重新犯罪，给社会带来新的危害。只有坚持主客观改造表现并重，转变过去只重客观而忽视主观的做法，更加注重审查判断罪犯的主观悔罪心态，做到主客观相统一，才能准确查明罪犯是否确有悔改表现这一案件事实，才能作出真正正确的减刑、假释裁定。

3. 坚持严格审查证据材料

减刑、假释是刑事诉讼的重要组成部分，在减刑、假释案件审理中，也要严格贯彻落实以审判为中心的刑事诉讼制度改革要求，贯彻落实证据裁判原则。证据裁判要求人民法院认定案件事实，必须以证据为依据，证据必须经过查证属实，对于未经查证属实的证据，依法不得作为定案的根据。减刑、假释案件虽然与普通刑事案件相比有较大差异，但也要在一定程度上体现出证据裁判的要求，要对证据材料进行实质性审查。

然而，以往审理减刑、假释案件过程中，人民法院对于刑罚执行机关提交的证据材料，往往缺乏有效的质证审查，就简单认为这些证据材料是真实、合法的，这显然背离了证据裁判的要求。从一些典型案例看，这方面的教训是极为惨痛的。有些经媒体披露后引发社会各界广泛关注的减刑案件，经事后倒查发现，司法人员在办案时，只要进行了一定的实质性审查，并不难发现案件疑点所在，但是最终没有严格把关，值得深思。因此，在减刑、假释案件审理中，人民法院必须旗帜鲜明，坚持以审判为中心，不断强化证据裁判意识，严格审查各项证据材料。

4. 坚持区别对待

区别对待是对宽严相济刑事政策的落实。减刑、假释制度作为一种刑罚执行变更制度，是贯彻宽严相济刑事政策“宽”的一面的重要切入点，是以“宽”济“严”的重要机制，在整体上体现了对罪犯“宽”的一面。但是，在办理减刑、假释案件时，也要突出重点，依法进行，做到宽之有据、宽之有理、宽之有度、宽之有效；同时，注意具体分析、区别对待，做到宽中有严、严以济宽。

刑罚具有教育改造罪犯的功能，对于主观恶性不同的罪犯，矫治其犯罪心理的难易程度也会存在差别。在减刑、假释案件办理中，要以刑罚个别化原则为指导，对罪行重、刑期长的罪犯，应适当延长其减刑起始时间或者间隔时间，严格控制减刑幅度，以保证其较长的实际服刑期限；对罪行轻、刑期短的罪犯，服刑改造表现较好的，可以优先考虑予以减刑、假释；对主观恶性深且拒不悔改的罪犯，应当一律不予减刑、假释。只有从不同罪犯的罪行、主观恶性和改造实际情况出发，针对不同情况，依法采取不同的措施，做到同等情况同等对待、不同情形区别对待，才能最大限度发挥减刑、假释的激励作用，实现刑罚的目的。

## 三、实质化审理的关键之举：严格审查案件的实体条件

对减刑、假释案件的实体条件进行严格审查，是相对于过去一些案件审查流于形式、实质性审理不足而言的。《意见》第 5 条至第 10 条既规定了在办案过程中要审查用于证明符合减刑、假释实体条件的证据材料，也对审查这些证据材料时容易出现问题的环节进行了明确，提出了具体的审查要求。值得注意的是，这些规定所针对的问题，都是通过剖析实践中的一些典型案

例而总结出来的，有的问题影响很大甚至可以说是教训惨痛，因此，《意见》就此着力进行了规范。

根据我国刑法的规定，减刑、假释适用的前提是罪犯确有悔改表现。《最高人民法院关于办理减刑、假释案件具体应用法律的规定》第三条第一款规定了“确有悔改表现”的认定条件：一是认罪悔罪；二是遵守法律法规及监规，接受教育改造；三是积极参加思想、文化、职业技术教育；四是积极参加劳动，努力完成劳动任务。该条第二款还对“三类罪犯”不积极退赃、协助追缴赃款赃物、赔偿损失，或者服刑期间利用个人影响力和社会关系等不正当手段意图获得减刑、假释的，不认定其“确有悔改表现”。同时，法律、司法解释还规定了减刑、假释的刑期条件，即起始时间、间隔时间、减刑幅度、最低服刑期限等，表明对罪犯的改造不是一朝一夕的事情，而是需要一个长期的矫正过程。

### （一）关于对罪犯服刑期间改造表现等考核材料的审查

实践中，监狱主要通过计分考核来体现罪犯的改造表现，因此，计分考核材料也就成为人民法院审理减刑、假释案件需要审查的一项重要内容。计分考核材料作为证据材料，具有一些特殊性，主要是因为监狱作为刑罚执行机关，负责罪犯的日常监管和改造，监狱环境又相对封闭，证据材料的搜集和获取完全为监狱所垄断，罪犯的真实服刑状态很难为监狱以外的单位和个人所掌握。加上监狱的考核材料都盖有公章，意味着其对考核材料的真实性负责，而过去基本上大家都认为，这种由公权力机关所出具的证据材料，当然是真实、合法的。在这样一种认识支配下，就容易出现对罪犯考核材料的审查不严、不细的情况。

事实上，通过剖析近几年来陆续暴露的典型案例，我们认为，由公权力机关出具的证据材料，并不必然就是真实、合法的，这些证据材料同样有可能不客观甚至造假。这就要求我们对罪犯的考核材料进行实质性审查，严格把关。过去我们在审查考核材料时比较容易出现的问题，比如，只注重分数与减刑幅度的对应，而忽视了考核分数的来源及合理性，没有对考核材料进行逻辑性和客观真实性的审查判断，导致一些瑕疵证据甚至非法证据得以蒙混过关。因此，在审查这些证据材料时，对存有疑问、感觉不正常的考核材料，应当要求刑罚执行机关在规定期限内作出说明，规定期限内不能作出合理解释的，不作为认定罪犯确有悔改表现的依据。同时，不仅要对加分项进行严格审查，对扣分项也要严格审查，要注重审查罪犯因为什么被扣分，区分行为性质、行为时间、行为次数等，具体问题具体分析。如果仅是因为物品摆放、内务整理等被偶尔扣分，不影响对其确有悔改表现的认定，但如果系因违反监规纪律被扣分，甚至因此被延长了考核期，加扣分抵扣后达到报请减刑分数的，就要对罪犯的主观改造情况进行综合审查判断，以认定是否确有悔改表现。

（二）关于对罪犯认罪悔罪材料的审查

认罪悔罪是认定罪犯确有悔改表现的法定条件之一，也是罪犯主观上能够积极接受改造的前提。认罪悔罪材料主要是罪犯的认罪悔罪书、自我鉴定等材料。在审查这些证据材料时，要结合罪犯的文化程度、受教育经历、生活乃至成长经历等，如要看罪犯书写是否认真、认识是否深刻、内容是否客观，进行一定程度的实质性审查，避免审查流于形式。如果无特殊原因非本人书写，或者结合其他证据材料发现内容虚假的，不得认定罪犯确有悔改表现。

（三）关于对罪犯立功、重大立功等证明材料的审查

罪犯因立功、重大立功被减刑，在司法实践中并不是一个普遍现象，过去也没有引起足够的重视。根据以往的司法解释规定，有“立功表现”的减刑幅度要高于“确有悔改表现”的减刑幅度，有“重大立功表现”的减刑幅度更是大幅提高，而且还不受减刑起始时间和间隔时间的限制。正是在这一制度安排的促使下，个别罪犯为了尽快获得减刑，往往在立功、重大立功上绞尽脑汁做文章。近几年来曝光的多起因重大立功而减刑的案件，如云南孙某果案、山西任某军案，都存在重大立功证明材料造假的问题。这些虚假的证明材料在司法审查过程中能够堂而皇之顺利过关，不能不引起我们高度重视。正是基于现实的考虑，刑罚执行机关所提交的罪犯立功、重大立功证明材料，必然成为人民法院审查的重点。因此，《意见》对因立功、重大立功报请减刑案件进行了重点规范，对实践中常见的情形进行了列举，对具体的审查方法进行了明确。一是对于检举、揭发监狱内外犯罪活动，或者提供重要破案线索的，应当注重审查线索的来源，并采取必要的核查措施。如查明线

索系通过贿买、暴力、威胁或者违反监规等非法手段获取的，不认定罪犯具有立功或重大立功表现。二是对于技术革新、发明创造而被认定构成立功、重大立功的，要求人民法院对于技术革新、发明创造进行专业性审查判断，既不可能，实际上也没有必要。但是，人民法院仍需要对罪犯是否具备相应的专业能力及条件等情形，进行实质性审查判断。例如，孙某果重大立功减刑案中，孙某果明显不具备相应的专业能力和条件，而人民法院仅仅根据有关机关出具的专利证明等书面材料，就简单认定具有重大立功表现，一次即错误裁定减刑两年八个月，司法审查沦落成了走过场、走形式，司法权威和公信力遭到了严重破坏。三是对于阻止他人实施犯罪活动，协助司法机关抓捕其他犯罪嫌疑人，在日常生活、生产中舍己救人，以及在抗御自然灾害或者排除重大事故中有积极或者突出表现的，实践中同样不乏其例。比如，在2021年全国政法队伍教育整顿中发现一起案件，罪犯虽然检举他人犯罪属实，但被检举人被人为地轻罪重判，致该罪犯被错误认定构成重大立功。还有一起案件，罪犯在抗御自然灾害过程中确有积极表现，但远远达不到认定重大立功甚至是立功的标准，而被违规违法认定构成重大立功。这两起案件均依法进行了纠正，但背后存在的问题需要办案机关认真反思。实际上，有些罪犯之所以能够被违规违法认定构成立功甚至重大立功，有的可能采取了伪造证据、贿赂司法人员等手段，有的虽然没有查实存在这些手段，但仍涉嫌不当利用了他们犯罪前的身份、影响等因素。因此，对于存在特殊情形的罪犯，如“三类罪犯”等，在减刑、假释时一定要严把案件质量关，一旦发现证据材料存在可疑之处，要及时进行核查，审慎作出裁定。

此外，通过对长期实践经验的总结，《意见》第6条增加第5款，即严格把握立功、重大立功中“较大贡献”或者“重大贡献”的认定条件，明确规定该“较大贡献”或者“重大贡献”，是指对国家、社会具有积极影响，而非仅对个别人员、单位有贡献和帮助。

### （四）关于对罪犯履行财产性判项能力的审查

近几年来，通过将生效裁判所确定的财产性判项履行义务与罪犯的减刑、假释挂钩，对于督促罪犯及时、全面履行生效裁判所确定的义务，取得了很好的效果。罪犯是否积极履行生效裁判所确定的义务，包括是否积极履行财产性判项，反映了其主观上是否认罪悔罪。人民法院在审查时，对于没有履行或者没有全部履行财产性判项的，要着重审查罪犯是否有履行能力，如果确实没有履行能力而未履行财产性判项，不能阻却对罪犯确有悔改表现的认定。只有对那些有履行能力而拒不履行或者拒不全面履行的，才不应裁定减刑、假释。基于以上考虑，《意见》第7条规定了两款，具有第1款中规定的三种情形的，表明罪犯无意履行生效裁判确定的义务，故不能认定其确有悔改表现。而对于第2款规定的情形，实践中的情况可能较为复杂，要注意查明罪犯狱内消费明显超出规定额度标准的具体原因，如果罪犯改造表现不错，仅因治疗疾病等特殊原因超出规定额度标准的，不能阻却对罪犯确有悔改表现的认定，但如果罪犯无特殊原因狱内消费明显超出规定额度标准的，甚至实践中发现有罪犯借用其他罪犯账户超出规定额度标准进行消费，此种情况一经发现，不能认定罪犯确有悔改表现。

（五）关于对罪犯再犯罪危险性的评估判断

对于罪犯假释的，要进行再犯罪危险性评估，否则如果罪犯对社区具有危险性，假释出狱后就很有可能重新违法犯罪，带来新的社会危害。根据各地反馈的情况，当前假释适用率普遍较低，主要原因就在于难以审查判断罪犯是否有再犯罪的危险。对此，《意见》第8条明确了对再犯罪危险的审查判断方法，即除了对罪犯性格特征、心理状态进行评估外，还要结合原判情况、罪犯的一贯表现等各方面因素进行综合判断，以准确作出认定。这就要求人民法院在审理案件时，不能机械司法，刑罚执行机关提交了再犯罪危险评估材料，尽管可以作为重要的裁判依据，但也要综合全案证据包括原判情况进行评判，不能一味过于采信某一项证据。

当然，在适用假释时，也要贯彻宽严相济刑事政策，当严则严，该宽则宽。《最高人民法院关于办理减刑、假释案件具体应用法律的规定》第二十六条规定的几类罪犯，可以依法从宽适用假释；罪犯既符合减刑条件又符合假释条件的，可以优先适用假释。这一规定的目的就是充分发挥假释的价值功能，不能因为怕追责而不敢依法适用假释。

（六）严格把握罪犯的最低服刑刑期

1997年刑法第七十八条规定：“被判处管制、拘役、有期徒刑、无期徒刑的犯罪分子……减刑以后实际执行的刑期，判处管制、拘役、有期徒刑的，不能少于原判刑期的二分之一；判处无期徒刑的，不能少于十年。”2011年刑法修正案（八）将无期徒刑的最低服刑刑期延长到十三年，同时规定了原判死缓限制减刑的最低服刑刑期。关于假释的最低服刑刑期要求，与减刑的最低服刑刑期一致。

根据上述规定，除了存在特殊情况的假释案件以外，不论减刑还是假释，罪犯实际服刑刑期均不得低于法律所规定的最低服刑刑期，这是刑罚公正性与行刑功利性有机结合的制度设计。然而，在长期的司法实践中，最低服刑刑期成了罪犯减刑的终极目标，不少罪犯经过多次减刑，实际服刑刚刚超过最低服刑刑期要求就刑满释放，导致刑罚执行非常不严肃。造成罪犯实际服刑刑期偏短的根本原因，还是我们执法办案中的理念出了问题，混淆了法律底线和工作常态的区别。实际上，法律所规定的最低服刑刑期，应是指罪犯因有重大立功表现，甚至多次重大立功表现，经减刑、假释后必须达到的服刑刑期底限，对于只是确有悔改表现的罪犯，其减刑、假释后的最低服刑刑期应远高于这一底限。否则，刑罚就得不到有效执行，刑罚的目的就不能实现。

为了有效解决实践中的问题，《意见》第10条规定要正确理解法律和司法解释规定的最低服刑期限，严格控制减刑起始时间、间隔时间和减刑幅度，并且要根据罪犯前期减刑情况和效果，对其后续减刑予以总体掌握。对原判死缓、无期徒刑的，减为有期徒刑后，要与原判有期徒刑罪犯减刑有所区别，从严控制减刑，将宽严相济刑事政策精神贯彻至刑罚适用与刑罚执行全过程。

## 四、实质化审理的程序性要求：探索推进案件审理程序的相关改革

程序公正是实体公正的前提和基础，没有一个公正、规范的审理程序，实体公正往往很难得到切实保障。只有程序科学、规范、有序，才能确保实体裁判结果公平、公正。党的十八大以来，人民法院针对减刑、假释案件审理程序的改革一直在不断深化。2014年4月，最高人民法院出台《关于减刑、假释案件审理程序的规定》（法释〔2014〕5号），对减刑、假释案件审理程序进行了专门规范。此后，最高人民法院在司法公开等方面出台了一系列举措，主动接受社会各界监督，减刑、假释案件审理程序更加公开、透明。但是，仅仅实现形式上的公开和透明还是不够的，更重要的是要按照以审判

为中心的刑事诉讼制度改革要求，探索推进减刑、假释案件审理程序的改革。开庭审理的案件，要使庭审能够对案件的处理结果产生实质性影响，实现证据核查在法庭、事实认定在法庭、意见发表在法庭、裁判理由形成在法庭。未开庭审理的案件，也必须对相关材料进行真正实质性的审查。只有这样，才能使各办案主体之间真正实现各司其职，分工负责，相互配合，相互制约，才能为案件办理的高质量提供坚实的制度保障。

《意见》第 11 条规定要充分发挥庭审功能，第 12 条规定要健全证人出庭作证制度，第 13 条规定要有效行使庭外调查核实权。这三条规定都是为了探索推进庭审实质化而作出的努力。表面上看，这三条规定都比较笼统，甚至宣示意义可能要更大一些。但是，既然《意见》是由刑罚执行机关、检察机关、审判机关联合印发的，三机关都有义务落实《意见》中的具体规定，而这些规定的具体落实，将有助于在减刑、假释案件审理中引入一种诉讼化的机制，促使庭审实质化的实现。我们在此提出以下几个观点，以期推动该问题的持续深入探究。

### （一）以刑事诉讼思维指引减刑、假释案件的审理

减刑、假释是刑事诉讼的重要组成部分，其性质上属于司法权，那么在权力运行方式上，就应当符合司法规律。司法是为了解决争议而存在的，没有争议，也就无所谓司法。减刑、假释领域的诸多法律疑难问题，只有按照刑事诉讼的思维来处理，才能够从根本上寻求到解决之道。

当前，减刑、假释案件审理与普通刑事案件审理一样，也呈现出多元参与的审理模式。只不过，减刑、假释案件的三方结构分别为刑罚执行机关、检察机关和审判机关，与普通刑事案件中的被告人、检察机关和审判机关三方结构相比，仅仅在参与主体上由被告人换成了刑罚执行机关。实践中，刑罚执行机关、检察机关应如何在庭上发表意见，人民法院如何进行审理并作出裁定，这实际上也是《意见》的贯彻落实问题。《意见》既然由最高人民法院、最高人民检察院、公安部、司法部联合发布，而不是只由最高人民法院发布，其意义正在于此。换言之，推进减刑、假释案件实质化审理工作，是刑罚执行机关、检察机关、审判机关在各司其职、分工负责、相互配合、相互制约的基础上，共同努力来完成的，而不可能仅仅依赖于某一家单独实现。

减刑、假释既然被定性为一项司法活动，属于刑事诉讼活动在刑罚执行

阶段的自然延续，那么减刑、假释适用过程中存在的一些争议问题，在考虑到减刑、假释自身特点的同时，也应该遵循刑事诉讼的一般原理和规则。在这样一个基本认识下，解决有关减刑、假释审理程序上的一些分歧和争议，也就有了一个根本的遵循，不同机关之间也就更容易在争议问题上达成共识。否则，脱离了刑事诉讼基本原理，大家各行其是，相互之间谁也说服不了谁，不仅不利于这项工作的开展，也不利于在减刑、假释领域形成和发展出相应的理论及规则。

（二）进一步完善优化相关机关的职能定位

我们在2021年开展调研的时候，有下级法院提出，刑罚执行机关、检察机关和审判机关的职能定位，从表面上看似乎是很清楚的，也就是通常所说的监狱报请，法院裁判，检察院监督，但是，在实际操作中仍然存在一些模糊之处，给执法办案带来一定困扰。其实，刑罚执行机关掌握程序启动权，审判机关理应居中裁判，这是有广泛共识的。实践中存在困惑的，可能是检察机关的职能定位问题。

从应然层面看，在减刑、假释案件审理中，检察机关的职能作用，主要表现在两个方面：一是对刑罚执行机关、审判机关的职务行为是否合法进行监督；二是对罪犯是否应当减刑、假释行使办案职能。这其实是两项职能，合法性监督显然不能取代执法办案，刑罚执行机关、审判机关的职务行为合法，也不意味着就应当对罪犯予以减刑、假释。因此，检察机关要善于“两条腿”走路，尤其要强化办案职能的行使，只有这样，才能充分发挥自身的职能作用，这也有助于监所检察职责的充实和良性发展。如果以普通刑事案件中检察机关的职能行使方式作为参照，我们可能会有更多启发。在普通刑事案件中，检察机关基于控诉职能而提起公诉，启动审判程序，目的是给被告人定罪量刑，这可以说是行使办案职能的体现。但与此同时，检察机关也对案件审理程序是否合法进行监督，刑事诉讼法第二百零九条规定，人民检察院发现人民法院审理案件违反法律规定的诉讼程序，有权向人民法院提出纠正意见。《最高人民法院关于适用〈中华人民共和国刑事诉讼法〉的解释》第三百一十五条规定，人民检察院认为人民法院审理案件违反法定程序，在庭审后提出书面纠正意见，人民法院认为正确的，应当采纳。换言之，在普通刑事案件中，检察机关的监督和办案这两项职能在一定程度上是能够分得开的，彼此之间有一个相对明晰的界限，办案就是办案，监督就是监督，尽管这种分离可能是有限的。但是在减刑、假释案件审理中，检察机关往往更注重合法性监督，而办案职能作用发挥不够。

随着实质化审理工作的推进，对各机关办案职能的行使必然会提出更高的要求，这也是落实刑罚执行机关、检察机关、审判机关各司其职、分工负责、相互配合、相互制约原则的应有之义。实践中，对刑罚执行机关、检察机关、审判机关尤其是检察机关办理减刑、假释案件的职能定位认识问题还有待进一步深化，这也是推进减刑、假释案件实质化审理改革的内生动力之所在。

### （三）以庭审实质化为重点向前推进

强调诉讼以审判为中心、审判以庭审为中心，关键是要推动庭审实质化。对于减刑、假释案件审理而言，同样如此。庭审实质化往往需要以有对抗性的两造为前提，而按照实质化审理的潜在逻辑，减刑、假释案件也应该是有对抗性的。这一点其实并不难理解。

在 2021 年全国政法队伍教育整顿过程中，暴露出很多减刑、假释领域存在的突出问题，如不少案件反映出，过去对于故意杀人、抢劫、强奸等严重暴力犯罪罪犯的减刑，与过失犯罪等轻罪罪犯的减刑，很多时候没有明显差别。但是二者之间的主观恶性显然是有巨大差异的，不加区别地一律予以减刑、假释，毫无疑问有悖于减刑、假释制度设置的初衷。对严重暴力犯罪罪犯减刑、假释时，当刑罚执行机关提出建议后，检察机关是否就应一概予以认可，而完全不持异议？恐怕未必。在此情形下，案件有可能具有一定的对抗性，需要刑罚执行机关、检察机关双方在庭审中围绕争议问题，各自充分阐明理由，提交相应的证据，进行必要的质证和辩论活动，促使人民法院公平、公正作出裁定。

其实从法理上讲，罪犯被判处并执行刑罚，源于检察机关提起公诉，通过求刑权的实现而产生的结果。求刑的目的是对犯罪分子进行惩罚和教育改造，但如果罪犯被投入监狱后，可以通过减刑、假释等行刑变更措施随意改变生效裁判确定的刑罚内容，求刑权的目的就会落空。既然我国法律规定了减刑、假释制度，检察机关又具有维护国家法律正确实施的法定职责，那么也就应该负有责任监督刑罚的执行、确保刑罚目的的实现，审慎适用减刑、假释。由此而言，刑罚执行机关与检察机关在刑罚执行变更问题上，是天然存在着潜在的诉求冲突的。这样一种诉求冲突，势必需要通过诉讼化的方式，使双方站在各自立场上充分发表意见，开展一定的质证和辩论活动。

当然，并非所有的减刑、假释案件都需要检察机关发表不同意见，甚至具有相当程度的对抗性，但至少对于一些可能有争议的案件，检察机关是应该有异议的，而不可能一概无不同意见。

（四）探索引入公职律师参与刑罚执行机关的办案

随着减刑、假释案件实质化审理工作的不断推进，尤其检察机关的职能得到充分行使后，势必会给刑罚执行机关带来一定的挑战，突出表现在应诉能力上，迫切需要加强对监狱干警的业务培训。实践中，有监狱干警认为，其日常所从事的是一种行政管理活动，对罪犯的日常表现以及监狱有关情况较为熟悉，更适合作为证人参与庭审，而不适合作为一方当事人出现在法庭上；由监管干警参与庭审质证、辩论等司法活动，如果对证据规则、证明标准、庭审规则、法律适用等专业性问题把握不准，可能会引发一定的执法办案风险。我们认为，这一观点是有道理的，证人身份具有唯一性，监管干警显然更适合作为证人出庭。

由于减刑、假释制度设计客观上不允许社会律师参与办案，可以考虑在监狱内建立公职律师制度，即尝试设置受监狱指派出庭履行职务的公职律师，这种做法实际上等于将教育改造罪犯这一行政活动与减刑、假释这一司法活动在监狱内部进行了一定程度的职能区分。公职律师具有双重身份，一方面是公务员，另一方面又具有律师的思维方式。公职律师受监狱指派处理相关法律事务，有明确的政策依据，在一定程度上也有助于化解监狱的执法办案风险。我们在2021年开展调研时也了解到，有个别省份已经在监狱配备了公职律师，专门处理刑事申诉、减刑假释等有关法律事务。

更为重要的是，对于人民法院而言，尤其在疑难、复杂减刑、假释案件审理中，由公职律师作为监狱代表参与庭审，与检察官、法官运用法言法语，使用法律人的思维方式进行无障碍沟通交流，不仅符合平等武装的诉讼法原理，也必将有助于实质化审理工作的开展，有助于办案质量的提高。

（五）构建案件审理的繁简分流机制

当前，不少法院减刑、假释案件数量巨大，案多人少矛盾尖锐，是推进实质化审理所面临的一项挑战。《意见》在制定过程中，就有观点提出，能否只对一部分案件进行实质化审理，而不是全部案件都实质化审理。我们认为，这一观点难以成立，因为从法理上讲，既然要推进实质化审理，当然是针对所有减刑、假释案件而言的，而不能只限于其中一部分案件。当然也要考虑到，大多数减刑、假释案件事实还是比较清楚的，证据材料也不复杂，将宝贵的司法资源平摊到所有案件上，平均用力，确实既不可行，也没必要。结合这几年暴露出来的典型案例看，绝大多数问题都出在一些重点罪犯的减刑、假释案件上，如三类罪犯、严重暴力犯罪罪犯等。因此，只要对这些重点案件进行严格把关，重点案件重点审理，没有太大争议的案件简化审理，实行繁简分流，就可以在很大程度上解决实质化审理所面临的案多人少困境。

要构建繁简分流机制，就需要解决怎样进行繁简分流的问题。对于大多数减刑、假释案件而言，要实现简案快审相对较为容易，难的是怎样实现繁案精审。过去办理减刑、假释案件，由于罪犯所处的环境具有封闭性，证据材料完全为刑罚执行机关所垄断。要打破这种垄断，就有必要开展一定的调查核实工作，没有调查就没有发言权。因此，《意见》第 13 条专门规定了审判机关、检察机关庭外调查核实权，本意就是希望通过庭外调查核实，来解决刑罚执行机关所提交证据材料的真实性、合法性问题，更加准确认定案件事实。实际上，对减刑、假释案件进行调查核实并非《意见》的创新。早在 2014 年 7 月，最高人民检察院就出台了《人民检察院办理减刑、假释案件规定》，其中第六条规定在六种情形下，人民检察院应当调查核实；第七条还规定了调查核实的具体方法、事项。但是，由于多种因素，这些规定在实践中并没有得到很好的落实。

我们认为，在减刑、假释案件审理中，要实现繁案精审，对重点案件进行重点把关，需要以一定的调查核实作为基础。实际操作中，可以将检察机关的调查核实作为开庭审理、作出裁判的前置程序，即刑罚执行机关报请减刑、假释后，检察机关应当先行开展必要的调查核实工作，除了核实相关证据材料的真实性、合法性以外，还可以直接调查取证。检察机关调查核实的情况以及所获取的证据材料，均应提交给法庭进行质证核查。法庭调查结束后，如果人民法院对有关证据材料仍然存在疑问，根据案件具体情况，还可以在庭外重点进行调查核实。通过执行、检察、审判不同环节的严格把关，不放过任何疑点，可以更加有效保障案件质量，充分发挥减刑、假释制度的功能价值。

## 五、结语

《意见》在第四部分规定了构建内部监督、外部监督、上级监督指导等全方位监督体系，目的是通过制度机制建设，加强权力运行的制约监督，以及进一步推动司法公开，在广泛接受各方面监督的基础上，推进案件审理更加公平、公正。上级机关要加强对下监督指导，以确保正确适用法律，统一裁判的尺度和标准。此外，《意见》最后还要求各级机关要按照各司其职、分工负责、相互配合、相互制约的原则，不断加强沟通协作，并根据工作实际强化工作保障，以确保减刑、假释案件实质化审理公正、高效开展。这些监督指导及工作保障措施是非常必要的，需要刑罚执行机关、检察机关和审判机关在前期工作的基础上，进一步健全完善相关配套制度机制，促使《意见》真正落地见效，推动减刑、假释案件实质化审理工作取得预期的良好效果。

总之，《意见》的出台是刑罚执行领域的一项重大改革举措，对于进一步转变司法理念，努力实现人民群众在每一个司法案件中感受到公平正义的目标，适应新时代减刑、假释案件实质化审理的需要必将起到积极的推动作用。

（来源：《中国应用法学》2022年第3期）

# 代表、委员言论摘选

## ➢ 全国人大代表陈东辉：建立完善便民司法制度体系

陈东辉表示，自己在履职过程中对人民法院工作有了更加深刻的认识，特别是在深化司法改革方面，法院做了大量工作，取得了显著成效。

一是建立完善便民司法制度体系，提升审判质效。通过深化繁简分流机制改革，完善小额诉讼程序、简易程序规则，推进跨域立案、网上立案、自助立案，尤其在常态化疫情防控形势下，推行移动微法院、互联网庭审等举措，人民法院有效减轻了当事人诉累，办案质效稳中向好。二是少年审判与家事审判融合发展，让司法更有温情。各级法院相继成立了专门的少年法庭，并建立起与公安、检察、民政、妇联等部门的联动协作机制，在法治进校园、法院开放日等活动中加强普法宣传，有力保障了未成年人健康成长。三是推行法官员额制改革，促进司法公正。各级法院全面落实司法责任制，大力推进法官队伍正规化、专业化、职业化建设，实现了“让审理者裁判、由裁判者负责”，促进了司法公信力的提升。

（来源：《人民法院报》2022 年 3 月 5 日）

## ➢ 全国人大代表朱华荣：以人民为中心抓牢改革关键点

党的十九大强调，要深化司法体制综合配套改革，全面落实司法责任制。近年来，最高人民法院坚持以人民为中心，抓牢改革关键点，统筹规划、精密部署、督导评估，用钉钉子精神，不断破解改革进程中的各种难题。

2021 年履职过程中，朱华荣了解到，人民法院对落实防止干预司法“三个规定”情况开展专项整治，健全对记录违规干预过问案件办案人员的保护和激励机制，营造了廉洁办案、公正司法的良好氛围。案件繁简分流、一站式多元纠纷解决和诉讼服务体系建设、智慧法院建设等一系列工作亮点频出。例如，2022 年 1 月，重庆法院与长安汽车股份有限公司共同研发的 20 辆 3.0

版本车载便民法庭投入使用，打通了司法服务“最后一公里”。全国法院不断强化制约监督机制，建立权责一致司法权运行新机制，构建全面深化司法体制改革新格局，促进了人民法院工作高质量发展。

（来源：《人民法院报》2022年3月5日）

## ➢ 全国人大代表张玉珍：打击环境资源犯罪　打造生态司法品牌

全国法院在习近平生态文明思想指引下，深入践行“绿水青山就是金山银山”理念，贯彻落实民法典绿色原则，为推进生态文明建设，营造天蓝、水净、地绿、山青的宜居环境作出了诸多贡献。以环境资源审判专门化为切入点，在深化专业审判机制建设等方面都做了很多工作，形成了打击环境资源犯罪、保护环境资源合法权益的专业化审判队伍，为高效妥善审理涉环境资源案件提供了坚实保障。以探索完善恢复性司法实践为关键点，各地法院探索建立“恢复性环境司法实践+社会化综合治理”模式，切实提升审判结果执行的实质效果，最大限度促进了污染治理和生态修复。以打造生态司法优质品牌为落脚点，不断扩大典型做法、典型案例的影响力，增强全社会保护生态环境的法治意识。

（来源：《人民法院报》2022年3月6日）

## ➢ 全国人大代表戴天方：开辟司法工作提质增效的新路径

戴天方认为，人民法院深入推进现代科技与审判执行工作的深度融合，智慧法院建设取得显著成效。他曾到北京市房山区人民法院参观智慧法院的建设情况，了解到很多先进的做法，从中更感受到人民法院以人民为中心的为民情怀。比如，配备到街乡、社区的诉讼风险智能评估终端，为当事人提供常见民事纠纷的可视化诉讼风险提示，帮助当事人有效识别和避免诉讼风险，引导当事人选择非诉渠道解决纠纷；24小时智能诉讼材料交转柜、“胶囊法庭”等全天候、零接触的智能设备，减轻了当事人的诉累，减少了疫情传播的风险。

戴天方表示，这些都是人民法院智慧法院建设成果的缩影，不仅开辟了司法工作提质增效的新路径，搭建了疫情防控中的办事“便利桥”，更畅通了司法便民“最后一公里”。希望人民法院在信息化技术手段上不断优化、创新、深度应用，切实抓准影响人民群众诉讼体验和司法获得感的突出问题，并针对不同群体制作宣传智慧法院的使用说明，进一步提升信息化技术的使用率，为实现审判体系和审判能力现代化提供有力的支撑和保障。

（来源：《人民法院报》2022 年 3 月 6 日）

## ➢ 全国人大代表孙雨飞：司法服务更加优质、高效、便捷

近年来，全国法院深入践行司法为民，坚持以问题和需求为导向，不断满足人民群众的司法需求。特别是智慧法院建设成效显著，庭审“云端建”、服务“不掉线”，大大方便了人民群众进行诉讼服务，为推进全面依法治国，实现国家治理体系和治理能力现代化发挥了十分重要的作用。

孙雨飞曾多次到人民法院实地了解工作情况，他看到各级法院运用先进的信息技术打造了执行指挥中心、诉讼服务自助一体化设备、统一电子送达平台、智慧审判法庭等。依托智慧法院系统，当事人可以在线申请立案、在线缴费、在线参与调解、在线参与庭审，公众可以借助信息化手段查阅裁判文书、旁听庭审。

孙雨飞感到智慧法院建设的成果切实减轻了当事人的诉累，助力诉源治理工作深入开展，也增强了审判工作的公开透明度，真正实现了阳光司法。特别是新冠疫情发生以后，智慧法院的建设成效在疫情防控中发挥了突出作用，为满足人民群众日益增长的多元司法需求提供了更多的保障以及更加优质、高效、便捷的司法服务。

（来源：《人民法院报》2022 年 3 月 6 日）

## ➢ 全国人大代表罗应和：智慧法院建设取得实实在在成效

如今大数据产业飞速发展，一方面为社会治理提供高效服务，为人民群众带来了极大的便利，另一方面也伴随着“成长的烦恼”。在享受大数据便利的同时，如何保护企业和公民的数据隐私，成为当今社会的重要课题。人民法院在这个课题中扮演着重要角色。比如，贵州省惠水县人民法院的大数据审判庭为大数据产业健康发展提供了有力司法保障，对助推大数据产业和经济社会发展具有重要意义。

如今，越来越多的法院利用大数据向人民群众提供更多更好的司法服务，通过网上立案、跨域立案、远程庭审、无纸化办案、文书自动纠错、智能文书编写等信息技术应用，提高了诉讼效率，让数据多跑路、群众少跑腿，减少了司法成本，也减轻了当事人诉累。

希望人民法院能够继续围绕司法为民、公正司法，进一步提升智慧法院建设水平，将诉讼服务“线上”与“线下”联通，更加便捷高效地化解矛盾纠纷。

（来源：《人民法院报》2022年3月6日）

## ➢ 全国人大代表陈爱珠：在最基层发挥诉源治理作用

近年来，人民法院全面推进中国特色一站式多元纠纷解决和诉讼服务体系建设，在线多元解纷普遍开展，跨域立案改革全面推进，努力将矛盾纠纷预防在源头、化解在基层，效果显著，为人民群众提供了方便、精准、低成本、多样化的司法服务。

陈爱珠在调研中了解到，浙江法院不断探索一站式建设，形成了特色做法和有益经验：以县级矛调中心为牵引，基层法院剥离诉前调解职能，将诉前调解资源注入县级矛调中心，使纠纷横向分流调处更顺畅、更有效；全面推进“全域数字法院”建设，让老百姓无论是身处本地、外地还是境内、境外，无论是在工作时间内还是8小时外，均可通过线上或线下方式完成所有诉讼事务；全面加强“共享法庭”建设，把调解指导、纠纷化解、线上诉讼、普法宣传、基层治理等司法服务送到群众家门口，努力打造一站式诉讼服务、一站式多元解纷、一站式基层治理的最小支点，助推县级矛调中心网络和机制下沉到村社、行业等最前端，在最基层发挥诉源治理的作用。

希望人民法院牢牢把握一站式多元纠纷解决和诉讼服务体系建设要求，不断探索新做法总结新经验，实现纠纷解决从“单打独斗”到“多元共治”的转变。

（来源：《人民法院报》2022 年 3 月 6 日）

## ➢ 全国人大代表张兴海：一站式建设让纠纷解决更高效

司法是纠纷化解的最后一道防线，但并非唯一渠道。近年来，面对人民群众多元高效便捷的纠纷解决需求，人民法院坚持改革创新，科学把脉时代发展，创造性提出建设一站式多元纠纷解决和诉讼服务体系，整合解纷资源、重塑诉讼格局、服务社会治理，丰富便捷的纠纷解决渠道和一站式高品质诉讼服务，成为新时代人民司法的亮丽名片。

两会前，张兴海来到重庆市沙坪坝区石井坡街道中心湾社区调研。该社区是全国人大常委会法工委基层立法联系点，是践行全过程人民民主的重要载体，给他留下了深刻印象。张兴海在走访调研过程中了解到，重庆市三级法院诉讼服务中心全面设立“老马工作室”，并全面建立“一街镇一法官”和“一庭两所”矛盾纠纷联调机制。不仅如此，重庆法院还将一站式诉讼服务与现代技术深度融合，对“车载便民法庭”进行整车“数字化”“智能化”“便捷化”改造，全面整合提升诉讼服务、巡回审判、法治宣传等功能，推出 3.0 版“车载便民法庭”，基本实现把一站式诉讼服务“装上车”的目标，让人民群众的获得感更加直接、更加实在。

（来源：《人民法院报》2022 年 3 月 6 日）

## ➢ 全国人大代表黄花春：探索边疆民族地区多元解纷模式

履职期间，黄花春关注到广西法院以信息科技为依托，不断深化一站式多元纠纷解决和诉讼服务体系建设，有效地促进了审判体系和审判能力现代化。

一方面，法院突出集约、集成、在线、融合、便捷等关键要素，深化“智审、智执、智服、智管”建设应用，不断巩固和拓展智慧法院建设成果，自助立案、网上立案、跨域立案等便民利民诉讼服务不断优化，以往的“群众跑腿”如今已变为“数据跑路”。

另一方面，广西法院创新发展新时代“枫桥经验”，立足边疆民族地区工作实际，吸纳“族老”“贝侬”等入驻人民法院调解平台，建立类型化矛盾纠纷多元化解机制，探索边疆民族地区诉源治理新模式。其中，崇左市中级人民法院探索建立“边境人民法庭＋特邀调解员＋网格员”多元解纷新模式，实现调解平台对各边境村屯和少数民族村全面覆盖，极大地维护了边疆和谐稳定，促进了地方经济社会高质量发展。

（来源：《人民法院报》2022年3月6日）

## ➢ 全国人大代表杨来法：持续贯彻司法为民理念

杨来法表示近几年切身感受到了法院工作的新变化。

第一，杨来法体会最深的是法院队伍的正规化建设。近年来，河南省各级法院认真贯彻习近平法治思想，以司法为民为根本出发点和落脚点，注重法院系统队伍正规化建设。这一点，从基层群众与法院打交道后的评价中就可以看出来，杨来法听到最多的就是当事人对法院工作肯定、认可和赞许的话语。

第二，杨来法认为法官的办案效率和办案水平均有显著提升。近年来，杨来法从河南省各级法院的通报和交流中了解到，法官办理案件的数量基本每年都在提升，比如，洛阳市部分县区法院人均年办案数量甚至超过500件。这些直观的数据表明，基层法院的法官大多都在超负荷工作，从中不难想象法官们背后付出的艰辛努力。

第三，杨来法还发现各级法院都在努力破解执行难这个重点课题。他们积极主动作为，充分运用现代网络信息手段，使被执行人无处遁形，对“老赖”露头就打，让失信被执行人寸步难行，为大批群众维护了合法权益，实现了诉讼利益，也维护了法律权威。

第四，杨来法对各级法院重视多元化解矛盾纠纷非常认可。作为基层法院特聘的义务矛盾调解专家，杨来法每年都会被邀请到基层法院参与多起诉前调解，促使大量案件被消化在源头和萌芽状态，对稳定一方、促进社会和谐能够发挥良好作用。

总之，人民法院近年来的工作成效是显著的，希望全体法院干警再接再厉，将司法为民的理念继续贯彻好、落实好。

（来源：《人民法院报》2022 年 3 月 7 日）

## ➢ 全国人大代表陈晶莹：促进中小企业繁荣发展

全国人大代表，农工党中央委员、上海市委副主委，现任上海市人民政府参事（华东政法大学原副校长）陈晶莹带来了关于修改企业破产法、促进中小企业复兴、保障社会利益的议案。陈晶莹介绍，在我国，中小企业是推进经济社会发展的生力军。近年来，随着市场环境的复杂化，尤其是疫情带来的中小企业经营风险的骤增，对重整制度的改革需求尤为迫切。我国现行重整制度存在适用主体不明确、申请动力不足、制度供给单一、程序高昂等问题。如何依据中小企业的特殊属性和内在需求来重构适合中小企业挽救的重整制度，是我国企业破产法修改面临的重要课题。

陈晶莹的议案，在分析目前中小企业倒闭、破产案件低位徘徊现状和现有重整制度难破中小企业重整困境问题的基础上，借鉴国外有关企业破产的立法与实践，就现行企业破产法的主体适用范围、适用于中小企业的重整程序和重整规则等方面提出修改完善企业破产法的建议，以期促进中小企业发展，保障社会利益。

（来源：《人民法院报》2022 年 3 月 7 日）

## ➢ 全国人大代表陈燎原：真正实现“小事不出门，大事不出村”

作为偏远山区支部书记，陈燎原感触最深的是人民法庭的各项便民举措，不管是在柳林乡设立巡回法庭审判点实地调处矛盾纠纷，还是积极与村、社区、辖区司法所搭建调解平台，人民法庭都切切实实做到了送法到家门，为百姓提供高效便捷的司法服务。同时，人民法庭通过法治宣讲、以案说法等群众喜闻乐见、通俗易懂的方式让百姓知道遇事找法、办事依法、解决问题靠法，让法治观念深入百姓心中。希望法院这种接地气、有人气的司法审判服务模式得到继续大力推广，结合农村实际，依法公平公正审理涉农案件，树立正确的是非观、价值观，帮助形成和谐、淳朴、友善的乡村邻里新风，真正实现“小事不出门，大事不出村”，为新时代乡村振兴提供保障。

（来源：《人民法院报》2022年3月7日）

## ➢ 全国人大代表林笑云：在大湾区进一步提高司法协助效率

随着《粤港澳大湾区发展规划纲要》正式实施和《横琴粤澳深度合作区建设总体方案》的出台，两地之间加强司法协助的需求更加强烈。

为提高两地就民商事案件委托送达司法文书和调取证据的效率，结合新时代科技发展，澳门特别行政区政府与最高人民法院于2020年签署了《关于内地与澳门特别行政区法院就民商事案件相互委托送达司法文书和调取证据的安排》的修改文本，进一步提高了司法协助效率。今年两地还签订了《关于内地与澳门特别行政区就仲裁程序相互协助保全的安排》，更深化了在仲裁保全领域的司法协助。非诉讼争端解决方式是在大湾区值得推广的纠纷解决方式。

希望两地司法机关根据有关的司法协助安排，在具体的司法实务合作过程中务实高效地沟通协调，为坚守“一国”之本、善用“两制”之利提供最有力的司法保障。

（来源：《人民法院报》2022年3月7日）

## ➢ 全国人大代表阎建国：国际商事纠纷解决渠道不断拓宽

2021年1月，最高人民法院发布了《关于人民法院为海南自由贸易港建设提供司法服务和保障的意见》，提出在海南自由贸易港建设国际商事纠纷解决中心，支持国际商事调解和仲裁机制创新发展，建立调解、仲裁和诉讼有机衔接的一站式国际商事纠纷多元化解决机制。这项务实举措，为加快建设高水平中国特色自由贸易港提供了司法服务和保障，对于拓宽国际商事纠纷解决渠道，整合国内外优质纠纷解决资源，形成诉讼与非诉讼纠纷解决机制的工作合力发挥了积极作用。

建议海南自贸港国际商事纠纷解决中心充分吸收和借鉴域外商事纠纷调解理念，以及域内外先进商事调解经验，大力提升国际商事调解工作的专业性与规范性；组建国际化、专业化调解队伍，促进解纷人才资源交流共享；不断拓展调解领域，规范调解程序，提升调解水平，逐步彰显调解模式在多元化商事纠纷解决机制中的作用和优势。

（来源：《人民法院报》2022年3月7日）

## ➢ 全国人大代表陈乃科：探索涉外涉侨纠纷多元化解新模式

随着“一带一路”建设等国家战略的深入推进，越来越多的企业“引进来”“走出去”，具有涉外因素的民商事纠纷不断增加，亟须加快打造市场化法治化国际化营商环境，这为人民法院工作提出了全新要求。

在审理涉外、涉侨民商事案件过程中，人民法院应当严格坚持依法平等保护原则，降低诉讼成本，提升解纷效率，以全方位便捷的司法服务和公正高效的司法保障，增强中外当事人对我国市场的信心和信任。

据陈乃科所知，浙江省青田县人民法院多年来坚持立足侨情、务实创新、科技引领，不断创新涉侨审判机制，简化涉侨审判程序，逐步探索出了“海内海外联动调解、线上线下多元共治”的涉侨纠纷多元化解模式。陈乃科认为，涉外、涉侨审判工作都要秉承这种创新思维、系统理念，用科技开新路、以突破谋发展，通过与互联网技术的深度融合，实现涉外、涉侨审判提速，切实为当事人减负，向世界充分展示中国特色社会主义法治的优越性。

（来源：《人民法院报》2022年3月7日）

## ➢ 全国人大代表廖虹宇：为高水平对外开放提供司法保障

近年来，最高人民法院深入贯彻落实习近平总书记关于涉外法治工作的系列重要讲话精神，服务高水平对外开放大局，健全一站式国际商事纠纷多元化解决机制，成立国际商事法庭，我国涉外审判覆盖的国家和地区范围不断扩大，境外当事人主动选择中国法院管辖的案件日益增多，我国法院民商事判决得到越来越多国家的承认和执行，在参与国际规则制定中发挥的作用更加凸显，涉外司法国际公信力和影响力持续提升。

在最高人民法院大力支持下，海南法院积极参与国际司法交流合作。法官国际交流中心海南基地在三亚市成立，海南省高级人民法院受邀出席海上丝绸之路（泉州）司法合作国际论坛、中德省州法院法官交流项目总结大会并作专题发言。

希望最高人民法院继续关注海南涉外审判发展，指导和支持海南建成国际商事纠纷解决中心，打造便利化涉外商事纠纷一站式服务平台，有效解决涉外商事争议，不断优化和提升海南自贸港营商环境和法治环境，发挥海南自贸港在服务保障国家战略以及“一带一路”建设等方面更为突出的作用。

（来源：《人民法院报》2022年3月7日）

## ➢ 全国人大代表肖胜方：为国际商事纠纷化解贡献中国智慧

为推进“一带一路”建设，妥善化解商事纠纷，2018年6月，最高人民法院第一国际商事法庭于深圳揭牌，并正式开始运行。最高人民法院国际商事法庭不仅充分借鉴了现有国际商事法庭专业化和国际化的先进经验，还通过一站式国际商事纠纷多元化解决机制创造性地发展了融合化趋势。

毫无疑问，国际商事法庭及其“融解决”机制的建设发展已经成为“一带一路”倡议与国家涉外法治战略布局的重要一环，必将随着涉外法治工作的深入推进而不断完善，为国际争端解决与法律服务进步贡献中国智慧，展现中国方案。

建议进一步细化一站式国际商事纠纷多元化解决机制有关制度，可以借鉴共享经济理念，建立“案号共享”机制，保障案件在不同争端解决机制中顺畅流转，方便当事人选择最合适的争端解决方案。

（来源：《人民法院报》2022年3月8日）

## ➢ 全国人大代表黄楚平：为横琴粤澳深度合作区建设提供高质量法治保障

横琴粤澳深度合作区是习近平总书记亲自谋划、亲自部署、亲自推动的重大国家战略。党的十八大以来，习近平总书记多次亲临横琴视察，多次作出重要指示，为改革发展把舵定向，擘画了合作区建设的美好蓝图。2022年1月27日，全国人大代表，广东省人大常委会党组书记、主任黄楚平到横琴粤澳深度合作区开展调研。黄楚平指出，要深入学习贯彻习近平总书记关于横琴开发开放的重要论述精神，从战略和全局高度深刻认识推进合作区建设的重大意义，牢记横琴开发开放的初心使命，把服务合作区、支持合作区、共同建设合作区作为工作的重中之重，全力以赴抓好落实，以实际行动迎接党的二十大胜利召开。

黄楚平指出，新形势下做好横琴粤澳深度合作区开发开放，是深入实施《粤港澳大湾区发展规划纲要》的重点举措，也是丰富“一国两制”实践的重大部署，有利于澳门长期繁荣稳定和融入国家发展大局。中共中央、国务院印发《横琴粤澳深度合作区建设总体方案》，为横琴粤澳深度合作区的改革和发展按下了快进键。

黄楚平说，要准确把握合作区的战略定位、发展目标和建设任务，运用法治思维和法治方式推进合作区创新改革，确保党中央决策部署和省委工作安排得到不折不扣贯彻落实，推动合作区成为改革开放的窗口、法治建设的试验田和新高地，在全面建设社会主义现代化国家的新征程上，书写推进横琴粤澳深度合作区建设法治保障的新答卷。

黄楚平表示，最高人民法院高度重视横琴粤澳深度合作区建设。2021年

12月，周强院长在广东调研并为横琴粤澳深度合作区人民法院揭牌，要求广东坚持高标准、高起点，坚持改革创新，切实履行职责使命，努力创造一流业绩，为横琴粤澳深度合作区建设提供有力司法服务。2022年1月，最高人民法院印发了《关于支持和保障横琴粤澳深度合作区建设的意见》，在深化司法体制机制改革、加强规则衔接和机制对接、促进粤澳司法交流协作等方面明确了任务举措。不久前，最高人民法院和澳门特别行政区还签署了《关于内地与澳门特别行政区就仲裁程序相互协助保全的安排》，为妥善化解跨境纠纷、服务澳门经济适度多元发展提供了新的制度资源，丰富和完善了中国特色区际司法协助体系。

黄楚平说，人民法院要深刻把握合作区改革定位、开放属性，进一步细化落实中央方案，积极推进"一国两制三法域"框架下内地与澳门法律制度衔接、工作机制对接、国际商事规则比较等法律问题研究，在提升琴澳一体化发展水平、丰富协同协调发展模式、促进粤澳司法交流协作、增进司法互助互信等方面发挥更大作用。要不断强化拓展横琴法院职能和作用，持续加大对合作区高新技术、金融创新产业、中医药研发、旅游服务产业等重点领域的司法保护力度，推动优化法治化营商环境，营造最安全稳定、更宜居宜业的生活环境，更好惠及合作区经济建设、造福粤澳人民。

（来源：《人民法院报》2022年3月8日）

## ➢ 全国人大代表周玲慧：全面深化诉源治理工程建设

司法审判是纠纷化解的最后一道关口，高效便捷、成本低廉地化解矛盾纠纷，是人民群众对法院审执工作的强烈期盼。2021年，人民法院积极融入诉源治理工作，主动担当作为，扎实推进矛盾纠纷源头化解，切实将司法服务送进人民群众的家门。诉源治理是一项系统工程，必须汇聚全社会力量，从源头预防、前端化解、综合调处等各方面精准发力，为此周玲慧提出以下三方面建议。

一是要推动建立党委主导、各部门积极参与的诉源治理工作机制。党委政府牵头出台诉源治理工作相应实施细则，明晰各职能部门责任分工，联合所有调解力量形成工作合力，纵深推进诉源治理工作。二是要建立健全诉源治理工作人财物保障机制。建立调解员信息库，实现资源共享和调解资源的整体调配。配齐配强诉源治理专职工作人员及配套设施，明确职能职责；建立专项经费预算，满足具体工作中的软硬件设施建设需要；结合考核机制配套以奖代补资金，对完成考核指标的单位和个人给予奖励，以强化该项工作落地生根。三是研发或完善专业诉源治理信息化平台。街道、社区有综治网格平台、司法有如法网、法院有人民法院调解平台，平台之间不能互通，不利于诉源治理工作开展。研发或完善专业诉源治理信息化平台，才能有效实现让信息多跑路、群众少跑腿的服务目标，实现党委、司法、法院等各类平台的有效对接，既能信息互通，又能化繁为简。

（来源：《人民法院报》2022 年 3 月 8 日）

### ➢ 全国人大代表余梅：用心用情用力维护妇女儿童权益

最高人民法院出台了《关于加强新时代未成年人审判工作的意见》，成立最高人民法院少年法庭工作办公室，综合统筹未成年人审判指导工作。而各地法院也结合当地实际，采取设立少年法庭专门办公室、集中挂牌少年法庭等形式，大力推进少年法庭工作，取得良好效果。可以说，人民法院在涉未成年人案件审理过程中，切实贯彻未成年人利益最大化理念，依法有效维护了未成年人权益。

据余梅了解，基层法院还主动对接社区，开展法治共建，结合实际创新特色工作。比如，江西省景德镇市珠山区人民法院就和新村街道梨树园社区以“党建 + 百姓说事 + 红色物业 + 好邻舍志愿调解小分队”模式，开展网格普法宣传工作，将未成年人保护法、促进家庭教育法等法律知识送到妇女儿童身边，用心、用情、用力维护妇女儿童权益。

（来源：《人民法院报》2022 年 3 月 8 日）

### ➢ 全国人大代表黄茂兴：让市场主体更具活力

近年来，人民法院充分发挥司法职能作用，努力营造稳定公平透明、可预期的法治化营商环境，为经济高质量发展提供了有力的司法服务和保障。

一是着力提升纠纷解决速度。大力推行民事诉讼繁简分流改革试点等工作举措，优化审判流程，让进入司法程序的纠纷得以高效解决。二是着力畅通市场主体退出机制。依法审理破产清算、重整等案件，防范化解金融风险，促进了“办理破产”指标的提升。其中，福州市中级人民法院创新完善破产“预重整”“执破直通”等机制，为解救困境企业、优化市场资源配置提供了坚实有力的司法保障，建议将成功经验进行总结推广。三是着力发挥示范引导作用。在涉及市场交易的诸多关键环节和领域，出台了一系列适应新环境、新形势的司法政策、司法解释，用公正、高效的裁判对各类市场主体进行教育、示范、引导，让市场更具活力、企业更有信心。

希望法院继续贯彻落实习近平总书记“法治是最好的营商环境”的重要指示要求，以更高的站位服务大局，以更近的距离倾听民意，在打造法治化营商环境等方面取得更加不凡的成绩。

（来源：《人民法院报》2022年3月8日）

## ➤ 全国人大代表李静：改革推进有力　队伍建设过硬

“‘两高’工作报告总结成绩全面，分析问题客观，部署工作明确，主题鲜明、重点突出，内容充实、成果丰硕，体现了求真务实、改革创新的精神，我完全赞成。”全国人大代表、天津市高级人民法院院长李静3月9日在审议“两高”工作报告时表示。

李静表示，过去一年，最高人民法院始终坚持以习近平新时代中国特色社会主义思想为指导，牢牢坚持党对法院工作的绝对领导，各项工作取得显著成效。一是维护国家安全和社会稳定措施有力。认真贯彻总体国家安全观，依法惩治各类犯罪，坚决守住国家安全、社会公共安全、民生安全的底线。二是服务保障高质量发展积极有效。完整、准确、全面贯彻新发展理念，围绕国家重大战略实施采取有效措施，提升司法保障实效。三是司法为民用心用力。切实实施民法典，大力弘扬社会主义核心价值观；坚持高效公正规范文明执行，着力满足人民群众一站式多元解纷需求。四是司法改革深入推进。加强司法责任体系建设，推进四级法院审级职能定位改革试点；繁简分流、以审判为中心的诉讼制度改革取得积极成效。五是队伍建设大力加强。扎实开展党史学习教育和队伍教育整顿，整治顽瘴痼疾，惩治司法腐败，纯洁法院队伍，树立司法公信。

（来源：《人民法院报》2022年3月10日）

## ➢ 全国人大代表杨宗仁：坚定政治立场 践行司法为民

3月9日，全国人大代表、内蒙古自治区高级人民法院院长杨宗仁在审议“两高”工作报告时表示，最高人民法院工作报告通篇贯穿了习近平法治思想，政治站位高、大局意识强，主题鲜明、数据翔实，体现了真抓实干、求真务实的精神。

杨宗仁说，过去一年，在以习近平同志为核心的党中央坚强领导下，全国法院坚定正确政治立场，坚持服务大局、司法为民、公正司法，忠实履职尽责，审判执行工作稳步提升。全面贯彻党中央决策部署，党史学习教育、队伍教育整顿成效显著；认真贯彻总体国家安全观，坚决维护国家安全和社会稳定；完整、准确、全面贯彻新发展理念，为经济社会高质量发展保驾护航；始终坚持以人民为中心，全面建成中国特色一站式多元纠纷解决和诉讼服务体系，让人民群众切实感受到公平正义就在身边；践行全过程人民民主，接受人民监督、民主监督，保障人民参与司法；坚持全面从严治党、从严治院，狠抓“三个规定”落实，着力打造忠诚干净担当的法院铁军。人民法院鲜活的司法实践彰显了司法力度，传递了司法温度，贡献了司法智慧，反映出新时代法治中国建设的新成就。

（来源：《人民法院报》2022年3月10日）

## ➢ 全国人大代表刘晓云：高举伟大旗帜 依法履职尽责

3月9日，在审议“两高”工作报告时，全国人大代表、上海市高级人民法院院长刘晓云表示：“最高人民法院工作报告主题鲜明、实事求是，注重用数据、事例、成果说话，既有政治高度又充满了法治精神，既有司法力度又充满了民生温度，是高举旗帜、求真务实、实干担当的好报告。”

刘晓云说，2021年以来，最高人民法院在以习近平同志为核心的党中央坚强领导下，忠诚履职、攻坚克难、砥砺奋进，交出了一份高质量的“司法答卷”。一是在服务保障大局上展现责任担当。在维护国家和社会安全稳定、优化法治化营商环境、服务保障高水平对外开放等方面积极履职尽责。二是在解决诉讼难题上彰显人民情怀。聚焦人民群众急难愁盼问题，巩固深化立案登记制，全面建设一站式多元纠纷解决和诉讼服务体系。三是在公正司法裁判中弘扬社会正气。大力弘扬社会主义核心价值观，以公正裁判树立行为规则、引领社会风尚。四是在提升司法质效上体现开拓创新。健全审判权力运行机制，深化民事诉讼程序繁简分流改革试点，运用改革思维和改革方式破解工作难题、整改顽瘴痼疾、激发司法效能。五是在打造过硬队伍上凸显严的主基调。指导全国法院推进队伍教育整顿，法院队伍精神面貌焕然一新。

（来源：《人民法院报》2022年3月10日）

## ➢ 全国人大代表李占国：理念与时俱进　精准服务大局

3月9日上午，全国人大代表、浙江省高级人民法院院长李占国在审议最高人民法院工作报告时表示，报告通篇贯穿习近平新时代中国特色社会主义思想和习近平法治思想，总结成绩全面客观、实事求是，谋划工作思路清晰、重点突出，洋溢着底气和自信，体现了务实和担当，是一份有着坚定政治立场、强烈使命担当、鲜明法治精神、深厚为民情怀的好报告。

李占国说，2021年，最高人民法院以及全国法院各项工作取得新成效，为“十四五”实现良好开局提供了有力司法服务和保障。政治建设更加坚强有力，统筹开展党史学习教育和队伍教育整顿，进一步提升了广大干警的政治判断力、政治领悟力、政治执行力；服务大局更加精准有效，积极服务数字经济健康发展，不断强化人民法庭建设，服务乡村振兴和基层治理；司法理念与时俱进，积极回应人民群众关心关切，将正确司法理念和社会主义核心价值观融入裁判，引导良好社会风尚；司法改革从数字赋能向制度重塑跨越，以数字化改革倒逼审判执行等各领域流程再造、模式重构；增强联络工作的针对性、有效性，代表、委员联络工作更加深入细致，充分彰显践行全过程人民民主的高度自觉。

（来源：《人民法院报》2022 年 3 月 10 日）

## ➢ 全国人大代表李智：坚持人民至上 切实履职尽责

3 月 9 日上午，全国人大代表、陕西省高级人民法院院长李智在审议最高人民法院工作报告时表示，报告通篇贯穿了习近平新时代中国特色社会主义思想，体现了人民法院维护国家安全、社会安定、人民安宁重大责任的思想自觉、政治自觉和行动自觉，是具有高度政治责任、强烈使命担当、浓厚法治精神和深切为民情怀的好报告。

李智说，过去一年，最高人民法院一是认真贯彻总体国家安全观，严惩危害国家安全和社会治安犯罪，依法维护疫情防控秩序，常态化开展扫黑除恶斗争，有力维护了国家安全和社会稳定。二是坚持人民至上，审理一系列与百姓生活息息相关的“第一案”，大力弘扬社会主义核心价值观，建成世界上联动资源最多、在线调解最全、服务对象最广的一站式多元纠纷解决和诉讼服务体系。三是切实提升审判质效，认真落实党中央司法改革部署，四级法院审级职能定位改革试点有序推开，民事诉讼程序繁简分流改革上升为民事诉讼立法，一审、二审服判息诉率保持较高水平，审判质效和司法公信力进一步提升。四是强化人权司法保障，坚持罪刑法定、疑罪从无、证据裁判，切实保障律师执业权利，维护当事人合法权益。

（来源：《人民法院报》2022 年 3 月 10 日）

## ➢ 全国人大代表徐珏慧：用司法力量守护中华民族传统美德

引领良好的社会风尚是一件长期、综合性的工作。徐钰慧注意到，2021 年上海法院大力弘扬社会主义核心价值观，通过设置普法专栏“小案大道理”、组织专项普法活动“百校百讲”和举行新闻发布会公布社会主义核心价值观十大典型案例等方式，充分发挥了司法的教育、评价、指引、规范功能，传递了法治正能量，保护了邻里和睦、诚信友善、孝老爱亲等中华民族传统美德。

为持续推动社会主义核心价值观全面融入中国特色社会主义法律体系，徐钰慧提出三个方面建议。

第一，案例宣传是最好的普法方式。建议法院充分运用案例来提高公民的法治意识，不断创新普法形式，拓展法治宣传的广度和深度，传播更多与民生息息相关的案例，让法治理念扎根民心，形成全社会懂法尊法的良好氛围。

第二，继续推动建立学校、家庭、社会、司法“四位一体”的青少年法治宣传教育体系建设。一方面，将生动的案例转化为法治课程的内容，根据不同学段和年龄段学生的不同特点设计寓教于乐的普法课程；另一方面，聚焦未成年人保护法、预防未成年人犯罪法和家庭教育促进法等热点问题，帮助青少年扣好人生第一粒纽扣。

第三，希望各级法院运用新媒体手段，实现典型案例的数字化转化，将司法案例提炼加工为人民群众喜闻乐见的宣讲案例，多角度、多方位、多渠道地宣传法律规则和道德准则，用司法力量守护中华民族传统美德。

（来源：《人民法院报》2022 年 3 月 10 日）

## ➢ 全国人大代表马一德：为科技创新营造公平竞争的市场环境

“我今年将主要围绕数字平台的反垄断问题提出建议，致力于为科技创新营造公平竞争的健康市场环境。”近日，全国人大代表、中国科学院大学知识产权学院教授马一德在接受记者采访时说。

马一德介绍，中央全面深化改革委员会提出要加快健全“数字经济公平竞争监管制度”。在新一轮科技革命下，数字经济是我国实现高质量发展的全新动能。目前，我国互联网产业蓬勃发展，已走在世界前列，但寡头垄断问题也逐渐突出，平台“二选一”、“大数据杀熟”、扼杀式收购等正变为现实，将直接制约我国产业转型发展。为此，马一德建议，加强数字经济反垄断监管。

此外，马一德对我国知识产权司法审判体系得到持续深度优化表示肯定，认为审判组织布局不断完善，有效解决案件裁判标准不统一、地域发展不平衡、地方保护主义问题；审理机制全方位改革，全面提升知识产权审判的专业化、公正性和效率性。对于地方知识产权审判专门化改革，马一德建议，要坚持专业化、集中化的改革方向和基本原则，进一步统一谋划、系统完善地方知识产权案件审判格局。

（来源：《人民法院报》2022 年 3 月 10 日）

## ➢ 全国政协委员皮剑龙：以法治护航数字经济高质量发展

近日，全国政协委员、北京金台律师事务所主任皮剑龙接受记者采访时表示，我国数字经济产业的高质量发展亟须司法保障，建议尽快出台相关意见，对数字经济发展过程中出现的各类新事物、新问题作出司法回应，为我国数字经济健康、有序、高质量发展保驾护航。

皮剑龙指出，现行诉讼规则应根据数据司法保护的需要不断进行创新发展，既要加大数字经济关键核心技术司法保护力度，健全大数据、人工智能等新领域新业态知识产权司法保护规则，也要完善数据产权、数据隐私等司法保护机制。

皮剑龙建议，一是应尽快出台为数字经济发展提供司法保障的具体措施意见，就数据权属、产权保护、数据交易等内容作出界定和规定，解决现有法规对于数据相关概念规定不明确的问题。二是要从司法实践的角度，重视价值判断和利益衡量，关注重点领域的知识产权保护。三是要从个案的角度，深化典型案件分析，为司法实践提供可借鉴的指导案例。

（来源：《人民法院报》2022 年 3 月 10 日）

# 理论观点摘编

## 专题一：健全以人民为中心的诉讼服务制度体系

**题目：**《“一带一路”背景下涉外商事纠纷多元化解机制实证研究》

**作者：** 沈芳君

**出处：**《法律适用》2022 年第 8 期

**摘要：** 以调解、仲裁、司法为代表的国际商事纠纷解决机制，既是一国的法治发展水平和市场经济成熟度的反映，又是一国营商环境和参与全球治理能力的体现。本文深入研究和探索推进我国调解、仲裁、诉讼“三驾马车”在涉外商事领域的实践与发展，重点研究了涉外商事调解一系列制度背后的理念和机制，并借鉴国外国际商事纠纷解决机制和做法，为进一步坚持和发展“枫桥经验”，推动涉外商事矛盾纠纷源头治理，形成市场化、法治化、国际化的涉外民商事纠纷化解体系提出了建设性方案，旨在向中外当事人提供多元、便捷、高效的解决途径和一站式服务，为营造国际一流法治环境和营商环境提供重要制度保障。

**题目：**《充分发挥行政审判在多元化解行政争议中的职能作用——对〈关于进一步推进行政争议多元化解工作的意见〉的解读》

**作者：** 于厚森、郭修江

**出处：**《法律适用》2022 年第 6 期

**摘要：** 人民法院推动行政争议多元化解工作的总体要求是，以习近平法治思想为指导，始终坚持党的领导，把非诉讼解决机制挺在前面，监督和促进行政机关依法行政，切实保护公民、法人和其他组织的合法权益，预防和化解行政争议。人民法院要从行政立法、行政决策、行政执法、社会综合治理、法院内部风险防范和促进全民守法等方面，积极参与诉源治理，做好行政争议的源头防治工作；要加强诉前引导分流机制、诉前调解机制建设，通过诉前调解、诉前证据保全、诉前调解协议司法确认等工作，促进行政争议的诉前化解，确实无法诉前化解的案件，要及时转入诉讼程序；进入诉讼程序后，人民法院要准确认定诉前程序中的无争议事实，依法对诉前不诚信行为作出惩戒处理，努力发挥精品行政裁判文书的引领作用，营造全社会一体守法的良好氛围。各级人民法院要高度重视行政争议多元化解工作，从组织、人员、经费、制度建设等各方面保障多元化解工作健康发展。

**题目：**《诉源治理的理论、实践及发展方向》

**作者：** 李占国

**出处：**《法律适用》2022 年第 10 期

**摘要：** 以矛盾纠纷前端预防化解、综合治理为特点的诉源治理，是国家治理体系和治理能力现代化的重要内容，也是防止我国成为“诉讼大国”的有效路径。它有机融合了我国传统“无讼”文化与现代法治精神，也契合了当前世界各国纠纷解决体系变革的发展潮流。未来发展方向，应当是坚持党的领导，全面构建党政主导的诉源治理大格局，同时，从观念上、立法上、体制机制上彻底重构解纷体系，推动纠纷化解模式从诉讼中心主义转向诉讼与非诉并行主义，真正形成“社会调解优先，法院诉讼断后”的递进式矛盾纠纷分层过滤体系。

**题目：**《新时代诉源治理的理论之基与实践之路》

**作者：** 梁雪

**出处：**《法律适用》2022 年第 10 期

**摘要：** 诉源治理是习近平法治思想的重要理论观点，既是新时代“枫桥经验”的创新发展、深化法治领域改革的杠杆、社会治理的重要内容，也是社会矛盾叠加、诉讼案件剧增的情况下，司法事业高质量发展的必要之举。诉源治理的重大意义在于推动更多法治力量和治理资源向引导和疏导端用力，其基本任务是着力从源头预防矛盾纠纷的产生；把非诉纠纷化解机制挺在前面，构建法治化多元纠纷解决机制；遵循司法实践规律，努力做到案结事了人和。在推进诉源治理过程中要科学利用我国在理论基础、文化传统、实践经验、制度体系四个方面的有利条件，不断深入推进。

**题目：**《法院诉源治理的司法理念及功能定位》

**作者：** 王国龙

**出处：**《政法论丛》2022 年第 6 期

**摘要**：为有效控制诉讼案件的总体增量，全面提升法院非诉解纷和多元化解纷的司法综合治理能力，诉源治理是法院在多元化纠纷解决机制改革背景下防范并化解矛盾纠纷的一项重要举措。在诉源治理实践中，为实现对基层矛盾纠纷的实质性化解，法院通过贯彻非诉解纷的司法政策，在源头治理、智能化治理和加强人民法庭建设等方面作了大量的实践创新，但由此也带来了对法院在非诉解纷格局中司法理念和司法功能的相关思考。从整体上而言，法院在诉源治理实践中需要努力通过司法性职能贯彻治理性职能，通过整合各种社会解纷资源增强社会对多元化解纷方式的社会认同，并努力发挥司法治理的溢出性社会效应，不断提升司法公信力。

**题目**：《行政争议诉前调解的功能定位和制度设想》

**作者**：梁凤云、陈默

**出处**：《中国应用法学》2022 年第 2 期

**摘要**：最高人民法院出台意见提出通过诉前调解实现行政争议的诉源治理，实践中各地法院纷纷探索，但在理论研究和制度设计上尚存有空白。从功能定位上看，行政争议诉前调解是行政诉讼繁简分流的重要内容，是我国非诉讼纠纷解决机制整体的有机组成，是实现司法权和行政权关系定位的初平衡平台，是实质性化解行政争议的重要措施。从实践应用看，行政争议诉前调解的制度设想应结合其功能定位，在诉前调解居中主体、争议适用范围、启动方式、具体操作以及行政争议诉前调解与司法确认、诉讼程序衔接等方面进行针对性的设置，从而实现行政争议的诉源治理和实质性化解。

**题目**：《完善我国案源治理的路径思考——以 C 市 A 区法院为样本的分析》

**作者**：钟明亮、陈莉

**出处**：《法律适用》2022 年第 7 期

**摘要**：案源治理是促进审判体系和审判能力现代化的重要途径，但实践情况并不理想，源于诉前多元解纷作用不太明显、“分调裁审”机制运行不够到位、定分止争效果有待提升等几方面的原因。借鉴“案-件比”考核案源治理效果具有可行性，但需要结合实际情况调整相应的评估指标。完善案源治理，在诉前，可将强制类案检索机制应用到法院主导的诉前多元解纷程序中，探索类型化纠纷的非诉前置程序，加大司法确认程序的普遍适用力度。在诉中，可建立争点简化协议程序，优化小额诉讼程序适用标准，确立民事上诉利益审查机制，构建与案源治理相协调的诉讼费收取模式。在技术方面，可加强调解书说理论证，将驻院调解员参照书记员管理模式纳入法院管理，构建“人工智能+案源治理”风险评估系统。

**题目**：《组织与权威：人民调解的兴衰、重振和未来发展逻辑》

**作者**：钱大军

**出处**：《法制与社会发展（双月刊）》2022年第2期

**摘要**：中华人民共和国成立后，人民调解经历了从兴盛到衰落的过程。要想重振人民调解，必须探查其兴盛与衰落的逻辑，否则很可能无法达到对人民调解的功能预期。人民调解之所以能够发挥其所承载的功能，是因为人民调解所依赖的组织结构与权力网络能够提供权威。随着社会主义市场经济体制的建立，人民调解所依赖的组织结构逐渐消解，调解的有效性也随之下降。虽然重振人民调解同样遵循了组织机构建设与权威赋予的逻辑，但是，由于组织结构等多重原因，这种努力最终收效甚微。在当下，曾经为人民调解提供权威的组织结构却可能因为压制自愿、扭曲合议而成为调解权威产生的障碍。脱离社会结构宰制的“互联网+人民调解”恰因其具有的中立性、程序公正性等特性而可以自我生产出获得当事人信任的权威，并由此成为人民调解未来可能的发展方向之一。

**题目**：《论法院在线调解的机能失调：基于媒介传播与冲突化解的双重视角》

**作者**：熊浩

**出处**：《法制与社会发展（双月刊）》2022年第2期

**摘要**：线上调解一直以来都面临效能论与机能论之间的争论。从媒介传播的视角看，线上媒介技术的存在会对人际沟通过程产生质的影响，在线上媒介中，非语言行为会遭受损失。非语言信息的缺失将对调解员、调解的互动过程，以及调解的解纷效果产生不利影响。具体而言，线上的沟通环境导致调解员耐心的消耗与注意力的下降，互动氛围友善程度的降低，以及通过识别情绪发现当事人真实需求的困难。调解解纷机制有效展开所依赖的深度沟通要求与线上“贫媒体”的扁平化结构之间存在着机能失调。正是这种机能失调构成了法院在线调解发展现状不够令人满意的深层原因。因此，法院不应单纯追求解纷过程的“线上化”，而是应该尝试建构线上、线下调解案件分流的类型学框架，突出智能系统在案件管理维度的功用与价值，以更加开放的态度迎接科技对司法过程的深度赋能，如此，方能在机能维度有效地提升线上调解的运行质量。

## 专题二：健全开放、动态、透明、便民的阳光司法机制

**题目：**《裁判文书上网制度的价值取向及其法理反思》

**作者：**李广德

**出处：**《法商研究》2022 年第 2 期

**摘要：**全国统一的裁判文书上网制度自 2010 年开始建设，又分别于 2013 年和 2016 年进行了两次大幅度的修改。在短短六年内历经三次变化，反映出改革者对这一制度的认知局限，因此，有必要对这一制度及其改革的价值取向进行梳理，并反思其背后的法理基础。通过对三个版本的裁判文书上网制度改革文本的梳理，发现裁判文书上网制度存在两种价值取向：通过立法宗旨表达出来的规范价值取向与基于合法性追求的能动价值取向。规范价值取向旨在通过裁判文书上网公开来监督司法、提高司法公信力和司法权威，而能动价值取向则通过裁判文书上网所形成的诉讼信息来参与社会诚信建设。我国现行裁判文书上网制度主要向能动价值取向倾斜，以便增加改革者所期望的合法性资源，但这并不符合社会信用的生成逻辑，同时也有悖司法权威的作用机制。未来裁判文书上网制度的调整应向其规范价值取向回归。

## 专题三：健全以司法责任制为核心的审判权力运行体系

**题目：**《刑事司法责任制改革再认识——以员额制改革为视角》

**作者：**陈晨

**出处：**《法学》2022 年第 8 期

**摘要：**司法责任制推行至今，改革成效卓著，但同时案多人少、司法人员能力与责任无法匹配等一系列问题也阻碍着司法责任制改革的进一步深入。要解决这些问题，首要的任务是找准审视问题的视角。司法责任制作为一种

"风险内嵌式"的责任体系，追究责任主体的刑事责任是其"内嵌"的基础，这种"追责方式"不但对责任主体提出了更高的要求，还为深化改革提供了方向。因此，筛选责任主体的司法员额制无疑是最佳视角，司法责任制中刑事责任相关制度必然是深化改革的主要对象。只有发挥司法员额制对外衔接、对内促进、改革指引的作用，解决司法责任制中刑事责任的相关实践问题，对司法责任主体进行科学构建，提高其逻辑思维等司法专业能力、完善司法免责等职业保障制度、加强专业法官会议等补充机制建设，司法责任制改革才能做到"真正"的深入，最终完成本轮司法改革。

**题目：**《"放权"之后如何实现有效监管——基于法院公文机制和例会机制的实证分析》

**作者：**兰荣杰

**出处：**《地方立法研究》2022 年第 5 期

**摘要：**司法责任制改革的一大难题，是妥善处理"放权"与监管的关系。当前解决方案主要是在院庭长和一线法官之间建立"隔断墙"，除"四类案件"等特殊个案外，一律禁止深入个案层面进行监管。这种"隔断式监管"的缺陷，在于很难有效约束"技术性违法审判"。鉴于大范围深入个案的"审批式监管"不可行，唯有折中寻找"半精准监管"机制。我国法院行政管理传统中广泛存在的公文机制和例会机制，具有显著的灵活性、时效性和针对性优势，能够基本实现接近个案层面的"半精准监管"。

**题目：**《当前司法实践中影响公平正义实现的若干问题》

**作者：**李占国

**出处：**《中国应用法学》2022 年第 5 期

**摘要：**努力让人民群众在每一个司法案件中感受到公平正义，是我国司法工作的最高标准和根本目标。当前，司法机关公平正义的供给与人民群众的期待还有一定差距，特别是司法机关内部还存在一些亟须解决的认识偏差、思想误区、不当做法，影响着公平正义的顺利实现。其中，如何准确认识和处理好办案法律效果与政治效果、社会效果，审理者裁判与院庭长监督，诉源治理与立案登记制，依法纠错与终局裁判，诉讼权利保障与不当诉讼行为规制等几个方面的问题，对实现公平正义尤为关键。

**题目：**《法官惩戒委员会设立与运行的底层逻辑转变》

**作者：** 张洪亮、罗登亮

**出处：**《社会科学研究》2022 年第 4 期

**摘要：** 司法责任制改革以来，全国各地相继设立了省级法官惩戒委员会，但其并未发挥异体惩戒的功能，甚至呈现普遍性的功能“虚化”状态。若要发挥法官惩戒委员会的预期功能，则应彻底转变当下法官惩戒委员会设立与运行的底层逻辑。为此，应将法官惩戒委员会的建构基础由“司法化”转变为“职业化”，法律定位由专业咨询主体转变为惩戒决定主体，管辖权范围由“故意违反法律法规办案”“因重大过失导致裁判结果错误并造成严重后果”转变为违法审判行为，职责配置由审议、建议职责转变为审议、决定、救济职责。

**题目：**《法官惩戒委员会制度的完善路径分析》

**作者：** 郭杰优

**出处：**《法制博览》2022 年第 14 期

**摘要：** 在深化司法体制改革中应运而生的法官惩戒委员会，作为我国法官惩戒制度中法官责任追究的第三方独立机构，负责对法官违反审判职责的行为提出审查意见。最高人民法院在整合相关意见与总结实践经验基础上出台了《法官惩戒工作程序规定（试行）》，对于法官惩戒工作进行系统规范。但是新制度总是有其不完善性以及实际运行中的困境，因此，本文在分析法官惩戒委员会设立的背景、制度规范层面与实践层面的运行现状的基础上，根据司法权运行规律和法官惩戒委员会设立的目的对法官惩戒委员会未来的完善方向进行分析，以期能够发挥应有的制度功能。

**题目：**《科学明责定责、积极构建权责明晰的法官责任体系研究》

**作者：** 王景林、李刚、周楠楠、吴宜霖

**出处：**《法制博览》2022 年第 3 期

**摘要：** 科学明责定责，是落实司法责任制，实现“让审理者裁判、由裁判者负责”的基础。然而在审判活动中，依然存在司法责任不清、法官权益保障难等问题，导致法官职业尊荣感不强、工作动力不足。近期召开的政法

领域全面深化改革推进会为定责明责、追责问责以及担责尽责指明了方向。本文从科学明责、精准定责及强化保障三方面进行阐述，为科学明责定责、积极构建权责明晰的法官责任体系提供参考。

**题目：**《论审判组织制度改革的理论出路》

**作者：**蒋惠岭

**出处：**《政法论坛》2022年第5期

**摘要：**审判组织由普通法官组成，代表法院行使审判权，体现了与立法组织、行政组织不同的运作模式。自“一五”改革以来，法律规范中的审判组织制度变化不大，但活跃的改革实践将审判组织的一系列理论特征体现出来，如代表性、法律性、平等性、程序性以及审判委员会的复合性等。当前司法责任制改革中依然存在审判组织的代表性体现不足、当事人程序权利保障不力等诸多问题，而这些问题无一不与理论发育不成熟有关。系统的改革理论为“形合实独”、责任划分、审判委员会程序、审判组织“变形”等问题提供了相应的解决之策。

**题目：**《审判权与审判管理权、审判监督权的关系重塑》

**作者：**高欧、郭松

**出处：**《交大法学》2022年第1期

**摘要：**合理构建审判权与审判管理权、审判监督权的关系，是审判权运行机制改革的关键问题。欲使这三种权力形成合理关系，需要根据审判权运行存在的问题，在客观评价法院科层化组织结构与法院内部复合化权力构造以及院庭长职权配置的基础上，从制度层面严格区分法院组织的行政逻辑与司法逻辑，进一步明确审判管理权与审判监督权的权限定位，完善其职权范围与行权程序，并构建审判权反向制约审判管理权与审判监督权的相关机制。唯有如此，才可能构建出合理的审判权与审判管理权、审判监督权的关系。

**题目：**《审判委员会改革制度的分析及完善》

**作者：**赵皓诚

**出处：**《法制博览》2022年第19期

**摘要：**审判委员会是我国法院系统中一个重要的组成部分。其存在有一定的历史渊源，在特定时期也发挥了重要作用。但随着我国社会的发展变化，审判委员会的组成形式、审判方式、职责定位都出现了一定程度的与社会脱节，社会上对其存废的争论也非常大。在现阶段重新审视审判委员会这一组织，对其存在的问题进行研究，分析其存废很有必要。本文在此基础上，探讨对其重新定位和改组的可能，让这一制度重新发挥其应有的作用和价值。

## 专题四：完善人民法院组织体系和机构职能体系

**题目：**《新时代专门人民法院的设立标准和设置模式》

**作者：**何帆

**出处：**《中国应用法学》2022年第3期

**摘要：**专门法院是专业化审判的最高组织形式。进入新时代，我国专门人民法院建设取得重大成效，先后设立四个知识产权法院、三个金融法院，增设一个海事法院，逐步形成制度特点和优势。专门人民法院在设立标准上，从过去的服务保障特殊部门或行业，转为“战略+专业”导向，立法上采取概括列举制，遵循法院设置法定原则，按照“中央批准+立法决定”模式设立，根据国家发展战略、产业集中程度、案件类型特点设置审级、科学布局。未来，有必要按照战略性、专业性、替代性、确定性、规模性标准，科学设立新类型专门人民法院，建立国家层面专门上诉机制，完善配套专门立法、法官选任机制、诉讼便民机制，构建更加符合我国国情的专业化审判格局。

**题目：**《从分散到聚合：新时代少年法庭实体化运行路径探索》

**作者：**贾冰一

**出处：**《法律适用》2022年第6期

**摘要：**近些年来，最高人民法院高度重视少年法庭工作，明确要求各级人民法院大力推进未成年人审判组织机构建设与司法审判制度机制的体系化完善，以期切实推进未成年人审判工作，发挥未成年人权益司法保护制度效能。各地法院在积极推进少年法庭专门机构建设的过程中遇到了少年审判组织多元化、未成年人司法制度机制差异化等格局，造成少年审判专门机构实体化运行难的现实问题。新时代要切实推进少年法庭的专门化建设与实体化运行，必须从少年审判机构的专门化建设以及少年法庭的受案范围、人员配置、考核机制这些核心问题入手，探索少年审判机构实体化运行的有效路径。

**题目：**《通过法律的治理：新时代“枫桥式”人民法庭参与基层社会治理的基本模式》

**作者：**陈志君

**出处：**《中国应用法学》2022 年第 5 期

**摘要：**通过法律的治理是我国社会治理的重要命题。“枫桥经验”已经成为中国基层治理的典范，人民法庭是推进基层社会治理体系和治理能力现代化过程中的参与者、实践者、保障者，在新时代，要聚焦打造“枫桥式”人民法庭。人民法庭是人民法院参与基层社会治理、提供司法服务的前沿阵地，其参与基层社会治理是回应社会转型的客观需要、是国家权力下沉的现实选择、是有效处理人民内部矛盾的必然要求。新时代“枫桥式”人民法庭参与基层社会治理要把握广度、效度、温度、限度四大维度，要通过助力健全基层社会治理体系、加强源头预防化解矛盾纠纷、努力推动基层法治社会建设三大途径参与基层社会治理。

**题目：**《新时代高质量发展视阈下知识产权法院的实践与完善》

**作者：**靳学军

**出处：**《中国应用法学》2022 年第 3 期

**摘要：**知识产权专门法院建设是我国经济社会高质量发展阶段的客观要求，是司法改革推动的必然结果，也是参与知识产权国际治理的现实需要。包括知识产权法院在内的知识产权司法体系实践成果丰硕，案件集中管辖为确保国家知识产权政策落地奠定了坚实基础，专门化审判改革为知识产权保护水平提升提供了必要条件，裁判规则输出和专门职能发挥为创新发展提供了重要保障，并培养了一批专业化职业化的知识产权司法人才队伍。但同时，知识产权法院建设还面临资源保障不足、专门程序缺乏、管理体制不合理、作用发挥不充分等问题。但这些问题并非改革造成的结果，而是改革不充分不到位的表现，应通过进一步改革破局，以知识产权强国建设为目标，坚持知识产权保护司法主导理念，健全专门审判体系，探索专门诉讼制度，创立专门管理机制，加强源头治理，提升司法能力，发挥服务保障高质量发展的职能作用。

**题目：**《新时代国家治理视野中的人民法庭及其功能塑造》

**作者：**冯兆蕙、梁平

**出处：**《法学评论（双月刊）》2022年第1期

**摘要：**人民法庭作为国家司法权在基层社会的表征，在不同时期发挥着不同功能。新时代人民法庭是乡村社会“在法治轨道上推进国家治理体系和治理能力现代化”的重要参与者，承担着通过乡村法治推进国家法治秩序生成的职责，应当着眼于乡村社会结构变迁、“自治、法治、德治相结合”的乡村治理体系以及制度规范引领下的乡村治理逻辑，重新审视人民法庭的设立依据，并赋予法律适用、乡村规范型塑、价值判断和法治文化培育等功能，打造以人民法庭为中心的乡村法治权威，建立现代乡村法治秩序。

**题目：**《专门审判机构设立研究》

**作者：**余希

**出处：**《法律适用》2022年第4期

**摘要：**设置专门审判机构的合理标准一直是实务界难题，学术界的理论支持也不足。在世界范围，专门审判机构都呈现种类样态多、设立逻辑和价值导向复杂的现象，直接原因是专门审判机构的成立对于政治、经济、司法有多重益处，因此，会有多方受益团体在多种价值观主导下、以多种方式推动。但缺乏审慎论证的专门审判机构也可能对社会发展和司法运行造成反噬，因此，需要确立专门审判机构的基本设置标准，作为决策的理论底线和证成标准。本文从设立动因、设立制约、设立条件、设立模型四个方面揭示设置专门审判机构的逻辑框架，提出了设立不同规模类型的专门审判机构所应符合的基本条件前提，构筑了设立专门审判的基础决策模型。

**题目：**《从“网上审理”到“网络治理”：互联网法院职能转型前瞻》

**作者：**刘哲玮、张弛

**出处：**《法律适用》2022年第10期

**摘要：**1.0时代的互联网法院在“网上审理”、司法便民方面初见成效，但在组织、案件和程序上均不具有专门法院所应当具有的特殊性，难以发挥网络社会治理的职能。与统治和管理相比，治理具有去中心化、范围广泛、规则共建的特征，网络社会的特征符合社会治理理论的构造。作为多中心的整合者、网络空间的集成者和网络规则的梳理者，2.0时代的互联网法院为实现网络社会治理的职能，须进一步完成组织端、案件端和程序端的改进。在组织端，应考虑将互联网法院提级为中级法院，定性为网络空间中的跨区法院；在案件端，以全网络空间化的民商事纠纷解决、互联网平台新业态治理、数据性权利治理等要素重新界定“网上案件”的内涵与外延；在程序端，进一步完善互联网法院的案件挑选程序、判决效力扩张程序、网络案件自主取证的调查程序和确保判决即时实现的自动执行程序，推动网络空间治理法治框架更加成熟完善。

## 专题五：健全顺应时代进步和科技发展的诉讼制度体系

**题目：**《被告人认罪认罚真实性保障机制研究》

**作者：**张威

**出处：**《法商研究》2022年第6期

**摘要：**如何界定并担保认罪认罚的真实性，是当今我国刑事诉讼法学界关注的热门话题。作为探讨共识如何命中真实的“真理共识论”，可为认罪认罚真实性的界定和保障提供一个有效的分析工具。认罪认罚的事实是经由协商程序建构的共识性事实，该种共识坚持实质真实主义，其真实性并非不言自明，而是需要一个理性的沟通情境的担保。该种理性沟通情境由协商者平等的沟通资质、协商者自由陈述的环境、协商中信息的自由流动以及证据体系的内部融贯四要素构成。认罪认罚案件的审前程序、审判程序和证据制度需要围绕该四要素建构真实性的保障机制，以发挥各程序事前防范、事中审查和事后追证的功能，保障被告人认罪认罚的真实性。在现实中，理性沟通情境并非总能营造，未来仍有必要通过救济程序对被告人认罪认罚的真实性保持可以讨论的开放立场。

**题目**：《从互联网法到互联网司法：技术与规范变迁中的多维互动》

**作者**：李晟

**出处**：《法商研究》2022 年第 4 期

**摘要**：互联网技术的发展，带来互联网治理的变迁。早期的互联网更多体现出内在的规范与秩序，此后国家法更有力地介入其中进行外在规制，并进一步通过互联网司法的形成和发展与互联网更深入融合。在规范约束技术的同时，技术也在重构规范，网络空间中人工智能技术的广泛运用，导致算法形成了规范性特征。当算法成为一种规范之后，法律与算法之间的互动，体现出类似法律与社会规范之间的竞争与合作并存的关系，但也因网络空间的特征而体现出不同的模式。互联网治理中的规范竞争，一个关键的变量是信息成本，技术变迁对于信息成本的重构，可能会导致社会治理规范体系的重构。

**题目**：《论审判中心主义改革与认罪认罚从宽制度的关系》

**作者**：陈文聪

**出处**：《华东政法大学学报》2022 年第 5 期

**摘要**：如何认识审判中心主义改革与认罪认罚从宽制度的关系，是我国刑事诉讼法学有待深入研究的理论课题。要解释这一问题，就需要重新阐述审判中心主义、庭审实质化和认罪认罚从宽之间的关系。审判中心主义改革涉及我国司法体制的系统性改革，其长远目标在于改变侦查、起诉和审判三个诉讼阶段的关系，走出侦查中心主义和逮捕中心主义的桎梏，实现公正与效率的统一。庭审实质化改革和认罪认罚从宽制度都属于审判中心主义改革的必要制度措施，二者虽然存在一定冲突，但都统一于审判中心主义，并受其制约。与此同时，认罪认罚从宽制度背后的协商性司法理念，也对庭审实质化产生了深刻的影响，并契合审判中心主义改革的长远目标。

**题目**：《律师在线诉讼规则研究》

**作者**：范明志

**出处**：《法学评论（双月刊）》2022 年第 4 期

**摘要**：“当事人同意”作为在线诉讼适用的前提，实际上是一种协商机制，揭示了律师在线诉讼规则的缺位。律师的特定职业定位与诉讼地位，决定了对其不应当完全适用“当事人及其他诉讼参与人”的在线诉讼规则。构建律师在线诉讼规则应当遵循合法性原则、信息技术标准原则和符合律师职业定位原则；在内容上，应当包括律师对在线诉讼的接受规则、诚信规则和技术规则等主要制度，并与《人民法院在线诉讼规则》等形成综合配套的在线诉讼制度体系。

**题目：**《民事简易程序改革实证研究》

**作者：** 左卫民、靳栋

**出处：**《中国法律评论》2022 年第 2 期

**摘要：** 实证研究发现，2020 年试点的民事诉讼繁简分流改革对简易程序调整幅度不大、改革成效不太明显，相应地，2021 年民事诉讼法对其修改条款较少。原因在于，一方面，民事简易程序具有“相对性”的实践特征，其并非立法预设的“简单”案件的审理程序，而是基层法院排除难案之外、绝大部分“相对简单”案件的审理程序，程序简化的改革空间较小；另一方面，简易程序无法在不压缩审限的背景下追求效率的大幅提升，效率提升的改革目标受阻。未来中国需要怎样的民事简易程序？或可从程序定位中找到答案，即民事诉讼三大程序“由简到繁”之阶梯式定位：极简案件适用小额诉讼程序、相对简单案件适用简易程序、复杂案件适用普通程序。

**题目：**《民诉法修改背景下的诉讼费用改革》

**作者：** 王福华

**出处：**《法学评论（双月刊）》2022 年第 2 期

**摘要：** 本次民事诉讼法修改将民事案件繁简分流和诉讼程序简化作为主要目标，实现了对诉讼资源的首次调节。但修法目标能否最终实现，尚取决于对诉讼资源的二次调节，要借助诉讼成本与费用机制工具，激励当事人作出正确的程序选择。在诉讼费用方面，还要最大限度降低利用简易程序、小额诉讼程序和在线审理案件的诉讼成本，实行优惠的收费标准；对于普通程序审理的案件，当事人应最大限度负担诉讼费用，以反映实际诉讼成本。同时，还要兼顾诉讼费用的激励功能和惩罚功能，确立“以败诉者负担为原则，以制裁滥诉为辅助”的诉讼费用负担标准，保持司法供给与司法需求两者的均衡。

**题目:**《区分民事案件繁简的标准与方法——繁简分流基础性问题研究》

**作者:** 李浩

**出处:**《法制与社会发展》2022年第5期

**摘要:** 对民事诉讼案件实行繁简分流是深化我国诉讼制度改革的重要内容之一。用何种标准区分繁案与简案以及采用何种方法对繁案与简案进行识别、筛选，是进行繁简分流的基础性工作。受理民事案件后由法院区分案件繁简在很大程度上是一个中国式问题。区分案件繁简的标准有形式性标准和实质性标准之分，我国采用的是实质性标准。2012年民事诉讼法第一百三十三条要求法院通过审前准备程序区分案件的繁与简，并在此基础上作出适用不同程序的决定，但司法实务采用的做法是在起诉与受理阶段就对案件的繁简进行区分。在起诉与受理阶段进行区分与实质性标准并不匹配，由此造成了难以准确区分的困境。繁简分流改革试点推行及2021年民事诉讼法修改后，我国法院继续实行在上述阶段对案件进行分流，因而，在分流过程中须认真对待法院依职权转换程序的权力，须充分保障当事人对程序适用的异议权，以充分发挥二次分流的矫正作用。

**题目:**《认罪认罚案件量刑的四个核心问题》

**作者:** 田立文

**出处:**《中国应用法学》2022年第6期

**摘要:** 量刑建议密切关系作为前提的“认罪认罚”之促成和作为结果的“从宽承诺”之兑现，是认罪认罚从宽制度有效运行的关键环节。本文基于司法实践出发，坚持问题导向，着重讨论了此类案件量刑需把握的四个核心问题：一是认罪认罚从宽与自首、坦白等其他从宽制度如何有机衔接且“不作重复评价”；二是如何把握“认罚”的基本内涵与阶梯式量刑方法；三是如何构建量刑建议“明显不当”的审查标准；四是如何规范精准量刑建议的司法审查。

**题目:**《认罪认罚案件如何实现“以审判为中心”》

**作者:** 龙宗智

**出处:**《中国应用法学》2022年第4期

**摘要：**“以审判为中心”是刑事诉讼的基本规律，是保障认罪认罚案件质量，实现司法公正的现实需要。坚持“以审判为中心”，关键在于坚持法院对案件事实与法律适用的独立判断，从而有效发挥对案件质量的把关作用。审判实践中，应当坚持依照法定证明标准对案件进行实质性审查，有效审查认罪认罚自愿性；应当正确把握量刑标准，遵守改变量刑建议的正当程序；应当保障有效辩护，维护被告人合法权利；审理共同犯罪案件时，应当注意适用认罪认罚从宽的特殊性。

**题目：**《认罪认罚案件中的量刑协商和量刑建议》

**作者：**胡铭

**出处：**《当代法学》2022 年第 2 期

**摘要：**量刑协商是我国认罪认罚从宽制度中无法回避的关键问题，认罪协商的过程围绕着量刑展开，而检察机关的量刑建议是该过程的核心。这种量刑建议不同于传统刑事诉讼中的量刑建议，是检察官的一种法定职责，并具有准终局性，从而对法院裁判形成刚性约束力。实证研究显示，认罪认罚案件中量刑协商的空间较小，量刑建议的精准性不足，检察机关量刑建议权与法院刑罚裁量权有所冲突，认罪认罚案件中量刑协商存在被滥用的风险。在准确定位检察官在认罪协商过程中的地位的基础上，亟须完善和细化我国的量刑建议制度及相关配套措施。

**题目：**《认罪认罚从宽制度运用与改进问题的刑事一体化考察》

**作者：**张威

**出处：**《法学杂志》2022 年第 2 期

**摘要：**认罪认罚从宽制度虽然已经上升为法律制度，但仍然需要在具体的实践中逐步完善。立足于刑事一体化视野，可以在准确明晰认罪认罚从宽制度核心逻辑的基础上检视其实践误区。认罪认罚从宽制度在实践中面临整体效率与个案公正之惑、形式与实质之困、人身危险性之难、如何从宽之谜等四大难题。应在准确定位认罪认罚从宽制度的基础上，平衡个案公正与整体效率的关系，提升被害人的参与程度，完善人身危险性评估，构建科学透明的从宽标准体系。

**题目：**《审级职能定位改革的主要矛盾及试点建议》

**作者：** 龙宗智

**出处：**《中国法律评论》2022 年第 2 期

**摘要：** 因受各种主客观因素约束，设计上看似合理且能自洽的制度，实践中不一定尽如预期。目前，四级法院审级职能定位改革试点方案是在审级制度等司法及诉讼制度基本框架不变的前提下设计，可能因制度框架约束难以发挥预期功效，面临案件下沉是否会产生负面效应、提级管辖择案而审是否好看不好用、再审程序是否承受了难以承受之重的困扰。因此，应厘清提级管辖与案件请示制度及法律咨询制度的关系等难点、疑点，兼顾正负效应评估改革效应对案件质量的影响，注意听取外部意见、考量框架内外因素，从根本上解决问题。

**题目：**《审判资源程序配置的综合判断——以民事诉讼程序为中心的分析》

**作者：** 张卫平

**出处：**《清华法学》2022 年第 1 期

**摘要：** 审判资源如何配置是司法制度与诉讼制度设计中的一个重要课题。独任制和合议制是审判资源使用中两种重要组织形式。合议制过去一直被视为原则和更为主要的组织形式。民事诉讼法也一直以此认知为根据，在民事诉讼程序中安排相应的审判组织。基于应对人案矛盾的问题，民事诉讼法的第四次修改对这一传统的程序配置进行了新的调整，由此也引起了学界和实务界的热议。本文分析了独任制扩大化的原因，指出了本次民事诉讼法修改中独任制扩大化所带来的影响，系统地提出了审判资源的程序配置所应当考量的若干因素——审判效率与公正的衡平、集智与制约功能的作用、对裁判结果不满的吸收机能、上诉的功能、程序的形式化与仪式化的意义等。这些因素的综合判断虽不是技术化的具体方案，却有可能指出技术性处置方案的方法和思路。

**题目：**《送达制度的结构性转向：从“结果型”走向“过程型”》

**作者：** 张兴美

**出处：**《中外法学》2022 年第 5 期

**摘要：** 我国的送达制度是按照结果导向型思维打造的“结果型”送达。

“结果型”送达是以受送达人为主体偏向、以实质性送达效果为制度目标和法院全责型的送达结构，这种结构为送达不能、送而不达等送达难现象提供了制度环境。规范的送达制度应当是按照过程导向型思维打造的“过程型”送达。“过程型”送达是以受送达人程序利益为保护对象、以过程理性为制度核心、可实现程序自治的送达结构。由“结果型”送达向“过程型”送达转向是解决我国送达制度困境、重构我国送达制度的具体路径。该路径的实现以强化送达过程的理性建设为重点，信息化手段、社会化方法、交互性机制和推定规则可以为我国送达制度结构性转向提供技术保障。

**题目：**《庭审阶段补充侦查制度合理性省思——以审判中心主义为背景》

**作者：**韩旭

**出处：**《法商研究》2022年第1期

**摘要：**庭审阶段的补充侦查制度是职权主义诉讼结构和侦查中心主义的产物，其理念是追求“实体真实”。该制度不符合当前以审判为中心的刑事诉讼制度改革的精神，有违控辩平衡的诉讼原则，也不利于保障被告人的人权，导致司法资源浪费和诉讼效率降低，且有侦查权僭越审判权之嫌。针对上述弊端，结合检察机关正在实行的以“案-件比”为中心的考核机制，宜尽快废除庭审阶段的补充侦查制度。作为补偿，应当赋予控辩双方平等的证据申请权，改由人民法院进行庭外调查，庭外调查的重点应是有利于被告人的证据。对于庭审阶段翻证的证人，不宜由侦查（调查）机关单方面询问核实，而应当通知其出庭作证。

**题目：**《效率VS权利？民事程序繁简分流改革争论的实证审视》

**作者：**左卫民

**出处：**《现代法学》2022年第5期

**摘要：**2020年初开始试点的民事诉讼程序繁简分流改革，已被2022年伊始全面推行的民事诉讼立法修正案所正式确认。然而，立法过程中“效率派”与“权利派”在改革思路上的争论至今未歇。如何评价此次改革与相关的学术争议？笔者所率团队的实证研究表明，“效率派”与“权利派”主张的观点均有一定道理，但并未得到改革数据的充分支撑。

一方面，以效率为导向的繁简分流改革虽在有限程度上提高了效率，但总体上难称显著，且各项改革在效率的提高程度上参差不齐，这似乎显示改革效果已近天花板；另一方面，改革并未明显妨害权利。尽管小额诉讼程序与独任制改革似乎在抽象层面削减了若干程序性权利，但权利整体上尚未受到明显减损。而包括电子诉讼改革在内的部分举措甚至有利于权利实现。概言之，此次效率化的改革不一定与权利妨害相挂钩，也并非与权利保障背道而驰。有鉴于此，未来应该在充分实证研究的基础上，更为科学、客观地评估改革的成败得失与是否达至预设目标，检验改革是否契合特定的价值取向，继而设计并试点接地气、可操作、能达至的改革方案，最终有效推进民事诉讼制度的完善与发展。

**题目：**《刑事审判速决程序模式的发展与限度》

**作者：**拜荣静

**出处：**《法律适用》2022年第6期

**摘要：**我国目前刑事审判速决程序已经形成简易程序、速裁程序两种模式。刑事审判速决程序模式的发展是公正与效率价值平衡的具体要求，表现为诉讼程序的简化与省略，缩短了诉讼期限。我国刑事审判速决程序模式发展的直接动因是审判能力和审判体系现代化的治理要求，也是宽严相济刑事政策的现实体现，公正与效率的价值平衡是刑事审判速决程序本土化发展的理论依据。认罪认罚从宽制度配合刑事审判速决程序模式的发展与适用，促进了被告人有效参与刑事诉讼程序，形成了非对抗式诉讼模式运行机制，认罪认罚开始成为独立量刑情节。但是，也要注意刑事审判速决程序模式发展的合理限度，防止过度简化适用对案件审判正义形成障碍。

**题目：**《以审判为中心改革的技术主义进路：镜鉴与期待》

**作者：**魏晓娜

**出处：**《法商研究》2022年第4期

**摘要：**中国以审判为中心的改革目前在立法和实践中均存在一些值得探讨的问题。一方面，应当反思目前的改革与研究存在的不足；另一方面，也应当从其他国家践行审判中心主义的历程中汲取外部灵感。日本追求公判中心主义近百年，在2009年裁判员制度施行后取得突破性进展，在不触动宏观结构的前提下，走出一条“技术主义”的改革路线。中国以审判为中心的改革，实际上走的也是一条技术主义路线。日本的经验告诉我们，走技术主义路线如果找到合适的突破口和发力点，那么也能推动审判中心主义的发展。走技术主义进路的以审判为中心的改革，应当将人民陪审员制度作为改革的突破口，但人民陪审员制度和其他相关支持性制度及规则，也应当具备工具主义理性，其改革应有意识地统合于以审判为中心改革的大方向之下，避免与之发生冲突。技术主义路线只是在目前不可能发生大的立法变动的前提下的权宜之计。以审判为中心的改革未来要取得令人满意的成就，进行结构性调整仍然是一个不得不认真面对的现实问题。

**题目：**《在线纠纷解决的信任机制》

**作者：**谢鹏远

**出处：**《法律科学（西北政法大学学报）》2022 年第 2 期

**摘要：**互联网时代对在线纠纷解决的信任不再依靠面对面的接触，而是在脱域的情境下建立起来的。在互联网规则和行为模式的作用下，对在线纠纷解决的信任从对传统的亲缘、人际、结果、制度的信任向对现代的网络、系统、程序、信息技术方向漂移。弱信任建立和弱信任维持危机已成为纠纷当事人对在线纠纷解决系统付诸信任的最大障碍。通过嵌入系统声誉、全景透明程序、灵活性、公平性、实现数据和信息保密等方式培育在线纠纷解决信任关系是各类在线纠纷解决系统或平台未来生存和发展的必经道路，是构建具有中国特色的在线纠纷解决体系的核心任务。

**题目：**《在线民事诉讼的法律规制——基本框架与思路》

**作者：**张卫平

**出处：**《法学评论（双月刊）》2022 年第 2 期

**摘要：**本次民事诉讼法修正以提升诉讼效率为目标，首次就在线诉讼进行规定。“等效原则”和“同意规则”为在线诉讼的进一步发展奠定了基础。虽然以当事人同意作为适用前提有助于防止或减少因为不满在线诉讼结果所发生的程序争议，但完全以“等效原则”作为在线民事诉讼规定依然存在诸多不足。线下的诉讼行为在内容上不能涵括线上诉讼行为，制定专门的在线民事诉讼特别程序法具有现实意义。统一诉讼平台、特有原则、线上线下转换、在线立案和审前准备、在线庭审规则等将成为今后的主要关注点。

**题目：**《在线诉讼：制度构建及法理——以民事诉讼程序为中心的思考》

**作者：** 张卫平

**出处：**《当代法学》2022年第3期

**摘要：** 作为当下一种全新的诉讼方式，在线诉讼的实践活动引起了人们极大的关注，尤其是在线民事诉讼，也成为民诉学界一大热点问题，但人们在理论上的探讨仍然未达到应有的深度。在尚未出台相关的法律规范之前，在线诉讼制度的合法性主要源于当事人的同意，其性质是一种授权，而非当事人与法院之间的诉讼契约。为了规范在线诉讼程序和诉讼行为，有必要尽快制定在线民事诉讼特别程序法，为法院的在线实践活动提供合法性根据以及更大的解释空间，以适应在线诉讼的发展要求。虽然在线诉讼突出的是便捷与效率，但作为特别程序法的规范亦应坚持民事诉讼法的基本价值追求，贯彻民事诉讼法的基本原则和基本制度。同时在线诉讼亦应遵循其特有的方便原则与安全原则。在相当长的时期内，在线诉讼将与传统的线下诉讼共存，并形成根据具体情形在诉讼过程中适时转换的新图景，这也就要求对线上和线下交互转换予以相应的规制，以保障转换的合理与流畅。在线庭审的制度建构应当有利于揭示案件事实，保障庭审辩论、质证的流畅性、严肃性是在线庭审制度设计的基本要求。

**题目：**《在线诉讼的中国模式与未来发展》

**作者：** 谢登科

**出处：**《中国应用法学》2022年第4期

**摘要：** 电子诉讼系统平台是在线诉讼活动得以有效运行的重要基础，我国在线诉讼实践探索中存在“统一系统平台模式”和“多元系统平台模式”之争。民事诉讼法规定了在线诉讼的“当事人同意”原则，为在线诉讼适用奠定了合法性基础。“当事人同意”不宜界定为当事人授权同意，它本质上是在线诉讼中当事人的程序选择权。民事诉讼法规定了在线诉讼的“同等法律效力”原则，它通过简约立法方式赋予在线诉讼活动相应法律效力，让我国在线诉讼活动不再面临无法可依的问题。为解决原生型在线诉讼行为的合法性危机，有必要制定专门的在线诉讼程序法，将我国在线诉讼实践探索的成功经验予以法律化和制度化。

## 专题六：健全人民法院人员分类管理和职业保障制度体系

**题目：**《法官绩效考核制度的非司法化困境及其调试》

**作者：**杨铜铜

**出处：**《法制与社会发展（双月刊）》2022年第3期

**摘要：**法官绩效考核的本质是对法官审判行为的管理，而审判管理的关键在于其与司法规律的契合度。当前各地法官绩效考核制度存在诸多违背司法规律的现象，呈现出“非司法化”的样态，表现为功能定位的工具主义倾向，指标设置的扩张化与非科学性，以及实施机制的规范性缺失等问题。在功能定位上，法官绩效考核制度的设置应遵循司法规律，以提升法官能力为核心功能，兼顾优化司法管理功能。在指标设置上，其应秉持司法管理服务于司法审判的理念，以法官审判工作实绩为核心考核内容，通过多元化指标设置与分类分级的方法，客观呈现法官的司法裁判能力与全部智识劳动。在实施机制上，其应进行适度的司法化调试，通过考核主体的内部扩张与对外部评价的审慎引入，借由常态化的平时考核与沟通机制，以及内源性的考核结果应用机制，真正地将考核结果作为法官职务晋升、评奖评优、奖金获取的重要依据。

**题目：**《科层中的分流——中国法院人事管理制度的二元结构》

**作者：**刘绚兮

**出处：**《中外法学》2022年第4期

**摘要：**政法体制下的科层结构是中国法院管理制度的基本特征。但学界对科层内部的分工合作、人员流动、利益格局等的认识仍然不足。这导致朝向专业化和精英化的司法人事改革的效果偏离预期。改革成功的前提在于准确把握其所欲改善却又依赖的先在制度结构。实际上，中国法院人事管理制度呈现出较明显的二元结构：法院领导（领导干部）和普通法官（基层干部）有各自的亚群体特征，在政治定位、专业分工、评价体系、流动晋升、社会网络等诸方面，存在“层级分流”的现象。这种层级分流，既是历史上规模治理中“官吏分途”的留痕，又是当代政法体制的结构延伸。同时，它也面临着国家治理现代化和司法专业化的挑战。层级分流不仅意味着分工与合作，还存在张力与平衡。在必然涉及资源再分配的改革中，应考虑二元结构中不同群体的差异和需求。

## 专题七：建设现代化智慧法院应用体系

**题目：**《“全域数字法院”的构建与实现》

**作者：**李占国

**出处：**《中外法学》2022年第1期

**摘要：**近年来中国互联网司法发展取得了显著成效，为建设一种全新的法院样态——“全域数字法院”提供了可能。与既往的法院信息化建设不同，“全域数字法院”是一场重塑性的制度革命，它以线上线下深度融合、内网外网共享协同、有线无线互联互通为基本要求，更加注重系统集成与数字赋能，更加注重流程再造与制度重塑，更加注重全面数字化与高度智能化，运用“技术＋制度”为实现更高水平的公平正义注入新效能。建设“全域数字法院”，主要路径是通过“平台化建设”“无纸化转型”“智能化赋能”三阶段，打造全生命周期的司法平台，提供全时空在线的司法服务，构建全流域智能的司法模式，驱动司法制度的全方位变革，并最终实现司法领域从数字赋能到制度重塑的革命性变革。

**题目：**《概率推理：实现审判智能决策的结构化进路》

**作者：**熊晓彪

**出处：**《中外法学》2022年第5期

**摘要：**“审判智能决策”要求机器能够对法律推理进行有效模拟。人工智能与三段论式法律推理具有契合性，能够借助法律论证与深度学习等技术发现法律规则大前提，却陷入了事实小前提的确定这一证据推理困境。中国当下的人工智能法律系统初步实现了证据分析，但未能作出准确的证据评价。基于结构化评价似然比的概率推理，有效刻画了事实推理链条上证据证明力的算法模型，成为破解困境的一条可行进路。概率推理具有结构化的逻辑推理与决策框架、数字化的信念表达与事实推论、科学化的信息处理与信念结合机制等特征，有助于实现审判智能决策的发展目标。法学界对概率推理的认识存在数字审判、合取悖论、主观赋值等理论误区，概率推理在司法领域的适用面临运算复杂性、“裸统计”问题以及数据化评估证据的风险，在概率推理推行中还需要保持审慎的态度。

**题目:**《论区块链技术在民事审判事实认定中的应用》

**作者:** 李晓丽

**出处:**《法律适用》2022 年第 10 期

**摘要:** 区块链技术应用于民事审判，可以将法官从事实认定中解放出来，极大提高民事审判的效率，促进民事审判的公正。民事审判中的事实认定，既包括程序事实认定，也包括实体事实认定。在建设和完善司法区块链平台的基础之上，将区块链技术应用于民事审判的事实认定之中，可以最大化地发挥区块链的技术特点，解决民事审判中事实认定方面效率低下、采纳率低等痛点，但同时必然也会引起相关法律制度的变革。如何在法律的框架内对区块链技术在民事审判事实认定中的适用进行调试，也就是本文的重点和价值所在。

**题目:**《区块链司法存证的应用及其规制》

**作者:** 胡铭

**出处:**《现代法学》2022 年第 4 期

**摘要:** 区块链司法存证已经在我国司法实践中得以有效运用。从规范层面来看，电子数据的证据保全创新是区块链存证的本质；从事实层面来看，区块链存证主要解决的是电子数据的推定真实性。区块链存证的公有链模式和私有链模式都存在缺陷，联盟链模式逐渐成为主流。区块链司法存证的运用尚不能完全解决信任问题，对最佳证据规则、传闻证据规则等证据规则有直接影响，亦对刑事辩护提出了挑战。法律规制的重点是需要保障上链前电子数据的原始性和应用区块链技术提取电子数据的程序合法性，避免区块链特性可能带来的不利影响及解决区块链存证中的鉴真等问题。

**题目:**《区块链司法的生发逻辑与中国前景》

**作者:** 马明亮

**出处:**《比较法研究》2022 年第 2 期

**摘要:** 区块链技术主要解决信息交换与共享中的信任和安全问题，其融入司法领域，可以独特的方式重塑现有司法行为和司法程序。目前，无论是全球视域还是我国的本土探索，区块链技术不断融入司法领域已经成为重要的趋势。从发生逻辑来看，这是国家政策支持、数字法治建设内需所共同推动的结果，也离不开区块链技术秉性与数字正义的不谋而合。区块链技术赋能的互联网司法场景，都可以称为区块链司法。基于区块链的技术优势，落地的司法场景应当更为广泛。同时也要密切关注区块链司法面临的来自技术风险与合法合规方面的双重挑战。因此，要实现区块链司法的程序性正义，需要做好从技术到法律规则的体系化准备。

**题目：**《区块链证据可采性研究——兼论我国区块链证据规则的构建》

**作者：** 陈爱飞

**出处：**《比较法研究》2022年第2期

**摘要：** 在我国司法语境下，区块链证据似乎天然具有可采性，除非能够提出相反证明，否则应当认定其证据效力。但我国关于区块链证据的规范也存在明显局限，其主要立足于衍生论维度的区块链存证，未完全覆盖本体论区块链证据。与英美法系国家的证据规则不同，我国证据法学界忽视了基于传闻引发的区块链证据可采性问题，然而，区块链记录是否构成传闻却又是认定其证据效力无法绕开的关键问题。若不构成传闻或属传闻例外，且能认定区块链证据的可靠性、真实性，则能够从技术可靠性信任验证与规范真实性法律推定等维度证成区块链证据可采性。以此为基础，我国应当从法律与技术双重视角完善多元覆盖的区块链证据规则，规范以代码和算法为基础架构的共识机制，在面临验证困境时，辅之以专家证人补强区块链证据的证据效力。

**题目：**《人工智能技术在智慧法院建设中实践运用与前景展望》

**作者：** 刘艳红

**出处：**《比较法研究》2022年第1期

**摘要：** 无论理论研究还是实践经验，我国智慧法院建设已经产生了大量的智慧成果，但在可持续发展的制度化逻辑方面与既有实践成果之间尚未实现科学衔接，智慧法院建设还存在实践应用不充分、系统融贯性不畅和在线诉讼不足等问题。进一步推动人工智能技术在智慧法院建设中实践运用的基本方案是，在“人工智能＋司法”的格局之下，借助数字孪生、拓展现实、隐私计算、情感计算等新兴人工智能技术拓展智慧法院建设的实践运用；在运用前景上，以人工智能技术系统指导智慧法院 4.0 建设，特别是以人工智能技术推动智慧法院在线诉讼规则，并通过人工智能技术与制度的协同融合推动智慧法院内涵发展，以此推动司法理论与智能技术深度融合、诉讼需求与智能技术深度融合、通用技术与专有开发深度融合，为智能时代中国智慧法院建设提供技术机理和法理结构。

**题目：**《人工智能时代法律推理的基本模式——基于可废止逻辑的刻画》

**作者：**雷磊

**出处：**《比较法研究》2022 年第 1 期

**摘要：**从逻辑学的角度看，法律推理具有非单调性。人工智能时代更清晰地凸显出了与这一特性相应的可废止推理模式的必要性。可废止推理虽未必一定用可废止逻辑来刻画，但这一做法在人工智能的环境下更加合乎目的。法律推理的可废止性源于法律规则的可废止性，法律规则的逻辑形式化要求将其构成要件表征为“有待证明的要素”（P 要素）与“未被驳倒的要素”（NR 要素）两部分，后者的引入恰当地处理了规则与例外的关系。在此基础上，可以通过引入三类“废止者”，即反驳型废止者、截断型废止者和削弱型废止者，来建构可废止法律推理的基本模型。但这同时也显现出了可废止法律推理的智能化限度，核心在于它无法进行司法裁判中必不可少的价值判断。

**题目：**《司法人工智能推理辅助的“准三段论”实现路径》

**作者：**王竹

**出处：**《政法论坛》2022 年第 5 期

**摘要：**我国司法人工智能研发面临法律思维、可解释性和可计算性三大瓶颈，应以可解释的司法人工智能推理辅助作为主要突破方向，法律要件解耦是关键。在司法人工智能推理辅助中无法直接嵌入传统三段论逻辑，应当以“争议焦点”替换“结论”，构建“准三段论”逻辑结构，应对大前提的横向杂糅性、争议焦点的类型化和小前提的复杂性与多样性等主要挑战，并实现动态维护。基于“大前提≥争议焦点≥小前提”层次性态势，设置不超过五级的标签体系，可以通过三大“组群”关系合并表达“准三段论”束 46 种具体连接方式，实现一定程度和范围的智能推理辅助。

**题目：**《司法人工智能运用背景下的被告人质证权保障》

**作者：** 郑曦

**出处：**《政法论坛》2022年第6期

**摘要：** 在内外驱动力的作用下，尽管尚有缺陷，但司法人工智能的广泛运用已成现实。然而，司法人工智能的运用可能给被告人的质证权带来影响，导致前提性障碍、程序性难题和实质性困境。为协调司法人工智能运用与被告人质证权保护的需求，需坚守控辩平等与审判中立原则，重新确认针对质证的直接言词原则，并对公开质证规则作必要调整。在此基础上，可以从加强对被告人质证权的信息保障、能力保障和效果保障三方面着手，使被告人的质证权得以有效行使，实现司法人工智能运用与被告人质证权保障的协调。

**题目：**《纸域司法改革的方向标：数智时代的区块链司法——以〈最高人民法院关于加强区块链司法应用的意见〉为中心展开》

**作者：** 杨震、孙梦龙

**出处：**《政法论坛》2022年第6期

**摘要：** 传统纸域司法的数智化变革标志着以“案牍”为通信纽带的传统司法模式转向以“数据”的部署与通信为核心的未来司法模式。这种转向在中国的建设需求表现为形成以区块链为核心的司法数据联盟式部署与分散式通信。最高人民法院推动的区块链司法可组织司法权力主体、司法对象及公众成为线上诉讼节点，参与数智司法的数据布控，形成多方线上互信数据体系。数智司法中的技术规则法律化以及信息交互数智化带来司法模式的转变。数智化将彻底改写纸域司法建立的诸如“单点举证”“文书思维”等案牍法律文化。纸域司法终将为“分散群证”“数智逻辑”法律文化下的数智司法所取代。来自东方的区块链司法必将成为世界数智司法的缔造者与先驱者。

**题目：**《智慧法院场景下个人信息合规处理的规则研究》

**作者：** 刘艳红

**出处：**《法学论坛》2022年第6期

**摘要：** 在合规改革背景下，可通过个人信息收集、提供和共享三个层面的规则构建，来防范智能技术应用于法院审判工作导致的信息安全风险。在智慧法院场景中，个人信息合规收集规则的核心是法律授权，其规范基础包括民法典、个人信息保护法以及专门的技术规范，可基于场景理论坚持“为履行法定职责所必需”收集个人信息；个人信息合规提供规则的核心是合理处理，包括借助数据脱敏、隐私计算和区块链等技术手段创新处理个人信息，以及通过信息公开前的利益衡量和利用合规理念强化技术赋能推进司法信息公开；个人信息合规共享规则的核心是分类分级，设置个人信息合规分类和分级机制，通过共享前的识别机制、共享中的传输机制与共享后的反馈机制所建立的合规共享流程，将合规共享理念贯穿于个人信息的全生命周期，降低案件失误率并提升司法效率。

**题目：**《智慧司法中技术依赖的隐忧及应对》

**作者：** 张凌寒

**出处：**《法制与社会发展（双月刊）》2022 年第 4 期

**摘要：** 技术被广泛应用于司法裁判相关信息的收集处理、支持具体的司法决策、支撑智慧司法系统建设。在智慧司法变革中，人（司法机关）与技术的关系从技术辅助走向技术主导，进而存在滑向技术依赖的隐忧：法官在具体司法决策中对技术过度依赖；司法机关在智慧司法建设中困于自身技术力量，对技术公司按需求设计开发、日常维护运行、系统升级改造形成技术依赖循环。这种依赖关系也带来权力专属原则存疑、质量技术标准缺失、责任链条分配存在困境等挑战。应及时勘定技术嵌入司法活动的边界：采取信息准入与流出的控制机制，限制技术在司法裁判相关信息的收集与公开中的运用；合理分配人类与机器的决策分工，保证人机混合司法决策中人类的实质性参与；谨慎应对公权力与技术权力的共建，建立合理的责任分配与追责机制。

**题目：**《互联网法院的运行模式、量化评估及其理性对待》

**作者：** 自正法

**出处：**《政法论丛》2022 年第 3 期

**摘要：** 我们的社会正迈向大数据、信息化、网络化的场域，面对网络纠纷的井喷式增长，传统法院由于案多人少或审判技术等原因无法作出有效回应，此时三家互联网法院相继设立。互联网法院作为网络技术与现代司法深度融合的产物，其采用线上审理解纷方式为其他法院提供了有效样本，以北京、杭州、广州互联网法院的运行实践为蓝本，可将其概括为三种模式，即以信息公开为核心的网络型法院、以办公智能为核心的网络型法院、以庭审智慧为核心的网络型法院，并为三种运行模式尝试建立了科学、合理与专业的量化评估体系，其中，量化指标体系的设计与应用应当遵循主客观指标均衡原则、程序性原则、合理性原则、科学性原则和可实践性原则，形成以信息公开、庭审智慧、办公智能化为核心的量化指标体系。当然，需要谨慎对待量化指标体系，防止盲目陷入“自说自话”的陷阱，陷入“高分论”的陷阱，同时防止量化指标体系演变为互联网法院绩效评估的“证据”。

## 专题八：健全切实解决执行难长效制度机制

**题目：**《〈民事强制执行法（草案）〉若干争议问题分析及修改建议》

**作者：**周玉华

**出处：**《法律适用》2022年第11期

**摘要：**2022年7月全国人大常委会一审后公布的《民事强制执行法（草案）》共4编17章207条，层次分明、内容全面，是对众多涉执司法解释和实践经验高度精炼总结而成，同时还有许多创新，因而带来一些争议问题。本文拟就执行机制改革、执行依据、执行措施、执行中止、执行终结以及执行监督等环节的争议问题进行分析并提出修改建议，以期促进《民事强制执行法（草案）》在后续审议中进一步完善。

**题目：**《中国民事强制执行法的元规则》

**作者：**邵长茂

**出处：**《法律科学（西北政法大学学报）》2022年第6期

**摘要：**中国民事强制执行法的元规则，是民事强制执行规则谱系中最为基础的部分。它源于宪法、实践与社会核心价值，反映执行的客观规律、价值选择和内在逻辑，构成执行法律体系的神经中枢，是制定民事强制执行法的出发点和根本遵循，也是理解和适用民事强制执行法的钥匙和依据。梳理中国民事强制执行法元规则的过程，是从卷帙浩繁的法德日美强制执行法律文献中转身，回到中国执行实践，发掘中国执行规律，转化中国制度优势，完善中国执行模式，目标在于促进强制执行法以及强制执行法学的中国化建构。

# 第六篇

## 大事记

## 1月

5日，最高人民法院印发《新时代人民法庭建设案例选编（二）》（法〔2022〕4号）。

13日，最高人民法院印发《人民法院法官违纪违法退额管理规定（试行）》（法〔2022〕19号）。

13日，全国法院案例指导工作推进会召开，最高人民法院党组书记、院长周强出席会议并讲话。

16日，全国高级法院院长会议以电视电话会议形式召开，最高人民法院党组书记、院长周强出席会议并讲话。

17日，最高人民法院印发《首届“人民法院改革创新奖”评选结果公告》（法〔2022〕8号）。

17日，河南省郑州市中级人民法院对程三昌贪污案进行缺席审判，该案是缺席审判程序法律规定在推动反腐败国际追逃追赃工作领域的第一案，对制定缺席审判司法解释，促进我国反腐败国际追逃追赃工作高质量发展具有重要意义。

19日，清华大学互联网司法研究院成立，最高人民法院党组书记、院长周强为研究院揭牌。

22日，由最高人民法院与中央广播电视总台共同主办的“新时代推动法治进程2021年度十大案件”评选结果揭晓，最高人民法院党组书记、院长周强出席活动并讲话。

25日至26日，最高人民法院党组成员、副院长、第五巡回法庭庭长沈亮在四川省成都市主持召开第五巡回法庭巡回区民商事审判工作座谈会。

26日，最高人民法院印发《人民法院在线运行规则》（法发〔2022〕8号）。

27日，最高人民法院印发《关于做好法官惩戒与纪检监察工作衔接的规定》（法〔2022〕38号）。

## 2月

17日，最高人民法院印发《关于落实四级法院审级职能定位改革试点案件提级管辖和报请再审提审工作有关要求的通知》（法〔2022〕52号）、《关于落实〈最高人民法院关于完善四级法院审级职能定位改革试点实施办法〉有关要求的通知》（法办〔2022〕98号）。

21日，人民法院网上申诉信访平台上线，实现申诉信访事项“一网通办”。

22日，最高人民法院召开全国法院一站式建设工作推进会，中共中央政治局委员、中央书记处书记、中央政法委书记郭声琨对人民法院一站式建设工作作出批示，充分肯定人民法院一站式建设成效。最高人民法院党组书记、院长周强出席会议并讲话。

24日，最高人民法院发布《人民法院一站式多元纠纷解决和诉讼服务体系建设（2019—2021）》和人民法院一站式建设十大典型经验、人民法院“总对总”在线多元调解案例。

25日，人民法院诉讼服务满意度评价系统上线。

25日，最高人民法院与澳门特别行政区签署《关于内地与澳门特别行政区就仲裁程序相互协助保全的安排》。

27日，十三届全国人民代表大会常务委员会第三十三次会议听取最高人民法院党组书记、院长周强关于《全国人民代表大会常务委员会关于专利等知识产权案件诉讼程序若干问题的决定》实施情况的报告。

28日，十三届全国人民代表大会常务委员会第三十三次会议审议通过《关于设立成渝金融法院的决定》。

28日，最高人民法院印发《关于认真贯彻执行〈新时代政法干警“十个严禁”〉的通知》（法〔2022〕73号）。

## 3月

1日，最高人民法院将“中国移动微法院”转型升级为“人民法院在线服务”，以在线服务推动实现更高水平的数字正义。

3日，最高人民法院与中国政法大学共建的人民法院司法改革研究基地成立，最高人民法院党组书记、院长周强为基地揭牌。

3日，最高人民法院举行新闻发布会，发布人民法院深化司法体制综合配套改革新进展新成效。

15日，最高人民法院会同中央组织部印发《法官单独职务序列规定》

(中组发〔2022〕5号)。

23日，清华大学互联网司法研究院以“网络智能服务算法：公平性、责任性与透明性”为主题，举办首次清华互联网司法论坛，最高人民法院党组成员、副院长贺小荣出席论坛并致辞。

31日，最高人民法院印发《关于加强新时代人民法院涉诉信访工作的意见》(法发〔2022〕14号)。

31日，最高人民法院党组书记、院长、院司法改革领导小组组长周强主持召开最高人民法院司法改革领导小组2022年第一次会议，审议通过《2022年人民法院司法改革工作要点》及分工方案、《党的十八大以来人民法院司法改革成效总结工作方案》，审议《关于人民法院深化司法权力运行机制改革相关情况的报告》。

**4月**

2日，最高人民法院印发《2022年人民法院司法改革工作要点》(法〔2022〕99号)。

20日，最高人民法院印发《关于第一审知识产权民事、行政案件管辖的若干规定》(法释〔2022〕13号)。

22日，中共中央宣传部举行“中国这十年”系列主题新闻发布会，介绍党的十八大以来政法领域改革举措与成效。最高人民法院党组成员、副院长沈亮出席发布会并回答记者提问。

23日，粤港澳大湾区司法案例研讨会以线上线下相结合的方式在广州举行，最高人民法院院长周强出席开幕式并致辞。

**5月**

18日至19日，国际司法争端解决网络(JDRN)成立大会在线举行，中国最高人民法院作为创始核心成员出席，分享多元纠纷解决中国经验。

23日，最高人民法院印发《关于加强区块链司法应用的意见》(法发〔2022〕16号)。

26日，最高人民法院举办主题为“以法治创新推动数字经济规范发展”

的数字经济法治论坛，最高人民法院院长周强发表开幕式、闭幕式致辞并作主旨发言。最高人民法院副院长杨万明、杨临萍、沈亮分别参加专题研讨并发言。

**6月**

22日，最高人民法院办公厅印发《关于确定第二批纳入“一站式”国际商事纠纷多元化解决机制的国际商事仲裁机构的通知》（法办〔2022〕326号）。

23日，十三届全国人民代表大会常务委员会第三十五次会议审议《中华人民共和国民事强制执行法（草案）》。

27日，最高人民法院常务副院长贺荣主持召开四级法院审级职能定位改革试点院内第二次联席会议并讲话。

**7月**

8日，人民法院司法改革工作会议在北京召开，最高人民法院党组书记、院长周强出席会议并讲话。

26日，最高人民法院印发《关于加强和改进新时代人民法院人才工作的实施意见》（法〔2022〕187号）。

**8月**

17日至19日，最高人民法院党组成员、副院长沈亮率队在浙江省高级人民法院、杭州互联网法院、湖州市中级人民法院开展司法改革调研工作。

18日，“互联网司法与数字治理现代化”论坛在杭州召开，最高人民法院党组成员、副院长沈亮出席论坛并致辞。

24日，最高人民法院国际商事专家委员会第三届研讨会暨首批专家委员续聘活动以线上线下相结合的方式举行，最高人民法院院长周强出席会议并讲话。

25日，最高人民法院印发《关于加强人民法院聘用制书记员管理工作的意见》（法〔2022〕205号）。

30 日，十三届全国人民代表大会常务委员会第三十六次会议听取了最高人民法院院长周强所作的四级法院审级职能定位改革试点情况中期报告。

## 9 月

14 日，全国法院第七次少年法庭工作会议以视频方式召开，最高人民法院党组书记、院长周强出席会议并讲话。

21 日，最高人民法院司法改革领导小组印发《人民法院改革案例选编（十二）》，汇集 11 家法院贯彻落实新修改民事诉讼法的务实举措和特色做法。

28 日，经中央批准，全国人大常委会作出决定，成渝金融法院在重庆、成都两地办公区挂牌成立。

## 10 月

11 日，最高人民法院举行新闻发布会，通报党的十八大以来人民陪审员制度改革的主要成效，发布《人民陪审员制度的中国实践》以及人民陪审员参审十大典型案例。

13 日，最高人民法院、人力资源社会保障部等 9 部门联合印发《关于进一步加强劳动人事争议协商调解工作的意见》（人社部发〔2022〕71 号）。

26 日，最高人民法院印发《关于规范合议庭运行机制的意见》（法发〔2022〕31 号）。

## 11 月

3 日，最高人民法院印发《“打造枫桥式人民法庭 服务基层社会治理”典型案例暨新时代人民法庭建设案例选编（四）》（法〔2022〕234 号）。

4 日，最高人民法院党组书记、院长、最高人民法院网络安全和信息化领导小组组长周强主持召开最高人民法院网络安全和信息化领导小组 2022 年第二次全体会议。

7 日，最高人民法院办公厅印发《关于进一步深入推进四级法院审级职能定位改革试点工作的通知》（法办〔2022〕561 号）。

14日，最高人民法院印发《关于涉外民商事案件管辖若干问题的规定》（法释〔2022〕18号）。

30日，全国法院第八次网络安全和信息化工作会议暨互联网司法工作推进会以视频方式举行，最高人民法院党组书记、院长周强出席会议并讲话。

## 12月

8日，第六届长白破产法论坛以线上线下相结合的方式召开。最高人民法院党组成员、副院长，第二巡回法庭分党组书记、庭长李勇出席论坛并讲话。

8日，最高人民法院印发《关于规范和加强人工智能司法应用的意见》（法发〔2022〕33号）。

9日，由清华大学主办的2022年第五届清华大学世界法治论坛在北京举行。最高人民法院党组成员、副院长杨万明出席会议并致辞。

# 附　录

# 附录一　司法改革相关文件目录

**1.** 最高人民法院办公厅、人力资源和社会保障部办公厅关于建立劳动人事争议“总对总”在线诉调对接机制的通知

法办〔2022〕3号 / 2021.12.30公布 / 2021.12.30施行

**2.** 人民法院在线运行规则

法发〔2022〕8号 / 2022.01.26公布 / 2022.03.01施行

**3.** 最高人民法院关于做好法官惩戒与纪检监察工作衔接的规定

法〔2022〕38号 / 2022.01.27公布 / 2022.01.27施行

**4.** 最高人民法院关于落实四级法院审级职能定位改革试点案件提级管辖和报请再审提审工作有关要求的通知

法〔2022〕52号 / 2022.02.17公布 / 2022.02.17施行

**5.** 中共中央政法委、最高人民法院、最高人民检察院、公安部、国家安全部、司法部关于印发《新时代政法干警“十个严禁”》的通知

中政委〔2022〕3号 / 2022.01.11公布 / 2022.01.11施行

**6.** 最高人民法院关于认真贯彻执行《新时代政法干警“十个严禁”》的通知

法〔2022〕73号 / 2022.02.28公布 / 2022.02.28施行

**7.** 最高人民法院关于第一审知识产权民事、行政案件管辖的若干规定

法释〔2022〕13号 / 2022.04.20公布 / 2022.05.01施行

**8.** 最高人民法院关于加强区块链司法应用的意见

法发〔2022〕16号 / 2022.05.23公布 / 2022.05.23施行

**9.** 最高人民法院办公厅关于确定第二批纳入“一站式”国际商事纠纷多元化解决机制的国际商事仲裁机构的通知

法办〔2022〕326号 / 2022.06.22公布 / 2022.06.22施行

**10.** 人力资源和社会保障部、中央政法委、最高人民法院、工业和信息化部、司法部、财政部、中华全国总工会、中华全国工商业联合会、中国企

业联合会/中国企业家协会关于进一步加强劳动人事争议协商调解工作的意见

人社部发〔2022〕71号 / 2022.10.13公布 / 2022.10.13施行

**11.** 最高人民法院关于规范合议庭运行机制的意见

法发〔2022〕31号 / 2022.10.26公布 / 2022.11.01施行

**12.** 最高人民法院关于涉外民商事案件管辖若干问题的规定

法释〔2022〕18号 / 2022.11.14公布 / 2023.01.01施行

**13.** 最高人民法院办公厅关于进一步深入推进四级法院审级职能定位改革试点工作的通知

法办〔2022〕561号 / 2022.11.07公布 / 2022.11.07施行

**14.** 最高人民法院关于印发《"打造枫桥式人民法庭 服务基层社会治理"典型案例暨新时代人民法庭建设案例选编（四）》的通知

法〔2022〕234号 / 2022.11.03公布 / 2022.11.03施行

**15.** 最高人民法院关于印发《新时代人民法庭建设案例选编（二）》的通知

法〔2022〕4号 / 2022.01.05公布 / 2022.01.05施行

**16.** 最高人民法院关于印发《"打造枫桥式人民法庭 服务全面推进乡村振兴"典型案例暨新时代人民法庭建设案例选编（三）》的通知

法〔2022〕154号 / 2022.05.31公布 / 2022.05.31施行

**17.** 最高人民法院关于审理生态环境侵权纠纷案件适用惩罚性赔偿的解释

法释〔2022〕1号 / 2022.01.12公布 / 2022.01.20施行

**18.** 最高人民法院关于审理涉执行司法赔偿案件适用法律若干问题的解释

法释〔2022〕3号 / 2022.02.08公布 / 2022.03.01施行

**19.** 最高人民法院关于内地与香港特别行政区法院相互认可和执行婚姻家庭民事案件判决的安排

法释〔2022〕4号 / 2022.02.14公布 / 2022.02.15施行

**20.** 最高人民法院关于内地与澳门特别行政区就仲裁程序相互协助保全的安排

法释〔2022〕7号 / 2022.02.24公布 / 2022.03.25施行

**21.** 最高人民法院关于印发基层人民法院管辖第一审知识产权民事、行政案件标准的通知

法〔2022〕109号 / 2022.04.20公布 / 2022.05.01施行

# 附录二　司法改革相关文献目录

## 一、著作类

**1.** 黄祥青：《审判管理与司法改革探究》，人民法院出版社 2022 年版。

**2.** 高一飞：《中国司法改革历程》，湖南师范大学出版社 2022 年版。

**3.** 张卫平、齐树洁总主编：《司法改革论评》（2021 第 1 辑），厦门大学出版社 2022 年版。

**4.** 刘学敏：《量刑的理论与技术：兼评中国量刑规范化改革》，厦门大学出版社 2022 年版。

**5.** 石浩旭：《刑事程序性辩护的有效性研究》，武汉大学出版社 2022 年版。

**6.** 王雨田：《案件审理监管评查五步法》，法律出版社 2022 年版。

**7.** 万旭：《刑事审判中的异议制度初论》，中国政法大学出版社 2022 年版。

**8.** 陈明：《审判管理新发展》，厦门大学出版社 2022 年版。

**9.** 何燕华、朱湘萍：《英国司法责任制度研究》，武汉大学出版社 2022 年版。

**10.** 王国龙：《法律统一适用与自由裁量规范问题研究》，法律出版社 2022 年版。

**11.** 相庆梅：《互联网环境下的司法公开制度研究》，中国政法大学出版社 2022 年版。

**12.** 黄永锋：《审判权的制度经济学分析》，法律出版社 2022 年版。

**13.** 张西恒：《矛盾纠纷多元化解原理与实务》，法律出版社 2022 年版。

**14.** 于志强、郑旭江：《网络空间综合治理中的在线纠纷解决体系研究》，法律出版社 2022 年版。

**15.** 侯怀霞、张西恒主编：《人民调解理论与实务（2022）》，上海交通大学出版社 2022 年版。

**16.** 方向：《最高人民法院司法研究重大课题电子诉讼规则研究论文选编》，中国民主法制出版社 2022 年版。

**17.** 倪楠：《一带一路贸易纠纷非诉讼解决机制研究》，法律出版社 2022 年版。

**18.** 张科：《电子商务纠纷多元解决机制研究》，中国商业出版社 2022 年版。

**19.** 段厚省、洪学军主编：《互联网法院的实践探索与程序创新研究》，法律出版社 2022 年版。

**20.** 最高人民法院民事诉讼法修改起草小组编：《民事诉讼法修改条文对照与适用要点》，法律出版社 2022 年版。

**21.** 陈明：《审判管理新发展》，厦门大学出版社 2022 年版。

**22.** 陆卫民编：《类案裁判方法精要》（第 2 辑），人民法院出版社 2022 年版。

**23.** 肖克：《国家治理现代化视野下的行政审判方式改革研究》，法律出版社 2022 年版。

**24.** 韩旭、李松杰：《认罪认罚从宽制度争议问题研究》，中国政法大学出版社 2022 年版。

**25.** 闫召华：《合作式司法的中国模式：认罪认罚从宽研究》，中国政法大学出版社 2022 年版。

**26.** 郭枭：《认罪认罚从宽制度中律师辩护问题研究》，中国政法大学出版社 2022 年版。

**27.** 李勇：《认罪认罚与企业合规——从原理到实操》，法律出版社 2022 年版。

**28.** 敖希颖：《互联网金融司法案例研究》，法律出版社 2022 年版。

**29.** 相庆梅：《互联网环境下的司法公开制度研究》，中国政法大学出版社 2022 年版。

**30.** 李佳伦：《互联网法律新思维与适用》，人民出版社 2022 年版。

**31.** 陈国平、田禾主编：《中国法院信息化发展报告 6（2022 版）》，社会科学文献出版社 2022 年版。

**32.** 陈兵：《法治推进下的数字经济规范发展》，社会科学文献出版社 2022 年版。

**33.** 陈兵：《新基建与数据治理法治化》，人民出版社 2022 年版。

**34.** 杨力：《诉源治理理论》，法律出版社 2022 年版。

**35.** 林鸿：《民事诉讼繁简分流问题研究》，光明日报出版社 2022 年版。

## 二、期刊类

**1.** 沈芳君：《“一带一路”背景下涉外商事纠纷多元化解机制实证研究》，载《法律适用》2022 年第 8 期。

**2.** 于厚森、郭修江：《充分发挥行政审判在多元化解行政争议中的职能作用——对〈关于进一步推进行政争议多元化解工作的意见〉的解读》，载《法律适用》2022 年第 6 期。

**3.** 李占国：《诉源治理的理论、实践及发展方向》，载《法律适用》2022 年第 10 期。

**4.** 梁雪：《新时代诉源治理的理论之基与实践之路》，载《法律适用》2022 年第 10 期。

**5.** 王国龙：《法院诉源治理的司法理念及功能定位》，载《政法论丛》2022 年第 6 期。

**6.** 梁凤云、陈默：《行政争议诉前调解的功能定位和制度设想》，载《中国应用法学》2022 年第 2 期。

**7.** 杨凯：《论区块链技术在民事司法程序中的多元化应用——以诉讼服务与公共法律服务“双中心融合”规范体系构造为切入点》，载《政法论丛》2022 年第 2 期。

**8.** 钟明亮、陈莉：《完善我国案源治理的路径思考——以 C 市 A 区法院为样本的分析》，载《法律适用》2022 年第 7 期。

**9.** 钱大军：《组织与权威：人民调解的兴衰、重振和未来发展逻辑》，载《法制与社会发展（双月刊）》2022 年第 2 期。

**10.** 付本超：《多元争议解决机制对营商环境法治化的保障》，载《政法论丛》2022 年第 2 期。

**11.** 熊浩：《论法院在线调解的机能失调：基于媒介传播与冲突化解的双重视角》，载《法制与社会发展（双月刊）》2022年第2期。

**12.** 吴元元：《人民调解制度的技艺实践考》，载《法学》2022年第9期。

**13.** 司艳丽：《粤港澳大湾区法律规则衔接疑难问题研究——以多元化纠纷解决机制为切入点》，载《中国法律评论》2022年第1期。

**14.** 李广德：《裁判文书上网制度的价值取向及其法理反思》，载《法商研究》2022年第2期。

**15.** 刘磊：《从审判管理到诉讼博弈：类案运用的视角转换与制度构造》，载《中国法律评论》2022年第5期。

**16.** 雷槟硕：《类案判断的方法论》，载《现代法学》2022年第6期。

**17.** 曾立城：《类似案件的概念：一个功能主义的理解》，载《中国法律评论》2022年第5期。

**18.** 周维栋：《论司法类案的效力层级及其冲突协调规则》，载《中国法律评论》2022年第5期。

**19.** 钟浩南：《论同案同判作为司法裁判的核心——一个基于系统论的描述》，载《法制与社会发展（双月刊）》2022年第6期。

**20.** 王静：《同案同判下司法技术与情理的平衡》，载《法学论坛》2022年第1期。

**21.** 李振贤：《我国成文法体制下判例嵌入司法场域的机理》，载《法学》2022年第1期。

**22.** 顾培东：《效力抑或效用：我国判例运用的功利取向》，载《法商研究》2022年第5期。

**23.** 陈晨：《刑事司法责任制改革再认识——以员额制改革为视角》，载《法学》2022年第8期。

**24.** 何帆：《新时代专门人民法院的设立标准和设置模式》，载《中国应用法学》2022年第3期。

**25.** 贾冰一：《从分散到聚合：新时代少年法庭实体化运行路径探索》，载《法律适用》2022年第6期。

**26.** 蒋惠岭：《论审判组织制度改革的理论出路》，载《政法论坛》2022年第5期。

**27.** 杨凯：《人民法庭高质量发展的公共法律服务体系建构——以基层社

会治理的中国式法治现代化建设路径为视角》，载《中国应用法学》2022 年第 6 期。

**28.** 陈志君：《通过法律的治理：新时代“枫桥式”人民法庭参与基层社会治理的基本模式》，载《中国应用法学》2022 年第 5 期。

**29.** 靳学军：《新时代高质量发展视阈下知识产权法院的实践与完善》，载《中国应用法学》2022 年第 3 期。

**30.** 冯兆蕙、梁平：《新时代国家治理视野中的人民法庭及其功能塑造》，载《法学评论（双月刊）》2022 年第 1 期。

**31.** 余希：《专门审判机构设立研究》，载《法律适用》2022 年第 4 期。

**32.** 张威：《被告人认罪认罚真实性保障机制研究》，载《法商研究》2022 年第 6 期。

**33.** 刘哲玮、张弛：《从“网上审理”到“网络治理”：互联网法院职能转型前瞻》，载《法律适用》2022 年第 10 期。

**34.** 李晟：《从互联网法到互联网司法：技术与规范变迁中的多维互动》，载《法商研究》2022 年第 4 期。

**35.** 聂鑫：《第三审为法律审？——近代中国的学说、立法与司法实践》，载《法律科学（西北政法大学学报）》2022 年第 5 期。

**36.** 周新：《法院审理认罪认罚案件疑难问题研究》，载《法学论坛》2022 年第 1 期。

**37.** 自正法：《互联网法院的运行模式、量化评估及其理性对待》，载《政法论丛》2022 年第 3 期。

**38.** 陈子奇：《论认罪认罚案件证据开示的两种逻辑》，载《法律科学（西北政法大学学报）》2022 年第 4 期。

**39.** 张峰铭：《论认罪认罚从宽的报应刑根据——化解从宽与罪责刑相适应原则的张力》，载《法制与社会发展（双月刊）》2022 年第 1 期。

**40.** 陈文聪：《论审判中心主义改革与认罪认罚从宽制度的关系》，载《华东政法大学学报》2022 年第 5 期。

**41.** 刘峥：《统一法律适用是实现司法公正的应有之义》，载《人民司法》2022 年第 13 期。

**42.** 刘峥、何帆、李承运：《正确贯彻实施新民事诉讼法需重点把握的七个问题》，载《人民司法》2022 年第 10 期。

**43.** 范明志：《律师在线诉讼规则研究》，载《法学评论（双月刊）》2022年第4期。

**44.** 左卫民、靳栋：《民事简易程序改革实证研究》，载《中国法律评论》2022年第2期。

**45.** 王福华：《民诉法修改背景下的诉讼费用改革》，载《法学评论（双月刊）》2022年第2期。

**46.** 李浩：《区分民事案件繁简的标准与方法——繁简分流基础性问题研究》，载《法制与社会发展》2022年第5期。

**47.** 田立文：《认罪认罚案件量刑的四个核心问题》，载《中国应用法学》2022年第6期。

**48.** 龙宗智：《认罪认罚案件如何实现"以审判为中心"》，载《中国应用法学》2022年第4期。

**49.** 卞建林：《认罪认罚案件审理程序的若干问题》，载《中国刑事法杂志》2022年第1期。

**50.** 胡铭：《认罪认罚案件中的量刑协商和量刑建议》，载《当代法学》2022年第2期。

**51.** 郭华：《认罪认罚从宽制度的权力俘获及纾困程序》，载《清华法学》2022年第5期。

**52.** 陈卫东：《认罪认罚从宽制度与企业合规改革视角下逮捕筹码化的警惕与防范》，载《政法论坛》2022年第6期。

**53.** 张威：《认罪认罚从宽制度运用与改进问题的刑事一体化考察》，载《法学杂志》2022年第2期。

**54.** 韩旭：《认罪认罚从宽制度中的协商问题》，载《法学论坛》2022年第6期。

**55.** 柴晓宇：《认罪协商中的信息偏在与法律矫正》，载《政法论坛》2022年第2期。

**56.** 龙宗智：《审级职能定位改革的主要矛盾及试点建议》，载《中国法律评论》2022年第2期。

**57.** 张卫平：《审判资源程序配置的综合判断——以民事诉讼程序为中心的分析》，载《清华法学》2022年第1期。

**58.** 张兴美：《送达制度的结构性转向：从"结果型"走向"过程型"》，

载《中外法学》2022 年第 5 期。

**59.** 韩旭：《庭审阶段补充侦查制度合理性省思——以审判中心主义为背景》，载《法商研究》2022 年第 1 期。

**60.** 刘泊宁：《我国控辩协商程序的规范进路：以认罪认罚案件为视角》，载《法学》2022 年第 2 期。

**61.** 左卫民：《效率 VS 权利？民事程序繁简分流改革争论的实证审视》，载《现代法学》2022 年第 5 期。

**62.** 董国权：《刑事被害人庭审参与权实现路径初探》，载《法律适用》2022 年第 12 期。

**63.** 拜荣静：《刑事审判速决程序模式的发展与限度》，载《法律适用》2022 年第 6 期。

**64.** 魏晓娜：《以审判为中心改革的技术主义进路：镜鉴与期待》，载《法商研究》2022 年第 4 期。

**65.** 段厚省：《远程异步审判的程序正当性考察》，载《政法论丛》2022 年第 3 期。

**66.** 谢鹏远：《在线纠纷解决的信任机制》，载《法律科学（西北政法大学学报）》2022 年第 2 期。

**67.** 张卫平：《在线民事诉讼的法律规制——基本框架与思路》，载《法学评论（双月刊）》2022 年第 2 期。

**68.** 张卫平：《在线诉讼：制度构建及法理——以民事诉讼程序为中心的思考》，载《当代法学》2022 年第 3 期。

**69.** 刘峥：《论社会主义核心价值观融入裁判文书释法说理的理论基础和完善路径》，载《中国应用法学》2022 年第 2 期。

**70.** 刘峥、邓宇、金晓丹：《〈关于深入推进社会主义核心价值观融入裁判文书释法说理的指导意见〉重点问题解读》，载《人民司法》2022 年第 16 期。

**71.** 杨建文：《推进社会主义核心价值观融入裁判文书释法说理的时代要求和养成之道》，载《法律适用》2022 年第 10 期。

**72.** 曹磊：《核心价值观融入判词的三维场景及其功能》，载《法学论坛》2022 年第 5 期。

**73.** 谢登科：《在线诉讼的中国模式与未来发展》，载《中国应用法学》

2022年第4期。

**74.** 杨凯：《在线诉讼入法正当性的公共法律服务理论支撑》，载《华东政法大学学报》2022年第5期。

**75.** 陈卫东：《直接言词原则：以审判为中心的逻辑展开与实现路径》，载《法学论坛》2022年第6期。

**76.** 杨铜铜：《法官绩效考核制度的非司法化困境及其调试》，载《法制与社会发展（双月刊）》2022年第3期。

**77.** 刘绚兮：《科层中的分流——中国法院人事管理制度的二元结构》，载《中外法学》2022年第4期。

**78.** 李占国：《"全域数字法院"的构建与实现》，载《中外法学》2022年第1期。

**79.** 熊晓彪：《概率推理：实现审判智能决策的结构化进路》，载《中外法学》2022年第5期。

**80.** 王燕玲：《论命名实体识别技术在司法大数据中的适用》，载《政法论坛》2022年第5期。

**81.** 李晓丽：《论区块链技术在民事审判事实认定中的应用》，载《法律适用》2022年第10期。

**82.** 胡铭：《区块链司法存证的应用及其规制》，载《现代法学》2022年第4期。

**83.** 马明亮：《区块链司法的生发逻辑与中国前景》，载《比较法研究》2022年第2期。

**84.** 陈爱飞：《区块链证据可采性研究——兼论我国区块链证据规则的构建》，载《比较法研究》2022年第2期。

**85.** 刘艳红：《人工智能技术在智慧法院建设中实践运用与前景展望》，载《比较法研究》2022年第1期。

**86.** 雷磊：《人工智能时代法律推理的基本模式——基于可废止逻辑的刻画》，载《比较法研究》2022年第1期。

**87.** 王竹：《司法人工智能推理辅助的"准三段论"实现路径》，载《政法论坛》2022年第5期。

**88.** 郑曦：《司法人工智能运用背景下的被告人质证权保障》，载《政法论坛》2022年第6期。

**89.** 杨震、孙梦龙：《纸域司法改革的方向标：数智时代的区块链司法——以〈最高人民法院关于加强区块链司法应用的意见〉为中心展开》，载《政法论坛》2022 年第 6 期。

**90.** 刘艳红：《智慧法院场景下个人信息合规处理的规则研究》，载《法学论坛》2022 年第 6 期。

**91.** 张凌寒：《智慧司法中技术依赖的隐忧及应对》，载《法制与社会发展（双月刊）》2022 年第 4 期。

**92.** 周玉华：《〈民事强制执行法（草案）〉若干争议问题分析及修改建议》，载《法律适用》2022 年第 11 期。

**93.** 马登科：《论已决债权转让申请执行的审查—— 兼论〈民事强制执行法（草案）〉（征求意见稿）第 18 条第 2 款》，载《中国应用法学》2022 年第 5 期。

**94.** 段厚省：《论执行争议及其解决机制——以 2022 年〈强制执行法（草案）〉征求意见稿为分析样本》，载《法律适用》2022 年第 10 期。

**95.** 邵长茂：《中国民事强制执行法的元规则》，载《法律科学（西北政法大学学报）》2022 年第 6 期。

## 三、报纸类

**1.** 吴传档：《以数字化改革助推法院工作高质量发展》，载《人民法院报》2022 年 2 月 10 日。

**2.** 姚振忠：《两大法系主要国家和地区法官助理的选任及职责》，载《人民法院报》2022 年 2 月 11 日。

**3.** 钟明亮：《规范裁判文书对事实推定的价值判断说理》，载《人民法院报》2022 年 2 月 12 日。

**4.** 吴丹盈：《坚持强基导向 推动人民法庭上台阶》，载《人民法院报》2022 年 2 月 15 日。

**5.** 刘振：《关于新时代人民法庭工作高质量发展的辩证思考》，载《人民法院报》2022 年 2 月 17 日。

**6.** 胡昌明：《移动电子诉讼新模式的实践与发展》，载《人民法院报》2022 年 2 月 24 日。

7. 王洪用：《准确把握二审独任制的规范含义》，载《人民法院报》2022年3月3日。

8. 王琳熹、王楠：《域外法院民事独任制特点》，载《人民法院报》2022年3月18日。

9. 庞晓：《德国民事审判资源的程序配置》，载《人民法院报》2022年3月18日。

10. 刘智铭：《智慧法院助力市域社会智治的实践进路》，载《人民法院报》2022年3月24日。

11. 姚建军：《践行习近平法治思想 提升司法体制综合配套改革效能》，载《人民法院报》2022年3月31日。

12. 王帅编译：《在线诉讼的实践与经验》，载《人民法院报》2022年4月1日。

13. 黄祥青：《强化法律适用统一性 着力提升司法公信力》，载《人民法院报》2022年4月14日。

14. 姜颖：《充分发挥互联网司法职能 保障数字经济高质量发展》，载《人民法院报》2022年4月28日。

15. 杜豫苏：《创新诉源治理机制 提升中基层法院参与社会治理新境界》，载《人民法院报》2022年4月28日。

16. 爱新觉罗启骋、江珞伊、石魏：《强化社会主义核心价值观融入司法 促进法治与德治相结合》，载《人民法院报》2022年5月12日。

17. 张国全：《推进基层法院审级职能定位改革试点工作应处理好五个关系》，载《人民法院报》2022年5月12日。

18. 胡萌：《互联网司法规则的中国模式》，载《人民法院报》2022年5月12日。

19. 梁久军：《以"五源治理"全力提升司法为民公正司法水平》，载《人民法院报》2022年5月18日。

20. 王洛忠、周惠妹：《诉源治理的新路径与新格局》，载《人民法院报》2022年5月26日。

21. 赵贺：《做好裁判文书释法说理 增强司法裁判公信力》，载《人民法院报》2022年6月16日。

22. 龙宗智：《以改革试点为契机深入推进诉讼制度改革》，载《人民法院报》2022 年 9 月 1 日。

**23.** 王贺：《在线诉讼规则的规范检视与完善建议》，载《人民法院报》2022 年 9 月 1 日。

**24.** 何海波：《深化再审程序改革 凸显最高审判机关职能定位》，载《人民法院报》2022 年 9 月 2 日。

**25.** 曹红星：《展望智慧法院的"五个新常态"》，载《人民法院报》2022 年 9 月 2 日。

**26.** 刘哲玮：《四级法院审级职能界分在民事司法中初步实现》，载《人民法院报》2022 年 9 月 3 日。

**27.** 苏来琪：《大力推进"智慧管案"筑牢办案质量防线》，载《人民法院报》2022 年 9 月 4 日。

**28.** 吴磊：《完整准确全面贯彻实施认罪认罚从宽》，载《人民法院报》2022 年 8 月 1 日。

**29.** 袁长伟：《把握好三对关系 推动人民法庭工作新发展》，载《人民法院报》2022 年 8 月 2 日.

**30.** 李江蓉：《夯实基层基础 推动人民法庭工作高质量发展》，载《人民法院报》2022 年 8 月 4 日。

**31.** 胡志勇：《努力打造忠诚干净担当的法院铁军》，载《人民法院报》2022 年 8 月 7 日。

**32.** 魏涛：《司法助力统一大市场的建设与繁荣》，载《人民法院报》2022 年 8 月 8 日。

**33.** 刘晓芬：《建设全国统一大市场 打好司法保障组合拳》，载《人民法院报》2022 年 8 月 12 日。

**34.** 李勇：《筑牢基层社会治理现代化的法治根基》，载《人民法院报》2022 年 8 月 13 日

**35.** 余向阳、文溪：《司法护航数字经济高质量发展》，载《人民法院报》2022 年 8 月 14 日。

**36.** 杨德华：《创建"枫桥式人民法庭"要做好向"下"功夫》，载《人民法院报》2022 年 8 月 21 日。

**37.** 潘子菁：《让调解法治智囊团为基层善治增活力》，载《人民法院报》2022 年 8 月 23 日

**38.** 何钦、钟垂林：《新形势下如何加强人民法院审委会工作》，载《人民法院报》2022年8月24日。

**39.** 邓恒、葛畅：《从四个方面发力深化智慧法院建设》，载《人民法院报》2022年8月26日。

**40.** 罗重海：《处理好四个关系 推动人民法庭工作高质量发展》，载《人民法院报》2022年8月28日。

**41.** 李永军、侯军亮：《推进人民法院深度融入基层社会治理》，载《人民法院报》2022年9月5日。

**42.** 徐明敏：《法院依职权启动认罪认罚程序问题辨析》，载《人民法院报》2022年9月8日。

**43.** 石魏、陈伟：《被害人参与认罪认罚从宽制度的制约因素及应对思路》，载《人民法院报》2022年9月22日。

**44.** 余向阳、易乔羽：《人工智能司法运用之局限及破解之道》，载《人民法院报》2022年9月23日。

**45.** 骆锦勇：《司法改革让公平正义跑出“加速度”》，载《人民法院报》2022年9月29日。

**46.** 贾玉海、戎瑞良、杨冲：《提级管辖的功能阐释与机制完善》，载《人民法院报》2022年10月20日。

**47.** 王鸿翔：《以审级职能定位改革为契机促进矛盾纠纷实质性化解》，载《人民法院报》2022年10月20日。

**48.** 赵一萌：《实现更高水平数字正义》，载《人民法院报》2022年10月20日。

**49.** 钱弘道：《诉源治理的基本内涵和数字化进路》，载《人民法院报》2022年10月27日。

**50.** 王雨田：《全面准确落实司法责任制 保障和促进社会公平正义》，载《人民法院报》2022年11月9日。

**51.** 姬广勇：《影响民事案件繁简分流的三个因素》，载《人民法院报》2022年11月10日。

**52.** 冯之东：《法院系统司法辅助人员改革的三个着力点》，载《人民法院报》2022年11月10日。

**53.** 娄必县：《智慧法院建设让公平正义更高效更可感》，载《人民法院报》2022 年 11 月 13 日。

**54.** 施珠妹、覃俊清：《数字司法："技术 + 司法"的两类应用场域》，载《人民法院报》2022 年 12 月 9 日。

**55.** 李传松：《把社会主义核心价值观融入司法裁判》，载《人民法院报》2022 年 12 月 15 日。

**56.** 宗冬艳：《社会主义核心价值观融入裁判文书说理的法律解释方法探析》，载《人民法院报》2022 年 12 月 22 日。

**57.** 闵海峰：《发挥司法职能 以诉源治理促基层善治》，载《人民法院报》2022 年 12 月 24 日。

